भारत में दलित

भारत में दलित

एक समान नियति की तलाश

सुखदेव थोरात

प्रशांत नेगी, एम. महामल्लिक और
चित्तरंजन सेनापति के सहयोग से

SAGE | bhasha

Los Angeles | London | New Delhi
Singapore | Washington DC | Melbourne

Originally Published in 2009 in English by
SAGE Publications India Pvt Ltd as *Dalits in India: Search for a Common Destiny*

This edition published in 2017 by

SAGE Publications India Pvt Ltd
B1/I-1 Mohan Cooperative Industrial Area
Mathura Road, New Delhi 110 044, India
www.sagepub.in

SAGE Publications Inc
2455 Teller Road
Thousand Oaks, California 91320, USA

SAGE Publications Ltd
1 Oliver's Yard, 55 City Road
London EC1Y 1SP, United Kingdom

SAGE Publications Asia-Pacific Pte Ltd
3 Church Street
#10-04 Samsung Hub
Singapore 049483

Published by Vivek Mehra for SAGE Publications India Pvt Ltd, typeset in 13/15 pt Kokila by Diligent Typesetter India Pvt Ltd, Delhi.

ISBN: 978-93-859-8544-7 (PB)

Translator: Ramendra Sinha
SAGE Team: Sumona Kundu, Vinayak Dubey

उनके लिए समर्पित
जिन्होंने भेदभाव के शिकार और हाशिये पर स्थित लोगों को समान अधिकार
दिलाने के लिए संघर्ष किया

विषय सूची

तालिकाओं की सूची

संलग्नक की तालिकाओं की सूची

रेखाचित्रों की सूची

भूमिका

मुझे इंडियन इंस्टिट्यूट ऑफ दलित स्टडीज (आईआईडीएस), नई दिल्ली द्वारा किये गए अनुसंधान पर आधारित पुस्तक *भारत में दलित: एक समान नियति की तलाश* को प्रस्तुत करने में अत्यंत खुशी हो रही है।

विस्तृत और अच्छी तरह से शोध की गई यह पुस्तक अखिल भारतीय और राज्य स्तर पर विभिन्न मानव विकास तथा अन्य संबद्ध संकेतकों के व्यापक विश्लेषण द्वारा भारत में दलितों की स्थिति का पता लगाने का प्रयास करती है। इस पुस्तक की मुख्य और विशिष्ट विशेषताएं हैं: पहला, इसका सरोकार विशेष रूप से भारत में दलितों की स्थिति से है, और दूसरा, यह बहिष्कार (अपवर्जन) और भेदभाव के ढांचे के भीतर खुद को रेखांकित करती है। अधिक महत्वपूर्ण यह है कि जिन विषयगत मुद्दों की चर्चा पुस्तक में की गई है, उनकी पुष्टि 1980 से वर्तमान तक तीन दशक की अवधि के विस्तृत आंकड़ों से की गई है। इन्हें विश्व भर के व्यापक स्रोतों से जुटाया गया है, जिसमें आधिकारिक स्रोत तथा सूक्ष्म स्तर का अध्ययन शामिल है।

यह पुस्तक दलितों के पृथक्करण, उपेक्षा और बहिष्कार से संबंधित विभिन्न पहलुओं और मुद्दों का विश्लेषण करती है ताकि उस प्रक्रिया और पहलुओं को समग्र रूप से समझने के लिए अंतर्दृष्टि प्राप्त हो सके, जो भारत में तुलनात्मक रूप से दलितों की दोयम दर्जे की स्थिति का कारण हैं। दिलचस्प बात यह है कि पुस्तक में जनसांख्यिकी, लिंग, शहरीकरण के स्तर और रूपरेखा, व्यावसायिक रूपरेखा, कृषि भूमि के स्वामित्व, ग्रामीण श्रम, रोजगार और बेरोजगारी दर, सार्वजनिक क्षेत्र में आरक्षण के तहत रोजगार, गरीबी, साक्षरता और शिक्षा की स्थिति, स्वास्थ्य की स्थिति और स्वास्थ्य सुविधाओं तक पहुंच, नागरिक सुविधाओं और नागरिक अधिकारों की स्थिति को विभिन्न आयामों के साथ गंभीरता से समाहित किया गया है।

समग्र रूप से, इस पुस्तक से निकला साहित्य बहुत संपन्न, दूरदर्शितापूर्ण और दृष्टिकोण को प्रतिबिंबित करने वाला है, जो स्वाभाविक रूप से प्रयोगसिद्ध है। यह भारत में दलितों के बारे मंप उचित पहलुओं को सामने लाता है और इस प्रकार सरकार के साथ-साथ समाज और सामाजिक विज्ञान के अध्ययन से जुड़े एजेंडे को सुनिश्चित करता है।

यह पुस्तक शिक्षा जगत, समाज, सरकारी निकायों, शोधकर्ताओं और आम आदमी जो गरीबी, सामाजिक बहिष्कार और हाशियाकरण जैसे मुद्दों से संबंध रखते हैं, को विश्लेषणात्मक अंतर्दृष्टि प्रदान करती है।

इस प्रकाशन को संभव बनाने के लिए प्रोफेसर सुखदेव थोरात, आईआईडीएस के प्रबंध ट्रस्टी, अपने टीम के सभी सदस्यों के साथ बधाई के हकदार हैं। मैं यह भी आशा करता हूँ कि आईआईडीएस शैक्षणिक दृढ़ता और बहस की परंपरा को भविष्य में भी जारी रखेगा।

मार्टिन मैकवान
अध्यक्ष, आईआईडीएस

प्रस्तावना

यह पुस्तक मानव विकास के विभिन्न संकेतकों और संबंधित सामाजिक तथा आर्थिक संकेतकों के संबंध में भारत में दलितों के हालात बताता है। यह अस्पृश्यता, सामाजिक भेदभाव और अन्य अत्याचारों पर विशेष जोर देने के साथ जनसांख्यिकी, लिंग, शहरीकरण के स्तर और पैटर्न, व्यावसायिक पैटर्न, कृषि भूमि और व्यवसाय की तरह आय अर्जित करने वाले संपत्ति के स्वामित्व, रोजगार की स्थिति, रोजगार और बेरोजगारी, सार्वजनिक क्षेत्र में आरक्षण के तहत ग्रामीण श्रम, गरीबी, साक्षरता और शिक्षा के स्तरों, स्वास्थ्य की स्थिति और स्वास्थ्य सुविधाओं के उपयोग, नागरिक सुविधाओं के उपयोग जैसे आवास और नागरिक अधिकारों की स्थिति की जाँच पड़ताल करता है।

यह पुस्तक डाटा की उपलब्धता द्वारा स्वीकृत सभी संभव पहलुओं को समाहित करता है और इस संबंध में भारत के दलितों पर कभी भी शुरू किया गया यह सबसे व्यापक और विस्तृत अध्ययन हैं।

यह विश्लेषण उपलब्ध आधिकारिक प्रकाशित आंकड़ों, जो स्रोतों की विस्तृत श्रृंखला से तैयार किया गया है, पर आधारित है तथा अध्यायों की विषय सामग्री तैयार करने के लिए पूरी बारीकी से इनका मिलान किया गया है। विशेष रूप से यह पुस्तक भारत की जनगणना, भूमि स्वामित्व पर राष्ट्रीय नमूना सर्वेक्षण, रोजगार और बेरोजगारी तथा उपभोग व्यय के डेटासेट आधारित है। यह ग्रामीण श्रम जांच रिपोर्ट का भी उपयोग करता है जो इस दृष्टि से अद्वितीय हैं क्योंकि यह 1974/75 से अबतक सामाजिक समूहों द्वारा ग्रामीण श्रम के कई पहलुओं पर आंकड़े उपलब्ध कराता है।

शिक्षा, स्वास्थ्य और नागरिक सुविधाओं जैसे संकेतकों के मामले में यह पुस्तक भारत की जनगणना, तथा राष्ट्रीय परिवार नियोजन और स्वास्थ्य सर्वेक्षण रिपोर्ट के आंकड़ों का उपयोग करता है। भेदभाव और अत्याचार की घटनाओं के विश्लेषण के लिए, यह पुस्तक भारत में अपराध की रिपोर्टों से उत्पन्न आंकड़ों का उपयोग करता है और अनुसूचित जाति तथा अनुसूचित जनजाति के राष्ट्रीय आयोग, सामाजिक न्याय मंत्रालय की रिपोर्ट तथा जातिगत भेदभाव और अत्याचार पर कुछ प्राथमिक अध्ययन से अतिरिक्त आंकड़ों के साथ पुष्ट करता है।

अनुसूचित जातियों और अनुसूचित जनजातियों पर आधिकारिक आंकड़ों के प्रकाशन का इतिहास कुछ विशेषताओं के साथ चिह्नित है। 1980 के दौरान व्यावसायिक पैटर्न और शैक्षिक प्रोफ़ाइल पर उपलब्ध आंकड़ा जनगणना रिपोर्ट से लिया गया था। हालांकि राष्ट्रीय नमूना सर्वेक्षण ने जोत और रोजगार के चयनित पहलुओं पर कुछ अलग रिपोर्ट भी तैयार की। जब मैंने दलितों और आदिवासियों के सामाजिक-आर्थिक पहलुओं पर अध्ययन शुरू किया, तब 1980 और 1990 की शुरुआत में राष्ट्रीय नमूना सर्वेक्षण द्वारा एक सीमित संख्या में रिपोर्ट को उजागर किया गया था। इसलिए मेरे पूर्व के लेख इन सीमित आंकड़ों पर आधारित थे।

बाद में जब मैं इंडियन इंस्टिट्यूट ऑफ दलित स्टडीज (आईआईडीएस) के निदेशक के रूप में शामिल हुआ, मैंने अपने मूल अनुसंधान एजेंडा में अनुसूचित जातियों और अनुसूचित जनजातियों के विभिन्न पहलुओं पर विस्तृत डेटासेट के उत्पादन को शामिल किया। इसलिए, आईआईडीएस में इस अध्ययन के लिए बड़ा डेटासेट तैयार किया गया। आईआईडीएस ने कुछ अध्ययनों, जो संस्थान के कार्यपत्रों के रूप में प्रकाशित किये गए हैं, को भी प्रायोजित किया। यह अध्ययन कुछ डेटासेट जो संस्थान द्वारा प्रकाशित कार्यपत्रों के लिए इस्तेमाल किया गया है, का उपयोग करता है। विशेष रूप से, इनमें स्वास्थ्य पर

प्रोफेसर पी.एम.कुलकर्णी और डॉ विजय बारिक द्वारा तथा शिक्षा और नागरिक सुविधाओं जैसे पानी और आवास पर प्रोफेसर सचिदानंद सिन्हा द्वारा किया गया अध्ययन शामिल है।

आईआईडीएस में अनेक शोधकर्ताओं ने डेटासेट और लिखित कार्यपत्रों के विकास को सहज बनाया है। इसलिए मैं विशेष रूप से इस पुस्तक की तैयारी की दिशा में उनके प्रत्यक्ष या अप्रत्यक्ष रूप से योगदान को रिकॉर्ड पर रखना चाहूँगा। प्रारंभिक दौर में, डॉ विजय बारिक ने हमें स्वास्थ्य पर डेटासेट के निर्माण में मदद की। मोतीलाल महामल्लिक से कई डेटासेट को विकसित करने में मदद मिली है, लेकिन विशेष रूप से जमीन के स्वामित्व पर। डॉ उमाकांत ने भेदभाव, छुआछूत और अत्याचार की घटनाओं पर डेटा के निर्माण में मदद की। सार्वजनिक रोजगार में आरक्षण पर डेटासेट डॉ चितरंजन सेनापति द्वारा किए गए एक अध्ययन के हिस्से के रूप में तैयार किया गया था। स्वास्थ्य और स्वास्थ्य सुविधाओं के लिए उपयोग पर शोध करते समय मैंने आईआईडीएस कार्यपत्रों में डॉ विजय बारिक तथा प्रोफेसर पी.एम.कुलकर्णी द्वारा इकट्ठी की गयी जानकारी का उपयोग किया है। इसी तरह, नागरिक सुविधाओं जैसे पीने के पानी और आवास के लिए उपयोग तक पहुँचने के लिए डॉ सचिदानंद सिन्हा द्वारा तैयार कार्यपत्रों का इस्तेमाल किया गया था। इस प्रकार, 1980 के लिए मैंने जो प्रारंभिक कार्य हाथ में लिये, उन्हें 1990 और 2000 तक के लिए बढ़ाया गया था, जबकि बाद का कार्य आईआईडीएस में उत्पन्न डेटासेट पर आधारित था। प्रशांत नेगी ने बिखरी हुई सामग्री को सावधानी से एक साथ कुछ सुसंगत रूप में डाला। इसे बाद में डॉ स्मिता सिरोही की मदद से संशोधित किया गया था। उस अर्थ में यह पुस्तक आईआईडीएस के शोधकर्ताओं तथा जो लोग आईआईडीएस के लिए शोध कर रहे थे, के सामूहिक प्रयासों का नतीजा है।

मैं इसलिए, डॉ विजय बारिक, डॉ उमाकांत, मोतीलाल महामल्लिक, प्रोफेसर पी.एम.कुलकर्णी, प्रोफेसर सचिदानंद सिन्हा, डॉ चित्तरंजन सेनापति, प्रशांत नेगी और डॉ स्मिता सिरोही का विभिन्न तरीकों के द्वारा किए गए योगदान की सराहना करना चाहता हूँ।

डॉ निधि सदाना और अमित ने पांडुलिपि के मसौदे की प्रूफ रीडिंग में मदद की। मैं उन्हें अपना समयोचित समर्थन देने के लिए धन्यवाद देता हूँ।

मैं पांडुलिपि टाइपिंग और टेबल तैयार करने के लिए प्रमोद कुमार डबराल और नरेंद्र कुमार को भी धन्यवाद देना चाहूंगा।

उपलब्ध आंकड़ों और अनुसंधान आदानों को एक साथ सामाजिक न्याय और अधिकारिता मंत्रालय, भारत सरकार द्वारा एक परियोजना के तहत प्रायोजित किया गया था। मैं मंत्रालय, विशेष रूप से राजा शेखर वुन्द्रू को धन्यवाद देता हूँ, जिन्होंने महत्वपूर्ण सुझाव दिया कि आईआईडीएस को इस तरह के काम को अंजाम देना चाहिए।

इस पुस्तक को प्रकाशनों और आईआईडीएस की प्रचार-प्रसार इकाई, जो क्रिश्चियन एड (भारत) के द्वारा समर्थित है, का साथ मिला था। मैं क्रिश्चियन एड (भारत) के डॉ बेलिंडा बेनेट और आनंद कुमार बोलेमिरा का आभारी हूँ, जिन्होंने प्रकाशन इकाई की स्थापना का समर्थन किया।

यह पुस्तक भारत में दलितों की वर्तमान स्थिति की प्रस्तुति के अतिरिक्त मानव विकास के सामाजिक-आर्थिक संकेतकों की संख्या के संबंध में उनकी स्थिति में परिवर्तन का अध्ययन भी करता है। यह दलितों और भारत में अन्य सामाजिक समूहों के बीच असमानताओं में परिवर्तन को संपुटित करता है, और अंत में उनकी स्थिति में सुधार के लिए सुझाव के साथ आता है। मुझे उम्मीद है कि यह व्यापक अध्ययन शोधकर्ताओं, छात्रों, नीति निर्माताओं, निधिप्रदाता संगठनों और अन्य लोगों को अपने संबंधित क्षेत्रों में कार्य के लिए उपयोगी सिद्ध होगा।

अंत में, मैं इस पुस्तक के प्रकाशन की पहल करने के लिए सेज प्रकाशन को धन्यवाद देना चाहता हूँ।

अध्याय 1

परिचय

अनुसूचित जातियां (एससी/अजा) भारतीय आबादी के लगभग 16.2 प्रतिशत (166,635,700) का प्रतिनिधित्व करती हैं।[1] सरकार के अनुसूचित जाति की हालत सुधारने के निरंतर और सतत प्रयासों के बावजूद, यह सामाजिक समूह मानव विकास के किसी भी मापदंड से भारतीय समाज में सबसे गरीब और सबसे दबे हुए के बीच में वर्गीकृत किया जा रहा है। अनुसूचित जाति की आधे से अधिक आबादी पांच राज्यों उत्तर प्रदेश, पश्चिम बंगाल, बिहार, तमिलनाडु और आंध्र प्रदेश में केंद्रित है।[2] इस समूह के पृथक्करण की वजहें आर्थिक और सामाजिक बहिष्कार की ऐतिहासिक प्रक्रियाएं, और जाति के आधार पर भेदभाव से संबंधित हैं।

समूह की विशेष समस्याओं की पहचान करके सरकार ने पिछले कुछ वर्षों में, उनके मानवीय योग्यताओं तथा क्षमताओं के सृजन के लिए लगातार नीतियां और कार्यक्रम शुरू किये हैं। अनुसूचित जातियों के प्रति सरकार का दृष्टिकोण मुख्य रूप से संविधान की भावना के अनुरूप है, जिसके प्रावधानों ने कानूनी तौर पर अस्पृश्यता की प्रथा और अस्पृश्यता से उत्पन्न भेदभाव को समाप्त किया था (अनुच्छेद 17)। संविधान कानून के समक्ष समानता की गारंटी देता है (अनुच्छेद 14); अनुसूचित जातियों के शैक्षिक और आर्थिक हितों को बढ़ावा और सामाजिक अन्याय तथा सभी तरह के शोषण से उनको सुरक्षा प्रदान करता है (अनुच्छेद 46); सरकारी सेवाओं में आरक्षण के माध्यम से विशेष उपाय प्रदान करता है; और लोकतांत्रिक राजनीतिक संस्थाओं में सीटें भी सुरक्षित रखता है (अनुच्छेद 330 तथा 335, 73वां संशोधन अधिनियम, 1992)। अंत में, संविधान वार्षिक आधार पर अनुसूचित जाति की सामाजिक और आर्थिक प्रगति की जांच और निगरानी करने के लिए एक स्थायी निकाय की स्थापना का संकल्प करता है।

अनुसूचित जाति: वे कौन हैं ?

1932 में भारतीय मताधिकार समिति के समक्ष बंगाल के तत्कालीन प्रांतीय सरकार द्वारा नामकरण 'अनुसूचित जातियां' प्रस्तावित किया गया था।[3] तदनुसार, पहली बार सूची, जिसमें श्रेणियों की एक तालिका मौजूद थी, को भारत सरकार अधिनियम,1935 में जोड़ा गया था। इससे पहले, इन्हें 'दलित वर्गों' के रूप में वर्गीकृत किया गया था। भारत का संविधान, अनुच्छेद 341,[4] के द्वारा भारत के राष्ट्रपति को जातियों को अनुसूचित जातियों के रूप में अधिसूचित करने के लिए अधिकृत करता है। भारत का राष्ट्रपति संबंधित राज्य के राज्यपाल के परामर्श से एक विशेष जाति को अनुसूचित जाति के रूप में सूचित करता है और संसद जाति को अनुसूची में शामिल करने के लिए प्रख्यापित करती है। 1950 से 1978 तक अनेक राष्ट्रपतीय आदेशों[5] से देश[6] के विभिन्न भागों में अनुसूचित जातियों की वैधानिक सूचियों को अधिसूचित, संशोधित और संशोधन किया गया (वर्तमान में 1231 जातियों को अनुसूचित जातियों[7] के रूप में अनुसूची में संलग्न किया गया हैं)।

संविधान के अनुसूचित जातियों को वर्गीकृत करने के प्रयास की उत्पत्ति भारत के संविधान के मसौदा में निहित थी, जो व्याख्याओं, परिभाषाओं और अन्य से संबंधित अनुच्छेद में है। संविधान में निम्न अभिव्यक्तियों के विशेष अर्थ बताए गए हैं, जब तक कि संदर्भ की आवश्यकता भिन्न न हो।

> 'अनुसूची' का अर्थ संविधान के लिए अनुसूची
>
> 'अनुसूचित जातियों' का अर्थ है, अनुच्छेद 341 के अंतर्गत ऐसी जातियां, जनजातियां या प्रजातियां या हिस्से अथवा जातियों, जनजातियों या प्रजातियों के भीतर समूह जिनको संविधान के प्रयोजनों से अनुसूचित जाति होने योग्य समझा जाता है।[8]

यह स्पष्ट है कि यह प्रावधान अनुसूचित समूह[9] की विशिष्ट विशेषताओं के मामले में एक स्पष्ट परिभाषा नहीं देता है। हालांकि, भारत सरकार अधिनियम, 1935[10] में यह कवायद की गई थी।

एक विशेष जाति को अनुसूची के लिए विचार करने और शामिल किए जाने के लिए मानदंड उसके सामाजिक, शैक्षिक और आर्थिक पिछड़ापन, अस्पृश्यता की प्रथा से संबंधित पारंपरिक रीति रिवाज पर आधारित थे। भारत सरकार अधिनियम, 1935 ने विशेषकर सामाजिक और आर्थिक पृथक्करण के इन स्वरूपों को निर्धारित किया, इस आधार पर कि

- वे हिन्दू सामाजिक संरचना में एक निचला स्थान रखते हैं;
- सरकारी सेवाओं में इनका प्रतिनिधित्व अपर्याप्त है;
- व्यापार, वाणिज्य और उद्योग के क्षेत्र में इनका प्रतिनिधित्व अपर्याप्त हैं
- वे समुदाय के बाकी लोगों द्वारा सामाजिक और भौतिक अलगाव से पीड़ित है; और
- इस समुदाय के प्रमुख अंश के बीच शैक्षिक विकास की सामान्य कमी है।

इसके अलावा, यह समझना महत्वपूर्ण है कि अस्पृश्यता एक सामाजिक अवधारणा है, जो प्रथाओं में समाई हुई है। जैसे प्रथाएं बदलती हैं, वैसे ही भेदभाव और पृथक्करण की सीमा।

इस पुस्तक के प्रयोजनों के लिए, अनुसूचित जाति की प्रचलित परिभाषा निम्नलिखित को ध्यान में रखती है:

- संविधान के अनुच्छेद 341 के अनुसार, एक व्यक्ति को एक अनुसूचित जाति का सदस्य समझा जाएगा अगर वह एक जाति जो एक अनुसूचित जाति के रूप में घोषित है, उस क्षेत्र के लिए जिसका वह एक निवासी है,[11] बताए गए अनुच्छेद के अंतर्गत भारत के राष्ट्रपति द्वारा जारी किए गए एक आदेश के अंतर्गत आता है।
- हिंदू, बौद्ध[12] और सिख धर्म के अलावा किसी अन्य धर्म का कोई व्यक्ति अनुसूचित जाति का सदस्य नहीं समझा जाएगा।
- अनुसूचित जाति के माता-पिता से पैदा हुए और उसी क्षेत्र में रहने वाले बच्चों को स्वत: अनुसूचित जाति का माना जायेगा।
- अनुसूचित जाति का व्यक्ति एक राज्य के भीतर विस्थापित होता है, तब भी वह अनुसूचित जाति का ही रहेगा, लेकिन अगर वह राज्य के बाहर[13] बस जाता है, तो वह अनुसूचित जाति का, केवल मूल रूप से जिस राज्य से संबंध रखता था कहलाएगा ना कि उस राज्य के संबंध में जहां वह चला गया है।
- सिर्फ इसलिए कि एक गैर-अनुसूचित जाति के व्यक्ति ने एक अनुसूचित जाति से शादी की है, वह अनुसूचित जाति का नहीं समझा जाएगा।
- एक अनुसूचित जाति का व्यक्ति एक गैर अनुसूचित जाति के व्यक्ति से शादी के बाद भी अनुसूचित जाति का रहेगा।
- अगर एक अनुसूचित जाति का व्यक्ति हिंदू, बौद्ध और सिख धर्म के अलावा अन्य धर्म में धर्मान्तरित होता है, तो वह अनुसूचित जाति का नहीं रह जाएगा। लेकिन अगर वह/उसके वंशज हिंदू, बौद्ध या सिख धर्म में परिवर्तित होते हैं, वह

अनुसूचित जाति का तभी कहलाएगा अगर उसे विशेष रूप से उस जाति द्वारा इस तरह स्वीकार किया जाता है, जैसे वह उन्हीं का अपना हो।

- विधिवत कानून सम्मत, प्रथाओं और लंबी अवधि से प्रचलित व्यवहार के अनुसार अनुसूचित जाति के व्यक्ति द्वारा दत्तक[14] लिया गया एक व्यक्ति अनुसूचित जाति का माना जाएगा।
- पैदा हुए बच्चे को अनुसूचित जाति का दर्जा पाने का हक होगा, जिसके माता-पिता में से एक गैर-अनुसूचित जाति का हो।
- अनुसूचित जाति समुदाय से संबंधित किसी भी दावे के लिए, अनुसूचित जाति के रूप में उसकी जाति के लिए राष्ट्रपति के आदेश की घोषणा के समय के स्थाई निवास स्थान को ध्यान में रखा जाएगा।

भारत में सामाजिक कानूनों का इतिहास

ऐतिहासिक दृष्टि से भारत समाज सुधारकों द्वारा निरंतर हस्तक्षेप का गवाह रहा है, जिन्होंने जातीय आधार पर भेदभाव के लिए किसी तर्कसंगत आधार की कमी के बारे में जागरूकता फैलाने की दिशा में लगातार काम किया है। इस तरह की जागरूकता ने शासन में 'दलित वर्गों' के अधिकार के दावे को स्वीकार किया तथा यह गांधी और अम्बेडकर के बीच 16 अगस्त, 1932 को पूना पैक्ट (संधि) पर हस्ताक्षर करने के लिए जिम्मेदार था। इस पैक्ट ने शासन में 'दलित वर्गों' के समान प्रतिनिधित्व और उनकी सामाजिक-आर्थिक स्थिति के सुधार का रास्ता खोला। यह पैक्ट महत्वपूर्ण था क्योंकि बाद में यह संवैधानिक/विधायी सुरक्षा उपायों तथा अनुसूचित जाति के सामाजिक एकीकरण के लिए अन्य उपायों का आधार बन गया।

भारत के संविधान के अस्तित्व में आने से पहले भी अनुसूचित जातियों के एक समावेशी विकास के लिए कई कानून बनाए गए थे और विभिन्न उपायों की शुरुआत की गयी थी। इन कानूनों को एक हद तक स्थानीय किया गया था। इनमें से कुछ प्रमुख इस प्रकार थे:

बिहार

1. हरिजन (नागरिक अमसर्थता निवारण) अधिनियम, (1949 का बिहार अधिनियम XIX)

कर्नाटक

1. नागरिक अमसर्थता निवारण अधिनियम,1943 (1943 का मैसूर अधिनियम XLII)
2. मैसूर मंदिर प्रवेश प्राधिकरण अधिनियम, 1948 (1948 का मैसूर अधिनियम XIV)
3. कुर्ग अनुसूचित जाति अधिनियम (नागरिक एवं सामाजिक अमसर्थता निवारण) अधिनियम, 1949 (1949 का I कुर्ग अधिनियम)
4. कुर्ग मंदिर प्रवेश प्राधिकरण अधिनियम, 1949 (1949 का कुर्ग अधिनियम II)

केरल

1. त्रावणकोर-कोचीन सामाजिक अमसर्थता निवारण अधिनियम, 1825 (1825 का VII त्रावणकोर-कोचीन अधिनियम)
2. त्रावणकोर-कोचीन मंदिर प्रवेश(अमसर्थता निवारण) अधिनियम, 1950 (1950 का त्रावणकोर-कोचीन अधिनियम XXVII)

महाराष्ट्र

1. बॉम्बे हरिजन (सामाजिक असमर्थता निवारण) अधिनियम, 1946 (1947 का बॉम्बे अधिनियम X)
2. बॉम्बे हरिजन मंदिर प्रवेश अधिनियम, 1947 (1947 का मध्य प्रांत और बरार अधिनियम XXIV)
3. मध्य प्रांत और बरार मंदिर प्रवेश प्राधिकरण अधिनियम, 1947 (1947 का मध्य प्रांत और बरार अधिनियम XLI)

तमिलनाडु

1. मद्रास नागरिक असमर्थता निवारण अधिनियम, 1938 (1938 का मद्रास अधिनियम XXI)

उत्तर प्रदेश

1. संयुक्त प्रांत (सामाजिक असमर्थता निवारण) अधिनियम, 1947 (1947 का उत्तर प्रदेश अधिनियम XIV)

राजस्थान

राजस्थान सरकार ने कोई भी विनियमन या अध्यादेश अधिनियमित नहीं किया था लेकिन अस्पृश्यता की प्रथा को हटाने के लिए कुछ कार्यकारी आदेश पारित किये थे।

ये आदेश थे:

1. अधिसूचना क्र. 221/87/जीए/51 दिनांक 28 सितंबर 1951 और बाद के आदेश क्र. F22/871951, प्याऊ पर भेदभाव के बारे में (स्थान जहां पीने के पानी की आपूर्ति की गई थी) ;
2. परिपत्र क्र. F22/28/AB/51 दिनांक 5 अप्रैल 1952, मृत पशुओं को हटाने के बारे में
3. परिपत्र क्र. F22/28/GA(B)/51 दिनांक 6 अप्रैल 1952, आभूषण इत्यादि के उपयोग के संबंध में।

दलित सशक्तिकरण के लिए सरकार का दृष्टिकोण

सरकार का अनुसूचित जाति के उत्थान की दिशा में दृष्टिकोण और हस्तक्षेप मुख्य रूप से दो प्रमुख विचारों पर आधारित हैं: पहला, अतीत में उपेक्षा के कारण अनुसूचित जातियों को विरासत में मिले अनेक बहिष्कारों पर काबू पाना, और जहां तक संभव, उन्हें समाज में दूसरों के साथ बराबरी पर लाना; दूसरा, वर्तमान में बहिष्कार और भेदभाव के खिलाफ संरक्षण के साथ देश की सामाजिक, आर्थिक और राजनीतिक प्रक्रियाओं में उनकी प्रभावी भागीदारी को प्रोत्साहन प्रदान करना। इन लक्ष्यों तक, सरकार के दृष्टिकोण का मतलब द्विस्तरीय रणनीति, जिसमें भेदभाव-विरोधी या सुरक्षा उपायों, और विकास तथा सशक्तिकरण के उपायों को अपनाना था।

अस्पृश्यता अपराध अधिनियम, 1955 (1976 में नागरिक अधिकार संरक्षण अधिनियम (पीसीआर) के रूप में नाम परिवर्तन हुआ) तथा अनुसूचित जाति और अनुसूचित जनजाति अत्याचार निवारण(पीओए) अधिनियम, 1989 भेदभावविरोधी उपायों को लागू करने में शामिल हैं। पूर्व के तहत सार्वजनिक स्थानों और सेवाओं में अस्पृश्यता और भेदभाव का अभ्यास एक अपराध के रूप में माना जाता है; बाद वाला उच्च जातियों द्वारा हिंसा और अत्याचार के खिलाफ अनुसूचित जातियों को कानूनी सुरक्षा प्रदान करता है।

सरकारी सेवाओं, सरकारी और समर्थित शिक्षण संस्थानों और विभिन्न लोकतांत्रिक राजनीतिक निकायों में आरक्षण नीति भेदभाव-विरोधी या सुरक्षा उपायों का हिस्सा है। इन उपायों ने विभिन्न सार्वजनिक क्षेत्रों में अनुसूचित जाति के लिए आनुपातिक भागीदारी सुनिश्चित की, अन्यथा जो बहिष्कार और भेदभाव के प्रसार की वजह से संभव नहीं होता। हालांकि, आरक्षण नीति का विस्तार और सीमा दोनों सरकारी और समर्थित क्षेत्रों तक ही सीमित हैं। निजी क्षेत्र में अनुसूचित जाति श्रमिक, जो 90 प्रतिशत से अधिक अनुसूचित जाति के कर्मचारियों को रोजगार देता है, संभावित बहिष्कार और भेदभाव से असुरक्षित बना हुआ है।

एक सकारात्मक कार्रवाई नीति के लिए कानूनी प्रावधानों के अभाव में अनुसूचित जाति के आर्थिक, शैक्षिक और सामाजिक क्षेत्रों में शामिल किए जाने, उत्थान और सशक्तिकरण के लिए राज्य ने 'सामान्य कार्यक्रमों' का उपयोग किया। आर्थिक सशक्तिकरण से संबंधित उपाय अचल पूंजी आस्तियों के निजी स्वामित्व में सुधार, मानव संसाधन क्षमताओं को

विकसित करने ताकि अनुसूचित जाति के व्यापार क्षमताओं और कौशल को बढ़ाने और विकास के लिए उन्हें स्वरोजगार में संलग्न करने के लिए सक्षम कर सकें तथा मजदूरी रोजगार में श्रम परिवारों को संलग्न करने के प्रयास द्वारा कार्यक्रमों के माध्यम से जुड़े हुए हैं।

इन कार्यक्रमों को कई योजनाओं से संवर्धित किया जा रहा है, जैसे भूमिहीनों को सीलिंग अधिशेष पूल और सरकारी जमीन का भूमि वितरण। इन योजनाओं को खुद आगे अनुपूरक योजनाओं द्वारा बढ़ाया जा रहा है, जिसमें व्यापार विकास और स्वरोजगार की सुविधा के लिए ग्रामीण क्षेत्रों में अनुसूचित जाति के गृहस्थों को जानकारी, प्रशिक्षण, वित्तीय पूंजी, ऋण और अन्य आदानों को रियायती दरों पर उपलब्ध कराया जा रहा है।

एकीकृत ग्रामीण विकास कार्यक्रम (आईआरडीपी), इस प्रयोजन के लिए बनाया गए शुरुआती कार्यक्रमों में से एक था: इसने विधिवत ग्रामीण गरीब परिवारों की पहचान की ताकि वह सक्षम क्रेडिट आधारित उत्पादक परिसंपत्तियों के अधिग्रहण के माध्यम से अपनी आय की पूर्ति कर सकें। सरकार ने न्यूनतम रोजगार सुनिश्चित करने के लिए विशेष रूप से सूखे मौसम के दौरान, दिहाड़ी मजदूरी आय पर आश्रित गृहस्थों के लिए दिहाड़ी मजदूर कार्यक्रमों को विकसित किया। इसके अलावा, देश में क्योंकि बंधुआ मजदूरों में अनुसूचित जातियों की लगभग 61 प्रतिशत हिस्सेदारी है, विशिष्ट हस्तक्षेप और कार्यक्रम उनकी रिहाई और पुनर्वास के लिए शुरू किए गए।

अनुसूचित जातियों का शैक्षिक विकास सरकार के रुझान का एक प्रमुख क्षेत्र है। अनुसूचित जातियों की शैक्षिक समस्याओं के केंद्र में कम साक्षरता दर; प्राथमिक, माध्यमिक और उच्च स्तर पर पढ़ाई छोड़ने वालों की दर; कम गुणवत्ता की शिक्षा; और अत्यधिक भेदभावपूर्ण और अपवर्जनात्मक प्रथाओं का अस्तित्व, जो कभी कभी अनुसूचित जातियों को शिक्षा से पूरी तरह वंचित कर देते हैं।

इसलिए, सरकार ये प्रयास करती है

1. शिक्षा के बुनियादी ढांचे में गुणात्मक सुधार, विशेषत: अनुसूचित जातियों द्वारा प्रबल रूप से बसे हुए क्षेत्रों में
2. शैक्षिक संस्थानों में आरक्षण के कार्यान्वयन को सुनिश्चित करना
3. स्थानीय, क्षेत्रीय, राष्ट्रीय और अंतरराष्ट्रीय स्तर पर छात्रवृत्ति और फैलोशिप के मामले में वित्तीय सहायता प्रदान करना
4. उनकी गुणात्मक क्षमताओं का निर्माण करने के लिए सामाजिक समूह को उपचारात्मक कोचिंग सुविधाएं प्रदान करना
5. लड़कों और लड़कियों दोनों के लिए विशेष हॉस्टल प्रदान करना; और
6. महिला/महिलाओं की शिक्षा पर विशेष महत्व देते हुए उन्हें समान अवसर सुनिश्चित कराना

ग्रामीण क्षेत्रों में अनुसूचित जाति की बस्तियों का आम तौर पर वर्णन सापेक्ष अलगाव से किया जाता है। सरकार ने इसीलिए योजनाएं विकसित की हैं, जिससे नागरिक सुविधाओं जैसे पीने का पानी, आवास, बिजली, साफ-सफाई, सड़कें और भोजन का सार्वजनिक वितरण तक अनुसूचित जातियों की पहुंच हो सके। इन उपायों को अनुसूचित जातियों के लिए केन्द्र सरकार द्वारा राज्य सरकारों को विशेष घटक योजना (एससीपी) के लिए विशेष केंद्रीय सहायता (एससीए) के तहत विशेष सहायता के रूप में प्रदान किया जा रहा है।

दलित महिलाओं को उनके उच्च जाति के समकक्षों से बहिष्कार और लैंगिक भेदभाव का सामना करना पड़ता है। सरकारी कार्यक्रम दलित महिलाओं के सामने खड़ी समस्याओं पर ध्यान देते है। विशेष रूप से, दलित महिलाओं की साक्षरता और शिक्षा का स्तर बेहद कम है, और वे मजदूरी श्रम पर बुरी तरह से निर्भर रहती हैं। रोजगार और मजदूरी में भेदभाव की शिकार वे अकुशल, न्यून-भुगतान, और कहीं-कहीं खतरनाक मैनुअल नौकरियों में केंद्रित हैं। वे अक्सर हिंसा, यौन शोषण और धार्मिक और सामाजिक अंधविश्वासों की शिकार होती हैं। दलित महिलाओं के आर्थिक, शैक्षिक और लिंग संबंधी बहिष्कार को दूर करने के लिए विशिष्ट कानूनों को अधिनियमित किया गया है।

अनुसूचित जाति के आर्थिक, शैक्षिक और सामाजिक सशक्तिकरण के लिए केंद्र सरकार द्वारा आवंटित कम से कम आधी धनराशि को शैक्षिक विकास के लिए अलग किया गया हैं; एक तिहाई आर्थिक सशक्तिकरण के लिए; और सामाजिक और नागरिक सेवाओं जैसे पीने के पानी, साफ-सफाई, आवास और अन्य के लिए शेष एक पांचवा हिस्सा।

अपेक्षित बदलाव

आर्थिक और सामाजिक सशक्तिकरण के विभिन्न पहलुओं पर सरकार की नीति के फोकस को देखते हुए अनुसूचित जातियों की आर्थिक और सामाजिक स्थिति में सकारात्मक बदलाव की उम्मीद है। यह अनुमान है कि उनके व्यावसायिक पैटर्न में बदलाव से परंपरागत व्यवसायों से बाहर निकलने के रास्ते खुलेंगे। अनुसूचित जातियों को भूमि और पूंजी के वितरण में प्राथमिकता देने से इनके उपयोग में सुधार की संभावना बनेगी और इससे भी बढ़ कर इनमें किसानों तथा स्वरोजगारों का अनुपात बढ़ने की संभावना भी बनेगी। इससे दिहाड़ी मजदूर गृहस्थों (अनुसूचित जातियों की परंपरागत आजीविका) की संख्या में गिरावट की संभावना भी बनेगी। आरक्षण नीति के साथ आजीविका में परिवर्तन गैर-कृषि क्षेत्र, खास कर वेतनभोगी सरकारी नौकरियों से संबंधित रोजगार में वृद्धि लाती है।

शिक्षा पर जोर साक्षरता दर, शिक्षा के स्तर और व्यावसायिक प्रशिक्षण में व्यापक सुधार ला सकता है। एससीपी और एससीएके अंतर्गत सामाजिक जरूरतों पर जोर के कारण पेयजल, बिजली, आवास, सड़क और अन्य नागरिक सुविधाओं में भी सुधार संभव होगा। शिशु मृत्यु दर और रोगियों की संख्या में गिरावट के नजरिये से अनुसूचित जातियों के स्वास्थ्य की स्थिति में भी सकारात्मक परिवर्तन हो सकता है।

व्यावसायिक संरचना में एक अपेक्षित परिवर्तन, भूमि और पूंजी तक पहुंच में सुधार और शिक्षा तथा रोजगार के क्षेत्रों में विकास के साथ ग्रामीण साथ ही शहरी क्षेत्रों में गरीबी के स्तर में गिरावट दिखाई दे सकती है, जो अनुसूचित जातियों की आर्थिक स्थिति में एक व्यापक सुधार का संकेत है।

अंतत: पीसीआर अधिनियम और पीओए अधिनियम के लागू होने के बाद मानवाधिकार की स्थिति तथा सामाजिक संबंधों में भी सुधार संभावित है।

अध्ययन का केंद्रबिंदु

इस पुस्तक का उद्देश्य अनुसूचित जातियों की आर्थिक और सामाजिक स्थिति की प्रस्तुति, मानव विकास के महत्वपूर्ण संकेतकों के सापेक्ष उनकी स्थिति में बदलाव का अध्ययन और उनके सशक्तिकरण के लिए एक नीति निर्देश उपलब्ध कराना है।

अध्ययन सरकार की पहल को बताने का प्रयास करती है, जो अनुसूचित जाति के खिलाफ भेदभाव का मुकाबला करने और उन्हें सशक्त बना कर एक अधिक सुरक्षात्मक सामाजिक-आर्थिक परिवेश की ओर उन्मुख करते हैं। इस विश्लेषण में जनसंख्या वृद्धि, क्षेत्रीय घनत्व, लिंग आयाम और शहरीकरण के पैटर्न के सापेक्ष अनुसूचित जातियों के जनसांख्यिकीय प्रोफाइल को भी समाविष्ट करता है। अनुसूचित जातियों की सामाजिक और आर्थिक स्थिति की पड़ताल व्यावसायिक पैटर्न, भूमि और पूंजी के उपयोग, अनुसूचित जाति के ग्रामीण मजदूरों के परिमाण और विशेषताओं, ग्रामीण तथा शहरी दोनों क्षेत्रों में रोजगार और बेरोजगारी दर, और गरीबी की व्यापकता के सापेक्ष की गई है। सार्वजनिक क्षेत्र में आरक्षण के अंतर्गत रोजगार के पैटर्न पर भी समुचित ध्यान दिया गया है।

अनुसूचित जातियों में साक्षरता और शैक्षणिक स्तर के साथ-साथ उनके स्वास्थ्य की स्थिति और मूलभूत सुविधाओं का भी विश्लेषण किया गया है। जबकि अनुसूचित जातियों से अत्याचार के सबूतों और सार्वजनिक जीवन के विभिन्न क्षेत्रों में उनके विरूद्ध प्रचलित भेदभाव को समग्र रूप से उजागर करते हुए अध्ययन उनके सर्वांगीण उत्थान के लिए उपाय सुझाता है।

डेटाबेस

अध्ययन में सूचना आधार की दो श्रेणियों का उपयोग किया गया है। पहली में भारत सरकार के विभिन्न मंत्रालयों और संगठनों के सांख्यिकीय प्रकाशन शामिल हैं। इनमें से कुछ प्रमुख हैं, भारत की जनगणना, रोजगार और उपभोग व्यय पर नेशनल सैंपल सर्वे (एनएसएस), नेशनल श्रम ब्यूरो (एनएलबी) द्वारा किये गए ग्रामीण श्रम सर्वेक्षण, और नेशनल फेमिली प्लानिंग तथा हेल्थ सर्वे (एनएफएचएस), नेशनल क्राइम रेकॉर्ड्स ब्यूरो (एनसीआरबी), गृह मंत्रालय (एमओएचए) और राष्ट्रीय अनुसूचित जाति एवं अनुसूचित जनजाति आयोग (एनसीएससीएसटी)।

अधिक स्पष्ट कहें तो एनएसएस डेटा प्रत्येक राज्य के लिए सामाजिक समूहों द्वारा अनेक पहलुओं पर सूचना प्रदान करते हैं, जैसे गरीबी की व्यापकता, व्यावसायिक पैटर्न, कृषि भूमि का स्वमित्व औऱ रोजगार/बेरोजगारी दर। अधिकतर मामलों में इन स्रोतों से सूचना 1980 और 1990 के दशक के लिए ली गई है, और कुछ मामलों में नई सहस्राब्दी (2000–04) के प्रारंभिक कुछ सालों के लिए।

दूसरे डेटा स्रोत में लेखकों, संस्थाओं और अन्य द्वारा किये गए प्रकाशित या अप्रकाशित दोनों तरह के सूक्ष्म स्तर के अध्ययन शामिल हैं। इस तरह के स्रोत हमें गहराई तक जाने की क्षमता प्रदान करते हैं और दलित सशक्तिकरण की स्थिति तथा मुद्दों पर अधिक सुस्पष्ट केंद्रित होते हैं, तथा अखिल भारतीय और राज्य स्तरीय सूचना पर आधारित विश्लेषण के पूरक होते हैं।

टिप्पणियां और संदर्भ

1. See Census of India. 2001. New Delhi: Registrar General of India.
2. Ministry of Welfare. *Annual Report, 1996–1997*, p. 10. New Delhi: Government of India.
3. Goswami, B. 2003. *Constitutional Safeguards for Scheduled Castes and Scheduled Tribes*, pp. 25–29. Jaipur and New Delhi: Rawat Publications.
4. See Annexure I.
5. See Annexure I.
6. See the Census of India, http://www.censusindia.net, accessed on 30 October 2007.
7. List of SCs are as per the Constitution (SC) Order 1950. For a detailed classifi cation, see Department of Personnel, Government of India. 2003. *Brochure on Reservation and Concessions for Scheduled Castes, Scheduled Tribes and Other Backward Classes, Physically Handicapped, Ex-Servicemen, Sportsmen and Compassionate Appointments*, pp. 416–45. New Delhi: Nabhi Publications.
8. Saksena, H.S. 1981. *Safeguards for Schedule Castes and Tribes*, pp. 522–39. New Delhi: Uppal Publication House.
9. For further reading, see Parvathamma, C. 1984. *Scheduled Castes and Tribes: A Socio Economic Survey*, pp. 4–7. New Delhi: Ashish Publishing House.
10. Chatterjee, S.K. 1996. *The Scheduled Castes in India*, p. 963. New Delhi: Gyan Publishing House.
11. For further clarifi cations regarding the term 'residence', see Ministry of Home Affairs Circular letter No. BC. 12025/2/76 SCST (I), dated 22 March 1977.
12. See Constitution (Scheduled Caste) Order (Amendment) Act, 1990.
13. See the Ministry of Home Affairs Circular letter No. 35-1/72-RU (SCT), dated 2 March 1975.
14. For further details, see Sections 6–11 of the Hindu Adoptions and Maintenance Act, 1956.

अध्याय 2

भेदभाव के खिलाफ और सशक्तिकरण के लिए सरकार की रणनीति

जाति व्यवस्था, हिन्दू समाज के एक सामाजिक संगठन के रूप में आर्थिक और सामाजिक अधिकारों की अत्यधिक असमान पात्रता पर आधारित है। इस असमानता में कुछ समूहों और जातियों, विशेष रूप से अनुसूचित जातियों के साथ विभिन्न सामाजिक संबधों—आर्थिक, सामाजिक, राजनीतिक और सांस्कृतिक संबधों—में अधिकारों से वंचित करने के माध्यम से ऐतिहासिक अपवर्जन और भेदभाव शामिल है। अनुसूचित जाति, जिनको पारंपरिक रूप से जाति पदानुक्रम के निचले पायदान पर रखा गया है, के लिए इस घोर भेदभाव और बहिष्कार का परिणाम चौतरफा अभाव और गरीबी है।

भेदभाव और अभाव की भयावहता को देखते हुए ऐसे संवैधानिक प्रावधान आवश्यक थे, जो अनुसूचित जातियों के लिए आरक्षण के माध्यम से अवसरों के एक समान वितरण में सक्षम हों, सामाजिक नीति और आर्थिक शोषण के खिलाफ संरक्षण प्रदान करने वाले हों और सामाजिक-आर्थिक, राजनीतिक और सांस्कृतिक विकास में तेजी लाने के लिए विशिष्ट वित्तीय आवंटन में वृद्धि करने वाले हों। आधिकारिक रणनीति की परिकल्पना और दिशा योजनाबद्ध विकास और समाज के उपेक्षित वर्गों को मुख्य धारा में लाकर वितरणात्मक न्याय हासिल करना है। रणनीति के मूल में एक तरफ आय, स्थिति और अवसरों की असमानताओं को न्यूनतम करने के प्रयास ज़ारी हैं, और दूसरी ओर अनुसूचित जातियों के बीच सामाजिक, आर्थिक और शैक्षिक विकास के लिए संसाधनों के आवंटन के साथ ही आत्मनिर्भरता और आत्मसम्मान का निर्माण करना है।[2]

इस संबंध में सरकार का दृष्टिकोण मुख्य रूप से संविधान में शामिल प्रावधानों से निर्धारित है और एक 'बहु-आयामी कार्रवाई'[3] दृष्टिकोण से प्रेरित किया गया है, जो अनुसूचित जातियों के प्रति सरकार के नजरिए और रणनीति में परिलक्षित हुआ है। यह दो मुख्य विचारों से प्रभावित है:

1. विभिन्न अभावों पर काबू पाना, जो अतीत में बहिष्कार से अनुसूचित जातियों को विरासत में मिला है, और जहां तक संभव हो उन्हें दूसरों के साथ बराबरी पर लाना।
2. वर्तमान में बहिष्कार और भेदभाव के खिलाफ संरक्षण प्रदान करने के लिए देश के सामान्य आर्थिक, सामाजिक और राजनीतिक प्रक्रिया में उनकी प्रभावी भागीदारी को प्रोत्साहित करना।

इन विचारों के लिए, सरकार ने एक दो-स्तरीय रणनीति का उपयोग किया है, जिसमें शामिल है:

1. संवैधानिक प्रतिबद्धताओं की ताकत वाले सामाजिक रूप से वंचित समूहों, विधायी समर्थन, सकारात्मक कार्रवाई, जागरूकता उत्पादन, लक्ष्य समूहों के संवेदीकरण और लोगों की मानसिकता में परिवर्तन के विरूद्ध सभी प्रकार के

भेदभाव का सामाजिक न्याय के माध्यम से उन्मूलन करने के लिए, और आवश्यकता आधारित कार्यक्रमों के निर्माण में भाग लेने के लिए अवसर उपलब्ध कराना, तथा उनके प्रभावी कार्यान्वयन, पर्यवेक्षण और निगरानी के लिए भेदभाव विरोधी या सुरक्षात्मक उपाय उपलब्ध कराना।

2. न्यूनतम बुनियादी सेवाओं का बराबर का उपयोग प्रदान करने और आर्थिक रूप से स्वतंत्र और आत्मनिर्भर बनाने के परम उद्देश्य के साथ रोजगार-सह-आय सृजन गतिविधियों के माध्यम से उनके आर्थिक सशक्तिकरण के अतिरिक्त मौजूदा असमानताओं, विषमताओं और अन्य समावेशी समस्याओं के उन्मूलन के जरिये सामाजिक सशक्तिकरण जैसे विकास और सशक्तिकरण के उपाय।

सरकार निर्दिष्ट कार्यक्रमों के वित्तपोषण के लिए लगातार नीतियों को आकार देती है, कार्यक्रमों का विकास करती है, आवश्यक संस्थागत ढांचे खड़े करती है, पर्याप्त संसाधनों का आवंटन करती है, राज्यों के संसाधनों को व्यवस्थित करती है, उपेक्षित समुदायों के सशक्तिकरण से संबंधित मुद्दों पर राज्य सरकारों के साथ विचार-विमर्श करती है, विभिन्न योजनाओं पर नजर रखती है और भविष्य के नीति नियोजन में प्रतिक्रिया को शामिल करती है, तथा समय -समय पर पारित कानूनों के प्रभावी क्रियान्वयन के अपने संवैधानिक दायित्वों का निर्वहन करती है। नीतियों और कानूनी पहल शुरू करने के लिए संविधान के प्रावधानों को लागू करने, संस्थानों का एक विशाल नेटवर्क बनाने और पर्याप्त संसाधन आवंटित करके सरकार अनुसूचित जातियों की सामाजिक और आर्थिक असमर्थता पर काबू पाने की उम्मीद करती है।

संवैधानिक सुरक्षा उपाय

अनुसूचित जातियों के लिए अनेक सुरक्षा उपायों को सुनिश्चित करने के लिए भारत सरकार ने कानून अधिनियमित किये हैं तथा संविधान स्वयं प्रदान करता है। 'अस्पृश्यता' खत्म करने और सुरक्षात्मक भेदभाव के लिए अनेक उपायों को लागू करने में असमर्थता की प्रकृति सरकार की प्राथमिक सोच में थी, जो विशेषकर अस्पृश्यता से संबंधित थी।

ये असमर्थतायें निम्न प्रकार की हैं:

1. कुओं, स्कूलों, सड़कों, डाकघरों, और न्यायालयों जैसे सार्वजनिक सुविधाओं के उपयोग से मनाही या प्रतिबंध
2. मंदिरों और मंदिरों से जुड़ी अन्य इमारतों के उपयोग, जहां उनकी उपस्थिति से देवता और उच्च वर्ग के भक्तों के अपवित्र होने की सोच थी, से मनाही या प्रतिबंध
3. *वेदों* (रूढ़िवादी हिंदुओं की शुरुआती और सबसे पवित्र पुस्तकों) को पढ़ने के अधिकार से मनाही और *संन्यासी* (धार्मिक पुरुष) बनने के लिए अयोग्यता
4. किसी सम्मानजनक तथा लाभदायक रोजगार से बहिष्कृत तथा उत्तरवर्ती सेवक रोजगार से बहिष्कार
5. आवासीय अलगाव जिसके कारण उन्हें गांव से बाहर रखने के लिए आवश्यक था
6. जीवन शैली, विशेष रूप से वस्तुओं के उपयोग जो सुख या विलासिता का संकेत देते हैं पर प्रतिबंध और घुड़सवारी या साइकिल, छाते, जूते, सोने और चांदी के गहने तथा वधू ले जाने के लिए पालकी के उपयोग के अधिकार से मनाही
7. नाई, धोबी, रेस्तरां, दुकानों, सिनेमाघरों और अन्य द्वारा प्रदान सेवाओं के उपयोग से मनाही
8. अलग बर्तनों के उपयोग की अनिवार्य आवश्यकताएं
9. पते के स्वरूप, भाषा, उच्च जातियों की उपस्थिति में बैठने और खड़े रहने में सम्मान की अनिवार्यता

10. आवाजाही पर प्रतिबंध—उच्च जातियों के घरों या व्यक्तियों से निर्धारित दूरी के भीतर सड़कों और गलियों में अनुसूचित जाति के व्यक्ति को जाने की अनुमति नहीं थी
11. उच्च जातियों के लिए पारिश्रमिक रहित मजदूर का दायित्व और उनके लिए सेवक सेवाओं का निष्पादन

अनुच्छेद 46 में निहित निर्देशक सिद्धांत के कार्यान्वयन को सुगम बनाने के लिए संविधान में सुरक्षा उपाय प्रदान किया गया है, जो बताता है:

> राज्य कमजोर वर्गों के लोगों की और विशेष रूप से अनुसूचित जातियों और अनुसूचित जनजातियों के शैक्षिक और आर्थिक हितों को विशेष देखभाल के साथ बढ़ावा देगा, और सामाजिक अन्याय और शोषण के सभी रूपों से उन सबकी रक्षा करेगा।

हालांकि राज्य के नीति निर्देशक सिद्धांत कानून के किसी भी न्यायालय द्वारा प्रवर्तनीय नहीं हैं, वे कानूनों को क्रियान्वित तथा संशोधित करते समय राज्य के कर्तव्यों और दायित्वों का वर्णन इन सिद्धांतों को लागू करने के लिए करते हैं (अनुच्छेद 37), फिर भी देश के शासन के लिए आधारभूत हैं। बी.आर. अम्बेडकर के अनुसार, राज्य के लिए निधारित निर्देशक सिद्धांत सामाजिक और आर्थिक लोकतंत्र के आदर्श अर्थहीन हैं क्योंकि सामाजिक और आर्थिक संदर्भों से राजनीतिक स्वतंत्रता महरूम है।[5]

इस अभिव्यक्ति के उद्देश्य से संविधान के भाग III, IV, VI, XIV, XVI और XIX में अनुसूचित जातियों से संबंधित विभिन्न प्रावधानों को समाहित किया है। यह प्रावधान भारत के नागरिकों के मौलिक अधिकारों, राज्य के नीति निर्देशक सिद्धांतों और अनुसूचित जातियों के कल्याण के लिए मंत्रीयों की नियुक्तियों को रेखांकित करते हैं। संविधान भी अनुसूचित जातियों और अन्य उपेक्षित समूहों के बीच बुनियादी असमानताओं को पहचानता है, और कुछ वर्गों के संबंध में विशेष प्रावधानों के अंतर्गत उन दोनों के बीच एक स्पष्ट अंतर सुनिश्चित करता है। इसमें अनुसूचित जातियों के लिए निचले और उच्च सदन दोनों में संघ और राज्य स्तर पर आरक्षण के लिए भी प्रावधान हैं, यह अनुसूचित जातियों द्वारा सेवाओं और पदों के दावों के लिए प्रावधान की रूपरेखा तैयार करता है, और राष्ट्रीय अनुसूचित जाति एवं अनुसूचित जनजाति आयोग (एनसीएससीएसटी) की स्थापना की दरकार करता है।[6]

भारत का संविधान कानून के समक्ष समानता की गारंटी देता है (अनुच्छेद 14) और राज्यों को किसी भी सामाजिक रूप से—और शैक्षिक रूप से—पिछड़े वर्ग या अनुसूचित जातियों की उन्नति के लिए विशेष प्रावधान बनाने का आदेश देता है (अनुच्छेद 15 [4])। यह किसी भी पिछड़े वर्ग के नागरिकों के पक्ष में नियुक्तियों या पदों में आरक्षण के लिए राज्य को प्रावधान करने का अधिकार देता है (अनुच्छेद 16 [4])। भारत का संविधान भी स्पष्ट रूप से कहता है कि अस्पृश्यता समाप्त हो चुकी है और किसी भी रूप में इस प्रथा की मनाही है (अनुच्छेद 17)। आगे, विशेष सावधानी के साथ समाज के कमजोर वर्गों विशेष रूप से अनुसूचित जातियों के सामाजिक और आर्थिक हितों को बढ़ावा देने के लिए आदेश देता है और उन्हें सामाजिक अन्याय और शोषण के सभी रूपों से बचाने का वादा करता है (अनुच्छेद 46)। लोकतांत्रिक संस्थाओं में अनुसूचित जातियों के लिए सीटों (अनुच्छेद 330) तथा सेवाओं (अनुच्छेद 335) में आरक्षण सकारात्मक भेदभाव का एक पैमाना है। यह सामाजिक और शैक्षिक रूप से पिछड़े वर्गों की स्थिति की जांच करने के लिए राज्य को एक आयोग नियुक्त करने का अधिकार प्रदान करता है (अनुच्छेद 341 [2])। इन संवैधानिक प्रावधानों के अनुरूप सरकार द्वारा भेदभाव और बहिष्कार के खिलाफ संरक्षण प्रदान करने के लिए और अनुसूचित जातियों को आर्थिक और राजनीतिक दोनों रूप से सशक्त करने के लिए बहुत सारे उपायों को शुरू किया गया है।

सरकार की रणनीति का विस्तार, जो समय के साथ विकसित हुई है, हस्तक्षेप के क्षेत्रों के लिहाज और कार्यान्वयन के तरीकों, दोनों से किया गया है। अनुसूचित जातियों और उपेक्षित अन्य सामाजिक समूहों के अभावों के स्वरूप की विशिष्ट समझ से इस रणनीति को आकार दिया गया है, और गरीबी की निरंतरता की पहचान तथा पारंपरिक प्रतिबंधों, आर्थिक तथा सामाजिक अधिकारों की मनाही, और सतत भेदभाव तथा बहिष्कार जैसे अन्य अभावों पर आधारित है।

इसलिए अनुसूचित जातियों के ऐतिहासिक पिछड़ापन को दूर करने के लिए और समाज की मुख्यधारा के साथ बराबरी पर लाने के लिए उन्हें सशक्त करने की दृष्टि से आवश्यक माना गया कि आर्थिक और सामाजिक विकास में उनके प्रभावी भागीदारी की गारंटी के साथ ही देश की राजनीतिक प्रक्रियाओं में उन्हें प्राथमिकता प्रदान की जाये। सामान्य सशक्तिकरण के लिए कई उपाय शुरू किए गए। साथ-साथ एक सुरक्षा तंत्र आवश्यक माना गया क्योंकि भेदभाव और बहिष्कार की समस्याएं निरंतर जारी हैं। सरकार की मौजूदा रणनीति विरासत में मिले अभाव के उन्मूलन की कल्पना करती है और सतत भेदभाव और बहिष्कार से अनुसूचित जातियों के संरक्षण की दिशा में निर्देशित है।

भेदभाव विरोधी उपायों में अस्पृश्यता अपराध अधिनियम, 1955 शामिल है, जिसके अंतर्गत अस्पृश्यता और सार्वजनिक स्थानों पर भेदभाव की प्रथा को अपराध के रूप में माना गया था। 1976 में, अधिनियम को और अधिक कठोर और प्रभावी बनाने के लिए समीक्षा की गई और प्रोटेक्शन ऑफ सिविल राइट्स (पीसीआर) एक्ट के रूप में नामित किया गया था। यह अधिनियम अनुसूचित जातियों को सार्वजनिक इस्तेमाल के स्थानों के उपयोग से मना करने पर दंड की व्यवस्था करता है।[7]

इस तथ्य के अनुसार कि भारतीय दंड संहिता (आईपीसी) और पीसीआर अधिनियम के सामान्य प्रावधान कई अपराधों के खिलाफ अनुसूचित जातियों/अनुसूचित जनजातियों के लिए सुरक्षा उपायों को प्रदान करने के लिए अपर्याप्त थे, एक अतिरिक्त अधिनियम जिसे अनुसूचित जाति और अनुसूचित जनजाति अत्याचार निवारण (पीओए) अधिनियम कहा जाता है, 1989 में अधिनियमित किया गया था। इस अधिनियम को विशेष रूप से अनुसूचित जातियों/अनुसूचित जनजातियों के सदस्यों के खिलाफ अत्याचार को रोकने के लिए अधिनियमित किया गया था।[8]

यह अधिनियम राज्य सरकारों द्वारा शुरू किये गए समन्वय उपायों में केंद्र सरकार की भूमिका को परिभाषित करता है तथा संसद के प्रत्येक सदन में एक वार्षिक रिपोर्ट पेश करने की मांग करता है। अस्पृश्यता को गंभीरता से लेने के लिए सरकारी कर्मचारियों को निर्देश जारी करने के लिए और अधिनियम के प्रावधानों को लागू करने की भी व्यवस्था नियम करते हैं। इसके अलावा, नियम उनमें उल्लेख किये प्रावधानों के कार्यान्वयन के लिए प्रशासनिक ढांचे की स्थापना का जनादेश भी देते हैं।

फलस्वरूप, संपूर्ण भारत में इसके अनुरूप विभिन्न प्रशासनिक संरचनाएं डाल दी गई हैं। आम तौर पर, कई राज्यों में इन अधिनियमों के लिए समाज कल्याण विभाग ही नोडल कार्यान्वयन एजेंसी है। इन अधिनियमों को लागू करने के लिए पुलिस और गृह विभाग को भी जिम्मेदार बनाया गया है। इन अधिनियमों के प्रभावी क्रियान्वयन की देखरेख के लिए कई राज्यों में सतर्कता और निगरानी समितियां स्थापित की गई हैं। कई राज्यों में अनुसूचित जातियों/अनुसूचित जनजातियों के लिए विशेष न्यायालयों को स्थापित किया गया है, यही नहीं, कुछ राज्यों में तो जाति उत्पीड़न और अत्याचार के शिकार लोगों को कानूनी सहायता उपलब्ध कराई जाती है। यहाँ पर अस्पृश्यता की आशंका वाले क्षेत्रों की पहचान के लिए प्रावधान हैं और अंतर्जातीय विवाह के माध्यम से सामाजिक एकीकरण को बढ़ावा देने के लिए प्रोत्साहन पुरस्कार के साथ वैवाहिक जीवन में प्रवेश कर रहे युगल को वित्तीय सहायता प्रदान की जा रही है, जहां पति-पत्नी में से कोई एक अनुसूचित जाति समुदाय के अंतर्गत आता है।

आरक्षण नीति

सार्वजनिक क्षेत्र के रोजगार में अनुसूचित जातियों की आनुपातिक भागीदारी सुनिश्चित करने और सार्वजनिक शैक्षिक संस्थानों के साथ ही विभिन्न राजनीतिक लोकतांत्रिक निकायों और संस्थाओं में उनके प्रवेश को संभव बनाने के लिए सार्वजनिक क्षेत्रों में आरक्षण को एक संवैधानिक प्रावधान के रूप में शामिल किया गया। बिना 'सकारात्मक भेदभाव' के, बहिष्कार और भेदभाव के प्रचलन के कारण अनुसूचित जातियों की इस आनुपातिक भागीदारी का अनुभव नहीं किया जा पाता। इस प्रकार सरकार की आरक्षण नीति एक सकारात्मक कार्रवाई के रूप में देखी जा सकती है।

सामाजिक रूप से वंचित समूहों के लिए सामाजिक न्याय सुनिश्चित करने में सकारात्मक कार्रवाई सरकार का सबसे शक्तिशाली साधन बनी हुई है। यह सामाजिक और लैंगिक न्याय तथा आवश्यक कानूनी उपायों के साथ सामाजिक सद्भाव के सिद्धांतों पर आधारित एक 'सामाजिक न्याय का राष्ट्रीय चार्टर' के लिए सरकार की नए सिरे से प्रतिबद्धता को दर्शाता है।

आरक्षण नीति यह उपलब्ध कराने के लिए निर्देशित है:

1. सार्वजनिक रोजगार/सेवा के लिए सुरक्षा उपाय
2. सार्वजनिक शैक्षिक संस्थानों में प्रवेश के संबंध में प्रावधान; तथा
3. केंद्र और राज्य विधि निर्माण, और विभिन्न अन्य राजनीतिक निकायों और संस्थाओं के संबंध में सीटों के आरक्षण के प्रावधान

सार्वजनिक रोजगार के लिए सुरक्षा उपाय

अनुच्छेद 14 में निर्धारित समानता के सामान्य और अमूर्त सिद्धांत को अनुच्छेद 16 में अधिक विस्तार से बताया गया है। अनुसूचित जातियों और अनुसूचित जनजातियों के लिए एक विशेष प्रावधान के साथ, रोजगार या 'एक राज्य के अंतर्गत' एक कार्यालय में नियुक्ति में अवसर की समानता के लिए यह एक संवैधानिक अधिकार देता है।

अनुच्छेद 16 मे निम्नलिखित प्रावधान है:

1. राज्य के अंतर्गत किसी भी कार्यालय में रोजगार या नियुक्ति से संबंधित मामलों में सभी नागरिकों को समान अवसर प्राप्त होंगे।
2. राज्य के अंतर्गत कोई भी नागरिक केवल धर्म, प्रजाति, जाति, लिंग, वंश, जन्म, निवास या इनमें से किसी भी आधार पर अयोग्य नहीं होगा, या किसी भी रोजगार अथवा कार्यालय के संबंध में उसके साथ भेदभाव नहीं होगा।
3. इस अनुच्छेद में कुछ भी, एक वर्ग या वर्गों के एक कार्यालय के लिए रोजगार या नियुक्ति (सरकार या किसी राज्य या केंद्र शासित प्रदेशों के भीतर किसी भी स्थानीय या अन्य प्राधिकारी के अंतर्गत, उस राज्य या केंद्र शासित प्रदेशों के भीतर निवास के रूप में कोई भी आवश्यकता) के संबंध में इस तरह के रोजगार या नियुक्ति से पहले संसद को कोई भी कानून बनाने से रोक नहीं सकता।
4. इस अनुच्छेद में कुछ भी नागरिकों के किसी भी पिछड़े वर्ग के लिए, जो राज्य की राय में, पर्याप्त रूप से राज्य के भीतर सेवाओं में प्रतिनिधित्व नहीं करता है, के पक्ष में नियुक्तियों या पदों के आरक्षण का कोई प्रावधान बनाने से राज्य को नहीं रोक सकता।[9]

हालांकि अनुच्छेद 14 वर्ग कानून पर प्रतिबंध लगाता है, यह ज्यादा या कम कानून के प्रयोजनों के लिए एक उचित वर्गीकरण पर खामोश है। अनुच्छेद 16(4) के प्रयोजनों के लिए, अनुसूचित जातियां/अनुसूचित जनजातियां अपने सामाजिक, आर्थिक और शैक्षणिक पिछड़ेपन के कारण स्वयं एक वर्ग का गठन करती हैं।[10]

अनुच्छेद 16(4) में उल्लेखित टर्म 'पिछड़ा वर्ग के नागरिक' और 'पर्याप्त रूप से प्रतिनिधित्व नहीं' की व्यापकता और अर्थ को समझना भी महत्वपूर्ण है। उच्चतम न्यायालय ने टर्म की अपनी व्याख्या में दलील दी कि यह 'पिछड़ा वर्ग' या 'पिछड़े समुदाय' का पर्याय नहीं है और सम्पूर्ण जाति या समुदाय का एक सदस्य मूल्यों के सामाजिक, आर्थिक और शैक्षिक पैमाने में एक निश्चित समय पर, पिछड़ा हो सकता है और उस हिसाब से एक 'पिछड़ा वर्ग' के रूप में माना जाता है। 'पर्याप्त रूप से प्रतिनिधित्व नहीं' -या एक वर्ग का अपर्याप्त प्रतिनिधित्व- एक उपयुक्त सरकार प्राधिकार के व्यक्तिपरक संतोष की बात है।

इसलिए, राज्य को पहले एक राय बनाना चाहिए कि किस जाति/समुदाय को 'पिछड़ा वर्ग' के रूप में वर्गीकृत किया जा सकता है, और क्या पहचाने गए इस वर्ग ने पर्याप्त रूप से प्रतिनिधित्व किया है या नहीं। इस अभ्यास के पूरा होने के बाद राज्य को इस प्रकार पहचाने गए वर्गों के लिए आरक्षण अनिवार्य करने से कुछ भी नहीं रोक सकेगा।

अनुच्छेद 16(4) के दायरे को समझना भी महत्वपूर्ण है। यह अनुच्छेद अनुसूचित जातियों/अनुसूचित जनजातियों के लिए सरकार को भर्ती या पदोन्नति के स्तर पर आरक्षण प्रदान करने के लिए कोई भी संवैधानिक कर्तव्य नहीं प्रदान करता है। यह केवल सरकार को नागरिकों के पिछड़े वर्ग के पक्ष में नियुक्तियों का आरक्षण करने के लिए विवेकाधीन शक्ति प्रदान करता है, जिसने उसके विचार में, राज्य की सेवाओं में अपर्याप्त प्रतिनिधित्व किया है।

अनुच्छेद 16(4) को अनुच्छेद 335 के साथ पढ़ा जाना चाहिए, जो बताता है: 'प्रशासन की दक्षता को लगातार बनाये रखने के साथ, संघ या किसी राज्य के संबंध में सेवाओं या पदों के लिए नियुक्तियां करने में अनुसूचित जातियों और अनुसूचित जनजातियों के सदस्यों के दावों को ध्यान में रखा जाना चाहिए।'[11]

इस प्रकार, आरक्षण लागू करते समय जब एक राय बनानी हो, राज्य को अनुच्छेद 335 में निर्धारित सीमा का संज्ञान भी लेना चाहिए, अर्थात, प्रशासन की दक्षता बनाये रखने के साथ क्या आरक्षण संगत है।

आरक्षण के महत्वपूर्ण पहलू

सरकारी नौकरियों में आरक्षण को भरने का निर्धारित प्रतिशत सीधी भर्ती के माध्यम से या ग्रेड या सेवाओं में पदोन्नति द्वारा तालिका 2.1 में प्रदान किया गया है।

कैरी फॉरवर्ड और विनिमय

यदि आरक्षित पदों के विपरीत पर्याप्त संख्या में अनुसूचित जातियों/अनुसूचित जनजातियों के उपयुक्त उम्मीदवारों की नियुक्तियों के लिए उपलब्धता नहीं हैं, इस तरह के रिक्त पदों को अनारक्षित किया जा सकता है और अन्य समुदायों के उम्मीदवारों द्वारा भरा जा सकता है। इस तरह का मामला होने पर आरक्षण भर्ती को लगातार तीन साल के लिए आगे बढ़ाया जा सकता है, सिवाय पदोन्नति के मामले में सेलेक्शन समूह 'सी' से समूह 'बी' और समूह 'बी' से समूह 'ए' के सबसे निचले पायदान के लिए, जिसमें आगे ले जाने के लिए आरक्षण की अनुमति नहीं है। जबकि आरक्षित पदों को भरते समय सबसे पुराने कैरी फॉरवर्ड रिक्ति को सबसे पहले भरा जाएगा।

तालिका 2.1

सरकारी नौकरियों में आरक्षण के निर्धारित मानदंड

नियुक्ति की विधा	*अनुसूचित जातियों के लिए तय प्रतिशत*
अखिल भारतीय स्तर पर एक खुली प्रतियोगिता के माध्यम से सीधी भर्ती (संघ लोक सेवा आयोग [यूपीएससी] या किसी अन्य प्राधिकारी द्वारा)	15
समूह 'सी' और समूह 'डी' के पदों के लिए सीधी भर्ती संबंधित राज्यों/संघ राज्य	राज्यों/संघ राज्यक्षेत्रों में अनुसूचित जातियों की जनसंख्या के अनुपात में
ग्रेड या सेवाओं में पदोन्नति द्वारा भरे गये पदों में जिनमें सीधी भर्ती के तत्व, यदि हों तो, 75 प्रतिशत से अधिक नहीं हों:	
1. समूह 'बी, 'सी' और 'डी'' में सीमित विभागीय प्रतियोगी परीक्षा के माध्यम से	15
2. समूह 'बी' से सबसे निचले पायदान या श्रेणी में समूह 'ए' या समूह 'बी','सी' और 'डी' में से चयन	15
3. वरिष्ठता के आधार पर, समूह 'ए', 'बी', 'सी' और 'डी' में फिटनेस के अधीन	15

अनुसूचित जातियों/अनुसूचित जनजातियों के लिए आरक्षित रिक्त पदों का आदान-प्रदान किया जा सकता है, अगर संबंधित समुदाय से कोई उपयुक्त उम्मीदवार रिक्त पद के लिए उपलब्ध नहीं हैं। सामान्य प्रावधान, फिर तो विनिमय आरक्षण जो भर्ती के तीसरे वर्ष के लिए आगे बढ़ाया गया है, के लिए ही संभव है।

रियायतें और छूट

रियायतें और छूट निम्नलिखित पर लागू हैं:

1. सीधी भर्ती या पदोन्नति द्वारा भरे जाने के लिए सरकार और पब्लिक सेक्टर अंडरटेकिंग्स (पीएसयूज) में सेवाओं/पदों में आरक्षण
2. पदोन्नति द्वारा भरे जाने के लिए पदों के लिए अधिकतम आयु सीमा में छूट और सीधी भर्ती
3. भर्ती, परीक्षा शुल्क, आदि में रियायत
4. सीधी भर्ती के लिए अनुसूचित जातियों/अनुसूचित जनजातियों के उम्मीदवारों के लिए अलग से साक्षात्कार
5. नियुक्ति के लिए योग्यता, अनुभव और अन्य मानदंडों में ढील
6. भर्ती के लिए लिखित परीक्षाओं और साक्षात्कारों में भाग लेने के लिए यात्रा भत्ता
7. अनुसूचित जाति/अनुसूचित जनजाति के कर्मचारियों की प्रोन्नति पर विचार के लिए क्षेत्र का विस्तार
8. सामान्य आवासीय निवासों में आरक्षण
9. अनुसूचित जाति/अनुसूचित जनजाति के कर्मचारियों के उत्पीड़न के खिलाफ सेंट्रल सिविल सर्विसेज (सीसीएस) (आचरण) नियमों में प्रावधान
10. पीएसयू के उत्पादों की डीलरशिप में आरक्षण, और डीलरशिप से संबंधित शर्तों में रियायतें

प्रक्रियात्मक सुरक्षा उपाय

1. पदों में आरक्षण के लिए रोस्टर
2. रोस्टर का वार्षिक निरीक्षण
3. आरक्षण पर वार्षिक विवरण
4. रियायतों की निगरानी और उचित कार्यान्वयन सुनिश्चित करना

संस्थागत सुरक्षा उपाय

1. अनुसूचित जातियों/अनुसूचित जनजातियों के लिए रियायतों पर नजर रखने और उचित कार्यान्वयन सुनिश्चित करने में सहायता के लिए संपर्क अधिकारियों और विशेष प्रकोष्ठों का प्रावधान
2. अनुच्छेद 338 में रेखांकित उद्देश्यों और कार्यों के साथ एक एनसीएससीएसटी की स्थापना
3. सेवाओं में अनुसूचित जातियों/अनुसूचित जनजातियों के प्रतिनिधित्व की जांच करने और सुधार के लिए उपयुक्त सिफारिशें करने के लिए अनुसूचित जातियों/अनुसूचित जनजातियों के कल्याण पर संसद की एक समिति की स्थापना
4. एनसीएससीएसटी, नेशनल शेड्यूल्ड कास्ट फाइनेंस एंड डेवलपमेंट कारपोरेशन (एनएफसीएसडीसी), नेशनल सफाई कर्मचारीस फाइनेंस एंड डेवलपमेंट कारपोरेशन (एनएसकेएफडीसी), नेशनल कमीशन फॉर सफाई कर्मचारीस (एनसीएसके) और डॉ अम्बेडकर फाउंडेशन की स्थापना

केंद्रीय तथा राज्य विधानसभाओं और अन्य निकायों में प्रावधान

अनुच्छेदों 330 और 332 के अंतर्गत अनुसूचित जातियों के लिए लोकसभा (प्रतिनिधियों के निचले सदन) एवं राज्यसभा (प्रतिनिधियों के ऊपरी सदन) साथ ही साथ भारत के सभी राज्यों में विधानसभाओं में सीटें आरक्षित हैं। प्रत्येक राज्य में आरक्षण का कोटा संबंधित राज्य की अनुसूचित जाति की जनसंख्या पर आधारित है।

शैक्षिक नीतियां

अनुसूचित जातियों की प्राथमिक शैक्षिक समस्याएं हैं, पहला, उनके बीच कम साक्षरता दर की व्यापकता; दूसरा, स्कूल स्तर पर स्कूल छोड़ने की दर; तीसरा, कम गुणवत्ता की शिक्षा; चौथा, शिक्षा के उच्च स्तर पर कम प्रतिधारण दर; और अंत में, शैक्षिक संस्थानों में प्रवेश सहित किसी न किसी रूप या अन्य में भेदभाव और बहिष्कार। स्कूल स्तर और उच्च शिक्षा दोनों में सुधार, विभिन्न चरणों स्कूल स्तर (प्राथमिक, मध्य और माध्यमिक) के साथ-साथ उच्च स्तर पर शामिल किया जा रहा नामांकन और प्रवेश की सुविधा के लिए, पढ़ाई छोड़ने वालों की दर को कम करना, शैक्षिक सामग्री की गुणवत्ता और क्षमताओं में सुधार तथा उच्च स्तरों पर प्रतिधारण प्रोत्साहित करने समेत व्यावसायिक शिक्षा और अनुसंधान जो अनुसूचित जातियों को उच्च डिग्री लेने में मदद करता हो पर सरकार के कार्यक्रम का ध्यान केंद्रित है।

शिक्षा के बुनियादी ढांचे में सुधार करना, शैक्षिक संस्थानों में दाखिले की सुविधा, शिक्षा के विभिन्न स्तरों पर वित्तीय सहायता प्रदान करना तथा क्षमताओं का निर्माण करने के लिए, विशेष रूप से शैक्षिक रूप से सबसे पिछड़े वर्गों के बीच, उपचारात्मक कोचिंग का संचालन करना सरकार की योजनाओं में शामिल है।

राष्ट्रीय शिक्षा नीति (एनपीई), 1986

एनपीई (नेशनल पॉलिसी ऑन एजुकेशन), शिक्षा के सभी चरणों-प्राथमिक, मध्य और माध्यमिक में सीखने के न्यूनतम स्तर की प्राप्ति और बच्चे के समग्र व्यक्तित्व विकास पर जोर देता है। एनपीई के अनुसार, प्राथमिक शिक्षा और साक्षरता के विभाग और माध्यमिक शिक्षा और उच्च शिक्षा विभाग के मौजूदा योजनाओं में अनुसूचित जातियों के लिए निम्न विशेष प्रावधानों को शामिल किया गया है:

1. प्राथमिक विद्यालय खोलने के लिए शिथिल मानदंड।
2. एक प्राथमिक स्कूल 300 के बजाय 200 लोगों की बस्ती से 1 किलोमीटर पैदल दूरी के भीतर
3. अनुसूचित जाति समुदाय के छात्रों के लिए निशुल्क पाठ्यपुस्तकें, यूनिफार्म, स्टेशनरी और स्कूल बैग द्वारा प्रोत्साहन।
4. प्राथमिक शिक्षा और साक्षरता के विभाग जैसे डिस्ट्रिक्ट प्राइमरी एजुकेशन प्रोग्राम (डीपीईपी), लोक जुम्बिश, शिक्षा कर्मी, नॉन-फॉर्मल एजुकेशन (एनएफई) तथा नेशनल प्रोग्राम फॉर न्यूट्रीशनल सपोर्ट टू प्राइमरी एजुकेशन (एनपीएनएसपीई) के प्रमुख कार्यक्रमों में अनुसूचित जातियों के उच्च केन्द्रित क्षेत्रों को प्राथमिकता दिया जाना।
5. सभी राज्यों में सरकारी स्कूलों, कम से कम प्राथमिक स्तर तक में ट्यूशन फीस का उन्मूलन। ज्यादातर राज्यों ने उच्च माध्यमिक स्तर तक अनुसूचित जाति के छात्रों के लिए ट्यूशन फीस समाप्त कर दिया है।
6. ग्रामीण क्षेत्रों से प्रतिभाशाली बच्चों के लिए माध्यमिक स्तर पर 43,000 छात्रवृत्तियों में से 13,000 छात्रवृत्तियां अनुसूचित जाति/जनजाति समुदाय के बच्चों के लिए आरक्षित हैं, और 70 छात्रवृत्तियां नेशनल टैलेंट सर्च एग्जामिनेशन (एनटीएसई) के अंतर्गत अनुसूचित जाति/अनुसूचित जनजाति के उम्मीदवारों के लिए आरक्षित हैं।

7. केंद्र सरकार के संस्थानों जैसे इंडियन इंस्टिट्यूट ऑफ टेक्नोलॉजी (आईआईटीज), इंडियन इंस्टिट्यूट ऑफ मैनेजमेंट (आईआईएम्स), रीजनल इंजीनियरिंग कॉलेजेस (आरईसीज), केंद्रीय विश्वविद्यालयों, केन्द्रीय विद्यालयों और नवोदय विद्यालयों में अनुसूचित जातियों के लिए सीटों के आरक्षण का कड़ाई से पालन। यूनिवर्सिटी ग्रांट्स कमीशन (यूजीसी) ने केंद्रीय विश्वविद्यालयों सहित 103 विश्वविद्यालयों में आरक्षण नीति का उचित कार्यान्वयन सुनिश्चित करने के लिए अनुसूचित जाति/जनजाति प्रकोष्ठों की स्थापना की है। विभिन्न सार्वजनिक शिक्षण संस्थानों में आरक्षण नीति के कार्यान्वयन की समीक्षा करने के लिए यूजीसी द्वारा एक स्थायी समिति भी स्थापित की गई है।
8. अनुसूचित जाति के छात्रों के शैक्षिक कौशल, भाषाई दक्षता और समझ के स्तर में सुधार के लिए उपचारात्मक और विशेष कोचिंग उपलब्ध कराई गई है। IITs के पास एक योजना है जिसके अंतर्गत अनुसूचित जाति के छात्र, जो प्रवेश परीक्षा में एक छोटे से अंतर से असफल हो जाते हैं, को एक साल का प्रारंभिक पाठ्यक्रम प्रदान किया जाता हैं।
9. यूजीसी ने अनुसूचित जाति/अनुसूचित जनजाति समुदाय के उम्मीदवारों को नेशनल एलिजिबिलिटी टेस्ट (एनईटी) की तैयारी कराने में कोचिंग उपलब्ध कराने के लिए एक योजना भी तैयार की है और बाद में उनके बीच में से व्याख्याताओं के रूप में भर्ती के लिए पर्याप्त रूप से योग्य उम्मीदवारों को उपलब्ध कराने के लिए।
10. अनुसूचित जाति के उम्मीदवारों को जूनियर रिसर्च फ़ेलोशिप (जेआरएफ) परीक्षा के लिए कट ऑफ मार्क्स में 10 प्रतिशत तक की छूट भी प्रदान की जाती हैं। सभी अनुसूचित जाति। के उम्मीदवारों, जो जेआरएफ के लिए अर्हता प्राप्त करते हैं, को फ़ेलोशिप से सम्मानित किया जाता है।
11. हर साल, अनुसूचित जाति/अनुसूचित जनजाति के छात्रों को विज्ञान और मानविकी में जो एनईटी में उपस्थित होते हैं और लेक्चररशिप के लिए अर्हता प्राप्त करते हैं को 50 फ़ेलोशिप से सम्मानित किया जाता है।
12. यूजीसी व्याख्याताओं के रूप में नियुक्ति के लिए अनुसूचित जाति/अनुसूचित जनजाति के उम्मीदवारों को मास्टर स्तर पर 5 प्रतिशत अंक की छूट –55 प्रतिशत से 50 प्रतिशत- प्रदान करता है। अनुसूचित जाति/अनुसूचित जनजाति के छात्रों के लिए यूजीसी ने एनईटी में उपस्थित होने के लिए आवश्यक अंक का न्यूनतम प्रतिशत भी कम कर दिया है, 50 प्रतिशत तक।

वैकल्पिक और अभिनव शिक्षा

औपचारिक स्कूली शिक्षा के साथ-साथ, असेवित बस्तियों और बाहर के स्कूल के बच्चों, खासकर लड़कियों को मुख्य धारा में कवर करने के लिए वैकल्पिक और अभिनव शिक्षा समग्र रणनीति का एक प्रमुख हिस्सा है। यह योजना आवश्यकताओं की एक विविध रेंज जैसे कि निम्न प्रदान करता है:

1. असेवित बस्ती के लिए एक अध्ययन केंद्र, मध्य प्रदेश में शिक्षा गारंटी योजना की तरह।
2. एम. वेंकटरंगैयाह फाउंडेशन और लोक जुम्बिश परियोजनाओं के अंतर्गत बालिका शिक्षण शिविरों के प्रयासों, या प्रवासी आबादी जैसे जम्मू-कश्मीर के चरवाहों के लिए विशेष मोबाइल स्कूलों के निर्माण के रूप में बाहर के स्कूल के बच्चों के लिए एक विशेष तरह की रणनीति जिससे औपचारिक धाराओं से उन्हें मुख्यधारा में लाया जा सके।
3. महिला समाख्या परियोजना के अंतर्गत महिला शिक्षा केन्द्र के रूप में किशोरियों के लिए एक विशेष दृष्टिकोण, उनके सीखने की जरूरत की विविधता को पूरा करने के लिए।
4. वंचित बच्चों की विशेष शैक्षिक जरूरतों को पूरा करने के लिए जिन्होंने स्कूल में दाखिला लिया, लेकिन सामना करने में असमर्थ हैं, उदाहरण के लिए, मुंबई में प्रथम, शहरी मलिन बस्तियों में उपचारात्मक शिक्षण का एक स्रोत है
5. एक प्रयोगात्मक धारा जहाँ नए शैक्षणिक दृष्टिकोण को अभिनव घटकों के अंतर्गत आज़माया जा सकता है, जैसे आंध्र प्रदेश में ऋषि वैली स्कूल, जहां शिक्षा के तंत्र को गैर-औपचारिक रूप करने का विचार है।

विशेष शैक्षिक योजनाएं

मिनिस्ट्री ऑफ सोशल जस्टिस एंड एम्पावरमेंट (एमओएसजेई) राज्य सरकारों और यूनियन टेरिटरी (यूटी) प्रशासन के माध्यम से अनुसूचित जाति के शैक्षिक विकास के लिए विभिन्न केंद्र प्रायोजित योजनाओं को लागू करता है।

अनुसूचित जाति के छात्रों की योग्यता के उन्नयन के लिए केंद्रीय क्षेत्र की योजना

इस योजना को शिक्षा विभाग में मिनिस्ट्री ऑफ ह्यूमन रिसोर्स डेवलपमेंट (एमएचआरडी) द्वारा 1987–88 में शुरू किया गया था और 1993–94 के बीच में मिनिस्ट्री ऑफ वेलफेयर (एमओडी) में स्थानांतरित किया गया।

इस योजना का उद्देश्य अनुसूचित जाति के छात्रों की योग्यता के उन्नयन के लिए आवासीय विद्यालयों में शिक्षा के माध्यम से सर्वांगीण विकास के लिए उन्हें अवसर प्रदान करना था। योजना का इरादा उनके शैक्षिक और सामाजिक कमियों को दूर करना है, और उन संस्थाओं/पाठ्यक्रम में प्रवेश की सुविधा के लिए जहां उनका दाखिला एक प्रतिस्पर्धात्मक आधार पर था, का प्रयास करना है। इस योजना के अंतर्गत नौवीं से बारहवीं कक्षा में पढ़ने वाले अनुसूचित जाति के छात्रों के लिए उपचारात्मक और विशेष कोचिंग की व्यवस्था करने के लिए राज्यों/केंद्र शासित प्रदेशों को 100 प्रतिशत केंद्रीय सहायता जारी किया जाता है।

जबकि उपचारात्मक कोचिंग का लक्ष्य स्कूल में पढ़ाये जाने वाले विषयों में कमियों को दूर करना है, व्यावसायिक शिक्षा जैसे इंजीनियरिंग और चिकित्सा में प्रवेश के लिए छात्रों को प्रतियोगी परीक्षाओं के लिए तैयार करने के लिए विशेष कोचिंग प्रदान की जाती है। इस योजना के अंतर्गत भाषाई कौशल, विज्ञान और गणित के क्षेत्र में कोचिंग प्रदान की जाती है। हालांकि प्रत्येक राज्य/संघ क्षेत्र के संबंध में पुरस्कारों की संख्या योजना में पूर्व निर्धारित है, प्रत्येक राज्य न्यूनतम पांच पुरस्कारों को प्राप्त करने के लिए अधिकृत है। अनुदान योजना के अंतर्गत 15,000 रूपये प्रति छात्र प्रति वर्ष का पैकेज प्रदान किया जाता है। यह योजना विकलांग छात्रों के लिए अतिरिक्त अनुदान के रूप में पाठक भत्ता, परिवहन भत्ता और अनुरक्षण भत्ता भी प्रदान करता है।

केंद्रीय—प्रायोजित कोचिंग और सम्बद्ध योजना

इस योजना के अंतर्गत संघ लोक सेवा आयोग (यूपीएससी), राज्य लोक सेवा आयोग (एसएससी) आदि द्वारा आयोजित प्रतियोगी परीक्षाओं के लिए अनुसूचित जाति के छात्रों को तैयार करने के लिए देश के विभिन्न भागों में प्री-एग्जामिनेशन ट्रेनिंग सेंटर्स (पीईटीसी) के लिए धनराशि जारी की जाती है। इस योजना का उद्देश्य अनुसूचित जाति समुदाय के उम्मीदवारों, जिनके लिए राज्य/केन्द्रीय सेवाओं में पद आरक्षित हैं, के प्रतिनिधित्व में सुधार करना है।

योजना को अधिक लागत प्रभावी और परिणाम उन्मुख बनाने के लिए चल रही योजना को सितंबर 2001 में 'अनुसूचित जाति, अन्य पिछड़ी जातियों और अल्पसंख्यकों सहित कमजोर वर्गों के लिए अध्यापन और सम्बद्ध सहायता' से संशोधित किया गया था। संशोधित योजना के अंतर्गत राज्य सरकार को एक मैचिंग के आधार पर और खर्च के लिए प्रतिबद्ध स्तर से अधिक अनुदान सहायता दिया जाता है, और केंद्र शासित प्रदेशों को 100 प्रतिशत सहायता प्रदान की जाती है। प्रत्यक्ष रूप से चलित केन्द्रों के मामले में, विश्वविद्यालयों/संस्थानों के माध्यम से 90 प्रतिशत के आधार पर सहायता दी जाती है। कुछ निजी संस्थाओं को भी एक अनुबंध के आधार पर वित्त पोषित किया जा रहा है। अनुदान को दो किस्तों में जारी किया जाता है।

योजना की मुख्य विशेषताएं इस प्रकार हैं:

1. केंद्र और राज्य सरकारों, पीएसयूज, बैंकों और निजी क्षेत्र के अंतर्गत समूह 'ए' और 'बी' में सभी सेवाओं में भर्ती के लिए तैयारी करने में सहायता प्रदान की जाती है।

2. शिक्षण संस्थानों में प्रवेश परीक्षा, जो चिकित्सा, इंजीनियरिंग आदि के क्षेत्र में व्यावसायिक पाठ्यक्रमों को चलाते हैं, के लिए भी सहायता प्रदान की जाती है।
3. इस तरह के उभरते क्षेत्रों के लिए जैसे इन्फार्मेशन टेक्नोलॉजी (आईटी) और अन्य सेवा क्षेत्र की गतिविधियों में कोचिंग पर जोर दिया गया है।
4. समूह 'ए' की सेवाओं में प्रशिक्षण के लिए 8000 रूपये प्रति छात्र प्रति पाठ्यक्रम, समूह 'बी' में सेवाओं के लिए प्रति छात्र प्रति पाठ्यक्रम और अन्य सभी सरकारी सेवा परीक्षाओं के लिए 6000 रूपये की वित्तीय सहायता के कोचिंग केन्द्र हकदार हैं।
5. समूह 'ए' सेवाओं और प्रवेश परीक्षा के लिए 700 रूपये का वजीफा प्रति छात्र प्रति माह बाहरी छात्रों के लिए प्रदान किया जाता है। स्थानीय छात्रों के मामले में 225 रूपये और 125 रूपये प्रवेश परीक्षा के साथ समूह 'ए' और 'बी' सेवाओं के लिए क्रमश: प्रदान की जाती है।
6. कोचिंग संस्थानों को कोचिंग के छात्रों पर अतिरिक्त ध्यान देना चाहिए और यह सुनिश्चित करना होगा कि इस योजना के अंतर्गत उनके द्वारा कोच किये गए कम से कम 33 प्रतिशत छात्र प्रवेश/भर्ती परीक्षाओं में सफल रहें हो।

सफाई के पेशे में लगे लोगों के बच्चों के लिए प्री-मैट्रिक स्कॉलरशिप्स (पीएमएस)

धर्म से निरपेक्ष वे सफाईकर्मी जिनका परंपरागत संबंध सफाई, चमड़ा उतारने और चर्मशोधन से था और शुष्क शौचालय का मैला ढोने वालों के बच्चों को मैट्रिक तक की शिक्षा प्राप्त करने में आर्थिक रूप से सहायता करने के उद्देश्य से 1977–78 में इस योजना की शुरुआत की गई थी। लक्ष्य समूहों के बीच नि:शक्त छात्रों को भी सहायता प्रदान की गई।

इस योजना को राज्य सरकारों और केन्द्र शासित प्रदेशों के प्रशासनों द्वारा कार्यान्वित किया जाता है। 50–50 प्रतिशत मैचिंग के आधार पर राज्य सरकारों को और 100 प्रतिशत के आधार पर केन्द्र शासित प्रदेशों के प्रशासनों को केंद्रीय सहायता उनको प्रतिबद्ध दायित्व से अधिक और आगे पर प्रदान की जाती है।

इस योजना में कक्षा एक से दस तक डे-स्कॉलर्स को पढ़ाई के लिए छात्रवृत्ति की दरें 25 रूपये प्रति माह कक्षा 1 से 5 के लिए, 40 रूपये प्रति माह कक्षा 6 से 8 के लिए, 50 रुपए प्रति माह कक्षा 9 और 10 के लिए सुनिश्चित की गई। इस योजना के अंतर्गत कक्षा 3 से 10 तक के हॉस्टेलर्स को शामिल किया गया है, जिसमें कक्षा 3 से 8 तक के हॉस्टेलर्स के लिए छात्रवृत्ति की दर 200 रूपये प्रति माह और जो कक्षा 9 और 10 में हैं, उनके लिए 250 रूपये प्रति माह है। छात्रवृत्ति एक वर्ष में 10 महीने के लिए प्रदान की जाती है। छात्रवृत्ति के अतिरिक्त 500 रूपये का वार्षिक तदर्थ अनुदान डे-स्कॉलर्स के साथ ही हॉस्टेलर्स को भी प्रदान किया जाता है।

इस योजना को आखिरी बार 25 फरवरी,1994 में संशोधित किया गया था, जिसके बाद कोई आय सीमा निर्धारित नहीं है। एक ही माता-पिता के दो बच्चे इस योजना से लाभ प्राप्त कर सकते हैं अगर वे कक्षाएं 9 और 10 में शिक्षा प्राप्त कर रहे हैं। हालांकि इस तरह का कोई प्रतिबंध बच्चों को जो कक्षा 8 तक शिक्षा प्राप्त कर रहे हैं पर कोई बंधन नहीं है, अतिरिक्त/तृतीय/बाद में 1 अप्रैल 1993 के बाद पैदा हुए बच्चे को इस योजना से लाभ नहीं मिलेगा।

अनुसूचित जाति के छात्रों के लिए पोस्ट मैट्रिक छात्रवृत्ति

मान्यता प्राप्त संस्थानों में पोस्ट- मैट्रिक शिक्षा को आगे बढ़ाने के लिए अनुसूचित जाति/अनुसूचित जनजाति वर्ग से संबंधित छात्रों को वित्तीय सहायता सहित, देश के भीतर पत्राचार पाठ्यक्रम प्रदान करना योजना का उद्देश्य है।

इस योजना के अंतर्गत वित्तीय सहायता में देखभाल भत्ता, अनिवार्य नॉन-रिफंडेबल फीस की प्रतिपूर्ति, थीसिस टाइपिंग/मुद्रण शुल्क, अध्ययन दौरा प्रभार, पत्राचार पाठ्यक्रम कर रहें छात्रों के लिए पुस्तक भत्ता, और विकलांग छात्रों के लिए विशेष प्रावधान जैसे नेत्रहीन छात्रों के लिए पाठक शुल्क, का प्रावधान शामिल है।

इस योजना को विभिन्न राज्य सरकारों और केन्द्र शासित प्रदेशों के प्रशासनों, जो उनके लिए प्रतिबद्ध दायित्व से अधिक और आगे 100 प्रतिशत केंद्रीय सहायता प्राप्त करते हैं, द्वारा लागू किया गया है। उत्तर-पूर्वी राज्यों के लिए ऐसा कोई दायित्व नहीं है।

अनुसूचित जाति के छात्रों के लिए पुस्तक बैंक

इस योजना का इरादा अनुसूचित जाति/अनुसूचित जनजाति के छात्रों को चिकित्सा (चिकित्सा और होम्योपैथी के भारतीय सिस्टम सहित), पशु चिकित्सा, इंजीनियरिंग, कृषि और जिन पॉलीटेक्निक पाठ्यक्रमों में व्यापक पुस्तकों की आवश्यकता होती है, में नवीनतम पाठ्य पुस्तकों तक पहुंच प्रदान करना है। बुक बैंक योजना में कानून, चार्टर्ड एकाउंटेंसी, प्रबंधन और जैव विज्ञान भी शामिल है। इस योजना में नेत्रहीन छात्रों की मदद के लिए ब्रेल पुस्तकें/बात करती पुस्तकें/कैसेट के प्रावधानों को भी शामिल किया गया है। इस योजना के माध्यम से स्नातकोत्तर पाठ्यक्रम और चार्टर्ड एकाउंटेंसी, जिसमें प्रत्येक छात्र को एक सेट प्रदान किया जाता है, के मामले में छोड़कर पुस्तकों के प्रत्येक सेट को विभिन्न चरणों में दो छात्रों द्वारा साझा किया जाता है।

यह योजना उन सभी जो पोस्ट मैट्रिक छात्रवृत्ति प्राप्त करते हैं के लिए खुली है। किताब के एक सेट की जीवन अवधि तीन वर्ष निर्धारित की गई है और पाठ्य पुस्तकों की अधिकतम लागत प्रति सेट पाठ्यक्रम के आधार पर 2400 रूपये से 7500 रूपये तक भिन्न-भिन्न होती है। यह योजना अलमारी खरीदने के लिए 2000 रूपये भी प्रदान करता है। यह योजना राज्य सरकारों और केन्द्र शासित प्रदेशों के प्रशासनों द्वारा कार्यान्वित किया जाता है। राज्य सरकारों को 50:50 प्रतिशत मैचिंग के आधार पर और केन्द्र शासित प्रदेशों के प्रशासनों को 100 प्रतिशत के आधार पर केंद्रीय सहायता प्रदान की जाती है।

अनुसूचित जाति के छात्रों के लिए लड़कियों/लड़कों के छात्रावास की योजना

इस योजना का मुख्य उद्देश्य अनुसूचित जाति के छात्रों के लिए, जब वे मध्यम, उच्च और माध्यमिक स्कूलों, कॉलेजों और विश्वविद्यालयों में अध्ययन कर रहे हों, को छात्रावास की सुविधा प्रदान करने के लिए है। यह योजना राज्य सरकारों और केन्द्र शासित प्रदेशों के प्रशासनों द्वारा कार्यान्वित किया जाता है। राज्य सरकारों को 50:50 प्रतिशत मैचिंग के आधार पर और केन्द्र शासित प्रदेशों के प्रशासनों को 100 प्रतिशत के आधार पर 100 तक के अंत:वासियों के लिए छात्रावास भवनों के निर्माण, चारदीवारी, छात्रावास वार्डन के लिए दो कमरों का सेट और चौकीदारों (निगरानी और वार्ड स्टाफ) के लिए एक कमरे का सेट बनाने के लिए केंद्रीय सहायता प्रदान की जाती है। नॉन गवर्मेंटल आर्गेनाइजेशनस (एनजीओज) को 45 प्रतिशत राज्यांश पर मौजूदा छात्रावासों के विस्तार और 10 प्रतिशत स्वयं के अंशदान के आधार पर केंद्रीय सहायता भी दी जाती है।

राज्य/केंद्र शासित प्रदेश या लाभार्थी संस्था द्वारा नि:शुल्क भूमि प्रदान किया जाता है। छात्रावास के कुछ कमरों को बाधा मुक्त डिजाइन के अनुसार और विकलांग छात्रों के आराम के लिए रैंप की सुविधा को शामिल करते हुए निर्माण करना है। निर्माण की लागत राज्य/सेंट्रल पब्लिक वर्क्स डिवीज़न (सीपीडब्लूडी) अनुसूची की दरों के आधार पर निकाली जाती है। इन छात्रावासों की देखभाल पर होने वाला खर्च राज्य सरकारों द्वारा अपने स्वयं की निधि से वहन किया जा रहा है।

इस योजना के अंतर्गत केन्द्र नियंत्रित विश्वविद्यालय 90 प्रतिशत तक वित्तीय सहायता प्राप्त कर सकते हैं, शेष 10 प्रतिशत उनके द्वारा योगदान किया जाता है। अन्य विश्वविद्यालय 45 प्रतिशत तक की केंद्रीय सहायता प्राप्त कर सकते हैं; शेष राशि अपने-अपने राज्यों (45 प्रतिशत) और खुद (10 प्रतिशत) के द्वारा प्रदान किया जाना है।

अनुसूचित जाति के छात्रों के लिए नेशनल ओवरसीज छात्रवृत्ति

नेशनल ओवरसीज छात्रवृत्ति एक गैर-योजनागत स्कीम है जिसके अंतर्गत कुल 30 में से 17 छात्रवृत्तियों से अनुसूचित जाति के छात्रों को प्रतिवर्ष सम्मानित किया जाता है। इस योजना का इरादा अनुसूचित जाति में शामिल अन्य धर्मों में धर्मान्तरित, मेधावी अनुसूचित जाति के छात्रों, जिनके पास पर्याप्त वित्तीय सुविधाएं नहीं है, को विदेश में उच्च शिक्षा के पाठ्यक्रम के लिए, जो भारत में उपलब्ध नहीं हैं, को वित्तीय सहायता भी प्रदान करना है।

इस योजना के अंतर्गत सरकार एक छात्र की पूरी ट्युशन फीस, देखभाल भत्ता, एक आपात भत्ता तथा एक वर्ष में एक बार दोनों ओर से हवाई मार्ग से यात्रा की सुविधा प्रदान करती है। वहां स्नातक, मास्टर, डॉक्टरेट और पोस्ट डॉक्टरेट पाठ्यक्रम के लिए कुछ विषय प्रतिबंध रहे हैं। विज्ञान, प्रौद्योगिकी, चिकित्सा, कृषि, इंजीनियरिंग और भारतीय अध्ययन से संबंधित कुछ पाठ्यक्रमों को सूची से बाहर रखा गया है। एमएचआरडी के परामर्श से हर साल विशिष्ट विषयों में स्नातक और मास्टर पाठ्यक्रम निर्धारित किया जाता है। विज्ञान, प्रौद्योगिकी और इंजीनियरिंग के क्षेत्र में पीएचडी और पोस्ट-डॉक्टरेट कर रहे उम्मीदवारों को वरीयता दी जाती है।

छात्रवृत्ति की अधिकतम अवधि विभिन्न डिग्रियों के लिए भिन्न है। पात्रता मानदंड के रूप में अनुसूचित जाति के उम्मीदवारों को स्नातक, मास्टर्स और पीएचडी डिग्री के लिए योग्यता की डिग्री में 60 प्रतिशत प्राप्त करने के साथ दो साल के अनुसंधान/शिक्षण/काम करने का अनुभव और पोस्ट-डॉक्टरल डिग्री के लिए पीएचडी के साथ पांच साल का अनुसंधान/शिक्षण/काम करने का अनुभव साथ-साथ आवश्यक है। एक उम्मीदवार की आयु 35 वर्ष से अधिक नहीं होनी चाहिए, और आवेदक की वार्षिक आय 60,000 रूपये से अधिक नहीं होनी चाहिए। एक परिवार में केवल एक बच्चा इस पुरस्कार का लाभ ले सकता है।

इस योजना को व्यापक रूप से राष्ट्रीय और क्षेत्रीय समाचार पत्रों में और रोजगार समाचार में हर साल विज्ञापित किया जाता है। एनसीएससीएसटी, राज्य सरकारों, केंद्र शासित प्रदेशों को भी एक साथ विज्ञापन की जानकारी दी जाती हैं। चयनित उम्मीदवारों को एक पुरस्कार पत्र दिया जाता है, जिससे उनके विदेश में प्रवेश की कोशिशों में सहूलियत मिलती है। क्योंकि चयन के वर्ष को छोड़कर, यह पुरस्कार तीन साल के लिए मान्य है, यह छात्रों को आवश्यक प्रवेश सुरक्षित करने के लिए पर्याप्त समय देता है। उनके अध्ययन के देशों में स्थित भारतीय दूतावासों द्वारा छात्रों के लिए छात्रवृत्ति अग्रेषित की जाती हैं।

अनुसूचित जाति के उम्मीदवारों के लिए यात्रा व्यय के अनुदान

यह गैर-योजनागत स्कीम अनुसूचित जाति के छात्रों को कुल 9 में से 4 यात्रा व्यय के अनुदान प्रदान करता है, जो पहले से ही स्नातकोत्तर अध्ययन, अनुसंधान, या विदेशी सरकार/संगठन से प्रशिक्षण या किसी अन्य योजना के अंतर्गत एक योग्यता छात्रवृत्ति प्राप्त कर रहे हैं, जिसमें यात्रा व्यय प्रदान नहीं किया गया है।

यात्रा व्यय अनुदान के लिए जिन उम्मीदवारों ने आवेदन किया है, उनके पास एक मास्टर, या मानविकी या विज्ञान के मामले में एक समकक्ष डिग्री और इंजीनियरिंग, तकनीकी और चिकित्सा विषयों के मामले में एक स्नातक की डिग्री होनी चाहिए। उनकी या उनके माता-पिता की आय प्रतिवर्ष रूपये 60,000 से अधिक नहीं होनी चाहिए।

यह योजना अग्रणी समाचार पत्र, रोजगार समाचार और क्षेत्रीय भाषा के अखबारों में हर साल विज्ञापित होता है। एनसीएससीएसटी, राज्य सरकारों, केंद्र शासित प्रदेशों को भी एक साथ विज्ञापन की जानकारी दी जाती हैं। संभावित उम्मीदवार, उनकी सुविधा के अनुसार इस योजना के लिए आवेदन कर सकते हैं क्योंकि यह योजना एक रोलिंग कार्यक्रम है और एक समय सीमा तक ही सीमित नहीं है।

डॉ अम्बेडकर राष्ट्रीय योग्यता छात्रवृत्ति

यह योजना हासिये पर स्थित समुदायों के प्रतिभाशाली छात्रों को उच्च शिक्षा के लिए आगे बढ़ाने के लिए मान्यता देने, प्रोत्साहित करने तथा सहायता देने के उद्देश्य से 2003 में शुरू की गई हैं। छात्रवृत्तियों की संख्या 208 है (अनुसूचित जातियों और जनजातियों प्रत्येक के लिए104)। इसके अतिरिक्त संबंधित राज्यों में अनुसूचित जातियों/जनजातियों की जनसंख्याके अनुपात में 250 विशेष छात्रवृत्तियां दी जाती हैं।

आर्थिक विकास के लिए नीतियां तथा कार्यक्रम

निजी क्षेत्र, जो 90 फीसदी से अधिक अनुसूचित जाति श्रमिकों को खपाता है, के लिए एक सकारात्मक कार्रवाई नीति के अभाव में सरकार ने निजी स्वामित्व वाले आय के विभिन्न स्रोतों जैसे कृषि (भूमि तथा गैर-कृषि संपत्ति), पूंजीगत संपत्ति, मानव संसाधन क्षमताओं (शिक्षा तथा कौशल), और सामाजिक तथा मूलभूत सेवाओं जैसे आवास, स्वास्थ्य, पेय जल, बिजली इत्यादि में सुधार के लिए अनुसूचित जातियों और अन्य बहिष्कृत समूहों के लिए सामान्य आर्थिक और सामाजिक कार्यक्रमों का इस्तेमाल किया है। सरकार की रणनीति विभाज्य योजनाओं के मामले में अनुसूचित जाति के परिवारों के लिए लक्षित या निर्दिष्ट कोटा तय करके गरीबों के सशक्तिकरण के लिए अनुसूचित जातियों की पूंजीगत संपत्ति का निजी स्वामित्व, मानव संसाधन क्षमताएं और मूलभूत सेवाएं सुधारना या निर्मित करना है, जो मुख्य रूप से गरीबी उन्मूलन तथा अन्य आर्थिक और सामाजिक कार्यक्रमों का हिस्सा हैं।

आर्थिक सशक्तिकरण के कार्यक्रम ग्रामीण तथा शहरी क्षेत्रों में पूंजीगत संपत्ति, कृषि और गैर-कृषि दोनों को बेहतर करने; स्व-रोजगार (या व्यवसाय) के लिए कौशल तथा क्षमताओं को बेहतर करने; और ग्रामीण तथा शहरी मजदूर परिवारों के लिए दिहाड़ी रोजगार उपलब्ध कराने के लिए बनाये गए हैं। नये व्यवसाय शुरू करने के लिए वित्तीय पूंजी, प्रशिक्षण तथा सूचना मुहैया कराने या मौजूदा व्यवसाय को बेहतर करने के लिए भी योजनाएं बनाई गई हैं।

ग्रामीण और शहरी दोनों क्षेत्रों में अनुसूचित जातियों के बीच पूंजीगत संपति (कृषि और गैर-कृषि) के अपर्याप्त उपयोग ने दिहाड़ी मजदूर परिवारों का अनुपात बहुत अधिक कर दिया है। 1990 में गैर-अनुसूचित जाति के परिवारों के लिए ग्रामीण क्षेत्रों में मात्र 30 फीसदी और शहरी क्षेत्रों में 10 फीसदी की तुलना मे अनुसूचित जाति के ग्रामीण परिवारों के लगभग 60 फीसदी और शहरी परिवारों के एक तिहाई से अधिक परिवार दिहाड़ी मजदर के रूप में कार्यरत थे। सामान्यतया, और विशेषकर अनुसूचित जातियों के ग्रामीण दिहाड़ी मजदूर परिवारों की रोजगार आवश्यकताओं को ध्यान में रखते हुए सरकार ने रोजगार के अनेक कार्यक्रम शुरू किये हैं। इन कार्यक्रमों का मुख्य उद्देश्य ग्रामीण क्षेत्रों में ग्रामीण अधोसंरचना तथा सामुदायिक संपत्ति निर्मित कर बेरोजगारों और अंत:नियोजितों के लिए न्यूनतम अतिरिक्त दिहाड़ी रोजगार उपलब्ध कराना है। अनुसूचित जाति/जनजाति के लाभार्थियों पर 22.5 फीसदी धनराशि खर्च किया जाना आवश्यक है; विभिन्न रोजगार गारंटी कार्यक्रमों के अंतर्गत सार्वजनिक रोजगार में हिस्सा सामान्यतया कुल दिहाड़ी मजदूर में अनुसूचित जाति दिहाड़ी मजदूर के हिस्से के अनुपात में या गरीबी रेखा के नीचे (बीपीएल) स्थित व्यक्तियों की कुल संख्या में हिस्सा है।

मजदूरों की नियोजनीयता को बेहतर करने के लिए अन्य विशेष योजनाओं में निम्नलिखित शामिल हैं:

1. रोजगार के अवसरों में वृद्धि के लिए कौशल तथा क्षमताओं को उन्नत करने के लिए मजदूरों का प्रशिक्षण
2. व्यावसायिक सूचनाओं के लिए कोचिंग-सह-मार्गदर्शन

3. नौकरी खोजनेवालों के लिए कोचिंग की योजनाएं
4. रोजगार कार्यालयों में पंजीयन

शिक्षा, स्वास्थ्य, आवास इत्यादि क्षेत्रों में कतिपय व्यावसायिक समूहों जैसे सफाईकर्मियों, खनन मजदूरों और बीड़ी श्रमिकों के लिए भी विशेष याजनाएं हैं। देश में बंधुआ मजदूरों का 61 फीसदी हिस्सा अनुसूचित जातियों का है। सरकार द्वारा उनकी मुक्ति तथा पुनर्वास के लिए अलग से कार्यक्रम भी बनाये गए हैं।

रोजगार सृजन कार्यक्रम

इंटीग्रेटेड रूरल डेवलपमेंट प्रोग्राम (आईआरडीपी) को 1980–81 में शुरू किया गया और यह अपनी तरह का सबसे पहला स्व-रोजगार कार्यक्रम है। आईआरडीपी एक क्रेडिट लिंक्ड कार्यक्रम था और पहचाने ग्रामीण गरीब परिवारों को क्रेडिट आधारित उत्पादक परिसंपत्तियों के अधिग्रहण के माध्यम से अपनी आय बढ़ाने में सक्षम बनाने के लिए स्व-रोजगार की परिकल्पना करता था। लक्षित समूहों में बीपीएल भूमिहीन परिवार, छोटे और सीमांत किसान और दस्तकार शामिल थे। इस योजना में सहायता किये गए आधे परिवार अनुसूचित जातियों/अनुसूचित जनजातियों से थे।

आईआरडीपी में ट्रेनिंग रूरल यूथ फॉर सेल्फ एम्प्लॉयमेंट (टीआरवाईएसईएम), डेवलपमेंट ऑफ वीमेन एंड चिल्ड्रेन इन रूरल एरियाज (डीडब्लूसीआरए) और सप्लाई ऑफ इम्प्रूव्ड किट टू रूरल अर्टिसंस (एसआईटीकेआरए) के रूप में कई सम्बद्ध कार्यक्रम हैं। इन कार्यक्रमों में अनुसूचित जातियों के लिए काफी लाभ की परिकल्पना की गई। डीडब्लूसीआरए के अंतर्गत यह (1997–98 से) अनिवार्य किया गया था कि चयनित समूहों में से 50 प्रतिशत अनुसूचित जातियों/अनुसूचित जनजातियों की महिलाओं को होना चाहिए था। टीआरवाईएसईएम परिकल्पना करता है कि प्रशिक्षण के लिए चुने गये युवाओं में से 50 प्रतिशत अनुसूचित जातियों/अनुसूचित जनजातियों से संबधित होने चाहिए। एसआईटीकेआरए, अनुसूचित जाति/अनुसूचित जनजाति समुदायों के लिए 50 प्रतिशत आरक्षण प्रदान करता है। गंगा कल्याण योजना (जीकेवाई) योजना में प्रदान किये गए धन का 50 प्रतिशत अनुसूचित जातियों/अनुसूचित जनजातियों के लिए निर्धारित किया जाना है।

सेल्फ एम्प्लॉयमेंट स्कीम फॉर एजुकेटेड अनएम्प्लॉएड यूथ (एसईईयूवाई)/ग्रामोदय योजना 2,50000 लाभार्थियों के वार्षिक लक्ष्य के साथ 1983 में शुरू किया गया था। बेरोजगार युवा (मैट्रिक और ऊपर), जो इंडस्ट्रियल ट्रेनिंग इंस्टिट्यूटस (आईटीआईज) से उत्तीर्ण हुए थे, महिलाएं और तकनीकी रूप से प्रशिक्षित व्यक्ति इस योजना के अंतर्गत सहायता के पात्र थे। 10,000 रुपये प्रति परिवार प्रति वर्ष की एक अधिकतम सीमा आय, पात्रता के लिए तय की गई थी। उद्योगों के लिए 35000 रुपये, सेवा इकाइयों के लिए 25,000 रुपये त्तथा व्यापार के कारोबार के लिए 15,000 रुपये, इस योजना में समग्र ऋण के लिए उपलब्ध कराए गए और लाभार्थियों के 30 प्रतिशत अनुसूचित जातियों/अनुसूचित जनजातियों में से होने जरूरी थे।

जवाहर रोज़गार योजना (जेआरवाई), जो 1 अप्रैल, 1989 को शुरू किया गया था, का उद्देश्य ग्रामीण बुनियादी ढांचे और सामुदायिक परिसंपत्तियां पैदा करने के माध्यम से ग्रामीण क्षेत्रों में बेरोजगार तथा अर्द्ध बेरोजगार के लिए अतिरिक्त लाभकारी रोजगार का उत्पादन करना, 22.5 प्रतिशत धनराशि अनुसूचित जातियों/अनुसूचित जनजातियों पर खर्च किया जाना आवश्यक था।

जवाहर ग्राम समृद्धि योजना (जेजीएसवाई) जेआरवाई का पुनर्गठित, सुव्यवस्थित और व्यापक संस्करण है। 1 अप्रैल, 1999 को शुरू की गई यह योजना ग्रामीण लोगों को अतिरिक्त लाभकारी रोजगार उपलब्ध कराने के लिए उनके जीवन की गुणवत्ता में सुधार लाने के लिए विशेष रूप से डिजाइन किया गया था। जेजीएसवाई का प्राथमिक उद्देश्य मांग आधारित बुनियादी ढांचे का निर्माण करना, जिसमें टिकाऊ संपत्ति समेत ग्रामीण गरीबों को निरंतर रोजगार के लिए उनके अवसरों को बढ़ाने में सक्षम करना शामिल है। जेजीएसवाई का सहायक उद्देश्य ग्रामीण क्षेत्रों में बेरोजगार गरीबों के लिए पूरक रोजगार का उत्पादन करना है।

जेजीएसवाई के लक्ष्य समूह का गठन गांवों में रहने वाले लोग करते हैं। बीपीएल अनुसूचित जाति/अनुसूचित जनजाति के परिवारों और शारीरिक रूप से विकलांग व्यक्तियों को वरीयता दी जाती है; जेजीएसवाई धनराशि का 22.5 प्रतिशत अनुसूचित जाति/अनुसूचित जनजातियों की अलग-अलग लाभग्राही योजनाओं के लिए निर्धारित किया गया है।

स्वर्ण जयंती ग्राम स्वरोज़गार योजना (एसजीएसवाई) ग्रामीण गरीबों के लिए केवल स्वरोजगार कार्यक्रम है। 1 अप्रैल 1999 को आईआरडीपी और अन्य संबद्ध कार्यक्रमों-टीआरवाईएसईएम, डीडब्लूसीआरए, एसआईटीकेआरए, जीकेवाई और मिलियन वेल्स स्कीम (एमडब्लूएस) – का इस एक कार्यक्रम में विलय कर दिया गया। एसजीएसवाई एक समग्र कार्यक्रम है, जो इस तरह के ग्रामीण गरीब, प्रशिक्षण, स्व-रोजगार के उपक्रम की योजना बनाने के लिए एक भागीदारी दृष्टिकोण के आयोजन के रूप में स्व-रोजगार के सभी पहलुओं को कवर करता है, और बुनियादी सुविधाओं, प्रौद्योगिकी, ऋण और विपणन व्यवस्थाओं का प्रावधान करता है।

एसजीएसवाई का लक्ष्य ग्रामीण गरीबों की क्षमता के बूते ग्रामीण क्षेत्रों में सूक्ष्म उद्यमों की एक बड़ी संख्या स्थापित करना है। यह योजना इस विश्वास पर आधारित है कि भारत में ग्रामीण गरीबों में दक्षताएं हैं और अगर उचित समर्थन दिया जाये तो वे मूल्यवान वस्तुओं/सेवाओं के सफल उत्पादक हो सकते हैं। इस कार्यक्रम के अंतर्गत सहायता प्राप्त व्यक्तियों को 'स्वरोजगारी' कहा जाता है, 'लाभार्थी' नहीं कहा जाता है।

एसजीएसवाई का एक महत्वपूर्ण पहलू यह है कि इस कार्यक्रम के तहत सहायता प्राप्त हर परिवार को तीन साल में गरीबी रेखा से ऊपर लाया जा रहा है। इसलिए, इस कार्यक्रम का लक्ष्य ग्रामीण गरीबों के लिए अतिरिक्त पर्याप्त आय पैदा करना है। धन की उपलब्धता के अधीन यह प्रत्येक ब्लॉक में ग्रामीण गरीबों के 30 प्रतिशत को कवर करने का प्रस्ताव करता है।

ग्रामीण गरीबों के बीच सबसे कमजोर को लक्षित करके उनकी निहित प्रतिभा और क्षमताओं का दोहन करने के लिए उचित समर्थन और प्रोत्साहन प्रदान करने के लिए इस कार्यक्रम को डिजाइन किया गया है। अनुसूचित जातियों/अनुसूचित जनजातियों में से कम से कम 50 प्रतिशत स्वरोजगारी, 20 प्रतिशत महिलाएं और 3 प्रतिशत अक्षम होंगे।

सामाजिक सुविधाएं और सेवाएं

केंद्र और राज्य सरकारों ने नागरिक सुविधाओं जैसे पीने के पानी, आवास, स्वच्छता, बिजली, सड़क और भोजन का सार्वजनिक वितरण के लिए उपयोग में सुधार करने के लिए भी एक कार्यक्रम विकसित किया है। क्योंकि ग्रामीण क्षेत्रों में प्रॉपर गांव से थोड़ी दूरी पर स्थित अनुसूचित जाति बस्तियां ज्यादातर अलग-अलग होती हैं, मुख्य नागरिक सुविधाएं अक्सर उन तक नहीं पहुँचती या उन तक बढ़ाया नहीं जाता है। इसलिए, स्पेशल सेंट्रल असिस्टेंस (एससीए) से स्पेशल कॉम्पोनेन्ट प्लान (एससीपी-विशेष घटक योजना)के तहत अनुसूचित जातियों के लिए राज्यों को एक विशेष सहायता दी जाती है। आवास के मामले में, ग्रामीण और शहरी दोनों क्षेत्रों में, अनुसूचित जातियों के लिए मकान और वित्तीय सहायता का आवंटन एक निश्चित अनुपात में निर्धारित है। बिजली, साफ-सफाई, पीने के पानी के रूप में अन्य सुविधाओं के मामले में अनुसूचित जाति बस्तियों के लिए उनका विस्तार और उनकी आपूर्ति सुनिश्चित करने के लिए विशेष सहायता प्रदान की जाती है। ग्रामीण क्षेत्रों में रोजगार कार्यक्रम का उपयोग विशिष्ट निधि सुनिश्चित करके अनुसूचित जातियों के लिए घरों का निर्माण करने में किया जाता है। अनुसूचित जाति बस्तियों के लिए लिंक सड़कें और जल निकासी प्रणाली विकसित करने के लिए भी प्रावधान बना रहे हैं। अनुसूचित जाति परिवारों को सामाजिक सुविधाओं के लिए दो प्रमुख योजनाओं इंदिरा आवास योजना (आईएवाई) और अम्बेडकर ग्राम विकास योजना (एजीवीवाई) का प्रावधान है।

इंदिरा आवास योजना को 1985–86 के बाद से भारत सरकार द्वारा लागू किया गया है। इस योजना का उद्देश्य अनुसूचित जनजातियों/अनुसूचित जातियों, मुक्त बंधुआ मजदूरों और ग्रामीण क्षेत्रों में गैर अनुसूचित जाति/अनुसूचित जनजाति के बीपीएल

परिवारों के लिए रिहायशी इकाइयों के निर्माण में सहायता प्रदान करना है। 1993–94 से इस योजना को गैर अनुसूचित जाति/अनुसूचित जनजाति के ग्रामीण गरीब, विकलांग व्यक्तियों और कार्रवाई में मारे गये सैनिकों के परिवारों को शामिल करने के लिए बढ़ाया गया था। 1 जनवरी 1996 से इंदिरा आवास योजना एक स्वतंत्र योजना बन गई।

इंदिरा आवास योजना के आवंटन का बीस प्रतिशत बेकार कच्चे मकान के पक्के/अर्द्ध पक्के मकानों में रूपांतरण के लिए निर्धारित किया गया है, जिसके लिए 10,000 रुपये प्रति यूनिट की एक अधिकतम सहायता प्रदान की जाती है।

इस योजना के अनुसार परिवार की महिला सदस्य के नाम से आवास इकाइयों के आवंटन के लाभार्थी का अनुबंध होना चाहिए। वैकल्पिक रूप से, यह पति और पत्नी दोनों के नाम पर भी आवंटित किया जा सकता है। स्वच्छता शौचालय और निर्धूम चूल्हे इंदिरा आवास योजना के मकानों का एक अभिन्न हिस्सा हैं। मकान का निर्माण लाभार्थियों द्वारा किया जाना चाहिए और बाहरी एजेंसियों जैसे सरकारी विभागों, गैर सरकारी संगठनों, आदि द्वारा नहीं किया जाता है। इंदिरा आवास योजना के घर-डिजाइन के चयन के लिए प्रौद्योगिकी और निर्माण सामग्री लाभार्थी का विवेकाधिकार है -इसके लिए कोई विशेष डिजाइन निर्धारित नहीं किया गया है।

एजीवीवाई/अम्बेडकर विशेष रोज़गार योजना (एवीआरवाई) के अंतर्गत 30 प्रतिशत से अधिक की अनुसूचित जाति/अनुसूचित जनजाति की आबादी वाले गांवों को 'अम्बेडकर गांवों' के रूप में घोषित किया जाता है जिसमें ग्रामीण विकास कार्यक्रम, आईएवाई, एमडब्लूएस और टीआरवाईएसईएम के कार्यक्रमों को प्राथमिकता के आधार पर लागू किया जाता है। इन गांवों में लागू अन्य योजनाओं में मुफ्त बोरिंग, संपर्क सड़कें, हाथ पंप स्थापना, प्राथमिक स्कूलों का निर्माण, ग्रामीण विद्युतीकरण, और बच्चे, पशु और कृत्रिम टीकाकरण हैं।

इस योजना का मुख्य उद्देश्य बेरोजगार आम जनता को विशिष्ट परियोजनाओं के माध्यम से अपनी आय बढ़ाने, स्थानीय संसाधनों का उपयोग और कृषि उपज के लिए विपणन सुविधाएं सुनिश्चित करके स्थायी रोजगार उपलब्ध कराना है। राज्य सरकार 33 प्रतिशत (या 10,000 रुपये की एक अधिकतम) सब्सिडी अनुसूचित जाति/अनुसूचित जनजाति के परिवारों और 25 प्रतिशत (रुपये 7500 की अधिकतम) गैर-अनुसूचित जाति/अनुसूचित जनजाति के लाभार्थियों को प्रदान करती है।

भूमि के लिए उपयोग में सुधार

मुख्य रूप से कृषि प्रधान समाज में, भारत में भूमि का स्वामित्व पारंपरिक रूप से सामाजिक स्थिति और आर्थिक सुरक्षा का निर्धारक है। जमीन के स्वामित्व के संबंध में अनुसूचित जातियों में अभाव अत्यंत गंभीर हो गया है; आज भी कृषि भूमि के एक छोटे से प्रतिशत में उनकी हिस्सेदारी शामिल है। उपलब्ध आंकड़ों पर एक सरसरी नज़र समझने के लिए पर्याप्त है कि अधिक भूमिहीनता और निकट भूमिहीनता की घटनाओं के साथ अनुसूचित जातियों के बीच भूमि का वितरण उनके खिलाफ काफी अनियमित है।

अपनी 6वीं रिपोर्ट (1999–2000 और 2000–01) में, एनसीएससीएसटी ने भूमि सुधार के प्रभावी कार्यान्वयन, अनुसूचित जातियों के बीच अधिशेष भूमि का वितरण और किरायेदारों के अधिभोग अधिकारों की उचित रिकॉर्डिंग सुनिश्चित करने के लिए कि हरवाहों को निष्कासित नहीं किया जा रहा है जिस भूमि को वे जोत रहे हैं, की सिफारिश की। इसने काश्तकारी कानून में उपयुक्त संशोधन की बात भी कही ताकि रैयतों के तहत मृतक के परिवार के सदस्यों काश्तकारी अधिकार का भी वारिस बन सकें। एनसीएससीएसटी ने यह भी महसूस किया कि जबकि भारत की जनसंख्या तेजी से बढ़ रही थी, संभव था कि वहाँ वितरण के लिए पर्याप्त अधिशेष भूमि नहीं हो। इसलिए, यह सरकार को ग्रामीण क्षेत्रों में गैर कृषि रोजगार के अवसर विकसित करने के लिए मजबूर करता है।

इसलिए सरकारी कार्यक्रम अनुसूचित जातियों और अन्य उपेक्षित समुदायों द्वारा कृषि भूमि के निजी स्वामित्व के सुधार पर ध्यान केंद्रित करते हैं। भूमि आवंटन कार्यक्रम के अंतर्गत अनुसूचित जाति के परिवारों के लिए ग्रामीण क्षेत्रों में रियायती दरों पर

क्रेडिट आपूर्ति और आदानों की अनुपूरक योजनाओं के साथ-साथ छत और सरकारी जमीन से अधिशेष भूमि भूमिहीन परिवारों को वितरित कर रहे हैं। संबंधित राज्यों में भूमिहीन परिवारों के मामले में अपने हिस्से के अनुपात में भूमि के आवंटन में अनुसूचित जाति और अन्य पिछड़े समूहों से भूमिहीन परिवारों को प्राथमिकता दी है। दूसरे शब्दों में, अनुसूचित जातियों के लिए सीलिंग या सरकारी जमीन के वितरण के लिए निश्चित कोटा या शेयर आरक्षित है।

संचार ढाबे

औद्योगिक विकास के उभरते हुए क्षेत्रों ने विकल्पों की प्रकृति को विस्तृत कर दिया है। डिपोर्टमेंट ऑफ टेलीकम्युनिकेशन (डीओटी) उपक्रम भारत संचार निगम लिमिटेड (बीएसएनएल) ने ग्रामीण क्षेत्रों के लोगों को रोजगार के अवसर प्रदान करने के लिए संचार ढाबों की शुरूआत की थी। एनसीएससीएसटी ने अनुसूचित जातियों को, जहां आवश्यक हो, पर्याप्त वित्तीय सहायता और प्रशिक्षण देकर इस योजना में पर्याप्त प्रतिनिधित्व देने की सिफारिश की थी।

अनुसूचित जातियों के बीच प्रमुख व्यावसायिक समूहों के लिए योजनाएं

कृषि मजदूर

कृषि मजदूर, जो देश में सर्वाधिक उत्पादक कार्यबल का निर्माण करते हैं, लगातार उत्पीड़न का शिकार हैं। उनकी सामाजिक-आर्थिक स्थिति को उठाने की प्रतिबद्धता में सरकार की प्राथमिकता द्विस्तरीय रणनीति के प्रयास पर केंद्रित है। एक पहलू उनके कौशल में वृद्धि कर उन्हें वैकल्पिक और व्यवहार्य व्यवसाय में स्थापित करने के प्रयास पर केंद्रित है। अन्य घटक उन्हें अतिरिक्त भूमि उपलब्ध कराने अथवा निरंतरता के आधार पर न्यूनतम मजदूरी सुनिश्चित कराने तक सीमित है, अगर अतिरिक्त भूमि अनुपलब्ध हो।

इस सिलसिले में किए गए निर्दिष्ट उपायों मे शामिल है, नलकूपों द्वारा न्यूनतम सिंचाई सुविधाएं उपलब्ध कराना अथवा खुले कुओं या बोर को स्फूर्ति प्रदान करना, श्रमिक शक्ति का व्यवहार्य व्यवसायों में व्यवस्थित परिवर्तन करने के लिए सहकारी समितियां स्थापित करना, एक व्यावसायिक क्रियाकलाप की पहचान, दक्षता-निर्माण कार्यक्रमों द्वारा कौशल विकास की सुविधा, और उत्पादित सामानों तथा सेवाओं का प्रभावी विपणन।

अनुसूचित जाति की महिलाओं के विकास के अतिरिक्त कृषि मजदूरों को ऐसे सभी उपायों में से एक प्रमुख घटक होना चाहिए और बंधित श्रम पद्धति (उत्सादन) अधिनियम 1976[14] पर्याप्त रूप से कार्यान्वित होना चाहिए।

कृषि न्यूनतम मजदूरी को लागू करने के साथ अनुसूचित जाति के कृषि मजदूरों की दिन प्रति दिन की ऋण जरूरतों की खपत से निपटने और परिक्रामी निधि की स्थापना के लिए प्रावधान हैं। सूखा, बीमारी और वृद्धावस्था के दौरान अनुसूचित जाति के मजदूरों की जरूरतों के पोषण के लिए एक उपयुक्त सामाजिक सुरक्षा योजना चलाए जाने के प्रावधान भी हैं।

सीमांत एवं लघु किसान

अधिकतर सीमांत किसान खेतिहर हैं (बटाईदार और पट्टेदार)। उनकी जमीनें सामान्यतया गांव की सीमा पर होती हैं, जहां की मिट्टी अनुपजाऊ और पर्याप्त सिंचाई सुविधाओं से वंचित होती है। सरकार सोचती है कि सीमांत किसानों का विकास भूमि सुधार द्वारा किया जाना चाहिए और सुस्थापित खेती केवल उनकी देखभाल तथा सिंचाई सुविधाओं के विस्तार से ही

की जा सकती है। इस हेतु अधिकतम प्रतिफल के लिए सरकार द्वारा सिंचाई सुविधाएं उपलब्ध तथा विस्तारित करने के लिए नवीनतम तकनीकी इनपुट्स, वैज्ञानिक फसल पद्धति अपनाने और आधुनिक प्रथाओं के प्रयोग से संबंधित अनेक कार्यक्रम विकसित किये गए हैं।

पारंपरिक उत्थान

सरकार उत्थान की समस्याओं को विशेष मानती है, क्योंकि अधिकतर अनुसूचित जाति की प्रौढ़ महिलाएं इस काम में संलग्न होती हैं। उत्थान के लिए अपनी योजनाओं में, भारत सरकार की मान्यता है कि परिवार की बच्चियों को बेहतर शिक्षा सुविधाएं दी जानी चाहिए और उनके लिए हॉस्टेल बनाए जाने चाहिए, जिससे भविष्य की पीढ़ियों को इस अमर्यादित काम से बचाया जा सके।

बुनकर

बुनकर, जो विभिन्न राज्यों में काफ़ी संख्या में फैले हुए हैं, भारत के असंगठित क्षेत्र का हिस्सा हैं। यह मुख्य रूप से उनके काम का अनियंत्रित स्वभाव है, जिसका परिणाम है उनके खिलाफ शोषक व्यापार व्यवहार। इसलिए सरकार मानती है कि उनके लिए बनाई गई सहकारी समितियों को सुदृढ़ किया जाना, बिचौलियों के प्रसार तथा उन पर निर्भरता कम करके प्राथमिक बुनकरों तक निधियों का प्रवाह सुनिश्चित करना, उनके कौशल को उन्नत करना, अनुसूचित जाति के बुनकरों के लिए निवास-सह-कार्यस्थल की योजना को समस्त विकास कार्यक्रमों में शामिल करना, और उनके माल के उत्पादन तथा विपणन के लिए आवश्यक संरचना को सुव्यवस्थित और प्रभावी बनाना आवश्यक है।

अन्य कारीगर

छोटे पैमाने के काम की प्रकृति के कारण ग्रामीण शिल्पी और बांस तथा बेंत मजदूर अकसर शोषक व्यापार व्यवहार के शिकार होते हैं। उन्हें संगठित क्षेत्र में आत्मसात करने और उनके कौशल के विकास तथा वृद्धि के लिए सरकार के कार्यक्रमों की परिकल्पना की गई, क्योंकि आधुनिक एकाधिकार में स्पर्धा के खिलाफ वे मुश्किल से ठहरते हैं।

ईंट चिमनी मजदूर

ईंट चिमनी मजदूरों को न्यूनतम मजदूरी सुनिश्चित करने के लिए सरकार द्वारा उन्हें सहकारी समितियों में संगठित करने और अपनी स्वयं की चिमनियां लगाने के लिए आर्थिक तथा अन्य हर संभव सहायता उपलब्ध कराने के प्रयास किये गए हैं।

शहरी क्षेत्र में असंगठित मजदूर

इस श्रेणी में रिक्शा चालक, निर्माण मजदूर, ठेला मजदूर, सिर पर ढोने वाले मजदूर इत्यादि शामिल हैं। इस श्रेणी के उत्थान के लिए सरकार का मानना है कि इन्हें अपनी आजीविका का मालिक बनाना होगा और इन समूहों को आर्थिक-उत्पादक व्यवसायों में लगा कर इन मजदूरों की मांग घटानी होगी।

मछुआरे

अनुसूचित जातियों के मछुआरों को अधिकतर अपने माल के भंडारण तथा विपणन की समस्या से जूझना पड़ता है। इस समस्या के हल के लिए सरकार उन्हें सहकारी समितियों में संगठित करती है, संबंधित संस्थाओं से सहायता दिलाती है, उन्हें कोल्ड स्टोरेज की सुविधा प्रदान करती है, और अपने व्यवसायों पर ध्यान देने के लिए उन्हें आर्थिक सहायता देती है। उनके द्वारा बाजार में भेजे जाने वाले उत्पादों के 'अस्पृश्यता' अथवा 'प्रदूषक' वाले पहलू की सूचना के प्रसार के लिए अन्य सामान्य कार्यक्रम लागू किए गए हैं।

शहरी क्षेत्रों में अनुसूचित जातियां

सघन औद्योगीकीकरण और उसके फलस्वरूप शहरीकरण की प्रक्रिया के कारण अनुसूचित जातियां नगरों तथा शहरों में मलिन बस्तियो में सिमट गई हैं। उनका रहन-सहन गंदा है और वे गरीबी में जी रहे हैं। वे अनेक विकृतियों के भी शिकार हैं, जो मनोदैहिक प्रकृति की हैं। ग्रामीण क्षेत्रों से बड़ी संख्या में लोगों के पलायन को समायोजित करने के लिए सरकार मूलभूत आवासीय सुविधाओं तथा उन स्थानों, जहां आर्थिक अवसरों का पीछा किया जा सकता है, के लिए योजनाएं विकसित करती है। वह अनुसूचित जाति के सुपात्र अभ्यर्थियों को घर, दुकान, जमीन और औद्योगिक इकाइयों के लिए अनुदान भी देती है। कतिपय उपक्रमों के प्रतिष्ठानों के लिए परामर्श के अवसर तथा उदार वित्तीय प्रोत्साहन राशि के प्रावधान हैं।

सफाईकर्मियो की मुक्ति एवं पुनर्वास

सफाईकर्मी तथा मेहतर अनुसूचित जातियों के सबसे कमजोर हिस्से हैं। उनके काम-काज की स्थितियां लगातार खराब हैं। टोकरियों और बाल्टियों में सिर पर मैला ढोने की प्रथा कुछ इलाकों में प्रचलित है। यह प्रथा इन इलाकों में न केवल गंदगी फैलाने के लिए जिम्मेदार है बल्कि इसके कारण अस्पृश्यता की प्रथा भी जारी रहती है। अधिकतर सफाईकर्मी कूड़ा-निपटान स्थलों के पास रहते हैं, लेकिन जहां इनके लिए आवासीय कॉलोनियां बनाई गई हैं, वहां भी स्वच्छता के लिए जरूरी स्थितियां सीमित हैं।

सरकार द्वारा केंद्र और राज्य स्तरों पर अनेक समितियां बनाई गई हैं। इनमें से कुछ हैं; स्कैवेंजर्स लिविंग कंडीशंस इंक्वायरी कमेटी (बार्वे कमेटी), 1949; स्कैवेंजर्स कंडीशंस इंक्वायरी कमेटी (मलकानी कमेटी), 1960; और कमेटी ऑन कस्टमरी राइट्स टू स्कैवेंजिंग (मलकानी कमेटी), 1966।

1960 की मलकानी कमेटी ने मैला ढोने की प्रथा को समाप्त करने की पूर्व-शर्त के रूप में सफाईकर्मियों के लिए उपकरण खरीदने की सिफारिश की थी। इस सिलसिले में चौथी और पांचवीं पंचवर्षीय योजना में केंद्र प्रायोजित एक योजना- मैला ढोने के पेशे में संलग्न व्यक्तियों के काम-काज की स्थितियों में सुधार—शुरू की गई थी। लेकिन पंचायती राज इंस्टीट्यूशंस (पीआरआईज के अपर्याप्त सांगठनिक तथा आर्थिक संसाधनों और स्थानीय निकायों द्वारा कार्य योजनाओं को अपनाने में राज्य सरकारों की अक्षमता के कारण योजना मैला ढोने की घृणित प्रथा को मिटा नहीं सकी। कमेटी ने मेहतरों और सफाईकर्मियों के लिए न्यूनतम मजदूरी अधिनियम को लागू करने तथा यंत्रीकृत फ्लश शौचालयों के जरिये मैला के निराकरण की भी सिफारिश की। पांचवी पंचवर्षीय योजना के दौरान शुष्क शौचालयों को जलजनित शौचालयों में बदलने के उद्देश्य से यूनियन मिनिस्ट्री ऑफ वर्क्स एंड हाउसिंग (एमओडब्लूएच) ने 4.40 करोड़ की एक छोटी निधि से केंद्र प्रायोजित योजना शुरू की।

इस तरह के हस्तक्षेपों के बावजूद सफाईकर्मियों की स्थिति में व्यावहारिक रूप से कोई परिवर्तन नहीं आया। इसलिए 1981 में छठवीं पंचवर्षीय योजना में सफाईकर्मियों की मुक्ति तथा पुनर्वास के लिए केंद्र प्रायोजित राष्ट्रीय योजना शुरू की गई। 50:50

मैचिंग अनुदान आधारित इस योजना का उद्देश्य चुने हुए छोटे तथा मध्यम श्रेणी के नगरों में समग्रता के आधार पर सभी मौजूदा परिवारों/समुदाय के शुष्क शौचालयों को जलजनित शौचालयों में बदलना और बेरोजगार सफाईकर्मियों का वैकल्पिक व्यवसायों में पुनर्वास करना था। योजना में उनके पुनर्वास की एक प्रक्रिया के रूप में उनके विविधीकरण के लिए उपयुक्त प्रशिक्षण के घटक भी शामिल किये गए।

सरकार ने सफाईकर्मियों से संबंधित समस्या वाले क्षेत्रों को ढूंढने और उपयुक्त हस्तक्षेप करने के लिए अनुसूचित जातियों/जनजातियों और शेड्यूल्ड कास्ट डेवलपमेंट कॉर्पोरेशंस (एससीडीसीज) से निपटने को शहरी विकास विभाग तथा स्वास्थ्य एवं परिवार कल्याण विभाग के प्रतिनिधियों वाली राज्य स्तरीय समन्वय समितियां बनाने की आवश्यकता पर भी जोर दिया।

सरकार यह भी मानती है कि विस्थापित सफाईकर्मियो के प्रशिक्षण तथा उनके वास्तविक पुनर्वास के बीच अंतराल से उनके उद्धार की उसकी नीतियों का उद्देश्य पराजित होता है और इसलिए इस सिलसिले में ठोस प्रयास करने होंगे। विस्थापित सफाईकर्मियों के पुनर्वास में मौजूदा संस्थानों के माध्यम से प्रशिक्षण देकर एससीडीसीज भी एक सक्रिय भूमिका निभा सकते हैं।

सरकार मानती है कि सफाईकर्मियों के लिए बनाई गई विभिन्न योजनाओं में बैंक ऋण, मार्जिन राशि, ऋण तथा सब्सिडी के घटक के साथ बैंकों को स्वीकार्य उपयुक्त योजनाएं शामिल की जानी चाहिए। स्व-रोजगार के पहलू को भी विस्तार से तैयार करने की आवश्यकता है।

सफाईकर्मियों द्वारा सिर पर मैला ढोना या हाथ से निपटाना, शुष्क शौचालयों का निर्माण और उनकी सफाई को मैला ढोने वालों का नियोजन और शुष्क शौचालय निर्माण (प्रतिबंध) अधिनियम, 1993[15] के अंतर्गत प्रतिबंधित किया गया है।

कार्यान्वयन और निगरानी के लिए प्रशासनिक तंत्र

समय के साथ केंद्र तथा राज्यों/संघ शासित क्षेत्रों में नीतियां बनाने और अनुसूचित जातियों के लिए कार्यक्रमों की योजना बनाने, कार्यान्वयन, निगरानी तथा आकलन के लिए विस्तृत प्रशासनिक तंत्र विकसित किये गए।

केंद्र सरकार में विभिन्न योजनाओं/कार्यक्रमों की नीतिगत पहलों, हस्तक्षेप और कार्यान्वयन के लिए उत्तरदायी नोडल मंत्रालय एमओएसजेई है। इस मंत्रालय के कार्यक्रमों और योजनाओं का लक्ष्य केंद्र सरकार के अन्य मंत्रालयों, राज्य सरकारों/संघ शासित क्षेत्रों तथा संस्थाओं के प्रयासों को अनुदान इत्यादि के रूप में वित्तीय सहायता प्रदान कर समर्थन और सहारा देना है। एमओएसजेई सीमांत समुदायों के शैक्षिक, आर्थिक तथा सामाजिक विकास के लिए योजनाएं बनाती है। मंत्रालय का अनुसूचित जाति विभाग (एससीडी) इन योजनाओं का संचालन करता है। मंत्रालय को केंद्र सरकार के कार्यक्रमों की नीति तैयार करने, निगरानी और मूल्यांकन का काम सौंपा गया है, जिन्हें मुख्यतया राज्य के तंत्र द्वारा लागू किया जाता है। इसलिए मंत्रालय केंद्र और राज्य सरकारों/संघ शासित क्षेत्रों के बीच एक प्रमुख कड़ी है।

योजना मंत्रालय (एमओपी) एक अन्य नोडल मंत्रालय है, जो अनुसूचित जातियों के लिए हस्तक्षेपीय दृष्टिकोण तथा रणनीतियां निर्दिष्ट रूप से विकसित करता है। योजना आयोग ने 'बैकवर्ड कास्ट डिविजन' नाम से एक विशेष इकाई बनाई है, जिसके प्रमुख कार्य इस प्रकार हैं:

1. मौजूदा दृष्टिकोण, रणनीतियों और प्राथमिकताओं की समीक्षा, और अनुसूचित जातियों के कल्याण, विकास और सशक्तिकरण के लिए जारी नीतियों तथा कार्यक्रमों के साथ ही साथ उनको लागू करना तथा युक्तियुक्त और प्रभावी अंत: क्षेत्रीय अभिसरण के बारे में सुझाना

2. लागू करने में उपेक्षित क्षेत्रों और समूहों, दरारों, कमजोरियों तथा बाधाओं की पहचान; बदलती सामाजिक-आर्थिक परिस्थितियों में अनुसूचित जातियों के कल्याण, सुरक्षा, विकास और सशक्तिकरण से संबंधित मौजूदा तथा आनेवाली समस्याओं की परिस्थितियों का ध्यान रखना; और आवश्यकतानुसार हस्तक्षेप का सुझाव देना
3. अन्य विकासोन्मुख क्षेत्रों से 'जनसंख्या के अनुपात में' निधि का प्रवाह सुनिश्चित करके एससीपी पर अमल की प्रगति की समीक्षा, और उनकी प्रभावशीलता को सुधारने के लिए आवश्यक उपाय सुझाना
4. अनुसूचित जातियों से संबंधित मौजूदा कानूनों के कार्यान्वयन तथा उन्हें लागू करने की प्रक्रिया की समीक्षा, और सुधार के उपाय सुझाना
5. केंद्र एवं राज्य दोनों स्तरों पर मौजूदा संस्थागत व्यवस्था की कार्य-पद्धति की समीक्षा, अनुसूचित जातियों को सशक्त बनाने की नीतियों तथा कार्यक्रमों के कार्यान्वयन के लिए, और उन्हें अधिक प्रभावी बनाने के उपाय सुझाना
6. अनुसूचित जातियों के सशक्तिकरण के लिए कार्यक्रमों के कार्यान्वयन में पीआरआई तथा एनजीओ की संलग्नता का आकलन और समीक्षा, तथा योजना बनाने की प्रक्रिया में उनकी प्रभावी संलग्नता के लिए निर्दिष्ट उपाय सुझाना
7. नौवीं पंचवर्षीय योजना के दौरान अनुसूचित जातियों के लिए विभिन्न कार्यक्रमों के अंतर्गत तय लक्ष्यों के संबंध में भौतिक तथा आर्थिक उपलब्धियों की समीक्षा और दसवीं पंच वर्षीय योजना (2002–07) के दौरान अनुसूचित जातियों के सशक्तिकरण के लिए, भौतिक तथा आर्थिक दोनों, परियोजना कार्यक्रमानुसार आवश्यकताएं

योजना आयोग अपने 'प्रोग्राम इवैलुएशन ऑर्गेनाइजेशन' के माध्यम से पंचवर्षीय योजना के अंतर्गत विभिन्न कार्यक्रमों का मूल्यांकन करता है, जो

1. केंद्र/केंद्र प्रायोजित योजनाओं/परियोजनाओं और राज्य योजना स्कीमों के लिए केंद्रीय मंत्रालयों/विभागों में निगरानी और मूल्यांकन के मौजूदा तंत्र और प्रणाली की समीक्षा करता है;
2. देश में संगठनों की निगरानी और मूल्यांकन को सुदृढ़ करने के उपाय सुझाता है;
3. प्लानिंग, नीति निर्माण और सार्वजनिक व्यय के सापेक्ष लिंकिंग, निगरानी तथा मूल्यांकन परिणामों के लिए संस्थागत ढांचे सुझाता है;
4. निगरानी और मूल्यांकन प्रणाली को प्रभावी तथा अर्थपूर्ण बनाने में आईटी के लिए उसके उपयोग के क्षेत्रों के बारे में सुझाता है; और
5. देश में निगरानी तथा मूल्यांकन की गुणवत्ता को सुधारने के लिए शोध संस्थानों, विश्वविद्यालयों, पीआरआईज तथा एनजीओज को शामिल करके उपाय सुझाता है।

यहां इस बात का उल्लेख करना उचित ही है कि अनुसूचित जातियों के विकास तथा सशक्तिकरण के लिए केंद्र सरकार के लगभग समस्त मंत्रालयों में एक विभाग या अनुभाग होता है, जो निर्दिष्ट योजनाओं की देखभाल करता है।

एमओएसजेई का एक शोध तथा प्रशिक्षण कार्यक्रम भी है, जिसका उद्देश्य सामाजिक नीति, सामाजिक विकास और समाज कल्याण के विस्तृत दायरे में शोध करना है। जारी कार्यक्रमों/योजनाओं के बेहतर क्रियान्वयन की प्रभावोत्पादकता के मूल्यांकन/आकलन और नये कार्यक्रमों को बनाने में उठने वाली समस्याओं के निरंतर आकलन के लिए प्राथमिकता दी गई है। नई योजना प्रशिक्षण तथा कार्यशाला, खासकर एनजीओज को भी समर्थन देती है।

अन्य महत्वपूर्ण तथा स्वतंत्र प्रशासनिक संगठन जो अनुसूचित जातियों के विकास के लिए कानून और योजनाओं के प्रभावी कार्यान्वयन की देखरेख, निगरानी करते हैं तथा सुझाव देते हैं, वे हैं राष्ट्रीय अनुसूचित जाति आयोग (एनसीएससी), एनसीएसके और अनुसूचित जातियों के लिए संसद की स्थाई समिति।

राष्ट्रीय अनुसूचित जाति आयोग (एनसीएससी)

एनसीएससी संविधान तथा किसी अन्य प्रचलित कानून के अंतर्गत एक वैधानिक निकाय है, जो अनुसूचित जातियों के लिए प्रदत्त सुरक्षा उपायों से संबंधित सभी मामलों की पड़ताल और निगरानी करता है। यह अनुसूचित जातियों को उनके अधिकारों और सुरक्षा उपायों से वंचित करने के संदर्भ में निर्दिष्ट शिकायतों की जांच करता है। आयोग उनके आर्थिक, सामाजिक, शैक्षिक और राजनीतिक स्थिति, और सुरक्षा उपायों के कामकाज तथा उनकी सुरक्षा, कल्याण और सामाजिक-आर्थिक विकास के लिए अन्य उपायों के बारे में वार्षिक रिपोर्ट तैयार करता है। आयोग ने अपने कामकाज के लिए एक जोरदार दृष्टिकोण अपनाया है-इसकी बैठकें नियमित होती हैं तथा फैसलों के कार्यान्वयन की निगरानी गौर से की जाती है।

सफाई कर्मचारियों के लिए राष्ट्रीय आयोग (एनसीएसके)

एनसीएसके जिसे सरकार द्वारा 12 अगस्त 1994 को स्थापित किया गया था, एक वैधानिक निकाय है और इसमें एक अध्यक्ष (उप मंत्री स्तर का, भारत सरकार), उपाध्यक्ष तथा पांच सदस्य (सचिव स्तर के, भारत सरकार) शामिल[16] हैं। पांच सदस्यों में से कम से कम एक महिला होनी चाहिए।

आयोग का उद्देश्य एक समयबद्ध कार्यक्रम के अंतर्गत *सफाई कर्मचारियों* के आर्थिक पुनर्वास से संबंधित स्थिति, सुविधाओं, अवसरों तथा योजनाओं में असमानताओं के उन्मूलन के लिए निर्दिष्ट कार्यक्रमों की सिफारिश करना है। अन्य उद्देश्यों में विशिष्ट शिकायतों की जांच और सफाई कर्मचारियों के किसी समूह के संबंध में कार्यक्रमों या योजनाओं के गैर कार्यान्वयन से संबंधित मामलों का स्वत: संज्ञान लेना; सफाई कर्मचारियों की कठिनाई को कम करने के उद्देश्य के लिए निर्णय, दिशा-निर्देश या सफाई कर्मचारियों के सामाजिक और आर्थिक उत्थान के उपाय के निर्देश; सफाई कर्मचारियों के लिए किसी भी कानून के प्रावधान और उनका उपयोग शामिल हैं। आयोग संबंधित अधिकारियों या केंद्र या राज्य सरकारों के पास इस तरह के मामलों को ले जाने के लिए भी जाना जाता है; सफाई कर्मचारियों के विषय में किसी भी बात पर केंद्र और राज्य सरकारों को समय-समय पर रिपोर्ट बनाने के लिए, विशेष रूप से उनके द्वारा सामना की गई किन्हीं कठिनाइयों या असमर्थताओं को ध्यान में रखते हुए; और कोई भी अन्य विषय जिसे करने के लिए केंद्र सरकार द्वारा भेजा जा सकता है।

नेशनल सफाई कर्मचारीस फाइनेंस एंड डेवलपमेंट कारपोरेशन (एनएसकेएफडीसी)

कम्पनी अधिनियम 1956 की धारा 25 के अंतर्गत 24 जनवरी 1997 को निगमित एनएसकेएफडीसी सफाई कर्मचारियों और उनके आश्रितों के सर्वांगीण सामाजिक-आर्थिक उत्थान के लिए एक शीर्ष संस्था के रूप में कार्य करने के लिए, और आय सृजन और व्यवहार्य परियोजनाओं की स्थापना के लिए रियायती वित्तीय सहायता प्रदान करने के लिए सरकार द्वारा स्थापित किया गया था।

एनएसकेएफडीसी का मुख्य उद्देश्य तकनीकी और उद्यमशीलता कौशल में प्रशिक्षण प्रदान करना तथा उच्च शिक्षा प्राप्त करने के लिए समुदाय के छात्रों को ऋण की सहायता करने के अलावा सफाई कर्मचारियों के आर्थिक विकास, स्वरोजगार और पुनर्वास की पदोन्नति है। एनएसकेएफडीसी अधिकृत स्टेट फाइनेंस डेवलपमेंट कारपोरेशन (एसएफडीसीज) और केन्द्र शासित प्रदेशों के प्रशासनों के माध्यम से कार्यान्वित योजनाओं और कार्यक्रमों का समन्वय तथा निगरानी भी करता है। इसके लक्ष्य समूहों में मैला ढोने वाले (पूरी तरह या आंशिक रूप से मानव मल के मैनुअल हैंडलिंग में कार्यरत व्यक्ति) और उनके आश्रित, तथा सफाई कर्मचारी (किसी भी स्वच्छता काम में लगे हुए, या कार्यरत व्यक्तियों के लिए) और उनके आश्रित हैं।

राज्य स्तर पर, हालांकि इसी तरह के प्रशासनिक ढांचे मौजूद हैं, वहाँ सभी जगह दरों के संबंध मे संगठनों के स्वरूप में काफी बदलाव हो रहे हैं। आम तौर पर, ज्यादातर राज्यों में अनुसूचित जातियों (कभी कभी अनुसूचित जनजाति के साथ संयुक्त) के लिए एक अलग मंत्रालय है, जो नीतियां बनाने, कार्यक्रमों के विकास, कार्यान्वयन, निगरानी और मूल्यांकन आदि के लिए जिम्मेदार है। कार्यक्रमों/योजनाओं को आम तौर पर राज्य, संभाग, जिला और कई मामलों में, तालुका स्तर पर अनुसूचित जातियों/अनुसूचित जनजातियों/अदर बैकवर्ड कास्ट्स (ओबीसीज) के कल्याण के लिए विशेष विभाग के माध्यम से लागू कर रहे हैं। कई राज्यों में भी केंद्र सरकार की तर्ज पर अनुसूचित जातियों और अनुसूचित जनजातियों के लिए आयोगों का गठन किया गया है।

वित्तीय तंत्र

एक निश्चित समय के बाद, केंद्र और राज्य सरकारों ने अनुसूचित जातियों/अनुसूचित जनजातियों/ओबीसीज के लिए विभिन्न योजनाओं में धन की मात्रा, उनके आवंटन और उनके उपयोग के बारे में निर्णय करने के लिए जटिल तंत्र विकसित किया है। चौथी पंचवर्षीय योजना (1979–80) के अंत तक अनुसूचित जातियों के विकास के लिए एकमात्र उपलब्ध धनराशि 'वार्षिक योजनाओं के पिछड़े वर्गों के क्षेत्र' के सामान्य शीर्षक के अंतर्गत थी। पांचवीं पंचवर्षीय योजना (1985–90) में अनुसूचित जातियों/अनुसूचित जनजातियों के लिए सामान्य क्षेत्रों से लाभ के प्रवाह को सुनिश्चित करने के लिए एक नया दृष्टिकोण विकसित किया गया था। अनुसूचित जातियों/अनुसूचित जनजातियों की जरूरतों के लिए, जहाँ तक जरूरी था, केंद्रीय मंत्रालयों और राज्य सरकारों के लिए अपेक्षित था, पहचान योग्य कार्यक्रमों से धनराशियों की मात्रा को मापना और उन्हें उन्मुख करना।

6वीं पंचवर्षीय योजना (1985–90) की शुरुआत से एससीपी के रूप में अब जाने जाने वाले एक तंत्र के रूप में अनुसूचित जातियों/अनुसूचित जनजातियों की योजनाओं के लिए अलग से धनराशि की मात्रा के ठहराव की रणनीति को, तथापि, एक व्यावहारिक स्वरूप दिया गया। यह रूप जैसे विकसित हुआ, वर्तमान तंत्र या वित्तीय आवंटन की रणनीति निम्नलिखित महत्वपूर्ण उपकरणों का एक संयोजन है:

1. राज्यों और केन्द्रीय मंत्रालयों के एससीपी
2. राज्यों के एससीपी के एससीए
3. विशेष अभिकरणों, अर्थात्, नेशनल शेड्यूल्ड कास्ट एंड शेड्यूल्ड ट्राइब फाइनेंस एंड डेवलपमेंट कारपोरेशन (एनएससीएसटीएफडीसी) के माध्यम से संस्थागत वित्त
4. शेड्यूल्ड कास्ट्स डेवलपमेंट कारपोरेशन (एससीडीसी)
5. सार्वजनिक क्षेत्र के बैंक

अनुसूचित जातियों के लिए एससीपी

अनुसूचित जातियों के 'समग्र' विकास के लिए 1979–80 में छठी पंचवर्षीय योजना में एससीपी की शुरुआत की गई थी। भौतिक और वित्तीय दोनों मामले में अनुसूचित जातियों के विकास के लिए राज्यों/केंद्र शासित क्षेत्रों और केंद्रीय मंत्रालयों की योजनाओं में यह परिव्यय के प्रवाह तथा सामान्य क्षेत्रों से लाभ को व्यवस्थित करने के लिए एक छतरी कार्यक्रम के रूप में डिजाइन किया

गया था। एससीपी के लिए सामान्य योजना से फंड प्रवाह का अनुपात कुल आबादी में अनुसूचित जाति की जनसंख्या के अनुपात पर आधारित है। इस योजना के अंतर्गत केन्द्रीय/राज्य सरकारों द्वारा लागू की सभी योजनाएं अनुसूचित जातियों की चिंताओं को दूर करने में मुकाबला करने के लिए हैं।

दूसरे शब्दों में, एससीपी का लक्ष्य विकास के सामान्य क्षेत्रों में अनुसूचित जातियों के लाभ की योजनाओं की पहचान करना है, हर क्षेत्र (आम तौर पर गरीबों की आबादी में हिस्सेदारी के अनुपात में) के अंतर्गत सभी विभाज्य कार्यक्रमों से धन की मात्रा के ठहराव के लिए और परिवारों की संख्या के अनुसार विशिष्ट लक्ष्यों के निर्धारण में प्रत्येक क्षेत्र के अंतर्गत कार्यक्रमों से लाभ के लिए, साथ ही अनुसूचित जातियों के लिए अन्य क्षेत्रों/कार्यक्रमों से लाभ का पर्याप्त प्रवाह सुनिश्चित करना। अब तक नियम एक विशेष राज्य की वार्षिक योजना को अंतिम रूप देने के समय क्षेत्रीय परिव्यय को ठोस करने का रहा है। प्रत्येक क्षेत्र से एससीपी का प्रवाह उसके बाद निर्धारित किया जाता है।

एससीपी योजना के तंत्र की परिकल्पना सभी प्रमुख व्यावसायिक समूहों से संबंधित गरीब अनुसूचित जाति परिवारों जैसे कृषि मजदूरों, छोटे और सीमांत किसानों, और कारीगरों की मदद करने के लिए की गई थी। एससीपी की अवधारणा की गई और इसे विकासित किया गया क्योंकि यह दृष्टिगत था कि अनुसूचित जातियों ने सामान्य पूल से विभिन्न गरीबी उन्मूलन योजनाओं तक पर्याप्त पहुँच विकसित नहीं की थी।

वर्तमान में अनुसूचित जातियों के विकास के लिए 27 राज्य/केंद्र शासित क्षेत्र एससीपी को अपने वार्षिक योजना के एक भाग के रूप में तैयार कर रहे हैं। अनुसूचित जाति के परिवारों को सहायक उद्योगों की स्थापना, सेवाएं और संबद्ध गतिविधियां उपलब्ध कराने जैसा कि केंद्रीय मंत्रालयों/विभागों के अंतर्गत काम कर रहे पीएसयूज/स्वायत्त निकायों द्वारा अपेक्षित है, विशेष प्रशिक्षण, उद्यमी विकास कार्यक्रमों का आयोजन, तथा तकनीकी रूप से संभव और आर्थिक रूप से व्यवहार्य गतिविधियों का संकेत देते हैं, सहायता के लिए केंद्रीय मंत्रालयों/विभागों से इन्कम जेनरेशन एक्टिविटीज (आईजीएज) का पता लगाने का अनुरोध किया गया। इस तरह की गतिविधियों का लक्ष्य विशेष रूप अनुसूचित जाति के बीपीएल परिवार होते हैं और एनएससीएफडीसी से ऋण के साथ-साथ एससीए योजना के अंतर्गत 10,000 रुपये तक की सब्सिडी द्वारा वित्त पोषित होते हैं।

एससीपी के लिए एससीए

इस योजना को राज्यों के एससीपी के लिए एक योज्य के रूप में तैयार किया गया है तथा अनुसूचित जातियों का तेजी से सामाजिक-आर्थिक विकास सुनिश्चित करने के लिए राज्यों के प्रयासों को पूरा करने और संवर्धित करने के लिए विस्तारित किया गया है। इस योजना का उद्देश्य अनुसुचित जाति के परिवारों का उनकी उत्पादकता और आय बढ़ाने में समर्थन करना है। यह उनकी विकास संबंधी जरूरतों में महत्वपूर्ण अंतराल को भर कर अनुसूचित जातियों के पास मौजूद संपत्ति से लाभ पर केंद्रित है।

एससीए निम्नलिखित बातों पर राज्यों/केंद्र शासित क्षेत्रों के लिए जारी किया जाता है:

1. चालीस प्रतिशत अनुदान राज्यों/केंद्र शासित क्षेत्रों की अनुसूचित जाति जनसंख्या पर आधारित है
2. दस प्रतिशत राज्यों/केंद्र शासित क्षेत्रों के सापेक्ष पिछड़ेपन पर आधारित है
3. अनुसूचित जाति परिवारों को गरीबी रेखा पार करने के लिए योजनाओं में समग्र आर्थिक विकास के कार्यक्रमों द्वारा कवर अनुसूचित जाति परिवारों के प्रतिशत पर 25 फीसदी अनुदान आधारित है।
4 पच्चीस प्रतिशत अनुदान राज्यों/केंद्र शासित क्षेत्रों में अनुसूचित जाति की आबादी की तुलना में वार्षिक योजना में से एससीपी के लिए धन के प्रवाह पर आधारित है।

केंद्रीय मंत्रालयों द्वारा एससीपी

केंद्रीय मंत्रालयों को उनकी वार्षिक योजनाओं के निर्माण के दौरान अनुसूचित जातियों के विकास के लिए एससीपी (विशेष घटक योजना) तैयार करना आवश्यक है। उनसे एससीपी के लिए अपने कुल योजना परिव्यय के कम से कम 15 प्रतिशत के प्रवाह को सुनिश्चित करने की भी उम्मीद की जाती है। इस अंत तक, एससीपी के अंतर्गत धनराशि निर्धारित करने के लिए केंद्रीय मंत्रालय/विभाग अलग बजट हेड्स/सबहेड्स आवंटित करते हैं।

वर्तमान में, 45 केंद्रीय मंत्रालय/विभाग एससीपी तैयार कर रहे हैं। वे हितग्राहीमूलक परियोजनाओं में अनुसूचित जाति के परिवारों की सहायता की संभावना भी तलाश रहे हैं और सहायक उद्योगों की स्थापना, और सेवाओं तथा संबद्ध गतिविधियां प्रदान कर रहे हैं, जो कि केंद्रीय मंत्रालयों/विभागों के तत्वावधान में काम कर रहे पीएसयूज और स्वायत्तशासी निकायों के लिए आवश्यक हो सकता है। योजनाओं को तैयार करने में अनुसूचित जातियों के लिए विशेष प्रशिक्षण/उद्यमी विकास धारण करने के अलावा मंत्रालयों/विभागों उन गतिविधियों, जो तकनीकी रूप से संभव हैं और नए उद्यमियों के लिए आर्थिक रूप से व्यवहार्य साबित हो सकते हैं की पहचान भी कर रहे हैं।

2000–01 में एनसीएससीएसटी ने केंद्रीय मंत्रालयों द्वारा एससीपी की अपनी समीक्षा में निर्धारित किया कि उन मंत्रालयों/विभागों जिन्होंने एससीपी तैयार करने में असमर्थता व्यक्त की थी क्योंकि उनका विश्वास था कि उनकी गतिविधियों को समुदाय के लिहाज से नहीं बांटा जा सकता है और व्यक्तिगत उन्मुख नहीं होने के कारण उनको योजना आयोग के स्थायी त्रिपक्षीय समिति (एसटीसी) के सामने लाया जाना चाहिए। यह भी वकालत की गई थी कि यदि एसटीसी संतुष्ट हैं कि वे मंत्रालय/विभाग विशेष रूप से अनुसूचित जातियों के लिए योजनाओं को तैयार/लागू नहीं कर सके थे, तो उनकी कुल योजना परिव्यय का 15 प्रतिशत एमओएसजेई के निस्तारण में रखा जाना चाहिए।

अनुसूचित जाति के विकास के लिए संस्थागत वित्त

अनुसूचित जातियों के विकास में वित्त सबसे महत्वपूर्ण बाध्यताओं में से एक है क्योंकि इन समुदायों की पहचान उनकी खराब वित्तीय स्थिति के आधार पर की गई है। सार्वजनिक क्षेत्र के बैंक, शीर्ष स्तर पर एनएससीएसटीएफडीसी, राज्य स्तर पर एससीडीसीज, और राज्यांतरिक स्तर पर सहकारी समितियां, अनुसूचित जातियों की वित्तीय आवश्यकता की पूर्ति में मुख्य एजेंसियां हैं।

देश भर में इन संगठनों की शाखाओं का एक बड़ा नेटवर्क है और अनुसूचित जातियों को गांव के साहूकारों के चंगुल से दूर रखने में मुख्य रूप से जिम्मेदार हैं, जिन पर उनके भूमि शोषण, भूमि हस्तान्तरण, और पिछड़ेपन का आरोप लगाया जाता है।

राष्ट्रीय अनुसूचित जाति और अनुसूचित जनजाति वित्त एवं विकास निगम (एनएससीएसटीएफडीसी)

एनएससीएसटीएफडीसी कम्पनीज अधिनियम, 1956 के अनुच्छेद 25 के अंतर्गत 'एक 'लाभ के लिए नहीं' कंपनी के रूप में 8 फ़रवरी 1989 को स्थापित किया गया था। अपने विभाजन के बाद से निगम ने 10 अप्रैल, 2001 से अनुसूचित जाति के लाभार्थियों की मात्र सेवा की है। एनएससीएसटीएफडीसी का ध्यान अनुसूचित जातियों के विशेष विकास और बैंकों तथा अन्य संस्थाओं के प्राथमिक क्षेत्र के ऋण के माध्यम से उपलब्ध क्रेडिट के अतिरिक्त वित्तीय जरूरतों (केवल ऋण) पर केंद्रित है।

बीपीएल अनुसूचित जाति के लाभार्थियों (वर्तमान में, ग्रामीण क्षेत्रों के लिए 40,000 रुपये प्रतिवर्ष और शहरी क्षेत्रों के लिए 55,000 रुपये प्रतिवर्ष) की आय सृजन गतिविधियों के लिए रियायती दरों पर एनएससीएसटीएफडीसी वित्तीय सहायता प्रदान

करता है। राज्य स्तरीय चैनेलाइजिंग अभिकरणों और गैर सरकारी संगठनों द्वारा आयोजित कौशल विकास कार्यक्रमों के लिए अनुदान प्रदान करने के अलावा, तकनीकी रूप से संभव और आर्थिक रूप से व्यवहार्य योजनाओं/परियोजनाओं को लागू करने में विभिन्न एससीडीसीज और अन्य राज्य स्तरीय चैनेलाइजिंग अभिकरणों के माध्यम से सहायता प्रदान की जाती है।

जरूरत के आधार पर लक्ष्य समूह के लिए प्रासंगिक आर्थिक गतिविधियों के 101 'अवसर प्रोफाइल' एनएससीएसटीएफडीसी ने प्रकाशित किए हैं। ये प्रोफाइल, राज्य स्तरीय चैनेलाइजिंग अभिकरणों द्वारा प्रायोजित परियोजनाओं के बजाय 'अवसर सूची' में पाई गई परियोजनाओं के प्रत्यक्ष वित्तपोषण की सुविधा प्रदान करते हैं। 'अवसर प्रोफाइल' के, 905 की लागत 500,000 रुपये से भी कम; वापसी की न्यूनतम दर 30 प्रतिशत पर रखी गई है; अधिकतम भुगतान की अवधि सात वर्ष निर्धारित की गई है; और 500,000 रुपये की एक वार्षिक लाभ की योजना बनाई गई है। यह प्रोफाइल, तेजी से उभरते सेवा क्षेत्र, कृषि व्यवसाय और व्यापार की पहली पीढ़ी के उद्यमियों की क्षमता को अवसर प्रदान करने में अब तक शोषित/उपेक्षित परिवारों के लिए उचित कवरेज देते हैं।

1 अक्टूबर 2002 के प्रभाव से एनएससीएसटीएफडीसी ने अपनी ऋण नीति को संशोधित किया। नई संशोधित नीति निम्न प्रकार है:

1. 1 अक्टूबर 2002 के पहले, 500,000 रुपये तक के ऋणों के लिए परिव्ययनीय ब्याज दर प्रतिवर्ष 7 प्रतिशत था; 500,000 रुपये से अधिक ऋण के लिए, यह प्रतिवर्ष 9 प्रतिशत था। संशोधित नीति के अंतर्गत उधार दरें प्रतिवर्ष 1 प्रतिशत से कम हो गई, लाभार्थियों की लागत क्रमशः 6 प्रतिशत और 8 प्रतिशत हो गई है। इसी तरह एनएससीएसटीएफडीसी ने माइक्रो क्रेडिट फाइनेंस (एमसीएफ) योजना के अंतर्गत ब्याज दरों को भी 12 प्रतिशत से 5 प्रतिशत प्रतिवर्ष तक कम किया गया है। एमसीएफ के अंतर्गत इकाई लागत को भी 10,000 रुपये से 25,000 रुपये प्रति इकाई प्रति लाभग्राही बढ़ाया गया है।
2. लक्षित समूहों को तेजी से लाभ की सुविधा के लिए राज्य स्तरीय चैनेलाइजिंग अभिकरणों के लिए स्वीकृत निधि के उपयोग की अवधि 120 दिनों से कम करके 90 दिन कर दी गई है।
3. आवेदकों का अनिवार्य पंजीकरण, एक विधिवत गठित चयन समिति द्वारा आवेदन का निपटारा, चयन/अस्वीकृति के लिए कारणों को बताते हुए कार्यवाही की उचित लिखा-पढ़ी, चयन/अस्वीकृति और लाभार्थियों को अनुमोदन की जानकारी, और संपत्ति आदि के चयन में लाभार्थियों की पसंद को लागू करना।
4. केवल सरकारी/अर्ध सरकारी/स्वायत्त संस्थाओं के माध्यम से मात्र लक्षित समूहों के लिए प्रशिक्षण कार्यक्रम आयोजित करके कौशल-प्रशिक्षण कार्यक्रमों की नीति को मानकीकृत किया गया है और अनुदान के रूप में आवर्ती प्रशिक्षण की लागत प्रदान करना

अनुसूचित जाति विकास निगम (एससीडीसी)

आर्थिक विकास की वित्तीय योजनाओं के संबंध में गरीब अनुसूचित जाति उद्यमियों और वित्तीय संस्थानों के बीच इंटरफेस करने के लिए राज्यों में एससीडीसीज की परिकल्पना की गई थी। इन निगमों का मुख्य कार्य उत्प्रेरक, समर्थक और जमानतदार के रूप में कार्यरत अनुसूचित जाति के उद्यमियों के लिए योजनाओं के आर्थिक विकास के लिए संस्थागत ऋण की लामबंदी करना है।

निगमों के प्रचारक की भूमिका में, विशेष सर्वेक्षण के माध्यम से अनुसूचित जाति समूहों की पहचान, और पात्र लाभार्थियों की पहचान एवं प्रेरणा, उनकी महसूस जरूरतों और वित्तीय आवश्यकताओं और उस पर अनुदान का आकलन, उन के बीच विभिन्न व्यावसायिक समूहों के लिए उपयुक्त आर्थिक योजनाओं की तैयारी, वित्तीय संस्थानों और सरकारी विकास अभिकरणों, आदि

के साथ संपर्क में उन्हें लाना शामिल हैं। लक्षित समूहों के आर्थिक विकास के लिए महत्वपूर्ण बिंदुओं पर बातचीत और हस्तक्षेप द्वारा आवश्यक गायब जानकारी प्रदान करने को उत्प्रेरक और गारंटर की भूमिका निभायी जानी थी।

जबकि मार्जिन मनी ऋण के लिए योजनाओं को लागू करने के लिए, व्यक्तिगत लाभार्थी योजना की इकाई लागत के एक हिस्से को ब्याज की कम दरों पर उपलब्ध कराया जाना था। एससीडीसीज को दो तरह से मदद करना था: पहला, वित्तीय संस्थानों, विशेष रूप से वाणिज्यिक बैंकों को अनुसूचित जातियों की सहायता के लिए बड़े पैमाने पर कैश आउट को प्रोत्साहित करने के लिए, और दूसरा, उद्यमियों के बीच योजनाओं को और अधिक व्यावहारिक बनाने के लिए।

अनुसूचित जातियों की एक बड़ी आबादी के साथ सभी राज्यों ने एससीडीसीज की स्थापना की है। वर्तमान में 25 राज्यों/केंद्र शासित क्षेत्रों में एससीडीसीज हैं, जिनमें से नौ शामिल हैं जो अनुसूचित जातियों और अनुसूचित जनजातियों दोनों की जरूरतें पूरी करते हैं।

भारत सरकार 51:49 के अनुपात में उनके संबंधित एससीडीसीज में शेयर-पूंजी निवेश के लिए राज्यों को सहायता प्रदान करती है। एससीडीसीज के शेयर पूंजी निधि का उनके द्वारा उपयोग ज़रूरतमंद लोगों के लिए वित्तीय संस्थाओं से धन का प्रवाह बढ़ाने कर गरीब अनुसूचित जाति के परिवारों के लिए मार्जिन मनी ऋण सहायता प्रदान करने के लिए किया जाता है।

एससीडीसीज की वित्त रोजगारोन्मुखी योजनाएं कृषि और संबंधित गतिविधियों में शामिल लघु सिंचाई; लघु उद्योग; परिवहन; और व्यापार और सेवा क्षेत्र को कवर करती हैं। एससीडीसीज भी मार्जिन मनी को अपने स्वयं के कोष के बाहर और अनुदान एससीए के बाहर के साथ एनएससीएसटीएफडीसी/बैंकों से ऋण घटक क्रमवेशन द्वारा परियोजनाओं का वित्तपोषण करती हैं।

सार्वजनिक क्षेत्र के बैंक

प्राथमिकता क्षेत्र के दिशा निर्देशों के अंतर्गत, राष्ट्रीयकृत बैंकों को अपने कुल अग्रिम में से कम से कम 10 प्रतिशत कमजोर वर्गों, जिनमे अनुसूचित जातियां/अनुसूचित जनजातियां शामिल हैं को प्रदान करने के लिए आवश्यक हैं। रिजर्व बैंक ऑफ इंडिया (आरबीआई) के अनुसार अनुसूचित जातियां/अनुसूचित जनजातियां कमजोर वर्गों की श्रेणी, जो प्राथमिकता क्षेत्र का हिस्सा हैं, में आते हैं। बैंकों को प्राथमिकता क्षेत्र के लिए उनके अग्रिम का अनुपात बढ़ाकर 40 प्रतिशत करना चाहिए, और कमजोर वर्गों के लिए अग्रिम कुल बैंक ऋण का 10 प्रतिशत के स्तर तक पहुँचना चाहिए। इसके अलावा, अग्रिम 'विभेदक ब्याज दर' का 40 प्रतिशत अनुसूचित जातियों/अनुसूचित जनजातियों के लिए बढ़ाया जाना चाहिए।

टिप्पणियां और संदर्भ

1. National Commission for Scheduled Castes and Scheduled Tribes, 1999–2000 and 2000–2001, Sixth Report.
2. Ministry of Welfare. 1997. *Annual Report*, 1996–1997. New Delhi: Government of India.
3. Goswami, B. 2003. *Constitutional Safeguards for Scheduled Castes and Scheduled Tribes*, pp. 7–9. Jaipur and New Delhi: Rawat Publications.
4. *The Report of the Commission for Scheduled Castes and Scheduled Tribes*, April 1980–March 1981, Third Report.
5. Ghosh, S.K. 1996. *Reservation in Services: A Manual for Government and Public Sector*. New Delhi: Akshar Publication.
6. For a detailed list of Articles that reinforce the constitutional safeguards for SCs, see Annexure II.
7. For details, see Annexure III.
8. For details, see Annexure IV.

9. Commission for Scheduled Castes and Scheduled Tribes. 1984. *Report of the Commission for Scheduled Castes and Scheduled Tribes*, 1980–1981. New Delhi: Commission for Scheduled Castes and Scheduled Tribes.
10. See 'Triloknath vs state of Jammu & Kashmir (1969) I SCR 103 A, 1960 SCI' in *Brochure on Reservation and Concessions for Scheduled Castes, Scheduled Tribes and Other Backward Classes, Physically Handicapped, Ex-Servicemen, Sportsmen and Compassionate Appointments*, p. 2. 2003. New Delhi: Nabhi Publications.
11. Commission for Scheduled Castes and Scheduled Tribes. 1984. *Report of the Commission for Scheduled Castes and Scheduled Tribes*, 1980–1981. New Delhi: Commission for Scheduled Castes and Scheduled Tribes.
12. For details of Articles 330 and 332, see Annexure II.
13. For further details, see http://www.exim.indiamart.com/ssi-policies/self-employment-scheme.html, accessed on 23 August 2007.
14. See Annexure V.
15. See Annexure VI.
16. See the National Commission for Safai Karamcharis Bill No. 56-C1993 as passed by the Parliament of India on 16 August 1993, available at www.parliamentofi ndia.nic.in, accessed in March 2007.

अध्याय 3

जनसांख्यिकीय रूपरेखा

यह अध्याय अनुसूचित जाति जनसंख्या के आकार, लैंगिक विस्तार और उसके शहरीकरण के स्तर के अनुसार भारत में अनुसूचित जातियों की जनसांख्यिकीय रूपरेखा के बारे में बताता है। इसमें जनसांख्यिकीय रूपरेखा में परिवर्तन और अंतर-राज्यीय भिन्नताओं पर भी प्रकाश डाला गया है।

यह विश्लेषण मुख्य रूप से जनसंख्या वर्ष 1981, 1991 और 2001 पर आधारित है। प्रथम खंड अनुसूचित जाति जनसंख्या की प्रमुख विशेषताओं- कुल भारतीय आबादी में उनके हिस्से, क्षेत्रीय संकेंद्रण, जनसंख्या में वृद्धि इत्यादि के बारे में बताता है। दूसरा खंड लिंग अनुपात, देश की महिला जनसंख्या में अनुसूचित जाति की महिलाओं के अनुपात और इन मानकों में परिवर्तन के अनुसार अनुसूचित जाति जनसंख्या के लैंगिक पहलू पर केंद्रित है। तीसरे खंड में अखिल भारतीय तथा राज्यों के स्तर पर शहरीकरण की प्रवृत्ति के साथ ही साथ अनुसूचित जातियों के बीच शहरीकरण के स्तर तथा प्रवृत्ति की पड़ताल की गई है।

जनसंख्या आकार और परिवर्तन

जनसंख्या आकार और क्षेत्रीय विभाजन

भारत की जनगणना के अनुसार, 2001 में अनुसूचित जाति जनसंख्या 16.66 करोड़ थी, या देश की कुल जनसंख्या का लगभग 16 प्रतिशत (तालिका 3.1)। अनुसूचित जनजातियां तथा गैर-अनुसूचित जातियां/अनुसूचित जनजातियां भारतीय जनसंख्या का क्रमशः 8.20 प्रतिशत तथा 75.60 प्रतिशत हैं।

अनुसूचित जाति जनसंख्या का अधिकतम संकेंद्रण उत्तर प्रदेश में है, जिसके बाद पश्चिम बंगाल, बिहार, आंध्र प्रदेश और तमिलनाडु आते हैं। भारत में अनुसूचित जाति जनसंख्या का लगभग 55 प्रतिशत इन राज्यों के खाते से मिलाकर आता है (संलग्नक VII, तालिका 7A.3)। अनुसूचित जातियों के मामूली रूप से बड़े अन्य राज्यों में महाराष्ट्र (5.9 प्रतिशत), राजस्थान (5.8 प्रतिशत), मध्य प्रदेश (5.5 प्रतिशत) और कर्नाटक (5.1 प्रतिशत) शामिल हैं। शेष राज्यों और केंद्र शासित प्रदेशों में से प्रत्येक में देश की अनुसूचित जाति जनसंख्या 5 प्रतिशत से कम है। अखिल भारत अनुसूचित जाति जनसंख्या (संलग्नक VII, तालिका 7A.3) और संबंधित राज्यों की जनसंख्या (संलग्नक VII, तालिका 7A.2) दोनों की तुलना में अनुसूचित जातियों की संख्या पूर्वोत्तर राज्यों में विशेषकर कम है।

अनुसूचित जातियों का उर्ध्व संकेंद्रीकरण (अखिल भारत अनुसूचित जाति जनसंख्या में उनका हिस्सा) हरियाणा, हिमाचल प्रदेश, उड़ीसा, पंजाब और त्रिपुरा में कम है, लेकिन क्षैतिज संकेंद्रीकरण (राज्य की कुल जनसंख्या में हिस्सा) 15 प्रतिशत से

तालिका 3.1
सामाजिक समूहों द्वारा दसवर्षीय जनसंख्या

(दस लाख (मिलियन) में)

	1981			1991			2001		
	अजा	*जजा*	*गैर-अजा/जजा*	*अजा*	*जजा*	*गैर-अजा/जजा*	*अजा*	*जजा*	*गैर-अजा/जजा*
कुल	104.75	51.63	508.9	138.22	67.76	632.6	166.64	84.33	777.65
पुरुष	54.21	26.04	263.68	71.93	34.36	328.97	86.09	42.63	404.39
महिला	50.54	25.59	245.22	66.29	33.4	303.63	80.55	41.70	373.26
ग्रामीण	87.99	48.43	371.18	112.34	62.75	447.72	133.02	77.34	532.14
पुरुष	45.35	24.37	190.33	58.34	31.75	231.2	68.61	39.03	274.62
महिला	42.64	24.06	180.85	54.00	31.00	216.52	64.41	38.31	257.52
शहर	16.76	3.20	137.72	25.88	5.01	184.88	33.62	6.99	245.51
पुरुष	8.86	1.67	73.35	13.59	2.61	97.77	17.48	3.60	129.77
महिला	7.90	1.53	64.37	12.29	2.40	87.11	16.14	3.39	115.74

स्रोत: महा रजिस्ट्रार, भारत की जनगणना, अंतिम जनसंख्या तालिका, 1981, 1991, 2001.

ऊपर है, उड़ीसा में 16.5 प्रतिशत से पंजाब में 28.8 प्रतिशत तक। गुजरात, जम्मू और कश्मीर, गोवा तथा पूर्वोत्तर राज्यों (त्रिपुरा को छोड़ कर) के सिवाय सभी राज्यो में जनसंख्या का कम से कम 10 प्रतिशत अनुसूचित जातियों का है।

जनसंख्या में परिवर्तन

1981–2001[1] के दौरान अनुसूचित जातियों की जनसंख्या 2.35 प्रतिशत की वार्षिक चक्रवृद्धि दर (सीएजीआर) से बढ़ी (संलग्नक VII, तालिका A.4)। वृद्धि की दर 1990 के दशक (1.89 प्रतिशत) की तुलना में 1980 के दशक (2.81 प्रतिशत) में अधिक थी। पिछले दो दशकों (1981–2001) में, जबकि अनुसूचित जातियों की जनसंख्या गैर-अनुसूचित जातियों/ जनजातियों (2.14 प्रतिशत) की तुलना में बढ़ गई, यह अनुसूचित जनजाति जनसंख्या (2.48 प्रतिशत) में वृद्धि की संगत दर से तनिक कम थी।

1981–2001 के दौरान राज्य, जहां अनुसूचित जनसंख्या वृद्धि दर अखिल भारतीय औसत से काफी आगे पहुंच गई, वे थे महाराष्ट्र (4.03 प्रतिशत) और चारों पूर्वोत्तर राज्य- अरूणाचल प्रदेश, मणिपुर, मेघालय और मिजोरम। वृद्दि की वार्षिक दर गोवा में 1.01 प्रतिशत, केरल में 1.02 प्रतिशत और तमिलनाडु में 1.46 प्रतिशत थी।

सभी राज्यों में, बिहार (झारखंड शामिल) और अरूणाचल प्रदेश को छोड़ कर, अनुसूचित जाति जनसंख्या वृद्धि 1980 के दशक की अपेक्षा 1990 के दशक में कम रही। दशकीय परिवर्तन में असमानता विशेषकर महाराष्ट्र और मिजोरम में देखी गई। महाराष्ट्र और मिजोरम में अनुसूचित जाति जनसंख्या में सीएजीआर में गिरावट 1981–91 के दौरान क्रमश: 6.93 प्रतिशत तथा 17.74 प्रतिशत से 1991–2001 में 1.21 तथा –8.90 प्रतिशत रही।

देश के विकास दर में 1980 के दशक के सापेक्ष 1990 के दशक के दौरान इन राज्यों में अनुसूचित जाति जनसंख्या में धीमे विकास के रुझान की झलक देखने को मिली। यह ध्यान देने योग्य है कि अखिल भारतीय स्तर पर 1981–91 के बीच अनुसूचित जाति जनसंख्या कुल आबादी की तुलना में तेज दर से बढ़ी, किन्तु 1991–2001 के बीच कुल जनसंख्या वृद्धि तेज रही (संलग्नक VII, तालिका 7A.4 तथा 7A.6)। फलस्वरूप कुल जनसंख्या में अनुसूचित जातियों का हिस्सा 1981 के 15.75 प्रतिशत से

बढ़ कर 1991 में 16.48 प्रतिशत हो गया, और उसके बाद 2001 में घट कर 16.20 प्रतिशत रह गया। यह अखिल भारतीय प्रवृत्ति गुजरात, हरियाणा, हिमाचल प्रदेश, कर्नाटक, मध्य प्रदेश (छत्तीसगढ़ सहित), महाराष्ट्र, राजस्थान, तमिलनाडु, पश्चिम बंगाल और कुछ अन्य छोटे राज्यों में देखी गई। आंध्र प्रदेश, बिहार (झारखंड सहित) और उड़ीसा में अनुसूचित जातियों की जनसंख्या सभी कालावधि में कुल जनसंख्या के मुकाबले खूब बढ़ी। लेकिन केरल और उत्तर प्रदेश (उत्तराखंड सहित) में कुल जनसंख्या वृद्धि अनुसूचित जाति जनसंख्या वृद्धि से मामूली रूप से ऊंची रही।

अनुसूचित जाति की आबादी का लैंगिक विभाजन

अनुसूचित जाति की महिलाओं से अधिक संख्या अनुसूचित जाति के पुरुषों की है (तालिका 3.1)। अखिल भारतीय स्तर पर पुरुषों का अनुपात अनुसूचित जाति की कुल आबादी में 51.66 प्रतिशत (2001 की जनगणना) है। अनुसूचित जाति की आबादी में पुरुषों की हिस्सेदारी अध्ययन के अंतर्गत दोनों दशकों में 50 प्रतिशत से अधिक थी। हालांकि, 1981–91 के दौरान 0.29 प्रतिशत अंक की मामूली वृद्धि के बाद 1999–2001 के दौरान इसमें 0.4 प्रतिशत अंकों से गिरावट आई (संलग्नक VII, तालिका 7A.7)। इसलिए, अनुसूचित जाति का लिंग अनुपात, जो 1981 में 932 से 1991 में 922 तक कम हुआ, 2001 में 936 होने से काफी हद तक सुधार हुआ है (संलग्नक VII, तालिका 7A.8)। 2001 में अनुसूचित जातियों के मामले में कुल जनसंख्या (933) के लिंग अनुपात की तुलना में प्रति 1,000 पुरुषों पर महिलाओं की संख्या थोड़ा अधिक थी। पिछले वर्षों में, अनुसूचित जाति घटक की तुलना में इसकी कुल आबादी का लिंग अनुपात अधिक था।

सभी राज्यों में, केरल और मणिपुर को छोड़कर, कुल अनुसूचित जाति की जनसंख्या काफी हद तक पुरुषों के पक्ष में होना जारी है। केरल देश का एकमात्र राज्य है जहां राज्य की जनसंख्या का महिला अनुपात, पुरुष अनुपात की तुलना में अधिक है। केरल में अनुसूचित जाति की जनसंख्या के लिए अध्ययन की पूरी अवधि में एक समान पैटर्न देखा गया। मणिपुर में अनुसूचित जाति लिंग अनुपात केवल 2001 में 1,000 से अधिक हुआ, लेकिन यह एक लंबी अवधि का सामान्य पैटर्न या राज्य की कुल आबादी के लिए नहीं था।

अन्य राज्यों में जहां अनुसूचित जाति लिंग अनुपात काफी अधिक है, वे तमिलनाडु (999), आंध्र प्रदेश (981) और उड़ीसा (979) हैं, जबकि यह मिजोरम (283), अरुणाचल प्रदेश (724), हरियाणा (869) मेघालय (882) और पंजाब (892) में काफी कम है। इन सभी राज्यों में, लिंग अनुपात वर्ष 1991–2001 के दौरान महिलाओं के पक्ष में चला गया। गुजरात ही एकमात्र राज्य है जहां वर्ष 1991–2001 के दौरान महिलाओं में पुरुषों की तुलना में गिरावट दर्ज की गई।

इस प्रकार, अनुसूचित जाति के लिंग अनुपात और कुल जनसंख्या की तुलना करने से यह स्पष्ट है कि सामान्य रूप में उन राज्यों में, जहाँ उनकी कुल संगत जनसंख्या के लिए उच्च लिंग अनुपात है, अनुसूचित जातियों के लिए भी अधिक लिंग अनुपात था। इस तरह के पैटर्न के लिए कुछ अपवाद थे, जैसे अरुणाचल प्रदेश, मिजोरम और मेघालय, जहां अनुसूचित जातियों के लिंग अनुपात और कुल आबादी के बीच भारी अंतर था।

क्षैतिज और ऊर्ध्वाधर हिस्सेदारी

लिंग के लिहाज से 2001 में अनुसूचित जाति जनसंख्या में ऊर्ध्वाधर हिस्सेदारी (जो है, कुल महिला आबादी में प्रतिशत हिस्सेदारी) राज्यों में एक ही पैटर्न दिखाता है, जैसा कि अनुसूचित जाति की कुल आबादी के लिए पाया गया, अर्थात, पुरुषों और महिलाओं दोनों का अधिकतम संकेंद्रण उत्तर प्रदेश, पश्चिम बंगाल, बिहार, आंध्र प्रदेश और तमिलनाडु के पांच राज्यों में है

(संलग्नक VII, तालिका 7A.9)। क्षैतिज हिस्सेदारी के रूप में अखिल भारतीय स्तर पर अनुसूचित जाति की आबादी के 7.83 प्रतिशत में महिलाएं शामिल हैं। राज्य अनुसूचित जाति की आबादी में महिलाओं का अनुपात आंध्र प्रदेश, हरियाणा, हिमाचल प्रदेश, कर्नाटक, उड़ीसा, पंजाब, राजस्थान, तमिलनाडु, उत्तर प्रदेश और पश्चिम बंगाल में इस अखिल भारतीय औसत से अधिक है, (संलग्नक VII, तालिका 7A.10)। वर्ष 1991–2001 के दौरान अनुसूचित जाति की आबादी की उच्च विकास दर की तुलना में पुरुष अनुसूचित जाति की आबादी (संलग्नक VII, तालिका 7A.11) के कारण, सभी राज्यों में अनुसूचित जाति महिला आबादी की हिस्सेदारी में 1991 के मुकाबले 2001 में वृद्धि हुई है।

शहरीकरण का स्तर और पैटर्न

यह अनुच्छेद जो अनुसूचित जाति की आबादी में शहरीकरण के रुझानो को प्रदर्शित करता है और उनका अन्य सामाजिक समूहों की मान्य प्रवृत्तियों के साथ तुलना करता है, अनुसूचित जाति के सापेक्ष सामाजिक-पिछड़ेपन को समझने के लिए जमीन तैयार करता है, क्योंकि शहरीकरण को अक्सर एक प्रक्रिया के रूप में सोचा जाता है, जो औद्योगिक और प्रौद्योगिकीय विकास के प्रति समाज का मार्गदर्शक बनता है।

2001 में अनुसूचित जाति की कुल आबादी में अनुसूचित जाति शहरी आबादी की अखिल भारतीय प्रतिशत हिस्सेदारी 20.18 प्रतिशत थी, जो गैर अनुसूचित जाति/अनुसूचित जनजाति की जनसंख्या (तालिका 3.1) के 31.57 प्रतिशत के इसी आंकड़े की तुलना में काफी कम था। लगभग सभी राज्यों में, शहरी क्षेत्रों में रहने वाले अनुसूचित जातियों का अनुपात गैर-अनुसूचित जातियों/अनुसूचित जनजातियों के अनुपात की तुलना में कम था (संलग्नक VII, तालिका 7A.14), अनुसूचित जातियों के बीच में शहरीकरण का स्तर 25 प्रतिशत से अधिक था। लेकिन गुजरात (39.3), कर्नाटक (25.1), महाराष्ट्र (38.3), तमिलनाडु (29.9), उत्तर-पूर्वी भारत और गोवा में अखिल भारतीय औसत की तुलना में यह अधिक था। शेष राज्यों में, अनुसूचित जाति की आबादी के 75 प्रतिशत से अधिक ग्रामीण क्षेत्रों में रहते थे। कुछ राज्यों में, जैसे बिहार और हिमाचल प्रदेश, शहरीकृत अनुसूचित जातियों का अनुपात केवल 6.5 प्रतिशत था।

इन राज्यों में अनुसूचित जातियों की कम शहरी आबादी के बावजूद, शहरीकरण के संबंध में अनुसूचित जातियों और गैर अनुसूचित जातियों/अनुसूचित जनजातियों के बीच अंतर-सामाजिक समूह असमानताएं बहुत चित्तग्राही नहीं हैं—यहां तक कि गैर अनुसूचित जातियों/अनुसूचित जनजातियों के बीच 89 प्रतिशत ग्रामीण आधारित हैं। ऐसी असमानताएं, हालांकि, आंध्र प्रदेश, हरियाणा, झारखंड, कर्नाटक, केरल, पंजाब, तमिलनाडु, उत्तर प्रदेश और पश्चिम बंगाल में ध्यान देने योग्य हैं, जहां गैर अनुसूचित जातियों/अनुसूचित जनजातियों और अनुसूचित जातियों के शहरीकरण की सीमा में लगभग 10 प्रतिशत या उससे अधिक अंक का अंतर है।

हालांकि, यह हर्ष का विषय है कि 1981 और 1991 के बीच शहरी अनुसूचित जाति की आबादी में लगभग सभी राज्यों (संलग्नक VII, तालिका 7A.15) में सकारात्मक वृद्धि दर्ज की गई। विकास की दर 1980 के दशक में विशेष रूप से अधिक थी। वर्ष 1991–2001 की अवधि के दौरान हरियाणा, पंजाब और तमिलनाडु में शहरी अनुसूचित जाति की आबादी 3.5 प्रतिशत से अधिक के सीएजीआर से बढ़ी, अर्थात, गैर अनुसूचित जाति/अनुसूचित जनजाति के शहरी आबादी की तुलना में अधिक दर पर (संलग्नक VII, तालिका 7A.16)।

लिंग के अनुसार शहरी आबादी का ब्रेक-अप अनुसूचित जातियों के बीच में शहरीकरण के पैटर्न (संलग्नक VII, तालिका 7A.17, 7A.18 और 7A.19) की एक और दिलचस्प विशेषता सामने लाता है। 2001 के लिए अखिल भारतीय आंकड़े, अनुसूचित जाति

पुरुषों (20.31 प्रतिशत) और अनुसूचित जाति महिलाओं (20.04 प्रतिशत) के शहरी अनुपात में केवल एक मामूली अंतर का संकेत देते हैं। 1981 में पुरुषों के 16.34 प्रतिशत की तुलना में केवल 15.63 प्रतिशत महिलाएं शहरी क्षेत्रों में थीं।

अत: यह अनुमान लगाया जा सकता है कि इस अध्ययन की अवधि के दौरान अनुसूचित जाति के पुरुषों की तुलना में शहरी अनुसूचित जाति की महिलाओं की आबादी एक तेज दर से बढ़ी है। वास्तव में गैर अनुसूचित जातियों/अनुसूचित जनजातियों के बीच महिला और पुरुष शहरी आबादी के सापेक्ष प्रतिशत पर ध्यान देने के बाद व्यापक अंतराल देखने को मिलेगा, गैर अनुसूचित जाति/अनुसूचित जनजाति वर्ग में पुरुषों के लिए प्रतिशत अंक का अंतर 1.08 (2001) था और अनुसूचित जाति वर्ग में पुरुषों के लिए केवल 0.27 अधिक था।

राज्य स्तर पर है, हालांकि कुल पुरुष आबादी के बीच शहरी पुरुषों का प्रतिशत, सामान्य रूप में, कुल महिला आबादी के बीच में शहरी महिलाओं के प्रतिशत से अधिक है, अनुसूचित जातियों के लिए प्रतिशत में इस अंतर की भयावहता कम है। गैर अनुसूचित जातियों/अनुसूचित जनजातियों के लिए अंतर अधिक है, विशेष रूप से असम, गुजरात, झारखंड, महाराष्ट्र, उड़ीसा और पश्चिम बंगाल में, शायद इसलिए क्योंकि आजीविका की खोज में ज्यादातर पुरुष शहरी क्षेत्रों की ओर पलायन करते हैं और महिलाएं, गांवों में ही रहती हैं।

सारांश

अनुसूचित जातियां, भारत की जनसंख्या का लगभग 16 प्रतिशत हैं। उनमें से लगभग 55 प्रतिशत, उत्तर प्रदेश, पश्चिम बंगाल, बिहार, आंध्र प्रदेश और तमिलनाडु में केंद्रित हैं। हालांकि, अनुसूचित जातियों का ऊर्ध्वाधर संकेंद्रण हरियाणा, हिमाचल प्रदेश, उड़ीसा, पंजाब और त्रिपुरा जैसे कई राज्यों में कम है, इस सामाजिक समूह में संबंधित राज्य की आबादी का 15 प्रतिशत से अधिक शामिल हैं।

1981–2001 के दौरान अनुसूचित जाति की जनसंख्या में वृद्धि (सीएजीआर 2.35 प्रतिशत) गैर-अनुसूचित जाति/अनुसूचित जनजाति की आबादी के प्रति वर्ष 2.14 प्रतिशत की वृद्धि की दर की तुलना में मामूली अधिक रही है। इस अवधि में अनुसूचित जाति की आबादी महाराष्ट्र, अरुणाचल प्रदेश, मणिपुर, मेघालय और मिजोरम में अखिल भारतीय औसत से ज्यादा की उच्च दर से बढ़ी।

दशकीय प्रवृत्तियों में 1990 के दशक (1.89 प्रतिशत) की तुलना में 1980 के दशक (2.81 प्रतिशत) के दौरान अनुसूचित जातियों की जनसंख्या वृद्धि दर राष्ट्रीय जनसंख्या वृद्धि की दर की तरह धीमी गति से नीचे रही है।

देश की अनुसूचित जाति की आबादी का लिंग अनुपात कुछ राज्यों को छोड़कर जहां महिलाओं की संख्या या तो पुरुषों से अधिक है जैसे केरल में (1048), या काफी हद तक पुरुषों की तुलना में कम नहीं है, जैसे तमिलनाडु (999), आंध्र प्रदेश (981) और उड़ीसा (979), पुरुषों (936) के पक्ष में काफी अधिक है। कुल मिलाकर, कुल और अनुसूचित जाति जनसंख्या दोनों के लिंग अनुपात एक समान पैटर्न का पालन करतें हैं—उन राज्यों में जहाँ कुल आबादी के लिए एक उच्च लिंग अनुपात था वहाँ अनुसूचित जातियों के लिए भी एक उच्च लिंग अनुपात था।

अनुसूचित जाति की कुल आबादी में अनुसूचित जाति की शहरी आबादी की अखिल भारतीय हिस्सेदारी 20.18 प्रतिशत है; गैर अनुसूचित जातियों/अनुसूचित जनजातियों के लिए यही आंकड़ा 31.57 प्रतिशत है, यह दर्शाता है कि अनुसूचित जाति के शहरीकरण का स्तर गैर अनुसूचित जातियों/अनुसूचित जनजातियों की तुलना में बहुत कम है। लगभग सभी राज्यों में शहरी क्षेत्रों में रहने वाले अनुसूचित जातियों का अनुपात गैर-अनुसूचित जाति/अनुसूचित जनजाति की जनसंख्या की तुलना में कम

था। गैर अनुसूचित जातियों/अनुसूचित जनजातियों की तुलना में शहरी अनुसूचित जाति की, पिछले दो दशकों में तेजी से वृद्धि के बावजूद, शहरीकरण की सीमा में अंतर-सामाजिक समूह में असमानताएं जारी हैं।

ऐसी असमानता उन राज्यों में, जहाँ अनुसूचित जातियों का ज्यादा संकेद्रण है- उत्तर प्रदेश, पश्चिम बंगाल, आंध्र प्रदेश और तमिलनाडु, तथा हरियाणा और पंजाब के आर्थिक रूप से प्रगतिशील राज्यों में विशेष रूप से ध्यान देने योग्य हैं। क्योंकि शहरीकरण को एक ऐसी प्रक्रिया के रूप में देखा जाता है जो सामाजिक और आर्थिक विकास को बढ़ावा देता है, अनुसूचित जातियों के बीच में शहरीकरण का कम स्तर, उनके सापेक्ष पिछड़ापन और अपनी आजीविका के लिए पारंपरिक ग्रामीण व्यवसायों पर निर्भरता का सूचक है।

टिप्पणी

1. यहाँ पर अनुमानित विकास दरों में 1991 में जम्मू और कश्मीर तथा 1981 में असम की आबादी शामिल नहीं है। इन राज्यों में दिए गए वर्षों में जनगणना नहीं की गई थी, और आंकड़े, जिनमें दो राज्यों के लिए प्रक्षेपित जनसंख्या शामिल है, सरकार द्वारा दी गई सूचना से मामूली रूप से अधिक होते नजर आते हैं।

अध्याय 4

व्यावसायिक रूपरेखा

कृषि आज भी भारतीय जनसंख्या का मुख्य आधार है, हांलाकि चालू दशक में ग्रामीण कामगारों के रुझान में व्यावसायिक परिवर्तन कृषि क्षेत्र से गैर-कृषि क्षेत्र की ओर देखा गया है। पारंपरिक रूप से अनुसूचित जातियों (अजा) को संपत्ति के अधिकार से वंचित रखा गया। सौंपे गए व्यावसायिक तथा सामाजिक काम की प्रणाली के रूप में जाति पदानुक्रम ने अनुसूचित जातियों को व्यावसायिक क्षेत्र की परिधि से बाहर कर दिया, और इसलिए आर्थिक गतिशीलता से भी। अनुसूचित जातियों के उद्धार तथा उनके बीच आर्थिक गतिशीलता को बढ़ावा देने के लक्ष्य से सरकार ने अनेक कल्याण कार्यक्रमों की कल्पना की और उन्हें कार्यान्वित किया (जैसा कि अध्याय 2 में चर्चा की गई है)। इस तरह के नीतिगत हस्तक्षेप का प्रभाव अनुसूचित जाति की व्यावसायिक स्थिति पर पड़ा है, इस बात का मूल्यांकन करना सार्थक होगा।

इस अध्याय का मुख्य उद्देश्य भारत में विभिन्न सामाजिक समूहों, विशेषकर अनुसूचित जातियों के बीच आजीविका के पैटर्न में परिवर्तनों की समीक्षा करना है। विशेष रूप से, समीक्षा व्यावसायिक विविधीकरण के तीन प्रमुख पहलुओं, क्रमश: ग्रामीण क्षेत्रों में कृषि से गैर-कृषि व्यवसायों में लगने, कृषि क्षेत्र के अंदर विविधीकरण का पैटर्न, और शहरी क्षेत्रों में व्यवसाय पैटर्न में परिवर्तन की पड़ताल करती है।

अध्ययन का डेटाबेस, दसवर्षीय जनगणना और पंचवर्षीय राष्ट्रीय नमूना सर्वेक्षण (एनएसएस) रोजगार तथा बेरोजगारी के सर्वेक्षण से बना है। यह समीक्षा पिछले दो दशकों के अखिल भारतीय तथा राज्य स्तरीय आंकड़ों का इस्तेमाल करके की गई है।

ग्रामीण कार्यबल का क्षेत्रीय विभाजन

भारत में अनुसूचित जाति ग्रामीण कार्यबल मुख्य रूप से कृषि क्षेत्र में कार्यरत है तथा गैर-अनुसूचित जातियों/जनजातियों की अपेक्षा इस परंपरागत क्षेत्र पर उसकी निर्भरता काफी अधिक है (तालिका 4.1)।

अनेक वर्षों में, इस अनुपात में शनै: शनै: गिरावट परिलक्षित हुई है। कृषि से गैर-कृषि क्षेत्र में ग्रामीण मुख्य श्रमिकों का व्यावसायिक विविधीकरण, जो 1980 के दशक में न के बराबर था, 1990 के दशक में तेज हो गया। कृषि क्षेत्र में संलग्न ग्रामीण अनुसूचित जाति मुख्य श्रमिकों के प्रतिशत में 1991 में 84.49 प्रतिशत के सापेक्ष 2001 में 72.93 प्रतिशत, 11 फीसदी अंकों से अधिक की गिरावट हुई। कार्यबल के कृषि क्षेत्र से दूर जाने की प्रवृत्ति सभी सामाजिक समूहों में पाई गई, और इसकी रफ्तार अनुसूचित जातियों तथा गैर-अनुसूचित जातियों/जनजातियों में लगभग बराबर रही। फलस्वरूप 1981–2001 में कृषि क्षेत्र में संलग्न श्रमिकों का असमानता सूचकांक, अनुसूचित जातियों बनाम गैर-अनुसूचित जातियों/जनजातियों के लिए अधिक या कम अपरिवर्तित रहा (तालिका 4.2)।

तालिका 4.1

सामाजिक समूहों के आधार पर कुल ग्रामीण मुख्य श्रमिकों में से कृषि क्षेत्र में संलग्न अखिल भारतीय ग्रामीण श्रमिकों का हिस्सा

प्रतिशत में

क्रम सं.	*सामाजिक समूह*	*1981*	*1991*	*2001*
1.	अनुसूचित जातियां	85.12	84.49	72.93
2.	गैर-अनुसूचित जातियां/जनजातियां	78.31	76.93	67.85
3.	समस्त	80.99	80.03	70.63

स्रोत: 1. केंद्रीय प्राथमिक जनगणना सार सामान्य जनसंख्या, भारत की जनगणना, 1981, सीरीज I, भाग I, II और III
2. भारत की जनगणना, 1991, भारत के रजिस्ट्रार जनरल का कार्यालय

तालिका 4.2

कृषि क्षेत्र में संलग्न अखिल भारतीय श्रमिकों का असमानता सूचकांक

क्रम सं.	*सरल सूची*	*1981*	*1991*	*2001*
1.	अनुसूचित जाति/गैर-अनुसूचित जाति/जनजाति	1.09	1.10	1.07
2.	अनुसूचित जाति/समस्त	1.05	1.06	1.03

स्रोत: 1. केंद्रीय प्राथमिक जनगणना सार सामान्य जनसंख्या, भारत की जनगणना, 1981, सीरीज I, भाग I, II और III
2. भारत की जनगणना, 1991 और 2001, भारत के रजिस्ट्रार जनरल का कार्यालय

एनएसएस आंकड़े पिछले दशक में अनुसूचित जातियों तथा गैर-अनुसूचित जातियों/जनजातियों के बीच कृषि से गैर-कृषि क्षेत्र में व्यावसायिक परिवर्तन के पैटर्न की पुष्टि करते हैं (तालिका 4.3)। परिवर्तन का परिमाण गैर-अनुसूचित जाति/जनजाति परिवारों के बीच अधिक तेज पाया गया, यही कारण है कि उनके बीच अंतर-सामाजिक समूह असमानता 1993–94 में 1.04 से तनिक बढ़ कर 2000–2000 में 1.09 हो गई।

राज्य स्तर पर, सभी राज्यों में अखिल भारतीय रुझान का परिमाण साफ तौर पर अलग रहा (संलग्नक VIII, तालिका 8A.1)। अनुसूचित जातियों के बीच विविधीकरण की प्रवृत्ति विशेषकर छोटे राज्यों असम, हरियाणा, केरल और पंजाब में देखी गई। बड़े राज्यों आंध्र प्रदेश, बिहार (झारखंड शामिल), मध्य प्रदेश (छत्तीसगढ़ शामिल), महाराष्ट्र, तमिलनाडु और उत्तर प्रदेश, जहां अनुसूचित जाति जनसंख्या का संकेंद्रीकरण अधिक है, 1991–2001 के दौरान गिरावट कम, 3–11 प्रतिशत के बीच रही। दो राज्यों, मध्य प्रदेश और महाराष्ट्र में यह मामूली गिरावट 1981–91 में वृद्धि के पश्चात आई। इसलिए, इन राज्यों में कृषि क्षेत्र में संलग्न कुल अनुसूचित प्रमुख श्रमिकों के सापेक्ष ग्रामीण अनुसूचित श्रमिकों की प्रतिशत हिस्सेदारी में कुल परिवर्तन काफी धीमी है।

तालिका 4.3

सामाजिक समूहों के आधार पर कृषि क्षेत्र में संलग्न अखिल भारतीय ग्रामीण गृहस्थ श्रमिकों का विभाजन

प्रतिशत में

		कृषि क्षेत्र			*गैर-कृषि क्षेत्र*		
		प्रतिशत हिस्सेदारी		*शुद्ध परिवर्तन*	*प्रतिशत हिस्सेदारी*		*शुद्ध परिवर्तन*
क्र. सं.	*सामाजिक समूह*	*1993–94*	*1999–2000*	*1993–94 से 1999–2000*	*1993–94*	*1999–2000*	*1993–94 से 1999–2000*
1.	अनुसूचित जाति	69.4	67.8	–1.6	30.6	32.2	1.6
2.	गैर-अनुसूचित जाति/जनजाति	66.5	62.0	–4.5	33.4	37.9	4.5

स्रोत: 1. भारत में सामाजिक समूहों के बीच रोजगार और बेरोजगारी की स्थिति, 1993–94, सांख्यिकी विभाग, भारत सरकार
2. भारत में सामाजिक समूहों के बीच रोजगार और बेरोजगारी की स्थिति, 1999–2000, सांख्यिकी विभाग, भारत सरकार

2001 में अधिकतम राज्यों में कृषि क्षेत्र में संलग्न अनुसूचित जाति बनाम गैर-अनुसूचित जाति/जनजाति श्रमिकों का असमानता सूचकांक 1 से ऊपर था। संकेत यह कि कृषि में अनुसूचित जाति कार्यबल का प्रतिशत गैर-अनुसूचित जाति/जनजाति कार्यबल के प्रतिशत से अधिक था। असम, हरियाणा, पंजाब और राजस्थान, जहां यह 1 से कम था, और मध्य प्रदेश तथा महाराष्ट्र, जहां सूचकांक लगभग मिलता-जुलता था, अपवाद थे (संलग्नक VIII, तालिका 8A.2)।

एनएसएस परिवार डेटा मुख्य श्रमिकों पर जनगणना डेटा में गौर किये गए राज्य स्तरीय परिवर्तनों की दिशा की व्यापक तौर पर पुष्टि ही करता है (संलग्नक VIII, तालिका 8A.3)। दोनों डेटा स्रोत स्पष्ट रूप से अनुसूचित जाति कार्यबल के कृषि क्षेत्र पर जबर्दस्त निर्भरता, अनुसूचित जातियों तथा गैर-अनुसूचित जातियों/जनजातियों के बीच जारी असमानता को दर्शाते हैं, क्योंकि गैर-अनुसूचित जाति/जनजाति ग्रामीण श्रमिकों की तुलना में अनुसूचित जाति ग्रामीण श्रमिकों का बड़ा हिस्सा परंपरागत क्षेत्र में संलग्न है।

कृषि क्षेत्र में ग्रामीण व्यावसायिक रूपरेखा

भारत की जनगणना कृषि क्षेत्र में संलग्न ग्रामीण श्रमिकों को खेतिहर और कृषि मजदूर में वर्गीकृत करती है। एनएनएस ग्रामीण कृषि संबंधी परिवारों को कृषि में स्वत: रोजगार प्राप्त (एसईए) के रूप में वर्गीकृत करता है। इन दोनों वर्गीकरणों में पुरानी श्रेणी ग्रामीण परिवारों की भूमि तक पहुंच को बताती है। भारत में भूमिधर होना न केवल जीवन-यापन का एक स्रोत बल्कि हैसियत का एक प्रतीक भी माना जाता है। इस देश में भूमि पर नियंत्रण द्वारा अभिजात वर्ग का स्थायीकरण एक एतिहासिक तथ्य है। जहां तक भू-स्वामित्व तथा भू-संपत्तियों का प्रश्न है, अनुसूचित जातियों ने चुने तौर पर और एतिहासिक भेदभाव का सामना किया है। यह खंड इस बात की समीक्षा करता है कि कृषि क्षेत्र में व्यावसायिक पैटर्न में क्या कोई परिवर्तन आया है कि अनुसूचित जातियों की भूमि तक पहुंच में सुधार दिखाई दे रहा या नहीं।

सामाजिक समूहों द्वारा कुल मुख्य श्रमिकों में से खेतिहर के रूप में कार्यरत कार्यबल का प्रतिशत विभाजन अनुभव से पुष्टि करता है कि जमीन रखने के मामले में अनुसूचित जातियों के साथ भेदभाव हुआ। खेत जोतना अनुसूचित जातियों तथा गैर-अनुसूचित जातियों/जनजातियों का मुख्य आर्थिक क्रियाकलाप रहा है। 2001 में 54 प्रतिशत अनुसूचित जातियों तथा 47 प्रतिशत गैर-अनुसूचित जातियों/जनजातियों के सापेक्ष अनुसूचित जाति श्रमिकों के मात्र 27 प्रतिशत के पास भूमिधरी रही।

ग्रामीण क्षेत्रों में अधिकतर अनुसूचित जाति श्रमिक परंपरागत रूप से कृषि मजदूरों की तरह काम करते रहे हैं—बल्कि इस व्यवसाय में उनकी संलग्नता का पक्ष ऊंची जातियों ने भी लिया। इसके अतिरिक्त, शिक्षा तथा तकनीकी कौशल के अभाव में

तालिका 4.4
सामाजिक समूहों के आधार पर अखिल भारतीय ग्रामीण खेतिहर तथा कृषि श्रमिकों का मुख्य श्रमिकों में प्रतिशत

		खेतिहर			*कृषि मजदूर*		
क्र.सं.	*सामाजिक समूह*	*1981*	*1991*	*2001*	*1981*	*1991*	*2001*
1.	अनुसूचित जाति	31.94	29.37	26.78	53.20	55.12	46.15
2.	अनुसूचित जनजाति	56.80	57.19	54.32	33.39	33.52	29.88
3.	गैर-अनुसूचित जाति/जनजाति	55.26	52.09	46.85	23.05	24.84	21.00
4.	कुल	51.12	48.39	44.22	29.98	31.64	26.41

स्रोत: 1. केंद्रीय प्राथमिक जनगणना सार सामान्य जनसंख्या, भारत की जनगणना, 1981, सीरीज I, भाग I, II और III

2. भारत की जनगणना, 1991 और 2001, भारत के रजिस्ट्रार जनरल का कार्यालय

तालिका 4.5
अखिल भारतीय ग्रामीण परिवार: एसईए और कृषि मजदूर

(प्रतिशत में)

		एसईए		कृषि मजदूर	
क्र. सं.	*सामाजिक समूह*	*1993–94*	*1999–2000*	*1993–94*	*1999–2000*
1.	अनुसूचित जाति	20.1	16.4	49.3	51.4
2.	गैर-अनुसूचित जाति/जनजाति	43.3	37.9	23.2	24.1

स्रोत: 1. भारत के सामाजिक समूहों के बीच रोजगार और बेरोजगारी की स्थिति, 1993–94, सांख्यिकी विभाग, भारत सरकार।
2. भारत के सामाजिक समूहों के बीच रोजगार और बेरोजगारी की स्थिति, 1999–2000, सांख्यिकी विभाग, भारत सरकार।

अन्य कामों में उनका समायोजन भी कठिन हो गया है। कृषि मजदूर के रूप में वे असंगठित हैं और न तो उन्हें सामाजिक न ही आर्थिक सुरक्षा प्राप्त है। पिछले दशक में (1991–2001), अनुसूचित जातियों का कृषि से गैर कृषि क्षेत्र में परिवर्तन कृषि मजदूरों के अनुपात में गिरावट के कारण अधिक हुआ (9 फीसदी अंक द्वारा) और एक हद तक कम अनुसूचित जाति खेतिहरों के प्रतिशत में गिरावट के चलते।

भूमि तक पहुंच में अंतर-सामाजिक समूह असमानता भी एनएसएस(एनएसएस) घरेलू डेटा से स्पष्ट होता है (संलग्नक VIII, तालिका 8A.5)। अनुसूचित जनजातियों के सापेक्ष गैर-अनुसूचित जातियों/जनजातियों के बीच स्वरोजगार वाले ग्रामीण कृषि परिवारों का अनुपात दो गुने से अधिक तथा कृषि मजदूर परिवारों का लगभग आधा है (तालिका 4.5)। 1993/1994 और 1999/2000 के बीच, भूमि संसाधन के लिए ग्रामीण परिवारों की पहुंच खराब हो गई थी, जैसे एसईए (एसईए) का गिरता अनुपात और कृषि श्रमिकों के परिवारों के प्रतिशत में वृद्धि इसका सबूत है।

राज्य स्तर पर भूमि में बड़े अंतर-राज्यीय परिवर्तन हैं, जिसका अनुसूचित जाति ग्रामीण श्रमिक उपयोग कर सकते हैं। हिमाचल प्रदेश, जम्मू-कश्मीर और राजस्थान में आधे से अधिक ग्रामीण क्षेत्रों में अनुसूचित जाति मुख्य श्रमिक खेतिहर थे (परिशिष्ट VIII, तालिका 8A.4)। आंध्र प्रदेश, बिहार, हरियाणा, केरल और पंजाब में 15 प्रतिशत से कम अनुसूचित जाति श्रमिक भूमि जोत रहे थे। 1981–2001 में खेतिहरों का अनुपात लगभग सभी राज्यों में नीचे चला गया था, हालांकि इस अवधि के दौरान प्रतिशत अंक परिवर्तन केरल और महाराष्ट्र में नगण्य था। वह राज्य जिसमें अनुसूचित जाति की आबादी का उच्च संकेद्रण था- उत्तर प्रदेश- कुल मुख्य श्रमिकों में ग्रामीण अनुसूचित जाति खेतिहरों के अनुपात में 7 प्रतिशत अंक की एक बहुत तेज गिरावट का गवाह बना (1981 में लगभग 52 प्रतिशत से 2001 में 45 प्रतिशत)।

ग्रामीण खेतिहर के रूप में लगे श्रमिकों का अंतर-सामाजिक समूह असमानता सूचकांक (संलग्नक VIII, तालिका 8A.5) स्पष्ट रूप से अनुसूचित जातियों की तुलना में गैर-अनुसूचित जातियों/जनजातियों के लिए कृषि भूमि तक पहुंच को बहुत स्पष्ट इंगित करता है। अखिल भारतीय स्तर पर पिछले दो दशकों के दौरान इन असमानताओं में कम या ज्यादा कोई बदलाव नहीं हुआ है, और वास्तव में कुछ राज्यों में जैसे आंध्र प्रदेश और तमिलनाडु में बदतर रहा है।

गैर-कृषि क्षेत्र में ग्रामीण व्यावसायिक संरचना

पहले से बाहर आये क्षेत्रीय व्यावसायिक विविधीकरण की प्रवृत्ति ने कृषि से गैर-कृषि क्षेत्र के लिए अनुसूचित जाति ग्रामीण कार्यबल में बदलाव का संकेत दिया। भारत की जनगणना में गैर कृषि कार्यबल का वर्गीकरण (क) घरेलू उद्योग में लगे हुए और (ख) अन्य कर्मचारियों में होता है। घरेलू उद्योग को 'परिवार के मुखिया स्वयं और/या घर पर या ग्रामीण क्षेत्रों में गांव के भीतर घर

तालिका 4.6

सामाजिक समूहों के आधार पर कुल मुख्य श्रमिकों में गैर-कृषि व्यवसायों में लगे श्रमिकों का प्रतिशत विभाजन

		पारीवारिक उद्योग			*अन्य मजदूर*		
क्र.	*सामाजिक समूह*	*1981*	*1991*	*2001*	*1981*	*1991*	*2001*
1.	अजा	3.08	2.24	3.57	11.80	13.27	23.50
2.	अजजा	1.26	0.95	1.71	8.55	8.33	14.09
3.	गैर-अजा/अजजा	3.39	2.36	3.96	18.30	20.71	18.19
4.	कुल	3.08	2.16	3.63	15.93	17.81	25.74

स्रोत: 1. भारत के सामाजिक समूहों के बीच रोजगार और बेरोजगारी की स्थिति, 1993-94, सांख्यिकी विभाग, भारत सरकार।
2. भारत के सामाजिक समूहों के बीच रोजगार और बेरोजगारी की स्थिति, 1999-2000, सांख्यिकी विभाग, भारत सरकार।

के सदस्यों द्वारा आयोजित एक उद्योग के रूप में परिभाषित किया गया है।[1] यह उत्पादन, प्रसंस्करण, सर्विसिंग, मरम्मत या बनाने और बेचने (लेकिन केवल बेचना नहीं) से संबंधित है। इस प्रकार घरेलू उद्योग की अवधारणा का प्रतीक, कुछ तरीके से यह है कि इस उद्योग में लगे श्रमिकों की पूँजी तक कुछ पहुंच है। इसके विपरीत, 'अन्य श्रमिकों' के रूप में वर्गीकृत गैर कृषि श्रमिक वे हैं जो कारखाने, वृक्षारोपण, व्यापार, वाणिज्य, व्यापार, परिवहन, खनन, निर्माण, राजनीतिक या सामाजिक कार्य, फुटपाथ सेवा आदि में लगे हुए हैं, और पूँजी तक पहुंच नगण्य है।

जनगणना के आंकड़े इंगित करते है कि ग्रामीण गैर-कृषि श्रमिकों का एक बहुत छोटा अनुपात, कुल मुख्य श्रमिकों की काम में संलग्नता 4 प्रतिशत से कम, घरेलू उद्योग में संलग्न है (तालिका 4.6)। ग्रामीण श्रम बल जो कृषि व्यवसायों से बाहर स्थानांतरित हो रहा है को, बजाय घरेलू उद्योग में, 'अन्य श्रमिकों' के रूपमें गैर-कृषि क्षेत्र में समाहित कर दिया गया है, जैसा कि पिछले दो दशकों में 'अन्य' श्रमिकों' के बढ़ते अनुपात तथा इस अवधि के दौरान घरेलू उद्योग में लगभग ठहराव से स्पष्ट है। वास्तव में, 1981–91 के दौरान घरेलू उद्योग में श्रमिकों के प्रतिशत में सचमुच गिरावट आई, बाद में एक दशक के दौरान उलट कर 1981 के एक स्तर से मामूली ऊपर आई।

सामाजिक समूहों में, दोनों दशकों में घरेलू उद्योग में ग्रामीण श्रमिकों का अनुपात अनुसूचित जातियों और गैर-अनुसूचित जातियों/जनजातियों के लिए कम या ज्यादा समान ही था। लेकिन इसी अवधि में अनुसूचित जातियों (11.70 प्रतिशत अंक) के बीच अन्य कर्मचारियों के प्रतिशत में वृद्धि काफी अधिक थी। तो, जबकि अनुसूचित जाति और गैर अनुसूचित जाति/जनजाति के श्रमिकों के असमानता सूचकांक घरेलू उद्योग में अपरिवर्तित रहे, पर ये अनुसूचित जाति के संबंध में 'अन्य श्रमिकों' खराब हो गया।

घरेलू उद्योग में अनुसूचित जाति का ग्रामीण श्रम खपत और इसलिए, अनुसूचित जाति की पूँजी तक पहुंच आंध्र प्रदेश, हरियाणा, जम्मू-कश्मीर, कर्नाटक और तमिलनाडु में विशेष रूप से कम थी (संलग्नक VIII, तालिका 8A.6)। पिछले कुछ वर्षों में, घरेलू उद्योग में अनुसूचित जाति श्रमिकों के अनुपात में असम और उड़ीसा में उल्लेखनीय वृद्धि हुई है, जबकि गुजरात और महाराष्ट्र में एक प्रत्यक्ष गिरावट हुई है।

पूँजी तक पहुंच में ग्रामीण अनुसूचित जातियों और गैर अनुसूचित जातियों/जनजातियों के बीच असमानता का राज्य स्तरीय पैटर्न कुछ रोचक परिणाम (संलग्नक VIII, तालिका 8A.7) प्रदर्शित करता है। अखिल भारतीय प्रवृत्ति ने संकेत दिया कि अनुसूचित जाति के पास भूमि और पूँजी संसाधनों तक पहुंच बहुत तुच्छ थी, लेकिन पूँजी तक पहुंच में अंतर-सामाजिक समूह असमानता कम स्पष्ट थी। हालांकि, कई राज्यों—असम, गुजरात, हरियाणा, हिमाचल प्रदेश, मध्य प्रदेश, महाराष्ट्र, उड़ीसा और राजस्थान – में1 से अधिक असमानता सूचकांक दर्शाता है कि गैर-अनुसूचित जाति/जनजाति के समकक्षों की तुलना में अनुसूचित जाति ग्रामीण श्रमिकों की पूँजी तक पहुंच कुछ हद तक बेहतर थी (जैसा कि घरेलू उद्योग में श्रमिकों का अनुपात इसका सबूत है)। हालांकि, बिहार, केरल, पंजाब और उत्तर प्रदेश में ग्रामीण अनुसूचित जाति श्रमिक इस पहलू से अपेक्षाकृत बदतर थे।

तालिका 4.7
घर के प्रकार के अनुसार ग्रामीण गैर कृषि परिवारों का विभाजन

		एसईएनए		श्रमिक	
क्र. सं.	*स्थिति*	*1993–94*	*1999–2000*	*1993–94*	*1999–2000*
1.	अनुसूचित जाति	10.7	12.0	10.2	10.0
2.	अनुसूचित जनजाति	5.9	5.2	10.1	8.9
3.	गैर अनुसूचित जाति/जनजाति	14.4	15.2	6.9	7.1

स्रोत: भारत में 1993–94 में सामाजिक समूहों के बीच रोजगार और बेरोजगारी की स्थिति, 5वां पंचवर्षीय सर्वेक्षण, एनएसएस का 50वां राउंड, सांख्यिकी विभाग, भारत सरकार, नवंबर 1997.

गैर-कृषि स्वरोजगार (एसईएनए), गैर-कृषि श्रमिक और 'अन्य श्रमिकों' के रूप में गैर-कृषि श्रमिकों का एनएसएस वर्गीकरण अनुसूचित जाति के परिवारों के लिए पूँजी संसाधनों तक सीमित पहुंच पर अतिरिक्त अंतर्दृष्टि प्रदान करता है (तालिका 4.7)। 1993–94 में अनुसूचित जाति के परिवारों का 10.7 प्रतिशत एसईएनए था और लगभग उसी अनुपात में गैर कृषि मजदूर थे। 1999–2000 तक, हालांकि अनुसूचित जाति एसईएनए परिवारों के अनुपात में 12 प्रतिशत से मामूली वृद्धि हुई, जो फिर भी गैर अनुसूचित जाति/जनजाति एसईएनए के परिवारों की तुलना में लगभग 3 प्रतिशत अंक कम था। राज्यों में अनुसूचित जाति के ग्रामीण परिवारों की पूँजी तक पहुंच आंध्र प्रदेश, कर्नाटक, केरल, तमिलनाडु और महाराष्ट्र (संलग्नक VIII, तालिका 8A.8) में काफी खराब थी, जबकि यह पश्चिम बंगाल, पंजाब, राजस्थान, हिमाचल प्रदेश, हरियाणा और उड़ीसा में अखिल भारतीय औसत से बेहतर थी।

शहरी व्यावसायिक रूपरेखा

शहरी क्षेत्रों में कृषि योग्य भूमि की सीमित उपलब्धता को देखते हुए, शहरी कार्यबल मुख्य रूप से गैर-कृषि गतिविधियों में लगा हुआ है। स्वरोजगार, नियमित वेतन अर्जक/वेतनभोगी वर्ग और आकस्मिक मजदूरों में शहरी कार्यबल का एनएसएस वर्गीकरण सामाजिक समूहों में शहरी व्यावसायिक पैटर्न की बहुत ही दिलचस्प विशेषता को प्रदर्शित करता है। आशा के अनुरूप गैर अनुसूचित जातियों/जनजातियों के सापेक्ष स्व-नियोजित अनुसूचित जाति श्रमिकों का प्रतिशत काफी कम प्रतिशत था, जबकि आकस्मिक श्रमिकों का दोनों दशकों में काफी ज्यादा था (तालिका 4.8)। नियमित वेतन अर्जक/वेतनभोगी परिवारों के प्रतिशत में अंतर-सामाजिक समूह रूपांतर बहुत कम परिमाण के थे, जो अनुसूचित समूहों के लिए आरक्षण नीति की सकारात्मक भूमिका का संकेत देते थे। लेकिन आर्थिक सुधारों की अवधि में सार्वजनिक रोजगार के धीमा पड़ने का बड़ा खामियाजा अनुसूचित जातियों को वहन करना पड़ा है। अनुसूचित जाति परिवारों के बीच नियमित रूप से वेतन अर्जक/वेतनभोगी वर्ग के अनुपात में 1993–94 में 44.4 प्रतिशत से 1999–2000 में 37.6 प्रतिशत की गिरावट दर्ज की गई, जबकि गैर अनुसूचित जाति/जनजाति के परिवारों के लिए यही गिरावट 2.8 प्रतिशत अंकों की ही थी।

राज्य स्तरीय विश्लेषण दर्शाता है कि आंध्र प्रदेश, गुजरात, हरियाणा, जम्मू एवं कश्मीर, कर्नाटक, केरल, मध्य प्रदेश, उड़ीसा और तमिलनाडु में शहरी अनुसूचित जाति परिवारों में कम से कम एक तिहाई आकस्मिक मजदूर थे (संलग्नक VIII, तालिका 8A.9)। कर्नाटक, उड़ीसा और तमिलनाडु में आकस्मिक श्रम के उच्च व्यापकता के साथ, नियमित वेतन/वेतनभोगी परिवारों का प्रतिशत अखिल भारतीय औसत (38 प्रतिशत) की तुलना में काफी कम (लगभग 30 प्रतिशत) था, जो शहरी अनुसूचित जातियों

तालिका 4.8
गैर-कृषि व्यवसायों में शहरी परिवारों का वितरण

(प्रतिशत में)

		स्वरोजगार		नियमित वेतन अर्जक/ वेतनभोगी वर्ग		आकस्मिक श्रमिक	
क्र. सं.	*स्थिति*	*1993–94*	*1999–2000*	*1993–94*	*1999–2000*	*1993–94*	*1999–2000*
1.	अनुसूचित जाति	21.6	27.3	44.4	37.6	20.1	26.5
2.	अनुसूचित जनजाति	24.9	21.6	39.2	38.0	27.6	25.6
3.	गैर अनुसूचित जाति/जनजाति	35.5	36.6	43.9	41.4	10.8	12.4

स्रोत: भारत में सामाजिक समूहों के बीच रोजगार और बेरोजगारी की स्थिति 1993–94 , 5वां पंचवर्षीय सर्वेक्षण, एनएसएस का 50वां राउंड, जुलाई 1993 से जून 1994, सांख्यिकी विभाग, भारत सरकार, नवंबर 1997.

की खराब स्थिति का संकेत देता है। असम (26 प्रतिशत) और जम्मू-कश्मीर (19 प्रतिशत) में नियमित रूप से दिहाड़ी मजदूर/वेतनभोगी वर्ग के अनुसूचित जाति के परिवार और भी कम थे।

अधिकतर राज्यों में महाराष्ट्र की तरह और कुछ के अलावा, वहां 1993/1994 से 1999/2000 तक अनुसूचित जाति के परिवारों की इस श्रेणी के अनुपात में भारी गिरावट थी। यह गिरावट तमिलनाडु (33 प्रतिशत अंक), गुजरात (23 प्रतिशत अंक) और असम (22 प्रतिशत अंक) में विशेष रूप से उल्लेखनीय थी। अखिल भारतीय प्रवृत्ति के विपरीत, महाराष्ट्र में 1990 के दशक के दौरान नियमित वेतन अर्जक के अनुपात में शहरी अनुसूचित जाति के बीच वृद्धि हुई है। सामान्य रूप में, शहरी क्षेत्रों में अनुसूचित जातियां महाराष्ट्र में अपेक्षाकृत बेहतर स्थिति में दिखाई देती हैं, लगभग 54 प्रतिशत नियमित वेतन अर्जक के साथ, और पश्चिम बंगाल, जहां 40 प्रतिशत से अधिक स्वनियोजित थे।

सारांश

सभी सामाजिक समूहों में ग्रामीण कार्यबल के व्यावसायिक विविधीकरण की रुझान जैसी कि 1993–94 में देखी गई, भारत में अनुसूचित ग्रामीण कार्यबल का 73 प्रतिशत कृषि क्षेत्र में लगातार नियोजित रहा और इस परंपरागत क्षेत्र पर अनुसूचित जातियों/जनजातियों (68 प्रतिशत) के सापेक्ष 1999–2000 में उनकी निर्भरता काफी प्रमुख थी। अनुसूचित जातियों के बीच विविधीकरण की प्रवृत्ति विशेषकर असम, हरियाणा, केरल और पंजाब में तेज है। आंध्र प्रदेश, बिहार (झारखंड शामिल), मध्य प्रदेश (छत्तीसगढ़ शामिल), महाराष्ट्र, तमिलनाडु और उत्तर प्रदेश, जहां अनुसूचित जाति जनसंख्या का संकेंद्रीकरण काफी है, 1991–2001 के दौरान अनुसूचित जाति कृषि श्रमिकों में गिरावट कम, 3–11 प्रतिशत अंकों के बीच रही। असम, हरियाणा, पंजाब, राजस्थान, मध्य प्रदेश और महाराष्ट्र को छोड़ कर, कृषि क्षेत्र में संलग्न अनुसूचित जाति बनाम गैर-अनुसूचित जाति/जनजाति श्रमिकों का असमानता सूचकांक 1 से ऊपर रहा, जो गैर-अनुसूचित जाति/जनजाति कार्यबल के सापेक्ष अनुसूचित जाति कार्यबल के अधिक प्रतिशत को दर्शाता है।

अधिकांश अनुसूचित जाति श्रमिक (46 प्रतिशत) ग्रामीण क्षेत्रों में कृषि मजदूर के रूप में कार्यरत हैं। अनुसूचित जातियां भूमि पर कब्जे के मामले में परंपरागत रूप से भेदभाव की शिकार हैं। 1981 में 57 प्रतिशत अनुसूचित जातियों और 55 प्रतिशत गैर-अनुसूचित जातियों/जनजातियों के सापेक्ष मात्र लगभग 32 प्रतिशत अनुसूचित जाति ग्रामीण श्रमिकों की जमीन तक पहुंच थी।

2001 तक यह अनुपात अनुसूचित जातियों, अनुसूचित जनजातियों और गैर-अनुसूचित जातियों/जनजातियों के लिए गिर कर क्रमश: 27, 55 और 47 पर पहुंच गया। एनएसएस परिवार डेटा भी जमीन तक पहुंच के मामले में अंतर-सामाजिक असमानताओं की पुष्टि करता है। अनुसूचित जातियों के सापेक्ष स्व-नियोजित ग्रामीण कृषक परिवारों का अनुपात दोगुने से अधिक और गैर-अनुसूचित जातियों/जनजातियों के बीच ग्रामीण मजदूर परिवारों का लगभग आधा है।

गैर-कृषि ग्रामीण कार्यबल की पूँजी तक पहुंच सीमित है—घरेलू उद्योग में मात्र 3.6 प्रतिशत (2001) कार्यरत थे तथा 26 प्रतिशत 'अन्य श्रमिक' थे, अधिकतर गैर-कृषि मजदूर। सामाजिक समूहों में तथा समय के साथ (1981–2001), घरेलू उद्योग में अनुसूचित जातियों और गैर-अनुसूचित जातियों/जनजातियों के लिए ग्रामीण श्रमिकों का अनुपात कमो-बेस समान रहा (3–4 प्रतिशत)। तो भी, 1981–2001 के दौरान 'अन्य श्रमिकों' का प्रतिशत गैर-अनुसूचित जातियों/जनजातियों (9.89 प्रतिशत अंक) के सापेक्ष अनुसूचित जातियों के बीच काफी तेज बढ़ा (11.70 प्रतिशत अंक), अर्थात कि कृषि क्षेत्र से विस्थापित श्रमिक बल ग्रामीण घरेलू उद्योग में नहीं खपा बल्कि पूँजी तक सीमित पहुंच के साथ 'अन्य श्रमिकों' के रूप में संलग्न हुआ। घरेलू उद्योग में अनुसूचित जाति ग्रामीण मजदूर खपत आंध्र प्रदेश, हरियाणा, जम्मू एवं कश्मीर, कर्नाटक तथा तमिलनाडु में खास कर कम रही (2.5 प्रतिशत से कम)।

यहां तक कि शहरी अनुसूचित जातियां गैर-अनुसूचित जातियों/जनजातियों की तुलना में अपेक्षाकृत नुकसान की स्थिति में हैं क्योंकि गैर-अनुसूचित जातियों/जनजातियों के सापेक्ष स्व-नियोजित अनुसूचित श्रमिकों का प्रतिशत काफी कम (1999–2000 में लगभग प्रतिशत अंक से) और आकस्मिक मजदूरों का काफी अधिक (14 प्रतिशत अंक से) है। नियमित वेतनभोगियों/वेतनभोगी परिवारों के प्रतिशत में अंतर-सामाजिक समूह भिन्नताएं काफी कम कम थीं, जो अनुसूचित समूहों के लिए आरक्षण नीति की सकारात्मक भूमिका को दर्शाती हैं। तथापि, नियमित वेतनभोगी/वेतनभोगी अनुसूचित परिवारों का अनुपात 1999–2000 के 37.6 प्रतिशत से 1993–94 में गिर कर 44.4 प्रतिशत हो गया, जबकि गैर-अनुसूचित जाति/जनजाति परिवारों के लिए संगत गिरावट मात्र 2.8 प्रतिशत अंक तक थी, आशय यह कि आर्थिक सुधारों के दौर में शिथिल हुए सार्वजनिक नियोजन का खामियाजा अनुसूचित जातियों को जबर्दस्त झेलना पड़ा।

टिप्पणी और संदर्भ

1. Census of India. 2001. B Series, General Economic Tables. New Delhi: Registrar General, Government of India.

अध्याय 5

कृषि भूमि तक पहुंच

पिछला अध्याय यह तथ्य सामने लाया कि अनुसूचित जातियां भूमि तक पहुंच के मामले में वंचित रहीं और काफी हद तक अपनी आजीविका के लिए मजदूरी पर निर्भर हैं। यह अध्याय भारत में सामाजिक समूहों के बीच अन्यायपूर्ण भूमि वितरण के मुद्दे की आगे जांच करता है। उद्देश्य, विभिन्न सामाजिक समूहों के बीच कृषि भूमि के स्वामित्व के स्वरूप और असमानता की समीक्षा तथा अनुसूचित जातियों की तुलनात्मक स्थिति का मूल्यांकन करना है। यह समीक्षा अखिल भारतीय और राज्य, दोनों स्तर पर क्षेत्रीय और भौगोलिक समानता या मतभेद यदि कोई हो, को उजागर करने के लिए की जाती है।

समीक्षा में इस्तेमाल किए गए डेटा स्रोत 1982 और 1992 में भूमि और पशुधन जोत पर किये गए दस वर्ष के एनएसएस सर्वेक्षण हैं। क्योंकि सामाजिक समूहों में इस डेटा स्रोत से उपलब्ध अंतिम सूचना काफी पुरानी है, एनएसएस रोजगार और बेरोजगारी सर्वेक्षण (1999–2000), 55वें दौर में दी गई भू-स्वामित्व पर सीमित जानकारी का उपयोग करते हुए एक अधिक ताजा हाल बताने का प्रयास किया गया है।

भू-स्वामित्व के पैटर्न

भारतीय ग्रामीण अर्थव्यवस्था में अनुसूचित जातियों के बीच भूमिहीनता एक आम लक्षण है। 1992 में अखिल भारतीय स्तर पर ग्रामीण अनुसूचित जाति परिवारों का 13.34 प्रतिशत भूमिहीन था (तालिका 5.1)। शेष 87 प्रतिशत परिवारों के पास थोड़ी भूमि का स्वामित्व था, लेकिन 56 प्रतिशत परिवारों के पास जोत भूमि का आकार इतना छोटा था (0.40 हेक्टेयर से भी कम) कि उनको लगभग-भूमिहीन करार दिया गया था। यह लगभग-भूमिहीन परिवार कृषि/गैर कृषि मजदूरों के रूप में काम करते हैं क्योंकि उनकी नगण्य जोतभूमि उनको सहारा देने के लिए पर्याप्त नहीं है। स्वामित्व क्षेत्र के मामले में, उनका शेयर मात्र 8.64 प्रतिशत है। अनुसूचित जातियों के भूमि संसाधनों तक सीमित पहुंच का साक्ष्य उनके बीच मध्यम और बड़े किसानों के बहुत छोटे अनुपात (6 प्रतिशत) द्वारा प्रदान किया जाता है। इसलिए, जिनके पास जमीन है ऐसे अनुसूचित जाति परिवार या तो लगभग-भूमिहीन या काफी हद तक सीमांत और छोटे किसान हैं।

वर्ष 1982 और 1992 के बीच, भूमि के स्वामित्व के पैटर्न में बहुत ही मामूली परिवर्तन हुआ है—भूमिहीन और लगभग-भूमिहीन परिवारों में 0.37 प्रतिशत अंकों की गिरावट आई है, जबकि मध्यम और बड़े किसानों में 0.69 प्रतिशत अंकों की गिरावट दर्ज की गई। एनएसएस रोजगार और बेरोजगारी सर्वेक्षण (1999–2000), 55वें दौर पर आधारित अधिक ताजा हाल, भूमिहीन परिवारों में गिरावट लेकिन लगभग-भूमिहीन परिवारों में पर्याप्त वृद्धि दर्शाता है।

भूमिहीन परिवारों की राज्यवार समीक्षा (संलग्नक IX, तालिका 9A.1) से पता चलता है कि 1999–2000 में, अनुसूचित जाति भूमिहीन परिवारों का उच्चतम अनुपात बिहार (23.8 प्रतिशत), के बाद गुजरात (18.1 प्रतिशत), महाराष्ट्र (16.7 प्रतिशत), तमिलनाडु (15.1 प्रतिशत) और पंजाब (12.2 प्रतिशत) में था। लगभग-भूमिहीन परिवारों की व्यापकता मध्य प्रदेश (34 प्रतिशत)

तालिका 5.1
अनुसूचित जातियों के स्वामित्व के पैटर्न

(प्रतिशत में)

	1982		*1992*		*1999–2000*
आकार श्रेणियां (हेक्टेयर में)	*परिवार*	*क्षेत्र*	*परिवार*	*क्षेत्र*	*परिवार*
भूमिहीन (0.00)	12.61	0.00	13.34	0.00	10.00
लगभग-भूमिहीन (0.01–0.40)	57.5	8.26	56.39	8.64	65.00
सीमांत किसान (0.41–1.00)	14.9	18.06	16.52	21.27	14.70
छोटे किसान (1.01–2.00)	8.4	22.62	7.85	22.29	6.50
मध्यम किसान (2.01–4.00)	4.52	24.19	3.85	20.49	2.80
बड़े किसान (4.01 के ऊपर)	2.06	26.88	2.04	27.33	1.10

स्रोत: 1. दस वर्ष का सर्वेक्षण, एनएसएस और पशुधन जोत, 1982 और 1992.
2. एनएसएस, सामाजिक समूहों के बीच रोजगार और बेरोजगारी की स्थिति, 1999–2000.

और राजस्थान (37 प्रतिशत) को छोड़कर सभी राज्यों में 50–86 प्रतिशत के बीच थी। भू-स्वामित्व का पैटर्न अत्यधिक विषम था, विशेष रूप से पंजाब, केरल, हरियाणा और बिहार में, जहां 90 प्रतिशत से अधिक अनुसूचित जाति के परिवार भूमिहीन या लगभग भूमिहीन थे।

भू-स्वामित्व में असमानताएं

तालिका 5.2 इंगित करती है कि सभी सामाजिक समूहों की तुलना में अनुसूचित जातियों के बीच भूमिहीन और लगभग-भूमिहीन परिवार बहुत अधिक हैं क्योंकि इन भूमि आकार श्रेणियों में असमानता अनुपात एक से अधिक है। यह विचार करते हुए है कि सभी परिवारों में तीन सामाजिक समूह शामिल हैं—अनुसूचित जातियों, अनुसूचित जनजातियों और गैर-अनुसूचित

तालिका 5.2
अनुसूचित जातियों और सभी परिवारों के बीच असमानता अनुपात

(प्रतिशत में)

	1982		*1992*		*1999–2000**
आकार श्रेणियां (हेक्टेयर में)	*परिवार*	*क्षेत्र*	*परिवार*	*क्षेत्र*	*परिवार*
भूमिहीन (0.00)	1.11		1.19		1.61
लगभग-भूमिहीन (0.01–0.40)	1.56	3.01	1.41	2.29	1.35
सीमांत किसान (0.41–1.00)	0.81	1.91	0.81	1.62	0.75
छोटे किसान (1.01–2.00)	0.57	1.37	0.58	1.20	0.52
मध्यम किसान (2.01–4.00)	0.42	1.03	0.41	0.83	0.34
बड़े किसान (4.01 के ऊपर)	0.26	0.56	0.38	0.68	0.22

स्रोत: 1. दस वर्ष का सर्वेक्षण: एनएसएस, भूमि और पशुधन जोत, 1982 और 1992.
2. एनएसएस, सामाजिक समूहों के बीच रोजगार और बेरोजगारी की स्थिति, 1999–2000.

नोट: *अनुसूचित जातियों और गैर-अनुसूचित जातियों/जनजातियों के बीच असमानता अनुपात

जातियों/जनजातियों—अनुसूचित जातियों और गैर अनुसूचित जातियों/जनजातियों के बीच अंतर सामाजिक असमानता भी अधिक है। 1992 में सीमांत खेत आकार श्रेणी के लिए असमानता अनुपात 0.81 था और जोत के आकार में वृद्धि के साथ यह कम हो गया। इससे संकेत मिलता है अनुसूचित जाति के परिवारों और संबंधित खेत आकार श्रेणी में सभी परिवारों के अनुपात के बीच की खाई क्रमिक उच्च श्रेणी के लिए अधिक थी, जो पूर्व समूह के लिए नुकसानदेह थी। मध्यम और बड़े खेतों का सापेक्ष अनुपात अनुसूचित जातियों के बीच विशेषकर कम था। 1982 और 1992 के बीच असमानताओं में महसूस किये जाने लायक कोई बदलाव नहीं था। 1999–2000 के आंकड़े, यद्यपि 1992 के आकलन के साथ सीधे तुलना योग्य नहीं, भी भू-स्वामित्व के पैटर्न में व्यापक अंतर-सामाजिक समूह असमानता के अस्तित्व का संकेत देते हैं।

राज्यवार समीक्षा संकेत करती है कि 1992 में अनुसूचित जातियों तथा गैर-अनुसूचित जातियों/जनजातियों के बीच संयुक्त रूप से भूमिहीन तथा लगभग-भूमिहीन परिवारों का असमानता अनुपात सभी राज्यों में 1 से अधिक था (संलग्नक IX, तालिका 9A.2), अर्थात कि अनुसूचित जातियों में भूमिहीनता की व्यापकता अधिक मुखर थी। अंतर-सामाजिक समूह असमानता विशेषकर हरियाणा (2.90), जम्मू एवं कश्मीर (2.01) और पंजाब (2.38) में अधिक थी। 1999–2000 का डेटा सामाजिक समूहों में अन्यायपूर्ण भू-स्वामित्व की पुष्टि करता है। असम और हिमाचल प्रदेश को छोड़ कर, जहां असमानता अनुपात 1 के समीप था, शेष राज्यों में संयुक्त रूप से भूमिहीन तथा लगभग-भूमिहीन परिवारों का अनुपात अपने संगत गैर-अनुसूचितजाति/जनजाति के सापेक्ष अधिक था (संलग्नक IX, तालिका 9A.3)।

सारांश

अनुसूचित जातियों के खिलाफ भू-स्वामित्व का पैटर्न अत्यधिक विषम है। लगभग 70 प्रतिशत अनुसूचित जाति परिवारों के पास या तो अपनी जमीन नहीं है या है भी तो बहुत छोटी 0.4 हेक्टेयर से कम जोत की भूमि। मध्यम और बड़े किसानों का एक बहुत छोटा अनुपात (6 प्रतिशत से भी कम) है। अनुसूचित जातियों के बीच भू-स्वामित्व का दृश्य बिहार, हरियाणा, केरल और पंजाब में और भयंकर है, जहां 90 प्रतिशत से अधिक अनुसूचित जाति परिवारों के पास भूमि न के बराबर या एकदम नहीं है।

1982 और 1992 के बीच अनुसूचित जातियों के भू-स्वामित्व हैसियत में महसूस किये जाने लायक कोई बदलाव नहीं था। 1992 के आकलन की तुलना में 1999–2000 का आकलन भूमिहीन अनुसूचित परिवारों के अनुपात में लगभग 3 प्रतिशत अंकों की मामूली कमी प्रदर्शित करता है। हालांकि, यह प्रतीत होता है कि सकारात्मक प्रवृत्ति को थोड़ी खटास के साथ लिया जाना चाहिए, क्योंकि इसके साथ लगभग-भूमिहीन परिवारों के उदाहरण 8 प्रतिशत अंक से अधिक बढ़े हैं।

असमानता अनुपात भू-स्वामियों में उच्च अंतर-सामाजिक समूह असमानता ले आता है। 1992 में भूमिहीन (1.19) तथा लगभग-भूमिहीन खेत आकार श्रेणी (1.41) के बीच 1 से अधिक और सीमांत (0.81), छोटे (0.58), मध्यम (0.41) तथा बड़े (0.38) खेत आकार श्रेणियों के बीच 1 से कम के अनुपात दर्शाते हैं कि अन्य सामाजिक समूहों के सापेक्ष अनुसूचित जातियों में भूमिहीन तथा लगभग-भूमिहीन परिवारों के उदाहरण अधिक स्पष्ट हैं, जबकि, क्रमिक उच्च भूमि आकार श्रेणियों के लिए बढ़ी खाई से अनुसूचित जातियों को नुकसान है। ऐसी असमानताओं का सभी राज्यों में पाया जाना एक सार्वभौमिक घटना है और असंदिग्ध रूप से अनुसूचित जाति परिवारों के कमजोर आधार स्रोत, उनके गैर-अनुसूचित जाति/जनजाति समकक्षों की पूर्ण तथा तुलनात्मक दोनों दृष्टियों से, पर प्रकाश डालता है।

अध्याय 6

ग्रामीण दिहाड़ी मजदूर

यह अध्याय भारत में अनुसूचित जाति ग्रामीण मजदूर की सामाजिक स्थिति का एक विहंगावलोकन प्रस्तुत करता है। यह सामाजिक समूहों के भीतर आर्थिक विषमता के मुद्दे की बात भी करता है और अनुसूचित जाति दिहाड़ी मजदूरों से संबंधित अन्याय के विभिन्न आयामों पर केंद्रित है। अध्याय अनुसूचित जातियों तथा गैर-अनुसूचित जातियों/जनजातियों के बीच में ग्रामीण मजदूर और मजदूरी में भेदभाव पर 1974–75 तथा 1999–2000 के लिए एनएसएस रिपोर्टों के आंकड़ों पर आधारित है।

अध्ययन के अंतर्गत सामाजिक समूहों के बीच कृषि और गैर-कृषि रोजगार में मजदूरी की दरों में असमानता को, साधारण अनुपात तथा सोफर सूचकांक का इस्तेमाल करके, पकड़ा गया है। इन दो पैमानों में सोफर सूचकांक, सामाजिक समूहों के बीच क्षेत्रीय असंतुलनों को व्यापक और व्याख्यात्मक ढंग से पकड़ने के लिए जाना जाता है। इसके अतिरिक्त ग्रामीण और कृषि मजदूर परिवारों के बीच भूस्वामित्व के प्रतिशत, और भूस्वामी तथा भूमिहीन के प्रतिशत का इस्तेमाल भी भारत में ग्रामीण मजदूर की विशेषताओं तथा उनके साथ प्रचलित भेदभाव का व्यावहारिक अनुमान लगाने के लिए किया गया है।

दिहाड़ी मजदूरी का परिमाण

आंकड़े प्रदर्शित करते हैं कि तीन-चौथाई अनुसूचित जातियों के लोग ग्रामीण क्षेत्रों में रहते हैं, जहां जीवन यापन के अवसर या तो खेत में स्वरोजगार या (ग्रामीण) गैर-कृषि क्षेत्र, या दिहाड़ी मजदूर के रूप में हैं।

अखिल भारतीय स्तर पर क्रमशः 1974–75 तथा 1999–2000 के लिए कुल ग्रामीण परिवारों के सापेक्ष अनुसूचित जाति ग्रामीण मजदूरों का अनुपात 57.41 और 61.42 प्रतिशत था। यह दर्शाता है कि वास्तव में 1974–75 और 1999–2000 के बीच आय-सृजन अवयय के रूप में मजदूरी पर कम होती निर्भरता से हट कर अनुसूचित जाति ग्रामीण मजदूर परिवारों की निर्भरता बढ गई।

1974–75 में आंकड़ों की राज्यवार समीक्षा संकेत देती है कि कुल ग्रामीण परिवारों के सापेक्ष अनुसूचित जाति ग्रामीण मजदूर परिवारों के लिए केरल (84.59 प्रतिशत), बिहार (78.53 प्रतिशत), तमिलनाडु (77.36 प्रतिशत) और आंध्र प्रदेश (72.87 प्रतिशत) उच्चतम प्रतिशत दर्शाने वाले राज्य हैं। 1999–2000 में *यथा स्थिति* कमोबेश, अनुसूचित जाति मजदूरों के लिए समान रुझान प्रदर्शित करते आंकड़ों के साथ, कायम थी। कुल ग्रामीण परिवारों के सापेक्ष अनुसूचित जाति ग्रामीण मजदूर परिवारों के लिए उच्चतम प्रतिशत केरल (83.66 प्रतिशत), तमिलनाडु (82.22 प्रतिशत), बिहार (76.96 प्रतिशत) और आंध्र प्रदेश (74.66 प्रतिशत) था (संलग्नक X, तालिका 10A.1)।

अनुसूचित जातियों और गैर-अनुसूचित जातियों/जनजातियों के लिए आंकड़ों की तुलना करने से यह कहा जा सकता है कि अध्ययन के अंतर्गत दोनों अवधियों के लिए गैर-अनुसूचित जातियों/जनजातियों के सापेक्ष अनुसूचित जातियां ग्रामीण मजदूर पर अधिक निर्भर थीं।

खेती और गैर-खेती वाले क्षेत्रों में अनुसूचित जाति दिहाड़ी मजदूरों के बहुत उच्च प्रतिशत को ध्यान में रखते हुए यह बहुत स्पष्ट था कि इस सामाजिक समूह के कार्यबल ने द्वि-स्तरीय भेदभाव झेला- पहला, कृषि भूमि तथा अन्य पूंजी संपदा पर उसकी सीमित पहुंच थी; दूसरा, कमाने तथा आजीविका के अवसरों तक सीमित पहुंच, जिसने उसे और भी किनारे निर्वासित कर दिया, जिससे उसके आगे शारीरिक दिहाड़ी मजदूरी में संलग्न होने के अतिरिक्त कोई विकल्प नहीं बचा।

सभी सामाजिक समूहों में गैर-अनुसूचित जातियों/जनजातियों के बीच ग्रामीण मजदूरों का अनुपात बहुत कम था, 1974–75 में 22.69 प्रतिशत तथा 1999–2000 में 31.82 प्रतिशत। अनुसूचित जातियों और गैर-अनुसूचित जातियों/जनजातियों के बीच दिहाड़ी मजदूर के परिमाण की तुलनात्मक तस्वीर अनुसूचित जाति परिवारों में मजदूरों की काफी अधिक व्यापकता का साफ संकेत देती है (रेखा चित्र 6.1)। अनुसूचित जातियों और गैर-अनुसूचित जातियों/जनजातियों में ग्रामीण तथा कृषि मजदूर परिवारों के स्तरों में असमानता खूब जाहिर है (रेखा चित्र 6.2)।

राज्य स्तर पर भी, 1999–2000 में सभी राज्यों के लिए गैर-अनुसूचित जातियों/जनजातियों की तुलना में अनुसूचित जातियों के लिए ग्रामीण मजदूर परिवारों का प्रतिशत ऊंचा था। कृषि मजदूर के लिए असमानता सूचकांक असम, पश्चिम बंगाल, उड़ीसा, महाराष्ट्र तथा मध्य प्रदेश में, उसी क्रम में, तुलनात्मक रूप से ऊंचा था। 1970 के दशक-मध्य से 1990 के दशक के अंत तक कृषि ग्रामीण मजदूरों और कृषि ग्रामीण परिवारों के प्रतिशत की दृष्टि से अनुसूचित जातियों तथा गैर-अनुसूचित जातियों/जनजातियों के बीच असमानता अखिल भारतीय स्तर के साथ-साथ सभी राज्यों, दोनों में कम हो गया (संलग्नक X, तालिका 10A.3 और 10A.4)।

रेखाचित्र 6.1
अनुसूचित जातियों/अनुसूचित जनजातियों के बीच मजदूरी की भयावहता, 1999–2000

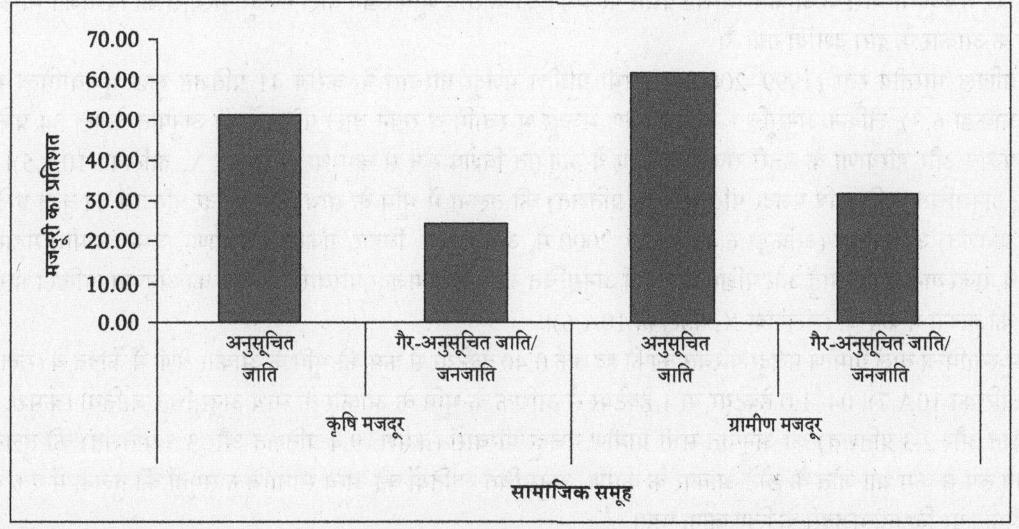

स्रोत: ग्रामीण श्रम अन्वेषण, ग्रामीण मजदूर परिवारों की सामान्य विशेषताओं पर रिपोर्ट, 1999–2000, श्रम ब्यूरो, श्रम मंत्रालय

रेखाचित्र 6.2
कृषि मजदूर और ग्रामीण मजदूर में असमानता, 1999–2000

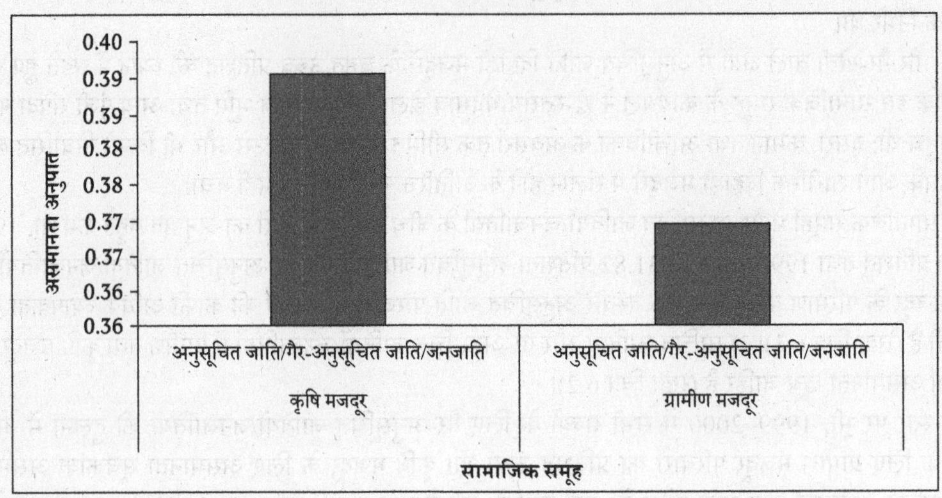

स्रोत: ग्रामीण श्रम अन्वेषण, ग्रामीण मजदूर परिवारों की सामान्य विशेषताओं पर रिपोर्ट, 1999–2000, श्रम ब्यूरो, श्रम मंत्रालय

ग्रामीण और कृषि मजदूर परिवारों की भू-स्वामित्व की पृष्ठभूमि

इस खंड में, हम मजदूर परिवारों जो भू-स्वामित्व रखते हैं और जो नहीं रखते, की विशेष सुविधाओं पर प्रकाश डालते हैं। इसके अलावा, मजदूर परिवारों के आकार-विशिष्ट प्रसार पर ध्यान देने के साथ भूमि रखने वाले मजदूर परिवारों का विभाजन भी उनकी जोत के आकार के द्वारा दर्शाया गया है।

अखिल भारतीय स्तर (1999–2000) पर सभी ग्रामीण मजदूर परिवारों के करीब 41 प्रतिशत कुछ भू-स्वामित्व रखते थे (आंकड़ा 6.3), लेकिन अनुसूचित जाति ग्रामीण मजदूर भू-स्वामित्व रखने वाले परिवारों का अनुपात केवल 34 प्रतिशत था। पंजाब और हरियाणा के उत्तरी राज्यों के लिए ये अनुपात विशेष रूप से कम था (संलग्नक X, तालिका 10A.5)। इसी तरह, अनुसूचित जाति कृषि मजदूर परिवारों (35 प्रतिशत) की तुलना में भूमि के साथ कृषि मजदूर परिवारों का कुल प्रतिशत (43 प्रतिशत) अधिक था (आंकड़ा 6.4)। 1999–2000 में, आंध्र प्रदेश, बिहार, गुजरात, हरियाणा, जम्मू-कश्मीर, महाराष्ट्र, पंजाब, राजस्थान, तमिलनाडु और पश्चिम बंगाल में अनुसूचित जाति कृषि मजदूर परिवारों का जोत का अनुपात अखिल भारतीय स्तर की तुलना में कम था (संलग्नक X, तालिका 10A.6)।

भू-स्वामित्व वाले ग्रामीण मजदूर परिवार काफी हद तक 0.40 हेक्टेयर से कम की भूमि के आकार श्रेणी में केंद्रित थे (संलग्नक X, तालिका 10A.7)। 04–1.0 हेक्टेयर या 1 हेक्टेयर से अधिक के भूमि के आकार के साथ अनुसूचित जातियों (क्रमशः 6.6 प्रतिशत और 2.3 प्रतिशत) का अनुपात सभी ग्रामीण मजदूर परिवारों (क्रमशः 9.4 प्रतिशत और 3.5 प्रतिशत) की तुलना में विशेष रूप से कम था। जोत के छोटे आकार के कारण, अनुसूचित जातियों को अन्य सामाजिक समूहों की तुलना में एक बहुत बड़े पैमाने पर दिहाड़ी मजदूरी के लिए जाना पड़ा।

दिहाड़ी मजदूरी की व्यापकता पर चर्चा अनुसूचित जातियों और सभी मजदूर परिवारों के बीच दिहाड़ी मजदूरी में असमानता के प्रचलन के बारे में दिलचस्प विशेषताओं को संपुटित करता है। सबसे पहले, अनुसूचित जातियों के बीच मजदूरी की व्यापकता

रेखाचित्र 6.3
भूमि के साथ व बिना ग्रामीण मजदूर परिवार, 1999–2000

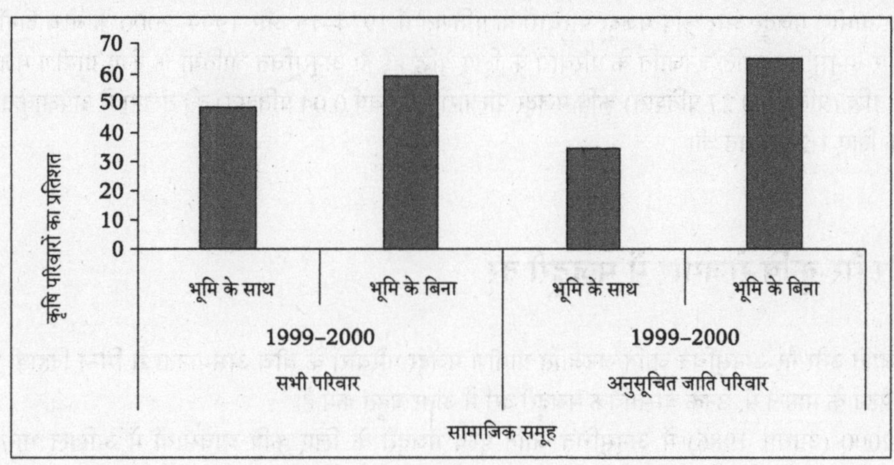

स्रोत: ग्रामीण श्रम अन्वेषण, ग्रामीण मजदूर परिवारों की सामान्य विशेषताओं पर रिपोर्ट, 1999–2000, श्रम ब्यूरो, श्रम मंत्रालय

रेखाचित्र 6.4
कृषि मजदूर परिवार, 1999–2000

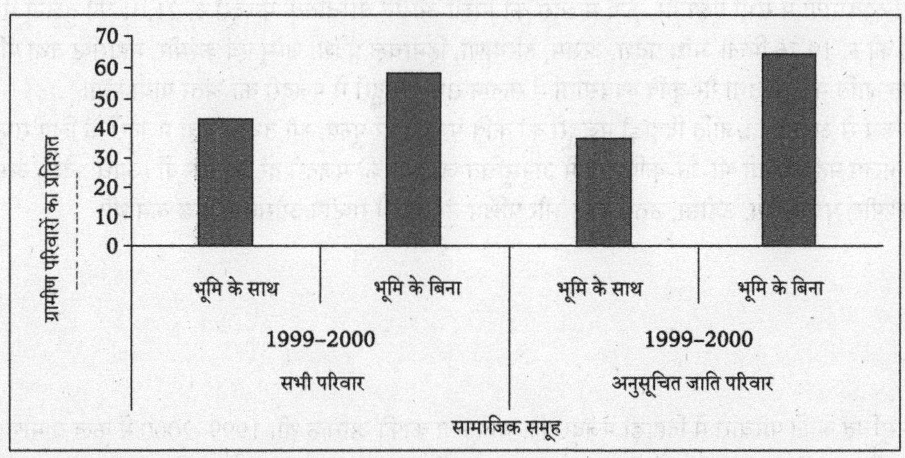

स्रोत: ग्रामीण श्रम अन्वेषण, ग्रामीण मजदूर परिवारों की सामान्य विशेषताओं पर रिपोर्ट, 1999–2000, श्रम ब्यूरो, श्रम मंत्रालय

सभी सामाजिक समूहों को साथ रखने के बाद भी लगभग दोगुनी है। दूसरा, अनुसूचित जातियों के बीच में ग्रामीण मजदूर परिवारों की हिस्सेदारी कुल ग्रामीण परिवारों में उनके संबंधित हिस्से से काफी अधिक थी।

हालांकि, सभी परिवारों के लिए सच इसके विपरीत था। अनुसूचित जाति मजदूर परिवारों में 34.5 प्रतिशत के पास कुछ भू-स्वामित्व था, जबकि सभी मजदूर परिवारों में 41.12 प्रतिशत के पास कुछ भू-स्वामित्व था। 1974–1975 और 1999–2000 के बीच, ग्रामीण मज़दूर परिवारों के प्रतिशत में, अनुसूचित जातियों और सभी मजदूर परिवारों, दोनों के लिए मामूली वृद्धि हुई,

उत्तरवर्ती के लिए थोड़ी अधिक वृद्धि के साथ। उस अर्थ में, अनुसूचित जाति कृषि मजदूर परिवार का अनुपात काफी स्थिर बना हुआ है।

हालांकि, ग्रामीण मजदूर और कृषि मजदूर परिवारों के प्रतिशत में 1974–75 और 1999–2000 के बीच दोनों अनुसूचित जाति और गैर-अनुसूचित जाति/जनजाति के परिवारों के लिए वृद्धि हुई है। अनुसूचित जातियों के लिए ग्रामीण मजदूर परिवारों की प्रतिशत वृद्धि (प्रति वर्ष 0.27 प्रतिशत) कृषि मजदूर परिवारों (प्रति वर्ष 0.04 प्रतिशत) की तुलना में अपेक्षाकृत अधिक थी और सभी के लिए 1.2 प्रतिशत थी।

कृषि और गैर-कृषि रोजगार में मज़दूरी दर

अनुसूचित जाति और गैर-अनुसूचित जाति/जनजाति ग्रामीण मजदूर परिवारों के बीच असमानता से भिन्न दिहाड़ी मजदूर तथा भूस्वामित्व पैटर्न के मामले में, उनके वास्तविक मजदूरी दरों में अंतर बहुत कम है।

1999–2000 (आधार 1986) में अनुसूचित जाति पुरुष मजदूरों के लिए कृषि व्यवसायों में अखिल भारतीय औसत वास्तविक मजदूरी दर रु. 13.56 थी, कमोबेश देश भर में सभी पुरुष मजदूरों के लिए समान। सभी राज्यों में अनुसूचित जाति कृषि मजदूरों की वास्तविक मजदूरी दरों में अंतर रहा, उड़ीसा में रु. 9.00 से पंजाब में लगभग रु. 20.00 से केरल में रु. 31.17 (संलग्नक X, तालिका 10A.10)। देश में 17 प्रमुख राज्यों में से नौ—आंध्र प्रदेश, असम, कर्नाटक, मध्य प्रदेश, महाराष्ट्र, उड़ीसा, बिहार, उत्तर प्रदेश और तमिलनाडु—में अनुसूचित जाति पुरुष मजदूरों की मजदूरी दरें राष्ट्रीय औसत से कम थीं।

गैर-कृषि व्यवसायों में सभी पुरुष गैर-कृषि मजदूरों को मिली औसत वास्तविक मजदूरी रु. 21.01 की तुलना में अनुसूचित जाति पुरुषों को रु. 19.76 मिले। आंध्र प्रदेश, असम, हरियाणा, हिमाचल प्रदेश, जम्मू एवं कश्मीर, महाराष्ट्र तथा पश्चिम बंगाल में अनुसूचित जाति मजदूरों तथा गैर-कृषि व्यवसायों में संलग्न सभी मजदूरों में मजदूरी का अंतर पाया गया।

व्यापक रूप से अनुसूचित जाति दिहाड़ी मजदूरों की कृषि मजदूरी दरें पुरुष, स्त्री तथा बच्चा मजदूरों के लिए राष्ट्रीय औसत से अधिक अलग नहीं थीं। तो भी, गैर-कृषि क्षेत्र में अनुसूचित जातियों की मजदूरी दरें आठराज्यों (आंध्र प्रदेश, असम, बिहार, जम्मू एवं कश्मीर, मध्य प्रदेश, उड़ीसा, उत्तर प्रदेश और पश्चिम बंगाल) में राष्ट्रीय औसत से कुछ कम थीं।

सारांश

ग्रामीण अनुसूचित जाति परिवारों में दिहाड़ी मजदूर की व्यापकता काफी अधिक थी। 1999–2000 में कुल ग्रामीण परिवारों के सापेक्ष अनुसूचित जाति ग्रामीण मजदूरों का अनुपात 61.42 प्रतिशत था। 1974–75 से 1999–2000 तक अनुसूचित जाति मजदूर परिवारों की दिहाड़ी आय पर निर्भरता लगभग 4 प्रतिशत अंकों से बढ़ गई। ग्रामीण मजदूर परिवारों का प्रतिशत अखिल भारतीय औसत की तुलना में केरल (83.66 प्रतिशत), तमिलनाडु (82.22 प्रतिशत), बिहार (76.96 प्रतिशत) और आंध्र प्रदेश (74.66 प्रतिशत) में अधिक था।

सामाजिक समूहों में भी क्रमशः 1974–75 तथा 1999–2000 के दौरान गैर-अनुसूचित जाति/जनजाति में ग्रामीण मजदूरों का अनुपात काफी कम–22.69 और 31.82 प्रतिशत था- अंतर-सामाजिक समूह असमानताओं की ओर संकेत करता हुआ। ऐसी असमानताएं सभी राज्यों में लगभग समान रूप से विद्यमान थीं। असमानता सूचकांक असम, पश्चिम बंगाल, उड़ीसा, महाराष्ट्र और मध्य प्रदेश में इसी क्रम में, तुलनात्मक रूप से अधिक था। तो भी, 1970 दशक-मध्य से 1990 दशक के अंत तक कृषि

मजदूर परिवारों और ग्रामीण मजदूर परिवारों के प्रतिशत के मामले में अनुसूचित जातियों और गैर-अनुसूचित जातियों/जनजातियों के बीच असमानताएं अखिल भारतीय और राज्य, दोनों स्तर पर कम हुईं।

1999–2000 में सभी ग्रामीण मजदूर परिवारों के 41 प्रतिशत के मुकाबले, अनुसूचित जाति ग्रामीण मजदूर परिवारों के एक तिहाई के पास भू-स्वामित्व था। भू-स्वामित्व वाले ग्रामीण मजदूर परिवार काफी हद तक 0.40 हेक्टेयर से कम भूमि के आकार श्रेणी में केंद्रित थे। 0.40–1.0 हेक्टेयर और 1.0 हेक्टेयर से अधिक खेत आकार श्रेणियों में उनका संकेद्रण, सभी ग्रामीण मजदूर परिवारों (क्रमशः 9.4 प्रतिशत और 3.5 प्रतिशत) की तुलना में अनुसूचित जातियों (क्रमशः 6.6 प्रतिशत और 2.3 प्रतिशत) के लिए विशेष रूप से कम था। जोत के छोटे आकार के कारण अनुसूचित जातियों को अन्य सामाजिक समूहों की तुलना में काफी अधिक परिमाण में दिहाड़ी मजदूरी करनी पड़ी। अनुसूचित जातियों की भू-स्वामित्व की स्थिति पंजाब और हरियाणा के उत्तरी राज्यों में विशेष रूप से कम थी।

अनुसूचित जाति परिवारों और सभी ग्रामीण मजदूर परिवारों के बीच वास्तविक मजदूरी की दरों में अंतर कम चौंकानेवाले थे। अनुसूचित जाति मजदूरों की वास्तविक कृषि मजदूरी दरें-पुरुषों के लिए रु. 13.56, महिलाओं के लिए रु. 9.58 और बच्चों के लिए रु. 8.50 (1999–2000), राष्ट्रीय औसत-पुरुषों के लिए रु. 13.13, महिलाओं के लिए रु. 9.25 और बच्चों के लिए रु. 7.87 से बहुत अलग नहीं था। हालांकि, गैर-कृषि क्षेत्र में, अनुसूचित जातियों की मजदूरी दरें सभी परिवारों की तुलना में कुछ कम थीं।

कम या नगण्य भू-स्वामित्व के कारण ग्रामीण अनुसूचित जाति परिवारों के बीच दिहाड़ी मजदूर का उच्च परिमाण, और ग्रामीण मजदूर तथा भू-स्वामित्व पैटर्न की व्यापकता में अनुसूचित जातियों और गैर अनुसूचित जातियों/जनजातियों के बीच असमानताओं का अस्तित्व, जाति के मुद्दे पर आधारित आर्थिक भेदभाव को रेखांकित करता है। अपनी सीमित गतिशीलता तथा व्यवसाय और भौतिक पूंजी के विकल्प तक पहुंच में कमी को देखते हुए अनुसूचित जातियां दिहाड़ी मजदूरी वर्ग के रूप में अलग हो गईं। वे भूमि, मजदूरी और पूंजी में भेदभाव से भी ग्रस्त हैं। असमान और शोषक मजदूरी संबंध भी उन्हें सदा ही आर्थिक शोषण और अभाव का शिकार बनाते हैं। इसलिए होना यह चाहिए कि अनुसूचित जातियों के बीच मजदूरी की भयावहता को कम करने के लिए और मजदूरी और व्यवसाय में भेदभाव को दूर करने के लिए, भौतिक पूंजी आस्तियों, मानव पूंजी और बाजार की ताकतों तक उनकी पहुंच को बेहतर बनाने की आवश्यक नीतियों को पहचाना जाए।

अध्याय 7

रोज़गार और बेरोज़गारी

यह अध्याय ग्रामीण क्षेत्रों और शहरी क्षेत्रों में अनुसूचित जातियों के मौजूदा रोजगार परिदृश्य का एक सिंहावलोकन प्रस्तुत करता है, और 1983–1999/2000 के दौरान रोजगार और बेरोजगारी के उनके स्तर में परिवर्तन की परख करता है। यह अध्याय विभिन्न सामाजिक समूहों के बीच बेरोजगारी में असमानता के स्तर पर भी प्रकाश डालता है। 1983–1984 और 1999/2000 में अनुसूचित जातियों और गैर अनुसूचित जातियों/जनजातियों के बीच रोजगार और बेरोजगारी की स्थिति पर एनएसएस रिपोर्ट में करंट डेली स्टेटस (सीडीएस) रोजगार के आंकड़ों के विश्लेषण पर आधारित है।

ग्रामीण रोजगार: स्तर और असमानता (1999/2000)

सीडीएस के अनुसार, अनुसूचित जातियों और गैर अनुसूचित जातियों/जनजातियों के ग्रामीण क्षेत्रों में अखिल भारतीय रोजगार का स्तर संकेत देता है कि ग्रामीण भारत में अनुसूचित जाति के पुरुषों के रोजगार की दर 46.2 प्रतिशत है, जबकि, यह आंकड़ा गैर अनुसूचित जाति/जनजाति पुरुषों के लिए 48 प्रतिशत था। अनुसूचित जाति और गैर-अनुसूचित जाति/जनजाति महिलाओं की रोजगार दर क्रमशः 21.1 प्रतिशत और 18 प्रतिशत दर्ज की गई (देखें रेखाचित्र 7.1 [a] और 7.1 [b])।

ग्रामीण अनुसूचित जाति पुरुषों के रोजगार का स्तर (संलग्नक XI, तालिका 11A.1) जम्मू-कश्मीर (55.4 प्रतिशत), असम (51.6 प्रतिशत), और हिमाचल प्रदेश (50.8 प्रतिशत) में सबसे अधिक था, और केरल (41.5 प्रतिशत), महाराष्ट्र (41.9 प्रतिशत) तथा उत्तर प्रदेश (43.2 प्रतिशत) में सबसे कम था। पश्चिम बंगाल (10.6 प्रतिशत), हरियाणा (11.3 प्रतिशत) और असम (12.2 प्रतिशत) में रोजगार के अपने बहुत कम स्तर की तुलना में ग्रामीण अनुसूचित जाति महिलाओं के पास आंध्र प्रदेश (36.8 प्रतिशत), कर्नाटक (31.7 प्रतिशत), तमिलनाडु (30.6 प्रतिशत) और गुजरात (30.5 प्रतिशत) में रोजगार के अवसरों तक बेहतर पहुंच थी।

अखिल भारतीय स्तर पर, सभी सामाजिक समूहों में रोजगार की दरों में असमानता, जैसा कि अनुसूचित जाति और गैर-अनुसूचित जाति/जनजाति की रोजगार दरों के अनुपात से सिद्ध हुआ, पुरुष रोजगार में समानता दिखाता है (संलग्नक XI, तालिका 11A.2)। लेकिन राज्य स्तर पर-तमिलनाडु, महाराष्ट्र और पंजाब-जहां अनुसूचित जाति और गैर अनुसूचित जाति/जनजाति पुरुषों के बीच रोजगार दरों में काफी असमानता थी। जबकि, सबसे अधिक भाग के लिए, गैर-अनुसूचित जाति/जनजाति महिलाओं की तुलना में अनुसूचित जाति की महिलाओं के लिए, रोजगार के मामले में अपेक्षाकृत एक बेहतर स्थिति थी (संलग्नक XI, तालिका 11A.3), वे हिमाचल प्रदेश, पंजाब और राजस्थान में अपेक्षाकृत वंचित थे।

रेखाचित्र 7.1(a)

ग्रामीण भारत में अनुसूचित जातियों और गैर-अनुसूचित जातियों/जनजातियों (पुरुष) के करंट डेली स्टेटस में रोजगार के स्तर, 1999/2000

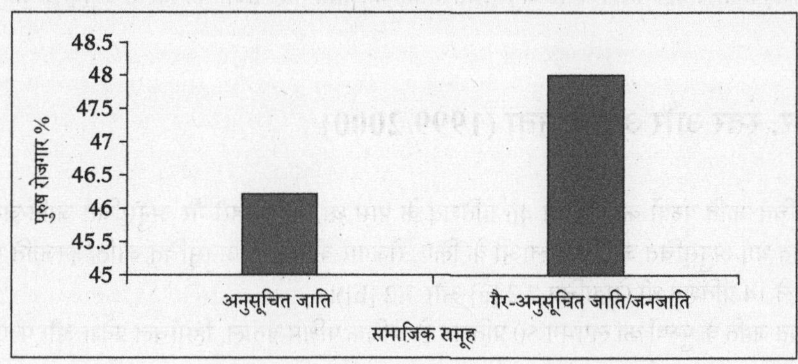

रेखाचित्र 7.1(b)

ग्रामीण भारत में अनुसूचित जातियों और गैर-अनुसूचित जातियों/जनजातियों (महिला) के करंट डेली स्टेटस में रोजगार के स्तर, 1999/2000

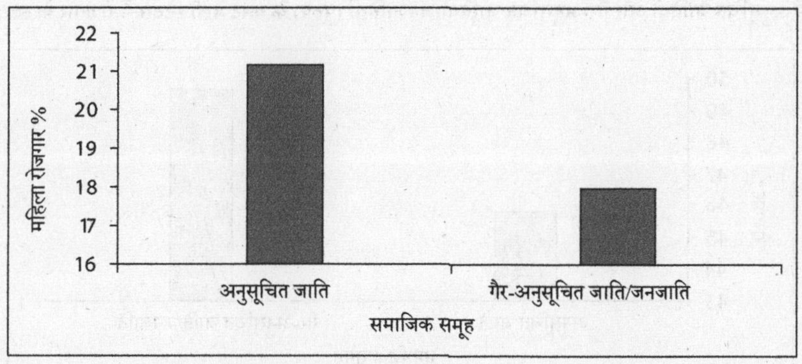

स्रोत: राष्ट्रीय नमूना सर्वेक्षण, 1999–2000, भारत में रोजगार और बेरोजगारी की स्थिति, 1999–2000, 55वां राउंड, दिल्ली, केंद्रीय सांख्यिकीय कार्यालय

ग्रामीण रोजगार के स्तर में परिवर्तन (1983–1999/2000)

इस खंड में 1983–1999/2000 के दौरान अनुसूचित जातियों और गैर-अनुसूचित जातियों/जनजातियों के ग्रामीण रोजगार दरों में परिवर्तन पर चर्चा की गई है। 16 साल से अधिक के अध्ययन में पाया गया कि अनुसूचित जाति पुरुषों तथा गैर-अनुसूचित जाति/जनजाति पुरुषों, दोनों के रोजगार दरों में लगभग 7 प्रतिशत अंकों की गिरावट आई है। अनुसूचित जाति और गैर-अनुसूचित जाति/जनजाति की महिलाओं के रोजगार की दरों में एक बहुत कम परिमाण से गिरावट पाई गई।

अखिल भारतीय प्रवृत्ति के विपरीत, अनुसूचित जाति पुरुषों के रोजगार दरों में गुजरात में मामूली, हरियाणा में औसत और केरल में तेज वृद्धि हुई है। अनुसूचित जाति महिलाओं की रोजगार दरों में असम, जम्मू-कश्मीर और पंजाब में वृद्धि हुई है, विशेष रूप से, उच्च परिवर्तन के साथ, 11 प्रतिशत अंकों पर जम्मू-कश्मीर में। अन्य राज्यों, जिन्होंने एक मामूली वृद्धि का संकेत दिया,

वह गुजरात, कर्नाटक, केरल, तमिलनाडु और पश्चिम बंगाल थे। शेष राज्यों ने अनुसूचित जाति महिलाओं के रोजगार की दरों में गिरावट का रुख दर्ज किया। केवल केरल में गैर अनुसूचित जाति/जनजाति महिलाओं की हालत अनुकूल थी।

शहरी रोजगार: स्तर और असमानता (1999/2000)

जहां शहरी अनुसूचित जाति पुरुषों का रोजगार 46 प्रतिशत के पास था, वहीं शहरी गैर-अनुसूचित जाति/जनजाति पुरुषों का लगभग 50 प्रतिशत था। अनुसूचित जाति महिलाओं के लिए, रोजगार की दर गैर अनुसूचित जाति/जनजाति महिलाओं के 11 प्रतिशत के मुकाबले 14 प्रतिशत थी (रेखाचित्र 7.2 [a] और 7.2 [b])।

शहरी अनुसूचित जाति के पुरुषों का लगभग 50 प्रतिशत से अधिक पश्चिम बंगाल, हिमाचल प्रदेश और पंजाब में कार्यरत था। जिन राज्यों ने शहरी अनुसूचित जाति पुरुष रोजगार की कम दरों का संकेत दिया वे केरल, मध्य प्रदेश, असम और आंध्र प्रदेश थे

रेखाचित्र 7.2(a)

शहरी भारत में अनुसूचित जातियों और गैर-अनुसूचित जातियों/जनजातियों (पुरुष) के करंट डेली स्टेटस में रोजगार के स्तर, 1999/2000

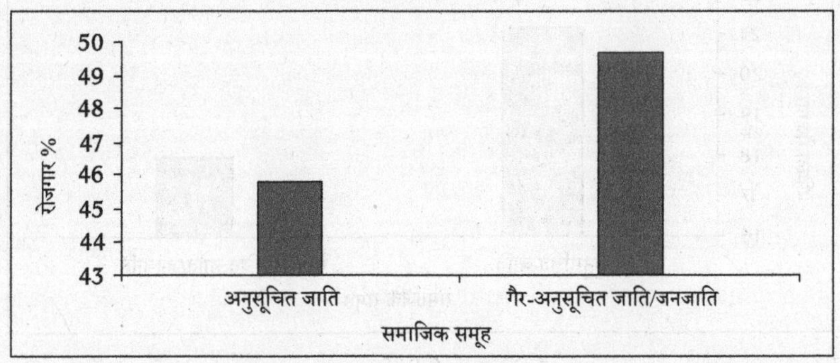

रेखाचित्र 7.2(b)

शहरी भारत में अनुसूचित जातियों और गैर-अनुसूचित जातियों/जनजातियों (महिला) के करंट डेली स्टेटस में रोजगार के स्तर, 1999/2000

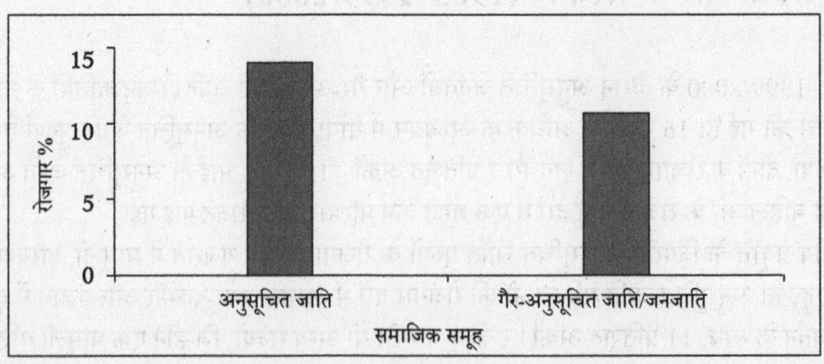

स्रोत: राष्ट्रीय नमूना सर्वेक्षण, 1999–2000, भारत में रोजगार और बेरोजगारी की स्थिति, 1999–2000, 55वां राउंड, दिल्ली, केंद्रीय सांख्यिकीय कार्यालय.

(संलग्नक XI, तालिका 11A.4)। अनुसूचित जाति महिलाओं के लिए, कम रोजगार दर के बावजूद, यह केरल, तमिलनाडु और कर्नाटक के दक्षिणी राज्यों में अधिक था।

गैर अनुसूचित जातियों/जनजातियों के मामले में, 10 राज्यों ने 50 प्रतिशत से अधिक पुरुषों को नियोजित किया, उनमें से पश्चिम बंगाल, पंजाब और कर्नाटक ने, सीडीएस आंकड़ों के अनुसार रोजगार की एक उच्च दर का संकेत दिया। गैर-अनुसूचित जाति/जनजाति पुरुषों के लिए रोजगार की दर बिहार, उड़ीसा और केरल में सबसे कम थी। गैर-अनुसूचित जाति/जनजाति महिलाओं के लिए 4 प्रतिशत से 15 प्रतिशत तक अलग रोजगार दर थी-यह कर्नाटक, आंध्र प्रदेश और उड़ीसा में उच्च थी, और इसी क्रम में जम्मू एवं कश्मीर, उड़ीसा और बिहार में सबसे कम थी।

'असमानता अनुपात' की अवधारणा का उपयोग यहां भी अंतर-समूह रोजगार असमानता मापने के लिए किया जाता है। 1999–2000 में विश्लेषण शहरी भारत में अनुसूचित जाति और गैर-अनुसूचित जाति/जनजाति पुरुषों के बीच रोजगार की दरों में एक संकीर्ण असमानता के अस्तित्व को सामने लाया। अनुसूचित जाति और गैर-अनुसूचित जाति/जनजाति महिलाओं के लिए विश्लेषण ने इस तथ्य पर प्रकाश डाला कि शहरी क्षेत्रों में गैर-अनुसूचित जाति/जनजाति महिलाओं की तुलना में अनुसूचित जाति महिलाएं अधिक कार्यरत थीं (संलग्नक XI, तालिका 11A.5)।

अनुसूचित जाति और गैर-अनुसूचित जाति/जनजाति पुरुषों के बीच सबसे कम असमानता उत्तर प्रदेश और पश्चिम बंगाल राज्य में मिली थी। इसके विपरीत, उच्चतम असमानता असम, आंध्र प्रदेश, महाराष्ट्र, तमिलनाडु और मध्य प्रदेश राज्य में पाई गई थी।

देश के 17 प्रमुख राज्यों में अनुसूचित जाति महिलाओं की रोजगार की दरें गैर-अनुसूचित जाति/जनजाति महिलाओं की तुलना में अधिक थीं, केवल पंजाब, हिमाचल प्रदेश और असम इसके अपवाद थे। असम में, विशेष रूप से सीडीएस के तहत महिला रोजगार में भेदभाव का एक उच्च परिमाण दर्ज किया गया।

शहरी रोजगार के स्तर में परिवर्तन (1983–1999/2000)

अनुसूचित जाति और गैर-अनुसूचित जाति/जनजाति के पुरुषों तथा महिलाओं के लिए सीडीएस रोजगार दरें 1983 से 1999 तक नीचे गिरीं। पुरुषों के मामले में महिलाओं के सापेक्ष यह गिरावट तेज थी। अनुसूचित जाति पुरुषों के लिए रोजगार दर में केरल और कर्नाटक को छोड़ कर सभी राज्यों में गिरावट की प्रवृत्ति दर्ज की गई थी।

अनुसूचित जाति महिलाओं के लिए गुजरात में रोजगार दर अपरिवर्तित रही और सात राज्यों में बढ़ी, जिनमें हरियाणा, उड़ीसा और जम्मू एवं कश्मीर में तेज बढ़त दर्ज की गई।

गैर-अनुसूचित जाति/जनजाति पुरुषों की रोजगार दर केरल और पश्चिम बंगाल में बढ़ी। बिहार और उड़ीसा गिरावट की बड़ी दर के उदाहरण थे, जहां बिहार में सर्वाधिक गिरावट दर्ज की गई।

ग्रामीण बेरोजगारी: स्तर, असमानता और परिवर्तन

ग्रामीण क्षेत्रों में अनुसूचित जाति पुरुषों तथा महिलाओं का बेरोजगारी स्तर क्रमशः लगभग 5 और 2.1 प्रतिशत था। दिलचस्प है कि गैर-अनुसूचित जाति/जनजाति पुरुषों (3.4 प्रतिशत) और महिलाओं (1.9 प्रतिशत) के सापेक्ष अनुसूचित जाति पुरुषों और महिलाओं दोनों की बेरोजगारी दर अधिक थी, संकेत यह कि गैर-अनुसूचित जातियों/जनजातियों की तुलना में अनुसूचित जातियों के पास रोजगार के अवसर सीमित थे (देखें संलग्नक XI, तालिका 11A.6; आंकड़े 7.3 (a) 7.3 (b)।

रेखाचित्र 7.3(a)

अनुसूचित जाति तथा गैर-अनुसूचित जाति/जनजाति ग्रामीण पुरुषों की बेरोजगारी दर, 1999/2000

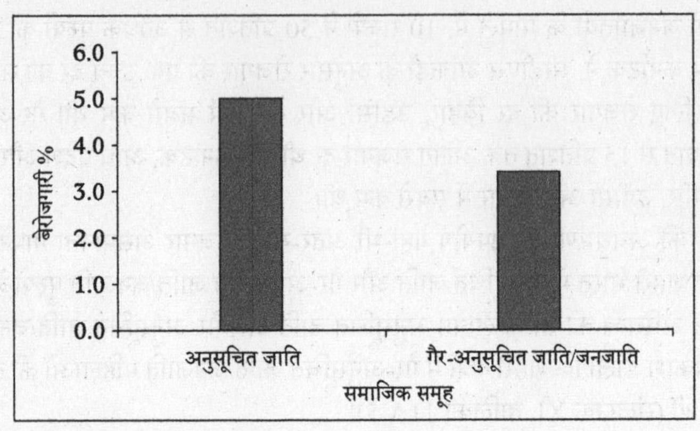

रेखाचित्र 7.3(b)

अनुसूचित जाति तथा गैर-अनुसूचित जाति/जनजाति ग्रामीण महिलाओं की बेरोजगारी दर, 1999/2000

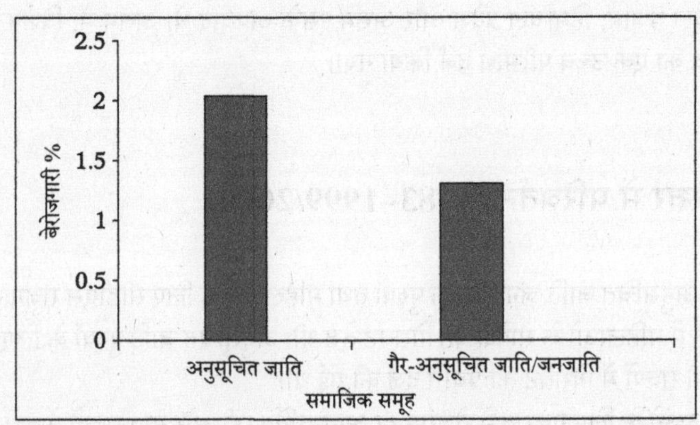

स्रोत: राष्ट्रीय नमूना सर्वेक्षण, 1999–2000, भारत में रोजगार और बेरोजगारी की स्थिति, 1999–2000, 55वां राउंड, दिल्ली, केंद्रीय सांख्यिकीय कार्यालय।

बेरोजगार अनुसूचित जाति पुरुषों (14.09 प्रतिशत) तथा महिलाओं (9 प्रतिशत) का उच्चतम प्रतिशत केरल में मिला, जबकि अनुसूचित जाति पुरुषों (2–2.5 प्रतिशत) के लिए बेरोजगारी दरें कम थीं। अनुसूचित जाति महिलाओं के लिए असम, हरियाणा, हिमाचल प्रदेश, जम्मू एवं कश्मीर, पंजाब, राजस्थान और उत्तर प्रदेश में 1 प्रतिशत से कम थी।

सामाजिक समूहों में असम, हिमाचल प्रदेश, जम्मू एवं कश्मीर, उड़ीसा और पश्चिम बंगाल को छोड़ कर सभी राज्यों में गैर-अनुसूचित जाति/जनजाति पुरुषों के सापेक्ष अधिक अनुसूचित जाति पुरुष बेरोजगार पाये गए। अनुसूचित जाति महिलाओं की बेरोजगारी दर भी गैर-अनुसूचित जाति/जनजाति महिलाओं के मुकाबले इन पांच राज्यों- असम, जम्मू एवं कश्मीर, उड़ीसा, पश्चिम बंगाल और पंजाब में नीचे थी (संलग्नक XI, तालिका 11A.7)।

1983 और 1999/2000 के बीच पुरुषों तथा महिलाओं, दोनों के लिए अनुसूचित जातियों की सीडीएस बेरोजगारी दर 2 प्रतिशत से अधिक अंकों से गिरी, जबकि गैर-अनुसूचित जातियों/जनजातियों की बेरोजगारी दर में गिरावट गैरमामूली थी।

अनुसूचित जाति बेरोजगारी दर में गिरावट की अखिल भारतीय प्रवृत्ति पुरुषों के मामले में असम, हरियाणा, जम्मू एवं कश्मीर हिमाचल प्रदेश और मध्य प्रदेश तथा महिलाओं के मामले में असम, जम्मू एवं कश्मीर और कर्नाटक को छोड़ कर लगभग सभी राज्यों में पाई गई।

शहरी बेरोज़गारी: स्तर, असमानता और परिवर्तन

वर्ष 1983–1999/2000 के दौरान अजा पुरुषों की बेरोज़गारी दर 7.2 से 5.2 प्रतिशत के बीच रही। इसी तरह गैर-अजा/अजजा पुरुषों के लिए बेरोज़गारी दर 1983 में 5.28 प्रतिशत और 1999/2000 में 3.5 प्रतिशत थी। 5 प्रतिशत से अधिक पर, अनुसूचित जाति पुरुषों की बेरोजगारी दर, केरल, तमिलनाडु और पश्चिम बंगाल में बहुत अधिक थी। पंजाब, राजस्थान और गुजरात का सच

रेखाचित्र 7.4(a)

विभिन्न सामाजिक समूहों (पुरुष) की बेरोजगारी दर-शहरी

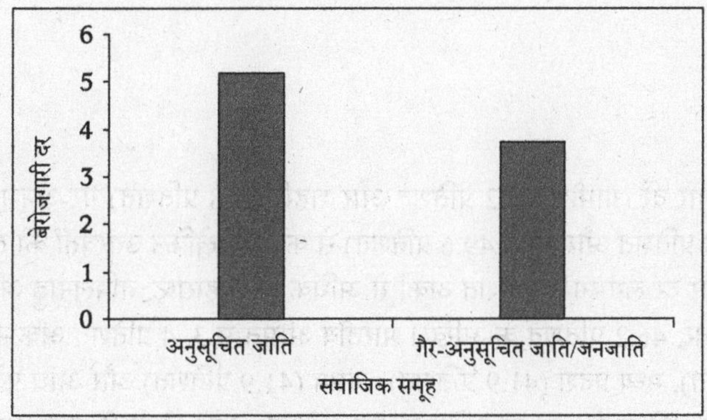

रेखाचित्र 7.4(b)

विभिन्न सामाजिक समूहों (महिला) की बेरोजगारी दर-शहरी

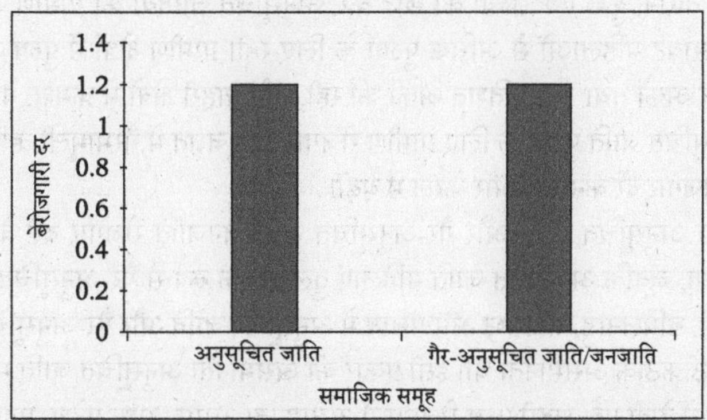

स्रोत: राष्ट्रीय नमूना सर्वेक्षण, 1999–2000, भारत में रोजगार और बेरोजगारी की स्थिति, 1999–2000, 55वां राउंड, दिल्ली, केंद्रीय सांख्यिकीय कार्यालय।

इसके उलट था (संलग्नक XI, तालिका 11A.8)। सीडीएस के अनुसार, महिलाओं की बेरोजगारी दर पुरुषों के सापेक्ष कम थी। अनुसूचित जाति महिलाओं की बेरोजगारी दर केरल (8.7 प्रतिशत) के लिए उच्चतम तथा उत्तर प्रदेश (0.2 प्रतिशत) के लिए न्यूनतम थी।

उड़ीसा को छोड़ कर सभी राज्यों में गैर-अनुसूचित जाति/जनजाति पुरुषों के सापेक्ष अनुसूचित जाति पुरुष अधिक बेरोजगार थे। इसी तरह नौ राज्यों में गैर-अनुसूचित जाति/जनजाति महिलाओं के सापेक्ष अधिक अनुसूचित जाति महिलाएं बेरोजगार थीं। अंतर-सामाजिक समूह असमानता विशेषकर, केरल, मध्य प्रदेश और तमिलनाडु में तेज थी (संलग्नक XI, तालिका 11A.9।

समय के साथ (1983–1999–2000), अनुसूचित जाति और गैर-अनुसूचित जाति/जनजाति पुरुषों के लिए सीडीएस बेरोजगारी दर 2 प्रतिशत अंकों से गिरी। दोनों सामाजिक समूहों की महिलाओं के बेरोजगारी दर में गैरमामूली गिरावट हुई। असम, बिहार और मध्य प्रदेश को छोड़ कर सभी राज्यों में अनुसूचित जाति पुरुष बेरोजगारी के लिए एक गिरावट की प्रवृत्ति दर्ज की गई। कमी आंध्र प्रदेश (6.27 प्रतिशत अंक), राजस्थान (4.87 प्रतिशत अंक) और गुजरात (3.6 प्रतिशत अंक) में विशेष रूप से तेज थी। अनुसूचित जाति महिलाओं की बेरोजगारी दर राजस्थान (2.04 प्रतिशत अंक) काफी हद तक घटी और इससे भी कम परिमाण में असम, कर्नाटक तथा केरल को छोड़ कर अधिकतर राज्यों में। गैर-अनुसूचित जाति/जनजाति श्रमिकों के लिए लगभग सभी राज्यों में परिवर्तन कमोबेश अनुसूचित जाति के लिए पाई गई प्रवृत्तियों के समान था।

सारांश

अनुसूचित जाति पुरुष रोजगार दरें (ग्रामीण 46.2 प्रतिशत और शहरी 45.8 प्रतिशत) गैर-अनुसूचित जाति/जनजाति पुरुषों की रोजगार दरों (ग्रामीण 48 प्रतिशत और शहरी 49.6 प्रतिशत) से कम थीं, लेकिन उत्तरवर्ती की तुलना में पूर्ववर्ती सामाजिक समूह के लिए महिला रोजगार दर लगभग 3 प्रतिशत अंकों से अधिक थी। महाराष्ट्र, तमिलनाडु और उत्तर प्रदेश में अनुसूचित जाति ग्रामीण पुरुष रोजगार दर, 46.2 प्रतिशत के अखिल भारतीय औसत से 3–4 प्रतिशत अंक नीचे थी, जबकि शहरी पुरुष रोजगार केरल (41.1 प्रतिशत), मध्य प्रदेश (41.9 प्रतिशत), असम (41.9 प्रतिशत) और आंध्र प्रदेश (42.5 प्रतिशत) में कम थी। अनुसूचित जाति ग्रामीण महिला रोजगार दर पश्चिम बंगाल, हरियाणा और असम में बहुत कम, 11–12 प्रतिशत पर थी। शहरी असम, हिमाचल प्रदेश, पंजाब और उत्तर प्रदेश में भी अनुसूचित जाति महिला रोजगार दर, 14 प्रतिशत के राष्ट्रीय औसत से काफी नीचे थी।

1983/1999–2000 के दौरान, कुछ एक राज्यों को छोड़ कर, अनुसूचित जातियों की ग्रामीण और शहरी रोजगार दरें दोनों लिंगों के लिए गिरीं,। यह गिरावट महिलाओं से अधिक पुरुषों के लिए रही। ग्रामीण क्षेत्रों में पुरुष और महिला रोजगार दरों में गिरावट क्रमश: 6.9 प्रतिशत अंकों तथा 3.2 प्रतिशत अंकों की रही, और शहरी क्षेत्रों में क्रमश: 4.3 प्रतिशत अंकों तथा 2.8 प्रतिशत अंकों की रही। अनुसूचित जाति पुरुषों के लिए ग्रामीण रोजगार दरें गुजरात में गैरमामूली, हरियाणा में मध्यम और केरल में तेज बढ़ीं, जबकि शहरी रोजगार दरें कर्नाटक और केरल में बढ़ीं।

अखिल भारतीय स्तर पर अनुसूचित जाति और गैर-अनुसूचित जाति/जनजाति रोजगार दरों के बीच असमानता अनुपात पुरुषों के लिए लगभग एक था, जबकि अनुसूचित जाति महिलाएं तुलनात्मक रूप से गैर-अनुसूचित जाति/जनजाति महिलाओं से बेहतर स्थिति में थीं। तो भी, तमिलनाडु, महाराष्ट्र और पंजाब में अनुसूचित जाति और गैर-अनुसूचित जाति/जनजाति पुरुषों के बीच ग्रामीण रोजगार दरों में ठीकठाक असमानता थी। इसी प्रकार की असमानता अनुसूचित जाति महिलाओं के लिए हिमाचल प्रदेश, राजस्थान और पंजाब में देखी गई। शहरी पुरुष रोजगार में असमानता असम, आंध्र प्रदेश, महाराष्ट्र, तमिलनाडु और मध्य प्रदेश में अधिक थी।

अनुसूचित जाति पुरुषों (5 प्रतिशत) तथा महिलाओं (2.1 प्रतिशत) का ग्रामीण बेरोजगारी स्तर गैर-अनुसूचित जाति/जनजाति पुरुषों (3.4 प्रतिशत) तथा महिलाओं (1.9 प्रतिशत) की अपेक्षा अधिक था, यह संकेत यह कि अनुसूचित जातियों के लिए रोजगार के अवसर अपेक्षाकृत सीमित थे। अनुसूचित जातियों की सीडीएस बेरोजगारी दर (1983–1999/2000) में, उनके गैर-अनुसूचित जाति/जनजाति समकक्षों की तुलना में बड़ी गिरावट के बावजूद, पूर्ववर्ती सामाजिक समूह में बेरोजगारी का स्तर अधिक था। यह प्रवृत्ति असम, हिमाचल प्रदेश, जम्मू एवं कश्मीर, उड़ीसा और पश्चिम बंगाल को छोड़ कर अधिकतर राज्यों में व्याप्त थी, जहां बड़ी संख्या में गैर-अनुसूचित जाति/जनजाति पुरुष बेरोजगार थे।

शहरी क्षेत्रों में बेरोजगारी की स्थिति बेहतर नहीं थी। 1999/2000 में अनुसूचित जाति पुरुषों में बेरोजगारी दर 5.2 प्रतिशत थी, 1983 के लगभग 2 प्रतिशत अंकों से कम। इसी प्रकार, 1999/2000 में गैर-अनुसूचित जाति/जनजाति पुरुषों के लिए बेरोजगारी दर 3.5 प्रतिशत और 1983 में 5.28 प्रतिशत थी। उड़ीसा को छोड़ कर सभी राज्यों में गैर-अनुसूचित जाति/जनजाति पुरुषों की अपेक्षा अधिक अनुसूचित जाति पुरुष बेरोजगार थे। 1999/2000 में महिला बेरोजगारी दर दोनों सामाजिक समूहों के लिए लगभग 1 प्रतिशत थी, 1983 की तुलना में गैरमामूली रूप से कम। तो भी, नौ राज्यों में महिला बेरोजगारी में अंतर-सामाजिक समूह असमानता अनुसूचित जाति महिलाओं को हानि पहुंचाने वाली थी। 1983–1999/2000 के दौरान अनुसूचित जातियों की सीडीएस शहरी पुरुष बेरोजगारी दर में लगभग 2 प्रतिशत अंकों की गिरावट संभवतः शहरी रोजगार पर आरक्षण नीति के सकारात्मक प्रभाव की अभिव्यक्ति है।

टिप्पणी

1. 1999–2000 के लिए, दो श्रेणियों के लिए डेटा, सेवारत अन्य पिछड़ी जातियां (ओबीसीज) और 'अन्य' को एक साथ संयुक्त किया गया और एक अकेली श्रेणी 'गैर-अनुसूचितजाति/जनजाति' ('गैर अजा-अजजा') नाम से एक श्रेणी बनाई गई।

अध्याय 8

आरक्षण के अंतर्गत रोजगार

यह अध्याय आरक्षण नीति की प्रगति और सार्वजनिक रोजगार पर इसके प्रभाव की पड़ताल करता है। यह सरकारी सेवाओं, सार्वजनिक क्षेत्र उपक्रमों (पीएसयू), राष्ट्रीयकृत बैंकों और बीमा क्षेत्रों में अनुसूचित जातियों के रोजगार का परिमाण, प्रवृत्ति और पैटर्न का विश्लेषण करता है, तथा पुष्टि करता है कि क्या सरकारी विभागों में अनुसूचित जातियों को आवंटित कुल रिक्तियों को भरा गया है या नहीं। क्योंकि यह अध्याय सरकार द्वारा निर्धारित प्रावधानों से तालमेल के साथ आरक्षण के अंतर्गत अनुसूचित जातियों के लिए रोजगार की स्थिति की पड़ताल करता है, यह काफी हद तक सरकार के विभिन्न मंत्रालयों के वार्षिक प्रतिवेदनों के आंकड़ों पर आधारित है।

सरकारी सेवाओं में प्रतिनिधित्व, 1960–2003

कुल नियोजनः संरचना और परिवर्तन

1960 में सरकारी सेवाओं में नियोजित अनुसूचित जातियों की कुल संख्या 228,497 थी, जो 2003 में उनकी भागीदारी लगभग दोगुनी हो जाने से 540,220 हो गई। दूसरी ओर सरकारी सेवाओं में गैर-अनुसूचित जातियों/जनजातियों की कुल संख्या 1960 में 1,600,528 से बढ़ कर 2003 में 2,517,780 हो गई। इन 44 सालों में अनुसूचित जातियों के लिए पूर्ण शुद्ध परिवर्तन 311,723 और गैर-अनुसूचित जातियों/जनजातियों के लिए 917,252 था (देखें तालिका 8.1)।

तुलनात्मक रूप से 1960 में, सरकारी सेवाओं में कुल कर्मचारियों के सापेक्ष अनुसूचित जातियों और गैर-अनुसूचित जातियों/जनजातियों की प्रतिशत हिस्सेदारी क्रमशः 12.2 प्रतिशत तथा 85.7 प्रतिशत थी। 1970 के दशक में अनुसूचित जातियों की प्रतिशत हिस्सेदारी बढ़ कर 15.2 प्रतिशत तथा 1980 के दशक में और अधिक 15.67 प्रतिशत हो गई। 1990 के दशक में आंकड़ा 16.97 प्रतिशत तक पहुंच गया और 2000 में यह घट कर 16.05 हो गया। 2003 में सरकारी सेवाओं में कुल कर्मचारियों के सापेक्ष अनुसूचित जातियों की प्रतिशत हिस्सेदारी 16.5 प्रतिशत थी। गैर अनुसूचित जाति/जनजाति की प्रतिशत हिस्सेदारी विचाराधीन कई सालों तक लगभग 77 प्रतिशत पर काफी हद तक स्थिर बनी रही (देखें तालिका 8.2)।

1960 से 2003 के बीच सरकारी सेवाओं में अनुसूचित जातियों की वृद्धि 136.42 प्रतिशत थी, जबकि गैर-अनुसूचित जातियों/जनजातियों के लिए 57.31 प्रतिशत थी। यहां, 1960 के दशक (1960 और 1969 के बीच) में दशकीय रोजगार परिवर्तन (शुद्ध परिवर्तन) 131,446 था; यह 1990 के दशक में सबसे कम (1,731) था। इसी प्रकार 2000 से 2003 के बीच अनुसूचित जातियों के लिए परिवर्तन नकारात्मक (42,223) था।

तालिका 8.1

अनु. जातियों और गैर-अनु. जातियों/जनजातियों के लिए सरकारी कर्मचारियों की पूर्ण संख्या (दशकीय बिंदु से बिंदु तक)

जैसा कि एक जनवरी को	*अनु. जाति*	*गैर-अनु. जाति/जनजाति*
1960	228,497	1,600,528
1969	359,943	1,932,020
1970	291,374	2,147,584
1979	467,712	2,504,968
1980	490,592	2,516,129
1989	568,600	2,721,420
1990	590,108	2,701,700
1999	591,839	2,733,770
2000	582,446	2,819,519
2003	540,220	2,517,780

स्रोतः वार्षिक रिपोर्ट, कार्मिक, लोक शिकायत और पेंशन मंत्रालय, 1985–86, 1989–90, 2004–05, भारत सरकार, नई दिल्ली

तालिका 8.2

केंद्र सरकार के रोजगार में अनु. जातियों और गैर-अनु. जातियों/जनजातियों की प्रतिशत हिस्सेदारी (दशकीय बिंदु से बिंदु तक)

जैसा कि 1 जनवरी को	*अनु. जाति*	*गैर-अनु. जाति/जनजाति*
1960	12.24	85.74
1969	15.24	81.79
1970	15.12	80.99
1980	15.67	80.34
1989	16.41	78.56
1990	16.97	77.70
1999	16.70	77.13
2000	16.05	77.72
2003	16.52	77.01

स्रोतः वार्षिक रिपोर्ट, कार्मिक, लोक शिकायत और पेंशन मंत्रालय, 1985–86, 1989–90, 2004–05, भारत सरकार, नई दिल्ली

1960 के दशक में सरकारी नौकरियों में अनुसूचित जाति कर्मचारियों का प्रतिशत परिवर्तन 57.53 फीसदी था, जिसमें 1990 के दशक में 0.29 प्रतिशत से 2000–03 में –7.25 प्रतिशत की एक नकारात्मक तेज गिरावट हुई। 1960 के दशक में गैर अनुसूचित जातियों/जनजातियों के लिए प्रतिशत परिवर्तन 20.71 प्रतिशत पर था और 1990 के दशक तथा 2000–03 में क्रमशः 1.19 प्रतिशत तथा –0.7 पर था।

1970 के दशक के दौरान (1970–79), अनुसूचित जाति कर्मचारियों का दशकीय औसत 398,286 पर था। यह बढ़ कर 1980 के दशक में 535,323 और 1990 के दशक में 602,486 हो गई (देखें संलग्नक XII, तालिका 12A.1)। सरकारी क्षेत्र के रोजगार के सिलसिले में अनुसूचित जातियों के लिए 1960 के दशक तथा 1970 के दशक के बीच (34.38 प्रतिशत) और 1970 के दशक तथा 1980 के दशक के बीच (34.41 प्रतिशत) औसत दशकीय परिवर्तन कमोबेश स्थिर था। 1980 के दशक और 1990 के दशक में यह तेजी से घट कर 12.55 प्रतिशत हो गई।

तालिका 8.3
अनुसूचित जातियों और गैर अनुसूचित जातियों/जनजातियों के लिए सरकारी रोजगार (दशकीय औसत)

जैसा कि 1 जनवरी को	*अनु. जाति*	*गैर-अनु. जाति/जनजाति*
1960 का दशक	296,116	1,884,395
1970 का दशक	398,286	2,385,697
1980 का दशक	535,323	2,660,717
1990 का दशक	602,486	2,728,336
2000 का दशक	577,142	2,704,596

स्रोतः थोरात एस. और सी. सेनापति. 'रिजर्वेशन पॉलिसी इन इंडिया-डाइमेंशन्स एंड इश्यूज', वर्किंग पेपर सीरीज, खंड I, सं. 2, इंडियन इंस्टीट्यूट ऑफ दलित स्टडीज, दिल्ली.

नोटः *तीन वर्षों पर आधारित (2000–03)

यह संकलन प्रमाणित करता है कि 1960 के दशक से 1970 के दशक तक सरकारी सेवाओं में अनुसूचित जातियों और गैर अनुसूचित जातियों/जनजातियों के लिए उर्ध्व मंदी थी। गैर अनुसूचित जातियों/जनजातियों के लिए 1960 के दशक तथा 1970 के दशक में आंकडा 26.60 प्रतिशत पर था। यह घट कर 1970 के दशक तथा 1980 के दशक में 11.53 प्रतिशत, और फिर 1980 के दशक तथा 1990 के दशक में 2.54 प्रतिशत हो गई।

2000 से 2003 के बीच अनुसूचित जातियों और गैर अनुसूचित जातियों/जनजातियों के लिए दशकीय वार्षिक वृद्धि क्रमशः 2.85 प्रतिशत तथा –4.3 प्रतिशत पर थी। सरकारी सेवाओं में कार्यरत अनुसूचित जातियों के लिए,1960 के दशक, 1970 के दशक, 1980 के दशक तथा 1990 के दशक के लिए दशकीय वृद्धि दरें क्रमशः 4.82 प्रतिशत, 4.36 प्रतिशत, 1.54 प्रतिशत और –0.65 प्रतिशत थीं (काफी हद तक नई आर्थिक नीति [एनईपी] लागू होने के कारण, विभिन्न क्षेत्रों में सरकार की भागीदारी कम हो गई थी)। इसी तरह गैर अनुसूचित जातियों/जनजातियों के लिए दशकीय वार्षिक वृद्धि दर 1960 के दशक में 2.65 प्रतिशत थी, जो घट कर 1970 के दशक में 1.53 और 1980 के दशक में 0.57 प्रतिशत हो गई। बादमें 1990 के दशक में यह घट कर –0.75 प्रतिशत हो गई (तालिका 8.3)।

सांख्यिकी असाधारण रूप से संकेत देती है कि अनुसूचित जातियों के लिए सरकारी क्षेत्र में रोजगार/नौकरियों की कमी की दर गैर अनुसूचित जातियों/जनजातियों से तेज थी। यह स्थिति साफ संकेत देती है कि एनईपी के कार्यान्वयन से रोजगार/नौकरी बाजार पर प्रतिकूल प्रभाव पड़ा, विशेषकर अनुसूचित जातियों के लिए और विशेष रूप से सरकारी क्षेत्र में। केंद्र सरकार में आरक्षण के अंतर्गत रोजगार की प्रवृत्तियां रेखाचित्र 8.1 और 8.2 में प्रदर्शित हैं।

नौकरी की श्रेणियों के आधार पर रोजगार संरचना

भारत में कुल कर्मचारियों के सरकारी नौकरियों की विभिन्न श्रेणियों में अनुसूचित जातियों का प्रतिनिधित्व संलग्नक XII, तालिका 12A.2 में दिया गया है। भारत का संविधान अनुसूचित जातियों के लिए प्रत्येक श्रेणी में 15 प्रतिशत तक नौकरियों के आरक्षण की गारंटी देता है।

2003 में समूह 'ए', समूह 'बी', समूह 'सी' और समूह 'डी' में नियोजित कुल संख्या में अनुसूचित जातियों की प्रतिशत हिस्सेदारी क्रमशः 11.9 प्रतिशत, 14.3 प्रतिशत, 16.3 प्रतिशत और 17.9 प्रतिशत थी। यह प्रमाणित है कि 2003 में अनुसूचित जातियां समूह 'ए' और समूह 'बी' नौकरियों, दोनों में प्रतिनिधित्वविहीन थीं, जबकि समूह 'सी' और समूह 'डी' नौकरियों में उनकी हिस्सेदारी 15 प्रतिशत के निर्धारित कोटे से अधिक थी।

रेखाचित्र 8.1

केंद्र सरकार की नौकरियों में अनुसूचित जातियों और गैर-अनुसूचित जातियों/जनजातियों के आरक्षण में रोजगार की वार्षिक वृद्धि (1960–2000)

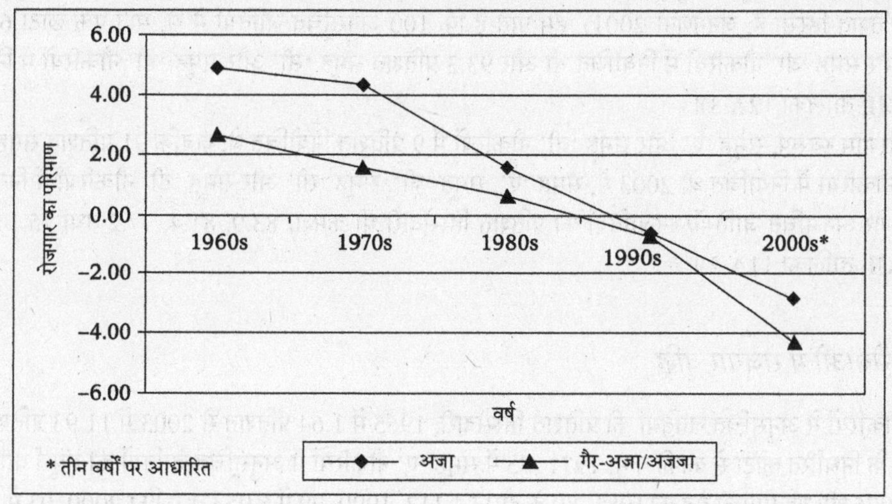

स्रोत: वार्षिक रिपोर्ट, कार्मिक, लोक शिकायत और पेंशन मंत्रालय, 1985–86, 1989–90, 2004–05, भारत सरकार, नई दिल्ली

रेखाचित्र 8.2

आरक्षण के तहत केंद्र सरकार के रोजगार के रुझान (1970–2003)

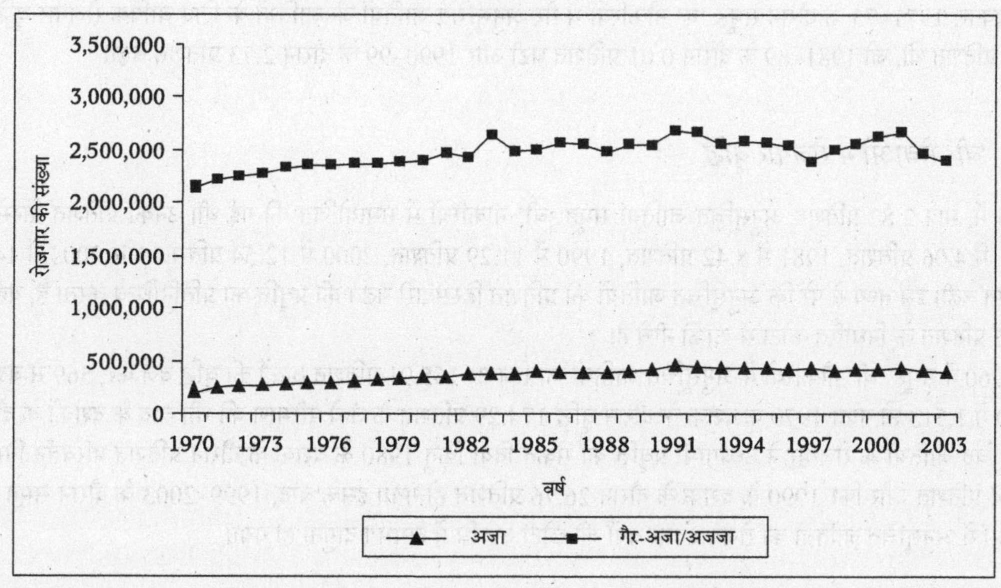

स्रोत: वार्षिक रिपोर्ट, कार्मिक, लोक शिकायत और पेंशन मंत्रालय, 1985–86, 1989–90, 2004–05, भारत सरकार, नई दिल्ली

यदि हम 2003 में सभी नौकरी श्रेणियों में नियोजित कुल संख्या में अनुसूचित जातियों की प्रतिशत हिस्सेदारी की समीक्षा करें और उसकी तुलना भारत में कुल अनुसूचित जाति जनसंख्या की प्रतिशत हिस्सेदारी से करें (अनुसूचित जातियां कुल जनसंख्या का 16.2 प्रतिशत हिस्सा हैं, जनगणना 2001), हम पाते हैं कि 100 अनुसूचित जातियों में से, मात्र एक छोटा 6.7 प्रतिशत समूह 'ए' और समूह 'बी' नौकरियों में नियोजित था और 93.3 प्रतिशत समूह 'सी' और समूह 'डी' नौकरियों में नियोजित था (संलग्नक XII, तालिका 12A.3)।

इसके परिणाम स्वरूप, समूह 'ए' और समूह 'बी' नौकरियों में 9 प्रतिशत नियोजित थे, जबकि 91 प्रतिशत समूह 'सी' और समूह 'डी' नौकरियों में नियोजित थे। 2003 में, समूह 'ए', समूह 'बी', समूह 'सी' और समूह 'डी' नौकरियों में नियोजित कुल संख्या में से गैर अनुसूचित जातियों/जनजातियों की प्रतिशत हिस्सेदारी भी क्रमशः 83.9, 81.4, 77.2 तथा 75.1 प्रतिशत थी (संलग्नक XII, तालिका 11A.2)।

समूह 'ए' सेवाओं में रोजगार वृद्धि

समूह 'ए' नौकरियों में अनुसूचित जातियों की प्रतिशत हिस्सेदारी, 1965 में 1.64 प्रतिशत से 2003 में 11.93 प्रतिशत तक थी, 15 प्रतिशत के निर्धारित कोटा से काफी कम। 1971–75 में समूह 'ए' नौकरियों में अनुसूचित जातियों की संपूर्ण वार्षिक औसत संख्या मात्र 975 थी। यह मामूली बढ़ कर1981–89 के दौरान 4,112, 1990–99 में 6,953 तथा फिर 2000–03 में 10,862 हो गई (संलग्नक XII, तालिका 11A.4)। इसी प्रकार, 1971–75 के दौरान समूह 'ए' नौकरियों में अनुसूचित जातियों की वार्षिक रोजगार वृद्धि दर 12.74 प्रतिशत थी, जो 1981–89 में 7.92 प्रतिशत और फिर 1990 के दशक में 6.10 प्रतिशत घटी।

इसके विपरीत, 1971–75 के दौरान गैर अनुसूचित जातियों/जनजातियों के लिए समूह 'ए' नौकरियों में रोजगार की संपूर्ण औसत संख्या 30,333 थी, 1981–89 के दौरान 51,355, 1990 के दशक में 58,749 और फिर 2000–03 में 81,277 बढ़ी। इसी प्रकार, 1971–75 के दौरान समूह 'ए' नौकरियों में गैर अनुसूचित जातियों/जनजातियों के लिए वार्षिक रोजगार वृद्धि दर 5.40 प्रतिशत थी, जो 1981–89 के दौरान 0.01 प्रतिशत घटी और 1990–99 के दौरान 2.73 प्रतिशत बढ़ी।

समूह 'बी' सेवाओं में रोजगार वृद्धि

1965 में, मात्र 2.82 प्रतिशत अनुसूचित जातियां समूह 'बी' नौकरियों में समायोजित की गई थीं। उनकी प्रतिशत हिस्सेदारी 1971 में 4.06 प्रतिशत, 1981 में 8.42 प्रतिशत, 1990 में 11.29 प्रतिशत, 2000 में 12.54 प्रतिसत और 2003 में 14.32 प्रतिशत बढ़ी। इस तथ्य से परे कि अनुसूचित जातियों की प्रतिशत हिस्सेदारी बढ़त की प्रवृत्ति का प्रतिनिधित्व करता है, यह तब भी 15 प्रतिशत के निर्धारित कोटा से काफी नीचे है।

1960 में समूह 'बी' नौकरियों में अनुसूचित जातियों का रोजगार 165.91 प्रतिशत अंकों की वृद्धि दर्ज कर, 569 से बढ़ कर 1970 में 1,513 हो गया। 1970 के दशक के दौरान वृद्धि 174.29 प्रतिशत के ऊंचे परिमाण की थी। बाद के दशकों के दौरान, अनुसूचित जातियों के रोजगार ने उर्ध्वगामी प्रवृत्ति का संकेत दिया किंतु 1980 के दशक के दौरान प्रतिशत परिवर्तन गिर कर 98.24 प्रतिशत और फिर 1990 के दशक के दौरान 26.76 प्रतिशत हो गया। इसके बाद, 1999–2003 के दौरान समूह 'बी' सेवाओं में अनुसूचित जातियों का रोजगार चार वर्षों की छोटी अवधि में लगभग दोगुना हो गया।

समूह 'सी' सेवाओं में रोजगार वृद्धि

1965 में समूह 'सी' नौकरियों में लगभग 8.88 प्रतिशत अनुसूचित जाति कर्मचारी कार्यरत थे। उनकी प्रतिशत हिस्सेदारी 1971 मे 9.59 प्रतिशत, 1981 में 12.95 प्रतिशत और 1990 में 15.19 प्रतिशत तक बढ़ गई। यहां उल्लेख करना उचित होगा कि

1990 में पहली बार अनुसूचित जातियों की प्रतिशत हिस्सेदारी 15 प्रतिशत के निर्धारित कोटा तक पहुंच गई, फिर 2000 और 2003 में बढ़ कर क्रमशः 15.88 तथा 16.29 प्रतिशत अंक हो गई। गैर अनुसूचित जातियों/जनजातियों के मामले में, 1965 में प्रतिशत हिस्सेदारी 89.71 प्रतिशत थी, जो 1971 में बढ़ कर 88.74 प्रतिशत हो गई, किंतु 1981 में घट कर 83.90 प्रतिशत, 1990 में 79.98 और फिर 2000 में 77.79 प्रतिशत हो गई (संलग्नक XII, तालिका 12A.2)।

1960–69, 1970–79 और 1980–89 के दौरान समूह 'सी' नौकरियों में अनुसूचित जातियों का रोजगार बढ़ कर क्रमशः 72.6, 75.96 और 77.79 हजार हो गया। 1990 के दशक के दौरान आंकड़ों ने 41.24 हजार की एक कम वृद्धि का संकेत दिया। 2000–03 के दौरान, समूह 'सी' सेवाओं में अनुसूचित जातियों की संपूर्ण संख्या गिर कर 30.47 हजार हो गई।

समूह 'डी' सेवाओं में रोजगार वृद्धि

नौकरियों की इस श्रेणी में, समीक्षा की पूरी अवधि में, नियोजित अनुसूचित जातियों की प्रतिशत हिस्सेदारी 15 प्रतिशत के निर्धारित चिह्न से काफी ऊपर थी। 1965 में, समूह 'डी' नौकरियों में 17.75 प्रतिशत अनुसूचित जातियां नियोजित थीं। उनका प्रतिनिधित्व बढ़ कर 1971 में 18.37 प्रतिशत, 1981 में 19.35 प्रतिशत और 1990 में 21.48 प्रतिशत हो गया, किंतु 2000 और 2003 में घट कर क्रमशः 17.38 तथा 17.98 प्रतिशत हो गया। इसके उलट, 1965 में गैर अनुसूचित जातियों/जनजातियों के लिए प्रतिशत हिस्सेदारी 78.82 प्रतिशत थी, जो 1971 में थोड़ा बढ़ कर 77.98 प्रतिशत हो गई। 1981 में समूह 'डी' नौकरियों में उनकी हिस्सेदारी घट कर 75.57 प्रतिशत, 1990 में 71.79 प्रतिशत हो गई और 2000–2003 में बढ़ कर क्रमशः 75.95 और 75.06 प्रतिशत हो गई।

1960 के दशक में समूह 'डी' नौकरियों में अनुसूचित जातियों के लिए रोजगार परिवर्तन 57,488 (35.81 प्रतिशत) था। 1970 के दशक में यह घट कर 27,562 (12.64 प्रतिशत), और फिर 1980के दशक तथा 1990 के दशक में क्रमशः 24,562 और –47,540 (–10.55 प्रतिशत) हो गया। 2000–03 के दौरान अनुसूचित जातियों के लिए रोजगार परिवर्तन –20,461 (–11.45 प्रतिशत) दर्ज किया गया था। इसी प्रकार गैर अनुसूचित जातियों/जनजातियों के लिए रोजगार परिवर्तन 1971–81 के दौरान –5,920, 1990–99 के दौरान –100,432 और 2000–03 के दौरान –120,200 पर था। आश्चर्य की बात नहीं, एनईपी को अंगीकार करने के साथ सरकारी क्षेत्र के तुलनात्मक रूप से संकुचित होने से नियोजित संपूर्ण औसत वार्षिक संख्या की दृष्टि से उत्तरवर्ती गिरावट हुई।

मुख्य बिंदुओं का संक्षेप में वर्णन करें, 1960 के दशक से 1980 के दशक तक लगभग आधे अनुसूचित जाति कर्मचारी समूह 'डी' नौकरियों में संकेंद्रित थे और लगभग आधे अन्य समूह 'सी' नौकरियों में। समूह 'बी' और समूह 'ए' नौकरियों में उनकी हिस्सेदारी लगभग नगण्य थी। 1980 के बाद से, समूह 'सी' नौकरियों में अनुसूचित जाति कर्मचारियों की हिस्सेदारी तेजी से बढ़ी, जो 2003 में 64 प्रतिशत हो गई। 1990 के दशक के दौरान और 2003 में, समूह 'सी' नौकरियों में अनुसूचित जातियों के रोजगार में नियमित वृद्धि होती रही, किंतु यही बात समूह 'डी' नौकरियों के लिए नहीं कही जा सकती थी, जिनमें उनका प्रतिनिधित्व 1981 में 48.8 प्रतिशत से 2003 में 29.3 प्रतिशत तक तेजी से गिरा। समूह 'ए' नौकरियों में उनकी हिस्सेदारी 1960 के दशक के दौरान स्थिर थी और 1970 के दशक तथा 1980 के दशक के दौरान मामूली बढ़ी।

1992 और उससे आगे, उसने 0.1 प्रतिशत अंकों की वृद्धि प्रदर्शित की और 2003 में यह 1.9 प्रतिशत थी। इसी प्रकार, समूह 'बी' नौकरियों में अनुसूचित जातियों की प्रतिशत हिस्सेदारी 1992 तक लगभग 0.1 प्रतिशत बढ़ी; जिसके बाद वह 0.2 प्रतिशत अंकों से बढ़ी। 1992 में समूह 'डी' नौकरियों 2.2 प्रतिशत तथा 2003 में 4.8 प्रतिशत पर थी।

दूसरी ओर, समूह 'डी' नौकरियों में अनुसूचित जातियों की प्रतिशत हिस्सेदारी 1992 (38.6 प्रतिशत) से तेजी से गिर कर 2003 में लगभग 29.9 प्रतिशत हो गई।

दूसरे शब्दों में, समूह 'डी' प्रकार की नौकरियों के लिए विशेषकर, और फिर समूह 'सी' नौकरियों में आरक्षण नीति सफलतापूर्वक लागू की गई। फलस्वरूप, समूह 'ए' और समूह 'बी' नौकरियों में अनुसूचित जातियों का प्रतिनिधित्व अभी भी निर्धारित 15 प्रतिशत के कोटा से नीचे है।

सार्वजनिक क्षेत्र के उपक्रमों में प्रतिनिधित्व, 1971–2014

कुल नियोजन: संरचना और परिवर्तन

योजना बनाने और राष्ट्रीय लेखा कार्य के प्रयोजनों के लिए, भारत सरकार के बजट से, बाह्य वित्त पोषित भारत में सार्वजनिक क्षेत्र के सभी क्रियाकलाप शामिल हैं। इस अर्थ में, भारत में सार्वजनिक क्षेत्र का आकार बहुत बड़ा है। इसमें न मात्र सरकारी विभाग शामिल हैं वरन सरकारी कंपनियां भी हैं, चाहे केंद्र या राज्य क्षेत्रों, सिंचाई और बिजली परियोजनाओं, रेलवे, डाक एवं तार, आयुध कारखानों. और अन्य विभागीय उपक्रमों से संबंधित हों। यह खंड सार्वजनिक क्षेत्र उपक्रमों में अनुसूचित जातियों और गैर अनुसूचित जातियों/जनजातियों के प्रतिनिधित्व को निरूपित करता है।

सार्वजनिक क्षेत्र में आरक्षण अनुसूचित जातियों के लिए 15 प्रतिशत और गैर अनुसूचित जनजातियों के लिए 7.5 प्रतिशत तक प्रयोजनीय है। फिर भी, 2004 में, सार्वजनिक क्षेत्र उपक्रमों में अनुसूचित जातियों के लिए आरक्षण का प्रतिशत कोटा 16.03 प्रतिशत पर निर्धारित था।

1971 में, अनुसूचित जातियों की प्रतिशत हिस्सेदारी 7.4 प्रतिशत और गैर अनुसूचित जातियों/जनजातियों की 90.3 प्रतिशत थी। 1980 में प्रतिशत बढ़ कर अनुसूचित जातियों के लिए 17.4 प्रतिशत हो गया और गैर अनुसूचित जातियों/जनजातियों के लिए 75 प्रतिशत। 1990 में नियोजित अनुसूचित जातियों की प्रतिशत हिस्सेदारी 19.6 प्रतिशत थी, जबकि गैर अनुसूचित जातियों/जनजातियों की 70.5 प्रतिशत थी। 2000 में प्रतिशत हिस्सेदारी, फिर भी, गैर अनुसूचित जातियों/जनजातियों के लिए बढ़ कर 73.9 प्रतिशत हो गई, और इसके उलट, अनुसूचित जातियों के लिए घट कर 18 प्रतिशत हो गई। 2004 के लिए अनुसूचित जातियों और गैर अनुसूचित जातियों/जनजातियों के लिए आंकड़े क्रमशः 16 तथा 76.2 प्रतिशत पर था।

संपूर्ण संख्या के आधार पर, 2004 में सार्वजनिक क्षेत्र उपक्रमों में कुल कर्मचारियों की संख्या 1,476,089 थी, जिसमें से 236,618 अनुसूचित जातियों के थे और 1,124,990 गैर अनुसूचित जातियों/जनजातियों के थे (तालिका 8.4[A] और 8.4[b])। इस प्रकार, सार्वजनिक क्षेत्र उपक्रमों में नियोजित अनुसूचित जातियों की संपूर्ण संख्या बढ़ कर 1971 से 2004 तक 195,978 हो गई, जो लगभग 482.2 प्रतिशत है।

तालिका 8.4(a)

अनुसूचित जातियों और गैर अनुसूचित जातियों/जनजातियों लिए सार्वजनिक क्षेत्र उपक्रमों में रोजगार (दशकीय बिंदुवार)

जैसा कि 1 जनवरी को	*अनुसूचित जाति*	*गैर अनु. जातियां/जनजातियां*
1970	40,640	494,680
1979	300,405	1,340,900
1980	317,401	1,364,537
1989	423,879	1,536,538
1990	428,491	1,543,989
1999	336,140	1,437,977
2000	324,140	1,330,907
2004	236,618	1,124,990

स्रोतः पब्लिक इंटरप्राइसेस सर्वे, एनुअल रिपोर्ट, खंड I, 1978–79, 1988–89, 1989–90, 1990–91, 1992–93, 2000–05, भारी उद्योग एवं सार्वजनिक उपक्रम मंत्रालय, नई दिल्ली.

तालिका 8.4(b)

अनुसूचित जातियों और गैर अनुसूचित जातियों/जनजातियों लिए सार्वजनिक क्षेत्र उपक्रमों में रोजगार (दशकीय औसत)

जैसा कि 1 जनवरी को	*अनुसूचित जाति*	*गैर अनु. जातियां/जनजातियां*
1970–79	191,489	935,595
1980–89	368,148	1,472,136
1990–99	373,773	1,511,613
2000–04*	292,232	1,227,408

स्रोत: पब्लिक इंटरप्राइसेस सर्वे, एनुअल रिपोर्ट, खंड I, 1978–79, 1988–89, 1989–90, 1990–91, 1992–93, 2000–05, भारी उद्योग एवं सार्वजनिक उपक्रम मंत्रालय, नई दिल्ली.

नोट: *पांच वर्षों पर आधारित (2000–04)

1971–2004 तक सार्वजनिक क्षेत्र उपक्रमों में अनुसूचित जातियों की वार्षिक वृद्धि दर 7 प्रतिशत थी और गैर अनुसूचित जातियों/जनजातियों की 3.6 प्रतिशत। फिर भी, 2000–04 में अनुसूचित जातियों के लिए वार्षिक दशकीय वृद्धि दर 1971–79 की तुलना में तेजी से घटी। 1971–79 में अनुसूचित जातियों के लिए वृद्धि दर 28.05 प्रतिशत थी, गिर कर 1980–99 में 3.59 प्रतिशत और फिर 1990–99 में –2.3 प्रतिशत हो गई। अंततः 2000–04 के दौरान आंकड़ा –6.56 प्रतिशत तक गिर गया।

1971–79 में गैर अनुसूचित जातियों/जनजातियों के मामले में वृद्धि दर 13.7 प्रतिशत थी, जो गिर कर 1980–89 में 1.2 प्रतिशत और फिर 1990–99 में 0.54 प्रतिशत हो गई। 2000–04 के दौरान, गैर अनुसूचित जातियों/जनजातियों की वृद्धि दर –7.2 पर थी। इस तरह, एनईपी के संयोजन के बाद रोजगार में वृद्धि दर में दोनों सामाजिक समूहों में तेजी से गिरावट हुई (देखें तालिका 8.3)।

रेखाचित्र 8.3

पीएसईस में आरक्षण के तहत सामाजिक समूहों के रोजगार के रुझान (1971–2004)

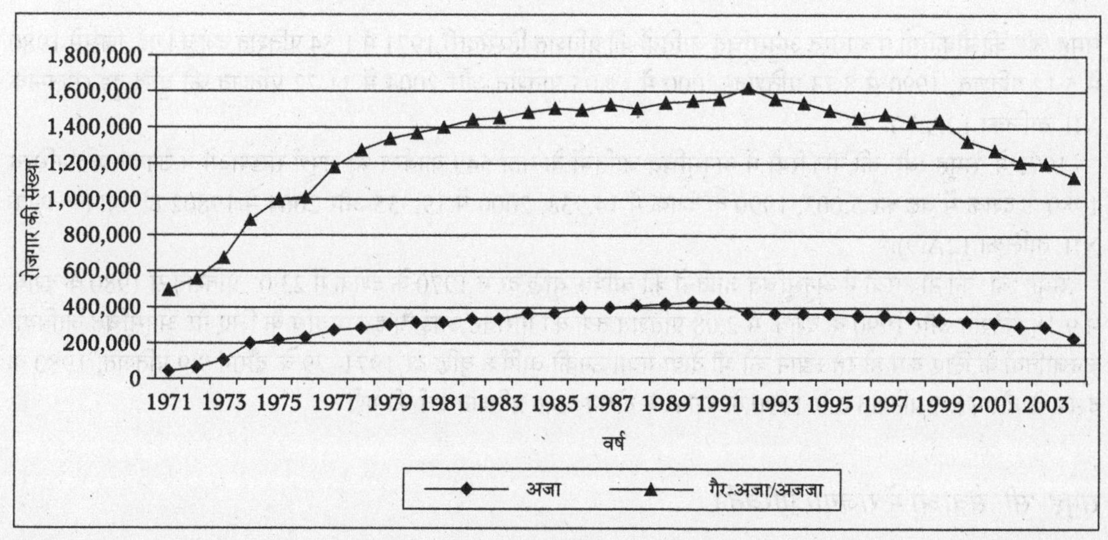

स्रोत: एस. थोरात और सी.सेनापति, 2006। 'रिजर्वेशन पॉलिसी इन इंडिया – डाइमेंशन्स एंड इश्यूज', वर्किंग पेपर सीरीज, खंड I, संख्या 2, आईआईडीएस, नई दिल्ली

नौकरी की श्रेणी के द्वारा रोजगार संरचना

2004 में, समूह 'ए', समूह 'बी', समूह 'सी' और समूह 'डी' की नौकरियों में सार्वजनिक क्षेत्र के उपक्रमों में कार्यरत अनुसूचित जातियों की कुल संख्या क्रमशः 0.01, 19.80, 141.36 और 55.45 हजार थी (संलग्नक XII, तालिका 12A.7)। फिर, इस डेटा से स्पष्ट है कि 2004 में, समूह 'ए' और समूह 'बी' की नौकरियों में अनुसूचित जातियों की प्रतिशत हिस्सेदारी 15 प्रतिशत के निर्धारित अंक से नीचे गिर गई।

2000–04 के दौरान, समूह 'ए', समूह 'सी' और समूह 'डी' की नौकरियों में कार्यरत अनुसूचित जातियों की संख्या में वृद्धि नकारात्मक थी। ग्रुप 'बी' की नौकरी के लिए, 0.65 प्रतिशत की निराशाजनक वृद्धि दर्ज की गई थी।

समूह 'ए' सेवाओं में रोजगार परिवर्तन

1971 और 1980 में, अनुसूचित जातियों के क्रमशः 0.52 प्रतिशत और 2.90 प्रतिशत, समूह 'ए' नौकरियों में कार्यरत थे। उनकी प्रतिशत भागीदारी में 1990 में 5.95 प्रतिशत, 2000 में 10.35 प्रतिशत और 2004 में 11.48 प्रतिशत वृद्धि हुई।

1971 में समूह 'ए' की नौकरियों में अनुसूचित जातियों के मात्र 163 कार्यरत थे। 1980 में, उनकी संपूर्ण संख्या बढ़ कर 2,726 तक पहुंच गई और 1990 में 11,215 तक। 2000 में, उनकी संपूर्ण संख्या बढ़ कर 21,125 तक पहुंच गई, लेकिन 2004 में घट कर 20,006 हो गई।

1971 में, समूह 'ए' की नौकरियों में गैर-अनुसूचित जातियों/जनजातियों के 31,095 कार्यरत थे। 1980 में, उनकी संपूर्ण संख्या बढ़ कर 90,635 तक पहुंच गई और 1990 में 174,451 तक। 2000 में, उनकी संपूर्ण संख्या फिर बढ़ कर 176,945 हो गई, लेकिन 2004 में घट कर 148,260 हो गई (संलग्नक XII, तालिका 12A.9)।

समूह 'बी' सेवाओं में रोजगार परिवर्तन

समूह 'बी' की नौकरियों में कार्यरत अनुसूचित जातियों की प्रतिशत हिस्सेदारी 1971 में 1.54 प्रतिशत दर्ज की गई, जिसमें 1980 में 5.12 प्रतिशत, 1990 में 8.73 प्रतिशत, 2000 में 11.05 प्रतिशत और 2004 में 11.72 प्रतिशत की वृद्धि हुई (संलग्नक XII, तालिका 12A.7)।

1971 में, समूह 'बी' की नौकरियों में अनुसूचित जातियों के मात्र 549 कार्यरत थे। संपूर्ण संख्याओं में उनका प्रतिनिधित्व 1980 के दशक में बढ़ कर 5,003, 1990 के दशक में 14,938, 2000 में 19,355 और 2004 में 19802 हो गया (संलग्नक XII, तालिका 12A.9)।

समूह 'बी' की नौकरियों में अनुसूचित जातियों की वार्षिक वृद्धि दर में 1970 के दशक में 23.03 प्रतिशत से 1980 के दशक में 9.18 प्रतिशत और 1990 के दशक में 2.08 प्रतिशत तक की गिरावट आई है। इस अवधि के लिए गैर अनुसूचित जातियों/जनजातियों के लिए कम हो रहे रुझान को भी देखा गया। उनकी वार्षिक वृद्धि दर 1971–79 के दौरान 9.9 प्रतिशत, 1980 के दशक के दौरान 5.7 प्रतिशत और 1990 के दशक के दौरान –0.6 प्रतिशत दर्ज की गई।

समूह 'सी' सेवाओं में रोजगार परिवर्तन

1971 में समूह 'सी' में नियोजित अनुसूचित जातियों की प्रतिशत हिस्सेदारी मात्र 5.49 प्रतिशत थी, जो बढ़ कर 1980 के दशक में 18.08 प्रतिशत और 1990 के दशक में 19.2 प्रतिशत हो गई, 2000 और 2004 में घट कर क्रमशः 18.93 और 17.07 प्रतिशत हो गई (संलग्नक XII, तालिका 12A.7)।

1971 में समूह 'सी' नौकरियों में 19,302 अनुसूचित जातियां नियोजित थीं। 1980 के दशक में संपूर्ण संख्या में उनका प्रतिनिधित्व 230,505 तक और 1990 के दशक में 270,594 तक बढ़ा। किंतु 2000 और 2004 में उनका प्रतिनिधित्व घट कर क्रमशः 191,931 तथा 141,357 हो गया (संलग्नक XII, तालिका 12A.9)।

1971–79 में समूह 'सी' नौकरियों में अनुसूचित जातियों की दशकीय वार्षिक वृद्धि दर 33.59 प्रतिशत पर थी, जो काफी गिर कर 1980 के दशक में 1.81 प्रतिशत और 1990 के दशक में एक ऋणात्मक –2.61 प्रतिशत कर पहुंच गई। इसी प्रकार की प्रवृत्ति गैर अनुसूचित जातियों/जनजातियों के लिए भी पाई गई। 1971–79 के दौरान उनकी वार्षिक वृद्धि दर 13.5 प्रतिशत थी। वह गिर कर 1980 के दशक में 0.7 प्रतिशत तथा 1990 के दशक में –2.5 हो गई। 1971–2004 के दौरान संपूर्ण वार्षिक वृद्धि दर अनुसूचित जातियों के लिए 7.71 प्रतिशत तथा गैर अनुसूचित जातियों/जनजातियों के लिए 1 प्रतिशत पर थी।

समूह 'डी' सेवाओं में रोजगार परिवर्तन

1971 में, समूह 'डी' में कार्यरत अनुसूचित जातियों की प्रतिशत हिस्सेदारी 15.96 प्रतिशत थी, जिसमें 1980 के दशक में 22.36 प्रतिशत और 1990 के दशक में 31.39 प्रतिशत तक वृद्धि हुई है, लेकिन 2000 और 2004 में क्रमश: 22.51 और 18.2 प्रतिशत तक कमी आई है (संलग्नक XII, तालिका 12A.7)।

सार्वजनिक क्षेत्र के उपक्रमों में कार्यरत अधिकतर अनुसूचित जातियां समूह 'डी' की नौकरियों में केंद्रित थीं। 1971 में, संपूर्ण संख्या के मामले में, समूह 'डी' की नौकरियों में 20,626 अनुसूचित जातियों के कार्यरत थे। 1980 में उनके प्रतिनिधित्व में 79,167 और 1990 में 131,744 तक वृद्धि हुई। 2000 और 2004 में, उनके प्रतिनिधित्व में गिरावट की प्रवृत्ति दिखी, उनकी संपूर्ण संख्या क्रमश: 91,729 और 55,453 तक घटी (संलग्नक XII, तालिका 12A.9)। अनुसूचित जातियों के लिए प्रतिशत हिस्सेदारी 1971–79 के दौरान 340.75 प्रतिशत दर्ज की गई, जिसमें 1980 के दशक में 62.82 प्रतिशत और 1990 के दशक के दौरान –26.44 प्रतिशत तक की गिरावट हुई।

सार्वजनिक क्षेत्र के उपक्रमों के लिए डेटा का विश्लेषण स्पष्ट रूप से यह तथ्य बताता है कि समूह 'ए' और समूह 'बी' की नौकरियों में अनुसूचित जातियों का प्रतिनिधित्व नगण्य था। 1971 में अनुसूचित जातियों का एक अल्प 1.75 प्रतिशत समूह 'ए' और समूह 'बी' की नौकरियों में कार्यरत था। 1990 के दशक में भी, अनुसूचित जातियों के मात्र 6.10 प्रतिशत समूह 'ए' और समूह 'बी' की नौकरियों में कार्यरत थे, लेकिन 2004 में प्रतिशत प्रतिनिधित्व में 16.8 प्रतिशत की वृद्धि हुई।

हालांकि, पिछले कुछ वर्षों में, सार्वजनिक क्षेत्र उपक्रमों में नौकरियों की सभी चार श्रेणियों के लिए आरक्षण नीति को समान रूप से लागू कर दिया गया है, समूह 'ए' और समूह 'बी' की नौकरियों में अनुसूचित जातियों का प्रतिशत प्रतिनिधित्व निर्धारित कोटे से ज्यादा नीचे गिरता है, जबकि समूह 'सी' और समूह 'डी' की नौकरियों के लिए शेष बराबर है।

सार्वजनिक क्षेत्र के बैंकों में प्रतिनिधित्व, 1978–2004

कुल रोजगार: रचना और परिवर्तन

वित्त मंत्रालय, वर्ष भारत सरकार की वार्षिक रिपोर्ट, 2004–05 के अनुसार, 19 राष्ट्रीयकृत बैंकों- स्टेट बैंक ऑफ इंडिया (एसबीआई) और उसके सहयोगी बैंक, रिजर्व बैंक ऑफ इंडिया (आरबीआई), इंडस्ट्रियल डेवलपमेंट बैंक ऑफ इंडिया (आईडीबीआई), इंडस्ट्रियल इन्वेस्टमेंट बैंक्स ऑफ इंडिया फॉर एग्रीकल्चर एंड रूरल डेवलपमेंट (आईआईबीआईएआरडी), एक्सपोर्ट-इम्पोर्ट बैंक ऑफ इंडिया (आएक्सआईएमबीआई), नेशनल हाउसिंग बैंक एंड स्माल इंडस्ट्रीज डेवलपमेंट बैंक ऑफ

रेखाचित्र 8.4
सार्वजनिक क्षेत्र के बैंकों की सेवाओं में आरक्षण के तहत रोजगार के रुझान (1978–2004)

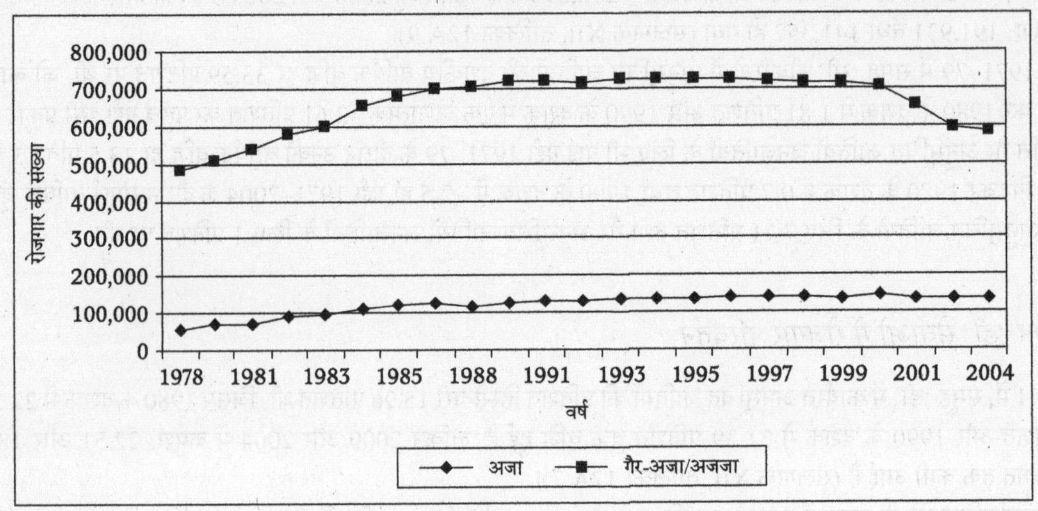

स्रोत: एस. थोरात और सी.सेनापति, 2006. रिजर्वेशन पॉलिसी इन इंडिया – डाइमेंशन्स एंड इश्यूज', वर्किंग पेपर सीरीज, खंड I, संख्या 2, आईआईडीएस, नई दिल्ली

इंडिया (एनएचबीएसआईडीबीआई) में अनुसूचित जातियों, जनजातियों और अन्य सामाजिक समूहों के प्रतिनिधित्व को आरक्षण नीति द्वारा निर्धारित आरक्षित किया गया है। इस तरह के रुझानों को 1969 में विभिन्न सार्वजनिक क्षेत्र के बैंकों के राष्ट्रीयकरण के बाद कानून बनाया गया और संविधान में शामिल किया गया।

सार्वजनिक क्षेत्र के बैंकों में कार्यरत अनुसूचित जातियों की प्रतिशत हिस्सेदारी 1978 में तेजी से 10.2 प्रतिशत से 2004 में 17.6 प्रतिशत बढ़ गई है (संलग्नक XII, तालिका 12A.11)। 1978 में, विभिन्न राष्ट्रीयकृत बैंकों में अनुसूचित जातियों के 55976 कार्यरत थे। उनकी संख्या में 1980 में 68,042 तक वृद्धि हुई और 1990 में दोगुना लगभग 126,974 तक। 2000 में, उनकी संख्या में फिर से 143,499 तक वृद्धि हुई, लेकिन फिर 2004 में 133,685 तक गिरावट आई (संलग्नक XII, तालिका 12A.12)।

सार्वजनिक क्षेत्र के बैंकों में आरक्षण के तहत रोजगार के रुझान को रेखाचित्र 8.4 में दिखाया गया है।

1978–2004 से अनुसूचित जातियों की समग्र विकास दर 4.67 प्रतिशत, गैर-अनुसूचित जातियों/जनजातियों के 2.48 प्रतिशत की सापेक्ष दर से अधिक थी। दशकीय परिवर्तन भी गैर-अनुसूचित जातियों/जनजातियों की तुलना में अनुसूचित जातियों के रोजगार में एक बेहतर विकास दिखाते हैं। 1980–88 के दौरान अनुसूचित जातियों की वार्षिक रोजगार वृद्धि दर 9.46 प्रतिशत है, जिसमें 1990 के दशक के दौरान 1.05 प्रतिशत तक की गिरावट आई और 2000–04 के दौरान नकारात्मक (–2.20) हो गया था। गैर-अनुसूचित जातियों/जनजातियों की वार्षिक वृद्धि दर 1980–88 के दौरान 5.06 प्रतिशत थी। यह 1990 के दशक के दौरान –0.04 प्रतिशत और 2000–04 के दौरान –6.41 प्रतिशत गिर गई।

श्रेणी के आधार पर रोजगार रचना

सार्वजनिक क्षेत्र के बैंकों ने अपने कर्मचारियों को तीन अलग-अलग समूहों में वर्गीकृत किया-अधिकारियों, लिपिकों और उप-कर्मचारियों में। प्रतिशत हिस्सेदारी के मामले में, सभी तीन समूहों में पिछले कुछ वर्षों में अनुसूचित जातियों के प्रतिनिधित्व में

एक उल्लेखनीय सुधार देखा गया है। 2004 में, बैंक अधिकारियों का 14.98 प्रतिशत अनुसूचित जातियों का थे। लिपिक समूह में, अनुसूचित जातियों का प्रतिशत 16.16 प्रतिशत था। और तीसरे समूह में भी उनकी प्रतिशत हिस्सेदारी (25.38 प्रतिशत) 15 प्रतिशत के निर्धारित आरक्षण कोटे के अनुरूप था (संलग्नक XII, तालिका 12A.14)।

पिछले कुछ वर्षों में, वहां पर श्रेणी-वार रोजगार रचना में भारी बदलाव आया है। अनुलंब हिस्सेदारी के संदर्भ में, 1978 में, अधिकारियों, लिपिकों और उप-कर्मचारियों के रूप में कार्यरत अनुसूचित जातियों का प्रतिशत हिस्सेदारी क्रमशः 4 प्रतिशत, 54.98 प्रतिशत और 41.02 प्रतिशत था। 1990 तक, प्रतिशत हिस्सेदारी क्रमशः 17.13 प्रतिशत, 52.44 प्रतिशत और 30.43 प्रतिशत बदल गया। 2004 में, सार्वजनिक क्षेत्र के बैंकों में कार्यरत कुल अनुसूचित जातियों के अधिकारियों, लिपिकों और उप-कर्मचारियों की प्रतिशत हिस्सेदारी क्रमशः 27.61 प्रतिशत, 43.70 प्रतिशत और 28.69 प्रतिशत थी (संलग्नक XII, तालिका 12A.15)। इसी तरह अनुलंब प्रतिशत हिस्सेदारी गैर-अनुसूचित जातियों/जनजातियों के लिए क्रमशः 33.52 प्रतिशत, 48.92 प्रतिशत और 17.55 प्रतिशत थी।

अधिकारी

1980 में, सार्वजनिक क्षेत्र के बैंकों में अनुसूचित जाति के अधिकारियों की संपूर्ण संख्या 4,339 थी, जो 1990 में 21,756, 2000 में 31,871 और 2004 में 36914 तक जा पहुंची (संलग्नक XII, तालिका 12A.16)।

सामयिक परिवर्तन स्पष्ट करता है कि 1980–88 में अनुसूचित जातियों की अधिकारियों के रूप में नियोजित अधिकतम संख्या (14,525) देखी गई, जबकि 1990–99 में अनुसूचित जातियों के अधिकारियों की सम्पूर्ण संख्याओं में परिवर्तन में 5,105 तक की कमी आई।

लिपिक

सार्वजनिक क्षेत्र के बैंकों में लगे हुए अनुसूचित जातियों का बहुमत नौकरियों की इस श्रेणी में केंद्रित था। 2004 में अनुसूचित जातियों का 43.70 प्रतिशत, लिपिक के रूप में कार्यरत था, जबकि 27.61 प्रतिशत अधिकारियों के रूप में कार्यरत था और 28.69 प्रतिशत उप स्टाफ के रूप में। 2004 में लिपिक के रूप में कार्यरत अनुसूचित जातियों की कुल संख्या 58,421 पर पहुंच गई थी। पिछले कुछ वर्षों में, उनकी संख्या 1978 में 30,775 से 1990 में 67,975 से 2000 में 66,584 तक बढ़ गई है। 2000–04 के दौरान इस संख्या में गिरावट आई थी। इसी तरह की गिरावट 2000–04 के दौरान गैर-अनुसूचित जाति/जनजाति के लिपिकों की संख्या में हुई थी।

उप-कर्मचारी

लिपिकों के रूप में कार्यरत अनुसूचित जातियों की प्रतिशत हिस्सेदारी 2004 में 28.69 प्रतिशत के मुकाबले 1978 में 41.02 प्रतिशत पर थी। सार्वजनिक क्षेत्र के बैंकों में उप-कर्मचारियों के रूप में कार्यरत अनुसूचित जातियों के कर्मचारियों की कुल संख्या 2004 में 38,350 थी। 1980–88 के दौरान कार्यरत अनुसूचित जातियों की संपूर्ण संख्या में 9,190 का परिवर्तन था। 1990 के दशक के दौरान, उप-कर्मचारियों के रूप में कार्यरत अनुसूचित जातियों की संपूर्ण संख्या 1,315 से नीचे तथा 2000–04 के दौरान –5303 से और नीचे हो गई।

इस प्रकार सार्वजनिक क्षेत्र के बैंकों में अनुसूचित जातियों के रोजगार में 1978–2004 के दौरान सभी काम की श्रेणियों में तेजी से वृद्धि हुई है। इसके अलावा, वहां पर एक अलग ऊपर की ओर अनुलंब हलचल हुई है, क्योंकि अनुसूचित जाति के रूप

में अधिकारियों का प्रतिशत बढ़ गया है जबकि लिपिकों और उप-कर्मचारियों में कमी आई है। हालांकि, गैर-अनुसूचित जातियों/जनजातियों की तुलना में, अनुसूचित जाति बैंक कर्मचारियों का एक बहुत बड़ा अनुपात उप-कर्मचारियों के निचले नौकरी श्रेणी में केंद्रित है।

बीमा कंपनियों में प्रतिनिधित्व, 1993–2000

कुल रोजगार: रचना और परिवर्तन

भारत में सार्वजनिक क्षेत्र बीमा का जीवन और गैर-जीवन कारकों, दोनों से प्रशासकीय संबंध है, और शामिल किया गया है। क्योंकि इंश्योरेंस कारपोरेशन ऑफ इंडिया (आईसीआई), जनरल इंश्योरेंस कारपोरेशन रीइंश्योरेंस कंपनी (जीआईसीआरसी), नेशनल इंश्योरेंस कंपनी (एनआईसी), ओरिएंटल इंश्योरेंस कंपनी (ओआईसी), न्यू इंडिया एश्योरेंस कंपनी (एनआईएसी) और यूनाइटेड इंडिया इंश्योरेंस कंपनी (यूआईआईसी) सरकार के स्वामित्व वाले वित्तीय संस्थान हैं, वे अनुसूचित जातियों, जनजातियों और अन्य पिछड़े वर्ग की भर्ती और पदोन्नति में जहां भी राष्ट्रीय नीति के अनुरूप लागू करने लायक हो, कुछ रियायतें और छूट प्रदान करते हैं।

2000 में, बीमा कंपनियों में अनुसूचित जातियों और गैर-अनुसूचित जातियों/जनजातियों का प्रतिशत क्रमशः 16.6 प्रतिशत और 76.8 प्रतिशत था। बीमा कंपनियों में अनुसूचित जातियों की संख्या में 1993 में 14,865 से 2000 में 20,283 तक बढ़ गई, 36.45 प्रतिशत की वृद्धि, इसी अवधि के दौरान गैर-अनुसूचित जातियों/जनजातियों की तुलना में 8.65 प्रतिशत की वृद्धि हुई। सार्वजनिक क्षेत्र की बीमा कंपनियों में आरक्षण के तहत रोजगार की प्रवृत्ति को रेखाचित्र 8.5 में दिखाया गया है।

रेखाचित्र 8.5

बीमा क्षेत्र में अनु.जातियों और गैर-अनु.जातियों/जनजातियों के लिए रोजगार के रुझान (1993–2000)

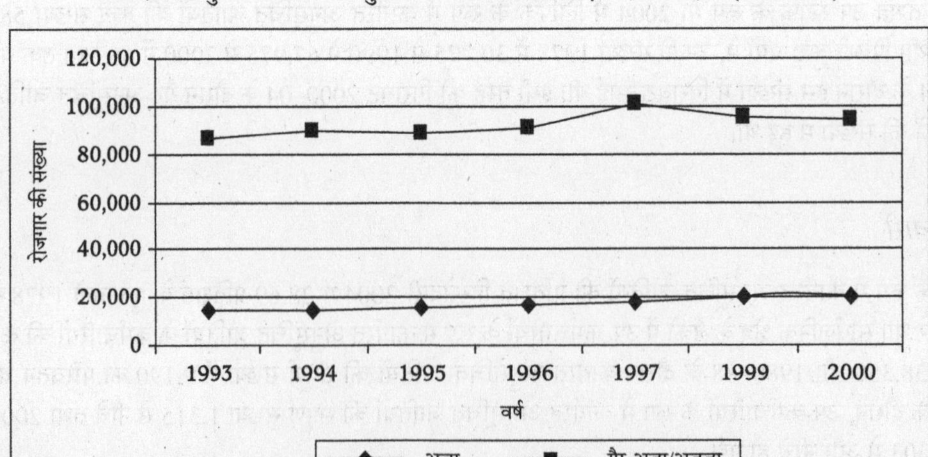

स्रोत: एस. थोरात और सी.सेनापति, 2006. 'रिजर्वेशन पॉलिसी इन इंडिया – डाइमेंशन्स एंड इश्यूज', वर्किंग पेपर सीरीज, खंड I, संख्या 2, आईआईडीएस, नई दिल्ली.

श्रेणी के आधार पर रोजगार वृद्धि

2000 में, बीमा क्षेत्र में कार्यरत कुल अनुसूचित जातियों में से, समूह 'ए' की नौकरियों में कर्मचारियों की प्रतिशत हिस्सेदारी 14.63 प्रतिशत, समूह 'बी' की नौकरियों में 13.97 प्रतिशत, समूह 'सी' की नौकरियों में 16.46 प्रतिशत और समूह ' डी' की नौकरियों में 25.96 प्रतिशत थी (संलग्नक XII, तालिका 12A.19)। जैसा कि इससे पहले, बीमा क्षेत्र में भी था, विशेष रूप से समूह 'ए' और ग्रुप 'बी' की नौकरियों में, अनुसूचित जाति के कर्मचारियों की हिस्सेदारी निर्धारित आरक्षण कोटे से नीचे गिर गई।

1993 में, समूह 'ए' की नौकरियों में कार्यरत अनुसूचित जातियों की संपूर्ण संख्या 1,023 थी, जबकि यह गैर-अनुसूचित जातियों/जनजातियों के लिए 10,646 थी। 2000 में, दोनों सामाजिक समूहों की सम्पूर्ण संख्या में 2,374 (अनुसूचित जातियों) और 13,108 (गैर-अनुसूचित जातियों/जनजातियों) वृद्धि हुई, अनुसूचित जातियों के लिए 132.06 प्रतिशत और गैर-अनुसूचित जातियों/जनजातियों के लिए 23.13 प्रतिशत की प्रतिशत वृद्धि हुई है। 1993–2000 के दौरान समूह 'बी' और समूह 'सी' में अनुसूचित जाति के कर्मचारियों की संख्या में प्रतिशत वृद्धि क्रमशः 43.36 प्रतिशत और 41.92 प्रतिशत हुई। वहीं इसी अवधि के दौरान समूह 'डी' के कर्मचारियों की संख्या में एक संपूर्ण गिरावट आई थी।

गैर-अनुसूचित जातियों/जनजातियों के लिए रोजगार के एक समान पैटर्न में परिवर्तन हुआ, और समूह 'ए', 'बी', 'सी' के कर्मचारियों की संख्या में वृद्धि और समूह 'डी' के कर्मचारियों में गिरावट हुई। वर्षों में समूह 'ए' और 'बी' की नौकरियों में अनुसूचित जातियों की हिस्सेदारी में सुधार हुआ है, लेकिन बीमा क्षेत्र में थोक में अनुसूचित जातियों (74.88 प्रतिशत) के समूह 'सी' और समूह 'डी' की नौकरियों में केंद्रित थे, जबकि केवल 25.12 प्रतिशत समूह 'ए' और समूह 'बी' की नौकरियों में कार्यरत थे। तुलनात्मक रूप से कहें तो गैर-अनुसूचित जातियों/जनजातियों का 30.87 प्रतिशत समूह 'ए' और समूह 'बी' और 69.13 प्रतिशत समूह 'सी' और समूह 'डी' की नौकरियों में कार्यरत था।

सरकारी नौकरियों में कुल रोजगार

1979–2004 के दौरान सरकारी नौकरियों में अनुसूचित जातियों का कुल रोजगार प्रति वर्ष 0.67 प्रतिशत की बहुत कम दर से बढ़ा है (तालिका 8.5)। हालांकि, गैर-अनुसूचित जातियों/जनजातियों की संख्या पर विचार करते हुए इस अवधि के दौरान

तालिका 8.5
सरकारी नौकरियों में आरक्षण: संयुक्त

	अनु. जातियां		*गैर-अनु. जातियां/जनजातियां*		*सभी*	
	1979	*2004*	*1979*	*2004*	*1979*	*2004*
कुल सरकारी नौकरियां(सं.)	787,937	930,806	4,226,481	4,137,474	5,259,483	5,445,618
कुल में हिस्सेदारी (प्रतिशत)						
सरकार	56.95	58.04	58.49	60.85	51.59	60.04
सार्व. क्षेत्र उपक्रम	35.95	25.42	30.04	22.81	31.97	23.78
बैंक	7.10	14.36	11.47	14.06	10.44	13.94
बीमा	0.00	2.18	0.00	2.27	0.00	2.25
कुल सरकारी नौकरियों में चक्रवृद्धि वार्षिक वृद्धि (%): 1979–2004		0.67		–0.09		0.14

स्रोत: एस. थोरात और सी.सेनापति, 2006. 'रिजर्वेशन पॉलिसी इन इंडिया – डाइमेंशन्स एंड इश्यूज', वर्किंग पेपर सीरीज, खंड I, संख्या 2, आईआईडीएस, नई दिल्ली.

सरकारी नौकरियों में बहुत ही मामूली गिरावट आई, अनुसूचित जाति रोजगार में मामूली वृद्धि अनुसूचित जातियों के लिए रोजगार के अवसर पैदा करने में आरक्षण नीति की सकारात्मक भूमिका का संकेत देता है। बैंकों और बीमा क्षेत्र के क्षेत्रीय शेयर दोनों सामाजिक समूहों के लिए एक ही हैं, जबकि वहां सरकार और सार्वजनिक क्षेत्र के उपक्रमों की नौकरियों के प्रत्येक समूह के हिस्से में कुछ अंतर-सामाजिक मतभेद हैं। अनुसूचित जातियों और गैर-अनुसूचित जातियों/जनजातियों के लिए सरकारी नौकरियों की कुल संख्या के सापेक्ष सार्वजनिक क्षेत्र के उपक्रम अनुसूचित जातियों के लिए 25 प्रतिशत और गैर-अनुसूचित जातियों/जनजातियों के लिए 23 प्रतिशत के लिए उत्तरदायी है।

सारांश

ऊपर के आंकड़ों का मिलान करने से यह तथ्य स्पष्ट है कि सरकारी नौकरियों में आरक्षण पर विस्तृत संवैधानिक विधियों के बावजूद, आरक्षण नीति का इच्छित लाभ अनुसूचित जातियों के लिए नीचे तक पहुंचा नहीं है। अनुसूचित जाति की आबादी का कुल रोजगार के लिए प्रतिशत हिस्सेदारी निर्धारित 15 प्रतिशत के निशान से कम है, विशेष रूप से उच्च कैडर-समूह 'ए' और 'बी' की नौकरियों में, हालांकि कम कैडर समूह 'सी' और 'डी' की नौकरियों में अनुसूचित जाति की आबादी का काफी प्रतिनिधित्व है। 2003 में, समूह 'ए' समूह 'बी', समूह 'सी' और समूह 'डी' की कुल संख्या में सरकारी सेवा में कार्यरत अनुसूचित जातियों की प्रतिशत हिस्सेदारी क्रमशः 11.9 प्रतिशत, 14.3 प्रतिशत, 16.3 प्रतिशत और 17.9 प्रतिशत थी। इसी तरह, सार्वजनिक क्षेत्र के उपक्रमों में, उसी वर्ष के लिए, संगत हिस्सेदारी क्रमशः 11.48 प्रतिशत, 11.72 प्रतिशत, 17.07 प्रतिशत और 18.20 प्रतिशत थी।

अनुसूचित जाति के सरकारी कर्मचारी काफी हद तक समूह 'डी' की नौकरियों के बाद समूह 'सी', समूह 'बी' और समूह 'ए' की नौकरियों में केंद्रित हैं। नौकरियों के निचली श्रेणियों में अनुसूचित जातियों का प्रतिनिधित्व सामाजिक गतिशीलता के रूपों, जैसे आरक्षण नीति के कार्यान्वयन के इस तथ्य का प्रतीक हैं, उन्हें अस्थिर करते हैं।

एक और चिंताजनक प्रवृत्ति जो देखी गई है कि नौकरियों के बाजार पर एनईपी के प्रतिकूल प्रभाव, विशेष रूप से सरकारी नौकरियों में, ने अनुसूचित जातियों को गैर-अनुसूचित जातियों/जनजातियों की तुलना में अधिक गंभीरता से प्रभावित किया है। हाल के वर्षों (2000–03) में, कार्यरत अनुसूचित जाति की संपूर्ण औसत संख्या कई सरकारी संगठनों में कम हो गई है। गैर-अनुसूचित जातियों/जनजातियों (–0.7 प्रतिशत) की तुलना में सरकारी नौकरियों की कमी अनुसूचित जातियों (–7.25 प्रतिशत) के लिए तेजी हुई है। सार्वजनिक क्षेत्र के बैंकों में रोजगार की कमी के कारण, गैर-अनुसूचित जातियां/जनजातियां खुद को निजी क्षेत्र के लिए मार्ग-परिवर्तन कर रहे हैं, जबकि अनुसूचित जातियां बेरोजगारी की दहलीज पर हैं।

आरक्षण नीति के लक्ष्यों की पूर्ति में कमी के बावजूद, इसमें कोई शक नहीं कि आरक्षण ने अनुसूचित जातियों को मुख्य धारा में लाने में मदद की है। हालांकि, अनुसूचित जातियों का कम प्रतिनिधित्व नीति और इसके प्रभावी क्रियान्वयन के संभावित परिवर्तन को नजरअंदाज करता है, सकारात्मक नीति में अनुसूचित जातियों के सशक्तिकरण के लिए अकेले ही कार्रवाई की प्रभावशीलता का मुद्दा महत्वपूर्ण हो जाता है। मुख्य प्रश्न ये नहीं है कि क्या आरक्षण जारी रखना चाहिए या नहीं, लेकिन किस हद तक आरक्षण अकेले हाशिए पर और अपवर्जित समुदायों के सशक्तिकरण के लिए नेतृत्व करेगा। इसलिए, एक साथ आरक्षण के साथ, अन्य नीति के साधन सामाजिक रूप से वंचित समूहों के उत्थान के लिए समान रूप से महत्वपूर्ण हैं।

अध्याय 9

ग्रामीण क्षेत्रों में गरीबी: परिमाण और परिवर्तन

यह अध्याय ग्रामीण क्षेत्रों में गरीबी (ग्रामीण गरीबी) के संबंध में अनुसूचित जातियों के दर्जे का आकलन करता है, एक अंतर-सामाजिक समूह गरीबी विश्लेषण संचालित करके भारत में अनुसूचित जातियों के अतीत के बहिष्कार के प्रभाव को दर्शाता है और अनुसूचित जातियों के बीच में लगातार उच्च गरीबी के साथ जुड़े संभावित आर्थिक कारकों को पहचानता है। यह विश्लेषण तीन समयावधियों, 1983, 1993–1994 और 1999–2000 में अखिल भारतीय और राज्य स्तर के आंकड़ों पर आधारित है। विशेष रूप से, यह अध्याय अखिल भारतीय और राज्य स्तर पर अनुसूचित जातियों के बीच में ग्रामीण गरीबी की भयावहता को प्रस्तुत करता है, और इन तीन अध्ययन अवधियों में लगातार उच्च गरीबी के साथ उन क्षेत्रों की पहचान करता है। यह सामाजिक समूहों में ग्रामीण गरीबी की भयावहता में असमानताओं का विश्लेषण करता है और यह ग्रामीण क्षेत्रों में कारकों या गरीबी के निर्धारकों की पहचान के लिए भी प्रयास करता है। अनुसूचित जातियों और अन्य सामाजिक समूहों पर गरीबी के प्रभाव का आकलन करने का एक प्रयास भी किया गया है।

ग्रामीण गरीबी और तीन अवधियों के लिए सामाजिक समूहों में अन्य कई संकेतकों पर तुलनीय डेटा जनगणना, रोजगार पर राष्ट्रीय नमूना सर्वेक्षण, उपभोग व्यय और जोत, ग्रामीण श्रम जांच रिपोर्ट और अन्य रिपोर्टों से प्राप्त हुआ था।

गैर-अनुसूचित जातियों/जनजातियों के मामले में, कुछ प्रतिमान जैसे रोजगार/बेरोजगारी दर के रूप में कृषि और गैर-कृषि क्षेत्र में स्वनियोजितों का प्रतिशत, और भू-स्वामित्व से संबंधित प्रतिमान अलग से प्रदान किये गये (एनएसएस शब्दावली में 'अन्य' के रूप में नामित)। लेकिन गैर-अनुसूचित जाति/जनजाति श्रेणी के लिए अन्य प्रतिमान, जैसे शहरी आबादी, गैर कृषि और खेत मजदूर, किसान, साक्षर और शिक्षा के विभिन्न स्तरों वाले लोगों के लिए और अन्य कई को अलग से नहीं प्रदान किया गया। इसलिए, इस तरह के प्रतिमान को 'अन्य' के लिए आंकड़ो से अनुसूचित जाति/जनजाति संख्या को घटा कर हल निकाला जाता था, न केवल श्रेणी के लिए आंकड़ो पर पहुंचने के लिए, बल्कि गैर अनुसूचित जातियां/जनजातियां कही जाने वाली एक श्रेणी को खोजने और नामित करने के लिए भी।

हालांकि, कुछ प्रतिमानों के संबंध में इस विधि का उपयोग नहीं किया जा सकता है क्योंकि डेटा केवल अनुपात के रूप में उपलब्ध था न कि सम्पूर्ण संख्याओं में। ऐसे मामलों में, हमारे पास गैर-अनुसूचित जाति/जनजाति श्रेणी के लिए सामान्य रूप में उन्हें इस्तेमाल करने के अतिरिक्त कोई चारा नहीं था। यह प्रतिमान, हालांकि, संख्या में कम थे और ग्रामीण क्षेत्रों में कृषि मजदूरी और गैर कृषि मजदूरी, ग्रामीण दिहाड़ी मजदूर और कृषि दिहाड़ी मजदूर से संबंधित थे। यह डेटासेट ग्रामीण मजदूरी जांच रिपोर्ट से एकत्रित किए गए थे और इनमें गैर-अनुसूचित जाति/जनजाति के रूप में एक अलग श्रेणी शामिल नहीं है, जैसा कि अनुसूचित जाति और अनुसूचित जनजाति श्रेणियों के मामले में है।

निरंतर ग्रामीण गरीबी: 2000 में स्थिति

इस खंड में, हम 1999–2000 के लिए विभिन्न समूहों के बीच गरीबी के पैटर्न को देखते हैं। हम ग्रामीण गरीबी के क्षेत्रीय पहलुओं पर ध्यान केंद्रित करते हैं और इस तरह उच्च और निम्न गरीबी क्षेत्रों की पहचान करते हैं। इस तरह की पहचान देश के कुछ क्षेत्रों में लगातार उच्च गरीबी के साथ जुड़े विभिन्न कारकों के विश्लेषण के लिए आधार भी बन जाती है।

गरीबी में उच्च अंतर-सामाजिक समूह असमानता के क्षेत्र

गरीबी के क्षेत्रीय आयामों को उजागर करने से पहले, हम पहले ग्रामीण गरीबी में अंतर-सामाजिक समूह असमानताओं को पकड़ते हैं। 1999–2000 में, गैर-अनुसूचित जातियों/जनजातियों के 21 प्रतिशत की तुलना में अनुसूचित जातियों के 36 प्रतिशत लोग ग्रामीण क्षेत्रों में थे। अनुसूचित जातियों और गैर अनुसूचित जातियों/जनजातियों के बीच गरीबी असमानता अनुपात 1.7 था, अर्थात गैर-अनुसूचित जातियों/जनजातियों की तुलना में अनुसूचित जातियों के बीच ग्रामीण गरीबी की व्यापकता करीब 70 प्रतिशत अधिक थी (रेखाचित्र 9.1 और रेखाचित्र 9.2)।

अनुसूचित जातियों और गैर-अनुसूचित जातियों/जनजातियों के बीच ग्रामीण गरीबी में असमानता कुछ राज्यों में कहीं अधिक स्पष्ट थी। राज्य स्तर पर असमानता कुछ राज्यों जैसे पंजाब, हरियाणा और राजस्थान में विशेष रूप से उच्च थी, जिनका गरीबी में अंतर का अनुपात क्रमशः 5.31, 3.98 और 3.72 था। इस प्रकार, अनुसूचित जातियों के बीच गरीबी अखिल भारतीय औसत की तुलना में पंजाब में लगभग पांच गुना अधिक, हरियाणा में चार गुना अधिक और राजस्थान में में साढ़े तीन गुना उच्च थी (संलग्नक XIII, तालिका 13A.1)।

दूसरे पांच राज्यों—तमिलनाडु, गुजरात, हिमाचल प्रदेश, आंध्र प्रदेश और महाराष्ट्र और पांडिचेरी संघ राज्य क्षेत्र में, आदर्श की तुलना में अनुसूचित जातियों के बीच गरीबी लगभग दो गुना अधिक थी। शेष राज्यों, जिसमें पश्चिम बंगाल, असम, कर्नाटक,

रेखाचित्र 9.1

सामाजिक समूहों द्वारा ग्रामीण गरीबी की व्यापकता: 1999–2000

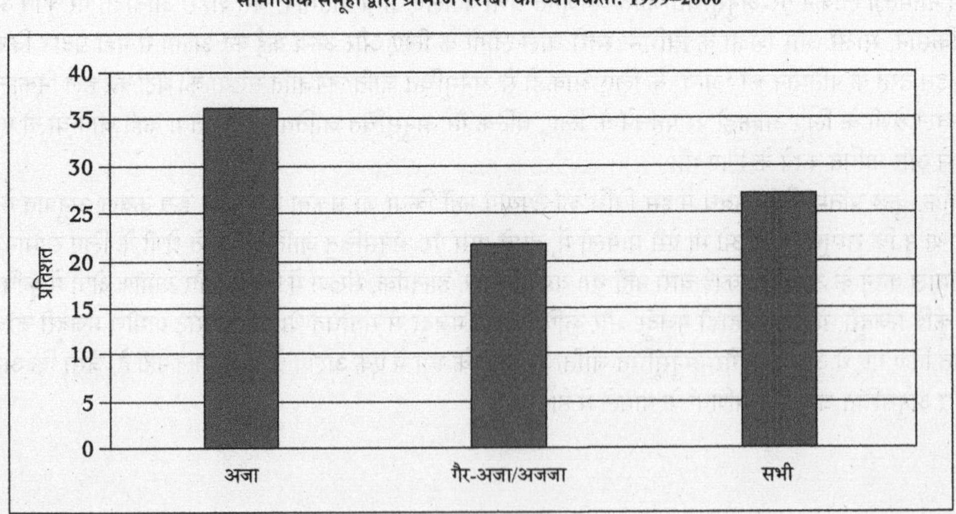

स्रोत: रेखाचित्र तालिका 13A.7 (संलग्नक XIII) पर आधारित है

रेखाचित्र 9.2

अनुसूचित जातियों और गैर-अनुसूचित जातियों/जनजातियों के बीच गरीबी असमानता का अनुपात

प्रतिशत

1.8
1.75
1.7
1.65
1.6
1.55
1.5

1983–84
1993–94
1999–2000

स्रोत: रेखाचित्र तालिका 13A.7 (संलग्नक XIII) पर आधारित है

केरल, उत्तर प्रदेश, उड़ीसा, बिहार, मध्य प्रदेश और सिक्किम शामिल हैं, अनुसूचित जातियों के बीच गरीबी 1.7 के अखिल भारतीय असमानता अनुपात के करीब थी।

निरंतर उच्च गरीबी वाले क्षेत्र

गरीबी के लिए अंतर-सामाजिक समूह असमानता के बारे में आंकड़े संकेत देते हैं कि अनुसूचित जाति श्रेणी के लिए गरीबी की व्यापकताएं गैर-अनुसूचित जाति/जनजाति श्रेणी की तुलना में लगातार अधिक हैं। वहां खास क्षेत्र थे, जहां अनुसूचित जातियों के बीच गरीबी का परिमाण विशेष रूप से उच्च था। अखिल भारतीय स्तर पर, ग्रामीण व्यक्तियों के 27 प्रतिशत गरीब थे। अलग-अलग राज्यों के बीच व्यापकता काफी विविध थी (संलग्नक XIII, तालिका 13A.2)। बिहार, उड़ीसा और मध्य प्रदेश के राज्य उच्च गरीबी के क्षेत्रों का गठन करते हैं, जहां गरीबी का प्रतिशत क्रमश: 37 प्रतिशत, 44 प्रतिशत और 48 प्रतिशत था। दिलचस्प बात ये है, इन राज्यों का समूह सभी सामाजिक समूहों के लिए भी गरीबी की एक उच्च मात्रा का संकेत देता है। अनुसूचित जातियों के मामले में, गरीबी की व्यापकता बिहार, उड़ीसा और उत्तर प्रदेश में उच्च स्तर पर था (मध्य प्रदेश और पश्चिम बंगाल क्रमश: चौथे और पांचवें स्थान पर थे)।

इस प्रकार, पांच राज्यों का एक समूह—बिहार, उड़ीसा, मध्य प्रदेश, उत्तर प्रदेश और पश्चिम बंगाल—उच्च गरीबी का क्षेत्र निकला। यहां प्रासंगिक है कि कुछ अपवादों को छोड़कर, 1983–84 साथ ही साथ 1993–94 में भी यह पांचों राज्य उच्च गरीबी का एक क्षेत्र गठित करते हैं।

कम ग्रामीण गरीबी वाले क्षेत्र

गरीबी की कम व्यापकता वाले राज्यों में भी कुछ मिलती जुलती समान चारित्रिक विशेषताएं हैं। समग्र स्तर पर, पंजाब, हिमाचल प्रदेश और हरियाणा एक साथ कम ग्रामीण गरीबी के क्षेत्रों का गठन करते हैं, साथ ही आंध्र प्रदेश और केरल क्रमश: चौथे और

पांचवें स्थान पर। राज्यों के समान समूह—पंजाब, हिमाचल प्रदेश, केरल, आंध्र प्रदेश और हरियाणा (गुजरात के अतिरिक्त राज्य के साथ)—अनुसूचित जाति श्रेणी के लिए कम ग्रामीण गरीबी के क्षेत्रों का गठन करते हैं। हालांकि, निचले स्तर की गरीबी के बावजूद, कई राज्यों में अंतर-सामाजिक समूह असमानताएं उच्च थी।

सामाजिक समूहों में गरीबी के स्तर में परिवर्तन

इस खंड में, हम अखिल भारतीय और राज्य स्तर, दोनों पर 1983 और 2000 के बीच क्षेत्रीय मतभेद और विभिन्न सामाजिक समूहों में ग्रामीण गरीबी में उभरती प्रवृत्तियों का विश्लेषण करते हैं। हम सामाजिक समूहों के बीच ग्रामीण गरीबी में क्षेत्रीय मतभेद पर चर्चा से शुरुआत करते हैं और उसके बाद उन दोनों के बीच अंतर-सामाजिक समूह मतभेद की एक चर्चा में हिस्सा लेते हैं।

क्षेत्रीय विविधताएं

1983–2000 के दौरान 3.2 प्रतिशत की सालाना दर से ग्रामीण गरीबी सभी सामाजिक समूहों में एक साथ नीचे गिरी। ग्रामीण क्षेत्रों में गरीबी की व्यापकता सभी सामाजिक समूहों के लिए भी नीचे गिरी। हालांकि, गिरावट की दर गैर-अनुसूचित जातियों/जनजातियों की तुलना में अनुसूचित जातियों के बीच धीमी रही (संलग्नक XIII, तालिका 13A.3)।

अनुसूचित जातियों के मामले में, 1983–2000 के दौरान कर्मचारियों की संख्या अनुपात में प्रतिवर्ष 2.9 प्रतिशत की गिरावट आई। ग्रामीण गरीबी में गिरावट की दर में उल्लेखनीय अंतर-राज्यीय परिवर्तन थे। जम्मू और कश्मीर, केरल, आंध्र प्रदेश, गुजरात, पंजाब और राजस्थान में अनुसूचित जातियों के बीच गरीबी एक उच्चतम प्रतिवर्ष की दर से कम हुई (गुजरात में 4.5 प्रतिशत से केरल में 8.7 प्रतिशत तक अलग) और उत्तर प्रदेश, उड़ीसा, मध्य प्रदेश, बिहार और असम में अपेक्षाकृत कम दरों से (उत्तर प्रदेश में 1.7 प्रतिशत से उड़ीसा में 2.3 प्रतिशत तक अलग)। बाकी के राज्यों में, गरीबी 4–4.5 प्रतिशत के अंतर से कम हुई।

गैर-अनुसूचित जाति/जनजाति समूह के लिए भी ग्रामीण गरीबी की व्यापकता में प्रति वर्ष 3.3 प्रतिशत से 1983–2000 के बीच गिरावट आई। केरल, तमिलनाडु, पंजाब, हरियाणा, आंध्र प्रदेश और राजस्थान में गरीबी में एक बहुत तेज दर (अखिल भारतीय औसत से अच्छी तरह से ऊपर) से गिरावट आई, जहां गिरावट की वार्षिक दर 6 प्रतिशत से अधिक थी और यहां तक कि कुछ राज्यों में 8 प्रतिशत तक बढ़ गई। गिरावट की दर असम , उत्तर प्रदेश, उड़ीसा, मध्य प्रदेश और बिहार में अपेक्षाकृत कम थी। बाकी राज्यों में, गरीबी में राष्ट्रीय औसत के समीप एक उदारवादी दर से गिरावट आई।

सामाजिक समूहों के बीच ग्रामीण गरीबी में परिवर्तन में अंतर-राज्यीय बदलाव के संबंध में दो विशेषताएं काफी स्पष्ट रूप से उभरने लगी हैं। सबसे पहले, राज्यों का एक समूह 1983 और 1999–2000 के दौरान सभी सामाजिक समूहों के लिए ग्रामीण गरीबी में गिरावट का निचला स्तर दिखाता है: इनमें मध्य प्रदेश, उड़ीसा, बिहार और असम शामिल हैं। दूसरा, अन्य राज्यों का एक और समूह अनुसूचित जातियों और गैर-अनुसूचित जातियों/जनजातियों के लिए ग्रामीण गरीबी में एक उच्च गिरावट दिखाता है: इनमें केरल, आंध्र प्रदेश, गुजरात, पंजाब और राजस्थान शामिल हैं। यह तथ्य कि उच्च गरीब राज्यों (मध्य प्रदेश, उड़ीसा, बिहार और असम) में 1983–2000 के दौरान गरीबी में कम गिरावट दर्ज की गई, से तात्पर्य है कि इन राज्यों में ग्रामीण गरीबी में धीमी गिरावट समान कारकों द्वारा प्रभावित हो सकती है। इसी प्रकार, अधिक से अधिक गिरावट कम से मध्यम गरीबी वाले राज्यों में हुई, 1983–1999/2000 के दौरान समान प्रक्रियाओं ने ग्रामीण गरीबी में गिरावट त्वरित की। अगला खंड इस संबंध में गरीबी के निर्धारकों पर और प्रकाश डालता है।

असमानताओं में परिवर्तन

गैर-अनुसूचित जातियों/जनजातियों की तुलना में अखिल भारतीय स्तर पर और सभी राज्यों में (हिमाचल प्रदेश, केरल और मध्य प्रदेश को छोड़कर) अनुसूचित जातियों के बीच ग्रामीण गरीबी में गिरावट की दर कम थी, ग्रामीण गरीबी में असमानताओं में दो सामाजिक समूहों के बीच मामूली वृद्धि हुई है। 1983 में, अनुसूचित जातियों और गैर-अनुसूचित जातियों/जनजातियों के बीच गरीबी असमानता अनुपात 1.57 था, जो अनुसूचित जातियों के बीच 57 प्रतिशत अधिक गरीबी का संकेत देता है। 1993–1994 में असमानता अनुपात लगभग (1.54) ही बना रहा, लेकिन 1999–2000 में 1.57 की वृद्धि हुई (रेखाचित्र 9.2)। इस प्रकार, 1983 और 1999–2000 के दौरान अनुसूचित जातियों और गैर-अनुसूचित जातियों/जनजातियों के बीच ग्रामीण गरीबी के अंतर में गिरावट नहीं आई। 17 प्रमुख राज्यों के बीच--पश्चिम बंगाल के अपवाद के साथ--लगता है असमानता अनुपात में वृद्धि हुई है। अधिकांश छोटे राज्यों में अनुसूचित जातियों और गैर-अनुसूचित जातियों/जनजातियों के बीच (संलग्नक XIII, तालिका 13A.4) गरीबी में अंतर में वृद्धि का संकेत भी देते हैं।

निरंतर ग्रामीण गरीबी के कारण: कुछ प्रतिबिंब

ग्रामीण क्षेत्रों में उच्च और लगातार गरीबी के क्षेत्रों की पहचान होने के बाद, यह खंड अध्ययन के अंतर्गत इन अवधियों के दौरान लगातार उच्च गरीबी के लिए संभावित कारणों की पड़ताल करेगा। लगातार उच्च गरीबी वाले क्षेत्रों की विशेष सुविधाओं में एक अंतर्दृष्टि हासिल करने के लिए और अंतर-सामाजिक समूहों के बीच बदलाव को जोड़ने के लिए भी, यह आवश्यक है कि आर्थिक कारकों, जो अनुसूचित जातियों के बीच उच्च गरीबी को प्रेरित करते हैं, पर गहन अध्ययन किया जाए।

आंकड़ों की उपलब्धता पर निर्भर होते हुए, और ग्रामीण गरीबी के निर्धारकों पर पहले के अध्ययनों पर आधारित, उच्च और निम्न गरीबी वाले राज्यों की आर्थिक सुविधाओं को समझने के लिए हमने संकेतकों के एक सेट का चयन किया है। इन संकेतकों को सात समूहों में वर्गीकृत किया गया जो यह दर्शाता है:

1. आय अर्जित करने वाली पूंजीगत संपत्तियों का मालिकाना हक
2. रोजगार विविधीकरण
3. रोजगार की गुणवत्ता
4. शहरीकरण
5. रोजगार और बेरोजगारी की दर
6. मजदूरी दर
7. साक्षरता दर और शिक्षा के स्तर के मामले में शैक्षिक स्तर

उच्च और निम्न गरीबी वाले राज्यों की तुलना

1999–2000 में, उच्च-गरीबी वाले राज्यों में बिहार, उड़ीसा और उत्तर प्रदेश थे, और कम-गरीबी वाले राज्यों में केरल, हिमाचल प्रदेश और पंजाब शामिल थे। अनुसूचित जातियों के लिए औसत गरीबी का स्तर कम-गरीबी वाले राज्यों में 13 प्रतिशत के

मुकाबले उच्च-गरीबी वाले राज्यों में 52 प्रतिशत था। इस प्रकार, उच्च-गरीबी क्षेत्र में गरीबी का परिमाण कम-गरीबी वाले राज्यों की तुलना में चार गुना अधिक था। इन राज्यों में अनुसूचित जातियों के बीच उच्च-गरीबी के पीछे संभव कारकों में चुने गए संकेतकों के विश्लेषण अंतर्दृष्टि प्रदान करते हैं।

यह दिलचस्प बात पता चली है कि कुछ प्रतिमानों के अपवाद को छोड़कर, प्रतिमानों के एक बहुमत के साथ, कम-गरीबी वाले की तुलना में उच्च-गरीबी वाले राज्यों में स्थिति बहुत बुरी थी (संलग्नक XIII, तालिका 13A.5)। अनुसूचित जातियों के शहरीकरण का स्तर कम-गरीबी वाले राज्यों में 16 प्रतिशत की तुलना में उच्च-गरीबी वाले राज्यों में कम था–11 प्रतिशत। इसी प्रकार गैर-कृषि गतिविधियों के पक्ष में कार्यबल का विविधीकरण भी कम-गरीबी वाले राज्यों (50 प्रतिशत) के साथ तुलना में उच्च-गरीबी वाले राज्यों (25 प्रतिशत) में काफी कम था।

कम-गरीबी वाले राज्यों (36 प्रतिशत) की तुलना में उच्च-गरीबी वाले राज्यों में कृषि दिहाड़ी मजदूर परिवारों का प्रतिशत (52 प्रतिशत) भी बहुत अधिक था। वर्तमान साप्ताहिक स्थिति और वर्तमान दैनिक स्थिति के आधार पर रोजगार दर के संबंध में उच्च-गरीबी वाले राज्यों की स्थिति भी कम-गरीबी वाले राज्यों के मुकाबले प्रतिकूल थी, साथ ही उच्च-गरीबी वाले राज्यों में रोजगार दर काफी हद तक कम थी। इसी तरह, उच्च-गरीबी वाले राज्यों में, कृषि और गैर-कृषि मजदूरी की दर भी काफी कम थी।

अंत में, साक्षरता दर और नामांकन शिक्षा के विभिन्न स्तरों के संबंध में उच्च-गरीबी वाले राज्यों ने बेहतर प्रदर्शन नहीं किया था। वास्तव में, उच्च-गरीबी वाले राज्यों (45 प्रतिशत) और कम-गरीबी वाले राज्यों (71 प्रतिशत) के बीच ग्रामीण साक्षरता दर में अंतर काफी अधिक था।

इस प्रकार, गरीबी के चयनित संकेतकों के एक वर्णनात्मक विश्लेषण से पता चलता है कि बिहार, उड़ीसा और उत्तर प्रदेश के उच्च-गरीबी वाले राज्यों में अनुसूचित जातियां ग्रामीण गरीबी के महत्वपूर्ण संकेतकों के संबंध में कम-गरीबी वाले राज्यों से बहुत पीछे हैं। शहरीकरण का स्तर और गैर-कृषि क्षेत्र में रोजगार की हिस्सेदारी कम-गरीबी वाले राज्यों के साथ तुलना में उच्च-गरीबी वाले राज्यों में अनुसूचित जातियों के बीच कम थी। उच्च-गरीबी वाले राज्यों में अनुसूचित जातियों को कम साक्षरता और शिक्षा के स्तर की मार भी सहना पड़ता है, जो अंतत: गैर-कृषि क्षेत्रों के पक्ष में उनके रोजगार में विविधता लाने के लिए उनकी क्षमताओं की सीमा बांध देता है। नतीजतन, कृषि मजदूरी के रूप में कृषि पर अनुसूचित जातियों की निर्भरता विशेष रूप से अधिक थी।

ग्रामीण क्षेत्रों में कृषि और गैर-कृषि क्षेत्रों में, रोजगार और दैनिक मजदूरी की कमाई के संबंध में अनुसूचित जातियों ने अच्छा नहीं किया, साथ ही कम-गरीबी क्षेत्रों की तुलना में आम तौर पर उच्च-गरीबी क्षेत्रों में रोजगार दरें और मजदूरी की आय कम थी। इस प्रकार, कृषि भूमि और गैर-भूमि संपत्ति के रूप में पूंजीगत संपत्ति का स्वामित्व, हालांकि, दोनों उच्च- और कम-गरीबी वाले राज्यों में समान था।

एक सामाजिक समूह के रूप में गैर-अनुसूचित जातियों/जनजातियों की स्थिति उच्च- और कम-गरीबी वाले राज्यों में कुछ एक जैसी ही थी। हिमाचल प्रदेश, पंजाब और हरियाणा के कम-गरीबी वाले राज्यों में 4.50 प्रतिशत की औसत के साथ तुलना में, बिहार, उड़ीसा और पश्चिम बंगाल के उच्च-गरीबी वाले राज्यों में गैर-अनुसूचित जातियों/जनजातियों के लिए गरीबी का स्तर 33 प्रतिशत था। अधिकांश संकेतकों के संबंध में उच्च-गरीबी वाले राज्यों का प्रदर्शन बहुत खराब दिखाई देता है (संलग्नक XIII, तालिका 13A.6)।

औसतन, उच्च-गरीबी वाले राज्यों में गैर-अनुसूचित जाति/जनजाति के लोगों के पास कृषि भूमि और गैर-भूमि पूंजीगत संपत्ति तक कम पहुंच थी। कम-गरीबी वाले राज्यों की तुलना में शहरीकरण का स्तर और क्षेत्रीय विविधीकरण भी कम था। ग्रामीण और कृषि मजदूरी का अनुपात भी अपेक्षाकृत अधिक था। उच्च-गरीबी वाले राज्यों में वर्तमान साप्ताहिक स्थिति और वर्तमान दैनिक स्थिति के आधार पर रोजगार दरें भी कम थीं, लेकिन वर्तमान साप्ताहिक स्थिति और वर्तमान दैनिक स्थिति के आधार पर बेरोजगारी अधिक थी। इसी तरह, शिक्षा के विभिन्न स्तरों पर साक्षरता दरों और नामांकन के मामले में शिक्षा का स्तर भी कम था।

उच्च गरीबी वाले राज्यों में सामाजिक समूहों की तुलनात्मक स्थिति

पूर्ववर्ती विश्लेषण से यह प्रमाणित है कि उच्च-गरीबी वाले राज्यों का प्रदर्शन अनेक संकेतकों की कसौटी पर बहुत खराब रहा जो ग्रामीण गरीबी की निरंतरता से संबंधित प्रक्रिया को नियंत्रित करते हैं। यह बात बहुत स्पष्ट रूप से उभरी कि कुछ अपवादों को छोड़ कर, दोनों सामाजिक समूहों के मामले में महत्वपूर्ण संकेतकों के संबंध में उच्च-गरीबी वाले राज्यों ने निम्न-गरीबी वाले राज्यों की तुलना में खराब प्रदर्शन किया। फिर भी, समानताओं के बावजूद, उच्च-गरीबी वाले राज्यों में इन संकेतकों के संबंध में सामाजिक समूह एक जैसे नहीं थे। अनुसूचित जातियां गैर-अनुसूचित जातियों से काफी पीछे थीं और, फलस्वरूप, उच्च-गरीबी वाले राज्यों में उनका गरीबी का स्तर अभी भी अधिक था।

यह बात अनुसूचित जातियों में भूमिहीन और लगभग-भूमिहीन परिवारों की अधिकता, स्व-नियोजित किसानों या खेतिहरों और गैर-कृषि स्व-नियोजित परिवारों, और दिहाड़ी मजदूरों के उच्च अनुपात से प्रमाणित है। अनुसूचित जातियों के बीच भूमिहीन परिवारों का अनुपात 10.2 प्रतिशत था और भूमिहीनों तथा लगभग-भूमिहीनों का अनुपात 77.1 प्रतिशत था, जबकि गैर-अनुसूचित जाति/जनजाति परिवारों के लिए यह क्रमशः 4.8 प्रतिशत तथा 63 प्रतिशत था। इसी प्रकार, अनुसूचित जातियों के बीच खेतिहरों (27.3 प्रतिशत) और स्व-नियोजित खेतिहर परिवारों (16.9 प्रतिशत) का प्रतिशत गैर-अनुसूचित जाति/जनजाति परिवारों के बीच क्रमशः 37.5 प्रतिशत और 30.8 प्रतिशत की तुलना में कम था (संलग्नक XIII, तालिका 13A.7)।

उच्च-गरीबी वाले राज्यों में, गैर-अनुसूचित जातियों/जनजातियों की तुलना में अनुसूचित जातियों के बीच शहरीकरण का स्तर, साथ ही साथ गैर-कृषि क्रियाकलापों में कार्यबल का विविधीकरण कम था। गैर-अनुसूचित जातियों/जनजातियों में शहरीकरण का स्तर 22.5 प्रतिशत तथा अनुसूचित जातियों का 11.1 प्रतिशत था। अनुसूचित जातियों के बीच ग्रामीण गैर-कृषि श्रमिकों का प्रतिशत गैर-अनुसूचित जातियों/जनजातियों के बीच 36 प्रतिशत की तुलना में लगभग 24 प्रतिशत था। कृषि क्षेत्र पर अनुसूचित जातियों की निर्भरता, विशेषकर कृषि मजदूर के रूप में, बहुत अधिक थी। 64.1 प्रतिशत गैर-अनुसूचित जातियों/जनजातियों की तुलना में लगभग 75.3 प्रतिशत अनुसूचित जाति श्रमिक कृषि पर निर्भर थे।

कृषि पर निर्भर अनुसूचित जाति श्रमिकों के बीच गैर-अनुसूचित जातियों/जनजातियों के बीच 28.7 प्रतिशत की तुलना में 52.2 प्रतिशत कृषि मजदूर थे।

पुरुष और महिला, दोनों, अनुसूचित जाति श्रमिकों के दिहाड़ी मजदूरी कमाई की प्रवृत्ति भी पूरी मजदूरी की दर से कम थी। ग्रामीण गैर-कृषि क्रियाकलापों में संलग्न पुरुष अनुसूचित जाति मजदूरों की दिहाड़ी मजदूरी कमाई, समूची दिहाड़ी दर की तुलना में कम पाई गई थी। इसी प्रकार, शिक्षा के विभिन्न स्तरों पर साक्षरता दर और नामांकन अनुपात भी काफी कम था। अनुसूचित जाति पुरुषों और महिलाओं की साक्षरता दर गैर-अनुसूचित जाति/जनजाति पुरुषों और महिलाओं के क्रमशः 70.6 प्रतिशत तथा 28.6 प्रतिशत की तुलना में क्रमशः 44.9 प्रतिशत तथा 14.5 प्रतिशत थी। अनुसूचित जातियों के बीच प्राथमिक/मिडल स्कूल, माध्यमिक और उच्चतर माध्यमिक शिक्षा, स्नातक तथा इससे ऊपर की पढ़ाई पूरी करने वाले पुरुषों का अनुपात गैर-अनुसूचित जाति/जनजाति पुरुषों के लिए क्रमशः 48.6 प्रतिशत, 36.3 प्रतिशत और 3.9 प्रतिशत की तुलना में क्रमशः 20.8 प्रतिशत, 19 प्रतिशत, 2.1 प्रतिशत और प्रतिशत था। इसके समतुल्य आंकड़े अनुसूचित जाति महिलाओं के लिए क्रमशः 7.2 प्रतिशत, 5.6 प्रतिशत और 0.3 प्रतिशत, जबकि गैर-अनुसूचित जाति/जनजाति महिलाओं के लिए क्रमशः 31.1 प्रतिशत, 21 प्रतिशत और 3.3 प्रतिशत थे।

यह सांख्यिकी संकेत देती हैं कि उच्च-गरीबी वाले राज्यों में अनुसूचित जाति परिवारों की लगातार उच्च दीर्घकालीन गरीबी के हालात कृषि भूमि तथा गैर-भूमि संपत्तियों, गैर-कृषि क्षेत्रों में रोजगार के कम विविधीकरण, कृषि और गैर-कृषि क्षेत्रों, दोनों में, कम दिहाड़ी आय जैसी अत्यधिक कम स्वामित्व वाली आय-अर्जन पूंजी संपत्तियों, और गैर-अनुसूचित जाति/जनजाति समूहों की तुलना में साक्षरता तथा शिक्षा के निम्न स्तर से करीब से संबंधित थे।

सामाजिक समूहों की गरीबी नियंत्रित करने वाले कारक

इस खंड में, प्रत्येक सामाजिक समूह, गरीबी पर विभिन्न कारकों के प्रभाव के अलग-अलग आकलन के लिए प्रतिगमन विश्लेषण का उपयोग किया गया है। 1983, 1993–94 और 1999–2000 के लिए गैर-अनुसूचित जातियों/जनजातियों के लिए प्रासंगिक प्रतिमानों से युक्त अलग-अलग कई प्रतिगमन समीकरणों का निर्माण किया गया।

अनुसूचित जातियां

1983 में, प्रतिमान (शहरीकरण, गैर-कृषि श्रमिकों का प्रतिशत, कृषि श्रमिकों का प्रतिशत, पुरुषों और महिलाओं के लिए गैर-कृषि मजदूरी दरें, और ताजा साप्ताहिक स्थिति तथा ताजा दैनिक स्थिति बेरोजगारी दरें) अनुसूचित जातियों के बीच ग्रामीण गरीबी के साथ अपेक्षाकृत अधिक सह-संबंध प्रदर्शित करते हैं (संलग्नक XIII, तालिका 13A.9)। शहरीकरण का उच्चतम स्तर, गैर-कृषि नौकरियों के पक्ष में उच्चतम रोजगार विविधीकरण और उच्चतम गैर-कृषि मजदूरी दरों का अनुसूचित जातियों के बीच निम्न ग्रामीण गरीबी के साथ करीबी संबंध था। इसके विपरीत, ताजा साप्ताहिक स्थिति तथा दैनिक स्थिति पर आधारित कृषि श्रमिकों का उच्चतम अनुपात और उच्चतम बेरोजगारी दरों जैसे प्रतिमान अनुसूचित जातियों के बीच ग्रामीण गरीबी की अधिकतम घटनाओं के साथ संबंधित थे। फिर भी, यह सभी प्रतिमान गरीबी घटाने वाले प्रभावों के संदर्भ में महत्वपूर्ण नहीं थे। 1983 के लिए प्रतिगमन परिणाम (देखें संलग्नक XIII, तालिका 13A.12 में समीकरण 1) प्रदर्शित करते हैं कि ग्रामीण गैर-कृषि श्रमिकों का प्रतिशत और मजदूरी का महत्वपूर्ण गरीबी-घटाओ प्रभाव था। समीकरण 2 (संलग्नक XIII, तालिका 13A.12), जहां शहरीकरण को गैर-कृषि रोजगार के लिए प्रतिस्थापित किया गया था, क्योंकि दोनों के बीच काफी सह-संबंध था, संकेत देता है कि शहरीकरण के स्तर का महत्वपूर्ण गरीबी-घटाने वाला प्रभाव था। दोनों समीकरणों में, बेरोजगारी दर की ताजा स्थिति का प्रभाव महत्वपूर्ण नहीं था। इस प्रकार, अत्याधिक शहरीकरण और अधिक गैर-कृषि मजदूरी वाले गैर-कृषि श्रमिकों की उच्च हिस्सेदारी युक्त अधिक विविधीकृत रोजगार का अनुसूचित जातियों पर महत्वपूर्ण गरीबी-घटाने वाला प्रभाव था।

1993–94 में, शहरीकरण के स्तर, कृषि श्रमिकों के प्रतिशत, गैर-कृषि श्रमिकों के प्रतिशत, ग्रामीण दिहाड़ी मजदूर के प्रतिशत, ताजा साप्ताहिक स्थिति पर आधारित बेरोजगारी दरों, कृषि मजदूरी, साक्षरता दरों और शैक्षिक स्तरों (माध्यमिक/उच्चतर माध्यमिक, स्नातक और ऊपर) का ग्रामीण क्षेत्रों में अनुसूचित जातियों के बीच गरीबी की घटनाओं के साथ अपेक्षाकृत गहरा सह-संबंध था। भूमिहीनता की घटनाओं का भी ग्रामीण गरीबी से कुछ हद तक गहरा सह-संबंध था। सह-संबंध गुणांकों के मान (संलग्नक XIII, तालिका 13A.10) संकेत देते हैं कि शहरीकरण के उच्च स्तर, गैर-कृषि श्रमिकों के रोजगार के विविधीकरण, अधिक कृषि मजदूरी दरों, और ऊंची साक्षरता दर तथा शैक्षिक स्तर अनुसूचित जातियों के लिए निम्न ग्रामीण गरीबी से नजदीकी से संबंधित हैं।

दूसरी ओर, अनुसूचित जातियों के बीच उच्च ग्रामीण गरीबी के साथ कृषि मजदूरों का एक उच्च अनुपात और भूमिहीनता का एक उच्च स्तर बारीकी से जुड़ा था। समीकरण 1 (संलग्नक XIII, तालिका 13A.13) इंगित करता है कि अनुसूचित जातियों के बीच शहरीकरण, कृषि मजदूरी और भूमिहीनता विभिन्न स्तरों पर महत्वपूर्ण थे। जबकि शहरीकरण और कृषि मजदूरी का गरीबी को कम करने में महत्वपूर्ण प्रभाव पड़ा, उच्च भूमिहीनता ने ग्रामीण क्षेत्रों में अनुसूचित जातियों के बीच उच्च गरीबी का अनुमान किया।

1999–2000 में, कुल प्रतिमानों में से, नौ (शहरीकरण, गैर-कृषि श्रमिकों का प्रतिशत, कृषि श्रमिकों का प्रतिशत, कृषि वेतनभोगी मजदूरों का प्रतिशत, कृषि और गैर-कृषि मजदूरी दर, साक्षरता दर और शिक्षा के स्तरों, प्राथमिक/माध्यमिक और उच्च माध्यमिक) ने स्पष्ट रूप से ग्रामीण क्षेत्रों में अनुसूचित जातियों के बीच गरीबी के एक उच्च सहसंबंध का संकेत दिया

(संलग्नक XIII, तालिका 13A.11)। शहरीकरण के उच्च स्तर, गैर-कृषि रोजगार के विविधीकरण, विशेष रूप से नियमित वेतनभोगी श्रमिक के लिए, उच्च कृषि और गैर-कृषि मजदूरी दरें और उच्च साक्षरता और शिक्षा के स्तर बारीकी से कम ग्रामीण गरीबी के साथ जुड़े थे। इसके विपरीत, कृषि श्रमिकों का एक उच्च अनुपात और, विशेष रूप से, खेतिहर मजदूर, उच्च गरीबी का अनुमान देते थे। सह-संबंध मूल्य यह संकेत देते हैं कि 1999–2000 में अनुसूचित जातियों के बीच कम गरीबी के साथ गैर-कृषि क्षेत्र के पक्ष में रोजगार का अधिक से अधिक विविधीकरण, अधिक वेतन और शिक्षा के उच्च स्तर का एक उच्च स्तर, शहरीकरण के साथ मिलकर बारीकी से जुड़े थे।

समीकरण 1 और 2 में (संलग्नक XIII, तालिका 13A.14), शहरीकरण का स्तर, गैर-कृषि रोजगार के पक्ष में विविधीकरण-विशेष रूप से नियमित वेतनभोगी रोजगार- पुरुषों के लिए उच्च कृषि मजदूरी और महिलाओं के लिए गैर-कृषि मजदूरी, और प्राथमिक और माध्यमिक स्तर पर उच्च महिला शिक्षा का गरीबी को कम करने में महत्वपूर्ण प्रभाव पड़ा। समीकरण 1 संकेत देता है कि ग्रामीण क्षेत्रों में अनुसूचित जातियों के बीच शहरीकरण के साथ-साथ नियमित वेतनभोगी श्रमिक और कृषि मजदूरी महत्वपूर्ण पाये गए। समीकरण 2 संकेत देता है कि शहरीकरण, गैर-कृषि श्रमिकों, शैक्षिक स्तर (प्राथमिक/माध्यमिक और माध्यमिक/उच्चतर माध्यमिक), और कृषि तथा गैर-कृषि मजदूरी का ग्रामीण क्षेत्रों में अनुसूचित जातियों के बीच गरीबी पर बहुत महत्वपूर्ण प्रभाव पड़ा।

इन परिणामों से संकेत मिलता है कि काफ़ी सीमा तक, अनुसूचित जातियां मुख्य रूप से कृषि श्रमिकों के रूप में कृषि पर आजीविका के लिए निर्भर करती हैं। ऐसी निर्भरता, प्रत्यक्ष रूप से अनुसूचित जाति परिवारों के बीच लगातार उच्च गरीबी की परिस्थितियां बनाता है। जबकि अनुसूचित जातियों के बीच उच्च कृषि श्रमिकों की गरीबी को बढ़ाने के कारक को सभी तीनों अवधियों के दौरान अध्ययन के अंतर्गत देखा गया है, जबकि 1993–94 में भूमिहीनता की प्रमुखता रही। कृषि क्षेत्र में उच्च भूमिहीनता मजदूरी पर अधिक निर्भरता की ओर ले जाता है। इस प्रकार, आय के निर्धारित स्त्रोतों तक पहुंच में गंभीर कमी जैसे कृषि भूमि- संपत्ति के अधिकार से इनकार की ऐतिहासिक प्रक्रिया और कम-आय पर भारी निर्भरता, कृषि में आकस्मिक मजदूरी से उत्पन्न होने वाली- अनुसूचित जातियों के बीच स्थायी गरीबी के लिए मुख्य रूप से जिम्मेदार है।

गैर-अनुसूचित जातियां/जनजातियां

1983 में, किसानों, खेतिहर श्रमिकों और गैर-कृषि श्रमिकों का प्रतिशत, गैर-कृषि मजदूरी और शहरीकरण ने गैर-अनुसूचित जातियों/जनजातियों के बीच ग्रामीण गरीबी के साथ एक अपेक्षाकृत उच्च सहसंबंध का संकेत दिया। इन प्रतिमानों के बीच, किसानों और गैर-कृषि श्रमिकों के प्रतिशत का ग्रामीण गरीबी के साथ एक बहुत ही उच्च सहसंबंध था। शहरीकरण का प्रभाव उम्मीद के अनुसार था, लेकिन महत्वहीन था (संलग्नक XIII, तालिका 13A.12)। समीकरण II (संलग्नक XIII, तालिका 13A.12) संकेत देता है कि ग्रामीण गरीबी को कम करने के लिए गैर-कृषि मजदूरी एक महत्वपूर्ण कारक था। लेकिन आपसी संबंध की समस्या को देखते हुए इसने किसानों और गैर-कृषि श्रमिकों के प्रभाव को कम किया।

1993–94 में, प्रति परिवार पूंजीगत परिसंपत्तियों के स्वामित्व, शहरीकरण, रोजगार की दर, नियमित वेतनभोगी श्रमिकों, कृषि मजदूरी और शैक्षिक स्तर (अर्थात, स्नातक या अधिक) जैसे प्रतिमानों का गैर-अनुसूचित जातियों/जनजातियों के बीच में ग्रामीण गरीबी के साथ एक अपेक्षाकृत उच्च सहसंबंध था। इन प्रतिमानों के बीच, केवल पूंजीगत परिसंपत्तियां प्रति परिवार, वर्तमान दैनिक स्थिति के आधार पर रोजगार दरें और कृषि मजदूरी का गरीबी को कम करने में महत्वपूर्ण प्रभाव पड़ा। समीकरण 1 में (संलग्नक XIII, तालिका 13A.13), वर्तमान दैनिक स्थिति के आधार पर रोजगार की दर (सीडीएस), कृषि मजदूरी (पुरुष) और प्रति परिवार परिसंपत्ति सभी राज्यों में गैर-अनुसूचित जातियों/जनजातियों के बीच ग्रामीण गरीबी को प्रभावित करने वाले अत्यधिक महत्वपूर्ण प्रतिमान पाए गए। समीकरण 2 में (संलग्नक XIII, तालिका 13A.13), गैर-कृषि श्रमिकों को प्रतिमान के

रूप में छोड़ने के बाद भी, सीडीएस द्वारा रोजगार की दर (पुरुष), कृषि मजदूरी (पुरुष) और प्रति परिवार पूंजीगत परिसंपत्तियां महत्वपूर्ण पाए गए (संलग्नक XIII, तालिका 13A.13)।

1999–2000 में, शहरीकरण, कृषि श्रमिकों, गैर-कृषि श्रमिकों, खेतिहर मजदूरों, नियमित वेतनभोगी श्रमिकों, कृषि और गैर-कृषि मजदूरी और शैक्षिक स्तर (अर्थात, स्नातक या अधिक) का गैर-अनुसूचित जातियों/जनजातियों के बीच ग्रामीण गरीबी के साथ अपेक्षाकृत उच्च सहसंबंध था। समीकरण I में (संलग्नक XIII, तालिका 13A.14), शहरीकरण और कृषि मजदूरी (पुरुष) का गरीबी पर एक महत्वपूर्ण प्रभाव पड़ा है, पाया गया।

इन परिणामों से यह स्पष्ट है कि कारक जैसे किसान, पूंजीगत परिसंपत्तियां प्रति परिवार, रोजगार दरें और कृषि मजदूरी विशेष रूप से महत्वपूर्ण थे, जहां तक ग्रामीण क्षेत्रों में गैर-अनुसूचित जातियों/जनजातियों के बीच गरीबी में कमी का संबंध था। गैर-अनुसूचित जातियों/जनजातियों द्वारा पूंजीगत परिसंपत्तियों तक अधिकतम पहुंच, जैसे कृषि भूमि ने ग्रामीण गरीबी को कम करने में एक महत्वपूर्ण भूमिका निभाई है। कुछ कारक जैसे शहरीकरण, गैर-कृषि नौकरियों में रोजगार का विविधीकरण, गैर-कृषि मजदूरी और साक्षरता, जो अनुसूचित जातियों के मामले में महत्वपूर्ण थे, गैर-अनुसूचित जातियों/जनजातियों के लिए गरीबी को कम करने वाले महत्वपूर्ण कारक थे।

सारांश

1980 के दशक में, अखिल भारतीय स्तर पर, गैर-अनुसूचित जातियों/जनजातियों के 37 प्रतिशत की तुलना में अनुसूचित जातियों के लगभग 58 प्रतिशत गरीब थे। वर्ष 1983 और 2000 के बीच गरीबी की व्यापकता में अखिल भारतीय स्तर और सभी राज्यों में कमी आई, लेकिन गैर-अजा/अजजा (3.3 प्रतिशत) की तुलना में अजा (2 प्रतिशत) के लिए सालाना दर कम रही।

अनुसूचित जातियों और गैर-अनुसूचित जातियों/जनजातियों के बीच ग्रामीण गरीबी के अंतर में अखिल भारतीय स्तर पर तथा अधिकांश राज्यों में भी मामूली वृद्धि हुई है। इस प्रकार, 1983–2000 के दौरान दो सामाजिक समूहों के बीच गरीबी के अंतर में वृद्धि, गरीबी के स्तर में एक गिरावट के साथ जुड़ी थी।

1999–2000 में, बिहार, उड़ीसा और मध्य प्रदेश के बाद उत्तर प्रदेश और पश्चिम बंगाल जैसे कुछ राज्यों में गरीबी विशेष रूप से उच्च और केंद्रित थी। राज्यों के यही समूह 1983–84 और 1993–94 में भी उच्च गरीबी की आशंका वाले राज्य बने रहे, और, इसलिए ग्रामीण गरीबी की लगातार उच्च डिग्री का संकेत देते रहे हैं। बिहार, उड़ीसा और उत्तर प्रदेश के लगातार उच्च-गरीबी वाले राज्यों के भीतर, गैर-अनुसूचित जातियों/जनजातियों की तुलना में अनुसूचित जातियों की गरीबी का परिमाण काफी ज्यादा था। इसलिए, अनुसूचित जातियों के सामाजिक रूप से पिछड़े समूह, देश के उच्च गरीबी वाले क्षेत्रों में स्थायी गरीबी की जड़ बनाते हैं।

गैर-अनुसूचित जातियों/जनजातियों के मामले में, भी, कम-गरीबी वाले राज्यों की तुलना में उच्च-गरीबी वाले राज्यों ने संकेतकों के संबंध में सबसे खराब प्रदर्शन किया। औसतन, उच्च-गरीबी वाले राज्यों में लोगों के पास कृषि और गैर-भूमि पूंजीगत परिसंपत्तियों तक कम पहुंच थी। शहरीकरण और क्षेत्रीय विविधीकरण के स्तर कम थे। ग्रामीण और कृषि मजदूरी का अनुपात भी अपेक्षाकृत अधिक था। रोजगार दरें कम थीं। इसी तरह, साक्षरता दरों में और शिक्षा के विभिन्न चरणों में नामांकन के मामले में शिक्षा का स्तर भी कम था।

उच्च और कम-गरीबी वाले राज्यों की आर्थिक विशेषताओं के विश्लेषण से पता चला कि ग्रामीण गरीबी के संकेतकों में से अधिकांश के संबंध में, कम-गरीबी वाले राज्यों से उच्च-गरीबी वाले राज्य काफ़ी पीछे थे। उच्च-गरीबी-राज्यों का आम तौर पर पूंजीगत परिसंपत्तियों जैसे कृषि भूमि और गैर-कृषि व्यापार, कम शहरीकरण, कम क्षेत्रीय विविधीकरण, कम रोजगार और मजदूरी

दर, कम साक्षरता और शिक्षा का स्तर, और कृषि और ग्रामीण के उच्च अनुपात तक कम पहुंच द्वारा विवरण दिया जाता है। यह विश्लेषण आगे और स्पष्ट करता है कि गैर-अनुसूचित जातियों/जनजातियों की तुलना में उच्च-गरीबी वाले राज्यों के भीतर, इन संकेतकों के संबंध में अनुसूचित जातियों की स्थिति बदतर थी। सभी के सभी प्रासंगिक संकेतकों के संबंध में पहुंच और अभाव की कमी वास्तव में गरीबी की आशंका वाले क्षेत्रों में अनुसूचित जातियों के बीच उच्च-गरीबी की निरंतरता का मुख्य कारण था।

उच्च-गरीबी वाले राज्यों की विशेषताओं के बारे में प्रतिगमन विश्लेषण इन टिप्पणियों की पुष्टि करता है। आजीविका के लिए कृषि पर अनुसूचित जातियों की अधिकतम निर्भरता, मुख्य रूप से कम मजदूरी दरों के साथ भूमिहीन कृषि मजदूरों के रूप में, ने स्थायी गरीबी की स्थिति बनाई। 1999–2000 में, अनुसूचित जाति परिवारों के बीच भूमिहीन और लगभग-भूमिहीन का प्रतिशत 70 प्रतिशत से अधिक था, और कृषि मजदूरों का लगभग 55 प्रतिशत था। इस प्रकार, अनुसूचित जातियों के बीच उच्च-गरीबी की निरंतरता के प्राथमिक कारणों में आय के तय स्त्रोतों जैसे कृषि भूमि तक पहुंच की एक गंभीर कमी और कृषि के क्षेत्र में कम आय वाले आकस्मिक मजदूरी पर भारी निर्भरता हैं।

परिणाम अनुसूचित जातियों के बीच ग्रामीण गरीबी में गिरावट के साथ जुड़े कारकों पर भी प्रकाश डालते हैं। उन्होंने संकेत दिया कि कृषि से गैर-कृषि क्षेत्र की ओर बदलाव ने (ग्रामीण गैर-कृषि और शहरी क्षेत्रों में), शहरीकरण का उच्च स्तर, अपेक्षाकृत अधिक कृषि और गैर कृषि मजदूरी, माध्यमिक स्तर के पार शिक्षा के स्तर में सुधार के साथ मिलकर अध्ययन के तहत वर्षों के दौरान ग्रामीण गरीबी कम करने के लिए मदद की। बहरहाल, साक्षरता दर में सुधार मात्र ने ज्यादा मदद नहीं की- साक्षरता की तुलना में काफी अधिक, अनुसूचित जातियों के बीच उच्च शिक्षा ने ग्रामीण गरीबी को कम करने में मदद की। गैर-अनुसूचित जातियों/जनजातियों के मामले में, कुछ अतिरिक्त कारक जैसे प्रति परिवार पूंजीगत परिसंपत्तियों के उच्च स्वामित्व, विशेष रूप से कृषि भूमि, और एक उच्च रोजगार दर ने अधिक महत्व प्राप्त कर लिया है।

अध्याय 10

साक्षरता और शैक्षिक स्तर[1]

पिछले अध्याय ने अनुसूचित जातियों की शिक्षा और कौशल विकास, ताकि उनकी गरीबी की उच्च व्यापकता कम हो सके, के लिए समालोचनात्मक आवश्यकता पर बल दिया। अनुसूचित जातियों के बीच शिक्षा को बढ़ावा देने की दिशा में आज़ादी के बाद भारत में राज्यों द्वारा नियोजित नीति के अनेक साधनों ने कुछ मात्रा तक सफलता प्राप्त की है। हालांकि, सार्वभौमिक और न्यायसंगत प्राथमिक शिक्षा के लक्ष्यों का फिर भी भ्रांतिपूर्ण रहना जारी है। यह अध्याय अनुसूचित जातियों के वर्तमान साक्षरता और शैक्षिक परिदृश्य को पेश करने का प्रयास करता है। यह गैर-अनुसूचित जातियों/जनजातियों की तुलना में उनकी हुई प्रगति पर जोर देता है और विशेष रूप से सामाजिक, लिंग और अंतर-राज्यीय विषमताओं को दर्शाता है।

साक्षरता और शिक्षा प्राप्तियां

साक्षरता को किसी भी भाषा में समझ के साथ पढ़ने और लिखने की क्षमता के रूप में परिभाषित किया गया है। साक्षरता की यह अवधारणा उन लोगों पर लागू है, जो सात साल और ऊपर की आयु के हैं। इसलिए, किसी भी जनगणना के अनुसार, साक्षर आबादी में वह सभी शामिल हैं, जिन्होंने शिक्षा के स्तर पर ध्यान दिए बिना, औपचारिक शिक्षा या अन्य किसी माध्यम से साक्षरता हासिल कर ली है। 2001 की जनगणना के अनुसार, सात और ऊपर के आयु वर्ग में 30 करोड़ से अधिक अनपढ़ व्यक्ति रहे हैं। इनमें से अनपढ़ अनुसूचित जातियां 20 प्रतिशत (लगभग 62 लाख) हैं-आबादी में उनकी हिस्सेदारी से कहीं अधिक।

अनुसूचित जाति और गैर-अनुसूचित जाति/जनजाति की जनसंख्या के साक्षरता दर में दशकीय बदलावों से पता चलता है कि भारत में साक्षरता का विकास काफ़ी धीमी गति से हुआ है। 2001 में, अनुसूचित जाति की आबादी का लगभग 55 प्रतिशत साक्षर था, 40 साल की अवधि 1961–2001 में लगभग 45 प्रतिशत अंक की वृद्धि हुई (तालिका 10.1)। गैर-अनुसूचित जाति/जनजाति की आबादी का प्रतिशत अंक परिवर्तन कुछ सीमा तक कम (40 प्रतिशत अंक) था, लेकिन क्योंकि उनकी साक्षरता का प्रारंभिक स्तर (1961) अनुसूचित जातियों की अपेक्षा 17 प्रतिशत अंकों से अधिक था, दोनो सामाजिक समूहों में साक्षरता के स्तर में अंतर अधिक है।

1961 से 1991 तक, अनुसूचित जाति की तुलना में गैर-अनुसूचित जाति/जनजाति की आबादी के साक्षरता दर में उच्च वृद्धि हुई क्योंकि इन दोनों सामाजिक समूहों के बीच साक्षरता के अंतर में वृद्धि हुई। उल्लेखनीय है कि, इस प्रवृत्ति में एक परिवर्तन दर्ज हुआ क्योंकि अनुसूचित जातियों के लिए साक्षरता दर में 1990 के दशक के दौरान 17 प्रतिशत अंक से अधिक वृद्धि हुई, जबकि गैर-अनुसूचित जाति/जनजाति की आबादी की तुलनात्मक वृद्धि 11 प्रतिशत अंक से थोड़ा अधिक होने की सूचना दी गई थी। इस परिणाम के अनुसार, दोनो सामाजिक समूहों के बीच साक्षरता का अंतराल 1991 में 20 प्रतिशत अंक से 2001 में 14 प्रतिशत अंक तक संकुचित हो गया।

तालिका 10.1
गैर-अनुसूचित जातियों/जनजातियों और अनुसूचित जातियों की जनसंख्या के लिए साक्षरता दर में प्रवृत्तियां

वर्ष	*गैर-अनु. जातियां/जनजातियां*	*अनु. जातियां*	*अंतराल@*
1961	27.91	10.27	17.64
1971	33.80	14.67	19.13
1981	41.30	21.38	19.92
1991	57.69	37.41	20.28
2001	68.81	54.70	14.11

स्रोत: भारत की जनगणना, जनगणना, 1961–2001, भारत की जनगणना, आयु और लिंग से शिक्षा का स्तर, जनसंख्या आयु 7 या ऊपर, दिल्ली: महापंजीयक और जनगणना आयुक्त।

नोट: @ गैर-अनुसूचित जातियों/जनजातियों और अनुसूचित जातियों की जनसंख्या के बीच प्रतिशत अंकों का अंतर।

1990 के दशक के दौरान एक और महत्वपूर्ण गतिविधि, अनुसूचित जातियों और साथ ही गैर-अनुसूचित जातियों/जनजातियों दोनों के लिए महिला साक्षरता दर में अपेक्षाकृत उच्च विकास से संबंधित है। 1991 में, अनुसूचित जातियों के लिए पुरुष साक्षरता दर 49.9 प्रतिशत दर्ज की गई, जो 2001 में 66.6 प्रतिशत हुई। इसी तरह, अनुसूचित जाति महिलाओं के लिए साक्षरता दर क्रमशः 23.8 प्रतिशत और 41.9 प्रतिशत दर्ज की गई। गैर-अनुसूचित जाति/जनजाति महिलाओं के लिए साक्षरता दर में इसी अवधि के दौरान 44.8 प्रतिशत से 58.2 प्रतिशत तक की वृद्धि हुई। गैर-अनुसूचित जाति/जनजाति महिलाओं की तुलना में साक्षर अनुसूचित जाति महिलाओं का विकास का अधिक होना पाया गया। हालांकि, गैर-अनुसूचित जाति/जनजाति की जनसंख्या की तुलना में अनुसूचित जाति की जनसंख्या के बीच लैंगिक अंतर काफी अधिक रहता है, विशेष रूप से शहरी क्षेत्रों में, काफी हद तक उनके कई बहिष्कार और अभाव के कारण।

पुरुष साक्षरता दर में हमेशा मौजूद ग्रामीण-शहरी विभाजन अनुसूचित जातियों और गैर-अनुसूचित जातियों/जनजातियों दोनों के लिए कम होना शुरू हो गया है। फिर भी, दोनों समुदायों, साथ ही शहरी और ग्रामीण महिलाओं के भीतर लैंगिक अंतर काफी ज्यादा रहना जारी है। इस विवाद से यह पुष्ट है कि साक्षरता की तुलना में सामान्य रूप से वे ग्रामीण महिलाएं हैं, और उनके बीच, विशेष रूप से अनुसूचित जातियां, जो सबसे ज्यादा वंचित है (तालिका 10.2)।

तालिका 10.2
लिंग और निवास स्थान के आधार पर गैर-अनुसूचित जाति/जनजाति और अनुसूचित जाति की जनसंख्या के लिए साक्षरता दरें

(प्रतिशत में)

निवास	*कुल*	*पुरुष*	*महिला*	*पु/म अंतर*
गैर-अनु. जाति/जजा जनसंख्या				
कुल	68.8	78.7	58.2	20.50
ग्रामीण	62.6	74.3	50.1	24.20
शहरी	81.8	87.6	75.3	12.30
शहरी-ग्रामीण अंतर	19.2	13.3	25.2	–
अनुसूचित जाति जनसंख्या				
कुल	54.7	66.6	41.9	24.70
ग्रामीण	51.2	63.7	37.8	25.90
शहरी	68.1	77.9	57.5	20.40
शहरी-ग्रामीण अंतर	16.9	14.2	19.7	–

(तालिका 10.2 जारी)

(तालिका 10.2 जारी)

निवास	*कुल*	*पुरुष*	*महिला*	*पु/म अंतर*
गैर-अनु. जाति/जजा-अनु. जाति अंतर				
कुल	14.1	12.1	16.3	–
ग्रामीण	11.4	10.6	12.3	–
शहरी	13.7	9.7	17.8	–

स्रोत: भारत की जनगणना, 2001.

क्षेत्रीय विविधताएं

अनुसूचित जातियों के लिए साक्षरता दरों में व्यापक अंतर-राज्यीय बदलाव के संकेत मिलते हैं। उच्चतम साक्षरता दर (सभी) पुरुषों और महिलाओं दोनों के लिए केरल के बाद त्रिपुरा, महाराष्ट्र, गुजरात और हिमाचल प्रदेश में पाई गई थी, जिनमें साक्षरता दर 2001 में 70 प्रतिशत अंक से अधिक थी। सबसे कम साक्षरता दर बिहार, उत्तर प्रदेश, राजस्थान, कर्नाटक और आंध्र प्रदेश में पाई गई थी। बिहार, साक्षरता पिरामिड के तल पर रखा गया है, जहां एक चौथाई से थोड़ा अधिक अनुसूचित जातियों-जिसमें 15.6 प्रतिशत अनुसूचित जाति महिलाएं शामिल हैं-साक्षर के रूप में दर्ज की गई। अन्य राज्यों के बीच, राजस्थान, मध्य प्रदेश और आंध्र प्रदेश की साक्षरता दरों में महत्वपूर्ण वृद्धि की सूचना प्राप्त हुई।

राजस्थान में, विशेष रूप से, 2001 में काफी सुधार हुआ। राज्य, जिसे काफी हद तक अपनी निराशाजनक महिला साक्षरता दर के कारण 1991 में आखिरी से एक पहले रखा गया था, ने 2001 में महिला साक्षरता दर में चार गुना वृद्धि दर्ज की, जबकि पुरुष साक्षरता दर भी 1991 में 42.4 प्रतिशत से बढ़कर 2001 तक 69 प्रतिशत हो गई। राजस्थान की विकास दर, दरअसल, कर्नाटक, हरियाणा और पंजाब से बेहतर थी। राज्य में लैंगिक अंतर, हालांकि, 1991 में जैसा था वैसा ही लगभग बना रहा। जबकि लैंगिक अंतर ने अन्य राज्यों में गिरावट के विभिन्न परिमाण दिखाए, यह बिहार के लिए ज्यादातर एक सा ही बना रहा।

अनुसूचित जाति साक्षरता में ग्रामीण-शहरी असमानता बिहार, कर्नाटक और आंध्र प्रदेश में भी बहुत अधिक थी। वे राज्य जिन्होंने साक्षरता दर में एक उच्च वृद्धि दर्ज की उन्होंने कम ग्रामीण-शहरी असमानता भी दर्शाई। ऐसा प्रतीत होता है कि शिक्षा के लाभ और अनुसूचित जातियों के बीच साक्षरता प्राप्ति को प्रभावित करने वाले अन्य कारक स्थानिक और अधिक व्यापक होते जा रहे हैं, हालांकि राज्य जैसे बिहार और उत्तर प्रदेश के कुछ हिस्से, उड़ीसा, मध्य प्रदेश, झारखंड और राजस्थान इस तरह के व्यापकता के दायरे से अब भी बाहर हैं।

शिक्षा प्राप्ति

शैक्षिक स्तर के मामले में अनुसूचित जाति की आबादी की गुणवत्ता अपेक्षाकृत खराब थी (तालिका 10.3)। अनुसूचित जातियां, तो भी, अपने गैर-अनुसूचित जाति/जनजाति समकक्षों से काफी पीछे हैं। प्राथमिक शिक्षा के स्तर तक अनुसूचित जातियों के लिए उच्च प्राप्ति दरें और उसके बाद एक क्रमिक पतन से संकेत मिलता है कि अनुसूचित जाति के छात्रों का बहुमत प्राथमिक कक्षाओं तक या उससे पहले अपनी स्कूली शिक्षा समाप्त कर देता है, जबकि गैर-अनुसूचित जाति/जनजाति के छात्र पढ़ाई के आगे के चरणों पर चलते हैं। अनुसूचित जातियों के सभी साक्षरों में से, केवल 16.3 प्रतिशत माध्यमिक या उच्च प्राथमिक कक्षाओं तक शिक्षित थे और अन्य 15 प्रतिशत माध्यमिक और उच्च माध्यमिक स्तर तक शिक्षित थे। इसके अतिरिक्त, केवल 3.1 प्रतिशत कॉलेज से स्नातक करने में भाग्यशाली रहे थे।

तालिका 10.3
सामाजिक समूहों के लिए आयु और स्तरों के आधार पर शिक्षा प्राप्ति, 2001

(प्रतिशत में)

	अनुसूचित जाति की जनसंख्या					
शिक्षा के स्तर	*7–9*	*10–14*	*15–19*	*20–24*	*25+*	*सभी आयु*
औपचारिक शिक्षा के बिना साक्षर	1.2	1.1	2.5	4.1	7.0	4.10
प्राथमिक तक	98.80	87.5	41.0	37.3	49.5	61.2
मिडल	0	10.4	30.2	22.4	17.2	16.3
माध्यमिक	0	0	20.8	17.0	13.5	10.4
उच्चतर माध्यमिक	0	0	5.2	12.5	5.9	4.5
पूर्व-स्नातक	0	0	0.2	1	0.6	0.4
तकनीकी डिप्लोमा	0	0	0	0.1	0	0
गैर-तकनीकी डिप्लोमा	0	0	0.2	0.9	0.6	0.4
स्नातक और ऊपर	0	0	0	5.7	6.3	3.1
सभी साक्षर और शिक्षित	68.00	78.50	73.50	63.00	39.60	54.70
	गैर-अनुसूचित जाति/जनजाति की जनसंख्या					
औपचारिक शिक्षा के बिना साक्षर	1.18	1.1	1.5	3.25	4.47	3.36
प्राथमिक तक	98.81	84.07	29.95	27.2	36.64	49.54
मिडल	0	14.82	28.82	18.66	16.11	16.21
माध्यमिक	0	0	29.07	20.09	18.5	15.12
उच्चतर माध्यमिक	0	0	9.59	17.82	9.99	7.32
पूर्व-स्नातक	0	0	0.41	1.49	1.24	0.8
तकनीकी डिप्लोमा	0	0	0.04	0.13	0.12	0.08
गैर-तकनीकी डिप्लोमा	0	0	0.37	1.36	1.12	0.72
स्नातक और ऊपर	0	0	0	11.47	12.72	7.64
सभी साक्षर और शिक्षित	73.22	83.86	82.12	77.17	62.74	68.8

स्रोत: भारत की जनगणना, 2001.

दूसरी ओर, गैर-अनुसूचित जातियों/जनजातियों के बीच 22 प्रतिशत से अधिक ने हाई स्कूल की शिक्षा प्राप्त की और अन्य 7.64 प्रतिशत ने स्नातक और स्नातकोत्तर डिग्री हासिल की। जनगणना के नवीनतम आंकड़े भी बताते हैं कि स्कूली शिक्षा के प्रारंभिक चरणों में 7–9 आयु समूह के संगत-दोनों सामाजिक समूहों के बीच एक सीमित लेकिन प्रत्यक्ष अंतर था। असमानताएं बाद में आयु समूहों और शिक्षा के चरणों में बढ़ गई। अनुसूचित जाति साक्षरता दरों में 7–9 आयु समूह के लिए 39.6 प्रतिशत, 25 तथा अधिक आयु समूह में 68 प्रतिशत की तीव्र गिरावट आई, इसके विपरीत गैर-अनुसूचित जातियों/जनजातियों के लिए समान आयु मानकों में 73.2 प्रतिशत से 62.7 प्रतिशत, अनुसूचित जातियों की सीमित शैक्षिक उपलब्धि को दर्शाता है।

अनुसूचित जातियों के बीच शिक्षित श्रमशक्ति के मौजूदा भंडार को न केवल कम प्राप्तियों से पहचाना जाता है, अपितु कौशल में खराब विविधीकरण और रोजगारोन्मुखी तकनीकी और व्यावसायिक पाठ्यक्रमों द्वारा भी। तालिका 10.4 स्नातक डिग्री और ऊपर वाले लोगों के लिए लिंग और सामाजिक समूहों द्वारा 15+ वर्ष के आयु वर्ग में जनसंख्या के विभाजन को प्रस्तुत करता है। 2001 में, इंजीनियरिंग और प्रौद्योगिकी के क्षेत्र में तकनीकी डिग्री रखने वाले अनुसूचित जाति के पुरुष 5 प्रतिशत से थोड़े ऊपर थे, जबकि अनुसूचित जाति महिलाएं 3.6 प्रतिशत थीं। गैर-अनुसूचित जाति/जनजाति की जनसंख्या के बीच, 8.6 प्रतिशत पुरुष

और 4 प्रतिशत महिलाएं इसी के अनुरूप डिग्री रखते हैं। हालांकि चिकित्सा में स्नातक करने के लिए अंतर-सामुदायिक अंतर के रूप में स्पष्ट नहीं था, गैर अनुसूचित जाति/जनजाति की जनसंख्या की अनुसूचित जाति की जनसंख्या पर एक निश्चित बढ़त थी।

स्कूल में नामांकन और स्कूल छोड़ने की दर

स्कूल में नामांकन और संबंधित विशेषताओं पर यह खंड जनगणना और एनएसएस के आंकड़ों पर आधारित है। शुरू में, यह स्पष्ट करना आवश्यक है कि नामांकन पर शिक्षा विभाग (डीओई) से जानकारी वास्तविक नामांकन दरों को बढ़ा चढ़ा कर प्रस्तुत करने की रहती है क्योंकि यह स्कूल वर्ष की शुरुआत में स्कूल रजिस्टरों में वास्तव में नामांकित छात्रों को संदर्भित करता है और इस बात का ध्यान नहीं रखता कि क्या वे नामांकित स्कूल में उपस्थित हुए या नहीं। उदाहरण के लिए, डीओई द्वारा प्रस्तुत प्रशासनिक डेटा प्राथमिक व उच्च प्राथमिक कक्षाओं (I-V और VI-VIII) में अनुसूचित जाति के बच्चों के लिए वर्ष 2001–02 के लिए सकल नामांकन दर (जीईआर) क्रमशः 93 और 86 प्रतिशत पर निरूपित करती है, जिसका तात्पर्य है कि प्रासंगिक स्कूल जाने की बच्चों की आयु (6–14) में केवल एक छोटा सा अनुपात वर्तमान में स्कूल से बाहर है। दूसरी ओर, 7–11 वर्ष आयु वर्ग में करीब 74 प्रतिशत बच्चे और 12–14 वर्ष आयु वर्ग में 68 प्रतिशत स्कूलों में उपस्थित हुए।

जबकि किसी को यह भी लग सकता है कि जीईआर सकल उपाय है और उन नामांकित लोगों के बीच से अधिक-आयु वर्ग और कम-आयु वर्ग के बच्चों की उपस्थिति की छूट नहीं देता है, डेटा के स्रोतों के बीच विसंगति अनुसूचित जाति के बच्चों के बीच स्कूली शिक्षा की स्थिति पर किसी सार्थक निष्कर्ष के लिए महत्वपूर्ण हैं। इसलिए, जीईआर का उपयोग करने के बजाय, हमने जनगणना और एनएसएस घरेलू स्तर नमूना सर्वेक्षण से निकाले गए स्कूल/कॉलेज उपस्थिति आंकड़ों का इस्तेमाल किया है।

2001 की जनगणना (तालिका 10.5) के अनुसार, छह साल से कम आयु के अनुसूचित जाति के बच्चे, जो किसी भी शिक्षण संस्थान में उपस्थित हुए हैं, 10 प्रतिशत हैं। यह अनिवार्य रूप से पूर्व प्राथमिक कक्षाओं से संबंधित हैं। उनकी उपस्थिति 7–11 वर्ष के आयु वर्ग में 74 प्रतिशत से थोड़ी नीचे बढ़ी, जिसमे बाद में 12–14 वर्ष के आयु वर्ग में 67.7 प्रतिशत तक की गिरावट आई। 15–19 और 20–24 साल आयु समूहों में आई भारी गिरावट ध्यान देने योग्य थी।

तालिका 10.4

सामाजिक समूहों और लिंग के आधार पर 15+ आबादी के लिए शिक्षा प्राप्ति, 2001

(प्रतिशत में)

	गैर-अनु. जातियां/जनजातियां		*अनुसूचित जातियां*	
शैक्षिक स्तर	*पुरुष*	*महिला*	*पुरुष*	*महिला*
1. स्नातक तथा अधिक	8.8	4.6	3.4	1.0
2. तकनीकी के अलावा अन्य स्नातक डिग्री	68.2	67.5	69.6	70.0
3. तकनीकी के अलावा अन्य स्नातकोत्तर डिग्री	17.3	21.0	18.6	18.9
4. तकनीकी डिग्रियां				
(अ) इंजीनियरिंग एवं तकनीकी	8.6	4.0	5.1	3.6
(ब) चिकित्सा	2.2	1.9	1.4	2.1
(स) कृषि और डेयरी	0.4	0.1	0.3	0.1
(द) पशु चिकित्सा	0.1	0.1	0.1	0.0

स्रोत: भारत की जनगणना, 2001.

तालिका 10.5

गैर-अनुसूचित जाति/जनजाति और अनुसूचित जाति जनसंख्या की आयु समूहों के आधार पर शिक्षण संस्थानों में उपस्थिति, 2001

(प्रतिशत में)

	आयु समूह/सामाजिक समूह									
	< 6		*7–11*		*12–14*		*15–19*		*20–24*	
शिक्षण संस्थानों के प्रकार	*गैर-अजा./ अजा*	*अजा*	*गैर-अजा./ अजा*	*अजा*	*गैर-अजा./ अजा*	*अजा*	*गैर-अजा./ अजा*	*अजा*	*गैर-अजा./ अजा*	*अजा*
कुल शिक्षण संस्थान	12.1	10.0	78.9	73.9	74.8	67.7	46.3	36.9	14.7	10.1
स्कूल	12.1	10.0	78.9	73.9	74.8	67.7	39.2	33.3	4.0	3.8
कॉलेज	0.0	0.0	0.0	0.0	0.0	0.0	5.9	2.9	9.6	5.3
व्यावसायिक संस्था	0.0	0.0	0.0	0.0	0.0	0.0	0.8	0.4	0.7	0.3
अन्य संस्थान	0.0	0.0	0.0	0.0	0.0	0.0	0.4	0.2	0.2	0.1
साक्षरता केंद्र	0.0	0.0	0.0	0.0	0.0	0.0	0.1	0.1	0.2	0.4

स्रोत: भारत की जनगणना, 2001.

एनएसएस अनुमान (1999–2000) ने 5–14 आयु वर्ग के अनुसूचित जाति के बच्चों के लिए स्कूल में उपस्थिति दर (एसएआर) ग्रामीण पुरुषों के लिए 70.1 प्रतिशत पर रखी, जिसमें शहरी क्षेत्रों में 80 प्रतिशत से कम की वृद्धि दर्ज हुई (तालिका 10.6)। ग्रामीण महिलाओं के लिए यही आंकड़े क्रमशः 58.6 प्रतिशत और 73.9 प्रतिशत थे। 1983 के बाद से स्कूल नामांकन में लगातार वृद्धि हुई है, जिस वर्ष में अनुसूचित जाति नर बच्चों के लिए एसएआर 48.9 प्रतिशत (ग्रामीण) और 66.7 प्रतिशत (शहरी) पर स्थित था, जबकि महिलाओं के लिए यह 25.5 प्रतिशत (ग्रामीण) और 52.3 प्रतिशत (शहरी) था।

जबकि 1983 से 1993–94 के लिए एसएआर में वृद्धि ग्रामीण क्षेत्रों में अधिक प्रभावशाली थी, यह 1990 के दशक के दौरान सुस्त हो गई, ज्यादातर शहरी क्षेत्रों में पुरुष अनुसूचित जातियों के बीच स्कूल में उपस्थिति के संबंध में। यह इसलिए क्योंकि, एक निश्चित स्तर के बाद, काफी हद तक कई सामाजिक-आर्थिक बाधाओं के कारण वृद्धिशील परिवर्तन का साकार होना कठिन हो गया था।

तालिका 10.6

सामाजिक समूहों के आधार पर 5–14 आयु वर्ग के बच्चों के बीच स्कूल में उपस्थिति दरें

	स्कूल में उपस्थिति दरें			
	पुरुष			
सामाजिक समूह/ग्रामीण/शहरी	*1983*	*1987–88*	*1993–94*	*1999–2000*
अनुसूचित जाति(ग्रामीण)	48.9	49.8	64.3	70.1
गैर-अजा/जजा(ग्रामीण)	59.2	63.4	74.9	80.2
अनुसूचित जाति(शहरी)	66.7	68.2	77.5	79.2
गैर-अजा/जजा(शहरी)	76.5	78.0	86.8	88.0
	महिला			
अनुसूचित जाति(ग्रामीण)	25.5	31.1	46.2	58.6
गैर-अजा/जजा(ग्रामीण)	39.2	45.8	61.0	73.8
अनुसूचित जाति(शहरी)	52.3	53.8	68.6	73.9
गैर-अजा/जजा(शहरी)	69.1	72.6	83.0	85.4

स्रोत: एनएसएस, विभिन्न रिपोर्ट

इस विश्लेषण से यह भी पता चला कि स्कूल में नामांकन और उपस्थिति में स्त्री-पुरुष के साथ ही शहरी-ग्रामीण के अंतर में 1990 के दशक में गिरावट शुरू हो गई थी, हालांकि अनुसूचित जाति और गैर-अनुसूचित जाति/जनजाति की जनसंख्याओं के बीच असमानताएं विशाल और सदैव-चौड़ी बनी रहीं। सार्वभौमिक प्राथमिक शिक्षा के लक्ष्य दूर बने रहे जैसे, ग्रामीण क्षेत्रों में, 45 प्रतिशत से कम अनुसूचित जाति मादा बच्चों और 5–14 आयु वर्ग के एक तिहाई अनुसूचित जाति नर बच्चों का स्कूल से बाहर रहना जारी रहा।

शैक्षिक विकास का लाभ न केवल सामाजिक रूप से अनुचित और स्थानिक सीमित रहा बल्कि भारत के विभिन्न राज्यों में काफी असमान रहा। बिहार (झारखंड सहित) में स्कूल से बाहर के बच्चों के परिमाण ने गंभीर अनुपात का अधिग्रहण किया, जहां आधे से अधिक लड़के और तीन-चौथाई लड़कियां 1993–94 में स्कूल शिक्षा से वंचित थे (देखें संलग्नक XIV, तालिका 14A.1)। राजस्थान, मध्य प्रदेश, उड़ीसा और उत्तर प्रदेश में स्थिति मामूली रूप से बेहतर थी।

प्राथमिक शिक्षा में एसएआर के संबंध में गैर-अनुसूचित जाति/जनजाति और अनुसूचित जाति के बच्चों के बीच असमानता असम, हिमाचल प्रदेश, गुजरात, जम्मू-कश्मीर, केरल, महाराष्ट्र, त्रिपुरा और पश्चिम बंगाल में काफी सिमट गई। उनके आर्थिक विकास के बावजूद, पंजाब और हरियाणा में स्कूल शिक्षा के क्षेत्र में बड़े सामाजिक और लिंग अंतराल बने रहे, जो दर्शाता है कि आर्थिक विकास के लाभ गैर-अनुसूचित जातियों/जनजातियों तक ही सीमित रहे। इस तथ्य को अनुसूचित जाति की महिलाओं के लिए विशेष रूप से स्पष्ट किया गया था।

शिक्षा और आयु के क्रमिक चरणों के साथ, अनुसूचित जाति के बच्चों की नामांकन दरों में गैर-अनुसूचित जाति/जनजाति के बच्चों अपेक्षा ज्यादा तेजी से गिरावट आई। यह, ये सुझाव देने के लिए नहीं है कि उच्च और उच्चतर माध्यमिक कक्षाओं के लिए नामांकन में प्रगति अप्रभावी थी। तथ्य की बात ये है कि, उच्च/उच्चतर माध्यमिक कक्षाओं में अनुसूचित जाति के बच्चों के नामांकन के अनुपात में 1990–91 के लिए 25 लाख से 2001–02 में 43 लाख की एक प्रभावशाली वृद्धि दर्ज की गई। वर्ष 2001 की जनगणना के अनुसार, उनकी वृद्धि की हिस्सेदारी के बावजूद, 15–19 आयु वर्ग के अनुसूचित जाति के बच्चों का नामांकन एक तिहाई था, जबकि उच्च/उच्चतर माध्यमिक कक्षाओं में उपस्थित रहने वाले गैर-अनुसूचित जाति/जनजाति की जनसंख्या इसी आंकड़े के लिए 40 प्रतिशत दर्ज की गई।

अनुसूचित जातियों के बीच सार्वभौमिक प्राथमिक शिक्षा के लक्ष्यों को साकार करने में प्रमुख बाधाओं में से एक हाई स्कूल में पढ़ाई छोड़ने की दर है, जो कक्षा एक में एक बच्चे के नामांकन की तुलना में जल्दी नहीं स्थापित किया गया। भारत की जनगणना के अनुसार, कक्षा एक में नामांकित करीब 45 प्रतिशत बच्चे कक्षा पांच में पहुंचने तक बाहर निकल जाते हैं। कक्षा एक में नामांकित केवल 39 प्रतिशत आठवीं कक्षा को पूरा करने में सक्षम थे, जबकि लगभग 28 प्रतिशत ने अपनी उच्च विद्यालय परीक्षा पूरी की। 1980–81 में, प्राथमिक शिक्षा के क्षेत्र में अनुसूचित जाति और अन्य बच्चों के स्कूल छोड़ने की दरों में एक छोटा सा अंतर था। पिछले दो दशकों या अधिक के दौरान स्कूल छोड़ने की दरों में गिरावट के बावजूद, प्रतीत होता है कि अनुसूचित जाति और गैर-अनुसूचित जाति/जनजाति की जनसंख्या के बीच स्कूल छोड़ने की दरों में अंतराल चौड़ा है, यह दर्शाता है कि स्कूल प्रतिधारण उपायों के प्रभाव को अलग ढंग से अनुसूचित जाति और गैर-अनुसूचित जाति/जनजाति की जनसंख्याओं द्वारा आवंटित, या अनुभव किया गया है (तालिका 10.7)।

प्राथमिक कक्षाओं के लिए लड़के और लड़कियों के बीच स्कूल छोड़ने वालों की दरों के अंतर-राज्यीय पैटर्न काफ़ी विविध थे (संलग्नक XIV, तालिका 14A.2)। वर्ष 2001–02 में प्राथमिक कक्षाओं में अनुसूचित जाति के लड़के और लड़कियों के स्कूल छोड़ने की दरें राजस्थान के लिए उच्चतम थीं, जिसके बाद बिहार और उत्तर प्रदेश का स्थान था। बिहार उच्च प्राथमिक कक्षाओं की पढ़ाई छोड़ने वालों की दरों में सबसे ऊपर था। महाराष्ट्र और कर्नाटक जैसे कुछ राज्यों ने प्राथमिक कक्षाओं की पढ़ाई छोड़ने वाले स्तर को 10 प्रतिशत से नीचे लाकर बहुत अच्छा प्रदर्शन किया था। अन्य राज्यों में जहां स्कूल छोड़ने की दरें 30 प्रतिशत से नीचे थीं, वे हिमाचल प्रदेश और मध्य प्रदेश थे। हरियाणा और पंजाब में भी प्राथमिक चरण में उच्च प्रतिधारण दर दर्ज की गई, लेकिन बाद के चरणों में, उनमें स्कूल छोड़ने की उच्च दरें जारी रहने का संकेत मिलता है (उच्च प्राथमिक कक्षाओं में)।

तालिका 10.7

शिक्षा के चरणों और सामाजिक समूहों के आधार पर स्कूल छोड़ने की दरें, 1980–81 से 2000–01

(प्रतिशत में)

	सभी समुदाय			अनुसूचित जातियां		
वर्ष	*I–V*	*I–VIII*	*I–X*	*I–V*	*I–VIII*	*I–X*
1980–81	58.7	72.7	82.5	60.2	76.8	86.9
1985–86	47.6	64.4	77.6	52.5	72.5	81.4
1990–91	42.6	60.9	71.3	49.4	67.8	77.7
1995–96	42.1	58.8	69.6	45.7	67.0	77.7
2000–01	39.0	54.6	66.0	45.2	60.7	72.1

स्रोत: चयनित शैक्षिक सांख्यिकी, 2001–02.

राज्यों, जहां उच्च प्राथमिक चरणों में पढ़ाई छोड़ने वाली मादा बच्चों का परिमाण राष्ट्रीय औसत से काफी अधिक था, में आंध्र प्रदेश, असम, बिहार, गुजरात, उड़ीसा, उत्तर प्रदेश, राजस्थान और त्रिपुरा शामिल थे। इस तस्वीर से पता चलता है कि निरंतर नामांकन और बच्चों को धारण करने के लिए, विशेष रूप से प्राथमिक कक्षाओं में लड़कियों के लिए, बहुत कुछ किया जाना चाहिए।

उच्च शिक्षा

भारत में अनुसूचित जातियों के बीच से कुछ ही पुरुष और महिलाएं उच्च शिक्षा ग्रहण कर पाती हैं। जैसा कि पहले, 2001 में देखा गया कि 20–24 वर्षीय अनुसूचित जातियों के 5 प्रतिशत से मामूली अधिक ही उच्चतर माध्यमिक से अधिक शिक्षित थे। व्यावसायिक पाठ्यक्रमों में उनकी उपस्थिति बहुत कम थी। दूसरी ओर, गैर-अनुसूचित जाति/जनजाति के 10 प्रतिशत से अधिक पुरुष और महिलाओं ने कॉलेज की पढ़ाई की थी, जो अनुसूचित जातियों के लिए प्रतिशत का लगभग दोगुना थी। फिर भी, उच्च शिक्षा में अनुसूचित जातियों की भागीदारी में 1991 से उल्लेखनीय सुधार दर्ज किया गया।

भागीदारी दरें

2001 में, उच्च शिक्षा मे कुल नामांकन के 11.1 प्रतिशत पर खड़े अनुसूचित जाति पुरुषों की भागीदारी दर 2 प्रतिशत अंकों से अधिक ऊपर थी। महिलाओं के लिए वृद्धि और अधिक प्रभावशाली थी, 1991 में 4.5 प्रतिशत से लगभग दो-गुना वृद्धि दर्ज करते हुए 2001 में 8.8 प्रतिशत (तालिका 10.8)। यद्यपि अनुसूचित जातियों के लिए भागीदीरी दरों में वृद्धि उच्च शिक्षा की सभी धाराओं, पाठ्यक्रमों और स्तरों में होती हुई दिखी, स्नातक में यह अधिक उल्लेखनीय तथा स्पष्ट थी (मानविकी, विज्ञान और बी. एड. में)। हालांकि तकनीकी और व्यावसायिक पाठ्यक्रमों जैसे इंजीनियरिंग तथा चिकित्सा में अनुसूचित जातियों की भागीदारी में सुधार हुआ, यह कुल जनसंख्या में उनकी हिस्सेदारी से काफी कम था। पोस्ट-मैट्रिक तकनीकी डिप्लोमा पाठ्यक्रमों में उनकी हिस्सेदारी में मामूली सुधार था परंतु पॉलीटेक्निकों और तकनीकी तथा औद्योगिक शिल्प में कम प्रतिनिधित्व जारी था।

जहां तक शैक्षिक पाठ्यक्रमों के पसंद की बात है, उच्च जाति के हिंदुओं और अनुसूचित जातियों के बीच पारंपरिक विभाजन शिथिल होने लगा था। पहले, तीन वर्षीय स्नातक कार्यक्रम में विज्ञान तथा वाणिज्य पाठ्यक्रमों में अनुसूचित जाति के कुछ ही छात्र नामांकन कराते थे। बाद में, अनुसूचित जाति के पुरुषों की बी.एस-सी. पाठ्यक्रमों में उपस्थिति सुधर कर 1991 में 6.6 प्रतिशत

तालिका 10.8
अनुसूचित जातियों की उच्च शिक्षा में हिस्सेदारी , 1991 और 2001

(प्रतिशत में)

उच्च शिक्षा के स्तर	*पाठ्यक्रम/धाराएं*	*1991*		*2001*	
		पुरुष	*महिला*	*पुरुष*	*महिला*
कुल उच्च शिक्षा		9.0	4.5	11.1	8.8
शोध तथा परा-स्नातक		8.9	2.2	13.4	9.3
स्नातकः सामान्य/गैर-तकनाकी		9.4	4.9	14.0	8.2
	बी.ए./बी.ए. ऑनर्स	13.6	5.6	16.6	9.4
	बी.एस-सी/बी.एस-सी. ऑनर्स	6.6	4.6	11.0	8.6
	बी.कॉम/बी.कॉम. ऑनर्स	5.8	3.6	11.5	4.9
	बी.एड./बी.टी.	11.0	5.0	15.2	11.0
स्नातकः तकनीकी/व्यावसायिक		6.4	6.9	7.4	13.6
	बी.इ./बी.एस-सी, इंजीनियरिंग/बी.ऑर्क.	5.7	5.5	7.4	13.6
	एम.बी.बी.एस.	8.9	8.1	11.0	10.8
अन्य		लागू नहीं	लागू नहीं	16.1	16.1
पोस्ट-मैट्रिक डिप्लोमा		10.9	3.8	10.6	12.2
	पॉलिटेक्निक	8.7	8.5	10.2	11.4
	शिक्षकों के प्रशिक्षण स्कूल	14.3	1.4	17.0	14.2
	तकनीकी और औद्योगिक शिल्प	12.0	12.5	10.2	11.7

स्रोतः चयनित शैक्षिक स्थैतिकी, 1991 और 2001, स्थैतिकी विभाग, मानव संसाधन विकास मंत्रालय, दिल्ली.

से 2001 में 11 प्रतिशत हो गई। वाणिज्य भी, अनुसूचित जातियों के लिए आकर्षक पाठ्यक्रम की तरह उभरा है। तो भी, यह अवश्य उल्लेखनीय है कि इस वृद्धि का अधिक कारण अनुसूचित जाति के पुरुष तथा महिलाओं की पास-पाठ्यक्रमों में जबर्दस्त उपस्थिति थी, क्योंकि ऑनर्स पाठ्यक्रमों में, उनके ऊंचे कट-ऑफ अंकों के कारण, कुछ को ही प्रवेश मिल पाता था। अल्पकालिक रोजगारोन्मुखी व्यावसायिक स्नातक पाठ्यक्रमों जैसे बी.एड. में उनकी उल्लेखनीय वृद्धि उच्च शिक्षा के प्रति अधिक अनुसूचित जातियों के आकर्षण की संभावना का एक संकेतक है, यदि वर्तमान स्नातक पाठ्यक्रमों का और विविधीकरण हो तथा उन्हें रोजगारोन्मुखी बनाया जाए।

अंतर-राज्यीय विविधता

राज्यों में उच्च शिक्षा में हिस्सेदारी के स्वरूप में काफी अंतर है (संलग्नक XIV, तालिका 14A.3)। 2001 के लिए अनुसूचित जातियों की सर्वाधिक हिस्सेदारी तमिलनाडु में पाई गई, जिसके बाद त्रिपुरा, गुजरात और उत्तर प्रदेश का स्थान था। जहां तक उच्च शिक्षा में नामांकन का प्रश्न है तमिलनाडु, त्रिपुरा, केरल और महाराष्ट्र ने दो अनुभागों के बीच समानता की स्थिति लगभग हासिल कर ली है। गुजरात अकेला ऐसा राज्य है जहां अनुसूचित जातियों के लिए समानता का गुणांक राज्य में उनकी जनसंख्या में हिस्सेदारी के दो-गुने से अधिक था।

इसका अर्थ यह है कि गुजरात में कॉलेज की शिक्षा में अनुसूचित जातियों ने उल्लेखनीय घुसपैठ की। राज्य में काफी लंबे समय तक संपन्न वर्गों के बीच उच्च शिक्षा प्राथमिकता में नहीं थी। अधिकतर गैर-अनुसूचित जातियां/जनजातियां

स्कूली शिक्षा ग्रहण करने के बाद, या तो पारिवारिक उद्यम या उससे बाहर, व्यवसाय में संलग्न हो जाते थे, चाहे कृषि या गैर-कृषि क्रियाकलाप हो। जबकि निश्चित रूप से इससे उच्च शिक्षा में अनुसूचित जातियों की दखल बढ़ी, तुलनात्मक रूप से व्यावसायिक और तकनीकी शिक्षा में उनका प्रवेश खराब रहा, फिर भी असम, राजस्थान और उत्तर प्रदेश को छोड़ कर देश में अन्यत्र काफी बेहतर रहा। 2001 में, तकनीकी शिक्षा के लिए गुजरात में समानता का गुणांक 0.76 था, 1991 की अपेक्षा एक पायदान बेहतर।

राजस्थान और उत्तर प्रदेश में तकनीकी शिक्षा में अनुसूचित जातियों की अधिक हिस्सेदारी, क्योंकि ये राज्य विशेषकर समानता अंक से काफी पीछे स्थित हैं, एक दिलचस्प दृश्य पेश करता है जिसकी और पड़ताल किये जाने की आवश्यकता है। उनकी अधिक हिस्सेदारी के लिए संभावित कारणों में से एक तकनीकी पाठ्यक्रमों में अनुसूचित जातियों की उच्च आवृत्ति दर हो सकती है, जिसने हो सकता है कोटा प्रणाली में उनका नामांकन इससे ऊपर बढ़ा दिया हो। वास्तव में, पंजाब, हरियाणा और हिमाचल प्रदेश में तकनीकी शिक्षा में अनुसूचित जातियों की हिस्सेदारी की दर में 1991 की तुलना में 2001 में उल्लेखनीय गिरावट दर्ज की गई। हिमाचल प्रदेश ने, तो भी, स्कूली शिक्षा के क्षेत्र में शानदार प्रदर्शन किया।

उच्च शिक्षा की सीमा

उच्च शिक्षा तक पहुंच की सीमा को मापने के लिए तीन वैकल्पिक उपाय प्रयोग में लाये जाते हैं: जीईआर,[2] शुद्ध नामांकन अनुपात (एनईआर)[3] और ईईआर[4]। जीईआर 18–23 के आयु समूह में कुल जनसंख्या के सापेक्ष विभिन्न कार्यक्रमों में नामंकित सभी समूहों में व्यक्तियों के अनुपात के जरिये पहुंच स्तर को मापता है। एनईआर आयु-विशेष समूहों के लिए नामांकन के स्तर को मापता है, नाम से, जो 18–23 के आयु समूह में हैं। ईईआर उन लोगों के नामांकन के स्तर को मापता है जिन्होंने उच्च माध्यमिक शिक्षा पूरी कर ली है। यह तीनों अवधारणाएं तीन अलग कोणों से उच्च शिक्षा तक पहुंच पर दृष्टिपात करती हैं।

2003–04 में, जैसा कि एनएसएस का आकलन है, समग्र स्तर पर जीईआर लगभग 13.2 प्रतिशत था। फिर भी, सामाजिक समूहों में उल्लेखनीय असमानताएं थीं। अनुसूचित जातियों के लिए जीईआर (7.51 प्रतिशत) गैर-अनुसूचित जातियों/जनजातियों (21.8 प्रतिशत) की तुलना में बहुत नीचे था तालिका 10.9)। 2001 की जनगणना पर आधारित जीईआर आकलन ने सामाजिक समूहों में असमानता पर प्रकाश डाला; वह गैर-अनुसूचित जातियों/जनजातियों के लिए 15.6 प्रतिशत और अनुसूचित जातियों के लिए 8.4 प्रतिशत था। ईईआर में अंतर-सामाजिक समूह असमानताएं भी थीं, यद्यपि उसका परिमाण कम गहरा था। इसने संकेत दिया कि एक बार उच्च माध्यमिक स्तर पूर्ण हो जाने के बाद अनुसूचित जातियों के लिए उच्च शिक्षा की धारा के भीतर प्रवेश में प्रतिशत अंक अंतर लगभग 6 प्रतिशत नीचे था।

तालिका 10.9

सामाजिक समूहों में उच्च शिक्षा की सीमा में विविधता

(प्रतिशत में)

	सकल नामांकन अनुपात			
समूह	*एनएसएस 2003*	*जनगणना 2001*	*शुद्ध नामांकन अनुपात*	*उपयुक्त नामांकन अनुपात*
कुल	13.2	13.8	10.6	59.0
अनु. जाति	7.5	8.4	5.9	56.4
गैर-अनु. जातियां/जनजातियां	21.8	15.6	17.5	62.7

स्रोतः 1. एनएसएस नियोजन-गैरनियोजन सर्वेक्षण, 2003–04.

2. जनगणना, 2001.

जाति-धर्म अंतरापृष्ठ (इंटरफेस)

उच्च शिक्षा में जीईआर का जाति-धर्म अंतरापृष्ठ (तालिका 10.10) असमानताओं की सीमा पर और प्रकाश डालता है। यह स्पष्ट है कि उच्च शिक्षा तक पहुंच के मामले में हिंदू धर्म के अनुसूचित जाति/जनजाति/ओबीसी (अन्य पिछड़ी जाति) के व्यक्ति उच्च-जाति हिंदू जनसंख्या से काफी पिछड़े हुए हैं। जहांतक बात है, सामान्य हिंदू जनसंख्या की तुलना में इन तीनों सामाजिक समूहों के लिए नामांकन अनुपात सामान्यतया कम है।

यह भी उल्लेख करना आवश्यक है कि अन्य धार्मिक पृष्ठभूमि-जैसे, मुसलमानों और सिक्खों- की अनुसूचित जातियां/जनजातियां/ओबीसी भी अपनी तत्संगत उच्च जाति के साथ तुलनात्मक रूप से उच्च शिक्षा तक कम पहुंच से पीड़ित हैं। 2003–04 में, ओबीसी मुसलमानों का जीईआर अनुपात, अन्य मुसलमानों के लिए 9 प्रतिशत की तुलना में, 7 प्रतिशत था। सिख अनुसूचित जातियों के मामले में, गैर-अनुसूचित जाति सिक्खों के लिए 21 प्रतिशत की तुलना में, जीईआर मात्र 7 प्रतिशत था। इन परिणामों से स्पष्ट है कि सभी धर्मों से संबंधित अनुसूचित जातियां, अपनी तत्संगत उच्च जाति के साथ तुलनात्मक रूप से, उच्च शिक्षा तक कम पहुंच से पीड़ित हैं।

लिंग-जाति-धर्म अंतरापृष्ठ

यह स्वीकार करने की आवश्यकता है कि यद्यपि पुरुषों की तुलना में महिलाओं का नामांकन अनुपात सामान्यतया कम है, यहां तक कि निचली जातियों और कुछ धार्मिक समूहों से संबंधित महिलाओं की उच्च शिक्षा तक पहुंच कम है।

उदाहरण के लिए, 2003–04 में, महिलाओं के लिए 11 प्रतिशत के संपूर्ण औसत के विरूद्ध, जीईआर अनुसूचित जनजाति महिलाओं के लिए 3.2 प्रतिशत था, जिसके पश्चात अनुसूचित जाति महिलाओं के लिए 5.6 प्रतिशत, ओबीसी महिलाओं के लिए 8.7 प्रतिशत और अन्य महिलाओं के लिंए 20 प्रतिशत था। इस तरह, अनुसूचित जाति महिलाओं के लिए जीईआर उच्च जाति महिलाओं की तुलना में तीन गुना से अधिक कम था।

तालिका 10.10

उच्च शिक्षा में कुल नामांकन अनुपात (2003–04)

(प्रतिशत में)

	सामाजिक समूह				
श्रेणी	*अनु. जाति*	*अनु. जजा.*	*ओबीसी*	*अन्य*	*कुल*
धर्म					
हिंदू	7.2	4.4	11.3	24.9	13.5
मुस्लिम	लागू नहीं	लागू नहीं	7.0	9.0	8.2
सिख	7.0	लागू नहीं	लागू नहीं	20.8	15.6
महिलाएं					
कुल	5.6	3.2	8.7	20.0	11.0
ग्रामीण	2.9	1.8	4.9	9.8	5.4
हिंदू	5.3	2.6	8.8	22.6	11.1
मुस्लिम	लागू नहीं	लागू नहीं	6.3	7.2	6.8
सिख	7.1	लागू नहीं	लागू नहीं	25.5	18.7
ईसाई	लागू नहीं	16.8	लागू नहीं	42.1	25.3

स्रोतः एनएसएस नियोजन-गैरनियोजन सर्वेक्षण, 2003–04.

तालिका 10.11

जाति, पेशा और आर्थिक स्थिति के आधार पर सकल नामांकन अनुपात, 1999–2000

(प्रतिशत में)

	वर्ग	*अनुसूचित जाति*	*अनुसूचित जनजाति*	*अन्य पिछड़ा वर्ग*	*अन्य*	*कुल*
	पेशा					
ग्रामीण	कृषि मजदूरी	1.63	0.67	1.16	1.93	1.41
	गैर-कृषि मजदूरी	1.52	0.91	4.26	4.02	2.91
	स्वनियोजित कृषि	3.95	3.0	4.21	8.33	5.64
	स्वनियोजित गैर-कृषि	3.77	2.53	3.97	7.73	5.17
शहरी	आकस्मिक श्रम	2.61	1.53	3.34	4.30	3.26
	स्वनियोजित	7.37	6.15	10.0	22.0	15.74
गरीब	कुल	1.69	1.32	2.42	5.57	2.43
	ग्रामीण	1.31	0.89	1.25	2.50	1.30
ग्रामीण	कृषि दिहाड़ी मजदूरी	0.01	0.91	0.47	0.93	0.86
	गैर-कृषि दिहाड़ी मजदूरी	0.0	0.0	.52	1.08	0.37
शहरी	आकस्मिक श्रम	2.61	1.93	2.70	1.80	2.38

स्रोत: राष्ट्रीय नमूना सर्वेक्षण संगठन (सूक्ष्म नमूना सर्वेक्षण), 2005. नियोजन और बेरोजगारी सर्वेक्षण, 2003–2004.

धार्मिक समूहों के मामले में, मुस्लिम महिलाएं सर्वाधिक पीड़ित रहीं। मुस्लिम महिलाओं के लिए जीईआर, हिंदू के लिए 11.1 प्रतिशत, सिख के लिए 18.7 प्रतिशत और ईसाई महिलाओं के लिए 25.3 प्रतिशत की तुलना में 6.8 प्रतिशत था।

जाति-पेशा-गरीबी अंतरापृष्ठ

सामान्य रूप में मजदूरी के लिए जीईआर ग्रामीण और शहरी दोनों क्षेत्रों में बहुत कम है (तालिका 10.11)। कृषि और गैर-कृषि गतिविधियों में स्वरोजगार व्यक्तियों के मामले में अंतर्जातीय मतभेद भी अस्तित्व में हैं। स्वनियोजित और दिहाड़ी मजदूरों के बीच, गरीब परिवारों से उन लोगों के लिए नामांकन विशेष रूप से कम था। 1999–2000 के अनुमानों से संकेत मिलता है कि हालांकि ग्रामीण और शहरी क्षेत्रों में- ग्रामीण कृषि श्रम के लिए 0.86 प्रतिशत, अन्य श्रम के लिए 0.37 प्रतिशत और शहरी मजदूरी के लिए 2.38 प्रतिशत-गरीब आकस्मिक दिहाड़ी मजदूर परिवारों के बीच नामांकन सबसे कम था-यह ग्रामीण अनुसूचित जाति मजदूरी के लिए लगभग नहीं के बराबर था।

सारांश

भारत में अनुसूचित जातियों की साक्षरता की स्थिति भय उत्पन्न करने वाली है। नवीनतम जनगणना (2001) इंगित करती है कि वे 30 करोड़ अनपढ़ भारतीयों में 20 प्रतिशत (लगभग 6.2 करोड़) का गठन करते हैं- जनसंख्या में उनकी हिस्सेदारी से कहीं अधिक। देश में साक्षरता का विकास काफ़ी धीमी गति से हुआ है, लेकिन 1990 का दशक कुछ महत्वपूर्ण घटनाक्रमों का गवाह है: पहला, अनुसूचित जातियों के लिए साक्षरता दरों में इस अवधि के दौरान 17 प्रतिशत अंक से अधिक की वृद्धि हुई है; दूसरा, महिला साक्षरता दरों में एक अपेक्षाकृत उच्च दर से वृद्धि हुई है; तीसरा, पुरुष साक्षरता दरों में हमेशा-लगातार ग्रामीण-शहरी विभाजन

अनुसूचित जातियों और गैर-अनुसूचित जातियों/जनजातियों दोनों के लिए संकीर्ण होना शुरू हुई। दोनो समुदायों के के भीतर लिंग अंतर साथ ही शहरी और ग्रामीण महिलाओं के बीच अंतर, हालांकि, 20 से अधिक प्रतिशत अंकों से ऊपर रहने के लिए जारी है।

पुरुषों और महिलाओं दोनों के लिए उच्चतम साक्षरता दरें केरल के बाद त्रिपुरा, महाराष्ट्र, गुजरात और हिमाचल प्रदेश में पाई गईं; इन सभी राज्यों में, 2001 में साक्षरता दरें 70 प्रतिशत से अधिक थीं। सबसे कम साक्षरता दरें बिहार, उत्तर प्रदेश, राजस्थान, कर्नाटक और आंध्र प्रदेश में पाई गई। अन्य राज्यों में, राजस्थान, मध्य प्रदेश और आंध्र प्रदेश ने साक्षरता दरों में महत्वपूर्ण वृद्धि दिखाई।

शिक्षा प्राप्ति के आंकड़ों ने प्रदर्शित किया कि अनुसूचित जातियों और गैर-अनुसूचित जातियों/जनजातियों के लिए शिक्षित जनसंख्या का भंडार काफी खराब था। इसके अतिरिक्त, अनुसूचित जातियां अपने गैर-अनुसूचित जाति/जनजाति समकक्षों से काफी पीछे हैं। सार्वभौमिक प्राथमिक शिक्षा के लक्ष्य दूर बने रहे क्योंकि 5–14 आयु वर्ग के अनुसूचित जाति मादा बच्चों के 45 प्रतिशत से कम और एक तिहाई अनुसूचित जाति नर बच्चों ने ग्रामीण क्षेत्रों में स्कूल से बाहर रहना जारी रखा। अनुसूचित जातियों के बीच सार्वभौमिक प्राथमिक शिक्षा के लक्ष्यों को साकार करने में प्रमुख बाधाओं में से एक उनके बीच हाई स्कूल छोड़ने की दर का होना है, जो ऐसा प्रतीत होता है कि बच्चे का नामांकन कक्षा I में होने के साथ ही जैसे तय हो जाता था।

उच्च शिक्षा में अनुसूचित जातियों की हिस्सेदारी भी बहुत ही सीमित थी। 2001 में, 20–24 आयु वर्ग के अनुसूचित जातियों के 5 प्रतिशत से थोड़े अधिक की उच्चतर माध्यमिक शिक्षा में भाग लेने का पता चला। व्यावसायिक पाठ्यक्रमों में उनकी उपस्थिति मामूली थी। उच्च शिक्षा में नामांकन के पैटर्न ने संकेत दिया कि गैर-अनुसूचित जातियों/जनजातियों की तुलना में अनुसूचित जातियां एक अत्यंत हानिकर स्थिति में थीं। इसके अलावा, उच्च जाति समकक्षों की तुलना में अनुसूचित जातियों तथा हाशिए पर मौजूद अन्य सामाजिक समूहों जैसे मुस्लिम, ईसाई और सिख धर्मों को उच्च शिक्षा तक कम पहुंच का सामना करना पड़ा।

अनुसूचित जातियों के बीच शैक्षिक अभाव और जिन सामाजिक विषमताओं के वे अधीन हैं, काफी हद तक सदियों से उनके द्वारा सहे गए ऐतिहासिक और संचयी सामाजिक-आर्थिक और ढांचागत अभाव उसके लिए जिम्मेदार हैं। अनुसूचित जाति के बच्चों के खराब शैक्षिक नामांकन के लिए मुख्य रूप से जिम्मेदार अनुसूचित जाति परिवारों की गरीबी है। अध्ययन ने इस कथन की स्थापना की है कि कभी न नामांकित, स्कूल से बाहर बच्चों और स्कूल छोड़ने वालों की उच्च दर के उच्च परिमाण के मुख्य कारणों में से एक गरीबी और भेदभाव हैं।

टिप्पणियां

1. इस अध्याय में चर्चा के लिए आंकड़े सिन्हा, सच्चिदानंद से लिए गए हैं. 2005. 'Literacy and Educational level of Social Groups', वर्किंग पेपर, आईआईडीएस .
2. सकल नामांकन अनुपात, पूर्व स्नातक/स्नातकोत्तर/स्नातकोत्तर डिग्री/डिप्लोमा पाठ्यक्रम में नामांकित सभी आयु के कुल छात्रों की तुलना में 18–23 वर्ष के आयु वर्ग में कुल जनसंख्या का अनुपात है।
3. कुल नामांकन अनुपात (आयु विशिष्ट), स्नातक/स्नातकोत्तर/डिप्लोमा/सर्टिफिकेट पाठ्यक्रम में 18–23 आयु वर्ग के कुल छात्रों की तुलना में उसी आयु समूह में कुल जनसंख्या का एक अनुपात है।
4. एनरोलमेंट ऑफ इलिजिबल (योग्य छात्रों का नामांकन) 18–23 वर्ष के प्रासंगिक आयु वर्ग में कुल स्नातक/स्नातकोत्तर/डिप्लोमा/सर्टिफिकेट धारकों की तुलना में उन लोगों का समग्र जिन्होंने 18–23 वर्ष के प्रासंगिक आयु वर्ग में उच्चतर माध्यमिक पूरा किया हो, का एक अनुपात है।

अध्याय 11

स्वास्थ्य की स्थिति और स्वास्थ्य सुविधाओं का उपयोग[1]

इस अध्याय का उद्देश्य अनुसूचित जाति की जनसंख्या के स्वास्थ्य की स्थिति और अनुसूचित जनजातियों और गैर-अनुसूचित जातियों/जनजातियों के साथ इसकी तुलना का एक सिंहावलोकन पेश करना है। स्वास्थ्य की स्थिति, मापने योग्य संकेतकों के सेट का उपयोग करते हुए जो स्वास्थ्य के विभिन्न आयामों जिन पर काफी विश्वसनीय आंकड़े उपलब्ध हैं, को प्रतिबिंबित कर मूल्यांकन करते हैं। इनमें शामिल मृत्यु दर और पोषण की स्थिति के संकेतकों जिन्हें मोटे तौर पर 'स्वास्थ्य के परिणाम' कहा जाता है, और उपचारात्मक, प्रोत्साहक और निवारक सेवाओं तक पहुंच और उपयोग, मोटे तौर पर 'स्वास्थ्य सुविधाएं' कहलाती हैं।

यह अध्याय हालिया दो सर्वेक्षणों पर आधारित है, राष्ट्रीय परिवार स्वास्थ्य सर्वेक्षण (एनएफएचएस) 1 (1992–93) और 2 (1998–99)। इन सर्वेक्षणों ने अखिल भारतीय और राज्य स्तर पर विशेष रूप से महिलाओं और बच्चों के स्वास्थ्य की स्थिति, स्वास्थ्य और स्वास्थ्य सेवा के उपयोग से संबंधित पहलुओं की एक बड़ी संख्या के बारे में जानकारी एकत्र की।

शिशु और बच्चों की मृत्यु दर

मृत्यु दर, किसी भी जनसंख्या के स्वास्थ्य की स्थिति का एक महत्वपूर्ण सार्वभौमिक स्वीकृत और व्यापक रूप से इस्तेमाल किया गया सूचक है, साथ ही स्पष्ट रूप से समझ में आने वाला एक स्वास्थ्य परिणाम है। बचपन मृत्यु दर के प्रमुख संकेतकों में शिशु मृत्यु दर (आईएमआर), बाल मृत्यु दर (सीएमआर) और अंडर-5 मृत्यु दर (यू-5एमआर) हैं।

आईएमआर और सीएमआर आम तौर पर अत्यधिक सह-संबद्ध होते हैं क्योंकि मोटे तौर पर दोनों को कारकों का एक ही सेट (सामाजिक-आर्थिक, पर्यावरण और स्वास्थ्य सेवा से संबंधित) प्रभावित करते हैं। हालांकि, बचपन, विशेष रूप से जल्दी शैशव (नवजात मृत्यु दर कहा जाता है) के दौरान मृत्यु दर को प्रभावित करने में अंतर्जात कारकों की एक बड़ी भूमिका होती है, जबकि बहिर्जात कारक, देर शैशव और बचपन के दौरान और अधिक महत्वपूर्ण हैं। इसलिए, हालांकि इन दो संकेतकों में भिन्नता के पैटर्न समान होने की संभावना है, यह एक सा होना आवश्यक नहीं है। इसलिए, भारत में सामाजिक समूहों द्वारा सभी तीन संकेतकों-आईएमआर, सीएमआर और यू-5एमआर- के अनुमानों का इस खंड में चर्चा के लिए उपयोग किया जाता है।

तालिका 11.1
सामाजिक समूहों के लिए शिशु और बाल मृत्यु दर के संकेतक

		सामाजिक समूह				अंतर	
संकेतक	स्रोत	अनु. जाति	अनु. जजा.	गैर-अनु. जाति/जजा.	कुल	अनु. जाति- गैर-अनु. जाति/अजजा.	अनुसूचित जजा.-गैर-अनु.जाति/जजा.
शिशु मृत्यु दर	एसआरएस सर्वेक्षण	127	101	99	104	28	2
	एनएफएचएस-1	107	91	82	86	25	9
	एनएफएचएस-2	83	84	68	73	15	16
बाल मृत्यु दर	एनएफएचएस-1	47	49	35	36	15	17
	एनएफएचएस-2	40	46	25	31	15	21
अंडर-5 मृत्यु दर	एनएफएचएस-1	149	135	112	119	37	23
	एनएफएचएस-2	119	127	92	101	27	35

स्रोत: 1. एसआरएस सर्वेक्षण: भारत, रजिस्ट्रार जनरल (1989), नमूना पंजीकरण योजना बुलेटिन, वॉल्यूम 37; 2. एनएफएचएस-1: आईआईपीएस (1995), राष्ट्रीय परिवार स्वास्थ्य सर्वेक्षण (1992–93), इंडियन इंस्टिट्यूट ऑफ पापुलेशन स्टडीज (आईआईपीएस), मुंबई; 3. एनएफएचएस -2: आईआईपीएस और ओआरसी मैक्रो, (2000), राष्ट्रीय परिवार स्वास्थ्य सर्वेक्षण (1998–99), इंडियन इंस्टिट्यूट ऑफ पापुलेशन स्टडीज (आईआईपीएस), मुंबई।

नोट: एसआरएस सर्वेक्षण आकलन 1984 देखिए।

शिशु मृत्यु दर

भारत में शिशु मृत्यु दर अतीत में बहुत अधिक थी, लेकिन पिछले कुछ वर्षों में यह गिरावट का रुख दिखा रही है। नमूना पंजीकरण सर्वेक्षण (एसआरएस) श्रृंखला के अनुसार, आईएमआर शुरूआती 1970 के दशक में 130 प्रति 1000 से 2002 में 64 से आधा हो गया। सामाजिक समूहों द्वारा आकलन दर्शाते हैं कि अनुसूचित जातियों के लिए, स्तर हमेशा राष्ट्रीय औसत से अधिक रहा है। 1984 में आयोजित, एसआरएस द्वारा एक विशेष सर्वेक्षण ने अनुसूचित जातियों के लिए समग्र औसत 104 के साथ एक बहुत उच्च शिशु मृत्यु दर (127) दिखाया। अनुसूचित जनजातियों के लिए स्तर (101) औसत के करीब था।

एनएफएचएस-1 के अनुसार, भारत के लिए आईएमआर सम्पूर्ण तौर पर 86 था (यह सर्वेक्षण के पूर्व 10 साल की अवधि को संदर्भित करता है, क्योंकि सर्वेक्षण 1992–93 के दौरान आयोजित किया गया, यह 1982–83 से 1992–93 होगा), लेकिन अनुसूचित जातियों के लिए स्तर, 107 पर काफी ज्यादा था। अनुसूचित जनजातियों के लिए, यह 91 पर मौजूद था, औसत से थोड़ा अधिक (तालिका 11.1)। एनएफएचएस-2 के आकलन से (1988–89 की इसी अवधि के लिए) समग्र 73 पर कम था, लेकिन अनुसूचित जातियों और अनुसूचित जनजातियों के लिए स्तर क्रमशः 83 और 84 पर उच्चतम था।

1991 की जनगणना के आधार पर अप्रत्यक्ष आकलन भी अनुसूचित जातियों और अनुसूचित जनजातियों दोनों के लिए औसत स्तर से अधिक के संकेत देते हैं। इसके अलावा, वहां मृत्यु दर में बड़े क्षेत्रीय बदलाव हैं, और कुछ राज्यों में मृत्यु दर 1998–1999 में भी काफी अधिक थी। विशेष रूप से, एनएफएचएस-2, मध्य प्रदेश और उत्तर प्रदेश में अनुसूचित जातियों के लिए 100 प्रति 1,000 से अधिक का आईएमआर भी दिखाता है।

बाल मृत्यु दर

सीएमआर आकलन के अनुसार एनएफएचएस-1 भारत में प्रति 1000 पर 36 था, अनुसूचित जनजाति (49) और गैर-अनुसूचित जाति/जनजाति (32) की तुलना में अनुसूचित जातियों (47) के लिए बहुत अधिक दर होने के साथ। एनएफएचएस-2 आकलन

31 पर कम था, लेकिन अनुसूचित जनजातियों (46) और गैर-अनुसूचित जातियों/जनजातियों (25) की तुलना में अनुसूचित जातियों का अधिक मृत्यु दर (40) से पीड़ित रहना जारी रहा। 50 से अधिक पर, अनुसूचित जातियों के लिए सीएमआर कुछ राज्यों जैसे मध्य प्रदेश, उत्तर प्रदेश और बिहार में उच्च बना हुआ है।

5 वर्ष के नीचे मृत्यु दर (यू-5 एमआर)

यू-5 एमआर संरचनात्मक रूप आईएमआर और सीएमआर से बना है। भारत में इसका स्तर प्रति 1000 सिर्फ 100, जन्म से अधिक है (एनएफएचएस-1 आकलन 119 है और एनएफएचएस-2 आकलन 102 है), जिसका अर्थ है कि हर 10 नवजात शिशुओं में से एक उसके जन्म के पांचवें वर्ष से परे जीवित नहीं है। अनुसूचित जातियों के लिए, उम्र के पांच साल पूरा करने से पहले मृत्यु दर का जोखिम ज्यादा है, प्रति 1000 के 125 करीब या इससे अधिक। यह उत्तर प्रदेश, मध्य प्रदेश, राजस्थान और बिहार जैसे कई राज्यों में अनुसूचित जातियों के लिए 125 से अधिक था।

पोषक तत्वों का स्तर

किसी भी जनसंख्या के अच्छे स्वास्थ्य और भलाई के लिए पोषण एक आधार है, विशेष रूप से, यह बच्चों के शारीरिक और मानसिक विकास में एक महत्वपूर्ण भूमिका निभाता है। पुरानी बीमारियां अक्सर कुपोषण के साथ जुड़ी रही हैं, विशेष रूप से बच्चों के बीच में। इसके अतिरिक्त, मां के पोषण की स्थिति अपने खुद के स्वास्थ्य को प्रभावित करती है, साथ ही अपने बच्चों की।

महिलाओं में पोषक तत्वों का स्तर

भारत में प्रसव उम्र की करीब एक तिहाई महिलाओं का बहुत कम बॉडी मास इंडेक्स (बीएमआई) है-18.5 से कम-जो स्थाई ताकत की कमी (तालिका 11.2) का संकेत देता है। अनुसूचित जाति/जनजाति समूहों की महिलाओं के पोषण का स्तर बहुत तुच्छ है: 42 प्रतिशत अनुसूचित जाति की महिलाओं और 46 प्रतिशत अनुसूचित जनजाति की महिलाओं की बीएमआई कम है। यह समस्या उड़ीसा में अनुसूचित जातियों के लिए गंभीर है, 50 प्रतिशत से अधिक गंभीर रूप से कुपोषित होने के साथ प्रति डेसिलीटर) और 17 प्रतिशत 'मामूली' या 'गंभीर रूप से खून की कमी' (10 ग्राम से नीचे प्रति डेसिलीटर)। 'मामूली' या 'गंभीर' खून की कमी की डिग्री चिंता का विषय का कारण बनता है, जिसकी व्यापकता सम्पूर्ण रूप से और अनुसूचित जातियों के बीच बहुत अधिक नहीं है।

बच्चों के बीच पोषक तत्वों का स्तर

भारतीय बच्चों के बीच उच्च रुग्णता और उच्च मृत्यु दर के लिए कुपोषण एक प्रमुख कारक के रूप में जिम्मेदार है। दो एनएफएचएस सर्वेक्षण में मानवशास्त्रीय माप बताते हैं कि अपने उम्र वालों की तुलना में लगभग आधे बच्चों की अंतरराष्ट्रीय मानकों में वजन और उंचाई बहुत कम है, और उन्हें 'कुपोषित' और 'अवरुद्ध' के रूप में वर्गीकृत किया गया है (तालिका 11.2)। गैर-अनुसूचित जाति/जनजाति की तुलना में अनुसूचित जाति के बीच अल्पपोषण की मात्रा अधिक है। राज्यों की एक बड़ी संख्या

तालिका 11.2
सामाजिक समूहों के आधार पर महिलाओं और बच्चों में पोषक तत्वों का स्तर

		सामाजिक समूह				अंतर	
संकेतक	स्रोत	अनु. जाति	अनु. जजा.	गैर-अनु. जाति/जजा.	कुल	अनु. जाति-गैर-अनु. जाति/जजा.	अनुसूचित जजा.-गैर-अनु.जाति/जजा.
15–49 आयु की महिलओं का प्रतिशत							
बीएमआई<18.5	एनएफएचएस-2	42	46	33	36	9	13
मामूली या गंभीर खून की कमी	एनएफएचएस-2	19	24	15	17	4	9
तीन वर्ष से कम बच्चों का प्रतिशत							
कुपोषित	एनएफएचएस-1	58	57	52	53	6	5
कुपोषित	एनएफएचएस-2	54	56	44	47	10	12
अविकसित	एनएफएचएस-1	58	53	51	52	7	2
अविकसित	एनएफएचएस-2	52	53	43	46	9	10
कमज़ोर	एनएफएचएस-1	19	22	17	18	2	5
कमज़ोर	एनएफएचएस-2	16	22	15	16	1	7
मामूली या गंभीर खून की कमी वाले 6–35 माह के बच्चों का प्रतिशत	एनएफएचएस-2	56	57	49	51	7	8

स्रोत: 1. एनएफएचएस-1: आईआईपीएस, 1992/93.
2. एनएफएचएस-2: आईआईपीएस, 1998/99.
3. ऑपरेशन रिसर्च सेंटर (ओआरसी) मैक्रो, 2000.

में-उत्तर प्रदेश, उड़ीसा, बिहार, मध्य प्रदेश, राजस्थान, पश्चिम बंगाल, जम्मू-कश्मीर, कर्नाटक, हिमाचल प्रदेश और महाराष्ट्र-अनुसूचित जाति के बच्चों का बहुतायात कुपोषित हैं।

एक ऐसी ही तस्वीर 'अविकसित' के सूचक के लिए देखी' जाती है: लगभग आधे बच्चे 'अवरुद्ध' हैं, अर्थात, अपनी उम्र के लिए बहुत कम। लेकिन 'कुपोषण' और 'अविकसित' की तुलना में 'कमज़ोर', 16–18 प्रतिशत समग्र और अनुसूचित जातियों के लिए 20 प्रतिशत बहुत कम आम है (तालिका 11.2)। हालांकि, कर्नाटक में अनुसूचित जाति के बच्चों के बीच, 25 प्रतिशत से अधिक 'कमज़ोर' हैं—उनकी ऊंचाई के मुकाबले कम वजन।

भारतीय बच्चों का बहुतायात एनीमिया के किसी रूप से पीड़ित हैं। राष्ट्रीय स्तर पर, 'मामूली' और 'गंभीर' एनीमिया के रूपों से पीड़ित बच्चों का प्रतिशत (6–35 माह आयु के) काफी अधिक (51 प्रतिशत) है। अनुसूचित जाति के बच्चों की स्थिति बदतर है—अन्य सामाजिक समूहों के बच्चों की तुलना में उनके बीच एनीमिया का प्रसार 7–8 प्रतिशत अंकों से अधिक है। कुछ राज्यों में-हरियाणा, पंजाब और राजस्थान-अनुसूचित जाति के बीच अभाव और भी अधिक तीव्र है, साथ ही बच्चों में मामूली 'या' गंभीर रूप से 'खून की कमी 60 प्रतिशत से अधिक है।

बच्चों के लिए स्वास्थ्य सुविधाएं

बचपन के दौरान स्वास्थ्य सेवा में निवारक सुविधाएं जैसे टीकाकरण, तत्पर देखभाल, जैसे पोषण, साथ ही उपचारात्मक सुविधाएं भी शामिल हैं। इस खंड में, हम स्तर और स्वास्थ्य के सभी तीन संकेतकों में अंतराल की जांच करते हैं।

निवारक सुविधाएं: बाल टीकाकरण

बाल टीकाकरण काफी समय से भारत में प्रचलन में रहा है। सार्वभौमिक टीकाकरण कार्यक्रम (यूआईपी) को देश के सभी जिलों में 1980 के मध्य में पेश किया गया था। बाद में, शिशु उत्तरजीविता और सुरक्षित मातृत्व कार्यक्रम (सीएसएसएमएसपी) और फिर प्रजनन और स्वास्थ्य सुविधा कार्यक्रम (आरसीएचपी) ने टीकाकरण सेवा प्रदान करना जारी रखा। वर्तमान में, सार्वजनिक स्वास्थ्य कार्यक्रम (पीएचपीस) छह निवारण करने योग्य बीमारियों के विरूद्ध टीकाकरण प्रदान करता है।

एनएफएचएस ने महिलाओं से 12–23 माह के आयु वर्ग के उनके बच्चों के टीकाकरण का विवरण पूछा। तालिका 11.3 बच्चे, जिन्होंने बीसीजी, खसरा की निर्देशित की गई सभी खुराकें, और डीपीटी (डिप्थीरिया, काली खांसी और टिटनेस) तथा पोलियो प्रत्येक की तीन खुराक प्राप्त की, का प्रतिशत दिखाती है। सार्वभौमिक से कवरेज बहुत दूर था—बच्चों के केवल 40 प्रतिशत ने निर्देशित की गई सभी खुराकें प्राप्त की। कुछ राज्यों में, एक-पांचवें से कम बच्चों ने 1998–99 तक सभी खुराक प्राप्त की थीं (जैसा एनएफएचएस -2 द्वारा रिपोर्ट किया गया)। विशेष रूप से, बिहार, राजस्थान और मध्य प्रदेश में अनुसूचित जातियों का बेहद कम कवरेज किया था।

प्रोत्साहक सुविधाएं: विटामिन 'ए' पूरकता

विटामिन ए की कमी पोषण संबंधी एक आम विकार है, जो कम उम्र में अंधापन के लिए प्रधान कारक के रूप में जिम्मेदार है। भारत में पीएचपीस पांच वर्ष से कम आयु के बच्चों के लिए मौखिक खुराक के रूप में विटामिन ए की पूरकता प्रदान करते हैं। एनएफएचएस-2 ने 12–35 माह आयु के बच्चों के लिए इस बारे में जानकारी एकत्र की। यह चित्रण काफी निराशाजनक था, इस तरह कि बच्चों के केवल 30 प्रतिशत ने केवल एक खुराक प्राप्त किया था (तालिका 11.3 देखें)। जबकि सामान्य तौर पर

तालिका 11.3
सामाजिक समूहों के आधार पर बच्चों के लिए निवारक और उपचारात्मक सुविधाएं

		सामाजिक समूह				*अंतर*	
संकेतक	*स्रोत*	*अनु. जाति*	*अनु. जजा.*	*गैर-अनु. जाति/जजा.*	*कुल*	*अनु. जाति- गैर-गैर-अनु.जाति/जजा.*	*अनुसूचित जजा.-गैर-अनु.जाति/जजा.*
बच्चों का प्रतिशत (12–23 माह आयु के) जो स्वास्थ्य सुविधाएं प्राप्त करते हैं							
सभी निर्देशित टीकाकरण की खुराकें	एनएफएचएस-1	27	25	38	35	–11	–13
सभी निर्देशित टीकाकरण की खुराकें	एनएफएचएस-2	40	26	45	42	–5	–19
विटामिन ए सप्लीमेंट	एनएफएचएस-2	27	26	31	30	–4	–5
बच्चों का प्रतिशत (तीन वर्ष से कम) जो स्वास्थ्य सुविधाएं प्राप्त करते हैं							
दस्त पीड़ित का स्वास्थ्य प्रदाता तक पहुंचना	एनएफएचएस-1	61	52	62	61	–1	–10
दस्त पीड़ित का स्वास्थ्य प्रदाता तक पहुंचना	एनएफएचएस-2	65	52	65	63	0	–13
एआरआई (तीव्र श्वसन संक्रमण) पीड़ित का स्वास्थ्य प्रदाता तक पहुंचना	एनएफएचएस-1	64	59	68	66	–4	–9
एआरआई पीड़ित का स्वास्थ्य प्रदाता तक पहुंचना	एनएफएचएस-2	60	50	68	64	–8	–19

स्रोत: 1. एनएफएचएस-1: आईआईपीएस, 1995.
2. एनएफएचएस-2: आईआईपीएस, 1998/99.
3. ओआरसी मैक्रो, 2000.

अनुसूचित जातियों के लिए कवरेज तुच्छ था (27 प्रतिशत), यह बिहार, उत्तर प्रदेश, तमिलनाडु और राजस्थान में अनुसूचित जातियों के लिए 20 प्रतिशत से नीचे था।

उपचारात्मक सुविधाएं

हम अब देखते हैं बचपन के दो आम रोगों, दस्त और एआरआई के मामले में उपचार लिया गया था या नहीं।

दस्त (डायरिया) के लिए उपचार

पांच साल की आयु से कम बच्चों के लिए दुनिया भर में दस्त एक प्रमुख जानलेवा बीमारी है। यह निर्जलीकरण (इलेक्ट्रोलाइट्स की कमी) का कारण बनता है और, अगर अनुपचारित छोड़ दिया, परिणाम मौत हो सकता है। यहां तक कि अन्यथा, बच्चा कमजोर बन सकता है, जिससे अन्य बीमारियों से ग्रस्त होने का जोखिम बढ़ जाता है। मौखिक या नसों में पुनर्जलीकरण सबसे अधिक दिया गया उपचार है। बाद में महंगा और सभी गांवों में आसानी से उपलब्ध नहीं है। भारत सरकार ने, इसलिए, अपनी प्राथमिकता गतिविधियों में से एक के रूप में मौखिक पुनर्जलीकरण चिकित्सा कार्यक्रम (ओआरटीपी) शुरू किया है।

एनएफएचएस ने तीन वर्ष से कम आयु के प्रत्येक बच्चे पर सवाल पूछा कि दो सप्ताह की अवधि के दौरान साक्षात्कार से पहले क्या उसे दस्त का सामना करना पड़ा है और क्या, ऐसे प्रत्येक मामले में, बाल स्वास्थ्य सुविधा या प्रदाता के पास इलाज के लिए उसे ले जाया गया था। दोनो सर्वेक्षणों से पता चला है कि परिवार ने दस्त को काफी गंभीरता से लिया, और लगभग 60 प्रतिशत बच्चों को उपचार के लिए स्वास्थ्य सुविधाओं या प्रदाताओं के पास ले जाया गया (तालिका 11.3)। हालांकि, उपचार की तलाश करने की प्रवृत्ति अन्य लोगों की तुलना में अनुसूचित जनजातियों (52 प्रतिशत) के बीच में थोड़ा कम था।

एआरआई के लिए उपचार

एआरआई, मुख्य रूप से निमोनिया, शिशुओं और बच्चों के बीच बीमारी की एक बड़ी वजह है, और दुनिया भर में बाल मृत्यु दर का एक प्रमुख कारण है। शीघ्र निदान और एंटीबायोटिक दवाओं के साथ इलाज से एआरआई/निमोनिया से होने वाली मृत्यु का एक बड़ा हिस्सा रोका जा सकता है। जैसा कि दस्त के मामले में, तीव्र श्वसन संक्रमण की व्यापकता और उपचार पर डेटा भी सर्वेक्षण से पहले दो सप्ताह के संदर्भ अवधि के लिए तीन साल से कम आयु के बच्चों के लिए एनएफएचएस द्वारा एकत्र किए गए थे। (इस पहलू को एनएफएचएस-1 में केवल कुछ ही राज्यों में शामिल किया गया था, लेकिन एनएफएचएस-2 में यह सभी राज्यों में है। इसलिए, केवल एनएफएचएस-2 के परिणाम प्रस्तुत किये गए हैं।) आम तौर पर, तीव्र श्वसन संक्रमण के लक्षण की रिपोर्ट करने वाले बच्चों के बहुतायात को एक स्वास्थ्य केंद्र या देखभाल करने के लिए ले जाया जाता है (तालिका 11.3)। गैर-अनुसूचित जातियों/जनजातियों की तुलना में अनुसूचित जाति परिवारों के बच्चों को ज्यादा सुविधाएं नहीं मिली।

मातृ स्वास्थ्य सुविधाएं

भारत में महिलाओं को गर्भधारण और प्रसव के दौरान खराब स्वास्थ्य और मृत्यु दर के बहुत अधिक खतरे का सामना करना पड़ता है, नतीजा यह है कि मातृ मृत्यु दर बहुत उच्च है। एनएफएचएस-2, 540 प्रति 100000 जीवित जन्मों पर मातृत्व मृत्यु दर

(एमएमआर) का आकलन करता है। इस मुद्दे पर गौर करने के संबंध में, भारत में सरकारी मातृ स्वास्थ्य कार्यक्रम (जीएमएचपीस) (अब आरसीसीएचपी का एक हिस्सा) प्राथमिक स्वास्थ्य केंद्र (पीएचसी) और शहरी स्वास्थ्य पदों के एक नेटवर्क के माध्यम से प्रसव पूर्व सुविधाएं (एएनसी), प्रसव सुविधाएं और प्रसवोत्तर सुविधाएं (पीएनसी) प्रदान करने के लिए है। सार्वजनिक क्षेत्र में ज्यादातर सेवाओं को मुफ्त लागत से प्रदान किया जाता है ताकि गरीब भी पेशेवर मातृ स्वास्थ्य सेवा से वंचित नहीं रहे। इसके अलावा, स्वास्थ्य केन्द्रों के नेटवर्क सेवाओं तक पहुंच आसान बनाता है। इस प्रकार, सिद्धांत रूप में, कवरेज साभौमिक के करीब होना चाहिए। हालांकि, विभिन्न सर्वेक्षणों से संकेत मिलता है कि महिलाओं के एक बड़े हिस्से को गर्भधारण और प्रसव के दौरान पर्याप्त स्वास्थ्य सेवा नहीं मिलती है।

प्रसवपूर्व सुविधाएं

भारत में महिलाओं के बहुतायात को हाल ही में प्रसव पूर्व सुविधाएं (एएनसी) मिली है। एनएफएचएस-2 का आकलन है कि 1990 के दशक के दौरान, प्रसव पूर्व जांच 65 प्रतिशत जन्मों में योग्य पेशेवरों द्वारा आयोजित की गई (11.4 तालिका)। कुल मिलाकर, गैर-अनुसूचित जातियों/जनजातियों की तुलना में अनुसूचित जाति की जनसंख्या के लिए कवरेज कम था। अनुसूचित जातियां, हालांकि आम तौर पर भेदभाव का शिकार हुई, अन्य लोगों के साथ गांवों में रहती हैं और मातृ स्वास्थ्य सेवाओं को प्राप्त करने में अनुसूचित जनजातियों की तुलना में अधिक सफल रही हैं। अभी तक बिहार, उत्तर प्रदेश और राजस्थान में अनुसूचित जाति की महिलाओं के बहुतायात ने कोई भी पेशेवर एएनसी प्राप्त नहीं किया था।

प्रसव सुविधाएं

प्रसव का स्थान

भारत में ज्यादातर प्रसव, विशेषकर ग्रामीण क्षेत्रों में घर पर होता है। प्रसव का केवल एक छोटा सा अनुपात स्वास्थ्य संस्थानों जैसे अस्पतालों, मातृत्व घरों (सार्वजनिक या निजी), प्राथमिक स्वास्थ्य केंद्रों (पीएचसी) और उप केन्द्रों में होता है। एनएफएचएस-1 और एनएफएचएस-2 का आकलन है कि स्वास्थ्य संस्थानों में प्रसव का प्रतिशत क्रमशः 26 और 34 प्रतिशत था। संस्थागत सुविधाएं (एनएफएचएस-2 ने 27 प्रतिशत का आकलन लगाया) अनुसूचित जाति महिलाओं के बीच काफी कम थीं (तालिका 11.4)। इसके अलावा, बिहार में 10 प्रतिशत से कम अनुसूचित जाति की महिलाओं ने संस्थागत प्रसव सुविधाएं प्राप्त कीं।

सार्वजनिक स्वास्थ्य सेवाएँ कमजोर वर्गों की आवश्यकताओं को पूरा करने के लिए अपेक्षित हैं, जिनको निजी क्षेत्र द्वारा उपलब्ध कराई गई सेवाओं का भुगतान करने में कठिनाई होती है। लेकिन, कुल मिलाकर, सार्वजनिक क्षेत्र इस मांग को बहुत कम पूरा करते हैं। एनएफएचएस-2 का आकलन है कि प्रसव का केवल 16 प्रतिशत, सरकारी स्वास्थ्य केंद्रों में होता है अर्थात सार्वजनिक क्षेत्र के संस्थानों और अस्पतालों में। कई राज्यों जैसे बिहार, हरियाणा, उत्तर प्रदेश और पंजाब में अनुसूचित जातियों के 10 प्रतिशत से कम सार्वजनिक क्षेत्र का संस्थागत प्रसव सुविधाएं प्राप्त करने में सफल रहे थे।

जन्म/प्रसव में चिकित्सा सहायता

प्रसव के दौरान पेशेवर सहायता का अभाव मातृ एवं नवजात मृत्यु दर का एक प्रमुख कारण है। परंपरागत रूप से, गांव की दाइयां और महिलाएं घर पर प्रसव में सहायता कर रही हैं। समय के साथ, कई महिलाओं ने प्रसव के समय में डॉक्टरों या कम से कम

तालिका 11.4
सामाजिक समूहों के आधार पर मातृत्व स्वास्थ्य सुविधाएं

संकेतक	स्रोत	सामाजिक समूह अजा	जजा	गैर अजा/जजा	कुल	अंतर अजा-गैर अजा/जजा	जजा-गैर अजा/जजा
महिलाओं का प्रतिशत जिनकी प्रसव पूर्व जांच हुई	एनएफएचएस-1	58	48	66	53	–8	–18
महिलाओं का प्रतिशत जिनकी प्रसव पूर्व जांच हुई	एनएफएचएस-2	62	57	69	65	–7	–12
प्रसव का प्रतिशत							
स्वास्थ्य संस्थाओं में	एनएफएचएस-1	16	9	29	26	–13	–20
स्वास्थ्य संस्थाओं में	एनएफएचएस-2	27	17	38	34	–11	–21
सार्वजनिक स्वास्थ्य संस्थाओं में	एनएफएचएस-1	11	7	16	15	–5	–9
सार्वजनिक स्वास्थ्य संस्थाओं में	एनएफएचएस-2	16	11	17	16	–1	–6
स्वास्थ्य पेशेवरों द्वारा सहायता प्राप्त	एनएफएचएस-1	25	18	38	34	–13	–20
स्वास्थ्य पेशेवरों द्वारा सहायता प्राप्त	एनएफएचएस-2	37	23	47	42	–10	–24

स्रोतः 1. एनएफएचए-1: आईआईपीएस, 1995.
2. एनएफएचए-2: आईआईपीएस, 1998/99.
3. ओआरसी मैक्रो, 2000.

नोटः प्रसव के आंकड़े, सर्वेक्षण के पूर्व की चार साल (एनएफएचएस-1) या तीन साल (एनएफएचएस-2) की अवधि के दौरान के लिए।

प्रशिक्षित दाइयों की मदद लेनी शुरू की है। एनएफएचएस-1 और एनएफएचएस-2 के अनुसार, क्रमशः 34 प्रतिशत और 42 प्रतिशत प्रसव में एक पेशेवर-एक डॉक्टर या प्रशिक्षित दाई द्वारा सहायता की जाती है (तालिका 11.4)।

कई अन्य संकेतक के रूप में जैसा स्पष्ट है, अनुसूचित जातियों ने खराब प्रदर्शन किया। एनएफएचएस-2 के अनुसार, केवल 37 प्रतिशत अनुसूचित जातियों ने प्रसव की पेशेवर सहायता प्राप्त की। वहां बहुत बड़े अंतर-राज्यीय बदलाव हैं। केरल में अनुसूचित जातियों सहित ज्यादातर महिलाओं को, प्रसव में पेशेवर सहायता मिली। दूसरी तरफ, बिहार और उत्तर प्रदेश में अनुसूचित जातियों के बीच प्रत्येक पांच में से सिर्फ एक को इस तरह की सुविधाएं मिली हैं।

सामाजिक समूहों के बीच असमानता

पूर्ववर्ती विवरण स्पष्ट रूप से दर्शाते हैं कि अनुसूचित जातियों की स्वास्थ्य सेवाओं के हालात काफी खराब हैं। निस्संदेह, भारत में कुल मिलाकर स्थितियां खराब हैं, परंतु संकेतक सामान्यतया भारतीय जनसंख्या के अन्य वर्गों के मुकाबले अनुसूचित जातियों के लिए बहुत खराब स्तर को दर्शाते हैं। अनेक कारण हैं कि स्वास्थ्य स्थितियों के संबंध में अन्य वर्गों की तुलना में अनुसूचित जातियां क्यों अधिक पीड़ित होती हैं।

सर्वप्रथम, अनुसूचित जातियों की आय सामान्यतया औसत से कम होती है; दूसरा, उनकी आवासीय स्थितियां काफी खराब होती हैं, और तीसरा, उनकी शिक्षा का स्तर कम होता है- कारण जो स्पष्टतया स्वास्थ्य के लिए मायने रखती हैं। अनुसूचित जातियां हमेशा से प्रभावशाली समूहों द्वारा बसाये गए गांवों में रहती आई हैं, और इसलिए, अनुसूचित जनजातियों की तरह शारीरिक छुआछूत से पीड़ित नहीं होते। स्वास्थ्य संस्थान उसी तरह उनके निकट होते, जिस तरह आम आबादी के और इसलिए सार्वजनिक स्वास्थ्य सुविधाओं तक उनकी पहुंच गैर-अनुसूचित जाति आबादी के साथ बराबरी पर होती होगी। फिर भी, स्वास्थ्य सेवाओं सहित सार्वजनिक सुविधाओं तक पहुंच पर परंपरागत रोकटोक के कारण अनुसूचित जातियों को सामाजिक भेदभाव का सामना करना पड़ता है।

मुद्दा, इसलिए, यह नहीं कि क्या अनुसूचित जातियों की स्वास्थ्य स्थितियां आबादी के अन्य वर्गों से खराब हैं, अपितु उनमें अभाव किस कदर है। असमानताओं के आकलन के लिए, एक सामाजिक समूह के लिए स्तरों की तुलना अन्य सामाजिक समूहों के लिए स्तरों के साथ की जाती है: अनुसूचित जातियों से इतर समुदाय संदर्भ समूहों की तरह काम करते हैं। एनएफएचएस-2 ओबीसी और अन्य के लिए अलग अलग आकलन करता है, परंतु एनएफएचएस-1 ओबासी और गैर-अनुसूचित जातियों/जनजातियों दोनों के लिए एक साथ संयुक्त कर आकलन करता है। इसलिए, गैर-अनुसूचित जातियों/जनजातियों के लिए आकलन प्राप्त करने के लिए, ओबीसी और अन्य के लिए एनएफएचएस-2 के आकलन को उपयुक्त नमूने के आकार का प्रयोग करके समूहीकृत किया जाता है।

अकाल बाल मृत्यु दर

यद्यपि अनुसूचित जातियों में शेष जनसंख्या के मुकाबले अकाल बाल मृत्यु दर अधिक है, असमानता का स्तर राज्यों में एक समान नहीं है। अनेक राज्यों में, सामाजिक समूहों के बीच अंतर बड़ा है। अनुसूचित जातियों के लिए गैर-अनुसूचित जातियों/जनजातियों के मुकाबले आंध्र प्रदेश, बिहार, मध्य प्रदेश और उत्तर प्रदेश में आईएमआर काफी अधिक है। कर्नाटक, महाराष्ट्र, उड़ीसा, पंजाब और तमिलनाडु भी एनएफएचएस में बड़ी असमानता दर्शाते हैं। दूसरी ओर, गुजरात, हरियाणा, हिमाचल प्रदेश और जम्मू एवं कश्मीर में अनुसूचित जातियों के लिए आईएमआर गैर-अनुसूचित जातियों/जनजातियों के मुकाबले कुछ खास अधिक नहीं था।

बाल मृत्यु दर के मामले में, एनएफएचएस में गुजरात, उत्तर प्रदेश, हरियाणा, महाराष्ट्र, कर्नाटक, उड़ीसा और तमिलनाडु में अनुसूचित जातियों के लिए स्तर गैर-अनुसूचित जातियों/जनजातियों के लिए स्तर से पर्याप्त अधिक था। फिर भी, दो सर्वेक्षणों में अनुसूचित जातियों के लिए असमानता का पैटर्न स्थिर नहीं है।

कुलमिलाकर, अधिकतर राज्यों में भारतीय आबादी के अन्य वर्गों की तुलना में अनुसूचित जातियां यू-5एमआर के बड़े जोखिम का सामना करती हैं। मात्र कुछ राज्य, जैसे असम, हरियाणा, हिमाचल प्रदेश, और जम्मू एवं कश्मीर कम असमानता प्रदर्शित करते हैं। सामाजिक समूहों में असमानता की प्रकृति और डिग्री बदलती रहती है। बिहार और गुजरात में अनुसूचित जातियां अनुसूचित जनजातियों की अपेक्षा ज्यादा चपेट में हैं।

आवश्यक नहीं कि किसी क्षेत्र में सामान्य मृत्यु दर का निम्न स्तर अनुसूचित जातियों के लिए मृत्यु दर का निम्न स्तर सुनिश्चित करता हो। महाराष्ट्र और तमिलनाडु में, यद्यपि कुल मिला कर यू-5एमआर का स्तर अधिक नहीं था (राष्ट्रीय औसत की तुलना में), अनुसूचित जातियों के लिए असमान्य रूप से एनएफएचएस-1 ने उच्च यू-5एमआर का आकलन किया। द्वितीय सर्वेक्षण में ऐसा ही आंध्र प्रदेश, कर्नाटक, गुजरात और पंजाब में हुआ। (केरल में असमानताओं की पड़ताल संभव नहीं थी, जहां यू-5एमआर बहुत कम था, क्योंकि अनुसूचित जातियों के लिए नमूना आकार इतने छोटे थे कि शिशु और बचपन की मृत्यु दर के आकलन की अनुमति नहीं देते थे।) राज्यों में तुलनात्मक रूप से कम मृत्यु दर के साथ विशाल असमानताओं का अस्तित्व चिंता का बड़ा मामला है; स्पष्ट है कि शिशु उत्तरजीविता में प्रगति और सुधार से कमजोर वर्ग वंचित रहे।

पोषण स्थिति

यद्यपि अनुसूचित जाति महिलाएं गैर-अनुसूचित जाति/जनजाति महिलाओं से अधिक कुपोषित होती हैं, अनुसूचित जनजातियों में पृथक्करण बहुत है। यह स्पष्ट रूप से महाराष्ट्र (जहां अनुसूचित जनजातियां गैर-अनुसूचित जातियों/जनजातियों तथा अनुसूचित जातियों से खराब हालत में हैं), तमिलनाडु और पश्चिम बंगाल (जहां अनुसूचित जातियां तथा अनुसूचित जनजातियां दोनों वंचित

थीं, परंतु उत्तरवर्ती कुछ अधिक ही) ऐसे ही हैं। असम एक अपवाद था जहां अनुसूचित जातियां तथा अनुसूचित जनजातियां दोनों ही अन्य समूहों की तुलना में अहितकर स्थितियों में नहीं थीं।

प्रोटीन अल्पता एनीमिया में, अनुसूचित जातियों और गैर-अनुसूचित जातियों/जनजातियों के बीच अंतर बहुत कम था। फिर भी, कुछ एक राज्यों में- पंजाब, कर्नाटक, पश्चिम बंगाल, उड़ीसा और बिहार- 5 प्रतिशत अंकों से अधिक के बड़े अंतर ने गैर-अनुसूचित जातियों/जनजातियों की तुलना में अनुसूचित जातियों के लिए तुच्छ स्थितियों को दर्शाया।

राष्ट्रीय स्तर पर, सामाजिक समूहों द्वारा बच्चों में कुपोषण की डिग्री बहुत अधिक नहीं बदलती है। अंतर मात्र 5 से 10 प्रतिशत अंकों का था (एनएफएचएस-2 एनएफएचएस-1 से अधिक अंतर दर्शाता है)। परंतु अनेक राज्यों में, अनुसूचित जातियों के हालात गैर-अनुसूचित जातियों/जनजातियों के मुकाबले काफी खराब थे। विशेष रूप में, काफी कुछ राज्यों में- गुजरात, हरियाणा, हिमाचल प्रदेश, जम्मू एवं कश्मीर, उड़ीसा, पंजाब कर्नाटक, केरल, उत्तर प्रदेश और पश्चिम बंगाल- कम से कम एक सर्वेक्षण (दि एनएफएचएस) में अनुसूचित जातियों और गैर-अनुसूचित जातियों/जनजातियों के बीच 10 प्रतिशत अंकों से अधिक का अंतर देखा गया।

बाल स्वास्थ्य संरक्षण

एनएफएचएस-1 दर्शाता है कि गैर-अनुसूचित जातियों/जनजातियों के मुकाबले अनुसूचित जातियों में रोग-प्रतिरक्षण कवरेज काफी कम है। परंतु एनएफएचएस-2 तुलनात्मक रूप से कम अंतर दिखाता है। अधिकतम राज्यों में, एनएफएचएस-1 में अंतर 10 प्रतिशत अंकों के करीब था, परंतु एनएफएचएस-2 के निष्कर्षों द्वारा यह बहुत कम हो गया। पंजाब एक अपवाद था—इस राज्य में मुख्य रूप से गैर-अनुसूचित जातियों/जनजातियों के लिए कवरेज में एक बड़ी वृद्धि के चलते अंतर काफी हद तक बढ़ गया परंतु अनुसूचित जातियों के लिए नहीं। मध्य प्रदेश भी बड़े अंतरों को लगातार प्रदर्शित करता रहा। फिर भी, यह कहा जा सकता है कि रोग प्रतिरक्षण में अनुसूचित जातियों को लगभग उतना ही कवरेज मिला जितना कि गैर-अनुसूचित जातियों/जनजातियों को। ऐसा प्रतीत होता है कि सार्वजनिक रोग प्रतिरक्षण कार्यक्रमों ने जितना गैर-अनुसूचित जातियों/जनजातियों का ध्यान रखा, लगभग उतनी ही सफलतापूर्वक अनुसूचित जातियों का भी।

अनुसूचित जातियों और गैर-अनुसूचित जातियों/जनजातियों के बीच बचपन की आम बीमारियों के लिए उपचार की मांग के स्तर में मुश्किल से कोई अंतर है। राष्ट्रीय स्तर पर दोनों ही समूहों ने लगभग 60–65 प्रतिशत मामलों में उपचार कराया। आगे और, अधिकतर राज्यों में अंतर कम था।

दूसरी तरफ, अनुसूचित जनजातियां दस्त के मामले में उपचार लेने में उतनी सफल नहीं थीं। राष्ट्रीय स्तर पर अंतर लगभग 10 अंकों का था, और एनएफएचएस-2 के अनुसार, बिहार तथा उड़ीसा में बहुत अधिक था। अनुसूचित जातियों और गैर-अनुसूचित जातियों/जनजातियों के बीच अंतर न होने के लिए सुखद कारण था कि दस्त से संबंधित जोखिम को अभिभावक भलीभांति पहचानते थे, और पीड़ित बच्चे को सेवा प्रदाता के पास पहुंचाते थे। यह स्पष्ट नहीं है कि अनुसूचित जनजातियां क्यों नहीं गैर-अनुसूचित जातियों/जनजातियों की तरह उसी हद तक कर पाईं। संभवतः प्रदाता तक पहुंच न पाना रोड़ा सिद्ध हुआ, या वे संक्रमण की तीव्रता को समझ नहीं पाये, या, शायद, वे घरेलू उपचार पर निर्भर थे।

मातृ स्वास्थ्य संरक्षण

अनुसूचित जाति महिला उतना एएनसी नहीं पाती जितना अन्य महिलाएं। अनुसूचित जातियों का तुलनात्मक पृथक्करण लगभग सभी राज्यों में देखा गया था। असम उल्लेखनीय रूप से एक अपवाद था, परंतु राज्य में अनुसूचित जातियों के लिए बेहतर कवरेज

के कारण ऐसा नहीं था; यह केवल राज्य में सभी समुदायों के लिए सर्वत्र खराब कवरेज के कारण तुलनात्मक सांख्यिकीय समानता थी। क्योंकि, केरल लगभग सार्वभौम सार्वभौम कवरेज तक पहुंच चुका है, स्पष्टतया सामाजिक समूहों में कोई अंतर मुश्किल से देखा गया। कुछ-एक राज्यों- दो सर्वेक्षणों में राजस्थान, कर्नाटक, हरियाणा और उत्तर प्रदेश तथा एनएफएचएस (1998/99) के कम से कम एक चक्र में बिहार, पश्चिम बंगाल और पंजाब- ने अनुसूचित जातियों और गैर-अनुसूचित जातियों के बीच बड़ी असमानता दिखाई।

कुलमिलाकर, अनुसूचित जातियों को उतनी संस्थागत प्रसव सुविधाएं नहीं मिलती जितनी गैर-अनुसूचित जातियों/जनजातियों को, परंतु अंतर मूलतः निजी क्षेत्र से प्रसव सुविधाओं के कारण होता है। स्पष्टया, आर्थिक रूप से बेहतर होने के कारण गैर-अनुसूचित जातियों/जनजातियों की महिलाएं अनुसूचित जाति/जनजाति महिलाओं की अपेक्षा निजी क्षेत्र का उपयोग काफी अधिक करती हैं। इसके विपरीत, एनएफएचएस-2 के अनुसार, निजी क्षेत्र से प्रसव सुविधाओं के लिए अंतर संकीर्ण होता है; सरकारी संस्थानों में होने वाले प्रसव का प्रतिशत अनुसूचित जाति और गैर-अनुसूचित जाति/जनजाति महिलाओं के लिए लगभग समान हैं, और केवल अनुसूचित जनजाति महिलाओं के लिए मामूली कम है।

कुछ एक राज्यों में, एनएफएचएस-2 के अनुसार, गैर-अनुसूचित जातियों/जनजातियों से अनुसूचित जातियों का एक बड़ा अनुपात निजी क्षेत्र से प्रसव सेवाओं का उपयोग करता है, उल्लेखनीय रुप से केरल और, कुछ हद तक गुजरात, महाराष्ट्र तथा पश्चिम बंगाल। फिर भी, इसका यह आशय नहीं कि सरकारी क्षेत्र अनुसूचित जातियों का अधिक ध्यान रखता है। यह प्रशंसनीय है कि गैर-अनुसूचित जातियां/जनजातियां, अधिक से अधिक वित्तीय संसाधन होते हुए, प्रसव सुविधाओं के लिए निजी क्षेत्र को पसंद करती हैं। इस प्रकार, अनुसूचित जातियां गैर-अनुसूचित जातियों/जनजातियों की तरह निजी प्रसव सुविधा प्राप्त करने में उतनी निपुण नहीं होतीं, मुख्य बाधा सामर्थ्य है।

असम और बिहार ने मामूली अंतर प्रदर्शित किया क्योंकि कवरेज सभी सामाजिक समूहों में कम था। केरल में साम्यता का उच्च स्तर असम और बिहार में साम्यता के निम्न स्तर के साथ विरोधाभासी था। चिकित्सकीय सहायता तमिलनाडु में अच्छी थी, यद्यपि गैर-अनुसूचित जातियों/जनजातियों और अनुसूचित जातियों के बीच एक स्पष्ट अंतर था।

सारांश

इस विश्लेषण से, बल्कि यह स्पष्ट रूप से प्रकट है कि भारत में अनुसूचित जातियों के स्वास्थ्य हालात काफी खराब हैं, और आबादी के अन्य वर्गों की अपेक्षा अधिक वंचित हैं। यह विशेषकर बचपन की उत्तरजीविता, पोषण स्थिति, बाल स्वास्थ्य सुविधाओं और मातृत्व स्वास्थ्य सुविधाओं का सच है। उत्तरजीविता स्तरों में सुधार के बावजूद, अनुसूचित जातियों में शिशु और बाल मृत्यु दर अस्वीकार्य रूप से ऊंची (क्रमशः 83 और 40) है। इसके अतिरिक्त, एक तिहाई से अधिक अनुसूचित जाति महिलाएं दीर्घकालीन निःशक्तता से पीड़ित हैं, जैसा कि उनकी बीएमआई से पता चला। मानवमितीय उपाय दर्शाते हैं कि अनुसूचित जाति के लगभग आधे छोटे बच्चे 'कुपोषित' या 'नाटे', और आधे से अधिक 'मामूली' अथवा 'गंभीर' रक्तहीनता से पीड़ित पीड़ित हैं।

कुछ एक पहलुओं, जिनमें अनुसूचित जातियों के लिए वंचन बहुत अधिक नहीं, हैं रोग प्रतिरक्षण कवरेज (अनुसूचित जातियों के लिए 40 प्रतिशत और गैर-अनुसूचित जातियों/जनजातियों के लिए 45 प्रतिशत) तथा बचपन की आम बीमारियों जैसे दस्त (65 प्रतिशत) और एआरआई (60 प्रतिशत) के मामलों में उपचार प्राप्त करने की डिग्री।

गर्भधारण और प्रसव के दौरान पेशेवर स्वास्थ्य सुविधाएं उपलब्ध कराने का सरकारी लक्ष्य पूरा होने से काफी दूर है, विशेषकर उत्तर प्रदेश, बिहार तथा राजस्थान जैसे राज्यों में। मातृत्व स्वास्थ्य सुविधाओं के निःशुल्क प्रावधान के बावजूद, अनुसूचित जाति/जनजाति समूहों तक इनकी पहुंच कम है। अधिकतर राज्यों में, सार्वजनिक प्रसूति सुविधाओं ने संभावित माताओं के एक बड़े अनुपात को आकर्षित नहीं कियाः स्वास्थ्य संस्थान केवल एक तिहाई प्रसव कराते हैं। क्योंकि निजी प्रसव सुविधाओं पर निर्भरता

अधिक है और पेशेवर सुविधाएं स्पष्टतया काफी खर्चीली है, कमजोर वर्ग प्रसव सुविधाओं से काफी कुछ वंचित रहते हैं। इसी तरह का दृश्य प्रसव में पेशेवर सहायता के मामले में देखा गया है। वास्तव में ऐसा संभव है कि आधुनिक प्रसव सुविधाओं तक अनुसूचित समूहों की खराब पहुंच का कारण हो, आंशिक रूप से, उनके आधुनिक स्वास्थ्य प्रदाताओं तक पहुंचने में बाधा के अतिरिक्त दाई की परंपरागत प्रणाली में उनका विश्वास।

सामाजिक निर्बल वर्ग आर्थिक रूप से भी कमजोर होते हैं, यही कारण है कि माना जाता है कि सार्वजनिक स्वास्थ्य सेवाएं आवश्यक स्वास्थ्य सेवाओं तक पहुंच में उनकी सहायता करती हैं। फिर भी, परिणाम स्पष्ट रूप से दर्शाते हैं कि अनुसूचित जातियां मूलभूत स्वास्थ्य सेवाओं के उपयोग तक में तुलनात्मक रूप से अधिक वंचित हैं। स्वास्थ्य वितरण प्रणाली और अनुसूचित जातियों की आर्थिक स्थिति को सुधारने के प्रयासों को, उनकी समग्र बेहतरी के लिए सुदृढ़ करने की आवश्यकता है।

टिप्पणियां और संदर्भ

1. यह लेख पी.एम. कुलकर्णी और विजय बारीक के 2006 के लेख 'हेल्थ स्टेटस एंड एक्सेस टू हेल्थ केयर सर्विस-डिस्पैरिटीज अमंग सोशल ग्रुप्स इन इंडिया', वर्किंग पेपर सर्विस, खंड 1, आईआईडीएस पर आधारित है।
2. आईएमआर नवजातों का अनुपात है जो अपना पहला साल पूरा होने के पहले मर जाते हैं।
3. सीएमआर अनुपात है उनका जो एक साल तक जीवित रहते हैं लेकिन पांच वर्ष की आयु पूरी करने के पहले ही मर जाते हैं।
4. यू-5एमआर नवजातों का अनुपात है जो पांच वर्ष की आयु पूरी करने के पूर्व मर जाते हैं। इसमें नवजात मृत्यु दर तथा बाल मृत्यु दर दोनों शामिल है।

अध्याय 12

नागरिक सुविधाओं तक पहुंच: आवास, जल और बिजली[1]

मानव विकास के लिए आवास या आश्रय सबसे महत्वपूर्ण पहली आवश्यकता है। सुरक्षित पेयजल, शौचालय और बिजली तक पहुंच तीन मुख्य घरेलू सुविधाएं हैं जो मनुष्य की उत्पादकता, प्रदर्शन, दक्षता और जीवन की समग्र गुणवत्ता को करीब से प्रभावित करती हैं, तथा स्वास्थ्य परिणामों के साथ नजदीकी से संबंधित हैं।

यह अध्याय, आवास और घरेलू सुविधाओं पर जनगणना आंकड़ों पर आधारित है। यह आवास और घरेलू सुविधाओं के उपयोग में परिमाण तथा असमानता की प्रकृति जानने के लिए सामाजिक समूहों में आवासीय स्टॉक की गुणवत्ता की पड़ताल करता है। यह हर जनगणना घर में कमरों की उपलब्धता से परिवारों के आकार की तालिका आधारित तुलना द्वारा रिहायशी स्थानों की भीड़ पर भी एक नजर डालता है। आश्रय की गुणवत्ता को घर की हालत और निर्माण में प्रयुक्त सामग्री से मापा गया है।

आवासीय सुविधाएं

आवास की स्थिति

2001 की जनगणना ने आवासीय अथवा आंशिक आवासीय जनगणना घरों (सेंसस हाउस)[2] की हालत को अनुभूति और उत्तरदाताओं की प्रतिक्रिया पर आधारित 'अच्छा', 'रहने योग्य', और 'जीर्ण' दर्ज किया। जैसा कि पूर्व की जनगणना में, निर्माण सामग्री के आधार पर घरों को सूचीबद्ध किया था- *पक्का, कच्चा* या आधा *पक्का*।

सामाजिक समूहों द्वारा घरों के हालात पर सूचना से, जैसा कि उन घरों के निवासियों द्वारा उन घरों के बारे में महसूस किया गया, यह बहुत स्पष्ट है कि जीर्ण घरों में रहने वाले अनुसूचित जाति परिवारों का प्रतिशत उच्चतम था (तालिका 12.1)। अनुसूचित जाति और गैर-अनुसूचित जाति/जनजाति परिवारों के बीच अंतर उत्तरवर्ती के पक्ष में लगभग 16 प्रतिशत अंक था। शहरी क्षेत्रों में गैर-अनुसूचित जाति/जनजाति परिवारों के 3 प्रतिशत से अधिक नहीं थे जो अनुसूचित जातियों के 6.4 प्रतिशत के मुकाबले जीर्ण घरों में रह रहे थे। जीर्ण घरों का औसत ग्रामीण क्षेत्रों में उच्चतम था। यहां जोर देकर बताना जरूरी है कि घरो के हालात के बारे में अनुभूतियां स्थानीय परिस्थितियों द्वारा संचालित तथा प्रभावित होती हैं।

घरों की स्थितियों में अंतर-राज्यीय परिवर्तन कम महत्वपूर्ण नहीं हैं (संलग्नक XV, तालिका 15A.1)। ऐसे अनुसूचित परिवार जो 'अच्छे' घरों में रहने की अनुभूति करते थे, उड़ीसा में 17 प्रतिशत थे, जिसके बाद बिहार और असम थे, जहां अनुसूचित जाति परिवारों का लगभग एक चौथाई इसी तरह महसूस करता था, और तमिलनाडु में लगभग 85 प्रतिशत। वास्तव में, अधिकतर

तालिका 12.1
सामाजिक समूहों के आधार पर आवासों की स्थिति

(प्रतिशत में)

सामाजिक समूह	*क्षेत्र*	*योग*			*आवास*			*आवास-सह-अन्य उपयोग*		
		अच्छा	*रहने योग्य*	*जीर्ण*	*अच्छा*	*रहने योग्य*	*जीर्ण*	*अच्छा*	*रहने योग्य*	*जीर्ण*
कुल	योग	50.2	44.3	5.5	50.4	44.1	5.6	46.7	49.1	4.2
	ग्रामीण	44.8	48.9	6.2	45.0	48.7	6.3	42.0	53.4	4.6
	शहरी	64.2	32.2	3.6	64.2	32.2	3.6	62.1	34.8	3.1
अनु. जाति	योग	42.2	49.7	8.1	42.4	49.5	8.1	36.8	55.9	7.3
	ग्रामीण	39.7	51.8	8.5	39.9	51.6	8.6	33.9	58.4	7.8
	शहरी	51.3	42.3	6.4	51.3	42.2	6.5	49.6	45.0	5.3
गैर-अनु. जाति/जनजाति	योग	54.2	41.0	4.8	54.3	40.8	4.8	51.3	44.8	3.9
	ग्रामीण	48.2	46.2	5.6	48.3	46.0	5.7	46.6	49.1	4.2
	शहरी	67.2	29.8	3.0	67.4	29.6	3.0	63.9	33.3	2.9

स्रोतः महा पंजीयक, भारत का कार्यालय, 2001, घरों, आवासीय सुविधाओं और संपत्ति की तालिका, नई दिल्ली

राज्यों ने जो आंकड़े बताए हैं, वे अखिल भारतीय औसत के करीब हैं, जबकि तमिलनाडु एक अपवाद का मामला है। 'जीर्ण' हालातों में सूचित अनुसूचित जाति परिवारों का उच्चतम अनुपात उड़ीसा, बिहार, असम, केरल और दिल्ली से था। आधे से अधिक गैर-अनुसूचित जाति/जनजाति परिवारों ने बताया कि वे 'अच्छे' घरों में रहते हैं (संलग्नक XV, तालिका 15A.2)। तमिलनाडु में उनका अनुपात उच्चतम पाया गया। 'अच्छा' आवासीय हालात बताने वाले गैर-अनुसूचित जाति/जनजाति परिवारों का अनुपात तुलनात्मक रूप से विकसित अधिकतर राज्यों में उच्चतम पाया गया।

आश्रय की गुणवत्ता

निर्माण के लिए प्रयुक्त सामग्री, घरों के टिकाऊपन और उसमें रहने वालों को उससे किस प्रकार की सुरक्षा मिली है, का एक अच्छा संकेतक हो सकती है। शहरी क्षेत्रों में, अधिकतर गैर-अनुसूचित जाति/जनजाति परिवार *पक्की* छतों वाले घरों में रहते हैं, जबकि ग्रामीण क्षेत्रों में आंकड़े लगभग तीन-चौथाई पर ठहरते हैं (तालिका 12.2)। ग्रामीण क्षेत्रों में लगभग 65 प्रतिशत अनुसूचित जाति परिवारों ने छतों के लिए *पक्की* सामग्री का प्रयोग किया, जबकि शहरी क्षेत्रों में आंकड़े 86.5 प्रतिशत पर ठहरते हैं। फिर भी, ग्रामीण साथ ही साथ शहरी क्षेत्रों में अनुसूचित जाति और गैर-अनुसूचित जाति/जनजाति परिवारों दोनों के लिए *पक्की* दीवारोंवाले घरों का प्रतिशत बहुत नीचे था। ग्रामीण क्षेत्रों में लगभग दो पांचवें अनुसूचित जाति परिवार *पक्की* दीवारोंवाले घरों में रहते हैं, जबकि गैर-अनुसूचित जाति/जनजाति परिवारों का आधा इस मामले में बेहतर स्थिति में था। 1991–2001 की इस अवधि में, दोनों सामाजिक समूहों के *पक्का*-घर स्तर में शहरी क्षेत्रों में वृद्धि दर्ज की गई, जहां यह क्रमशः 70.1 तथा 85 प्रतिशत पर था।

पक्की छतों और दीवारोंवाले अनुसूचित जाति घरों में महसूस करने लायक अंतर-राज्यीय परिवर्तन पाये गएः उड़ीसा में न्यूनतम प्रतिशत था, हरियाणा, असम और बिहार इसके बाद थे (संलग्नक XV, तालिका 15A.3 और 15A.4)। पक्की छतों वाले गैर-अनुसूचित जाति/जनजाति और अनुसूचित जाति परिवारों के बीच अंतर जम्मू एव कश्मीर, हरियाणा, पश्चिम बंगाल और बिहार में उच्चतम पाया गया, जबकि *पक्की* दीवारों के मामले में पश्चिम बंगाल में उच्चतम अंतर था, केरल, बिहार और राजस्थान इसके बाद थे। शहरी क्षेत्रों ने सामाजिक असमानता के उच्चतम परिमाण का संकेत दिया, जहां पंजाब सबसे आगे था।

तालिका 12.2
सामाजिक समूहों के आधार पर *पक्की* छतों और दीवारों वाले घरों में रहने वाले परिवारों का प्रतिशत, 2001

		सामाजिक समूह		
पहलू	*क्षेत्रफल*	*कुल*	*अनु. जाति*	*गैर-अनु. जाति/जजा*
छत	कुल	78.0	70.2	80.5
	ग्रामीण	72.3	65.5	74.4
	शहरी	92.2	86.5	93.4
दीवार	कुल	55.5	47.0	61.8
	ग्रामीण	45.1	40.2	51.0
	शहरी	81.8	70.7	84.8

स्रोतः महा पंजीयक, भारत का कार्यालय, 2001, घरों, आवासीय सुविधाओं और संपत्ति की तालिका, नई दिल्ली

रहने की जगह की उपलब्धता

आवास की गुणवत्ता केवल एक ऐसा कृत्य नहीं है कि घर कितना टिकाऊ है परंतु, अधिक महत्वपूर्ण है कि रहने वालों को रहने की कितनी जगह उपलब्ध है। तालिका 12.3 दर्शाती है कि परिवारों की संख्या जिनके पास अलग से अपने कमरे नहीं हैं—परिवार जिन्होंने अन्य परिवारों के साथ स्थान साझा किया है—जो 1991 में नगण्य था, 2001 में कई गुना बढ़ गया।

4 प्रतिशत से अधिक अनुसूचित जाति परिवारों के पास स्वयं के लिए अलग से कमरा नहीं था, जबकि गैर-अनुसूचित जाति/जनजाति परिवारों के लिए तुलनात्मक आंकड़ा तीन प्रतिशत से नीचे था। अनुसूचित जाति परिवारों का लगभग चार-पांचवां उन

तालिका 12.3
आवासीय इकाइयों की संख्या के आधार पर घरों का वितरण, 1991 और 2001

(प्रतिशत में)

			आवासीय कमरों की संख्या के साथ परिवार						
कुल ग्रामीण/शहरी	*सामाजिक समूह*	*अलग कमरे नहीं*	*1*	*2*	*3*	*4*	*5*	*6+*	*2 कमरों से अधिक*
					2001				
कुल	अनुसूचित जाति	4.1	47.7	30.0	10.5	4.6	1.5	1.8	18.3
	गैर-अनुसूचित जाति/जनजाति	2.7	34.9	30.0	15.8	8.7	3.5	4.4	32.4
ग्रामीण	अनुसूचित जाति	4.3	48.1	30.1	10.0	4.4	1.4	1.7	17.5
	गैर-अनुसूचित जाति/जनजाति	3.0	35.9	30.2	14.7	8.3	3.4	4.4	30.9
शहरी	अनुसूचित जाति	3.2	46.3	29.5	12.1	5.2	1.7	2.1	21.1
	गैर-अनुसूचित जाति/जनजाति	2.1	32.7	29.5	18.2	9.5	3.6	4.4	35.7
					1991				
कुल	अनुसूचित जाति	0.1	48.4	30.9	10.7	4.7	1.8	2.4	19.7
	गैर-अनुसूचित जाति/जनजाति	0.0	37.4	30.5	15.0	8.1	3.7	4.4	31.2
ग्रामीण	अनुसूचित जाति	0.0	48.1	31.0	10.8	4.7	1.8	2.4	19.8
	गैर-अनुसूचित जाति/जनजाति	0.0	37.2	30.5	14.7	8.0	3.8	4.6	31.2
शहरी	अनुसूचित जाति	0.1	49.8	30.3	10.4	4.7	1.6	2.7	19.3
	गैर-अनुसूचित जाति/जनजाति	0.0	37.8	30.3	15.6	8.3	3.4	4.0	31.3

स्रोतः महा पंजीयक, भारत का कार्यालय, 2001, घरों, आवासीय सुविधाओं और संपत्ति की तालिका, नई दिल्ली

घरों में रहता था जिनमें दो या कुछ कमरे थे, एक महत्वपूर्ण बहुमत इकलौते कमरे में रहता था। दूसरी ओर, दो से अधिक कमरे वाले घरों में रहने वाले गैर-अनुसूचित जाति/जनजाति परिवार अनुसूचित जातियों की अपेक्षा लगभग दोगुना थे। जबकि यह आंकड़ा 1991 से गैर-अनुसूचित जाति/जनजाति परिवारों के लिए बढ़ गया, अनुसूचित जाति परिवारों के मामले में इसमें गिरावट आई। यह आंकड़े भीड़-भाड़ के संकेतक हैं जो न केवल रहने वालों के स्वास्थ्य को बाधित करता है, विशेषकर बच्चों का, बल्कि इसी के साथ उन्हें मामूली स्वतंत्रता देती है कि वे अपने निजी जीवन को व्यवस्थित कर सकें।

आवासीय अवधि

आवास तक पहुंच की एक और महत्वपूर्ण विशेषता आवासीय अवधि से पता चली है-क्या घर स्वामित्व में है या किराए पर दिया गया है या नियोक्ता द्वारा प्रदान की गई किसी अन्य व्यवस्था के तहत या सार्वजनिक या निजी भूमि पर अतिक्रमण (मलिन बस्तियों के मामले में)।

आर्थिक और सामाजिक कारणों के लिए अधिकतर अनुसूचित जाति परिवारों के पास स्वामित्व वाले मकान हैं, क्योंकि किराये के मकान तक उनकी पहुंच बहुत कम है। 1990 के दशक के दौरान, किराये वाला आवासीय बाजार अनुसूचित जातियों को शामिल करने के लिए थोड़ा सा खुला था, लेकिन यह अभी भी ग्रामीण और शहरी दोनों क्षेत्रों में कुल परिवारों के अनुपात से बहुत छोटा रहता है। जबकि किराये के मकान की उपलब्धता, सामर्थ्य का एक कार्य हो सकता है, जाति आधारित भेदभाव या बहिष्कार की संभावना से इंकार नहीं कर सकते हैं, खासकर जब कमरे की जगह या घर का एक हिस्सा किराये पर रखने की बात आती है (तालिका 12.4 देखें)। अध्ययनों से संकेत मिलता है कि आवासीय अवधि और घरेलू सुविधाओं तक पहुंच के बीच एक मजबूत संबंध है। यह देखा गया है कि किराये के मकान तक पहुंच का पेय जल, विद्युत् और सफाई तक पहुंच पर एक सकारात्मक परिणाम है क्योंकि भीतर या करीब सामीप्य में इन सुविधाओं के साथ घर की उपलब्धता मालिक को बेहतर आर्थिक लाभ दिला सकती है।

तालिका 12.4

परिवारों के आधार पर आवासीय अवधि और सामाजिक समूहों के आधार पर हिस्सेदारी का वितरण, 1991 और 2001

(प्रतिशत में)

		अनुसूचित जाति			*गैर-अनुसूचित जाति/जनजाति*		
राज्य	*कु/ग्रा/श*	*स्वामित्व*	*किराए पर*	*अन्य*	*स्वामित्व*	*किराए पर*	*अन्य*
आवासीय अवधि	कुल	92.0	5.8	2.2	84.3	14.1	1.7
1991	ग्रामीण	96.1	2.2	1.7	94.0	4.6	1.3
	शहरी	73.6	22.1	4.3	61.5	36.0	2.5
आवासीय अवधि	कुल	89.1	7.4	3.5	83.7	13.4	2.9
2001	ग्रामीण	94.9	2.7	2.4	93.1	4.7	2.2
	शहरी	70.5	22.5	7.0	64.7	31.1	4.2
अवधि की हिस्सेदारी	कुल	19.4	8.9	21.8	71.9	87.4	68.6
1991	ग्रामीण	20.5	11.1	23.3	69.3	81.3	64.1
	शहरी	14.7	8.2	19.5	82.6	89.4	75.2
अवधि की हिस्सेदारी	कुल	18.4	11.3	20.4	70.2	83.2	68.0
2001	ग्रामीण	19.2	12.5	19.8	67.3	79.2	65.1
	शहरी	15.5	10.9	21.1	80.2	84.5	71.3

स्रोतः महा पंजीयक, भारत का कार्यालय, 2001, घरों, आवासीय सुविधाओं और संपत्ति की तालिका, नई दिल्ली

घरेलू सुविधाएं

आम तौर पर सुरक्षित पेय जल, शौचालय की सुविधाएं और बिजली की आपूर्ति कम है। इन सुविधाओं की कमी सदा ही लोगों में वैकल्पिक स्रोतों की मांग, जो गुणवत्ता में घटिया हैं, का परिणाम हैं और इनमें गंभीर स्वास्थ्य निहितार्थ है।

पेय जल

भारत की जनगणना के अनुसार, अगर घर-घर में भीतर या परिसर के बाहर स्थित नल या एक हैंड पंप/नलकूप से पेय जल की आपूर्ति तक पहुंच थी, तो इसे सुरक्षित पेय जल तक पहुंच होने के रूप में माना जाता है। 2001 में, 90 प्रतिशत से अधिक शहरी अनुसूचित जाति परिवारों के पास सुरक्षित पेय जल तक पहुंच की सूचना मिली, जो 1991 से लगभग 10 प्रतिशत अंकों का एक सुधार है (तालिका 12.5)। शहरी क्षेत्रों में अनुसूचित जाति और गैर-अनुसूचित जाति/जनजाति के परिवारों के बीच शायद ही कोई फर्क था। ग्रामीण क्षेत्रों में, किसी भी सामाजिक समूह से संबंधित 20 प्रतिशत से अधिक घरों की पेय जल तक पहुंच नहीं थी। आश्चर्यजनक है कि अखिल भारतीय स्तर पर, ग्रामीण क्षेत्रों में अनुसूचित जाति के परिवारों को उनके गैर-अनुसूचित जाति/जनजाति के समकक्षों के साथ तुलना में बेहतर उपयोग के लिए सूचित किया गया। हालांकि, असम, बिहार, हिमाचल प्रदेश, पंजाब और उत्तर प्रदेश में गैर-अनुसूचित जातियों/जनजातियों की तुलना में ग्रामीण अनुसूचित जाति परिवार एक अपेक्षाकृत हानिकर स्थिति में थे (संलग्नक XV, तालिका 15A.6)। सुरक्षित पेय जल तक पहुंच, केरल के ग्रामीण क्षेत्रों के बाद असम (40 प्रतिशत) और राजस्थान (35 प्रतिशत) में सबसे खराब थी, जहां 75 प्रतिशत परिवारों के पास उस तक पहुंच नहीं थी।

शौचालय की सुविधाएं

शौचालय की सुविधाओं तक पहुंच की स्थिति अनुसूचित जाति और गैर-अनुसूचित जाति/जनजाति के परिवारों दोनों के लिए काफी खराब है, खासकर ग्रामीण क्षेत्रों में। 2001 की जनगणना के अनुसार, 85 प्रतिशत अनुसूचित जाति परिवारों और तीन-चौथाई गैर-अनुसूचित जाति/जनजाति परिवारों की पहुंच शौचालय की सुविधा तक नहीं थी। 1990 के दशक की शुरुआत में,

तालिका 12.5
सामाजिक समूहों के आधार पर घरेलू सुविधाओं तक पहुंच वाले परिवारों का प्रतिशत, 1991 और 2001

सामजिक समूह		*अनुसूचित जाति*			*गैर-अनुसूचित जाति/जनजाति*		
सुविधाएं	*वर्ष*	*कुल*	*ग्रामीण*	*शहरी*	*कुल*	*ग्रामीण*	*शहरी*
सुरक्षित पेय जल	1991	63.6	59.8	80.6	64.1	56.4	82.0
	2001	81.1	78.5	90.4	79.2	74.1	90.4
शौचालय	1991	11.16	5.15	38.28	28.63	11.52	68.38
	2001	23.7	15.1	54.5	42.3	25.8	78.0
बिजली	1991	28.1	21.8	56.3	48.1	34.6	79.3
	2001	44.3	35.1	77.4	61.4	48.2	89.9

स्रोतः महा पंजीयक, भारत का कार्यालय, 2001, घरों, आवासीय सुविधाओं और संपत्ति की तालिका, नई दिल्ली

हालात और भी बदतर थे, जब केवल 5 प्रतिशत अनुसूचित जाति और 12 प्रतिशत गैर-अनुसूचित जाति/जनजाति के ग्रामीण परिवारों को शौचालय सुविधाएं उपलब्ध कराई जा रहीं थी।

1999–2000 में जिन राज्यों ने अपेक्षाकृत बेहतर किया है उनमें असम, केरल और दिल्ली हैं, जहां आधे से अधिक अनुसूचित जाति परिवारों के पास शौचालय की सुविधाओं तक पहुंच थी (संलग्नक XV, तालिका 15A.7)। दूसरी ओर, उड़ीसा, बिहार और मध्य प्रदेश ने अनुसूचित जाति परिवारों के लिए स्वच्छता तक पहुंच सुनिश्चित करने में अच्छा प्रदर्शन नहीं किया है।

जहां तक शौचालय की सुविधाओं तक पहुंच का संबंध है, ग्रामीण-शहरी विभाजन बहुत बड़ा है। इसी तरह, ग्रामीण और शहरी दोनों क्षेत्रों में अनुसूचित जाति और गैर-अनुसूचित जाति/जनजाति परिवारों के बीच का अंतर काफी बड़ा है। इसके गंभीर निहितार्थ हैं, विशेष रूप से महिलाओं, जो खुली जगह का उपयोग करती हैं जिसका आमतौर पर परिणाम सुरक्षा खतरों और यौन शोषण में होता है। इस संदर्भ में अनुसूचित जाति की महिलाओं के लिए विशेष रूप से अधिक से अधिक जोखिम की संभावना होती है।

बिजली

अखिल भारतीय स्तर पर (2001), गांवों के 80 प्रतिशत विद्युतीकरण के बावजूद, 65 प्रतिशत अनुसूचित जाति और 52 प्रतिशत गैर-अनुसूचित जाति/जनजाति ग्रामीण परिवारों की पहुंच बिजली तक नहीं है। कई अन्य राज्यों में- आंध्र प्रदेश, केरल, मध्य प्रदेश, महाराष्ट्र और राजस्थान- एक-तिहाई से दो-तिहाई तक ग्रामीण परिवार बिना बिजली के थे (संलग्नक XV, तालिका 15A.9)। कई अन्य राज्यों में—पश्चिम बंगाल, उत्तर प्रदेश, उड़ीसा और असम—ग्रामीण क्षेत्रों में 80 प्रतिशत घर अब भी बिजली के बिना हैं। बिहार में स्थिति विशेष रूप से गंभीर है, जहां ग्रामीण परिवारों का एक बड़ा 94 प्रतिशत गैर-विद्युतीकृत है। अंतर-सामाजिक समूह विश्लेषण दर्शाता है कि आंध्र प्रदेश, हरियाणा, कर्नाटक, केरल, महाराष्ट्र, उड़ीसा, पंजाब, राजस्थान, तमिलनाडु, उत्तर प्रदेश और पश्चिम बंगाल में अनुसूचित जातियों के खिलाफ असमानताएं गंभीर थीं।

शहरी क्षेत्रों में, बिजली तक पहुंच बेहतर है, लेकिन अखिल भारतीय स्तर पर और ज्यादातर राज्यों में दोनों सामाजिक समूहों के बीच का अंतर (लगभग 13 प्रतिशत) काफी बड़ा है।

सारांश

नागरिक सुविधाओं तक ग्रामीण परिवारों की पहुंच, विशेष रूप से अनुसूचित जातियों की, बहुत खराब है। गैर-अनुसूचित जाति/जनजाति परिवारों (4.8 प्रतिशत) की तुलना में अनुसूचित जाति परिवारों (8.1 प्रतिशत) का एक काफी उच्च अनुपात जीर्ण मकानों में रहता है। मकानों के निर्माण में प्रयुक्त इमारत सामग्री संतोषजनक से काफ़ी दूर हैं। ग्रामीण क्षेत्रों में, केवल 65 प्रतिशत अनुसूचित जाति परिवारों और 75 प्रतिशत गैर-अनुसूचित जाति/जनजाति परिवारों ने छत के लिए पक्की सामग्री का इस्तेमाल किया। अनुसूचित जाति और गैर-अनुसूचित जाति/जनजाति दोनों परिवारों के लिए पक्के मकान की दीवारें होने का प्रतिशत भी कम था। अनुसूचित जाति के घरों का आकार भी बहुत छोटा था; लगभग चार-पांचवे अनुसूचित जाति परिवार उन मकानों में रहते थे, जिनमें दो या कम कमरे थे, एक कमरे में रहने वालों की बहुतायात अधिक थी। दूसरी ओर, गैर-अनुसूचित जाति/जनजाति के परिवार जो दो कमरे से अधिक के मकान में रहते थे, अनुसूचित जाति के लगभग दोगुना थे।

अनुसूचित जातियों (78 प्रतिशत) और गैर-अनुसूचित जाति/जनजाति (74 प्रतिशत) के लिए ग्रामीण क्षेत्रों में सुरक्षित पेय जल तक पहुंच कम या ज्यादा समान ही थी। सुरक्षित पेय जल तक पहुंच केरल के ग्रामीण क्षेत्रों के बाद असम और राजस्थान में क्रमश: 25, 60 और 65 प्रतिशत से कम घरों में इस सुविधा तक पहुंच के साथ, सबसे बुरी थी।

शौचालय की सुविधाओं तक पहुंच की स्थिति अनुसूचित जाति और गैर-अनुसूचित जाति/जनजाति दोनों परिवारों के लिए दु:खद थी, विशेषकर ग्रामीण क्षेत्रों में। 2001 की जनगणना के अनुसार, लगभग 85 प्रतिशत अनुसूचित जाति परिवारों और तीन-चौथाई गैर-अनुसूचित जाति/जनजाति परिवारों की पहुंच शौचालय की सुविधाओं तक बिल्कुल नहीं थी। बिजली तक पहुंच भी निकृष्ट थी। गांवों में लगभग 80 प्रतिशत विद्युतीकरण प्राप्त करने के बावजूद, 2001 में, लगभग 65 प्रतिशत अनुसूचित जाति और 52 प्रतिशत गैर-अनुसूचित जाति/जनजाति ग्रामीण परिवारों की बिजली तक पहुंच नहीं थी। हालांकि बिजली तक पहुंच शहरी क्षेत्रों में बेहतर थी, अखिल भारतीय स्तर और अधिकांश राज्यों दोनों में सामाजिक समूहों के बीच का अंतर काफी बड़ा (लगभग 13 प्रतिशत अंक) था।

टिप्पणियां

1. इस अध्याय में सिन्हा, सच्चिदानंद के 2005 के लेख 'लिटरेसी एंड एजुकेशनल लेवेल ऑफ सोशल ग्रुप्स', वर्किंग पेपर, आईआईडीएस, से कई संदर्भ लिए गए हैं।
2. 'सेन्सस हाउस' टर्म मे आवासीय, आंशिक रूप से आवासीय और गैर-आवासीय प्रयोजनों के लिए घर शामिल हैं।

अध्याय 13

अस्पृश्यता और अत्याचार की प्रथा

पारंपरिक और औपचारिक अर्थ में, जाति व्यवस्था तीन अंतर-संबंधित और जटिलता के एक साथ गुथे हुए सिद्धांतों से पहचानी जाती है। ये प्रत्येक जाति के लिए सामाजिक, सांस्कृतिक, धार्मिक और आर्थिक अधिकारों की आकांक्षा; जातियों के बीच इन अधिकारों का असमान और श्रेणीबद्ध (श्रेणीकृत) विभाजन; और सामाजिक एवं धार्मिक विचारधाराओं द्वारा समर्थित मजबूत सामाजिक बहिष्कार तंत्र का प्रावधान हैं।

जहां पहले दो सिद्धांत जाति व्यवस्था के ढांचे का वर्णन और उसे परिभाषित करते हैं, तीसरा सिद्धांत सामाजिक तंत्र को लागू करने का कार्य करता है। सामाजिक निर्वासन को सामान्य रूप से जाति व्यवस्था के परंपरागत नियमों, मानदंडों और सीमाओं के उल्लंघन के खिलाफ अनेक जुर्मानों द्वारा चिह्नित और लागू किया जाता है। सामाजिक और आर्थिक बहिष्कार से लेकर निचली जाति वाले अनुसूचित जातियों को दिए गए विभिन्न प्रकार के शारीरिक दंड सामाजिक निर्वासन के रूप हैं, विशेष रूप से उन्हें जो जाति व्यवहार के पारंपरिक नियमों के खिलाफ परिवर्तन को आरंभ करने में और एक तरह की गतिशीलता का प्रदर्शन करते हैं। क्योंकि जाति के परंपरागत नियमों को हिन्दू सामाजिक दर्शन के कुछ तत्वों से समर्थन प्राप्त है, जाति आचरण की नैतिक संहिता विचलन, सामाजिक बहिष्कार और अनुसूचित जातियों के खिलाफ अत्याचार के विभिन्न रूपों को आमंत्रीत करता है जो सामाजिक रूप से समान और नैतिक रूप से सही माना जाता है।

अनुसूचित जातियों के खिलाफ हिंसा और अत्याचार का सतत खतरा, और जातिगत भेदभाव की गहरी खाई ने सरकार को नागरिक अधिकार संरक्षण (पीसीआर) अधिनियम तथा अनुसूचित जाति एवं अनुसूचित जनजाति अत्याचार निरोधक (पीओए) अधिनियम प्रवर्तित करने के लिए प्रेरित किया। इन अधिनियमों का उद्देश्य स्पष्ट रूप से सामाजिक न्याय देने के लिए सरकार की मंशा और अनुसूचित जातियों को हिंसा और अत्याचार के डर के बिना, गरिमा के साथ जीने के लिए सक्षम करने पर जोर देना है। इसी उद्देश्य के लिए, अधिनियम मजबूत प्रतिपूरक और दंडात्मक उपायों को शामिल करते हैं। दुर्भाग्य से, यहां तक कि इस तरह की विस्तृत विधियों की उपस्थिति एक निवारक के रूप में कार्य नहीं करती है—अनुसूचित जातियों के खिलाफ अपराधों के स्थायीकरण और धर्मनिरपेक्ष सार्वजनिक क्षेत्रों में उनका भेदभाव बेरोकटोक जारी है।

यह अध्याय नागरिक अधिकारों के उल्लंघन, सार्वजनिक जीवन में अस्पृश्यता के रूपों, और अनुसूचित जातियों के खिलाफ अत्याचार की घटनाओं और अपराधों, सूक्ष्म स्तर प्रमाण का उपयोग करते हुए और राष्ट्रीय अपराध रिकार्ड ब्यूरो (एनसीआरबी) के आधार पर अत्याचार पर सरकारी आंकड़ों पर प्रकाश डालता है।

अस्पृश्यता की प्रथा: समकालीन प्रमाण

आधिकारिक प्रमाण: वृहत् स्तर पर

अस्पृश्यता की प्रथा भारत में जारी है, भले ही सरकार ने एक कानून पारित किया हो, अस्पृश्यता-निरोधी अधिनियम 1955 (नागरिक अधिकार अधिनियम से नाम परिवर्तित)। अनुसूचित जातियों और अनुसूचित जनजातियों के लिए आयोग की वार्षिक रिपोर्ट अस्पृश्यता के दर्ज मामलों पर आंकड़े प्रदान करते हैं। यह पता चला है कि अस्पृश्यता-निरोधी अधिनियम के अंतर्गत औसत वार्षिक मामलों में 1950 के दशक के दौरान 480, 1960 के दशक के दौरान 1903, 1970 के दौरान 3240, 1980 के दौरान 3875 और 1990 के दशक की पहली छमाही के दौरान गिने गए 1672 मामले दर्ज किये गए।

क्षेत्रीय अध्ययन के आधार पर प्रमाण: सूक्ष्म स्तर पर

सामान्य रूप में, मामले जो पुलिस में दर्ज किये जाते हैं, गंभीर प्रकृति के होते हैं और इसलिए उन पर जनता का ध्यान जाता है। तो भी बड़ी संख्या में मामले, दर्ज नहीं होते। अध्ययन, जो गांव के सर्वेक्षणों पर आधारित है, अस्पृश्यता और अन्य अत्याचारों की प्रथा के वास्तविक परिमाण को दर्शाता है।

अस्पृश्यता और अन्य अत्याचारों की प्रथा पर बड़े पैमाने पर मौजूद साहित्य में से केवल चार क्षेत्रीय अध्ययन यहां प्रस्तुत किये गए हैं। इनमें कर्नाटक (1973–74 और 1991), आंध्र प्रदेश (1977), उड़ीसा (1987–88) और गुजरात (1971 और 1996) पर एक अध्ययन शामिल है। अध्याय 2001 में एक्शन एड, दिल्ली द्वारा 11 राज्यों के 550 गांवों में आयोजित अखिल भारतीय अध्ययन, से भी संदर्भ लेता है।

कर्नाटक अध्ययन

1973–74 के लिए कर्नाटक अध्ययन[1] 76 गांवों, 38 शहरी केंद्रों और 3330 परिवारों के एक काफी बड़े नमूने पर आधारित है। कुल परिवारों में से 73 प्रतिशत पूर्व अछूत (अब इस अध्याय में 'दलित' कहा जाएगा) हैं। आधे से थोड़े अधिक दलित प्रतिवादियों को गांवों में सार्वजनिक कुओं से पानी भरने की अनुमति नहीं थी। शहरी केंद्रों में समस्या की भयावहता बहुत कम गंभीर थी, लेकिन वहां भी, 15 प्रतिशत प्रतिवादियों को सार्वजनिक जल स्रोतों से पानी लेने की अनुमति नहीं थी। ग्राम मंदिरों और उच्च जाति के घरों में अस्पृश्यता की प्रथा तक पहुंच अधिक व्यापक थी। दोनों मामलों में, 60 प्रतिशत से अधिक दलितों को प्रवेश करने की अनुमति नहीं थी। भारी बहुमत (70 प्रतिशत) को सार्वजनिक क्षेत्र तक पहुंच नहीं मिली।

अन्य सार्वजनिक स्थलों में भेदभाव जैसे चाय की दुकानों—जो पीने या खाने के समय पदानुक्रम में अधिक जाति समूहों के साथ एक वातावरण में हिस्सेदारी को शामिल करता है—मंदिरों में भेदभाव की प्रथाओं से बहुत पीछे नहीं था। यहां तक कि 1955 के अस्पृश्यता-निरोधी अधिनियम के दो दशकों बाद भी आधे से थोड़े कम दलितों तक को स्थानीय गांव के चाय की दुकान तक स्वतंत्र पहुंच की अनुमति नहीं थी। शहरी क्षेत्रों में, भेदभाव काफ़ी कम था (केवल 6 प्रतिशत ने खुद के खिलाफ भेदभाव पाया)।

आवश्यक सेवाओं में, अस्पृश्यता की प्रथा व्यापक थी। आधे से थोड़े अधिक प्रतिवादियों को गांवों में नाई और धोबी की सेवाएं नहीं मिली थीं। शहरी क्षेत्रों में, इन सेवाओं तक पहुंच में काफी सुधार हुआ था। तथापि, अधिकतम प्रतिवादियों की दर्जी की सेवा तक पहुंच भेदभाव रहित थी।

डाक सेवाओं, स्वास्थ्य और शिक्षा जैसी सार्वजनिक सेवाओं में अस्पृश्यता की प्रथा बहुत कम हो गई थी। लगभग सभी की डाक सेवाओं तक पहुंच थी, लेकिन आधे प्रतिवादियों को किसी न किसी तरह के भेदभाव का सामना करना पड़ा; उदाहरण के लिए, दलितों के आवासीय क्षेत्रों में डाकिया प्रवेश करने से परहेज करते थे, वितरण के लिए इलाके के एक दलित व्यक्ति का मेल सौंपने के लिए चयन करते थे। सामान्य रूप में, सरकारी डॉक्टरों और नर्सों और गांव के स्कूलों द्वारा प्रदान की गई सेवाओं में भेदभाव कम था।

फिर भी, 1970 के दशक में, अनुसूचित जाति/जनजाति के 10 व्यक्तियों में से एक को गांव की दुकानों के अंदर जाने की अनुमति नहीं थी। अनुसूचित जातियों के बीच 10 में से एक व्यक्ति बिना परेशान किए खुद के पसंद के गहने या कपड़े नहीं पहन सकता था।

लगभग 20 साल बाद, 52 गांवों और अधिकांश जिलों से 941 प्रतिवादियों के साथ कर्नाटक में एक अन्य अध्ययन आयोजित किया गया।[2] पंचायत कार्यालय जैसे राजनीतिक स्थानों में एक साथ बैठने या चाय पीने के संबंध में भेदभाव बहुत कम था। उसके अलावा, दो दशकों के दौरान बहुत ज्यादा कुछ नहीं बदला था, जबसे पूर्व अध्ययन किया गया था। चार में से तीन प्रतिवादियों को गांव के मंदिरों में प्रवेश और धार्मिक जुलूस में भागीदारी से वंचित किया गया था। सामाजिक मिश्रण या जाति बाधाओं के पार संबंधों की अनुमति नहीं थी। अनुसूचित जातियों के बीच अधिकांश लोगों के पास उच्च जाति के पानी के नल तक स्वतंत्र पहुंच नहीं थी, और उनमें से तीन-चौथाई के पास गांव के पानी की टंकी तक पहुंच नहीं थी।

आंध्र प्रदेश अध्ययन

आंध्र प्रदेश अध्ययन[3] 1977 में आयोजित किया गया और छह गांवों से 396 प्रतिवादियों (जिनमें से 196 दलित थे) का एक नमूना लिया गया था। इस अध्ययन में यह पाया गया कि मंदिरों में अब भी अधिकांश दलितों पर रोक लगी थी और उन्हें हिंदु जाति के घरों में प्रवेश करने की भी अनुमति नहीं थी। किसी न किसी बहाने से गांव की सड़कों पर दलितों के विवाह जुलूस की मनाही थी। सार्वजनिक पेयजल स्रोतों तक पहुंच नहीं था। कुएं या नल उच्च जाति के इलाकों में स्थित थे, और दलितों द्वारा इन तक पहुंचने के लिए प्रयास आपत्ति तथा शारीरिक बाधा आमंत्रीत करते थे।

दलित प्रतिवादियों के बहुमत ने सूचित किया कि उनमें से कुछ कभी-कभार और कुछ अक्सर ऊंची जातियों के द्वारा पीटे गए थे। दलित बस्तियों या मकानों पर चढ़ाई के बाद कभी-कभी लूटपाट की भी जानकारी दी गई। अपहरण, अपमान, बलात्कार, शारीरिक यातना और धमकी या हत्या के प्रयास के रूपों में भी हिंसा को बढ़ावा दिया गया था।

कई दलित प्रतिवादियों को चुनाव में अपने मताधिकार का प्रयोग करने से रोका गया था। कुछ मामलों में, उन्हें राजनीतिक गतिविधियों में भाग लेने जैसे गांव की बैठकों के आयोजन, राजनीतिक मुद्दों में स्वतंत्र स्थान लेने में और चुनाव लड़ने से भी रोका गया।

उड़ीसा अध्ययन

उड़ीसा अध्ययन[4] में 1987–88 के लिए दो गांवों (एक छोटा और दूसरा बड़ा) के 65 दलित प्रतिवादियों को शामिल किया गया। दोनों गांवों में, ऊंची जातियों के लोगों से दलितों की बस्तियां अलग थीं। बहुत बड़े बहुमत को—छोटे गांव में प्रतिवादियों का 80 प्रतिशत और बड़े गांव में 70 प्रतिशत—सार्वजनिक खुले कुओं तथा सार्वजनिक नलकूपों से पानी पीना मना था। बड़े गांव में—जहां दलितों के लिए कुओं में अलग चरखियां थीं—बड़े गांव में प्रतिवादियों के 3 प्रतिशत और छोटे गांव में प्रतिवादियों के 90 प्रतिशत ने बताया कि सार्वजनिक कुओं/नलकूपों को स्थापित करने में दलितों की सुविधाओं का ध्यान नहीं रखा गया था।

दोनों गांवों में ग्राम समुदाय के दावतों और विवाहों में दलितों से असमान व्यवहार किया गया। मंदिर में पूजा, नाई, धोबी, पुजारियों आदि की सेवाओं के संबंध में भी इसी तरह का मामला था। बड़े गांव में 64 प्रतिशत ने ग्राम बैठकों में असमान व्यवहार सूचित किया, जबकि 100 प्रतिशत ने छोटे गांव में समान सूचना दी; दोनों गांवों में 80 प्रतिशत प्रतिवादियों की चाय की दुकानों तक पहुंच नहीं थी; बड़े गांव में 70 प्रतिशत और छोटे गांव में 80 प्रतिशत को किराने की दुकानों से सेवाएं प्राप्त करने में असमान व्यवहार या भेदभाव का सामना करना पड़ा; छोटे गांव में लगभग 80 प्रतिशत और बड़े गांव में 100 प्रतिशत को गांव के सांस्कृतिक कार्यक्रमों और गांव के समारोहों में भेदभाव का सामना करना पड़ा।

छोटे गांव में, उनकी कम आबादी और गरीबी के कारण दलितों को चुनाव लड़ने से हतोत्साहित किया गया। अधिकांश दलितों की दोनों गांवों में स्कूलों और अस्पतालों तक स्वतंत्र पहुंच थी।

गुजरात अध्ययन

1971 में गुजरात में आयोजित अध्ययन[5], 69 गांवों के एक सर्वेक्षण के आधार पर किया गया था। इन गांवों का फिर से सर्वेक्षण 1996 में छुआछूत के व्यवहार में परिवर्तन का अनुमान लगाने के लिए किया गया था। किस हद तक और कौन से क्षेत्रों में अस्पृश्यता को समाप्त कर दिया गया था, और कौन से क्षेत्रों में इसका अभी भी प्रमाण था? पहले अध्ययन में ग्राम जीवन के 17 क्षेत्रों, जिसमें दोनों निजी और सार्वजनिक डोमेन शामिल हैं, में अस्पृश्यता की प्रथा को देखा गया।

1971 में, गांव के स्कूलों में छात्रों के बैठने की व्यवस्था में अस्पृश्यता की प्रथा नगण्य हो गई थी; यह 1996 में पूरी तरह खत्म हो गई थी। अनुसूचित जाति और गैर-अनुसूचित जाति के छात्र स्वतंत्र रूप से स्कूल में घुले मिले। हालांकि, कई गांवों में, उनकी दोस्ती स्कूल के समय से परे विस्तारित नहीं हुई। गैर-अनुसूचित जाति के शिक्षकों ने अनुसूचित जाति के छात्रों के साथ भेदभाव नहीं किया, लेकिन वे स्कूल की सीमाओं के बाहर अनुसूचित जाति के छात्रों को आसानी से उपलब्ध नहीं थे। सभी स्कूलों के पास छात्रों के लिए पेयजल की सुविधा नहीं थी। जहां यह व्यवस्था अस्तित्व में थी, सभी छात्रों ने सार्वजनिक बर्तनों से पानी पीया।

गांव के स्कूलों में लगभग 10 प्रतिशत के पास अनुसूचित जातियों के शिक्षक थे। उनमें से किसी ने भी अपने सहयोगियों के खिलाफ स्कूल में भेदभाव की शिकायत नहीं की। हालांकि, दक्षिण गुजरात को छोड़कर इन शिक्षकों को गांव के उच्च जाति वाले इलाके में आवास नहीं मिला। वे या तो अपने गांव से या पास के शहरों से आते-जाते रहे, या एक अनुसूचित जाति वाले इलाके में एक घर किराए पर लिया।

लगभग सभी गांवों को राज्य परिवहन द्वारा कवर किया गया। 7 प्रतिशत गांवों को छोड़कर बसों में बोर्डिंग और बैठने के दौरान अस्पृश्यता नहीं देखी गई। गांवों में जहां दलित थे, 1 प्रतिशत अनुसूचित जातियों के खिलाफ फूहड़ भेदभाव देखा गया, जहां दलित अधिकतर हिस्से में थे, उन्हें ऊंची जाति के लोगों के साथ बैठने का अधिकार नहीं दिया गया। गांवों के शेष 6 प्रतिशत में अस्पृश्यता एक अस्पष्ट अभ्यास के रूप में थी—अर्थात, अनुसूचित जाति से अपेक्षा की गई थी कि एक उच्च जाति यात्री, जिसे बस में पहले सवार होने की भी अनुमति दी गई थी, के लिए खड़ा हो और अपनी सीट की पेशकश करे।

1971 के अध्ययन में पाया गया कि 60 प्रतिशत गांवों में कुछ सड़कों पर अनुसूचित जातियों के मुक्त गमनागमन पर निश्चित प्रतिबंध थे। जबकि इसमें 1996 तक काफी गिरावट आई थी, अनुसूचित जातियों को अभी भी उनके गमनागमन पर 23 प्रतिशत गांवों में कुछ प्रतिबंध का सामना करना पड़ा। वैसे, वहां गांव की कुछ सड़कों का उपयोग करने पर अनुसूचित जातियों पर कोई प्रतिबंध नहीं था। लेकिन वे क्रोध के शिकार हो जाते थे—अपशब्द से शारीरिक हमले तक भिन्न भिन्न- अगर उन्होंने ऊंची जातियों की सड़कों में प्रवेश किया। उन्हें ऊंची जातियों के सदस्यों, विशेष रूप से ब्राह्मण और राजपूत, सामान्य रूप में, और विशेष रूप से प्रमुख ऊंची जातियों के बुजुर्ग व्यक्तियों के लिए रुकना और उनको रास्ता देना पड़ता था।

यहां तक कि उन गांवों में भी जहां दलितों को अपने प्रतिदिन गमनागमन के लिए प्रतिबंध का सामना नहीं करना पड़ा था, उन्हें अपनी अछूत वाली पूर्व स्थिति के बारे में ऊंची जातियों के सदस्यों द्वारा ताने सुनने पड़ते थे।

आम तौर पर, अधिकांश ग्राम डाकघरों और डाकियों ने टिकटों को देने में और पैसे लेने के साथ ही मेल पहुंचाने में अस्पृश्यता का अभ्यास नहीं किया। डाकिये अनुसूचित जाति बस्तियों तक गए और पत्र पानेवाले को मेल सौंप दिया। लेकिन डाक कर्मचारियों ने 8–9 प्रतिशत गांवों में अस्पृश्यता का अनुगमन किया। उन्होंने अनुसूचित जाति के पत्र पानेवालों के हाथों में डाक स्टेशनरी और मेल नहीं सौंपा।

1971 और 1991 के बीच मेल पहुंचाने में अस्पृश्यता की प्रथा में मामूली गिरावट आई, लेकिन टिकटों की बिक्री में अस्पृश्यता का अभ्यास कर रहे गांवों के अनुपात में वृद्धि हुई।

खुल्लमखुल्ला या सूक्ष्म अस्पृश्यता का अभ्यास, 1971 में 47 प्रतिशत के मुकाबले 1996 में 30 प्रतिशत गांवों में पंचायत की बैठकों में किया गया था। पंचायत कार्यालयों में बैठने की व्यवस्था सभी सदस्यों के लिए समान है, लेकिन एक मौन परंपरा थी जिसमें अनुसूचित जाति के सदस्यों के लिए कुछ सीटों को चिह्नित किया गया था। हालांकि चाय और नाश्ता सबको परोसा गया, अनुसूचित जाति के सदस्यों के लिए अलग प्लेट और कप आरक्षित थे, और अलग से रखे गए थे। अनुसूचित जाति के सदस्यों के इस्तेमाल किए गए बर्तनों को धोने का पूर्व अभ्यास अब अस्तित्व में नहीं है।

अधिकांश गांवों के मंदिरों में 75 प्रतिशत अनुसूचित जातियों को निर्धारित सीमा से परे प्रवेश करने की अनुमति नहीं थी, हालांकि उन्हें एक दूरी से पूजा करने की अनुमति दी गई थी। कुछ मंदिर अनुसूचित जातियों के लिए खुले थे, जबकि दूसरे नहीं थे। कई गांवों में जहां उनकी संख्या अधिक थी, अनुसूचित जातियों ने अपने इलाकों में मंदिरों का निर्माण टकराव से बचने के लिए किया।

1971 में, 44 गांवों के पास अपने इलाकों के पास अनुसूचित जातियों के लिए अलग पानी की सुविधा थी। दो और गांवों को 25 वर्षों में इस सूची में जोड़ा गया था। अस्पृश्यता सामान्य दिनों में अनुभव नहीं किया गया है, लेकिन जब पानी की कमी रहती है, अनुसूचित जातियों ने उच्च जाति के इलाकों से पानी लेने में कठिनाई और भेदभाव का अनुभव किया। शेष 23 गांवों में जहां दलितों ने आम स्रोत से पानी लिया, 61 प्रतिशत गांवों में अस्पृश्यता का अभ्यास किया गया था। इस तरह के ज्यादातर गांवों में, अनुसूचित जाति की महिलाओं ने उच्च जाति की महिलाओं के बाद पानी लिया, या उनके नल या कुओं पर उनका स्थान अलग से चिह्नित किया गया था। सात गांवों (नमूना गांवों का 11 प्रतिशत) में, अनुसूचित जाति की महिलाओं को कुओं से पानी लाने के लिए अनुमति नहीं थी। उन्हें उच्च जाति की महिलाओं को उनके बर्तन में पानी डालने तक इंतजार करना पड़ता था। उच्च जाति की महिलाएं, जो लगातार उन पर चिल्लाया करतीं, अनुसूचित जाति की महिलाओं को अपमानित करती: 'दूर रहो, हमें अपवित्र न करो!'

वस्तुओं की खरीद और बिक्री में अस्पृश्यता की प्रथा में जबर्दस्त गिरावट आई है। 1971 में, 85 प्रतिशत गांवों तक में अनुसूचित जाति के सदस्यों को दुकानों में प्रवेश करने से रोक दिया गया था; 1996 में, केवल 30 प्रतिशत गांवों में दुकान इस प्रकार प्रतिबंधित किये गए। इसी तरह, अस्पृश्यता की प्रथा चीजें देने में और पैसा प्राप्त करने में 67 प्रतिशत से 28 प्रतिशत तक कम हो गई थी।

अछूत होने का दर्जा संभावित अनुसूचित जाति उद्यमियों के रास्ते में आ गया था। उन्हें डर था कि ऊंची जाति के सदस्य उनकी दुकानों से नहीं खरीदेंगे या उन्हें परेशान करेंगे। अहमदाबाद के एक गांव में, एक अनुसूचित जाति ऑटोरिक्शा चालक, जिसने एक मध्यम जाति से संबंधित सरपंच से किराये के लिए कहा, को बुरी तरह पीटा गया था। यह एक दुर्लभ मामला नहीं था, और अनुसूचित जाति उद्यम उच्च जाति के ऐसे रवैये से हिचकते थे।

अधिकांश दर्जी अस्पृश्यता का अभ्यास नहीं करते थे। वे अनुसूचित जाति ग्राहक को छूकर माप लेते थे। हालांकि, ज्यादातर मामलों में, वे अनुसूचित जाति के इस्तेमाल कपड़े की मरम्मत नहीं करते थे। लगभग एक तिहाई कुम्हार अनुसूचित जाति के ग्राहकों को बर्तन बेचने पर अस्पृश्यता का पालन करते थे। अधिकांश नाइयों (लगभग 70 प्रतिशत) ने अनुसूचित जाति के पुरुषों को अपनी सेवाएं देने से इनकार कर दिया। मुस्लिम नाइयों ने अस्पृश्यता का अभ्यास नहीं किया। परंपरागत संरक्षक-ग्राहक संबंध

जारी रखा, हालांकि ग्राहक ने सेवा के लिए नकद में भुगतान किया। कुछ नाइयों ने बड़े गांवों में दुकानों की स्थापना की थी। कई, लेकिन सभी नहीं, अनुसूचित जाति के ग्राहक को सेवा देने से मना नहीं किया था।

अस्पृश्यता की हद घर प्रविष्टि के क्षेत्र में लगभग बरकरार रह गए। कुछ गांवों में छोड़कर, एक गांव समाज के अनुसूचित जाति के सदस्यों को उच्च जातियों के बाहरी कमरे से अंदर प्रवेश नहीं मिला। उन गांवों में भी जहां युवा जन को शारीरिक छुआछूत में विश्वास नहीं था, और जो अपने घरों में अनुसूचित जाति मेहमानों को चाय पिलाते थे, भोजन कक्ष तक अनुसूचित जाति के प्रवेश को प्रोत्साहित नहीं किया गया था।

सार्वजनिक क्षेत्रों जैसे स्कूल, डाक सेवाएं और निर्वाचित पंचायतें, जो सीधे राज्य के कानून द्वारा प्रबंधित थे और जिनका एक अपेक्षाकृत गैर पारंपरिक चरित्र था, में अस्पृश्यता की प्रथा काफी कम हो गई थी। जबकि अनुसूचित जाति की मुक्त आवाजाही को सीमित करने के लिए सार्वजनिक सड़कों पर अस्पृश्यता का पालन करने वाले गावों की संख्या में 1971 में 23 प्रतिशत से 1996 में 60 प्रतिशत की काफी गिरावट दर्ज की गई, यह कहना जल्दबाजी होगी कि दलित के साथ सार्वजनिक क्षेत्र में भेदभाव नहीं किया जाता है। कम से कम 30 प्रतिशत ग्राम पंचायतों ने अनुसूचित जाति के लिए अपने निर्वाचित सदस्यों के साथ खुल्लमखुल्ला या सूक्ष्म भेदभाव का पालन किया।

एक्शन एड अध्ययन[6]

2001 में एक्शन एड इंडिया कंट्री अध्ययन के अंतर्गत 11 राज्यों में 550 गांवों से एकत्रित जानकारी के आधार पर, हमें भेदभाव की प्रकृति और सार्वजनिक जीवन के विभिन्न क्षेत्रों में अस्पृश्यता के व्यापक प्रसार के बारे में जानकारी मिली। 'धर्मनिरपेक्ष सार्वजनिक क्षेत्र' के दायरे के भीतर, अस्पृश्यता की प्रथा को आवासीय अलगाव, बुनियादी सार्वजनिक सेवाओं से इनकार और उनमें भेदभावपूर्ण व्यवहार तथा सार्वजनिक आचरण पर भेदभावपूर्ण प्रतिबंध में वर्गीकृत किया गया है।

इस अध्ययन में अपनी सीमा के अंदर अस्पृश्यता की प्रथा, धर्मनिरपेक्ष संसाधनों तक पहुंच और क्षेत्रों के भीतर भेदभाव जैसे जल संसाधन, सार्वजनिक मार्गों, सार्वजनिक परिवहन (लेकिन राज्य के स्वामित्व वाली नहीं), और अन्य ग्रामीण स्तर की सेवाएं तथा सुविधाएं जैसे चाय की दुकानें, नाइयों 'या धोबी की सेवाएं इत्यादि शामिल हैं।

आवासीय अलगाव

ग्रामीण भारत में जातिगत भेदभाव के दीर्घकालिक तथा ऐतिहासिक स्वरूप की प्रासंगिकता, सार्वजनिक क्षेत्र में अस्पृश्यता के सबसे अधिक दिखाई देने वाले और अक्सर बिना प्रमाण के सही माने जाने वाले पहलू, अनुसूचित जाति के परिवारों के आवासीय अलगाव में है।

भारतीय गांवों में जाति-अलगाव वाले पड़ोस नियम के बजाय अपवाद हो जाते हैं, और मकान आम तौर पर एक जाति के आधार पर समूहबद्ध हुए हैं। हालांकि, अनुसूचित जाति वाले पड़ोस अद्वितीय हैं, इस अर्थ में कि वे विशिष्ट और बहुत गंभीर प्रतिबंधों के अधीन हैं जो अन्य जाति समूहों पर अधिरोपित नहीं हैं। एक गांव की सामाजिक सीमाओं से परे अनुसूचित जाति बस्ती के स्थानीय अनुमोदन का कठोर रूप सामाजिक निष्कासन है जो कि शारीरिक-स्थानिक संदर्भ में स्पष्ट रूप से व्यक्त होता है।

एक्शन एड अध्ययन में पाया गया है कि अनुसूचित जाति *वाडा* या *चेरी* या *बस्ती* (कालोनियों) का इस तरह 'जातिच्युत' होना एक आम लक्षण था और देश भर में पाया गया था। इसके अतिरिक्त, अध्ययन में यह भी पाया गया कि प्रायः स्पष्ट रिवाज़ थे कि किस विशेष दिशा ('मुख्य' गांव के सापेक्ष) में अनुसूचित जाति बस्तियां बसायी जा सकती थीं या नहीं। जबकि इन

रीति-रिवाजों को हमेशा लागू या इनका बहुत सख्ती से पालन नहीं किया गया, उनका अस्तित्व ही भारत भर में अस्पृश्यता की गहरी वैधता के स्वरूप का संकेत था।

इसके अलावा, अध्ययन में यह भी पता चला कि गांवों से आवासीय बहिष्कार आम तो था, लेकिन कोई नियम नहीं था, और कई गांवों में गांव की सीमा के भीतर अनुसूचित जाति पड़ोस स्थित थे, लेकिन ये क्षेत्र भी गंभीर प्रतिबंधों के अधीन थे। यह दिलचस्प है, लेकिन चिंता की भी बात है, ध्यान दें कि अनुसूचित जाति के आवास के लिए सरकारी कार्यक्रम भी ऊंची जाति 'परंपरा' द्वारा निर्धारित स्थानिक अलगाव का तिरस्कार करने में असमर्थ थे।

बुनियादी सार्वजनिक सेवाओं के उपयोग की मनाही और भेदभावपूर्ण व्यवहार

एक्शन एड अध्ययन ने बुनियादी सार्वजनिक सेवाओं तक पहुंच को भी परखा जो कि सीधे राज्य से संबंधित नहीं हो सकता है। जैसा कि तालिका 13.1 से स्पष्ट है, इस दायरे में अस्पृश्यता की कहीं अधिक सबसे प्रचलित प्रथा, जल संसाधनों के उपयोग की मनाही से संबंधित थी—सर्वेक्षण किये गए 48.4 प्रतिशत गांवों ने किसी न किसी रूप में इस चलन के मौजूदगी की सूचना दी। व्यापकता के स्पेक्ट्रम के दूसरे छोर पर सिनेमा हॉल में अनुसूचित जातियों को प्रवेश (या उचित बैठक) से वंचित किया गया था, जो 187 में से केवल छह गांवों (या लगभग 3 प्रतिशत) में देखा गया।

शुद्धता और प्रदूषण के विचारों को पेयजल स्रोतों के संबंध में विशेष रूप से लचीला कर दिया गया है। अध्ययन ने इस तथ्य की पुष्टि भी की और पाया कि पेयजल के संबंध में लगातार संघर्ष सूचित किया गया। जबकि ऊंची जाति के रूप में नामित पानी के एक विशेष स्रोत (कुआं, टंकी, नलकूप, आदि) के उपयोग से पूरी तरह से मनाही काफी आम थी, इससे भी अधिक आम यह था कि अनुसूचित जातियों पर आदरसूचक व्यवहार करना अधिरोपित था। आम तौर पर उनका गैर-अनुसूचित जाति/जनजाति के पानी पहले भरने के लिए इंतजार करना शामिल था, उन्हें कुंए को खाली करना पड़ता था, अगर गैर-अनुसूचित जाति/जनजाति वाले पहुंच गए, यह सुनिश्चित करना कि वे पानी के स्रोत के एक तरफ इंतजार करें और उनके बर्तन ऊंची जाति के लोग जो पानी भर रहे थे, के बर्तन को न छुएं, इत्यादि। यह कम आश्चर्यजनक नहीं है कि इस बिंदु पर लगातार टकराव प्रमुख झगड़ों के कारण बने, और कम से कम, अनुसूचित जातियों को वैकल्पिक जल स्रोतों को, जहां भी संभव हो अपनाने पर मजबूर किया।

सर्वेक्षण किये गए एक-तिहाई (35.8 प्रतिशत) से अधिक गांवों में, अनुसूचित जातियों को गांव की दुकानों में प्रवेश से वंचित कर दिया गया। आम तौर पर इसका मतलब है कि अनुसूचित जातियों को अन्य ग्राहकों की तरह काउंटर पर आने की अनुमति नहीं

तालिका 13.1
बुनियादी सार्वजनिक सेवाओं के उपयोग से मनाही

अस्पृश्यता का स्वरूप/स्थिति	*गांवों का प्रतिशत जहां स्वरूप का चलन रहा*	*गांवों का प्रतिशत जहां स्वरूप का चलन नहीं रहा*	*कुल गांव जिनका सर्वेक्षण किया गया*
पानी की सुविधा के उपयोग की मनाही	48.4	43.5	255
गांव की दुकानों में प्रवेश निषेध	35.8	57.0	186
होटल/रेस्तरां तक पहुंच नहीं	25.6	64.9	92
निजी स्वास्थ्य केन्द्र/क्लिनिक में प्रवेश निषेध	21.3	72.4	74
सार्वजनिक परिवहन तक पहुंच/प्रवेश निषेध	9.2	87.0	41
सिनेमा हॉल में प्रवेश/बैठना निषेध	3.2	93.0	6

स्रोत: शाह, घनश्याम, हर्ष मंदर, सतीश देशपांडे तथा अमिता बाविस्कर. 2006. *अनटचेबिलिटी इन रूरल इंडिया*. नई दिल्ली: सेज प्रकाशन

नोट: गांवों को जहां चलन की स्थिति अस्पष्ट है 'चलन' और ' चलन नहीं' दोनों श्रेणियों से बाहर रखा गया है. सर्वेक्षण किये गए कुल गांवों जहां प्रासंगिक संस्था/साइट अनुपस्थित है, को बाहर रखा गया।

थी, लेकिन उन्हें दुकान के बाहर (या कुछ दूरी पर) इंतजार करना पड़ता था। दुकानदारों ने बेची जाने वाली चीज़ों को अनुसूचित जातियों को लेने के लिए जमीन पर रखा। इसी तरह, अनुसूचित जातियों से पैसा सीधे स्वीकार नहीं किया गया; उन्हें कहीं न कहीं रखना पड़ता था (अक्सर लकड़ी के एक टुकड़े पर, जो गैर-प्रदूषणकारी माना जाता है) दुकानदार के उठाने के लिए। जाहिर है, पैसा भी, अस्पृश्यता को समाप्त करने में असमर्थ था। भले ही अनुसूचित जातियों और गैर-अनुसूचित जातियों/जनजातियों ने एक ही मुद्रा (भले ही अनुसूचित जातियों को कभी कभी एक ही माल के लिए अधिक कीमत चुकाना या एक ही कीमत के लिए घटिया माल को स्वीकार करना पड़ता था) में भुगतान किया, उन्हें अभी भी सार्वजनिक उपयोगिता के अपमानजनक नियमों का पालन करना पड़ रहा था।

भोजन और पीने के बंटवारे पर प्रतिबंध को देखते हुए अध्ययन में पाया गया है कि अनुसूचित जातियों को सर्वेक्षण किए गए एक तिमाही गांवों में गांव की चाय की दुकानों और रेस्तरां से रोक दिया गया। हालांकि, जैसा कि तालिका 13.2 स्पष्ट करता है, वहां कपड़ों की धुलाई और हेयर कटिंग सेवाओं के और अधिक 'पारंपरिक' क्षेत्रों में अस्पृश्यता का एक बहुत व्यापक प्रसार है।

वास्तव में, इन सेवाओं को उपलब्ध कराने वाली जातियों—धोबी और नाई—की सामाजिक स्थिति स्वयं इसबात पर निर्भर थी कि गैर-अनुसूचित जातियों/जनजातियों की शर्त थी कि उनकी सेवाओं को तभी स्वीकार किया जाएगा जब अनुसूचित जातियों को अपनी सेवाओं से वंचित रखेंगे। सर्वेक्षण किए गए कम से कम 46–47 प्रतिशत गांवों में धोबियों और नाईयों द्वारा भेदभाव पाया गया। यहां तक कि जहां इस तरह के भेदभाव का सेवा प्रदाताओं द्वारा सक्रिय रूप से अभ्यास नहीं किया जा रहा था, रिवाज का स्थायी प्रभाव इतना मजबूत था कि मुसीबत से बचने के लिए अनुसूचित जातियों में खुद ही ऊंची जातियों का सम्मान करने और अधीनता स्वीकार करने की प्रवृत्ति थी।

लगभग एक तिहाई गांवों में अलग बैठने के लिए कहकर चाय की दुकानों द्वारा अनुसूचित जातियों के साथ भेदभाव किया गया; उन्हें अलग बर्तन, जो आम तौर पर अनुसूचित जाति ग्राहकों द्वारा खुद से धोये गए हों, में परोसा गया। गांव की चाय की दुकान अक्सर अनुसूचित जातियों और सवर्ण ग्रामीणों के बीच आवर्ती टकराव के स्रोत थे। भारतीय गांवों में 'दो गिलास प्रणाली' के व्यापक प्रसार के बारे में भी कई खबरें हैं, जो बताती हैं कि भोजन और पीने के मामले में भेदभावपूर्ण व्यवहार अस्पृश्यता की प्रथा के सबसे अधिक लचीले पहलू में से एक था।

तालिका 13.2

सार्वजनिक सेवाओं में भेदभावपूर्ण व्यवहार (व्यापकता के घटते क्रम में व्यवस्थित स्वरूप/स्थितियां: 11 राज्यों से जमा किये गए आंकड़े)

अस्पृश्यता चलन का स्वरूप/स्थिति	*गांवों का प्रतिशत जहां स्वरूप का चलन रहा*	*गांवों का प्रतिशत जहां स्वरूप का चलन नहीं रहा*	*कुल गांव जिनका सर्वेक्षण किया गया*
नाई की सेवाओं से मनाही	46.6 (229)	41.3	491
धोबी की सेवाओं से मनाही	45.8 (194)	43.2	424
रेस्तरां/होटल में अलग से बैठक	32.7 (144)	58.0	441
रेस्तरां/होटल में अलग बर्तन	32.3 (145)	58.1	449
बढ़ई की सेवा से मनाही	25.7 (117)	68.1	455
दर्जी माप नहीं लेंगे	20.8 (96)	70.1	462
कुम्हार बर्तन नहीं बेचेगा	20.5 (75)	68.2	365
दुकानों में लेनदेन के दौरान अस्पृश्यता	18.5 (87)	73.8	470
सार्वजनिक परिवहन में बैठना नहीं/अंत में प्रवेश	12.8 (57)	82.9	444
निजी क्लिनिक में भेदभावपूर्ण व्यवहार	8.7 (24)	83.7	276

स्रोत: शाह, घनश्याम, हर्ष मंदर, सतीश देशपांडे तथा अमिता बाविस्कर. 2006. *अनटचेबिलिटी इन रूरल इंडिया*. नई दिल्ली: सेज प्रकाशन

नोट: कोष्ठक में आंकड़े गांवों की संख्या हैं जहां स्वरूप का चलन है। गांवों जहाँ चलन की स्थिति अस्पष्ट है, 'चलन' और ' चलन नहीं' दोनों को श्रेणियों से बाहर रखा गया है. कुल सर्वेक्षण किए गए गांवों में से गांवो, जहां प्रासंगिक संस्था/साइट अनुपस्थित है, को बाहर रखा गया.

सार्वजनिक व्यवहार पर भेदभावपूर्ण प्रतिबंध

जैसा कि विद्वानों द्वारा खूब प्रदर्शित किया गया है, अस्पृश्यता कोई लक्षण नहीं है जो विशेष लोगों को परिभाषित करता है, लेकिन लोगों के बीच एक रिश्ता है। इस रिश्ते की विशिष्ट विशेषताओं में से एक यह है कि इसे समाज के संकेतों के लगातार उत्पादन की आवश्यकता होती है, शेष समाज के सापेक्ष जो 'अछूत' के रूप में चिह्नित हैं, की 'हीनता' घोषित करना। इस प्रकार, अस्पृश्यता की प्रथा सार्वजनिक व्यवहार पर भेदभावपूर्ण प्रतिबंध लगाए जाने के माध्यम से आंशिक रूप से जारी है—प्रतिबंध जो अनुसूचित जातियों को निर्भर बनाते हैं, जिससे वे इस तरीके से व्यवहार करें जो उनकी कम हैसियत की घोषणा करे और एक परिणाम के रूप में, उच्च-जातियों की 'बेहतर' स्थिति को रेखांकित करे। सवर्ण समाज, इस सार्वजनिक, अत्यधिक स्पष्ट संहिता के उल्लंघन के प्रति बेहद संवेदनशील है, और आज्ञालंघन तत्काल प्रतिकार आमंत्रीत करता है।

तालिका 13.3 सार्वजनिक व्यवहार पर प्रतिबंधों के सबसे प्रमुख रूपों में से कुछ का सार प्रस्तुत करता है। यह आश्चर्य की बात नहीं है कि सार्वजनिक सड़कों पर विवाह के जुलूस पर प्रतिबंध होना, कहीं अधिक, व्यापक रूप से सबसे प्रचलित इस तरह की प्रथा, सर्वेक्षण किए गए 47 प्रतिशत से अधिक गांवों में देखी गई। इस तरह के जुलूस—जब ऊंची जातियों द्वारा निकाले गए—न केवल सामूहिक खुशी का प्रदर्शन था अपितु यह परिवार या कबीले के सार्वजनिक रूप से शक्ति और धन को प्रदर्शित करने के अवसर भी थे। शादी के जोड़े, आभूषण और धन के अन्य निशान (दूल्हे को नोटों की माला पहनाने जैसे अधिकारद्योतक तरीकों सहित) जो इस तरह के जुलूस के दौरान सार्वजनिक प्रदर्शन कर रहे होते हैं, एक विशेष अर्थ रखते हैं।

समान संकेत से, वे जिन्हें नीच माना जाता है, को इस तरह के प्रदर्शन में लिप्त होने के अवसर से वंचित किया जाना चाहिए, अगर वे उन्हें वहन करने में सक्षम होने में काफी भाग्यशाली हों तब भी। इसलिए, ग्रामीण भारत के अधिकांश हिस्सों में अध्ययन से निष्कर्ष निकला है कि अनुसूचित जाति के विवाहों का सार्वजनिक हंगामे के बिना शांति से किया जाना आवश्यक है, जो अक्सर सवर्ण शादियों के साथ होता है। विवाहों और त्योहार के जुलूसों के आसपास हुई झड़पें आम हैं (जैसा कि वे सांप्रदायिक तनाव के संदर्भ में हैं) और कभी कभी एक भयानक रूप ले सकते हैं।

लेकिन यह केवल इस तरह के विशेष अवसरों पर नहीं है जब अनुसूचित जातियों को सार्वजनिक रूप से उनकी अधीनता के लक्षण को प्रदर्शित करना चाहिए। वास्तव में, ग्रामीण भारत में एक अनुसूचित जाति होना रोजमर्रा की सामान्य जिंदगी में आत्म नियंत्रण और चापलूसी के एक दमनकारी शासन को आतंरिक रूप से शामिल करना है। यहां, हमारे पुरुष प्रधान समाज में सभी

तालिका 13.3

सार्वजनिक व्यवहार पर भेदभावपूर्ण प्रतिबंध (व्यापकता के घटते क्रम में व्यवस्थित स्वरूप/स्थितियां: 11 राज्यों से जमा किये गए आंकड़े)

अस्पृश्यता के चलन का स्वरूप/स्थिति	*गांवों का प्रतिशत जहां स्वरूप का चलन रहा*	*गांवों का प्रतिशत जहां स्वरूप का चलन नहीं रहा कुल गांव*	*कुल गांव जिनका सर्वेक्षण किया गया*
सड़कों पर विवाह के जुलूस पर प्रतिबंध	47.4 (229)	49.9	483
उच्च-जाति के पुरुषों के सामने खड़े रहने के लिए मजबूर	25.6 (136)	67.9	532
सार्वजनिक मार्ग पर त्योहार के जुलूस पर प्रतिबंध	23.8 (114)	64.2	478
नये/चमकदार कपड़े नहीं पहन सकते	19.0 (101)	75.1	531
सार्वजनिक सड़क पर छातों का उपयोग नहीं कर सकते	16.7 (82)	80.4	490
गहरे रंग का चश्मा नहीं पहन सकते, धूम्रपान नहीं कर सकते, आदि	13.7 (66)	82.5	481
सार्वजनिक सड़क पर चप्पल का उपयोग नहीं कर सकते	10.6 (47)	86.9	443
सार्वजनिक सड़क पर साइकिल का उपयोग नहीं कर सकते	7.1 (32)	90.6	448

स्रोत: शाह, घनश्याम, हर्ष मंदर, सतीश देशपांडे तथा अमिता बाविस्कर. 2006. *अनटचेबिलिटी इन रूरल इंडिया*. नई दिल्ली: सेज प्रकाशन

नोट: कोष्ठक में आंकड़े गांवों की संख्या हैं जहां स्वरूप का चलन है। गांवों जहाँ चलन की स्थिति अस्पष्ट है, 'चलन' और 'चलन नहीं' दोनों को श्रेणियों से बाहर रखा गया है. कुल सर्वेक्षण किए गए गांवों में से गांवो, जहां प्रासंगिक संस्था/साइट अनुपस्थित है, को बाहर रखा गया.

महिलाओं द्वारा सामना किये गए सार्वजनिक व्यवहार पर स्पष्ट और निहित प्रतिबंधों के साथ निकटतम समानांतर है। जैसा कि हर कोई जानता है, महिलाएं पुरुषों से अलग ढंग से व्यवहार करने के लिए मानी जाती हैं – जैसा कि लड़कियों को लड़कों से अलग ढंग से व्यवहार करने के लिए सिखाया जाता है। उन पर निगरानी बनी रहती है कि वे किस तरह से कपड़े पहनती हैं, उनकी चाल कैसी है या बात कैसे करती हैं या अन्यथा अपने आचरण के लिए। एक अनुरूप फैशन में, सभी अनुसूचित जातियां, न केवल महिलाएं को, खुद को सार्वजनिक रूप से लगातार नियंत्रित करना चाहिए और यह सुनिश्चित करना है कि वे जाति पदानुक्रम के नियमों का उल्लंघन नहीं कर रहे।

ठोस शब्दों में, व्यवहार के यह मानदंड हर कल्पनीय स्थिति को कवर करते हैं जहां अनुसूचित जातियां और गैर-अनुसूचित जातियां/जनजातियां सार्वजनिक संपर्क में आती हैं और रोजमर्रा की जिंदगी के लिए एक अविश्वसनीय रूप से दमनकारी शासन का गठन करती हैं। उदाहरण के लिए, अनुसूचित जातियों को ऊंची जाति के लोगों की मौजूदगी में खड़ा रहना होगा, खासकर अगर वे बड़े हों; वे ऊंची जाति के सदस्यों के साथ आंख आंख नहीं मिला सकते बल्कि झुके सिर के साथ खड़े रहना चाहिए; उन्हें जोर से हंसना नहीं चाहिए, उंगलियां दिखाना या अपने हाथों को लहराना नहीं चाहिए; वे सीधे खड़े नहीं हो सकते, अकड़ के साथ नहीं चल सकते या आवारा दिखाई नहीं दे सकते हैं। संक्षेप में, वे ऐसा कुछ भी नहीं कर सकते हैं जिससे ऊंची जातियों को लगे कि वे 'घमंडी' हो रहे हैं।

शारीरिक व्यवहार के अलावा, इस शासन में एक सख्त ड्रेस कोड भी शामिल है। क्योंकि ऊंची जातियां, अनुसूचित जातियों को गंदा और अशुद्ध मानती हैं, ये अनुसूचित जातियों को सुनिश्चित करना है कि इस ऊंची जाति की छवि बिगड़े नहीं—दूसरे शब्दों में, अनुसूचित जातियों को बहुत साफ, अच्छे या 'उज्ज्वल' कपड़े नहीं पहनने चाहिए।

शहरी मध्यम वर्ग और उच्च जाति के भारतीयों को ये मानने में मुश्किल हो सकती है, लेकिन इस तरह के प्रतिरोध नियमित रूप से अनुसूचित जातियों पर लगाये जाते हैं। वहां ऊंची जाति के पड़ोस और सार्वजनिक मार्ग, जहां अनुसूचित जातियों को अभी भी अपने जूते उतार कर और अपने हाथों में ले जाना पड़ता है या अपनी साइकिल से उतरना पड़ता है। वे गैर-अनुसूचित जातियों/जनजातियों के क्षेत्रों में अपने छाते के साथ नहीं चल सकते थे। अनुसूचित जाति के पुरुषों और लड़कों को गहरे रंग के चश्मे या ऐसे फ़ैशनेबल कपड़े जो ऊंची जाति के युवाओं की पसंद हो, पहने नहीं देखा जाना चाहिए। इन सहिंता का उल्लंघन अपमानजनक बदले को आमंत्रीत करता है, जिसमें हिंसा शामिल है। यह गंभीर चिंता का विषय है या होना चाहिए कि इस तरह की प्रथा सर्वेक्षण किये गए 10 प्रतिशत से 20 प्रतिशत गांवों के बीच सूचित किया गया।

आर्थिक भेदभाव

सार्वजनिक क्षेत्र में अस्पृश्यता की प्रथा के साथ भेदभाव एक साथ सर्वव्यापी है और आर्थिक क्षेत्र में जोरदार तरीके से चलन में है, बाजार और गैर-बाजार दोनों के लेनदेन में।

जाति व्यवस्था के पारंपरिक आर्थिक ढांचे के तहत, प्रत्येक जाति का व्यवसाय और आर्थिक अधिकार (संपदा अधिकार सहित) तय और अनिवार्य है, और इसलिए किसी अन्य के व्यवसाय (और अधिकार) से एक जाति के लिए किया गया बलात् बहिष्कार शामिल है। अनुसूचित जातियों को, अन्य जातियों के लिए शारीरिक श्रम और सेवा को छोड़कर, विशेष रूप से आजीविका के सभी स्रोतों तक पहुंच से बाहर रखा गया है,। दलितों का बहिष्कार, लगभग सभी आर्थिक क्षेत्रों को शामिल करते हुए, बहुत और व्यापक है।

बहिष्कार और भेदभाव प्रक्रियाएं हैं जिनके माध्यम से व्यक्तियों या समूहों को पूर्ण या आंशिक रूप से आर्थिक गतिविधियों में पूर्ण भागीदारी से बाहर रखा गया है। जाति व्यवस्था के मानक ढांचे में कई बाजार और गैर- बाजार विनिमय में बहिष्कार और भेदभाव शामिल हैं।

आर्थिक बहिष्कार और भेदभाव में निम्नलिखित शामिल है:

1. नौकरियों के लिए भर्ती, और बिक्री तथा उत्पादन के कारकों की खरीद में (कृषि भूमि, गैर भूमि पूंजीगत परिसंपत्तियों और विभिन्न कारक आदानों की तरह), उपभोक्ता वस्तुएं और सामाजिक सेवाएं जैसे शिक्षा, आवास और स्वास्थ्य जिसमे कॉमन प्रॉपर्टी रिसोर्सेज (सीपीआर) शामिल हैं जैसे जल निकायों, चराई भूमि आदि में अनुसूचित जातियों को मनाही।
2. जाति आधारित व्यवसायों के परिवर्तन पर प्रतिबंध, बहिष्कार का एक रूप है, जो पूंजी बाजार के भेदभावपूर्ण कामकाज के माध्यम से काम कर सकता है। आधुनिक आर्थिक संदर्भ में, अनुसूचित जातियों को अन्य जातियों के व्यवसायों में निवेश करने (और साझा करने के लिए) की अनुमति नहीं दी जा सकती है।
3. बाजारों में अनुसूचित जातियों से प्राप्त या प्रभारित कीमतों में मतभेद, वे विक्रेता हैं या खरीदार इस बात पर निर्भर करता है। यह कारक आदानों और उपभोक्ता वस्तुओं की कीमत से संबंधित हैं, जैसे श्रम के लिए मजदूरी, भूमि की कीमत या भूमि पर किराया, पूंजी पर ब्याज, आवासीय मकान पर किराया, और सेवाओं जैसे आवास, पानी और बिजली के लिए शुल्क या फीस।

जाति व्यवस्था के प्रथागत नियमों के तहत, अनुसूचित जातियां इस प्रकार विभिन्न बाजार और गैर-बाजार के लेनदेन में भेदभाव से ग्रस्त हैं। इसमें भूमि (कृषि), पूंजी, व्यवसाय, रोजगार, आदानों, उपभोक्ता बाजार और शिक्षा, आवास, स्वास्थ्य, बिजली और पीने के पानी के रूप में सामाजिक सेवाएं शामिल हैं। सर्वेक्षण के आंकड़ों की सीमाओं के भीतर, अब हम बहिष्कार के स्वरूप और भयावहता, और श्रम और अन्य बाजारों और विभिन्न ग्राम स्तरीय आर्थिक सेवाओं तक अनुसूचित जातियों के भेदभावपूर्ण उपयोग पर चर्चा करते हैं।

एक्शन एड अध्ययन ने श्रम बाजारों, इनपुट बाजारों, उपभोक्ता बाजारों और सीपीआर तक पहुंच में भेदभाव के स्वरूप और भयावहता का पता लगाया है। सर्वेक्षण में 11 राज्यों से अलग-अलग खबरों में भी कृषि भूमि बाजारों में भेदभाव के कुछ सबूत प्रदान किये गए हैं।

श्रम बाजार भेदभाव

श्रम बाजार में अनुसूचित जातियों के खिलाफ भेदभाव भर्ती में बहिष्कार, बाजार दरों की तुलना में कम मजदूरी, और काम के प्रतिकूल शर्तों और परिस्थितियों से संचालित है, अत्यधिक श्रम और अतिरिक्त आर्थिक एकजुटता तथा जाति से संबंधित दायित्वों के अन्य रूपों के माध्यम को अपरिहार्य बना देता है।

तालिका 13.4 से पता चलता है कि श्रम बाजार में, भर्ती में, और सर्वेक्षण किये गए गांवो की एक महत्वपूर्ण संख्या में मजदूरी के भुगतान में बहिष्कार और भेदभाव दोनों का चलन हुआ। 36 प्रतिशत गांवों में, कृषि क्षेत्र में रोजगार में अनुसूचित जातियां वंचित थीं।

लगभग 25 प्रतिशत गांवों में, अनुसूचित जातियों को मजदूरी भुगतान में भेदभाव का सामना करना पड़ा। इस प्रकार बाजार मजदूरी दर या गैर-अनुसूचित जाति/जनजाति के श्रमिकों को दी गई मजदूरी की तुलना में अनुसूचित जाति श्रमिकों के मजदूरों ने दैनिक मजदूरी से कम भुगतान प्राप्त किया।

विचित्र बात यह थी कि लगभग 37 प्रतिशत गांवो में, अस्पृश्यता का चलन मजदूरी भुगतान करने में पाया गया था: अनुसूचित जातियां शारीरिक स्पर्श से बचने के लिए एक 'सम्मानजनक' दूरी से नकद या वस्तु में मजदूरी प्राप्त करती थीं। आवास निर्माण में अनुसूचित जाति मजदूरों की भर्ती में शुद्धता और प्रदूषण में विश्वास भी प्रभावी होते हैं: लगभग एक तिहाई गांवों में, उन्हें रोजगार के इस तरीके से बाहर रखा गया।

तालिका 13.4

बाजार भेदभाव—काम और संसाधनों तक पहुंच (स्वरूप/स्थितियां: 11 राज्यों से जमा आंकड़े)

अस्पृश्यता के चलन का स्वरूप/स्थिति	*गांवों का प्रतिशत जहा स्वरूप का चलन रहा*	*गांवों का प्रतिशत जहां स्वरूप का चलन नहीं रहा*	*कुल गांव जिनका सर्वेक्षण किया गया*
श्रम बाजार			
कृषि श्रमिक के रूप में काम देने से इनकार किया	35.5(158)	60.0	445
बिना छुए मजदूरी का भुगतान	37.1(174)	59.7	469
एक ही काम के लिए कम मजदूरी का भुगतान	24.5(119)	70.8	486
घर के निर्माण में अजा मजदूरों का काम न देना	28.7(152)	62.0	529
इनपुट बाजार			
सिंचाई सुविधाओं का उपयोग न करने देना	32.6(152)	59.4	466
आम संपत्ति संसाधन			
चराई/मछली पकड़ने के स्थानों का उपयोग न करने देना	20.9(76)	71.7	364
उपभोक्ता बाजार—बिक्री और खरीद			
सहकारी समितियों को दूध बेचने की अनुमति नहीं	46.7(162)	48.1	347
स्थानीय बाजार में बेचने से रोका	35.4(165)	54.9	466
सहकारी समितियों से दूध खरीदने की अनुमति नहीं	27.8(100)	59.2	360

स्रोत: ग्रामीण भारत में अस्पृश्यता पर एक्शन एड, पीपुल्स रिपोर्ट.

नोट: कोष्ठक में आंकड़े गांवों में जहां स्वरूप का चलन है की संख्या हैं। गांवों जहां चलन की स्थिति अस्पष्ट है 'अभ्यास' और ' चलन नहीं' दोनों को श्रेणियों से बाहर रखा गया है. कुल सर्वेक्षण किए गए गांवों में से गांवो जहां प्रासंगिक संस्था/साइट अनुपस्थित है को बाहर रखा गया.

जबकि यह तस्वीर एक समग्र स्तर पर उभरी है, राज्यों के भीतर महत्वपूर्ण विविधताएं थीं। अंतर-राज्य विविधताएं, वास्तव में, गतिशील और बदलते स्वरूप और श्रम बाजार बहिष्कार और भेदभाव के रूपों को बाहर लाते हैं। अध्ययन में संकेत मिलता है कि अखिल भारतीय स्तर पर, अनुसूचित जातियों को 36 प्रतिशत गांवों में कृषि रोजगार में काम पर रखे जाने पर बहिष्कार का सामना करना पड़ा; ऐसे गांवों का प्रतिशत आंध्र प्रदेश में लगभग 80 प्रतिशत से बिहार और मध्य प्रदेश में लगभग 50 प्रतिशत से केरल, पंजाब और तमिलनाडु में लगभग नगण्य तक भिन्न भिन्न था। शेष नमूना राज्यों में ऐसे गांवों का अनुपात 31 प्रतिशत से 21 प्रतिशत तक भिन्न था, जिसमें उड़ीसा, राजस्थान, कर्नाटक, महाराष्ट्र और उत्तर प्रदेश शामिल हैं।

अनुसूचित जाति श्रम का उपयोग बहिष्कार और समावेश दोनों के एक जिज्ञासु संयोजन को शामिल करता है। जबकि ग्रामीण क्षेत्रों में कृषि और अन्य कार्यों के लिए अधिकतम श्रम शक्ति अनुसूचित जाति के कर्मचारियों की संख्या से आती है, अक्सर बाध्यकारी रूपों, विभिन्न प्रकार के बंधन और संलग्नक (जिसे अमर्त्य सेन ने 'प्रतिकूल समावेश' कहा है) के अंतर्गत नियोजन के साथ ' प्रतिकूल बहिष्कार' या भेदभाव भी साथ है। अनुसूचित जाति श्रम का बहिष्कार शायद कमजोर सत्र के दौरान कृषि क्षेत्र में नौकरियों की कमी के समय में होता है। ऐसी स्थिति में, उच्च-जाति के नियोजक अपनी जाति के व्यक्तियों या गैर-अनुसूचित जाति/जनजाति के श्रमिकों को भाड़े पर रखना पसंद करते हैं।

गैर-अनुसूचित जाति/जनजाति के अधिमान्य व्यवहार की वजह से अनुसूचित जातियों के बहिष्कार के अतिरिक्त, उनका बहिष्कार शुद्धता और प्रदूषण की धारणा में उच्च जातियों के सतत विश्वास की वजह से भी होता है। जैसा कि पहले उल्लेख है, अनुसूचित जाति श्रमिकों को घर निर्माण और वहां की गतिविधियों में कार्य करने से बाहर रखा गया है –लगभग एक तिहाई गांवों में, अनुसूचित जातियों को प्रदूषण के लिए जिम्मेदार कारणों के चलते इस प्रकार के कार्य से बाहर रखा गया है—अनुपात कुछ राज्यों में 30 प्रतिशत के रूप में उच्च होने के साथ।

यह बहिष्कार विभिन्न रूप लेता है। केरल में, कुछ मामलों में, अनुसूचित जातियों को घर के निर्माण में कार्य करने की अनुमति दी गई, लेकिन घर को विशेष अनुष्ठान या शुद्धि (शुद्धि के धार्मिक अनुष्ठान) के माध्यम से शुद्ध करने के बाद ही। कई अन्य मामलों में, अनुसूचित जातियों को घरेलू उपयोग का पानी लाने के लिए नियोजित नहीं किया गया था। इसके अतिरिक्त, बिहार में, उदाहरण के लिए, अनुसूचित जाति की महिलाएं शायद ही कभी खाद्यान्न और अन्य खाद्य सामग्रियों को पकाने या साफ करने में कार्यरत थीं।

मजदूरी में भेदभाव भी विभिन्न रूप लेता है, जिसमे गैर-अनुसूचित जाति/जनजाति को मजदूरी या बाजार मजदूरी दर (और उनके द्वारा दिए गए कार्य के घंटों की संख्या की तुलना में उनके अनुसार काफ़ी कम), अधिक कार्य, अतिरिक्त आर्थिक दबाव और वस्तु या नकद में मजदूरी के भुगतान में अस्पृश्यता के चलन (या शारीरिक संपर्क से परहेज) की तुलना में अनुसूचित जाति मजदूरों को कम मजदूरी का भुगतान शामिल है।

अखिल भारतीय स्तर पर, लगभग एक चौथाई गांवों में, अनुसूचित जाति मजदूरों को मजदूरी बाजार दर या उन गैर-अनुसूचित जाति/जनजाति के श्रमिकों के लिए भुगतान की तुलना में कम भुगतान किया गया। यह अनुपात विशेष रूप से उड़ीसा, तमिलनाडु, बिहार, उत्तर प्रदेश और मध्य प्रदेश में राष्ट्रीय औसत से अधिक था, 26 प्रतिशत से 52 प्रतिशत तक भिन्न। शेष राज्यों में व्यापकता अपेक्षाकृत कम थी।

वास्तव में, अनुसूचित जाति के मजदूरों को कम मजदूरी के भुगतान में दबाव और बल के तत्व हैं। अनुसूचित जातियों को उत्पीड़न के विभिन्न प्रकार, न केवल कम मजदूरी, लेकिन देर, विलंबित और स्थगित भुगतान का भी सामना करना पड़ता है। उनकी हालत नित्य उनके दैनिक जीवन की पीड़ा, मैदान में परिश्रम के लंबे समय, उनके सामाजिक, आर्थिक दुर्दशा के साथ मिलकर परिलक्षित होती है।

कम मजदूरी भुगतान, अधिक कार्य और दबाव, जाति दायित्वों के साथ मिले हुए, बिहार में पाए गए अर्द्ध सामंती संबंधों से जुड़ी कृषि स्थिति तक ही सीमित नहीं थी, लेकिन इसने पंजाब की साम्प्रदायिकीकृत कृषि में पूंजीवादी कृषि संबंधों में नया और दमनकारी रूप भी ले लिया। पंजाब अध्ययन ने बताया कि अनुसूचित जाति मजदूरों पर उनके नियोक्ताओं द्वारा शारीरिक रूप से हमला किया जा रहा था। अभी भी अधिक आम अभद्र भाषा का प्रयोग, सदा ही अनुसूचित जाति मजदूरों की जातिगत पहचान दर्शाता था।

अध्ययन में यह भी पता चला, नमूना गांवों की एक महत्वपूर्ण संख्या में अनुसूचित जाति मजदूरों को दूरी बना कर मजदूरी देने या सौंपने में अस्पृश्यता की प्रथा का अस्तित्व। जिस तरीके से अनुसूचित जाति मजदूरों को वस्तु या नकद में मजदूरी दी गई, ने भी अलग अलग रूप लिया। कुछ मामलों में, उन पर रूपए/सिक्के एक दूरी से फेंके गए जबकि अन्य मामलों में, रूपए/सिक्के जमीन पर अनुसूचित जाति मजदूरों के लिए रखे गए थे उठा लेने के लिए ताकि शारीरिक संपर्क से बचा जा सके।

सूक्ष्म स्तर सर्वेक्षण से एक और पहलू जो कि स्पष्ट रूप से उभर कर सामने आया स्वयं अनुसूचित जाति और गैर-अनुसूचित जाति/जनजाति के मजदूरों में अस्पृश्यता की प्रथा से संबंधित था। काफ़ी पहले 1936 में, डॉ बी.आर.अम्बेडकर ने तर्क दिया था कि जातियों में व्यावसायिक विभाजन अकेले श्रम का एक प्रभाग नहीं लेकिन एक स्वयं मजदूर का एक प्रभाग था। अनुसूचित जाति और गैर-अनुसूचित जाति/जनजाति मजदूरी मजदूरों को जो एक साथ काम करते हैं और एक ही आर्थिक वर्ग का रूप लेते हैं एक ही कार्य करने के बाद खाने और पीने की घटनाओं में सामाजिक रूप से अलग प्रकार में मिलते हैं।

कक्षा बिरादरी जो अन्यथा उन्हें एक साथ बांधती है, उनके कामकाज के माहौल से परे उनके सामाजिक संपर्क में टूट जाती है। वास्तव में, अनुसूचित जाति और गैर-अनुसूचित जाति/जनजाति के श्रमिकों के बीच श्रमजीवी एकरूपता और भाईचारा भर्ती में प्राथमिकता, उचित मजदूरी, कार्य करने की अच्छी स्थिति और नियोक्ता के लिए कर्मचारी व्यवहार के संदर्भ में, उच्च जाति नियोक्ताओं द्वारा उच्च जाति के साथी कार्यकर्ताओं को दिये गए बेहतर और अधिमान्य व्यवहार के कारण विकृत है।

अनुसूचित जाति श्रमिक परिवारों की आय पर नियोजन में बहिष्कार, कम मजदूरी दरें, आदि के संदर्भ में श्रम बाजार भेदभाव के प्रभाव, स्पष्ट है। इसके फलस्वरूप उच्च बेरोजगारी और कम मजदूरी, जो गैर-अनुसूचित जाति/जनजाति समुदायों

से उनके समकक्षों की तुलना में अनुसूचित जाति के परिवारों के समग्र आय को कम करता है, अभाव और गरीबी के उच्च स्तर को सुनिश्चित करने के लिए।

अन्य कारक बाजारों में भेदभाव—सिंचाई और कृषि (भूमि)

अनुसूचित जातियों के प्रति भेदभावपूर्ण व्यवहार सिर्फ श्रम बाजार तक ही सीमित नहीं है, बल्कि अन्य बाजारों में भी उतना ही कारगर है। इनमें कृषि (भूमि) और सिंचाई (सार्वजनिक और निजी) बाजार शामिल हैं। एक्शन एड अध्ययन ने सिंचाई तक पहुंच पर कुछ सांख्यिकीय सबूत दिए। कृषि (भूमि) के उपयोग के मामले में, वहां चयनात्मक सबूत अध्ययन से निकले थे। फिर भी, यह सबूत, हालांकि स्वरूप में सीमित, दमनकारी और शत्रुतापूर्ण बाजार के माहौल, जिनका कि अनुसूचित जातियों को आम तौर पर विभिन्न कारक बाजारों में उनकी भागीदारी की राह में सामना करना पड़ता है, पर प्रकाश डालता है।

तालिका 13.4 सिंचाई तक अनुसूचित जातियों की पहुंच दिखाता है। इस तालिका से स्पष्ट है कि लगभग एक-तिहाई गांवों में से, अनुसूचित जातियों का कृषि सिंचाई के लिए पानी तक पहुंच निषेध किया गया। सिंचाई तक अपवर्जनात्मक और भेदभावपूर्ण पहुंच, पंजाब, आंध्र प्रदेश, उत्तर प्रदेश, मध्य प्रदेश और उड़ीसा में उच्च था और अन्य राज्यों में कुछ हद तक कम—लेकिन अनुपस्थित नहीं था।

पंजाब से मामले के अध्ययन ने पाया कि उन अनुसूचित जातियों, जिन्होंने कुछ भूमि की खेती की, ने सिंचाई करने के लिए पानी की उपलब्धता के संबंध में भेदभाव का अनुभव किया। यह नहर के पानी के संबंध में, जो भूजल की तुलना में सस्ता था, विशेष रूप से स्पष्ट किया गया था। अध्ययन में इस तथ्य पर भी पर प्रकाश डाला कि अनुसूचित जातियों के पास नहर सिंचाई तक पहुंच का अभाव है, पानी डीजल इंजन द्वारा बाहर निकालने के साथ, एक अपेक्षाकृत महंगा विकल्प, वे कुओं से सिंचाई पर अधिक निर्भर रहने के लिए मजबूर थे। मामले के अध्ययन में नलकूप सिंचाई तक पहुंच में भेदभाव का भी पता चला।

कृषि भूमि के मामले में, कुछ राज्यों से चुने गए साक्ष्य जिन्होंने कृषि प्रयोजनों के लिए अनुसूचित जातियों के भू-स्वामित्व और उसपर खेती करने की कोशिश के प्रति उच्च जातियों के उग्र और आक्रामक रवैये को बाहर लाते हैं। अध्ययन सार्वजनिक भूमि के मामले में इस तथ्य को बाहर लाता है। इसी तरह का विरोध आवास उद्देश्यों के लिए सार्वजनिक भूमि के अनुसूचित जाति 'कब्जे के मामले में भी पाया गया था। यह अच्छी तरह से प्रलेखित किया गया है कि भूमि अनुसूचित जातियों के अत्याचार और निरंतर संघर्ष का एक स्रोत है। इसके अलावा, अनुसूचित जातियों को पट्टे में कृषि भूमि पर भेदभावपूर्ण व्यवहार भी सूचित किया गया। यहां तक कि अनुसूचित जाति किरायेदार भी उच्च-जाति जमीन मालिकों द्वारा प्रतिकूल नियमों और कार्य की शर्तों के अधीन थे।

आम संपत्ति संसाधन

आम संपत्ति संसाधन (कॉमन प्रॉपर्टी रिसोर्सेस [सीपीआर]) जैसे चारागाह जमीन, मछली पकड़ने के तालाब और अन्य संसाधन ग्रामीण क्षेत्रों में जीविका के पूरक स्रोत हैं। यह स्रोत अनुसूचित जातियों के लिए विशेषकर महत्वपूर्ण हैं क्योंकि इनमें से अधिकतर भूमिहीन हैं, और ये सीपीआर उन्हें रोजी-रोटी का एक वैकल्पिक सहारा तथा जीवन यापन का एक आधार प्रदान करते हैं। एक्शन एड अध्ययन संकेत देते हैं कि अधिकतर मामलों में, सीपीआर्स पर अगड़ी जातियों ने अपनी मजबूत पकड़ बना ली है। आंकड़े यह संकेत भी देते हैं कि चारागाह की जमीनों, मछली पकड़ने के तालाबों जैसे ग्राम-स्तर के सीपीआर्स के उपयोग में अनुसूचित जातियों को बड़े पैमाने पर बहिष्कार और भेदभाव के व्यवहार का सामना करना पड़ता है।

तालिका 13.4 इसे स्पष्ट करती है कि लगभग एक-बटा-पांच नमूना ग्रामों (21 प्रतिशत) में चारागाह की जमीनों, मछली पकड़ने के तालाबों जैसे सीपीआर्स के उपयोग से अनुसूचित जातियों को रोका गया। ऐसे ग्रामों का प्रतिशत आंध्र प्रदेश (48 प्रतिशत), तमिलनाडु (40 प्रतिशत), उड़ीसा (34 प्रतिशत) और बिहार (32 प्रतिशत) में राष्ट्रीय औसत के सापेक्ष अधिक था।

कुछ मामलों में, अनुसूचित जाति-बहुल बस्तियों में गैर-अनुसूचित जातियों/जनजातियों ने सीपीआर्स का अतिक्रमण किया था। अनुसूचित जातियों द्वारा ऐसी जमीनों को पुनः प्राप्त करने अथवा ग्राम सीपीआर्स के उपयोग के प्रयास का परिणाम होता है अगड़ी जातियों द्वारा गंभीर दंडात्मक उपाय। इस सिलसिले में अनुसूचित जातियों और गैर-अनुसूचित जातियों/जनजातियों के बीच हिंसा के अनेक उदाहरण दर्ज किये गए हैं।

अनुसूचित जातियों की समस्या इस तथ्य से और बढ़ जाती है कि, एक, वे सीपीआर्स के उपयोग से वंचित हैं; दो, उपयोग से वंचित होने के कारण उन्हें पशु चराने के लिए अपने खेत का प्रयोग करना पड़ा है; तीन, वे गांव के चारागाह की जमीनों का सीमित या बिलकुल नहीं उपयोग कर सकते क्योंकि उनमें से अधिकतर भूमिहीन और लगभग-भूमिहीन होते हैं; चार, फलस्वरूप, पशु पालने की उनकी क्षमता काफी कम हो जाती है। गांवों में मछली मारने में बहिष्कार और भेदभाव का नतीजा भी कुछ इसी तरह का होता है। गांवों में मछली मारने में बहिष्कार और भेदभाव अनुसूचित जातियों को जीवन यापन के एक स्रोत से भी वंचित करता है।

उपभोक्ता बाजार में भेदभाव – विक्रय और क्रय

शुद्धता और प्रदूषण के विचार में अगड़ी जातियों का जारी विश्वास, और अनुसूचित जातियों पर इन विश्वासों के संबंधित नतीजे उपभोक्ता बाजार में अगड़ी जातियों के अपवर्जनात्मक और भेदभावपूर्ण व्यवहार में विशेषकर प्रतिबिंबित होते हैं- उपभोज्य वस्तुओं का विक्रय और क्रय, विशेषकर दूध, सब्जियां और अन्य खाद्य उत्पाद।

तालिका 13.4 प्रदर्शित करती है कि लगभग 35 प्रतिशत गांवों (लगभग 160 गांव) में, अनुसूचित जातियों को स्थानीय बाजार में किसी प्रकार का सामान बेचने की अनुमति नहीं थी। ऐसे गांवों का औसत पंजाब, आंध्र प्रदेश, तमिलनाडु और मध्य प्रदेश जैसे राज्यों में राष्ट्रीय औसत के सापेक्ष अधिक था। गांवों का अनुपात, जिनमें अनुसूचित जातियों ने गांव के बाजारों में उपभोक्ता वस्तुओं को बेचने से बहिष्कार झेला, आंध्र प्रदेश में 72 प्रतिशत, तमिलनाडु में 48 प्रतिशत और मध्य प्रदेश में 35 प्रतिशत जैसा अधिक था।

तालिका 13.4 प्रदर्शित करती है कि दूध के विक्रय और क्रय में बहिष्कार विशेषकर अधिक था। लगभग 47 प्रतिशत गांवों में (347 गांवों का कुल सर्वेक्षण), अनुसूचित जातियों को ग्राम सहकारी समितियों तथा निजी खरीदारों को दूध बेचने की अनुमति नहीं थी। लगभग एक-तिहाई गांवों में, उन्हें ग्राम सहकारी समितियों से दूध खरीदने की अनुमति नहीं थी। एक्शन एड अध्ययन ने बेकरी उत्पादों और सब्जियों जैसी अन्य उपभोक्ता वस्तुओं के विक्रय और क्रय में बहिष्कार तथा भेदभाव के व्यवहार पर कुछ साक्ष्यों (मामलों के अध्ययन और पृथक सबूत के रूप में) पर भी प्रकाश डाला।

बहिष्कार/भेदभाव की प्रकृति और स्वरूप, साथ ही साथ बाजार में अनुसूचित जातियों के प्रति अगड़ी जातियों के आर्थिक व्यवहार के पीछे की धारणा विभिन्न स्वरूप लेती है और आवश्यक नहीं कि उसके पैटर्न में समानता ही हो। उदाहरण के लिए, उड़ीसा में अनुसूचित जातियों द्वारा दूध खरीदनें में भेदभाव तुलनात्मक रूप से दूध बेचने की अपेक्षा अधिक था। यह इस कारण था कि एक विशेष सांस्कृतिक निषेध प्रचलन में थाः उड़ीसा रिपोर्ट ने पाया कि उड़ीसा में लोग विश्वास करते थे कि अनुसूचित जातियों को जो कोई दूध बेचता है उसका पशु मर जाता है, या फिर दूध देना बंद कर देता है। उड़ीसा और तमिलनाडु जैसे राज्यों में अनुसूचित जातियों के स्वामित्व वाली बेकरियों में बने खाद्य पदार्थों में भेदभाव प्रमुखता से था। अन्य मामलों में, अनुसूचित जाति के नव-उद्यमियों को जगह देने से मना करके बाजार में भेदभाव का व्यवहार जारी था, भेदभाव जो और भी अधिक स्पष्ट हो जाता था अगर प्रश्नगत अनुसूचित जातियां वही उत्पाद बेच रही होती थीं जैसा कि गैर अनुसूचित जातियां/जनजातियां।

अनेक उपभोक्ता वस्तुओं-जैसे दूध और दुग्ध उत्पाद, अनुसूचित जातियों के स्वामित्व वाली बेकरीज में निर्मित उत्पाद, ग्राम-बाजार में सब्जियां और अन्य वस्तुएं जहां विक्रेताओं के जाति की पहचान स्पष्ट है-की बिक्री पर प्रतिबंध-ने अनुसूचित जाति विक्रेताओं को छोटे नगरों और अन्य जगह बाजार तलाशने को मजबूर किया जहां जाति की पहचान इतनी स्पष्ट नहीं थी। अपने स्वयं के गांवों या नजदीकी गांवों के बाहर स्थित बाजारों तक पहुंचना अतिरिक्त समय तथा प्रयास मांगता था, और कई गुना परिचालन लागत।

अनुसूचित जाति मजदूरों को भाड़े पर रखने में बहिष्कार, विशेषकर जो गृह निर्माण से जुड़े थे, मजदूरी भुगतान में भेदभाव (मौजूदा बाजार मजदूरी दर से कम मजदूरी का भुगतान) और अनुसूचित जातियों द्वारा निर्मित विभिन्न उपभोक्ता वस्तुओं की बिक्री पर प्रतिबंधों का अनुसूचित जाति परिवारों की आय और कमाई पर स्पष्ट प्रभाव है तथा उनमें गरीबी की प्रचुरता को भी स्पष्ट करता है। बहिष्कार का यह तरीका ग्रामीण क्षेत्रों में अनुसूचित जाति परिवारों के एक बहुमत की मजदूरी की कमाई को और घटाता है, जिनमें अधिकतर दिहाड़ी मजदूर परिवार हैं। एक्शन एड अध्ययन ने यह भी पाया कि दूध और अन्य उपभोक्ता वस्तुओं की बिक्री, अनुसूचित जाति मजदूरों को भाड़े पर रखने, इत्यादि पर प्रतिबंधों का परिणाम गरीबी बढ़ाने में है। बहिष्कार और भेदभाव के बीच संबंध, आय और गरीबी को नीचे ले जाते हैं, इसलिए, अनुसूचित जातियों के मामले में स्पष्ट तथा प्रबल हैं।

अनुसूचित जातियों पर अत्याचारः प्रकृति और स्वरूप

अनुसूचित जातियों के विरूद्ध किए गए विभिन्न अपराधों की सीमा, परिमाण तथा प्रकृति जाति प्रणाली के दमनकारी और हिंसक चरित्र का आइना है। अनुसूचित जातियों के विरूद्ध अत्याचारों की नियमित सूचना इस तथ्य का संकेत है कि भेदभाव तथा अशपृश्यता अभी भी व्यवहार में हैं, और उनके कार्यान्वयन का परंपरागत तरीका अभी भी प्रचलन में है। दलित समुदाय की इतनी दुर्दशा है कि संविधान द्वारा गारंटी समान नागरिकता का प्रावधान जीवन के, यदि सभी नहीं तो कुछ क्षेत्रों में एक ढोंग बन कर रह गया है।

आधिकारिक आंकड़े

1990 से 2000 की दशकीय अवधि के लिए आधिकारिक आंकड़े संकेत देते हैं कि अनुसूचित जातियों द्वारा देश भर में विभिन्न अपराधों के कुल 285,871 मामले दर्ज कराये गए, जिसमें 14,030 पीसीआर अधिनियम और 81,796 पीओए अधिनियम के अंतर्गत दर्ज किये गए। इसका अर्थ यह कि 1990 के दशक में हर साल अनुसूचित जातियों द्वारा जातिगत भेदभाव तथा अत्याचार के 28,587 मामले दर्ज कराये गए। 2001 में, मामलों की संख्या उच्चतम 33,500 पर थी।

अपराध और अत्याचारों के प्रकारों पर दृष्टिपात करें, तो हम देखते हैं, 1990 के दशक में अनुसूचित जातियों द्वारा औसतन (1990–2000 के बीच) 553 हत्या, 2,990 चोट, 919 बलात्कार, 184 अपहरण/भगाने, 47 डकैती, 127 लूटपाट, 456 आगजनी, 1,403 जातिगत भेदभाव और 8,179 अत्याचार के मामले दर्ज कराये गए। पीसीआर अधिनियम के अंतर्गत दर्ज मामलों की संख्या एक दशकीय औसत से 1990 के दशक के दौरान 1,403 से 2001 में 633 तक गिर गई।

सामान्यतया, यह अनुमान लगाया जा सकता है कि पीसीआर अधिनियम के अंतर्गत मामलों की संख्या में गिरावट अस्पृश्यता के व्यवहार में कमी का संकेत है। परंतु इस तरह का अनुमान कठिनाई से मान्य है, और कानून के प्रभावहीन होने को प्रतिबिंबित करने की व्याख्या करता है। इस तरह का विचार अनुसूचित जातियों और अनुसूचित जनजातियों के लिए राष्ट्रीय आयोग

(एनसीएससीएसटी) की छठवीं रिपोर्ट से तालमेल में है और राष्ट्रीय मानवाधिकार आयोग (एनएचआरसी) से भी, जिसने इशारा किया कि राज्य सरकारों ने अस्पृश्यता-प्रभावित क्षेत्रों को पहचानने में गंभीरता नहीं दिखाई।

2000 में, अनुसूचित जातियों के विरूद्ध किये गए कुल अपराधों में से, लगभग 94 प्रतिशत का 11 राज्यों से संबंध कहा जा सकता है। बिहार, मध्य प्रदेश, राजस्थान, उत्तर प्रदेश और उड़ीसा पांच राज्यों में अनुसूचित जातियों के विरूद्ध थोक अपराध और अत्याचार किये गए। वास्तव में, 2000 में अनुसूचित जातियों के विरूद्ध कुल मिला कर लगभग 65 प्रतिशत अपराध और अत्याचार उत्तर प्रदेश, राजस्थान और मध्य प्रदेश में किये गए। यह इन राज्यों में जाति और अस्पृश्यता से जुड़े परंपरागत नियमों के लगातार प्रभाव को प्रतिबिंबित करता है। आंध्र प्रदेश, कर्नाटक, तमिलनाडु और केरल भी बेहतर नहीं थे। गुजरात और महाराष्ट्र भी, अनुसूचित जातियों के विरूद्ध निकृष्टतम अपराधों के लिए जाने गए।

समग्रता में, 2000 के अंत तक देश भर में, न्यायालयों में 100,891 मामले लंबित थे। उत्तर प्रदेश 74,303 लंबित मामलों के साथ सूची में शीर्ष पर था, जिसके बाद महाराष्ट्र (8,212), राजस्थान (5,836), उड़ीसा (5,669), आंध्र प्रदेश (1,845), तमिलनाडु (1,810), कर्नाटक (1,794) और केरल (1,768) थे। आधिकारिक आंकड़ों की समीक्षा ने यह भी प्रदर्शित किया कि अत्याचारों के दोषियों के लिए सजा की दर बहुत कम और दोष मुक्ति दर बहुत अधिक थी।

सूक्ष्म साक्ष्य[7]

पूर्व में बताये गए अधिकृत आंकड़े, तो पानी में तैरते हिम-शैल के शीर्ष को ही दिखाते हैं। अत्याचारों की संख्या, जिनकी सूचना पुलिस को दी नहीं जाती और इस प्रकार अज्ञात रह जाते हैं, काफी अधिक है। एक प्राथमिक सर्वेक्षण पर आधारित अध्ययन जातिगत भेदभाव तथा अत्याचारों की गुणात्मक प्रकृति तथा पैटर्न को बताता है। एक्शन-एड इंडिया का राष्ट्र अध्ययन भी गांवों में हिंसा तथा अत्याचारों की प्रकृति तथा पैटर्न पर प्रकाश डालता है।

विश्लेषणात्मक प्रस्तुति के प्रयोजन के लिए, हम अत्याचारों की व्याख्या को नागरिक, सामाजिक, सांस्कृतिक, राजनीतिक, आर्थिक, लिंग संबंधी इत्यादि वर्गों में चित्रित करते हैं। हम तब विशेषताओं के कारक उजागर करके प्रत्येक वर्ग के अंतर्गत किये गए अत्याचारों की प्रकृति को समझने का प्रयास करते हैं। हम कुछ दृष्टांत दर्शाने वाले मामले देकर एक पैटर्न भी स्थापित करते हैं। यह उल्लेख करना महत्वपूर्ण है कि वर्गीकरण बहुधा परस्पर-व्याप्त होते हैं और यहां एक बारीक रेखा होती है, उदाहरण के लिए सांस्कृतिक तथा नागरिक क्षेत्रों के बीच। यह महसूस किया गया कि अत्याचारों की प्रकृति के भीतर इस प्रकार की प्रक्रियात्मक जांच चुने गए मामलों की कतिपय व्यापक विशेषताओं के साथ साथ कारणों के अध्ययन को उपलब्ध करायेगा।

नागरिक अधिकारों से संबंधित अत्याचार

नागरिक अधिकारों को उन कानूनी अधिकारों के रूप में पारिभाषित किया जाता है जो नागरिकों द्वारा धारण रखा गया है और सरकार द्वारा संरक्षित है। मत देने का अधिकार और सार्वजनिक स्थानों के लिए अधिकार उदाहरण में शामिल हैं। नागरिक अधिकारों के दायरे में अल्पसंख्यकों के लिए समान संरक्षण के साथ ही गैर-कानूनी घोषित भेदभाव भी अपने सभी अवशेषों के साथ शामिल हैं। नागरिक अधिकार प्रभावी ढंग से सकारात्मक स्वतंत्रता के मूल्यों को बनाए रखते हैं और आम तौर पर इनका कानूनी आधार है। भारत में, नागरिक अधिकारों को आम तौर पर संविधान द्वारा गारंटी दिए गए विशेष अधिकारों के रूप में सोचा जाता है।

अनुसूचित जाति को गारंटी के रूप में दिए गए नागरिक अधिकारों को सक्रिय करने के प्रावधानों को लागू करने के प्रयासों में अक्सर उच्च जातियों से एक प्रतिक्रिया का सामना करना पड़ता है। अत्याचार की घटनाओं, जिन्हें नागरिक अधिकार के उल्लंघन के तहत वर्गीकृत किया जा सकता है, मौलिक प्रकृति के हैं। वास्तव में, भारत का संविधान जाति, धर्म और लिंग की

परवाह किए बिना, अपने सभी नागरिकों को इन अधिकारों की गारंटी देता है, लेकिन भारत में अन्यायपूर्ण सामाजिक संबंधों का स्वरूप अनुसूचित जातियों को लोकतांत्रिक प्रक्रिया में भाग लेने से रोकता है और निर्भरता बनाने वाली जाति व्यवस्था तथा उसके अवशेष से दूर रखता है।

खुद को जाति उत्पीड़न से स्वतंत्र करने के लिए उनके प्रयासों में, अनुसूचित जातियां बुनियादी नागरिक अधिकारों जैसे सांस्कृतिक अवसरों का जश्न मनाना, आम बाजार में खरीदारी, एक कप चाय का अनुरोध करना, साथी अनुसूचित जाति के खिलाफ हिंसा का विरोध करना, दमनकारी जाति व्यवस्था और अत्याचार के खिलाफ याचिका दायर करना, मंच पर साथ बैठना या उच्च जातियों के बराबर बैठना, भूमि मालिकों की भूमि पर संविदा और सहवास, अनुसूचित जातियों के अधिकारों पर जोर देते हुए और आंदोलनों को सशक्त बनाने में भाग लेना, सीपीआरस से फल खाना, परेशान अनुसूचित जाति की महिलाओं को सुरक्षा प्रदान करना, सामाजिक बुराइयों के खिलाफ अग्रणी विरोध मार्च, मरम्मत के अभाव और तिरस्कार के उपाय के खिलाफ प्रमुख विरोध प्रदर्शन, राज्य मशीनरी जैसे कि पुलिस द्वारा अनुसूचित जाति के व्यक्तियों के अवैध और गैरकानूनी हिरासत के खिलाफ अग्रणी विरोध प्रदर्शन, और अनुसूचित जाति भूमि की रक्षा के लिए याचिका दायर करने का अभ्यास करती हैं।

अफसोस, अनुसूचित जातियों द्वारा अपने नागरिक अधिकारों का प्रयोग करने के इन सभी प्रयासों को शत्रुतापूर्ण प्रतिरोध और मौखिक और शारीरिक शोषण (काटे गए हाथ, पुलिस अधिकारियों द्वारा दी जा रही यातना, छुरा भोंकना, सामाजिक कार्यकर्ताओं की हत्या और आंखों को बाहर गोल रूखानी से काटना) के माध्यम से हिंसक अत्याचार का सामना करना पड़ता हैं, सीपीआरस के उपयोग पर प्रतिबंध (सार्वजनिक सड़कों तक पहुंच से वंचित), मनोदैहिक दुरूपयोग (आत्महत्या, तनाव), कानून के समक्ष समानता के बुनियादी मानव अधिकार और अधिकारों के हनन से संबंधित दुरूपयोग (झूठ फंसाने, जेलों में अवैध हिरासत में रखने, गिरफ्तारी, पिटाई, अत्याचार, हत्या, मारपीट, लाठी चार्ज और पुलिस अधिकारियों द्वारा न्याय तक पहुंच से वंचित), गलत तरीके से संरक्षण (अस्पृश्यता और जाति से संबंधित अपराधों की ऊंची जाति के अपराधियों को पुलिस और प्रशासनिक अधिकारियों द्वारा परिरक्षित किया जा रहा) आदि।

विश्लेषण से पता चला है कि अनुसूचित जातियों द्वारा अपने नागरिक अधिकारों का प्रयोग करने और समानता की स्थिति तलाश करने के लगातार प्रयासों का उच्च जातियों द्वारा विरोध किया गया था। अधिकांश बार, इस तरह के प्रयास संदेह और अत्याचार के साथ भी मिले थे। यह महसूस किया गया है कि अनुसूचित जातियों के प्रयासों को श्रेणीबद्ध और अन्यायपूर्ण जाति व्यवस्था के भीतर गतिशीलता हासिल करने के लिए और अपने प्रतिबंधात्मक और भेदभावपूर्ण रिवाज़ों और वर्ज्य से दूर रहने में भारी प्रतिक्रिया का सामना करना पड़ा। विश्लेषण से यह भी सामने आया कि अपने नागरिक अधिकारों के बारे में मुखर होने के लिए अनुसूचित जाति समुदायों पर दंडात्मक प्रतिबंध लागू किये जा रहे थे।

दुर्भाग्य से, विश्लेषण ने पीओए अधिनियम को लागू करने में सक्षम न होने की राज्य की एक स्पष्ट कमजोरी और व्यवहार को प्रभावित करने में नाकाम रहने में, चाहे राजनीतिक, सामाजिक, आर्थिक या सांस्कृतिक हो पर भी प्रकाश डाला। यह महसूस किया गया कि राज्य विचलित हुए बिना यथास्थिति की ओर रहे। यह भी महसूस किया गया कि इस संबंध में राज्य के शस्त्र सहायक होने से काफ़ी दूर थे। वास्तव में, इसके उपकरण (पढ़ें प्रशासनिक और पुलिस मशीनरी) उनके मौलिक अधिकारों का प्रयोग करते हुए अनुसूचित जातियों के प्रति असंवेदनशील थे। अनुसूचित जातियों की दुर्दशा, इसलिए, दुगनी हो रही है; एक तरफ, उन्हें इस तरह के उच्च जातियों के रूप में उत्पीड़कों का सामना करना पड़ता है और दूसरी तरफ एक कम सहकारी प्रशासनिक और पुलिस मशीनरी का सामना।

सामाजिक अधिकारों से संबंधित अत्याचार

सामाजिक अधिकारों में समाज के अन्य सदस्यों को चोट पहुंचाए बिना कुछ भी करने की स्वतंत्रता शामिल हैं। इसके अतिरिक्त, आंदोलन और शिक्षा की स्वतंत्रता मानव व्यक्तित्व के समग्र विकास के लिए महत्वपूर्ण हैं।

यह स्पष्ट है कि भारत के नागरिकों के अधिकारों की समानता की गारंटी हैं और अनुसूचित जातियां राज्य कल्याण के झुकाव के सामान्य और सार्वभौमिक दावे के लिए कोई अपवाद नहीं हैं, वे भी, अपने सामाजिक अधिकारों का अभ्यास करते हैं। वे कभी कभी व्यवहार की समानता की मांग (उच्च जातियों के मतलब के लिए पानी या चाय के कप में सेवा करने के लिए पूछ); विकास के अधिकार और बुनियादी संसाधनों (सार्वजनिक पानी तक पहुंच, अच्छी तरह से एक बोर से एक पाइप लाइन को नीचे बिछाने, जल निकासी या परिवर्तन विशेष रूप से उच्च जातियों द्वारा अनुसूचित जातियों को उत्तेजित करने के लिए, एक सार्वजनिक हैंड पंप में स्नान और कपड़े धोना, एक घर के निर्माण और भूमि तक पहुंच के लिए) तक पहुंच; मनोरंजन और जानकारी तक पहुंच (अनुसूचित जाति समुदाय हॉल या अनुसूचित जाति निवास स्थानों में सरकार की ओर से आवंटित टीवी सेट रखना, अनुसूचित जाति के खिलाफ हिंसा के अपराध के बारे में स्पष्टीकरण के लिए उच्च जाति पंचायत के सदस्यों से पूछना); अपनी जाति पहचान (सशक्तिकरण के लिए अनुसूचित जातियों को जुटाना) पर जोर देने में सक्षम होना; अंतर्जातीय गठबंधन (शादी और जातियों के बीच प्रेम), आदि।

सामाजिक अधिकारों के इस तरह के दावे को फिर से उच्च जातियों से दमनकारी और भेदभावपूर्ण प्रतिरोध का सामना करना पड़ा। प्रतिरोध के स्वरूप और रूपों में सामाजिक बहिष्कार और बहिष्कार, आंदोलन की स्वतंत्रता के लिए अधिकारों की कटौती, सापेक्ष अलगाव और विराग, जातीय हिंसा, तोड़फोड़, विध्वंस और आगजनी के छिपे और प्रत्यक्ष खतरे, बुनियादी अधिकारों जैसे भोजन, पानी, जमीन और आवास की पहुंच से मनाही, सांप्रदायिक निर्वासन और सामाजिक विघटन, अत्याचार और अनुसूचित जातियों (महिलाओं समेत) की नग्न परेड, जाति और सांप्रदायिक तनाव से भरा उन्मुक्त माहौल और लोकतांत्रिक अनुसूचित जाति निकायों की गैर मान्यता।

आर्थिक अधिकार मूल रूप से भूमि और उसके स्वामित्व के मुद्दे से जुड़े हैं। यह चिंता का विषय है कि सरकार के भूमि सुधार के एजेंडे को अभी भी अपनी संपूर्णता में लागू नहीं किया गया है और जहां भी अनुसूचित जातियों को राज्य भूमि से भूमि आवंटित किया गया है, वे इस तक पहुंच प्राप्त करने में सक्षम नहीं हैं और जबरन इससे बेदखल कर दिए गए हैं। इसलिए, भूमि के संबंध में उनकी आर्थिक स्थिति सीमांत स्वामित्व, पट्टे, और कम वेतन पाने वाले और अत्यधिक ज्यादा कार्य करने वाले मजदूरों की क्षमता भूमि पर काम करने के लिए सीमित है।

उच्च जाति के हिंदुओं को आमतौर पर लगता है कि अनुसूचित जातियों का भूमि पर अधिकार नहीं है और उनके अधिकार भूमि जोत कर उच्च जातियों की सेवा करने के लिए सीमित हैं। इसलिए, अनुसूचित जातियों द्वारा जमीन तक पहुंच तथा फलस्वरूप उच्च जातियों द्वारा अत्याचार करने को जाति रिवाज़ों और आचरण के नियमों के आधार पर उचित ठहराया गया है। अनुसूचित जाति के कर्मचारियों का कार्यबल परिधि में चला गया, और भुगतान न करने और कम मजदूरी की वजह से आर्थिक अभाव से ग्रस्त है।

अपनी विशेषज्ञता और उत्पादों को बेचने के प्रयास से उनकी आर्थिक स्थिति में वृद्धि करने के लिए अनुसूचित जाति कारीगरों, कुशल मजदूरों और व्यापारियों द्वारा किए गए प्रयासों का भी विरोध किया जा रहा है। अनुसूचित जाति के प्रयास सरकारी नीतियों और संस्थाओं का पालन न करके भी विरोध कर रहे हैं। उदाहरण के लिए, अनुसूचित जातियां पीने के पानी, सड़क, चारागाहों और नदियों की तरह बुनियादी सेवाओं तक पहुंच से वंचित हैं। उत्पादों (सब्जियां, अंडा, आदि) जिसमे अनुसूचित जातियां सौदा करती हैं, का शुद्धता और प्रदूषण के पारंपरिक अवधारणाओं के पालन में बहिष्कार किया जाता है। अनुसूचित जाति के कर्मचारियों की संख्या भी पारंपरिक, अपमानजनक और प्रदूषण व्यवसायों को आगे बढ़ाने के लिए मजबूर है। अनुसूचित जातियों की क्रय शक्ति उचित मूल्य की दुकानों, आदि के लिए सीमित है या कोई पहुंच के साथ भी रोकता है|

उदाहरण के लिए, यदि अनुसूचित जातियां अपने आर्थिक अधिकारों पर जोर देती हैं- न्यूनतम मजदूरी की मांग करना, अनुसूचित जाति की भूमि पर जबरन अतिक्रमण के खिलाफ याचिका, भूमि, जल, चराई भूमि और सीपीआरस तक पहुंच के लिए प्रयास—या ऋण या ऋण का भुगतान करने में असमर्थ हैं, जानवरों का स्वामी बनने की कोशिश, बंधुआ मजदूरों के खिलाफ

लामबंदी के खिलाफ अत्याचार, अग्रिम भुगतान की मांग और आरक्षण के माध्यम से नियोजन के प्रयास तक पहुंच, आदि, उन्हें किसी न किसी रूप में उच्च जातियों से विरोध का सामना करना पड़ा।

इस तरह के संबंध सामाजिक बहिष्कार और बहिष्कार की विशेषता हैं जहां अनुसूचित जातियां अक्सर जातिच्युत मनुष्य की स्थिति में चली गई, भूमि तक पहुंच निषेध, भूमि पर जबरन अतिक्रमण का सामना करना पड़ा, सार्वजनिक भूमि और चारागाहों तक पहुंच निषेध, सामाजिक निष्कासन का सामना करना पड़ा, पानी और मकान तक पहुंच से इनकार किया, इस तरह के पेयजल, नदियों और नलकूपों, आदि के रूप में सीपीआरस के लिए प्रवेश निषेध, न्यूनतम मजदूरी से इंकार, हमला किया गया, पीटा गया, हत्या की गई, बलात्कार किया गया, नग्न परेड करवाया गया, धमकी दी गई, आगजनी, अभाव, अनुसूचित जाति भूमि की नीलामी, आदि का सामना करना पड़ा।

राजनीतिक अधिकारों से संबंधित अत्याचार

राजनीतिक अधिकारों को लोकतांत्रिक शासन में भाग लेने के नागरिकों द्वारा कानूनी दावों के रूप में परिभाषित किया जा सकता है और समान व्यवहार किया जाएगा। राजनीतिक अधिकारों में वोट करने का अधिकार, याचिका, इकट्ठा करना, सार्वजनिक कार्यालय की तलाश, आदि शामिल हैं।

जब भी अनुसूचित जातियां अपने राजनीतिक अधिकारों पर जोर देती हैं या राजनीतिक रूप से अपनी स्थिति को मजबूत करने का प्रयास करती हैं, उन्हें कड़े प्रतिरोध का सामना करना पड़ता है। आशय स्पष्ट है कि राजनीतिक पहचान के लिए जोर देने का मतलब सत्ता से जुड़ना है। इसलिए क्या महत्वपूर्ण हो जाता है, कौन सत्ता का जनक है और कौन इसे नियंत्रित करता है।

जब अनुसूचित जातियां अपने राजनीतिक अधिकारों जैसे सार्वभौमिक वयस्क मताधिकार में भागीदारी, राजनीतिक लाभ के लिए लामबंदी, लोकतांत्रिक और राज्य संस्थाओं में अनुसूचित जाति समुदाय के सदस्य के प्रतिनिधित्व और चुनाव, और एक दबाव समूह के रूप में लामबंदी पर जोर देती हैं, उन्हें उच्च जातियों से प्रतिरोध का सामना करना पड़ता है।

विशेष रूप से, अत्याचार के स्वरूप में मतदान और चुनाव के अधिकार से इनकार, मतदाता सूची से अनुसूचित जाति समुदाय के सदस्यों के नामों को हटाना और शामिल न करना, पंचायतों द्वारा भेदभाव (पंचायतों में आरक्षित सीटों के लिए चुनाव के लिए दाखिल नामांकन किए जाने के लिए अनुसूचित जातियों को अनुमति नहीं देना), उभरते अनुसूचित जाति नेताओं पर हमले और हत्या, अनुसूचित जाति समुदाय के सदस्यों से राजनीतिक भेदभाव, धमकी और पिटाई, आगजनी, बलात्कार, हत्या और महिलाओं की नग्न परेड, जिक्र करने लायक कुछ नाम हैं।

राजनीतिक भागीदारी की संवेदनशील स्वरूप और सामाजिक स्थिति की वृद्धि इस के बाद की वजह से, आयोग और चूक के कृत्यों को नियमित रूप से अनुसूचित जाति समुदाय के सदस्यों पर स्थिर रहे हैं। इस संबंध में सबूत का एक बहुतायत है।

सांस्कृतिक अधिकारों से संबंधित अत्याचार

सांस्कृतिक अधिकारों को आनंद और सांस्कृतिक जीवन और पहचान को विकसित करने के अधिकार के रूप में परिभाषित किया गया है। सांस्कृतिक अधिकार, असीमित परिभाषा से, असीमित नहीं हैं। संस्कृति के लिए अधिकार उस बिंदू पर सीमित हैं जहां वह एक और मानव अधिकार का उल्लंघन करते हैं। कानून कहता है कि कोई अधिकार किसी अन्य के अधिकार के व्यय या विनाश के लिए इस्तेमाल नहीं किया जा सकता है।

जब भी अनुसूचित जातियां अपने सांस्कृतिक अधिकारों जैसे दप्पू (ड्रम) बजाना, उनकी जाति के बाहर शादी करने के लिए, एक उच्च जाति के सदस्य या इसके विपरीत के साथ प्यार में पड़ना, बेहतर आजीविका के अवसरों की दिशा में प्रयास करना,

त्योहारों को मनाना, इस तरह के कार्यों के लिए घोड़े की तरह जानवरों को विवाह जैसे समारोह में उपयोग करना और मरे हुए जानवरों का चमड़ा मढ़ना द्वारा आजीविका के अवसर का अभ्यास करने पर जोर देते हैं, उन्हें उच्च जातियों से तीव्र विरोध का सामना करना पड़ता है।

इस प्रकार स्थिर अत्याचारों में सामाजिक बहिष्कार, बहिष्कार, अलगाव, विराग और असहयोग, अनुसूचित जाति महिलाओं का सामूहिक बलात्कार, अनुसूचित जाति के घरों का विध्वंस और आगजनी, शारीरिक यातना (पिटाई, यातना, और यहां तक कि हत्या), मौखिक हमले और अपमान, नंगे परेड, पूजा स्थलों में समारोहों में भागीदारी और प्रवेश से मनाही शामिल हैं।

लिंग से संबंधित अत्याचार[8]

महिलाओं के अधिकारों को महिलाओं के लिए सामाजिक-आर्थिक, राजनीतिक, कानूनी और यौन अधिकारों, पुरुषों के समान रूप में परिभाषित किया जा सकता है।

गांव की सड़कों पर अकेले चलने वाली अनुसूचित जाति महिलाएं अक्सर इस तरह के 'शील भंग' (बलात्कार पढ़ें) के रूप में चरम शारीरिक और व्यक्तिगत उल्लंघन के अधीन हैं। कुछ मामलों में, उन्हें गांव के सामने नग्न परेड कराया जाता है और इस तरह की दहशत और आघात के वर्षों के वे अधीन हैं। वे जबरन वेश्यावृत्ति से भी पीड़ित हैं, जिसमे देवदासी प्रणाली के रूप में धार्मिक वेश्यावृत्ति शामिल हैं। वे हुक्म उदुली के मामले में यातना और बेरहम पिटाई के भी अधीन हैं, और अक्सर चोर के रूप में झूठे फंसाई जा रही हैं।

इसके अलावा, अनुसूचित जाति के परिवारों को पेश आ रहे आर्थिक अभाव और बाद में आजीविका के अवसरों की तलाश में अनुसूचित जाति के पुरुषों का जबरन पलायन अनुसूचित जाति महिलाओं की कठिनाई को कहीं और बढ़ा जाती है। अनुसूचित जाति महिलाओं से भी दोगुना भेदभाव किया जाता है, पहले बाहर से, क्योंकि वे अनुसूचित जाति समुदाय के हैं, और फिर समुदाय के भीतर से, क्योंकि वे महिलाएं हैं।

सारांश

हालांकि यह परिणाम से स्पष्ट है कि कानून के प्रावधानों सहित अन्यायपूर्ण रीति-रिवाजों, प्रथाओं और संस्थागत व्यवस्था, के लिए व्यापक सुरक्षा व्यवस्था प्रदान किया गया है, वे केवल एक सीमित तौर पर बाधा के रूप में कार्य करते हैं। नागरिक जीवन के कुछ क्षेत्रों में सरकारी मशीनरी और इसके कानूनों का नागरिक समाज द्वारा कम सम्मान किया जाता है। दंडात्मक उपाय, हालांकि कई, जाति से संबंधित अत्याचार से ऊंची जातियों को हतोत्साहित करने के लिए भी नहीं लागू किये जाते। अनुसूचित जातियों पर थोपी गई प्रकट और गुप्त हिंसा सामाजिक संरचना में और सामाजिक संबंधों में निहित है, जो अनुसूचित जातियों की अपमान और परतंत्रता की जिंदगी की निंदा करता है।

उच्च जातियों का हिंसक विरोध दलितों के आम अधिकार तलाश करने के प्रयास, विकास के लिए उनके अधिकार और उनके समान व्यवहार की मांग तथा देश की प्रगति में बराबर का हिस्सा लेने में एक बड़ी बाधा के रूप में कार्य करता है। इसलिए, हाशिए पर स्थित समुदायों पर प्रवृत्त अत्याचार और विपक्ष की तर्ज पर परिमाण और प्रतिरूप पर विचार करते हुए, यह राज्य के लिए महत्वपूर्ण है कि ईमानदारी से और प्रभावी ढंग से से इस प्रयोजन के लिए अधिनियमित विभिन्न कानूनों को लागू किया जाए, लगातार सरकार और उसकी प्रहरी इकाई के भीतर क्षमता निर्माण के लिए प्रयास किये जाएं, सख्ती से कानूनी दिशा निर्देशों को लागू कराये, विनियामक और विकास कार्यक्रमों का प्रभावी ढंग से कवरेज कराये, नागरिक समाज को प्रभावित करने के लिए

एक उपकरण के रूप में जानकारी का उपयोग, राज्य सरकारों के लिए आचरण का एक समान कोड बनाए, हाशिए पर लोगों के लिए योजनाओं में सरकारी संसाधनों की हिस्सेदारी बढ़ाए और गैर-सरकारी इकाई की निगरानी प्रोत्साहित करे।

एक बहु-दीर्घावधि तक की रणनीति बनाना आवश्यक है जो अनुसूचित जातियों के खिलाफ भेदभाव और हिंसा से संबंधित समस्याओं से निपटने करने के लिए महत्वपूर्ण है। अधिकारों की एक समग्र रूपरेखा तैयार करना आवश्यक है जो कि अनुसूचित जातियों के लिए समानता की स्थिति प्रदान करती हो और उन सभी असमर्थताओं को दूर करने में सक्षम बनाती हो जिन्हें उन पर जाति व्यवस्था के प्रथागत रिश्तों ने थोपा है।

टिप्पणियां और संदर्भ

1. Parvathama, C. 1984. *Scheduled Castes and Tribes—Social Economic Survey*. New Delhi: Ashish Publication.
2. Khan, Mumtaz Ali. 1995. *Human Rights and Dalits*. New Delhi: Uppal Publishers.
3. Venkateshwarlu, D. 1990. *Harijan—Upper Class Conflict*. New Delhi: Discovery India.
4. Tripathi, R.B. 1994. *Dalits—A Subhuman Society*. New Delhi: Ashish Publications.
5. Shah, G. 1998. 'Caste and Untouchability: Theory and Practice'. Paper presented at the seminar 'Ambedkar in Retrospect', Jawaharlal Nehru University, New Delhi.
6. Shah G., H. Mander, S. Thorat, S. Deshpande and A. Baviskar. 2006. *Untouchability in Rural India*. New Delhi: Sage Publications.
7. The description in this section is based on the data collected and presented by Andhra Pradesh Human Rights Watch in its *Annual Report* (2006), published by Sakshi, Hyderabad; and the reports of People's Watch—*Indian People's Tribunal on Untouchability: Jury Kit-Case Brief* (Vol. I) and *Dalit Human Rights Monitoring: Factfinding Report—Madurai*, both published by People's Watch, Tamil Nadu.
8. The description in this section is based on Aloysius Irudayam, S.J., Jayshree P. Mangubhai and Joel G. Lee. 2006. *Dalit Women Speak Out: Violence against Dalit Woman in India*, Vols I, II and III, NCDHR, NFDW and IDEAS.

अध्याय 14

निष्कर्ष और नीति निर्देश

अनुसूचित जातियां (एससी) भारतीय आबादी का 16.2 प्रतिशत (166,635,700) का गठन करती हैं। यह सामाजिक समूह भारत के सबसे गरीब और दबे हुए तबके में शामिल है। आधी से अधिक अनुसूचित जाति की आबादी उत्तर प्रदेश, पश्चिम बंगाल, बिहार, तमिलनाडु और आंध्र प्रदेश के पांच राज्यों में केंद्रित है। इस समूह का अभाव जाति के दर्जे पर आधारित आर्थिक और सामाजिक बहिष्कार तथा भेदभाव की ऐतिहासिक प्रक्रियाओं, जिसमें नागरिक और सांस्कृतिक अधिकारों, संपत्ति का अधिकार, शिक्षा और गुणवत्तापूर्ण नियोजन से संबंधित ऐतिहासिक दमन शामिल हैं, के साथ जुड़ा हुआ है।

समूह की विशेष समस्याओं को पहचान कर सरकार ने पिछले कुछ वर्षों में, उनकी मानवीय योग्यताओं और क्षमताओं का निर्माण करने के लिए लगातार नीतियां और कार्यक्रम शुरू किये हैं। अनुसूचित जातियों के प्रति सरकार का दृष्टिकोण मुख्य रूप से संविधान के प्रावधानों से प्रेरित है। यह कानून (अनुच्छेद 14) के समक्ष समानता की गारंटी देता है; अनुसूचित जातियों के शैक्षिक और आर्थिक हितों को बढ़ावा देने के लिए और उन्हें सामाजिक अन्याय और शोषण (अनुच्छेद 46) के सभी रूपों से बचाने के लिए प्रावधान बनाता है; सरकारी सेवाओं में आरक्षण के माध्यम से विशेष उपायों के लिए प्रावधान करता है और लोकतांत्रिक राजनीतिक संस्थानों (अनुच्छेद 330 और 335) में सीटों की हदबंदी भी करता है।

इसके अलावा, संविधान ने कानूनी तौर पर अस्पृश्यता की प्रथा और अस्पृश्यता से उत्पन्न भेदभाव (अनुच्छेद 17) को समाप्त कर दिया। अंत में, यह सालाना आधार पर अनुसूचित जातियों के सामाजिक और आर्थिक प्रगति की जांच और निगरानी करने के लिए एक स्थायी निकाय की स्थापना प्रदान करता है।

उद्देश्य

इस पुस्तक का उद्देश्य, अनुसूचित जातियों की आर्थिक और सामाजिक स्थिति को पेश करना, मानव विकास के महत्वपूर्ण संकेतक के संबंध में उनकी स्थिति में परिवर्तन का अध्ययन करना और भारत में अनुसूचित जातियों के सशक्तिकरण के लिए एक नीति निर्देश प्रदान करना है। अध्ययन ने अनुसूचित जातियों के सशक्तिकरण और भेदभाव के खिलाफ एक अधिक सुरक्षात्मक सामाजिक-आर्थिक परिवेश के लिए अग्रणी समाधान करने की सरकार की पहल को बताने का प्रयास किया है। विश्लेषण ने जनसंख्या वृद्धि, उनकी क्षेत्रीय एकाग्रता, लिंग आयामों और शहरीकरण के पैटर्न के मामले में अनुसूचित जातियों की जनसांख्यिकीय रूपरेखा को भी शामिल किया है।

इस सामाजिक समूह की सामाजिक और आर्थिक स्थिति की उसके व्यावसायिक पैटर्न, भूमि और पूंजी तक पहुंच, ग्रामीण अनुसूचित जाति के मजदूरों का परिमाण और विशेषताएं, ग्रामीण और शहरी दोनों क्षेत्रों में रोजगार और बेरोजगारी की दरें और

उनके बीच गरीबी की व्यापकता के मामले में छानबीन की गई है। सार्वजनिक क्षेत्र में आरक्षण के तहत रोजगार के पैटर्न पर भी उचित ध्यान दिया गया है।

विश्लेषण ने साक्षरता और शिक्षा के स्तर, स्वास्थ्य की स्थिति और बुनियादी सुविधाओं जैसे आवास, पानी और बिजली तक पहुंच को शामिल करते हुए सामाजिक विकास को भी कवर किया है। अध्ययन अनुसूचित जातियों पर अत्याचारों और सार्वजनिक जीवन के विभिन्न क्षेत्रों में उनके खिलाफ भेदभाव की व्यापकता के सबूत को उजागर करता है, और भारत में अनुसूचित जातियों के सर्वांगीण उत्थान के लिए उपाय सुझाता है।

सकारात्मक सुधार लेकिन असमानता जारी है

अनुसूचित जातियों के सशक्तिकरण पर सामान्य नीतियों और सरकारी कार्यक्रमों की आधी सदी के अनुभव इस तथ्य के प्रतीक हैं कि वहां वास्तव में अनुसूचित जातियों की स्थिति में कुछ सुधार हुआ है। वर्तमान (2007 के आंकड़े) में, अनुसूचित जातियों का लगभग 17 प्रतिशत भूमि पर खेती करता है; ग्रामीण क्षेत्रों में लगभग 12 प्रतिशत और शहरी क्षेत्रों में 28 प्रतिशत (यद्यपि क्षुद्र और छोटे) व्यवसाय में हैं; साक्षरता दर 57 प्रतिशत तक पहुंच गई है; बेरोजगारी कम हो गई है; और सरकारी सेवाओं में अनुसूचित जातियों की हिस्सेदारी में भी सुधार हुआ है। इन सभी सकारात्मक परिवर्तनों के एक परिणाम के रूप में, गरीबी में कमी आई है। इसके अलावा, साक्ष्यों से पता चलता है कि अस्पृश्यता और भेदभाव की प्रथा कुछ सार्वजनिक क्षेत्रों में कुछ हद तक कम हो गई है।

पिछले 50 या ऐसे ही कुछ वर्षों में इन लाभों के होने के बावजूद अनुसूचित जातियों और भारतीय समाज के अन्य वर्गों के बीच असमानता अभी भी ज़ारी है, जहां अनुसूचित जातियां विकास से संबंधित अनेक संकेतकों के संबंध में पिछड़ रही हैं। 2000 में, एक तिहाई गैर-अनुसूचित जातियों/जनजातियों की तुलना में दो तिहाई अनुसूचित जाति ग्रामीण परिवार भूमिहीन और लगभग भूमिहीन थे; गैर-अनुसूचित जातियों/जनजातियों के बीच 60 प्रतिशत की तुलना में एक-तिहाई से भी कम अनुसूचित जाति के परिवारों के पास पूंजीगत परिसंपत्तियों तक पहुंच का अधिग्रहण था; एक चौथाई गैर-अनुसूचित जातियों/जनजातियों की तुलना में लगभग 60 प्रतिशत अनुसूचित जाति परिवारों को अभी भी मजदूरी पर निर्भर रहना पड़ रहा है, जो मजदूरी नियोजन पर निर्भरता के एक बहुत उच्च स्तर का संकेत है।

रोजगार दरों और मजदूरी से आय में भी कमी होने की प्रवृत्ति है। साक्षरता दरें अभी भी बहुत कम हैं। अनुसूचित जातियों के स्वास्थ्य की स्थिति में इसी तरह के परिमाण की असमानताएं मौजूद हैं। गैर-अनुसूचित जातियों/जनजातियों की तुलना में महिलाओं के बीच रक्ताल्पता की व्यापकता और बच्चों के बीच मृत्यु दर अधिक हैं। विभिन्न अध्ययनों ने विभिन्न बाजार और गैर-बाजार लेनदेन, जिसमें सामाजिक सेवाएं जैसे शिक्षा, स्वास्थ्य और आवास तक पहुंच शामिल हैं और राजनीतिक भागीदारी में भेदभाव के प्रमाण को भी प्रदर्शित किया है। इसलिए, इन असमानताओं का संचयी प्रभाव, गरीबी के उच्च स्तर में परिलक्षित है। 1999/2000 में, केवल 21 प्रतिशत गैर-अनुसूचित जातियों/जनजातियों की तुलना में अनुसूचित जातियों के बीच लगभग 36 प्रतिशत गरीब थे। ग्रामीण क्षेत्रों (50 प्रतिशत) और शहरी क्षेत्रों (60 प्रतिशत) में अनुसूचित जाति दिहाड़ी मजदूर परिवारों के बीच गरीबी की व्यापकता विशेष रूप से उच्च थी।

अनुसूचित जातियों का अस्पृश्यता और अत्याचार से पीड़ित रहना जारी है। औसतन, मानव अधिकारों के उल्लंघन और अत्याचार के बारे में अनुसूचित जातियों द्वारा सालाना 23,000 मामले पुलिस के साथ पंजीकृत कराये गए हैं। इसलिए, इस तरह के आंकड़े, संकेत देते हैं कि अभी भी अनुसूचित जातियों को कुछ हद तक सम्मान, एक सम्मानजनक जीवन और टिकाऊ आजीविका की कल्पना करने के पहले एक लंबा रास्ता तय करना है।

कुल मिलाकर, यद्यपि विचाराधीन अवधि में अनुसूचित जातियों के दर्जे में एक उल्लेखनीय सुधार दिखाया गया है, गैर-अनुसूचित जातियों/जनजातियों और अनुसूचित जातियों के बीच असमानताएं जारी हैं, जो उन के बीच मानव विकास के एक निचले स्तर का संकेत है। यह, इसलिए अत्यंत महत्वपूर्ण है कि अनुसूचित जातियों और गैर-अनुसूचित जातियों/जनजातियों के बीच के अंतर को, सशक्तिकरण और समान अवसर की वर्तमान नीति को मजबूत बनाकर और विस्तार करके, कम किया जाए।

नीति निर्देश

पुस्तक में नीति और प्रगति का अवलोकन, दोहरी रणनीति (क) सशक्तिकरण—आर्थिक, सामाजिक और शैक्षिक; और (ख) अनुसूचित जातियों तथा गैर-अनुसूचित जातियों/जनजातियों के बीच असमानता को पाटने के लिए कानूनी सुरक्षा उपायों और आरक्षण के रूप में उचित हिस्सेदारी और भागीदारी को शामिल करते हुए समान अवसर की आवश्यकता को बाहर लाता है। इन रणनीतियों में से प्रत्येक के लिए नीति अनिवार्यता पर निम्न वर्गों में चर्चा की गई है।

सशक्तिकरण के लिए नीति

भूमि देना और अनुसूचित जाति किसान को सक्षम बनाना

ग्रामीण अर्थव्यवस्था के भीतर, नीति अनुसूचित जातियों के लिए कृषि भूमि तक पहुंच में सुधार के लिए कहती है। क्योंकि लगभग तीन -चौथाई अनुसूचित जातियां भूमिहीन और लगभग-भूमिहीन हैं, कृषि भूमि का वितरण निश्चित रूप से सामाजिक सुरक्षा के एक प्रकार के रूप में काम करेगा। 1999/2000 में, हालांकि 17 प्रतिशत ग्रामीण अनुसूचित जाति परिवारों ने एक स्वतंत्र, स्वरोजगार व्यवसाय के रूप में खेती अपनाई, अधिकांश किसान कम आय और गरीबी की उच्च व्यापकताओं वाले सीमांत किसान थे। गरीबी की व्यापकता अधिक है क्योंकि उनके पास क्रेडिट और अन्य सामग्री और बाजार के अवसरों तक पहुंच सीमित है। अनुसूचित जाति किसानों को व्यवहार्य बनाने की जरूरत है।

अनुसूचित जाति व्यवसायों को व्यवहार्य बनाना

वर्ष 1999/2000 में, लगभग 12 प्रतिशत अनुसूचित जाति परिवार व्यापार में लगे हुए थे, शहरी क्षेत्रों में, यह प्रतिशत लगभग 27 प्रतिशत था। लेकिन अनुसूचित जाति के अधिकांश व्यवसाय छोटे हैं, और इसकी झलक गैर-अनुसूचित जाति/जनजाति की तुलना में उन के बीच उच्च गरीबी की व्यापकता में दिखाई देती है।

इसलिए, अनुसूचित जाति के व्यवसाय को व्यवहार्य बनाने पर ध्यान केंद्रित करने की जरूरत है। अनुसूचित जाति के व्यवसाय पूंजी, कौशल, सूचना और विपणन सुविधाओं तक सीमित पहुंच, पूंजी, सूचना और बिक्री तक भेदभावपूर्ण पहुंच से पीड़ित हैं। उनका लक्ष्य पूंजी, सूचना और बाजारों तक पहुंच में सुधार करने के लिए होना चाहिए।

कृषि क्षेत्र में रोजगार तक पहुंच में सुधार

अनुसूचित जाति के परिवारों का भारी प्रतिशत दिहाड़ी रोजगार पर निर्भर होता है। इसलिए, कृषि रोजगार में सुधार के उद्देश्य से नीतियां आवश्यक हैं। निर्वाह-वेतन के साथ रोजगार की उपलब्धता भी उतनी ही आवश्यक है। यह कृषि रोजगार और

निर्वाह-वेतन बढ़ाने के लिए रोजगार और मजदूरी नीतियों के लिए मांग करता है। यह पहचानना आवश्यक है कि जो आवश्यक है वो पूरे वर्ष पूर्णकालिक रोजगार है न कि सिर्फ मौसमी रोजगार।

गैर-कृषि रोजगार तक पहुंच में सुधार और रोजगार में भेदभाव के खिलाफ निगरानी

गैर-कृषि क्षेत्र—ग्रामीण और शहरी—के लिए नीति निहितार्थ कृषि क्षेत्र के लोगों की तुलना में अधिक महत्वपूर्ण हैं। अतीत के अनुभवों ने शहरीकरण, गैर-कृषि रोजगार और गैर-कृषि मजदूरी के एक उच्च स्तर की गरीबी को कम करने के महत्वपूर्ण प्रभाव पर प्रकाश डाला। इसलिए, एक नीति जिससे गैर-कृषि रोजगार और निर्वाह-वेतन कमाने को बढ़ावा मिलेगा, आवश्यक है। हालांकि, अनुसूचित जातियों के मामले में, अकेले शहरी औद्योगिक क्षेत्र में रोजगार के अवसरों का सृजन पर्याप्त नहीं है। दिए गए तथ्य के अनुसार कि अनुसूचित जाति श्रमिकों को शहरी और ग्रामीण दोनों में गैर-कृषि रोजगार में भेदभाव का सामना करना पड़ता है, आरक्षण नीति के रूप में श्रम बाजार भेदभाव के खिलाफ निगरानी प्रदान करने की जरूरत है।

शैक्षिक स्तर और कौशल विकास

शहरी क्षेत्र में या विभिन्न सरकारी नौकरियों में रोजगार (या नियोजनीयता) तक पहुंच होने की संभावनाएं, संभावित अनुसूचित जाति कार्यकर्ता के शिक्षा के स्तर और कौशल से निर्धारित होती हैं। यह संकेत मिलता है कि गैर-कृषि क्षेत्रों में कृषि के बाहर रोजगार के अवसरों का लाभ लेने के लिए अनुसूचित जातियों की क्षमता गंभीर रूप से शिक्षा और कौशल विकास से निर्धारित होती है।

यह इंगित करता है कि उच्च शिक्षा, व्यावसायिक शिक्षा और दक्षता में सुधार, अनुसूचित जाति श्रमिकों के रोजगार में सुधार के लिए एक आवश्यक पूर्व शर्त है। इसलिए, गैर-कृषि क्षेत्रों में वर्धित रोजगार के लिए उच्च शिक्षा और कौशल विकास को बढ़ावा देना महत्वपूर्ण है। उनकी सामाजिक-आर्थिक स्थिति में सुधार लाने और एक वैश्वीकृत और उदारीकृत आर्थिक संरचना में अवसरों का लाभ लेने के लिए उनकी क्षमताओं को बढ़ाने के लिए एक साधन के रूप में, शैक्षिक विकास को ध्यान केंद्रित करने का एक क्षेत्र बनाने की जरूरत है।

नागरिक सुविधाएं

इससे पहले, चर्चा ने संकेत दिया कि नागरिक सुविधाओं जैसे आवास, बिजली, साफ-सफाई और पानी तक अनुसूचित जाति परिवारों की पहुंच अपेक्षाकृत कम थी। अनुसूचित जातियों को आवासीय उपयोग और, विशेष रूप से ग्रामीण क्षेत्रों में पानी की मांग में भी भेदभाव का सामना करना पड़ा। इसलिए, इन सुविधाओं की उपलब्धता में सुधार के अलावा, वहां सुरक्षा उपायों में सुधार करने की जरूरत है—कानूनी और अन्यथा—इन बुनियादी सुविधाओं तक भेदभावपूर्ण पहुंच के विरूद्ध।

नागरिक अधिकार

आधिकारिक आंकड़े बताते हैं कि औसतन, हर वर्ष लगभग 3,000–3,500 मामले अस्पृश्यता निषेध अधिनियम (नागरिक अधिकार संरक्षण अधिनियम 1955) के तहत पंजीकृत हैं।[1] इसी तरह, हर वर्ष औसतन लगभग 15,000 मामले अत्याचार निवारण अधिनियम (पीओए) के अंतर्गत पंजीकृत किये गए हैं। क्षेत्र सर्वेक्षण के आधार पर कई अध्ययनों ने अस्पृश्यता और भेदभाव के एक उच्च स्तर की प्रथा के अस्तित्व को दर्शाया है।

इन मुद्दों पर एक दोहरे दृष्टिकोण की आवश्यकता है। पहला, अस्पृश्यता निषेध अधिनियम और अत्याचार निवारण अधिनियम दोनों को कड़ाई से लागू किया जाना चाहिए। यह देखते हुए कि अस्पृश्यता और अत्याचार से संबंधित मामलों में बरी किए जाने की दर लगभग 99 प्रतिशत है, इस बात की आवश्यकता है कि इन दोनों कानूनों के प्रवर्तन और सामाजिक न्याय के वितरण में लगी संस्थाओं जैसे न्यायपालिका, पुलिस, मंत्रालयों के संबंधित प्रभाग, सरकारी वकील और गांव स्तर के पदाधिकारियों की कार्यप्रणाली में तेजी से सुधार किया जाए।

दूसरा, सामाजिक इंजीनियरिंग और शिक्षा अभियानों तथा सामाजिक कार्य के माध्यम से उच्च जातियों में अस्पृश्यता और जातीय भेदभाव के चलन के बारे में निरंतरता के आधार पर जागरूकता फैलाना भी उतना ही जरूरी है। यह आवश्यक है कि उच्च जातियां जो अस्पृश्यता और जातीय भेदभाव को मानती हैं, समझें कि भेदभाव की समस्या अभी भी मौजूद है। लोगों की संवेदनशीलता को बढ़ाने के लिए उन्हें शिक्षित करने हेतु इस स्वैच्छिक पहल की जरूरत है।

विशेष समूहों की समस्याएं—दलित महिलाएं और बच्चे

तीन विशेष समूह हैं जिन पर विशेष ध्यान देने की जरूरत है, अर्थात्, बंधुआ श्रमिक और बाल श्रमिकों सहित अनुसूचित जाति महिलाएं, मैला ढोने वाले और दिहाड़ी मजदूर। रिहाइश और विकास के स्तर का कोई भी सूचक अनुसूचित जाति महिलाओं को निचले पायदान पर खड़ा करता है। 2001 में समग्र महिला साक्षरता 54 प्रतिशत होने के साथ, अनुसूचित जाति की महिलाओं के लिए महिला साक्षरता दर 42 प्रतिशत थी। गैर-अनुसूचित जाति/जनजाति की मात्र 15 प्रतिशत महिलाओं की तुलना में अनुसूचित जाति की 33 प्रतिशत महिलाएं रक्ताल्पता से पीड़ित है। 49 प्रतिशत गैर-अनुसूचित जाति/जनजाति के बच्चों की तुलना में अनुसूचित जाति के बच्चों में रक्ताल्पता की व्यापकता 56 प्रतिशत थी।

समान अवसर के लिए नीति

हमने माना है कि आर्थिक और शैक्षिक सशक्तिकरण की रणनीति, आर्थिक विकास में भाग लेने के लिए अनुसूचित जातियों की क्षमता में सुधार करेगी, लेकिन जरूरी नहीं है कि रोजगार और विभिन्न बाजारों तक पहुंच में उनका उचित हिस्सा उपलब्ध कराए। शिक्षा के स्तर और कौशल में वृद्धि से रोजगार में सुधार होगा, लेकिन श्रम बाजार में भेदभाव उन्हें नौकरियां पाने की संभावना से वंचित कर सकता है। इसी तरह, (गैर-कृषि) व्यापार में कृषि भूमि और पूंजी की उपलब्धता अनुसूचित जातियों को खेती और गैर-कृषि व्यवसाय आरंभ करने में मदद कर सकता है, लेकिन आदानों, क्रेडिट, सूचना, नागरिक सुविधाएं जैसे बिजली, पानी, आदि, और अंतिम उत्पादों की बिक्री में भेदभाव कम आय अर्जित कर सकते हैं और उनके व्यवसाय को कम लाभदायक बना सकते हैं।

अनुसूचित जाति श्रमिकों के खिलाफ रोजगार और विभिन्न बाजारों में व्यवसाय में संलग्न लोगों के खिलाफ भेदभाव के चुनिंदा सबूत हैं। निश्चित रूप से यही कारण है कि समान अवसर नीति को आरक्षण के रूप में विकसित किया गया है ताकि रोजगार, शिक्षा, व्यापार के लिए पूंजी, आवास, पानी और अन्य सुविधाओं में उनका उचित हिस्सा सुनिश्चित किया जा सके।

आरक्षण नीति के रूप में आर्थिक भेदभाव के खिलाफ निगरानी सार्वजनिक रोजगार, शैक्षिक संस्थानों और सार्वजनिक वित्तीय और अन्य संस्थानों तक ही सीमित हैं। इसी तरह के सुरक्षा उपाय निजी क्षेत्र में मौजूद नहीं है, जहां रोजगार बाजार और अन्य बाजारों में भेदभाव मौजूद हैं। अध्ययन विभिन्न बाजारों में जातिगत भेदभाव पर साक्ष्य प्रदान करता है। इसलिए, विभिन्न निजी बाजारों में भेदभाव के खिलाफ सुरक्षा उपायों को विकसित करने के लिए एक समान तरीके से यह आवश्यक है, जिस तरह सार्वजनिक क्षेत्र के रोजगार, शिक्षा, अन्य सार्वजनिक संस्थाओं द्वारा पेश की गई सेवाओं और विभिन्न गैर-बाजार में लेनदेन के

लिए सुरक्षा उपायों को विकसित किया गया है। दूसरे शब्दों में, हमें विभिन्न बाजारों को कवर करने के लिए निजी क्षेत्र के लिए एक समानांतर आरक्षण नीति की जरूरत है।

निजी बाजारों और गैर-बाजार में लेनदेन में वर्तमान भेदभाव के खिलाफ निम्नलिखित सुरक्षा उपायों के सुझाव हैं:

कानूनी सुरक्षा उपाय

कई देशों ने रोजगार में भेदभाव निरोधक कानूनों के रूप में कानूनी सुरक्षा उपायों का इस्तेमाल किया है, लेकिन इन सुरक्षा उपायों की अपनी सीमाएं हैं। कानून केवल समाज के सदस्यों को वे कदम उठाने से रोकता है जो बाजार और अन्य क्षेत्रों में अल्पसंख्यकों को नुकसान की स्थिति में डाल देता है। कानून होने के बावजूद, समूह जिनके साथ भेदभाव हुआ है आर्थिक, सामाजिक और राजनीतिक प्रक्रिया तक उचित पहुंच का आनंद नहीं ले सकते, और भागीदारी नहीं कर सकते हैं। इसलिए, कई देशों ने सार्वजनिक और निजी दोनों क्षेत्रों में विभिन्न क्षेत्रों में भेदभावग्रस्त समूहों के लिए बराबर का हिस्सा, प्रतिनिधित्व और भागीदारी की सुविधा के लिए उचित उपायों का इस्तेमाल किया है।

हम समझना होगा कि निचली जातियों द्वारा सामना की गई गरीबी और अभाव की गहरी जड़ें हैं और अधिकारों के एक ऐतिहासिक इनकार का परिणाम हैं। इसलिए, कृषि भूमि और व्यापार के स्वामित्व के ऐतिहासिक इनकार, और शिक्षा, रोजगार और सामाजिक जरूरतों तक पहुंच के इनकार के लिए निचली जातियों की भरपाई के लिए कुछ नीतियों की जरूरत है। इसलिए, भेदभाव के खिलाफ सुरक्षा उपायों को कई क्षेत्रों के लिए लागू किया जाना चाहिए—निजी रोजगार बाजार, निजी पूंजी बाजार, निजी शिक्षा और आवास, आदानों, उत्पादों और उपभोक्ता वस्तुओं की बाजार तक पहुंच।

निजी नियोजन बाजार

निजी नियोजन (रोजगार) क्षेत्र में, कानूनी सुरक्षा उपाय और आरक्षण दोनों को निजी क्षेत्र के नियोजन में लागू किया जाना चाहिए। निजी औद्योगिक, सेवा और सहकारी क्षेत्र के नियोजन में सरकार को समान रोजगार अवसर अधिनियम का उपयोग करना चाहिए और जनसंख्या के अनुपात में कोटा के मामले में आरक्षण के साथ पूरक करना चाहिए। समान रोजगार अवसर अधिनियम नियोजन में भेदभाव को हतोत्साहित करेगा। आरक्षण—नौकरियों की कुछ श्रेणियों में निश्चित कोटा के साथ—औद्योगिक और सेवा क्षेत्र के नियोजन में अनुसूचित जातियों का एक उचित प्रतिनिधित्व सुनिश्चित करेगा।

प्राइवेट कृषि क्षेत्र में, मुख्य रूप से कृषि श्रम के रूप में अनुसूचित जातियों की एक महत्वपूर्ण भागीदारी है। अनुसूचित जातियों के लिए कृषि फार्म नियोजन में आरक्षण की कोई जरूरत नहीं है। हालांकि, कार्य पर रखने और मजदूरी भुगतान में चयनात्मक भेदभाव को देखते हुए, वहां कम से कम कृषि क्षेत्र में नियोजन में भेदभाव निषेध अधिनियम के रूप में एक कानूनी प्रावधान की जरूरत है।

पूंजी बाजार

अछूतों को पारंपरिक रूप से (कुछ 'प्रदूषण' फैलाने वाले व्यवसायों को छोड़कर) किसी भी व्यवसाय के उपक्रम से वर्जित किया गया है। यह व्यवसाय में उनकी कम उपस्थिति से दिखाई देता है। मुख्य मुद्दा है कि कैसे निजी पूंजी उद्योग और व्यापार में अनुसूचित जातियों की भागीदारी बढ़ाई जाए। सरकार को निजी और सहकारी क्षेत्रों की पूंजी में अनुसूचित जातियों की हिस्सेदारी बढ़ाने के उपाय विकासित करने चाहिए। मलेशियाई अनुभव से सीख लेते हुए, अनुसूचित जातियों के शेयर पूंजी के स्वामित्व में सुधार

करने के लिए एक अलग राष्ट्रीय वित्तीय संगठन स्थापित किया जाना चाहिए। निजी क्षेत्र के बैंकों और वित्तीय संस्थानों के पास एक सकारात्मक कार्रवाई नीति होनी चाहिए जिसके तहत अनुसूचित जाति के व्यवसाय को पूंजी प्रदान किया जाना चाहिए।

उत्पाद और उपभोक्ता वस्तुओं के बाजार—सरकारी और निजी अनुबंध

अनुसूचित जातियां उपभोक्ता वस्तुओं में थोक और खुदरा दोनों बाजारों में भेदभाव से ग्रस्त हैं। भेदभाव (क) स्थान और अन्य सुविधाओं के रूप में बुनियादी सुविधाओं तक पहुंच की कमी; और (ख) माल की बिक्री पर अप्रत्यक्ष रूप से प्रतिबंध के संदर्भ में है। इसलिए, यहां एक नीति की इन उद्देश्यों के लिए जरूरत है:

सरकारी और निजी क्षेत्र के माल की खरीद में आरक्षण

माल की खरीद में, सरकारी और निजी व्यापार, दोनों क्षेत्रों की भागीदारी बड़े पैमाने पर है। अनुसूचित जाति के व्यवसायों को, सरकार और निजी क्षेत्र द्वारा कई वस्तुओं और जिंसों की खरीद में आरक्षण प्रदान किया जाना चाहिए। मध्य प्रदेश सरकार ने अनुसूचित जाति समुदाय के लिए, उनके खरीद आदेशों के माध्यम से एक निश्चित कोटा के प्रावधान की एक प्रमुख पहल की थी।

कृषि वस्तुओं की खरीद में आरक्षण

ग्रामीण क्षेत्रों में, अनुसूचित जाति के परिवारों और किसानों को उनकी अस्पृश्यता और 'प्रदूषण' के कारण कई वस्तुओं की बिक्री में भेदभाव (खुदरा और थोक बाजार में) का सामना करना पड़ता है। इन उत्पादों में सब्जियां, फूल, फल, दूध और मुर्गी पालन शामिल हैं। सरकारी और निजी कंपनियों/व्यवसायों को अनुसूचित जाति व्यवसायों, किसानों और दूसरों से इन उत्पादों की खरीद में कुछ कोटा तय करना चाहिए।

सरकार और निजी क्षेत्र और अन्य अनुबंध में आरक्षण

निर्माण और विभिन्न अन्य कार्यों में—जहां अन्य अनुबंध हैं, जो सरकार और निजी क्षेत्र देते हैं। इन अनुबंधों में सड़कें बिछाने, इमारतों का निर्माण, सिंचाई और सैकड़ों अन्य गतिविधियां शामिल हैं। इन अनुबंधों में, एक विशिष्ट हिस्सा अनुसूचित जातियों के लिए तय किया जाना चाहिए। सरकारी और निजी दोनों क्षेत्र के लिए अनुसूचित जातियों के लिए एक विस्तृत नीति पर कार्य किया जाना चाहिए।

निजी क्षेत्र के शिक्षण संस्थानों में आरक्षण और निजी आवासीय योजना में सुरक्षा उपाय

सरकार को निजी शिक्षण संस्थानों और गरीब अनुसूचित जाति के छात्रों को सहारा देने के लिए अनुसूचित जाति प्रवेश की आरक्षण नीति का विकास करना चाहिए।

निजी आवास के मामले में, आरक्षण नीति की कोई जरूरत नहीं है। हालांकि, अनुसूचित जातियों के लिए किराये पर दिए गए घरों और उच्च जातियों के वर्चस्व वाले आवासीय क्षेत्रों में मकानों के निर्माण में भेदभाव के खिलाफ एक कानून के रूप में कानूनी सुरक्षा उपायों की जरूरत है।

कृषि भूमि के बाजार—कृषि भूमि के स्वामित्व में सुधार करने के लिए मुआवजा नीति

अनुसूचित जातियों के बीच भूमिहीनता की उच्च व्यापकता कृषि भूमि के अपने स्वामित्व पर पारंपरिक प्रतिबंध का परिणाम है। वास्तव में, कुछ राज्यों ने अनुसूचित जातियों द्वारा कृषि भूमि के मालिकाना हक पर औपचारिक प्रतिबंध लगाया था। पंजाब सरकार ने 1901 में एक कानून पारित किया था जिसके तहत अनुसूचित जातियां कृषि भूमि का स्वामी नहीं बन सकती थीं। यह कानून, 1947 तक प्रभाव में था, जब इसे वापस लिया गया। इस कानून ने पंजाब में भूमिहीन अनुसूचित जातियों की एक अत्यंत उच्च व्यापकता का नेतृत्व किया।

आज, अनुसूचित जातियां, निजी बाजार में कृषि भूमि के आवंटन और खरीद के चयनात्मक भेदभाव, और यहां तक कि बहिष्कार से ग्रस्त हैं। इसलिए, बिक्री/खरीद और/या भूमि के पट्टे, और कृषि भूमि के अपने अधिकार के ऐतिहासिक इनकार के लिए मुआवजे के रूप में कृषि भूमि वितरित करने के लिए भेदभाव के खिलाफ एक कानून, कृषि भूमि के बाजार में भेदभाव के खिलाफ आवश्यक सुरक्षा उपाय है।

सरकार को 'राज्य भूमि का एक पूल' बनाना चाहिए – भूमि सीमा कानूनों के तहत और अन्य सार्वजनिक भूमि जैसे बंजर भूमि से हासिल कर लिया—जो कानूनी समस्याओं से मुक्त है। इस तरह के एक पूल को इस उद्देश्य के लिए बनाये गए एक विशिष्ट प्राधिकरण के नियंत्रण के तहत रखा जा सकता है। इस भूमि को भूमिहीन अनुसूचित जाति परिवारों को वितरित किया जाना चाहिए। इस तरीके से कानूनी बाधाओं को दरकिनार करके भूमि वितरित की जा सकती है। अन्य तरीकों ने अनुसूचित जातियों को कृषि भूमि तक पहुंच प्राप्त करने में ज्यादा सहायता नहीं की है।

टिप्पणी और संदर्भ

1. National Crime Records Bureau. 2000. *Crime in India*. New Delhi: Ministry of Home Affairs.

संलग्नक I

राष्ट्रपति के आदेशों की सूची, 1950–78

अनुच्छेद 341 (1) में निर्दिष्ट अनुसूचित जातियों को निम्नलिखित आदेशों और अधिनियमों में विनिर्दिष्ट किया गया है:

क्र.	*अधिनियम/आदेश*	*वर्ष*
1.	संविधान (अनुसूचित जाति) आदेश	1950
2.	संविधान (जम्मू-कश्मीर) अनुसूचित जाति आदेश	1956
3.	बॉम्बे पुनर्गठन अधिनियम	1960
4.	संविधान (दादर और नगर हवेली) अनुसूचित जाति आदेश	1962
5.	संविधान (पांडिचेरी) अनुसूचित जाति आदेश	1964
6.	पंजाब पुनर्गठन अधिनियम	1966
7.	संविधान (गोवा, दमन और दीव) अनुसूचित जाति आदेश	1968
8.	हिमाचल प्रदेश राज्य का अधिनियम	1970
9.	उत्तर-पूर्वी क्षेत्रों का (पुनर्गठन) अधिनियम	1971
10.	अनुसूचित जातियों और अनुसूचित जनजातियों के आदेश (संशोधन) अधिनियम	1976
11.	संविधान (सिक्किम) अनुसूचित जाति आदेश	1978

स्रोत: गोस्वामी, बी.2003. कांस्टीट्यूशनल सेफ गार्ड्स फॉर शेड्यूल्ड कॉस्ट्स एंड शेड्यूल्ड ट्राइब्स, (पृ क्र. 38–39). जयपुर और नई दिल्ली: रावत प्रकाशन

संलग्नक II

अनुसूचित जातियों के संरक्षण और विकास के लिए विशेष संवैधानिक प्रावधान

भारत के संविधान में ऐसे प्रावधान निहित हैं, जो हर नागरिक को कुछ न्यूनतम अधिकारों का उपभोग करने की गारंटी देते हैं। इसमें पिछड़े वर्गों, विशेष रूप से अनुसूचित जातियों और अनुसूचित जनजातियों के सामाजिक-आर्थिक विकास के लिए राज्य के कर्तव्य भी शामिल हैं। निहित मौलिक अधिकारों के अंतर्गत अधिकारों की गारंटी संविधान के तृतीय भाग में और नीति निदेशक सिद्धांतों द्वारा परिकल्पित राज्य के कर्तव्य संविधान के चतुर्थ भाग के अंतर्गत हैं। राज्य के नीति निदेशक सिद्धांतों के अंतर्गत अनुच्छेद 46 निम्नलिखित प्रावधानों का पालन करता है:

> राज्य विशेष देखभाल के साथ समाज के कमजोर वर्गों के शैक्षिक और आर्थिक हितों और विशेष रूप से, अनुसूचित जातियों और अनुसूचित जनजातियों को बढ़ावा देगा, और उन सभी की सामाजिक अन्याय और शोषण के सभी रूपों से रक्षा करेगा।

संविधान की प्रस्तावना में निहित उद्देश्यों को प्राप्त करने तथा समाज के कमजोर वर्गों, विशेष रूप से अनुसूचित जातियों और अनुसूचित जनजातियों के विकास में तेजी, इन समुदायों को मुख्यधारा के बराबर लाने के लिए संविधान में कुछ सुरक्षा और रक्षात्मक उपायों की व्यवस्था की गई है।

अनुसूचित जातियों का गठन कौन करता है, संविधान के अनुच्छेद 366 (24) के अंतर्गत परिभाषित किया गया है। अनुसूचित जातियों की पहचान और अधिसूचना संविधान के अनुच्छेद 341 में निहित है।

अनुसूचित जातियों के लिए विभिन्न संवैधानिक सुरक्षा उपाय निम्नलिखित हैं।

भाग III, मौलिक अधिकार, समानता का अधिकार

अनुच्छेद 14: कानून के समक्ष समानता

'राज्य किसी भी व्यक्ति को कानून के समक्ष समानता या भारत के राज्य क्षेत्र के भीतर कानूनों के समान संरक्षण से इनकार नहीं करेगा'।

उच्चतम न्यायालय द्वारा दो मुहावरों 'कानून का समान संरक्षण' और 'कानून के समक्ष समानता' के बीच एक ठोस अंतर किया गया था:

कानून के सामने सभी व्यक्ति बराबर हैं, हर सभ्य संविधान का मूल है। कानून के समक्ष समानता एक नकारात्मक अवधारणा है; कानून का समान संरक्षण सकारात्मक है। पहला घोषित करता है कि हर कोई कानून के समक्ष समान है, कि कोई भी विशेषाधिकार का दावा नहीं कर सकता और सभी वर्ग समान रूप से देश के आम कानून के अधीन हैं; परवर्ती एक ही स्थिति में और समान परिस्थितियों के अंतर्गत सभी को समान सुरक्षा स्वयंसिद्ध करता है।

अनुच्छेद 15: धर्म, मूलवंश, जाति, लिंग या जन्म स्थान के आधार पर भेदभाव पर रोक

1. राज्य केवल धर्म, मूलवंश, जाति, लिंग, जन्मस्थान या इनमें से किसी के आधार पर किसी भी नागरिक के खिलाफ भेदभाव नहीं करेगा।
2. कोई नागरिक, केवल धर्म, मूलवंश, जाति, लिंग, जन्म की जगह पर, या उनमें से किसी के आधार पर ही, (क) दुकानें, सार्वजनिक रेस्तरां, होटल और सार्वजनिक मनोरंजन के स्थानों तक पहुँच; या (ख) कुओं, तालाबों, स्नान घाटों, सड़कों और सार्वजनिक समागम के स्थानों का उपयोग पूरी तरह या आंशिक रूप से राज्य के कोष द्वारा अनुरक्षित या आम जनता के उपयोग के लिए समर्पित के संबंध में किसी भी विकलांगता, दायित्व, प्रतिबंध या परिस्थिति के अधीन हैं।
3. इस अनुच्छेद में महिलाओं और बच्चों के लिए कोई विशेष प्रावधान बनाने से राज्य को कुछ भी नहीं रोक सकता।
4. इस अनुच्छेद में या अनुच्छेद 29 के खंड (2) में किसी भी सामाजिक और शैक्षिक रूप से पिछड़े वर्ग के नागरिकों या अनुसूचित जातियों और अनुसूचित जनजातियों की उन्नति के लिए विशेष उपबंध बनाने से कुछ भी नहीं रोक सकता।

अनुच्छेद 16: लोक नियोजन के मामलों में अवसर की समानता

1. राज्य के अंतर्गत किसी भी कार्यालय में नियोजन या नियुक्ति से संबंधित मामलों में सभी नागरिकों को समान अवसर मिलेंगे।
2. किसी भी नागरिक के साथ, केवल धर्म, मूलवंश, जाति, लिंग, वंश, जन्म, निवास या इनमें से किसी आधार पर, राज्य के अंतर्गत किसी भी नियोजन या कार्यालय के संबंध में अयोग्य नहीं ठहराया जाएगा या भेदभाव नहीं किया जाएगा।
3. इस अनुच्छेद में एक राज्य या केंद्र शासित प्रदेश, के अंतर्गत सरकार या किसी स्थानीय या अन्य प्राधिकारी के अधीन, नियोजन की श्रेणी या श्रेणियों के सिलसिले में एक कार्यालय के लिए नियुक्ति में इस तरह के नियोजन या नियुक्ति से पहले एक राज्य या केंद्र शासित प्रदेश के भीतर निवास की किसी आवश्यकता के संबंध में संसद को कानून निर्धारित करने से कुछ भी नहीं रोक सकता।
4. इस अनुच्छेद में कुछ भी नहीं है जो पिछड़े वर्ग के नागरिकों के पक्ष में किन्हीं नियुक्तियों या पदों के आरक्षण का कोई प्रावधान बनाने से राज्य को रोकेगा, जिनका राज्य की राय में, पर्याप्त रूप से राज्य के अधीन सेवाओं में प्रतिनिधित्व नहीं है।

    4 ए. इस अनुच्छेद में कुछ भी नहीं है जो अनुसूचित जाति और अनुसूचित जनजातियों के पक्ष में राज्य के अधीन सेवाओं में पदों के किसी भी वर्ग के लिए पदोन्नति के मामलों में आरक्षण के लिए कोई भी प्रावधान बनाने से राज्य को रोकेगा, जो राज्य की राय में, राज्य के अधीन सेवाओं में पर्याप्त रूप से प्रतिनिधित्व नहीं कर रहे हैं।

    4 बी. इस अनुच्छेद में कुछ भी नहीं है जो एक वर्ष के किसी भी रिक्त पद जो खंड (4) या खंड (4ए) के अधीन किए गए आरक्षण जैसे कि किसी भी वर्ष या आने वाले वर्षों में भरे जाने वाले रिक्त पदों की अलग श्रेणी तथा इस

श्रेणी के रिक्त पदों को वर्ष के रिक्त पदों के साथ नहीं माना जाना चाहिए जिसमें वे उस वर्ष के रिक्त पदों की कुल संख्या पर पचास प्रतिशत आरक्षण की अधिकतम सीमा का निर्धारण करने के लिए भरे जा रहे हैं, पर विचार करने से राज्य को नहीं रोकेगा।

5. इस अनुच्छेद में कुछ भी नहीं है जो किसी भी कानून के संचालन को प्रभावित करेगा है जिसके अनुसार किसी भी धार्मिक या सांप्रदायिक संस्था या शासी निकाय के किसी भी सदस्य के मामलों में एक पदाधिकारी अर्थात एक ऐसा व्यक्ति होगा जो एक विशेष धर्म या एक विशेष संप्रदाय से संबंधित होगा।

अनुच्छेद 17: अस्पृश्यता का उन्मूलन

'अस्पृश्यता' को समाप्त कर दिया गया है और किसी भी रूप में इसके अभ्यास से मना किया है। 'अस्पृश्यता' के चलते किसी भी अक्षमता का प्रवर्तन कानून के अनुसार एक दंडनीय अपराध होगा।

भाग III, मौलिक अधिकार, स्वतंत्रता का अधिकार

अनुच्छेद 19: अभिव्यक्ति की स्वतंत्रता, इत्यादि के संबंध में कुछ अधिकारों का संरक्षण

1. सभी नागरिकों को अधिकार होगा
   (ए) बोलने की स्वतंत्रता;
   (बी) शांतिपूर्वक, बिना हथियारों के एकत्रित होने और सभा करने की स्वतंत्रता;
   (सी) संघ बनाने की स्वतंत्रता;
   (डी) देश के किसी भी क्षेत्र में आवागमन की स्वतंत्रता;
   (ई) देश के किसी भी क्षेत्र में निवास करने और बसने की स्वतंत्रता;
   (एफ) कोई भी व्यापार एवं जीविका चलाने की स्वतंत्रता।

2. खंड (1) के उपखंड (ए) में कुछ भी किसी भी मौजूदा कानून के संचालन को प्रभावित नहीं करेगा, या राज्य को कानून बनाने से रोकेगा जब तक यह कानून उक्त उपखंड द्वारा संप्रभुता और भारत की अखंडता के हित में, राज्य की सुरक्षा, विदेशी राज्यों के साथ मैत्रीपूर्ण संबंधों, सार्वजनिक व्यवस्था, शालीनता या नैतिकता, या न्यायालय की अवमानना, मानहानि या एक अपराध के लिए शह के संबंध में प्रदत्त अधिकार के प्रयोग पर उचित प्रतिबंध लगाता है।
3. उक्त खंड के उपखंड (बी) में कुछ भी किसी भी मौजूदा कानून के संचालन को प्रभावित नहीं करेगा जब तक यह भारत की अखंडता और संप्रभुता या सार्वजनिक व्यवस्था और नैतिकता के हित में, किसी भी प्रभावशाली कानून को बनाने या लागू करने से राज्य को नहीं रोकता।
4. उक्त खंड के उपखंड (सी) में कुछ भी किसी भी मौजूदा कानून के संचालन को प्रभावित नहीं करेगा जब तक भारत की अखंडता और संप्रभुता या सार्वजनिक व्यवस्था और नैतिकता के हित में, किसी भी प्रभावशाली कानून को बनाने से राज्य को नहीं रोकता।

5. उक्त खंड के उपखंड (डी) तथा (ई) में कुछ भी किसी भी मौजूदा कानून के संचालन को प्रभावित नहीं करेगा जब तक यह आम जनता के हित में या किसी अनुसूचित जनजाति के हितों की रक्षा के लिए किसी भी प्रभावशाली कानून को बनाने से राज्य को नहीं रोकता।
6. उक्त खंड के उपखंड (जी) में कुछ भी किसी भी मौजूदा कानून के संचालन को प्रभावित नहीं करेगा जब तक यह आम जनता के हित में, किसी भी प्रभावशाली कानून को बनाने से राज्य को नहीं रोकता, उप खंड द्वारा प्रदत्त अधिकार के प्रयोग पर उचित प्रतिबंध है, और विशेष रूप से, उक्त उप खंड में कुछ भी नहीं है जो किसी भी मौजूदा कानून के संचालन जहां तक संबंधित हो को प्रभावित करेगा, या राज्य को (i) किसी भी पेशे का अभ्यास या किसी व्यवसाय, लेन देन या व्यवसाय करने के लिए आवश्यक व्यावसायिक या तकनीकी योग्यता, या (ii), राज्य द्वारा जारी रहने वाला या राज्य द्वारा नियंत्रित या स्वामित्व एक निगम द्वारा, किसी व्यवसाय, लेन देन, उद्योग या सेवा, चाहे, नागरिकों या अन्यथा का बहिष्कार, पूर्ण या आंशिक से संबंधित किसी भी कानून बनाने से रोक सकेगा।

भाग III, मौलिक अधिकार, शोषण के खिलाफ अधिकार

अनुच्छेद 23: मानव दुर्व्यापार और बलात श्रम पर रोक

1. मानव दुर्व्यापार और बलात श्रम तथा अन्य इसी तरह के रूपों में अवैध व्यापार प्रतिबंधित हैं और इस प्रावधान का कोई भी उल्लंघन कानून के अनुसार दंडनीय अपराध होगा।
2. इस अनुच्छेद में कुछ भी सार्वजनिक उद्देश्यों के लिए अनिवार्य सेवा अधिरोपित करने से राज्य को नहीं रोकेगा, और ऐसी सेवा अधिरोपित करने में राज्य केवल धर्म, मूलवंश, जाति या वर्ग या उनमें से किसी के आधार पर कोई भेदभाव नहीं करेगा।

भाग III, मौलिक अधिकार, धार्मिक स्वतंत्रता का अधिकार

अनुच्छेद 25: अंतःकरण और मुक्त व्यवसाय, प्रथा और धर्म के प्रचार-प्रसार की स्वतंत्रता

1. लोक व्यवस्था, मृत्यु दर और स्वास्थ्य और इस हिस्से के अन्य प्रावधानों के अधीन, सभी व्यक्ति समान रूप से अंतःकरण की स्वतंत्रता और स्वतंत्र रूप से, धर्म की आस्था, अभ्यास और प्रचार करने के हकदार हैं।
2. इस अनुच्छेद में कुछ भी किसी भी मौजूदा कानून के संचालन को प्रभावित या किसी भी कानून बनाने से राज्य को रोकेगा
   (क) किसी आर्थिक, वित्तीय, राजनीतिक या अन्य धर्मनिरपेक्ष गतिविधि जो धार्मिक अभ्यास के साथ जुड़ा हो सकता है, का विनियमन या सीमित करना;
   (ख) सामाजिक कल्याण और सुधार के लिए उपलब्ध कराने या हिंदुओं की सभी श्रेणियों तथा वर्गों के लिए एक सार्वजनिक चरित्र की हिंदू धार्मिक संस्थाओं को प्रारंभ करना।

स्पष्टीकरण II: खंड (2) के उप-खंड (बी) में, हिंदुओं के संदर्भ में सिख, जैन या बौद्ध धर्म वाले व्यक्तियों को माना जाएगा; और हिंदू धार्मिक संस्थाओं के संदर्भ तद्नुसार माना जाएंगे।

भाग III, मौलिक अधिकार, सांस्कृतिक और शैक्षिक अधिकार

अनुच्छेद 29: अल्पसंख्यकों के हितों की सुरक्षा

1. भारत के किसी भाग के क्षेत्र में रहने वाले नागरिकों, जिनकी अपनी खुद की एक विशेष भाषा, लिपि या संस्कृति है, के पास इनके संरक्षण का अधिकार होगा।
2. केवल धर्म, मूलवंश, जाति, भाषा या इनमें से किसी के आधार पर राज्य द्वारा चलाया गया या राज्य के कोष से सहायता प्राप्त करने वाली शैक्षिक संस्था में प्रवेश से कोई भी नागरिक वंचित नहीं होगा।

भाग III, मौलिक अधिकार, संवैधानिक उपाचारों का अधिकार

अनुच्छेद 35: इस भाग के उपबंधों को प्रभाव देने के लिए विधान

इस संविधान में इन सभी के होते हुए भी,

(क) कानून बनाने की शक्ति संसद के पास होगी, और किसी राज्य के विधान मंडल के पास नहीं

(i) अनुच्छेद 16 के खंड (3) तथा अनुच्छेद 32, अनुच्छेद 33 और अनुच्छेद 34 के खंड (3) के अधीन मामलों के संबंध में यह शक्ति संसद द्वारा बनाए गए कानून के द्वारा दी जा सकती है।

भाग IV, राज्य के नीति निदेशक सिद्धांत

अनुच्छेद 36: परिभाषा

इस भाग में, जब तक कि संदर्भ से अन्यथा अपेक्षित न हो, "राज्य" का वही अर्थ है जो भाग III में है।

अनुच्छेद 37: इस हिस्से में निहित सिद्धांतों का अनुप्रयोग

इस हिस्से में निहित प्रावधान किसी भी न्यायालय द्वारा प्रवर्तनीय नहीं होंगे, लेकिन निर्धारित सिद्धांत देश के अधिशासन में फिर भी मूलभूत हैं और और यह राज्य का कर्तव्य है कि कानून बनाने में इन सिद्धांतों को लागू किया जाए।

अनुच्छेद 38: लोगों के कल्याण को बढ़ावा देने के लिए एक सामाजिक व्यवस्था को राज्य द्वारा सुरक्षित करना

1. राज्य यथासंभव प्रभावी ढंग से लोगों के कल्याण को बढ़ावा देने के लिए एक सामाजिक व्यवस्था जिसमें न्याय, सामाजिक, आर्थिक और राजनीतिक पक्ष शामिल हों, को यथासंभव सुरक्षित करके राष्ट्रीय जीवन के सभी संस्थानों को सूचित करेगा।

2. राज्य, विशेष रूप से, आय में असमानता को कम करने, और स्थिति, सुविधाओं तथा अवसरों, न केवल व्यक्तियों के बीच बल्कि विभिन्न क्षेत्रों में रहने वाले या विभिन्न व्यवसायों में लगे लोगों के समूहों के बीच में असमानता को खत्म करने का प्रयास करेगा।

अनुच्छेद 46: अनुसूचित जातियों, अनुसूचित जनजातियों और अन्य कमजोर वर्गों के शैक्षिक और आर्थिक हितों को बढ़ावा

राज्य, समाज के कमजोर वर्गों के शैक्षिक और आर्थिक हितों को बढ़ावा देने के लिए विशेष देखभाल के साथ, और विशेषकर अनुसूचित जातियों तथा अनुसूचित जनजातियों के लिए, और सामाजिक अन्याय और शोषण के सभी रूपों से उनकी रक्षा करेगा।

भाग VI, राज्य, कार्यपालिका (मंत्री परिषद)

अनुच्छेद 164: मंत्रियों के बारे में अन्य प्रावधान

बिहार, मध्य प्रदेश और उड़ीसा राज्यों में, वहां आदिवासी कल्याण का एक प्रभारी मंत्री होगा, जो इसके अलावा अनुसूचित जातियों और पिछड़े वर्गों के कल्याण या किसी अन्य कार्य का भी प्रभारी हो सकता है।

भाग XIV, संघ, राज्यों और लोक सेवा आयोगों के अधीन सेवाएं

अनुच्छेद 320A: लोक सेवा आयोगों के कार्य

लोक सेवा आयोग के साथ परामर्श आवश्यक नहीं, जहां तक अनुच्छेद 16 के खंड (4) में अनुसूचित जातियों/जनजातियों के लिए सुरक्षा उपायों को प्रभावी करने के तरीके का संबंध है।

भाग XVI, कुछ वर्गों के संबंध में विशेष प्रावधान

अनुच्छेद 330: लोक सभा में अनुसूचित जातियों और अनुसूचित जनजातियों के लिए सीटों का आरक्षण

1. लोक सभा में सीटें आरक्षित होंगी

   (क) अनुसूचित जातियों के लिए...

2. खंड (1) के अधीन किसी राज्य (या संघ राज्यक्षेत्र) में अनुसूचित जातियों या अनुसूचित जनजातियों के लिए आरक्षित स्थानों की संख्या का अनुपात, लोक सभा में उस राज्य (या संघ राज्यक्षेत्र) को आबंटित स्थानों की कुल संख्या से यथाशक्य वही होगा जो, यथास्थिति, से राज्य (या संघ राज्यक्षेत्र) की अनुसूचित जातियों की अथवा उस राज्य (या संघ

राज्यक्षेत्र) की या उस राज्य (या संघ राज्यक्षेत्र) के भाग की अनुसूचित जनजातियों की, जिनके संबंध में स्थान इस प्रकार आरक्षित हैं, जनसंख्या का अनुपात उस राज्य (या संघ राज्यक्षेत्र) की कुल जनसंख्या से है।

स्पष्टीकरण: इस अनुच्छेद में और अनुच्छेद 332 में, अभिव्यक्ति 'जनसंख्या' का अर्थ जनसंख्या जैसा कि अंतिम पूर्ववर्ती जनगणना, जिसके सुसंगत आंकड़े प्रकाशित किये गए हैं, पर आधारित है|

बशर्ते कि इस विवरण में संदर्भ अंतिम पूर्ववर्ती जनगणना जिसके सुसंगत आंकड़े प्रकाशित किए गए हैं, जब तक पहली जनगणना वर्ष 2000 के बाद लिए गए प्रासंगिक आंकड़े प्रकाशित किए गए, 1971 की जनगणना के लिए एक संदर्भ के रूप में माना जाएगा।

अनुच्छेद 332: राज्यों की विधान सभाओं में अनुसूचित जातियों और अनुसूचित जनजातियों के लिए सीटों का आरक्षण

1. सीटें, असम के स्वायत्त जिलों को छोड़कर, हर राज्य की विधान सभा में अनुसूचित जातियों और अनुसूचित जनजातियों के लिए आरक्षित की जाएंगी।
2. असम राज्य की विधान सभा में स्वायत्त जिलों के लिए भी सीटों को आरक्षित किया जाएगा।
3. खंड (1) के अंतर्गत किसी भी राज्य की विधान सभा में अनुसूचित जातियों या अनुसूचित जनजातियों के लिए आरक्षित सीटों की संख्या सुनिश्चित करेगा, यथासंभव, विधानसभा में सम्पूर्ण सीटों की संख्या का वही अनुपात जैसा कि राज्य में अनुसूचित जातियों या राज्य या राज्य के हिस्से में अनुसूचित जनजातियों की जनसंख्या, जैसा भी मामला हो, सीटें जिसके संबंध में जैसे आरक्षित हैं, राज्य की कुल जनसंख्या के लिए वहन करता है।

अनुच्छेद 334: सीटों के आरक्षण और उसे रोकने के लिए विशेष प्रतिनिधित्व [साठ वर्ष, वर्तमान में आरक्षण, 2010 तक बढ़ा दिया गया है]

इस भाग के पूर्वगामी उपबंधों में किसी बात के होते हुए, इस संविधान से संबंधित उपबंधो

(ए) लोक सभा में और राज्यों की विधान सभाओं में अनुसूचित जातियों और अनुसूचित जनजातियों के लिए सीटों का आरक्षण...इस संविधान के प्रारंभ से [साठ साल] अवधि की समाप्ति पर प्रभाव नहीं रहेगा:

बशर्ते कि इस अनुच्छेद में कुछ भी नहीं है जो लोक सभा में या राज्यों की विधान सभाओं में किसी भी प्रतिनिधित्व को प्रभावित करेगा जब तक उस समय की मौजूदा लोक सभा या विधान सभा भंग होने तक, जैसा भी मामला हो।

अनुच्छेद 335: सेवाओं और पदों के लिए अनुसूचित जातियों और अनुसूचित जनजातियों के दावे

अनुसूचित जातियों और अनुसूचित जनजातियों के सदस्यों के दावों को सेवाओं और पदों के लिए नियुक्तियां करने, संघ के या किसी राज्य के कार्यकलाप के संबंध में प्रशासन की दक्षता के रखरखाव के साथ लगातार ध्यान में रखा जाएगा।

बशर्ते कि इस अनुच्छेद में कुछ भी नहीं है जो किसी भी परीक्षा में अर्हता अंक में छूट या मूल्यांकन के मानकों को कम करने के लिए, किसी संघ के या राज्य के कार्यकलाप के संबंध में सेवाओं या पदों की श्रेणी या श्रेणियों की पदोन्नति के मामलों में आरक्षण के लिए अनुसूचित जातियों और अनुसूचित जनजातियों के सदस्यों के पक्ष में किसी भी प्रावधान को बनाने से रोकेगा।

अनुच्छेद 338: अनुसूचित जातियों और अनुसूचित जनजातियों के लिए राष्ट्रीय आयोग

1. अनुसूचित जातियों और अनुसूचित जनजातियों के लिए एक आयोग होगा जो अनुसूचित जातियों और अनुसूचित जनजातियों के लिए राष्ट्रीय आयोग के रूप में जाना जाएगा।
2. संसद द्वारा इस संबंध में बनाए गए किसी भी कानून के प्रावधानों के अधीन, आयोग में एक अध्यक्ष, उपाध्यक्ष तथा पांच अन्य सदस्य शामिल हैं और इस प्रकार नियुक्त अध्यक्ष, उपाध्यक्ष और अन्य सदस्यों की सेवा की शर्तें और पदावधि जैसा कि राष्ट्रपति नियमों द्वारा निर्धारित कर सकें।
3. अध्यक्ष, उपाध्यक्ष और आयोग के अन्य सदस्यों को राष्ट्रपति द्वारा अपने हस्ताक्षर और मुद्रा सहित अधिपत्र द्वारा नियुक्त किया जाएगा।
4. आयोग के पास अपनी प्रक्रिया को नियंत्रित करने की शक्ति होगी।
5. आयोग का यह कर्तव्य होगा कि वह

(ए) तत्कालीन लागू समय या सरकार के किसी भी आदेश के अंतर्गत इस संविधान के अधीन या किसी अन्य कानून के अंतर्गत अनुसूचित जातियों और अनुसूचित जनजातियों के लिए उपलब्ध कराए गए सुरक्षा उपायों से संबंधित सभी मामलों की जांच और उन पर नजर रखने के लिए और इस तरह के सुरक्षा उपायों की कार्यप्रणाली का मूल्यांकन करने के लिए;

(बी) अनुसूचित जातियों और अनुसूचित जनजातियों के अधिकारों और सुरक्षा उपायों के अभाव के संबंध में विशिष्ट शिकायतों की जांच करने के लिए;

(सी) अनुसूचित जाति और अनुसूचित जनजातियों के सामाजिक-आर्थिक विकास की योजना प्रक्रिया पर भाग लेने में तथा सलाह देने के लिए और संघ तथा किसी राज्य के अधीन उनके विकास की प्रगति का मूल्यांकन करने के लिए;

(डी) राष्ट्रपति को पेश करने के लिए, वार्षिक और इस तरह के अन्य समय में जब आयोग उचित समझे, उन सुरक्षा उपायों की कार्यप्रणाली पर रिपोर्ट;

(ई) उपाय सुझाते हुए ऐसी सिफारिशी रिपोर्ट्स बनाना जिन्हें अनुसूचित जातियों और अनुसूचित जनजातियों के संरक्षण, कल्याण और सामाजिक-आर्थिक विकास के लिए उन सुरक्षा उपायों और अन्य उपायों के प्रभावी कार्यान्वयन के लिए संघ या किसी भी राज्य द्वारा लिया जाना चाहिए; तथा

(एफ) अनुसूचित जातियों और अनुसूचित जनजातियों के संरक्षण, कल्याण और विकास और उन्नति जैसा राष्ट्रपति, संसद द्वारा बनाई गई किसी विधि के प्रावधानों के अधीन, नियम द्वारा निर्दिष्ट के संबंध में इस तरह के अन्य कार्यों का निर्वहन करने के लिए।

6. राष्ट्रपति ऐसी सभी रिपोर्टों को संघ से संबंधित सिफारिशों और गैर स्वीकृति के लिए कारणों पर, ऐसी सिफारिशों, यदि कोई हो, संसद के प्रत्येक सदन के समक्ष एक ज्ञापन के साथ जो की गई या प्रस्तावित कार्रवाई समझाता है पेश करता है।
7. जहां कोई ऐसी रिपोर्ट या उसके किसी भाग को किसी भी बात के साथ जिससे किसी भी राज्य सरकार का संबंध है, राज्य से संबंधित सिफारिशों और गैर स्वीकृति के लिए कारणों पर, ऐसी सिफारिशों, यदि कोई हों, राज्य के राज्यपाल जो राज्य के विधान-मंडल के समक्ष इस तरह की रिपोर्ट की एक प्रति एक ज्ञापन के साथ की गई या प्रस्तावित कार्रवाई समझाता है, पेश करता है।
8. आयोग, उपखंड (ए) में निर्दिष्ट किसी मामले पर जांच के दौरान या खंड (5) के उपखंड (बी) में निर्दिष्ट किसी शिकायत में किसी भी मामले की जांच करते हुए, के पास एक दावे का परीक्षण कर रहे दीवानी न्यायालय की सारी शक्तियां हैं और विशेष रूप से निम्नलिखित मामलों के संबंध में अर्थात्

(ए) भारत के किसी भी हिस्से से किसी भी व्यक्ति की हाजिरी बुलाने और लागू करने तथा शपथ पर उसकी परीक्षा लेना;
(बी) किसी दस्तावेज़ की खोज तथा पेश करने की आवश्यकता होना;
(सी) हलफनामों पर सबूत प्राप्त करना;
(डी) किसी न्यायालय या कार्यालय से किसी लोक अभिलेख या उसकी प्रति की अध्यपेक्षा;
(ई) गवाहों और दस्तावेजों की जांच के लिए कमीशन जारी करना;
(च) कोई अन्य विषय जो राष्ट्रपति, नियम द्वारा, निर्धारित कर सकते हैं।

9. संघ और हर राज्य सरकार, अनुसूचित जातियों और अनुसूचित जनजातियों को प्रभावित करने वाले सभी प्रमुख नीतिगत मामलों पर आयोग से परामर्श करेगा।
10. इस अनुच्छेद में, अनुसूचित जातियों और अनुसूचित जनजातियों के लिए संदर्भ इस तरह के अन्य पिछड़े वर्गों के लिए और एंग्लो-इंडियन समुदाय के लिए भी माना जाएगा जैसा राष्ट्रपति, अनुच्छेद 340 के खंड (1) के अधीन नियुक्त एक आयोग की रिपोर्ट की प्राप्ति पर आदेश द्वारा निर्दिष्ट हो।

अनुच्छेद 341: अनुसूचित जातियां

1. राष्ट्रपति [किसी भी राज्य [या संघ राज्य क्षेत्र] के संबंध में], और जहां यह एक राज्य है, राज्यपाल के साथ परामर्श के बाद, लोक अधिसूचना द्वारा, राज्य [या संघ शासित प्रदेश, जैसा भी मामला हो सकता है] के संबंध में जातियों, जनजातियों या जातियों या जनजातियों के भीतर कुछ हिस्सों या समूहों जिन्हें इस संविधान के प्रयोजनों के लिए अनुसूचित जातियां समझा जाएगा।
2. संसद कानून द्वारा खंड (1) के अंतर्गत एक अधिसूचना से किसी भी जाति या जनजाति या जातियों या जनजातियों के भीतर कुछ हिस्सों या समूहों को विनिर्दिष्ट अनुसूचित जातियों की सूची में शामिल या वर्जित कर सकता है, लेकिन उपरोक्त के रूप में उक्त खंड के अंतर्गत जारी अधिसूचना सुरक्षित करने के लिए किसी भी बाद की अधिसूचना द्वारा अलग नहीं किया जाएगा।

भाग XIX, विविध

अनुच्छेद 366: परिभाषाएं

इस संविधान में, जब तक कि संदर्भ से अन्यथा अपेक्षित न हो, निम्नलिखित भावार्थ इसके द्वारा क्रमशः उन्हें दिए गए हैं, अर्थात...

(23) 'अनुसूची' का अभिप्राय इस संविधान की अनुसूची से है;
(24) 'अनुसूचित जातियों' का अर्थ है ऐसी जातियों या जनजातियों या जातियों या जनजातियों के भीतर कुछ हिस्से या समूह, इस संविधान के प्रयोजनों के लिए जैसा कि अनुच्छेद 341 के अंतर्गत अनुसूचित जातियां समझा जाएगा।

स्रोत: 1. *Report of the Commission for Scheduled Caste and Scheduled Tribes*, April 1980–March 1981, pp. 6–11.
2. *National Commission for Scheduled Castes and Scheduled Tribes*, Sixth Report, 1999–2000 and 2000–01, pp. 8–17.
3. http://parliamentofi ndia.nic.in/constitution, accessed on 13 September 2007.
4. http://constitution.org/cons/india, accessed on 13 September 2007.

संलग्नक III

नागरिक अधिकार संरक्षण अधिनियम एवं नियम

नागरिक अधिकार संरक्षण अधिनियम, 1955

(1995 का अधिनियम संख्यांक 22)
(8 मई 1955)

"अस्पृश्यता" का प्रचार और आचरण करने और उससे उपजी किसी निर्योग्यता को लागू करने, और उससे संबंधित बातों के लिए दंड विहित करने के लिए अधिनियम।

भारत गणराज्य के छठे वर्ष में संसद द्वारा निम्नलिखित रूप में यह अधिनियमित हुआः

टिप्पणियांः

दलितों के नागरिक अधिकारों के संरक्षण की दिशा में यह एक महत्वपूर्ण विधान है।

अधिनियम के अनुसार नागरिक और सामाजिक अधिकारों के उल्लंघन के संबंध में पैनल अपराध का प्रावधान है।

संविधान के प्रावधानों के साथ-साथ अधिनियम भी त्रिगुणित उद्देश्य को पूरा करना चाहता है।

1. दलितों को लेकर उन्हें निर्बल दर्शाने को गैरकानूनी घोषित करना,
2. उनके खिलाफ इस अधिनियम के तहत अपराध कायम करना और
3. नागरिक अधिकारों की तरह ही इन अधिकारों को सुलभ कराना।

26.01.1950 के बाद अस्पृश्यता का कोई न वजूद होगा और ना ही वैध होगा। अस्पृश्यता को मानवाधिकार के खिलाफ अपराध माना जाएगा और संविधान में प्रावधान किया गया है कि इसका गलत इस्तेमाल करने वाले सजा के अधिकारी होंगे।

इस अधिनियम के अंतर्गत अधिकारों का उल्लंघन करने वाले दलितों के पक्ष में सजा के अधिकारी होंगे. (कर्नाटक राज्य बनाम अप्पू बालू इंगल 1995 नि(4) एससीसी 469:एआईआर 1993 एससी 1126 (एससी)।

1. संक्षिप्त नाम, विस्तार और प्रारम्भ

1. इस अधिनियम को नागरिक अधिकार संरक्षण अधिनियम, 1955 कहा जा सकेगा।
2. इसका विस्तार संपूर्ण भारत में है।
3. यह उस तारीख को लागू होगा, जिसे केन्द्रीय सरकार शासकीय राजपत्र में अधिसूचना द्वारा नियत करे।

2. परिभाषाएं

इस अधिनियम में, जब तक संदर्भ में अन्यथा अपेक्षित ना हो,

(क) 'नागरिक अधिकार' से कोई ऐसा अधिकार अभिप्रेत है, जो संविधान के अनुच्छेद 17 द्वारा 'अस्पृश्यता' का अंत कर दिए जाने के कारण किसी व्यक्ति को प्राप्त होता है,

(कक) 'होटल' के अंतर्गत जलपान-गृह, भोजनालय, बासा, काफी हाउस और कैफे भी हैं;

(ख) 'स्थान' के अंतर्गत गृह, भवन और अन्य संरचना तथा परिसर शामिल है और उसके अंतर्गत तंबू, यान और जलयान भी शामिल है;

(ग) 'लोक मनोरंजन स्थल' के अंतर्गत कोई भी ऐसा स्थान, जिसमें जनता को प्रवेश करने दिया जाता है और जिसमें मनोरंजन की व्यवस्था की जाती है या मनोरंजन किया जाता है।

स्पष्टीकरण- 'मनोरंजन' के अंतर्गत कोई प्रदर्शनी, तमाशा, खेलकूद, क्रीड़ा और किसी अन्य प्रकार का आमोद भी है;

(घ) 'सार्जनिक पूजा स्थान' से, चाहे जिस नाम से ज्ञात, ऐसा स्थान अभिप्रेत है, जो धार्मिक पूजा के सार्वजनिक स्थान के तौर पर उपयोग में लाया जाता है या जो वहां कोई धार्मिक सेवा या प्रार्थना करने के लिए किसी धर्म को मानने वाले या किसी धार्मिक संप्रदाय या उसके किसी विभाग के व्यक्तियों को साधारणतः समर्पित किया गया है या उनके द्वारा साधारणतः उपयोग में लाया जाता है, और इसके अंतर्गत निम्नलिखित हैः-

(i) ऐसे किसी स्थान के साथ अनुलग्न या संलग्न सब भूमि और गौण पवित्र-स्थान;

(ii) निजी स्वामित्व का कोई पूजा-स्थान जिसका स्वामी वस्तुतः उसे लोक पूजा-स्थान के रूप में उपयोग में लाने के अनुज्ञा देता है; और

(iii) ऐसे निजी स्वामित्व वाले पूजा-स्थान से अनुलग्न ऐसी भूमि या गौण पवित्र स्थान, जिसका स्वामी उसे लोक धार्मिक पूजा-स्थान के रूप में उपयोग में लाने की अनुज्ञा प्रदान करता है;

(घक) 'विहित' से इस अधिनियम के अधीन बनाए गए नियमों द्वारा विहित अभिप्रेत है;

(घख) "अनुसूचित जाति" का वहीं अर्थ है जो संविधान के अनुच्छेद 366 के खंड (24) में उसे दिया गया है;

(ड़) 'दुकान' से कोई ऐसा परिसर अभिप्रेत है, जहां वस्तुओं का या तो थोक या फुटकर या थोक और फुटकर दोनों प्रकार का विक्रय किया जाता है, और इसके अंतर्गत निम्नलिखित हैं, अर्थातः-

कोई ऐसा स्थान जहां फेरीवाले या विक्रेता द्वारा या चलते-फिरते यान या गाड़ी से माल का विक्रय किया जाता है;

लांड्री और बाल काटने का सैलून;

कोई अन्य स्थान जहां ग्राहकों की सेवा की जाती है;

3. धार्मिक निर्योग्यताएं लागू करने के लिए दण्ड

जो कोई किसी व्यक्ति को 'अस्पृश्यता' के आधार पर रोकता है,-

किसी ऐसे लोक पूजा –स्थान में प्रवेश करने से, जो उसी धर्म को मानने वाले या उसके किसी विभाग के अन्य व्यक्तियों के लिए खुला हो, जिसका वह व्यक्ति हो, अथवा किसी लोक पूजा-स्थान में पूजा या प्रार्थना या कोई धार्मिक सेवा अथवा किसी पुनीत तालाब, कुएं, जलस्रोत या जल-सारणी, नदी या झील में स्नान या उसके जल का उपयोग या ऐसे तालाब, जल सरणी, नदी या झील के किसी घाट पर स्नान उसी रीति से और उसी विस्तार तक करने से, जिस रीति से और जिस विस्तार तक ऐसा करना उसी धर्म को मानने वाले या उसके किसी विभाग के अन्य व्यक्तियों के लिए अनुज्ञेय हो, जिसका वह व्यक्ति हो,

(वह कम से कम एक मास और अधिक से अधिक छह मास की अवधि के कारावास से और ऐसे जुर्माने से भी, जो कम से कम एक सौ रूपए और अधिक से अधिक पांच सौ रूपए का हो सकेगा, दंडनीय होगा।)

स्पष्टीकरणः इस धारा और धारा 4 के प्रयोजनों के लिए बौद्ध, सिख या जैन धर्म को मानने वाले व्यक्ति या हिन्दू धर्म के किसी भी रूप या विकास को मानने वाले व्यक्ति, जिनके अन्तर्गत वीरशैव, लिंगायत, आदिवासी, ब्राम्ही समाज, प्रार्थना समाज, आर्य समाज और स्वामी नारायण संप्रदाय के अनुयायी भी हैं, हिन्दु समझे जाएंगे।

4. सामाजिक निर्योग्यताएं लागू करने के लिए दण्ड

जो कोई किसी व्यक्ति के विरुद्ध निम्नलिखित के संबंध में कोई निर्योग्यता 'अस्पृश्यता' के आधार पर लागू करेगा

किसी दुकान, सार्वजनिक रेस्त्रां, होटल या लोक मनोरंजन स्थान में प्रवेश करना, अथवा

किसी सार्वजनिक रेस्त्रां, होटल, धर्मशाला, सराय या मुसाफिरखाने में, जनसाधारण या उसके किसी विभाग के व्यक्तियों के, जिसका वह व्यक्ति हो, उपयोग के लिए रखे गए किन्हीं बर्तनों और अन्य वस्तुओं का उपयोग करना, अथवा

कोई वृत्ति करना या उपजीविका, या किसी काम में रोजगार, अथवा

ऐसी किसी नदी, जलधारा, जलस्रोत, कुएं तालाब, हौज, पानी के नल या जल के अन्य स्थान का या किसी स्नान घाट, कब्रिस्तान या शमशान, स्वच्छता संबंधी सुविधा, सड़क या रास्ते या लोक अभिगम के अन्य स्थान का, जिसका उपयोग करने के लिए या जिसमें प्रवेश करने के जनता के अन्य सदस्य, या उसके किसी विभाग के व्यक्ति जिसका वह व्यक्ति हो, अधिकृत हो, उपयोग करना या उसमें प्रवेश करना, अथवा

राज्य निधियों से पूर्णतः या अंशतः पोषित पूर्त या लोक प्रयोजन के लिए उपयोग में लाए जाने वाले या जनसाधारण के या उसके किसी विभाग के व्यक्तियों के, जिसका वह व्यक्ति हो, उपयोग के लिए समर्पित स्थान का, उपयोग या उसमें प्रवेश करना, अथवा

जनसाधारण या उसके किसी विभाग के व्यक्तियों के जिसका वह व्यक्ति हो, फायदे के लिए सृष्ट किसी पूर्त न्यास के अधीन किसी फायदे का उपयोग करना, अथवा

किसी सार्वजनिक सवारी का उपयोग करना या उसमें प्रवेश करना, अथवा

किसी भी परिक्षेत्र में, किसी आवासीय परिसर का सन्निर्माण, अर्जन या अधिभोग करना, अथवा

किसी धर्मशाला, सराय या मुसाफिरखाने का, जो जनसाधारण या उसके किसी विभाग के व्यक्तियों के लिए, जिसका वह व्यक्ति हो, खुला हो, उपयोग ऐसे व्यक्ति के रुप में करना, अथवा

किसी सामाजिक या धार्मिक रूढ़ि, प्रथा या क्रम का अनुपालन या किसी धार्मिक, सामाजिक या सांस्कृतिक जलूस में भाग लेना या ऐसा जलूस निकालना; अथवा

आभूषणों और अंलकारों का उपयोग करना, वह कम से कम एक मास और अधिक से अधिक छह मास की अवधि के कारावास से और ऐसे जुर्माने से भी, जो कम से कम एक सौ रूपए और अधिक से अधिक पांच सौ रूपए तक का हो सकेगा, दंडनीय होगा।

(स्पष्टीकरणः इस धारा के प्रयोजनों के लिए 'कोई निर्योग्यता लागू करना' के अन्तर्गत 'अस्पृश्यता' के आधार पर विभेद करना है।)

टिप्पणियां

इस अधिनियम की तरह सामाजिक निर्योग्यता कानून में आपराधिक मनःस्थिति अनिवार्य नहीं है।

इस मामले में, देखा गया कि आरोपी व्यक्ति ने शिकायतकर्ता व्यक्ति, जो कि हरिजन है और उसने हाल-फिलहाल खोदी गई बोरवेल से पानी लिया था, उसे धमकी दी गई तथा बल प्रयोग किया गया। सबूत अनुरूप थे और मजिस्ट्रेट ने अभिमानी प्रतिवादी को धारा 4 के तहत आरोपित कर उनमें से सभी को धारा 2 के तहत एक महीने के कारावास तथा 100 रुपये का जुर्माना की सजा सुनाई। सत्र न्यायालय ने सजा की पुष्टि की, लेकिन रिवीजन में उच्च न्यायालय ने उन्हें बरी कर दिया। बाद में सुप्रीम कोर्ट ने उच्च न्यायालय के फैसले को निरस्त कर सत्र न्यायालय के फैसले को यथावत रखा।

अपील में सुप्रीम कोर्ट ने कहा कि उच्च न्यायालय ने निचली अदालत के इस तथ्य की समवर्ती निष्कर्षों के साथ हस्तक्षेप करने में गलती की है। यह उच्च न्यायालय को स्पष्ट नहीं है, आमतौर पर, संशोधन के अधिकार क्षेत्र में इन सबूतों की फिर से सराहना की गई। हरिजन समुदाय को सामाजिक निर्योग्यता के खतरे से निपटने के लिए बंदूक के उपयोग को लागू किया गया। यह साबित हो गया कि शिकायतकर्ताओं को कुएं से पानी लेने से रोका गया क्योंकि वे अछूत थे।

(कर्नाटक राज्य बनाम अप्पू बालू इंगल 1995 नि(4) एससीसी 469:एआईआर 1993 एससी 1126 (एससी))।

5. अस्पतालों आदि में व्यक्तियों को प्रवेश करने देने से इन्कार करने के लिए दण्ड

जो कोई 'अस्पृश्यता' के आधार परः

किसी व्यक्ति को किसी अस्पताल, औषधालय, शिक्षण संस्था, या किसी छात्रावास में, यदि वह अस्पताल, औषधालय, शिक्षण संस्था या छात्रावास जनसाधारण या उसके किसी विभाग के फायदे के लिए स्थापित हो या चलाया जाता हो, प्रवेश करने देने से इन्कार करेगा, अथवा पूर्वोक्त संस्थाओं में से किसी में प्रवेश के पश्चात ऐसे व्यक्ति के विरुद्ध कोई विभेदपूर्ण कार्य करेगा।

(वह कम से कम एक मास और अधिक से अधिक छह मास की अवधि के कारावास से और ऐसे जुर्माने से भी, जो कम से कम एक सौ रूपए और अधिक से अधिक पांच सौ रूपए तक का हो सकेगा, दण्डनीय होगा।)

6. माल बेचने या सेवा करने से इन्कार के लिए दण्ड

जो कोई उसी समय और स्थान पर और वैसे ही निर्बन्धनों और शर्तों पर, जिन पर कारोबार के साधारण अनुक्रम में अन्य व्यक्तियों को ऐसा माल बेचा जाता है या उसकी सेवा की जाती है, किसी व्यक्ति को कोई माल बेचने या उसकी सेवा करने से 'अस्पृश्यता' के आधार पर इन्कार करेगा, वह कम से कम एक मास और अधिक से अधिक छह मास की अवधि के कारावास से और ऐसे जुर्माने से भी, जो कम से कम एक सौ रूपए और अधिक से अधिक पांच सौ रूपए तक का हो सकेगा, दण्डनीय होगा।

7. "अस्पृश्यता" उद्भूत अन्य अपराधों के लिए दण्ड

(1) जो कोई-

किसी व्यक्ति को संविधान के अनुच्छेद 17 के अधीन 'अस्पृश्यता' के अन्त होने से उसको प्राप्त होने वाले किसी अधिकार का प्रयोग करने से रोकेगा, अथवा

किसी व्यक्ति को किसी ऐसे अधिकार के प्रयोग में उत्पीड़ित करेगा, क्षति पहुंचाएगा, क्षुब्ध करेगा, बाधा डालेगा या बाधा कारित करेगा या कारित करने का प्रयत्न करेगा या किसी व्यक्ति के, कोई ऐसा अधिकार प्रयोग करेगा या किसी व्यक्ति के, कोई ऐसा अधिकार प्रयोग करने के कारण उसे उत्पीडित करेगा, क्षति पहुंचाएगा, क्षुब्ध करेगा या उसका बहिष्कार करेगा, अथवा,

किसी व्यक्ति या व्यक्ति- वर्ग या जनसाधारण को बोले गए या लिखित शब्दों द्वारा या संकेतों द्वारा या दृश्यरूपणों द्वारा या अन्यथा किसी भी रूप में 'अस्पृश्यता' का आचरण करने के लिए उद्दीप्त या प्रोत्साहित करेगा, अथवा

(अनुसूचित जाति के सदस्य का 'अस्पृश्यता' के आधार पर अपमान करेगा, या अपमान करने का प्रयत्न करेगा)

(वह कम से कम एक मास और अधिक से अधिक छह मास की अवधि के कारावास से और ऐसे जुर्माने से भी, जो कम से कम सौ रूपए और अधिक से अधिक पांच सौ रूपए तक का हो सकेगा, दण्डनीय होगा।)

[स्पष्टीकरण I]: किसी व्यक्ति के बारे में यह समझा जाएगा कि वह अन्य व्यक्ति का बहिष्कार करता है, जब वह ऐसे अन्य व्यक्ति को कोई गृह भूमि पट्टे पर देने से इन्कार करता है या ऐसे अन्य व्यक्ति को किसी गृह या भूमि के उपयोग या अधिभोग के लिए अनुज्ञा देने से इन्कार करता है या ऐसे अन्य व्यक्ति के साथ व्यवहार करने से, उसके लिए भाडे] पर काम करने से, या उसके साथ कारबार करने से या उसकी रूढिगत सेवा करने से या उसके कोई रूढ़िगत सेवा लेने से इन्कार करता है या उक्त बातों में से किसी को ऐसे निर्बन्धनों पर करने से इन्कार करता है, जिन पर ऐसी बातें कारोबार के साधारण अनुक्रम में सामान्यतः की जाती, अथवा

ऐसे सामाजिक, वृत्तिक या कारोबारी संबंधों से विरत रहता है, जैसे वह ऐसे अन्य व्यक्ति के साथ साधारणतया बनाए रखता है।

[स्पष्टीकरण II]: खण्ड ग के प्रयोजनों के लिए यदि कोई व्यक्ति-

प्रत्यक्षतः या अप्रत्यक्षतः "अस्पृश्यता" का या किसी रूप में इसके आचरण का प्रचार करेगा, अथवा

किसी रूप में "अस्पृश्यता" के आचरण को, चाहे ऐतिहासिक, दार्शनिक या धार्मिक आधारों पर या जाति व्यवस्था की किसी परंपरा के आधार पर या किसी अन्य आधार पर न्यायोचित ठहराएगा,

तो उसके बारे में यह समझा जाएगा कि वह 'अस्पृश्यता' के आचरण को उद्दीप्त या प्रोत्साहित करता है।

[(1क) जो कोई किसी व्यक्ति के शरीर या उसकी सम्पत्ति के विरुद्ध कोई अपराध उसके द्वारा किसी ऐसे अधिकार के जो संविधान के अनुच्छेद 17 के अधीन 'अस्पृश्यता' का अन्त करने के कारण उसे प्रोदभूत हुआ है, प्रयोग किए जाने के प्रतिशोध के रूप में या बदला लेने की भावना से करेगा, वह जहां अपराध दो वर्ष से अधिक की अवधि के कारावास से दण्डनीय है, वहा कम से कम दो वर्ष की अवधि के कारावास से और जुर्माने से भी, दण्डनीय होगा]

(2) जो कोई,-

अपने समुदाय के या उसके किसी विभाग के किसी व्यक्ति को किसी ऐसे अधिकार या विशेषाधिकार से वंचित जिसके लिए ऐसा व्यक्ति ऐसे समुदाय या विभाग के सदस्य के तौर पर हकदार हो, अथवा

ऐसे व्यक्ति को जातिच्युत करने में कोई भाग लेगा, इस आधार पर कि ऐसे व्यक्ति ने 'अस्पृश्यता' का आचरण करने से इन्कार किया है या ऐसे व्यक्ति ने इस अधिनियम के उद्देशयों को अग्रसर करने में कोई कार्य किया है,

(वह कम से कम एक मास और अधिक से अधिक छह मास की अवधि के कारावास से और ऐसे जुर्माने से भी, जो कम से कम एक सौ रूपए और अधिक से अधिक पां सौ रूपए तक का हो सकेगा, दण्डनीय होगा।)

टिप्पणियां

इस मामले में, आरोपी व्यक्ति के खिलाफ आरोप है कि उसने कहा था कि वह शिकायतकर्ता जो कि हरिजन है, उसके घर भोजन ग्रहण नहीं कर सकता, जबकि शिकायतकर्ता ने उसे भोजन के लिए आमंत्रण दिया था. जो सबूत थे वह पर्याप्त नहीं पाया गया और आरोपी को बरी कर दिया गया। हालांकि उच्च न्यायालय ने उन्हें दोषी करार दिया और इसलिए सुप्रीम कोर्ट में अपील की गई। निचली अदालत द्वारा रिकार्डिंग को उचित ठहराने के बाद सुप्रीम कोर्ट ने सजा को अलग नजरिये से देखा और आरोपी को बरी कर दिया।

(श्रीनिवास बनाम दुरी चंद (1977) 7 एससीसी 552)

7क. विधिविरुद्ध अनिवार्य श्रम कब 'अस्पृश्यता' का आचरण समझा जाएगा

(1) जो कोई किसी व्यक्ति को सफाई करने या बुहारने या किसी पशु का शव हटाने या किसी पशु की खाल खींचने या नाल काटने या इसी प्रकार का कोई अन्य काम करने के लिए 'अस्पृश्यता' के आधार पर मजबूर करेगा, तो उसके बारे में यह समझा जाएगा कि उसने 'अस्पृश्यता' से उदभूत निर्योग्यता को लागू किया है।

(2) जिस किसी के बारे में उपधारा 1 के अधीन यह समझा जाता है कि उसने 'अस्पृश्यता' से उदभूत निर्योग्यता को लागू किया है, वह कम से कम तीन मास और अधिक से अधिक छह मास की अवधि के कारावास से और जुर्माने से अधिक पांच सौ रूपए तक का हो सकेगा, दण्डनीय होगा।

स्पष्टीकरणः इस धारा के प्रयोजनों के लिए 'मजबूर करने' के अन्तर्गत सामाजिक या आर्थिक बहिष्कार करने की धमकी भी है।

8. कुछ दशाओं में अनुज्ञप्तियों का रद्द या निलम्बित किया जाना

जबकि वह व्यक्ति, जो धारा 6 के अधीन किसी अपराध का दोषसिद्ध हो, किसी ऐसी वृत्ति, व्यापार आजीविका या रोजगार के बारे में जिसके संबंध में अपराध किया गया हो, कोई अनुज्ञप्ति किसी तत्समय प्रवृत्त विधि के अधीन रखता हो, तब उस अपराध का विचारण करने वाला न्यायालय किसी अन्य ऐसी शास्ति पर, जिससे वह व्यक्ति उस धारा के अधीन दण्डणीय हो, प्रतिकूल प्रभाव डाले बिना, निर्देश दे सकेगा कि वह अनुज्ञप्ति रद्द होगी या ऐसी कालावधि के लिए, जितनी न्यायालय ठीक समझे, निलम्बित रहेगी, और अनुज्ञप्ति को इस प्रकार रद्द या निलम्बित करने वाले न्यायालय का प्रत्येक आदेश ऐसे प्रभावी होगा, मानो वह आदेश उस प्राधिकारी द्वारा दिया गया हो, जो किसी ऐसी विधि के अधीन अनुज्ञप्ति को रद्द या निलम्बित करने के लिए सक्षम था।

स्पष्टीकरणः इस धारा में 'अनुज्ञप्ति' के अन्तर्गत अनुज्ञापत्र या अनुज्ञा भी है।

9. सरकार द्वारा किए गए अनुदानों का पुनर्ग्रहण या निलम्बन

जहां कि किसी ऐसे लोक पूजा स्थल या किसी शिक्षा संस्थान या छात्रावास का प्रबन्धक या न्यासी जिसे सरकार से भूमि या धन का अनुदान प्राप्त हो, इस अधिनियम के अधीन किसी अपराध के लिए दोषसिद्ध हुआ हो और ऐसी दोषसिद्धि किसी अपील या

पुनरीक्षण में उलटी या अभिखण्डित न की गई हो वहां, यदि सरकार की राय में उस मामले की परिस्थितियों में ऐसा करने के लिए समुचित आधार हों तो वह ऐसे सारे अनुदान या उसके किसी भाग के निलम्बन या पुनर्ग्रहण के लिए निदेश दे सकेगी।

10. अपराध का दुष्प्रेरण

जो कोई इस अधिनियम के अधीन किसी अपराध का दुष्प्रेरण करेगा, वह उस अपराध के लिए उपबन्धित दण्ड से दण्डनीय होगा।

स्पष्टीकरण- लोक सेवक के बारे में, जो इस अधिनियम के अधीन दण्डनीय किसी अपराध के अन्वेषण में जानबूझकर अपेक्षा करता है, यह समझा जाएगा कि उसने इस अधिनियम के अधीन दण्डनीय अपराध का दुष्प्रेरण किया है।

10क. सामूहिक जुर्माना अधिरोपित करने की राज्य सरकार की शक्ति

(1) यदि विहित रीति में जांच करने के पश्चात, राज्य सरकार संतुष्ट है कि किसी क्षेत्र के निवासी इस अधिनियम के अधीन दण्डनीय किसी अपराध के किए जाने से संबंधित हैं, या उसका दुष्प्रेरण कर रहे हैं, या ऐसे अपराध के किए जाने से संबंधित व्यक्तियों को संश्रय दे रहे हैं, या अपराधी या अपराधियों का पता लगाने या पकड़वाने में अपनी शक्ति के अनुसार सभी प्रकार की सहायता नहीं दे रहे हैं, या ऐसे अपराध के किए जाने के महत्त्वपूर्ण साक्ष्य को दबा रहे हैं, तो राज्य सरकार, राजपत्र में अधिसूचना द्वारा, ऐसे निवासियों पर सामूहिक जुर्माना अधिरोपित कर सकेगी और जुर्माने का ऐसे निवासियों के बीच प्रभाजन कर सकेगी जो सामूहिक रूप से ऐसा जुर्माना देने के लिए दायी हैं और यह कार्य राज्य सरकार वहां के निवासियों की व्यक्तिगत क्षमता के संबंध में अपने निर्णय के अनुसार करेगी और ऐसा प्रभाजन करने में राज्य सरकार यह भी तय कर सकेगी कि एक हिन्दु अविभक्त कुटुम्ब ऐसे जुर्माने के कितने भाग का संदाय करेगाः

परन्तु किसी निवासी के बारे में प्रभाजित जुर्माना तब तक वसूल नही किया जाएगा, जब तक कि उसके द्वारा उपधारा 3 के अधीन दाखिल की गई अर्जी का निपटारा नहीं कर दिया जाता।

(2) उपधारा 1 के अधीन अधिसूचना की उदघोषणा ऐसे क्षेत्र में ढोल पीट कर या ऐसी अन्य रीति से की जाएगी, जिसे राज्य सरकार उक्त क्षेत्र के निवासियों को सामूहिक जुर्माने का अधिरोपण सूचित करने के लिए उन परिस्थितियों में सर्वोत्तम समझे।

(3) (क) उपधारा 1 के अधीन सामूहिक जुर्माने के अधिरोपण से या प्रभाजन के आदेश से व्यथित कोई व्यक्ति विहित कालावधि के अन्दर राज्य सरकार के समक्ष या ऐसे अन्य प्राधिकारी के समक्ष जिसे वह सरकार इस निमित्त विनिर्दिष्ट करे। ऐसे जुर्माने से छूट पाने के लिए या प्रभाजन के आदेश में परिवर्तन के लिए अर्जी फाइल कर सकेगाः

परन्तु ऐसी अर्जी फाइल करने के लिए कोई फीस प्रभारित नहीं की जाएगी।

(ख) राज्य सरकार या उसके द्वारा विनिर्दिष्ट प्राधिकारी याचिकाकर्ता को सुनवाई के लिए युक्तियुक्त अवसर प्रदान करने के पश्चात ऐसा आदेश पारित करेगा, जो वह ठीक समझेः

परन्तु इस धारा के अधीन छूट दी गई या कम की गई जुर्माने की रकम किसी व्यक्ति से वसूलीय नही होगी और किसी क्षेत्र के निवासियों पर उपधारा 1 के अधीन अधिरोपित कुल जुर्माने उस विस्तार तक कम किया गया समझा जाएगा।

(4) उपधारा 3 में किसी बात के होते हुए भी राज्य सरकार, इस अधिनियम के अधीन दण्डनीय किसी अपराध के शिकार व्यक्तियों को या किसी ऐसे व्यक्ति को, जो उसकी राय में उपधारा 1 में विनिर्दिष्ट व्यक्तियों के वर्ग में नहीं आता है, उपधारा 1 के अधीन अधिरोपित सामूहिक जुर्माने से या उसके किसी प्रभाग का संदिय करने के दायित्व से छूट दे सकेगी।

(5) किसी व्यक्ति द्वारा जिसके अन्तर्गत हिन्दू अविभक्त कुटुम्ब है संदेय सामूहिक जुर्माने का प्रभाग, न्यायालय द्वारा अधिरोपित जुर्माने की वसूल के लिए दण्ड प्रक्रिया संहिता, 1973 (1974 का 2) द्वारा उपबन्धित रीति में ऐसे वसूल किया जा सकेगा मानो ऐसा प्रभाग, मजिस्ट्रेट द्वारा अधिरोपित जुर्माना हो।

11. पश्चातवर्ती दोषसिद्ध पर वर्धित शास्ति

जो कोई इस अधिनियम के अधीन किसी अपराध का या ऐसे अपराध के दुष्प्रेरण का पहले दोषसिद्ध हो चुकने पर किसी ऐसे अपराध या दुष्प्रेरण का पुनः दोषसिद्धि होगा, वह दोषसिद्धि पर –

(क) द्वितीय अपराध के लिए, कम से कम छह माह और अधिक से अधीक एक वर्ष की अवधि के कारावास से और जुर्माने से भी, जो कम से कम दो सौ रूपए और अधिक से अधिक पांच सौ रूपए तक का हो सकेगा, दण्डनीय होगा,

(ख) तृतीय अपराध के लिए या तृतीय अपराध के पश्चातवर्ती किसी अपराध के लिए कम से कम एक वर्ष और अधिक से अधीक दो वर्ष की अवधि के कारावास से और जुर्माने से भी, जो कम से कम पांच सौ रूपए और अधिक से अधिक एक हजार रूपए तक का हो सकेगा, दण्डनीय होगा।

12. कुछ मामलों में न्यायालयों द्वारा उपधारणा

जहां कि इस अधिनियम के अधीन अपराध गठित करने वाला कोई कार्य अनुसूचित जाति के सदस्य के संबंध में किया जाए वहां, जब तक कि प्रतिकूल साबित न किया जाए, न्यायालय यह उपधारणा करेगा कि वह कार्य "अस्पृश्यता" के आधार पर किया गया है।

13. नागरिक न्यायालयों के अधिकार क्षेत्र की परिसीमा

(1) यदि नागरिक न्यायालय के समक्ष के किसी वाद या कार्यवाही में अन्तर्ग्रस्त दावा या किसी डिग्री या आदेश का दिया जाना या किसी डिग्री या आदेश का पूर्णतः या भागतः निष्पादन इस अधिनियम के उपबन्धों के किसी प्रकार प्रतिकूल हो तो ऐसा न्यायालय न ऐसा कोई वाद या कार्यवाही ग्रहण करेगा या चालू रखेगा और न ऐसी कोई डिग्री या आदेश देगा या ऐसे किसी डिग्री या आदेश का पूर्णतः या भागतः निष्पादन करेगा।

(2) कोई न्यायालय किसी बात के न्याय निर्णयन में या किसी डिग्री या आदेश के निष्पादन में, किसी व्यक्ति पर 'अस्पृश्यता' के आधार पर कोई निर्योग्यता अधिरोपित करने वाली किसी रूढ़ि या प्रथा को मान्यता नहीं देगा।

14. कम्पनियों द्वारा अपराध

(1) यदि इस अधिनियम के अधीन अपराध करने वाला व्यक्ति कम्पनी हो तो हर ऐसा व्यक्ति, जो अपराध किए जाने के समय उस कम्पनी के कारोबार के संचालन के लिए उस कम्पनी का भारसाधक और उस कम्पनी के प्रति उत्तरदायी था, उस अपराध का दोषी समझा जाएगा और तदनुसार अपने विरुद्ध कार्यवाही किए जाने और दण्डित किए जाने का भागी होगा:

परन्तु इस धारा में अन्तर्विष्ट किसी भी बात से कोई ऐसा व्यक्ति दण्ड का भागी नहीं होगा, यदि वह यह साबित कर दे कि अपराध उसकी जानकारी के बिना किया गया था या ऐसे अपराध को किये जाने से रोकने के लिए उसने सब सम्यक तत्परता बरती थी।

(2) उपधारा 1 में अन्तर्विष्ट किसी बात के होते हुए भी, जहां इस अधिनियम के अधीन कोई अपराध कम्पनी के किसी निदेशक या प्रबन्धक, सचिव या अन्य अधिकारी की सम्मति से किया गया हो, वहां ऐसा निदेशक, प्रबन्धक, सचिव या अन्य अधिकारी भी उस अपराध का दोषी समझा जाएगा, और तदनुसार अपने विरुद्ध कार्यवाही किए जाने और दण्डित किए जाने का भागी होगा।

स्पष्टीकरणः इस धारा के प्रयोजनो के लिए 'कम्पनी' से कोई निगमित निकाय अभिप्रेत है, और उसके अन्तर्गत फर्म या व्यष्टियों का अन्य संगम भी है, तथा फर्म के संबंध में 'निदेशक' से फर्म का भागीदार भी अभिप्रेत है।

14क. सद्भावपूर्वक की गई कार्यवाही के लिए संरक्षण –

(1) कोई भी वाद, अभियोजन या अन्य विधिक कार्यवाही किसी भी ऐसी बात के बारे में, जो इस अधिनियम के अधीन सदभावपूर्वक की गई हो या की जाने के लिए आशयित हो, केन्द्रीय सरकार या राज्य सरकार के विरुद्ध नहीं होगी।

(2) कोई भी वाद या अन्य विधिक कार्यवाही किसी भी ऐसे नुकसान के बारे में, जो इस अधिनियम के अधीन सदभाव पूर्वक की गई या की जाने के लिए आशयित किसी बात के कारण हुआ हो, केन्द्रीय सरकार या राज्य सरकार के विरुद्ध नहीं होगी।

15. अपराध संज्ञेय और संक्षेपतः विचारणीय होंगे

(1) दण्ड प्रक्रिया संहिता, 1973 (1974 का 2) में किसी बात के होते हुए भी इस अधिनियम के अधीन दण्डनीय हर अपराध संज्ञेय होगा और ऐसे हर अपराध पर, सिवाय उसके जो कम से कम तीन मास से अधिक अवधि के कारावास से दण्डनीय है, प्रथम श्रेणी न्यायिक मजिस्ट्रेट या महानगर क्षेत्र में महानगर मजिस्ट्रेट द्वारा उक्त संहिता में विनिर्दिष्ट प्रक्रिया के अनुसार संक्षेपतः विचार किया जा सकेगा।

(2) दण्ड प्रक्रिया संहिता, 1973 (1974 का 2) में किसी बात के होते हुए भी, जब किसी लोक सेवक के बारे में यह अभिकथित है कि उसने इस अधिनियम के अधीन दण्डनीय किसी अपराध के दुष्प्रेरण का अपराध अपने पदीय कर्तव्यों के निर्वहन में कार्य करते हुए या कार्य करना तात्पर्यित करते हुए, किया है तब कोई भी न्यायालय ऐसे दुष्प्रेरण के अपराध की संज्ञान – संघ के कार्यों के संबंध में नियोजित व्यक्ति की दशा में, केन्द्रीय सरकार की, और किसी राज्य के कार्यों के संबंध में नियोजित व्यक्ति की दशा में उस राज्य सरकार की पूर्व मंजूरी के बिना नहीं करेगा।

15क. "अस्पृश्यता" का अन्त करने से प्राप्त अधिकारों का संबंधित व्यक्तियों द्वारा फायदा उठाना सुनिश्चित करने का राज्य सरकार का कर्तव्य

(1) ऐसे नियमों के अधीन रहते हुए, जो केन्द्रीय सरकार इस निमित्त बनाए, राज्य सरकार ऐसे उपाय करेगी, जो यह सुनिश्चित करने के लिए आवश्यक हो, कि 'अस्पृश्यता' का अन्त करने से उदभूत होने वाले अधिकार 'अस्पृश्यता' से उदभूत किसी निर्योग्यता से पीड़ित व्यक्तियों के उपलब्ध किए जाते है और वे उनका फायदा उठाते हैं।

(2) विशिष्टतः और उपधारा 1 के उपबन्धों की व्यापकता पर प्रतिकूल प्रभाव डाले बिना, ऐसे उपायों के अन्तर्गत निम्नलिखित शामिल हैं, अर्थात –

(i) पर्याप्त सुविधाओं की व्यवस्था जिसके अन्तर्गत 'अस्पृश्यता' से उदभूत किसी निर्योग्यता से पीड़ित व्यक्तियों को विधिक सहायता देना है, जिससे कि वे ऐसे अधिकारों का फायदा उठा सके,

(ii) इस अधिनियम के उपबन्धों के उल्लंघन के लिए अभियोजन प्रारम्भ करने या ऐसे अभियोजनों का पर्यवेक्षण करने के लिए अधिकारियों की नियुक्ति,

(iii) इस अधिनियम के अधीन अपराधों के विचारण के लिए विशेष न्यायालयों की स्थापना,

(iv) ऐसे समुचित स्तरों पर समितियों की स्थापना जो राज्य सरकार ऐसे उपायों के निरुपण या उन्हें कार्यान्वित करने में राज्य सरकार की सहायता करने के लिए ठीक समझे,

(v) इस अधिनियम के उपबन्धों के बेहतर कार्यान्वयन के लिए उपाय सुझाने की दृष्टि से इस अधिनियम के उपबन्धों के क्रियान्वयन के सर्वेक्षण की समय-समय पर व्यवस्था करना,

(vi) इन क्षेत्रों का अभिनिर्धारण जहां व्यक्ति 'अस्पृश्यता' से उदभूत किसी निर्योग्यता से पीड़ित है, और ऐसे उपायों को अपनाना जिनसे ऐसे क्षेत्रों से ऐसी निर्योग्यता का दूर किया जाना सुनिश्चित हो सके।

(3) केन्द्रीय सरकार राज्य सरकारों द्वारा उपधारा 1 के अधीन किए गए उपायों में समन्वय स्थापित करने के लिए ऐसे कदम उठाएगी जो आवश्यक हो।

(4) केन्द्रीय सरकार हर वर्ष संसद के प्रत्येक सदन के पटल पर ऐसे उपायों की रिपोर्ट प्रस्तुत करेगी जो उसने और राज्य सरकारों ने इस धारा के उपबंधों के अनुसरण में किए है।

16. अन्य कानूनों को अध्यारोपित करने वाला अधिनियम

इस अधिनियम में अभिव्यक्त रूप से अन्यथा उपबन्धित के सिवाय, इस अधिनियम के उपबन्ध, किसी तत्समय प्रवृत्त विधि में उनसे असंगत किसी बात के होते हुए भी या किसी रूढ़ि या प्रथा अथवा किसी ऐसी विधि अथवा किसी न्यायालय या अन्य प्राधिकारी की किसी डिग्री या आदेश के आधार पर प्रभावी किसी लिखित के होते हुए भी प्रभावी होंगे।

16क. अपराधी परिवीक्षा अधिनियम, 1958 का चौदह वर्ष से अधिक आयु के व्यक्तियों पर लागू न होना

अपराधी परिवीक्षा अधिनियम 1958 (1958 का 20) के उपबन्ध किसी ऐसे व्यक्ति पर लागू नहीं होंगे, जो चौदह वर्ष से अधिक आयु का है और इस अधिनियम के अधीन कोई अपराध किए जाने का दोषी पाया जाता है।

16ख. नियम बनाने की शक्ति

(1) केन्द्रीय सरकार, राजपत्र में अधिसूचना द्वारा, इस अधिनियम के उपबन्धों का पालन करने के लिए, नियम बना सकेगी।

(2) इस अधिनियम के अधीन केन्द्रीय सरकार द्वारा बनाया गया प्रत्येक नियम, बनाए जाने के पश्चात यथाशीघ्र, संसद के प्रत्येक सदन के समक्ष, जब वह सत्र में हो, वह कुल तीस दिन की अवधि के लिए रखा जाएगा। यह अवधि एक सत्र में अथवा दो या अधिक अनुक्रमिक सत्रों में पूरी हो सकेगी। यदि उस सत्र के, या पूर्वोक्त अनुक्रमिक सत्रों के ठीक बाद

के सत्र के अवसान के पूर्व दोनों सदन उस नियम में कोई परिवर्तन करने के लिए सहमत हो जाएं, तो तत्पश्चात वह ऐसे परिवर्तित रूप में ही प्रभावी होगा। यदि उक्त अवसान के पूर्व दोनों सदन सहमत हो जाएं कि वह नियम बनाया जाना चाहिए, तो तत्पश्चात वह निष्प्रभावी हो जाएगा किन्तु नियम के ऐसे परिवर्तित या निष्प्रभावी होने से उसके पहले की गई किसी बात की विधिमान्यता पर प्रतिकूल प्रभाव नहीं पड़ेगा.

17. निरसन

अनुसूची में विनिर्दिष्ट अधिनियमितियां, जहां तक कि वे या उसमें अन्तर्विष्ट उपबन्धों में से किसी के समान है या उसके विरुद्ध है, एतद द्वारा निरसित की जाती है।

अनुसूची

(धारा-17 देखें)

1. बिहार हरिजन (नागरिक निर्योग्यता निवारण) अधिनियम 1949 (1949 का बिहार अधिनियम XIX)
2. बॉम्बे हरिजन (सामाजिक निर्योग्यता निवारण) अधिनियम 1946 (1947 का 2. बाम्बे अधिनियम X)
3. बॉम्बे हरिजन मंदिर प्रवेश अधिनियम, 1947 (1947 का 2. बॉम्बे अधिनियम XXXV)
4. केंद्रीय प्रांत और बरार अनुसूचित जाति (नागरिक निर्योग्यता निवारण) अधिनियम, 1947 (1947 का केंद्रीय प्रांत और बरार अधिनियम XXIV)
5. केंद्रीय प्रांत और बरार अनुसूचित जाति के मंदिर प्रवेश प्राधिकरण अधिनियम, 1948 (1947 का केंद्रीय प्रांत और बरार अधिनियम XLI)
6. पूर्वी पंजाब (धार्मिक एवं सामाजिक निर्योग्यता निवारण) अधिनियम, 1948 (1948 का पूर्वी पंजाब अधिनियम XVI)
7. मद्रास नागरिक निर्योग्यता निवारण अधिनियम, 1938 (1938 का मद्रास अधिनियम XXXI)
8. उड़ीसा नागरिक निर्योग्यता निवारण अधिनियम, 1946 (1946 का उड़ीसा अधिनियम XI)
9. उड़ीसा मंदिर प्रवेश प्राधिकरण अधिनियम, 1948 (1948 का उड़ीसा अधिनियम XI)
10. संयुक्त प्रांत सामाजिक निर्योग्यता निवारण अधिनियम, 1947 (1947 का यूपी अधिनियम XVI)
11. पश्चिम बंगाल हिंदू सामाजिक निर्योग्यता निवारण अधिनियम, 1948 (1948 का पश्चिम बंगाल अधिनियम XXXVII)
12. हैदराबाद हरिजन मंदिर प्रवेश नियम, 1358 एफ (फासली 1358 का नंबर LV)
13. हैदराबाद हरिजन (सामाजिक निर्योग्यता निवारण) नियम, 1358 एफ (फासली 1358 का नंबर LV I)
14. मध्य भारत हरिजन अयोग्यता निवारण विधान, संवत 2005 (1949 के मध्य भारत अधिनियम संख्या 15)
15. नागरिक निर्योग्यता निवारण अधिनियम, 1943 (1943 का मैसूर अधिनियम XLII)
16. मैसूर मंदिर प्रवेश प्राधिकरण अधिनियम,1948 (1948 का मैसूर अधिनियम XIV)
17. सौराष्ट्र हरिजन (सामाजिक निर्योग्यता निवारण) अध्यादेश (1948 का संख्या XL)
18. त्रावनकोर-कोचिन सामाजिक निर्योग्यता निवारण अधिनियम,1125 (1125 का त्रावनकोर-कोचिन अधिनियम VIII)
19. त्रावंकोर-कोचिन मंदिर प्रवेश (निर्योग्यता निवारण) अधिनियम, 1950 (1950 का त्रावंकोर-कोचिन अधिनियम XXVII)

20. कूर्ग अनुसूचित जाति (नागरिक एवं सामाजिक निर्योग्यता निवारण) अधिनियम, (1949 का कूर्ग अधिनियम I)
21. कूर्ग मंदिर प्रवेश प्राधिकरण अधिनियम, 1949 (1949 का कूर्ग अधिनियम II)

नागरिक अधिकार संरक्षण नियम, 1977

एसओ 3006, दिनांक 15 सितंबर, 1977

नागरिक अधिकार संरक्षण अधिनियम,1955 (1955 का 22) धारा 16बी में प्रदत्त शक्तियों के प्रयोग के लिए केंद्रीय सरकार ने निम्नलिखित नियम बनाये हैं।

1. संक्षिप्त नाम और प्रारंभ

(1) इस नियम को नागरिक अधिकार संरक्षण नियम,1977 कहा जा सकेगा।
(2) आधिकारिक राजपत्र में प्रकाशन की तारीख से यह लागू माना जायेगा।

2. परिभाषाएं

इन नियमों में, जब तक कि संदर्भ से अन्यथा अपेक्षित न हो, 'अधिनियम' का अर्थ नागरिक अधिकार अधिनियम, 1955 (1955 का 22) उल्लेखित अधिनियम तथा 'धारा' का अर्थ अधिनियम की धारा है।

3. धारा 10-ए की उपधारा (1) के तहत जांच का तरीका

उपधारा (1) के तहत निर्दिष्ट जांच के उद्देश्य के लिए राज्य सरकार एक अधिकारी की नियुक्ति कर सकेगा जो सब डिविजनल मजिस्ट्रेट ने नीचे के पद का अधिकारी ना हो।

(1) धारा 10ए के तहत
(2) उप नियम (1) के तहत नियुक्त अधिकारी (बाद में इस नियम के अतर्गत जिस अधिकारी को जांच के लिए जिम्मा दिया गया है) विशेष दिन, समय, स्थान और जांच के उद्देश्य से सार्वजनिक सूचना जारी कर सकेगा और इस जांच के संदर्भ में संबंधित क्षेत्र के निवासियों को बुला कर सूचनाएं व दस्तावेज आदि जो इस जांच के लिए प्रसांगिक हो वह जान सकेगा।
(3) उप नियम (2) के तहत सार्वजनिक सूचना को स्थानीय भाषा या उस क्षेत्र में बोली जाने वाली बोली में जिलाधिकारी के कार्यालय, जिला पुलिस अधिकारी, ग्राम पंचायत या क्षेत्र के नगरपालिका समिति या वैसे स्थान पर जिसे जांच अधिकारी उचित समझता हो, वहां के नोटिस बोर्ड पर प्रकाशित करना होगा तथा उक्त क्षेत्र में प्रसार वाले कम से कम एक दैनिक समाचार पत्र में प्रकाशित करना होगा; और पूरे क्षेत्र में डुगजुगी बजा कर या फिर जांच अधिकारी जैसा विचार करें कि उस क्षेत्र को लोगों को किस प्रकार सूचना के बारे में जानकारी दी जाए।

(4) जांच अधिकारी, ऐसी जांच में व्यवहारिकता का पालन करेगा, सबूत की रिकॉर्डिंग, सहित परीक्षणों सार प्रक्रिया को आपराधिक प्रक्रिया संहिता, 1973 (1974 का 2) के अध्याय 21 के अंतर्गत निर्धारित करेगा।

(5) जांच अधिकारी जितनी तेजी से संभव हो, जांच को पूरा करेगा तथा वह अपनी रिपोर्ट राज्य सरकार को समय-सीमा के भीतर, छह माह से अधिक नहीं, या फिर जांच अधिकारी की नियुक्ति के समय राज्य सरकार द्वारा निर्धारित किये गये समय में सौंपना होगा।

राज्य सरकार जांच की प्रवृति को ध्यान में रखते हुए रिपोर्ट सौंपने की अवधि को बढ़ा सकती है, आवश्यक समझने पर कुल दो माह से अधिक नहीं।

4. धारा 10 ए की उपधारा (3) के तहत याचिका दाखिल करने के लिए अवधि

किसी भी पीड़ित के लिए धारा 10ए की उपधारा के तहत सामूहिक जुर्माना लगाया जा सकता है और उनमें बांटा जा सकता है, अधिसूचना जारी होने की तारीख से 30 दिन की अवधि के भीतर ही ऐसा होना चाहिए और इस धारा की उपधारा (2) के तहत राज्य सरकार या निर्दिष्ट प्राधिकरण के सामने याचिका दाखिल करना होगा;

राज्य सरकार या प्राधिकरण ऐसे मामलों में याचिका की अवधि बीतने के बाद भी इसमें दखल दे सकती है बशर्ते याचिकाकर्ता किसी विशेष कारण से समय पर याचिका दाखिल ना कर सका हो और इसका वह संतुष्टिजनक कारण स्पष्ट कर सके।

5. राज्य सरकार की ओर से रिपोर्ट

प्रत्येक राज्य सरकार धारा 15ए की उपधारा (4) के अनुसार केंद्र सरकार को सक्षम बनाने के उद्देश्य से संसद के पटल पर प्रत्येक वर्ष 15 फरवरी के पहले रिपोर्ट पेश कर सकती है, प्रत्येक वर्ष इसके सार के आधार पर उपधारा (1) और (2) के तहत अन्य सूचनाओं को निपटाते हुए केंद्र सरकार वार्षिक कैलेंडर के अनुसार प्रक्रिया का समय-समय निष्पादन करती है।

स्रोतः अनुसूचित जाति एवं जनजातिय आयोग, 1985। अनुसूचित जाति एवं जनजातिय आयोग की रिपोर्ट, 1984–85।

संलग्नक IV

अनुसूचित जाति एवं अनुसूचित जनजाति (अत्याचार निरोधक) अधिनियम, 1989

1989 का अधिनियम संख्यांक 33
(11 सितंबर, 1989)

अनुसूचित जातियों और अनुसूचित जनजातियों के सदस्यों पर अत्याचार का अपराध करने का निवारण करने के लिए, ऐसे अपराधों के विचारण के लिए विशेष न्यायालयों का तथा ऐसे अपराधों से पीड़ित व्यक्तियों को राहत देने का और उनके पुनर्वास का तथा उससे संबंधित या उसके अनुषंगिक विषयों का उपबंध करने के लिए अधिनियमः

अध्याय 1

प्रारंभिक

1. संक्षिप्त नाम, विस्तार और प्रारंभ

(1) इस अधिनियम का संक्षिप्त नाम अनुसूचित जाति और अनुसूचित जनजाति (अत्याचार निवारण) अधिनियम, 1989 है।

इसका विस्तार जम्मू-कश्मीर राज्य के सिवाय संपूर्ण भारत पर है।

यह उस तारीख को प्रवृत होगा, जो केंद्रीय सरकार, राजपत्र में अधिसूचना द्वारा, नियत करें।

टिप्पणी

इस अधिनियम में 'विशेष कानून' और दंड का चरित्र निहित है।

इसका विस्तार देश के सभी राज्यों (जम्मू-कश्मीर को छोड़ कर) तथा केंद्र शासित क्षेत्रों में भी है। यह 11–09–1989 में कानून की पुस्तकों में आया, केंद्र सरकार ने इसे दिनांक 29–1–1990 को, इसे 30–11–990 से प्रभावी करने की घोषणा की।

एक अधिसूचना जारी कर अधिनियम में प्रदत्त शक्तियों को कानून का बल बनाया गया तथा इस अधिनियम को जरूर पढ़ा जाना चाहिए।

[उप प्रभागीय विकास अधिकारी बनाम मेसर्स उर्चरा फारेस्ट एंड फिशरी लिमिटेड, एआईआर 1980 कलकत्ता 61]

परिभाषाः (1) इन नियमों में, जब तक कि संदर्भ से अन्यथा अपेक्षित न हो, 'उत्पीड़न' को धारा 3 के अधीन सजा मूलक अपराध माना जाएगा।

टिप्पणी

'उत्पीड़न' के किसी भी प्रकार के अपराध इस अधिनियम की धारा 3 के अधीन दंडनीय हैं. 'कर्तव्यों की उपेक्षा' भी धारा 4 के अधीन दंडनीय अपराध है, उसके बाद भी धारा 3 के अधीन वर्णित 44 प्रकार की 'उत्पीड़न' परिभाषा के दायरे में नहीं आता।

'संहिता' का अर्थ दंड प्रक्रिया संहिता, 1973 (2 का 1974) है; 'अनुसूचित जाति एवं अनुसूचित जनजाति' का अर्थ संविधान के अनुच्छेद 366 के क्रमशः खंड (24) और खंड (25) के अधीन जो व्याख्यायित है वहीं है।

टिप्पणी

राष्ट्रपति ने बनाया है,

संविधान (अनुसूचित जाति) आदेश, 1950 (सीओ19) और अन्य विभिन्न आदेश; और
संविधान (अनुसूचित जनजाति) आदेश, 1950 (सीओ22) और अन्य विभिन्न आदेश;
जिसमें अनुसूचित जाति और अनुसूचित जनजाति की सूची शामिल है।

'विशेष न्यायालय' का अर्थ- धारा 14 के अधीन सत्र न्यायालय ही विशेष न्यायालय है; विशेष लोक अभियोजक का अर्थ है लोक अभियोजक को धारा 15 में विशेष लोक अभियोजक या किसी एक अधिवक्ता को प्रायोज्य है; शब्द और अभिव्यक्ति के प्रयोग को, लेकिन इस अधिनियम में परिभाषित नहीं किया गया है और इसे संहिता या भारतीय दंड संहिता (1860 के 45) में परिभाषित किया गया है, जिसका अर्थ क्रमशः संहिता में कहा गया है, जैसा कि भारतीय दंड संहिता में कई मामलों में हो सकता है।

इस अधिनियम में किसी भी संदर्भ किसी भी अधिनियमन या किसी प्रावधान में एक ऐसा क्षेत्र है जिसमें इस तरह के प्रावधान के इस तरह के अधिनियमन बल में नहीं है के संबंध में करेगा, यदि कोई हो, इस क्षेत्र में, इसी कानून के संदर्भ के रूप में उसे लगाया जा सकता है।

टिप्पणी

व्याख्या लेख और संदर्भ पर निर्भर होगा।

[भारतीय रिजर्व बैंक बनाम पियरलेस जेनरल फाइनांस एंड इंवेस्टमेंट कंपनी लिमिटेड, 61 (1989) कंपनी मामला 663 (उच्चतम न्यायालय)]

एक शब्द में परिभाषित किया गया है, आमतौर पर, एक ही अर्थ लेना चाहिए जहां भी यह अधिनियम के मुख्यभाग में अलग-अलग खंड में प्रयोग किया जाता है।

[ईएसआईसी बनाम एमबी नागराय, 1982 लैब आईसी 374 (कर्ना.)]

अध्याय 2

अत्याचार के अपराधों के लिए दंड

(1) कोई भी व्यक्ति, जो अनुसूचित जाति या अनुसूचित जनजाति का सदस्य नहीं है, अनुसूचित जाति या अनुसूचित जनजाति के सदस्य को अखाद्य या घृणाजनक पदार्थ पीने या खाने के लिए मजबूर करेगा;

अनुसूचित जाति या अनुसूचित जनजाति के किसी सदस्य के परिसर या पड़ोस में मल-मूत्र, कूड़ा, पशु-शव या कोई अन्य घृणाजनक पदार्थ इकट्ठा करके उसे क्षति पहुंचाने, अपमानित करने या क्षुब्ध करने के आशय से कार्य करेगा;

अनुसूचित जाति या अनुसूचित जनजाति के सदस्य के शरीर से बलपूर्वक कपड़े उतारेगा या उसे नंगा या उसके चेहरे या शरीर को पोतकर घुमाएगा या इसी प्रकार का कोई अन्य ऐसा कार्य करेगा जो मानव के सम्मान के विरुद्ध है,

अनुसूचित जाति या अनुसूचित जनजाति के किसी सदस्य के स्वामित्वाधीन या उसे आवंटित या किसी सक्षम प्राधिकारी द्वारा उसे आबंटित किये जाने के लिए अधिसूचित किसी भूमि को सदोष अधिभोग में लेगा या उस पर खेती करेगा या उस आबंटित भूमि को अंतरित करा लेगा;

अनुसूचित जाति या अनुसूचित जनजाति के किसी सदस्य को उसकी भूमि या परिसर से सदोष बेकब्जा करेगा या किसी भूमि, परिसर या जल पर उसके अधिकारों के उपभोग में हस्तक्षेप करेगा;

अनुसूचित जाति या अनुसूचित जनजाति के किसी सदस्य को 'बेगार' करने के लिए या सरकार द्वारा लोक प्रयोजनों के लिए अधिरोपित किसी अनिवार्य सेवा से भिन्न अन्य समरूप प्रकार के बलात श्रम या बंधुआ मजदूरी के लिए विवश करेगा या फुसलाएगा;

अनुसूचित जाति या अनुसूचित जनजाति के किसी सदस्य को मतदान न करने के लिए या किसी विशिष्ट अभ्यार्थी के लिए मतदान करने के लिए या विधि द्वारा उपबंधित से भिन्न रीति से मतदान करने के लिए मजबूर या अभित्रस्त करेगा;

अनुसूचित जाति या अनुसूचित जनजाति के किसी सदस्य के विरुद्ध मिथ्या द्वेषपूर्ण या तंग करने वाला वाद या दाण्डिक या अन्य विधिक कार्यवाही संस्थित करेगा;

किसी लोकसेवक को कोई मिथ्या या तुच्छ जानकारी देगा और उसके द्वारा अनुसूचित जाति या अनुसूचित जनजाति के किसी सदस्य को क्षति पहुंचाने या क्षुब्ध करने के लिए ऐसे लोकसेवक से उसकी विधिपूर्ण शक्ति का प्रयोग कराएगा;

जनता को दृष्टिगोचर किसी स्थान में अनुसूचित जाति या अनुसूचित जनजाति के किसी सदस्य का अपमान करने के आशय से साशय उसको अपमानित या अभित्रस्त करेगा;

अनुसूचित जाति या अनुसूचित जनजाति की किसी महिला का अनादर करने या उसकी लज्जा भंग करने के आशय से हमला या बल प्रयोग करेगा;

अनुसूचित जाति या अनुसूचित जनजाति की किसी महिला की इच्छा को अधिशासित करने की स्थिति में होने पर उस स्थिति का प्रयोग उसका लैंगिक शोषण करने के लिए, जिसके लिए वह अन्यथा सहमत नहीं होती, करेगा;

किसी स्रोत, जलाशय या किसी अन्य उद्गम के जल को, जो आम तौर पर अनुसूचित जाति या अनुसूचित जनजाति के सदस्यों द्वारा उपयोग में लाया जाता है, दूषित या गंदा करेगा, जिससे कि वह उस प्रयोजन के लिए कम उपयुक्त हो जाए, जिसके लिए उसका आमतौर पर प्रयोग किया जाता है;

अनुसूचित जाति या अनुसूचित जनजाति के किसी सदस्य को सार्वजनिक अभिगम के स्थान के मार्ग के किसी रुढ़िजन्य अधिकार से वंचित करेगा या ऐसे किसी सदस्य को बाधा पहुंचाएगा, जिससे कि वह ऐसे सार्वजनिक अभिगम

के स्थान का उपयोग करने या वहां पहुंचने से निर्वारित हो जाए, जहां जनता के अन्य सदस्यों या उसके किसी भाग को उपयोग करने का या पहुंचने का अधिकार है;

अनुसूचित जाति या अनुसूचित जनजाति के किसी सदस्य को अपना मकान, गांव या अन्य निवास-स्थान छोड़ने के लिए मजबूर करेगा या कराएगा वह कारावास, जिसकी अवधि छह माह से कम नहीं होगी किंतु जो पांच वर्ष तक की हो सकेगी, और जुर्माने से दंडित होगा।

(2) कोई व्यक्ति, अनुसूचित जाति या अनुसूचित जनजाति का सदस्य नहीं है, मिथ्या साक्ष्य देगा या गढ़ेगा, जिससे उसका आशय अनुसूचित जाति या अनुसूचित जनजाति के किसी सदस्य को किसी ऐसे अपराध के लिए, जो तत्समय प्रवृत विधि द्वारा मृत्यु दंड से दंडनीय है, दोष सिद्ध कराना है या वह यह जानता है कि इससे उसका दोषसिद्धि होना संभाव्य है, वह आजीवन कारावास से और जुर्माने से दंडनीय होगा, और यदि अनुसूचित जाति या अनुसूचित जनजाति के किसी निर्दोष सदस्य को ऐसे मिथ्या या गढ़े हुए साक्ष्य के फलस्वरूप दोषसिद्धि किया जाता है, और फांसी दी जाती है तो वह व्यक्ति, जो ऐसा मिथ्या देता है गढ़ता है, मृत्युदंड से दंडनीय होगा।

मिथ्या साक्ष्य देगा या गढ़ेगा, जिससे उसका आशय अनुसूचित जाति या अनुसूचित जनजाति के किसी सदस्य को ऐसे अपराध के लिए, जो मृत्यु दंड से दंडनीय नहीं है किंतु सात वर्ष या उससे अधिक की अवधि के कारावास से दंडनीय है, दोषसिद्धि कराना है या वह यह जानता है कि उससे उसका दोषसिद्धि होना संभाव्य है, वह कारावास से जिसकी अवधि छह माह से कम की नहीं होगी किंतु जो सात वर्ष या उससे अधिक की हो सकेगी और जुर्माने से दंडनीय होगा:

अग्नि या किसी विस्फोटक पदार्थ द्वारा रिष्टि करेगा जिससे उसका आशय अनुसूचित जाति या अनुसूचित जनजाति के किसी सदस्य की किसी संपत्ति को नुकसान पहुंचाना है या वह यह जानता है कि उससे ऐसा होना संभाव्य है, वह कारावास से जिसकी अवधि छह माह से कम नहीं होगी किंतु जो सात वर्ष तक की हो सकेगी और जुर्माने से दंडनीय होगा;

अग्नि या किसी विस्फोटक पदार्थ द्वारा क्षति करेगा जिससे उसका आशय किसी ऐसे भवन को जो अनुसूचित जाति या अनुसूचित जनजाति के किसी सदस्य द्वारा साधारणतः पूजा के स्थान के रूप में या मानव आवास के स्थान के रूप में या संपत्ति की अभिरक्षा के लिए किसी स्थान के रूप में उपयोग किया जाता है, नष्ट करता है या वह यह जानता है कि उससे ऐसा होना संभाव्य है, वह आजीवन कारावास से और जुर्माने से दंडनीय होगा;

भारतीय दंड संहिता (1960 का 45) के अधीन 10 वर्ष या उससे अधिक की अवधि के कारावास से दंडनीय कोई अपराध किसी व्यक्ति या संपत्ति के विरुद्ध इस आधार पर करेगा कि ऐसा व्यक्ति अनुसूचित जाति या अनुसूचित जनजाति का सदस्य है या ऐसी संपत्ति ऐसे सदस्य की है, वह आजीवन कारावास से और जुर्माना से दंडनीय होगा।

यह जानते हुए या विश्वास करने का कारण रखते हुए कि इस अध्याय के अधीन कोई अपराध किया गया है, वहा अपराध किये जाने के किसी साक्ष्य को अपराधी को विधिक दंड से बचाने के आशय से गायब करेगा या उस आशय से अपराध के बारे में कोई ऐसी जानकारी देगा जो वह जानता है या विश्वास करता है कि वह मिथ्या है, वह उस अपराध के लिए उपबंधित दंड से दंडनीय होगा, या

लोकसेवक होते हुए इस धारा के अधीन कोई अपराध करेगा, वह कारावास से, जिसकी अवधि एक वर्ष से कम नहीं होगी किंतु जो उस अपराध के लिए उपबंधित दंड तक हो सकेगी, दंडनीय होगी।

टिप्पणी

धारा 3 एक ठोस दण्डात्मक खंड है। इसकी उप धारा (1) (क) (15) और उप धारा (2) (क) से (7) से उत्पीड़न की विभिन्न अपराधों को सृजित किया जा सकता है और फिर उनमें से प्रत्येक के लिए अलग-अलग दंड प्रदान किया जा सकता है।

शब्द 'जो कोई भी' इस खंड में प्रयुक्त महत्वपूर्ण 'व्यक्ति' है जो अनुसूचित जाति और अनुसूचित जनजाति का सदस्य नहीं है उसको संदर्भित करता है। दूसरे शब्दों में, खंड के निहित किसी भी उप धाराओं (1) और (2) में ऐसा कहीं नहीं है कि कोई भी व्यक्ति जो इस जाति या जनजाति का सदस्य है आवेदन करता है।

अभियोग यह साबित करने के लिए बाध्य है कि इस धारा के अधीन अनुसूचित जाति एवं अनुसूचित जनजाति के सदस्यों की अपेक्षा जो सदस्य नहीं है उसके लिए दंडनीय अपराध है। विभिन्न अपराधों के लिए प्रदान की जाने वाली सजाओं की गंभीरता को अधिकातीत होने के लिए नहीं ठहराया जा सकता। सजा की श्रेणियां और निर्णय को न्याय को न्यायिक अधिकारी पर छोड़ दिया जाना चाहिए, जो निष्पक्ष फैसला करता है।

2. कर्तव्यों की उपेक्षा के लिए दंड

कोई भी लोकसेवक, जो अनुसूचित जाति या अनुसूचित जनजाति का सदस्य नहीं है इस अधिनियम के अधीन उसके द्वारा पालन किए जाने के लिए अपेक्षित अपने कर्तव्यों की जानबूझकर उपेक्षा करेगा, वह कारावास से, जिसकी अवधि छह माह से कम नहीं होगी किंतु जो एक वर्ष तक की हो सकेगी, दंडनीय होगा।

टिप्पणी

इस धारा के अधीन अपराध जो दंडनीय है अनिवार्य अंग है; अभियुक्त एक लोक सेवक है; वह न तो अनुसूचित जाति और ना ही अनुसूचित जनजाति का सदस्य है; और उसने जानबूझकर कर्तव्यों की उपेक्षा की है, इस अधिनियम के अधीन उसे प्रदर्शन करना आवश्यक है।

अभियोजन पक्ष को 'आपराधिक मनःस्थिति' को साबित करना चाहिए

'लापरवाही' कर्तव्यों का प्रदर्शन नहीं है, ऐसा जरूर जानबूझकर किया गया है

कारावास की न्यूनतम अवधि छह महीने है। हालांकि, कारावास की अवधि एक वर्ष के लिए बढ़ाया जा सकता है। जुर्माना की सजा नहीं लगाया जा सकता है।

3. पश्चातवर्ती दोषसिद्धि के लिए वर्धित दंड

कोई व्यक्ति जो, इस अध्याय के अधीन किसी अपराध के लिए पहले ही दोषसिद्धि हो चुका है, दूसरे अपराध या उसके पश्चातवर्ती किसी अपराध के लिए दोषसिद्ध किया जाता है, वह कारावास से जिसकी अवधि एक वर्ष से कम नहीं होगी किंतु जो उस अपराध के लिए उपबंधित दंड तक हो सकेगी, दंडनीय होगा।

टिप्पणी

यह धारा किसी नये प्रकार के अपराध का निर्माण नहीं करता।

जब कोई अभियुक्त इस अधिनियम के अध्याय 2 के अधीन पुनः दूसरे अपराध या किसी संबंधित अपराध में आरोपित होता है, तो विशेष न्यायालय उसे एक वर्ष के लिए करावास भेज सकता है या उस अपराध के लिए सजा को बढ़ा भी सकता है।

4. भारतीय दंड संहिता के कतिपय उपबंधों का लागू होना

इस अधिनियम के अन्य उपबंधों के अधीन रहते हुए, भारतीय दंड संहिता (1860 का 45) की धारा 34, अध्याय 4, अध्याय 5, अध्याय 5क, धारा 149 और अध्याय 23 के उपबंध जहां तक हो सके, इस अधिनियम के प्रयोजनों के लिए, उसी प्रकार लागू होंगे जिस प्रकार वे भारतीय दंड संहिता के प्रयोजनों के लिए लागू होते हैं।

टिप्पणी

धारा 34 और 149 और भारतीय दंड संहिता 1860 के अध्याय तृतीय, चतुर्थ, पंचम, पंचम ए और तेईसवें प्रावधान में वे उस संहिता के प्रयोजनों के लिए आवेदन कर रहे हैं, अब तक जो हो सकता है इस अधिनियम के प्रयोजनों को लागू किया गया है। हालांकि, इस तरह के आवेदन इस अधिनियम के अन्य उपबंधों के अधीन किया जाएगा।

5. कतिपय व्यक्तियों की संपत्ति का समपहरण

(1) जहां कोई व्यक्ति इस अध्याय के अधीन दंडनीय किसी अपराध के लिए दोषसिद्ध किया गया है वहां विशेष न्यायालय, कोई दंड देने के अतिरिक्त, लिखित रूप में आदेश द्वारा यह घोषित कर सकेगा कि उस व्यक्ति की कोई संपत्ति, स्थावर या जंगम या दोनों, जिनका उस अपराध को करने में प्रयोग किया गया है, सरकार को समपहृत हो जाएगी।

जहां कोई व्यक्ति इस अध्याय के अधीन किसी अपराध का अभियुक्त है, वहां उसका विचारण करने वाला न्यायालय ऐसा आदेश करने के लिए स्वतंत्र होगा कि उसकी सभी या कोई संपत्ति, स्थावर या जंगम या दोनों, ऐसे विचारण की अवधि के दौरान, कुर्क की जाएंगी और जहां ऐसे विचारण का परिणाम दोषसिद्धि है वहां इस प्रकार कुर्क की गई संपत्ति उस सीमा तक समपहरण के दायित्वाधीन होगी जहां तक वह इस अध्याय के अधीन अधिरोपित किसी जुर्माने की वसूली के प्रयोजन के लिए अपेक्षित है।

टिप्पणी

विशेष न्यायालय की शक्ति विवेकाधीन हैं और संयम से प्रयोग किया जाना चाहिए। अपराधी के रूप में उसकी चल या अचल या दोनों प्रकार की संपत्ति की जब्ती की सजा उस पर लगायी जा सकती है।

'सरकार' के संदर्भ में इसका अर्थ केंद्र सरकार है या कई मामलों में राज्य सरकार या केंद्र शासित क्षेत्र के प्रशासक हो सकते हैं। विशेष न्यायालय आरोपी से संबंधित संपत्ति को संलग्न कर सकता हैं, उसकी सुनवाई की अवधि के दौरान, और संपत्ति को अर्थदंड के रूप में संलग्न कर इसे और विस्तार देने के लिए रिहाई के लिए जुर्माना लगाया जा सकता, वह भी तब जब उसकी सजा की सुनवाई खत्म हो।

6. अपराधों के बारे में उपधारणा

इस अध्याय के अधीन किसी अपराध के लिए अभियोजन में, यदि यह साबित हो जाता है कि; अभियुक्त ने इस अध्याय के अधीन अपराध करने के अभियुक्त व्यक्ति की या युक्तियुक्त रूप से संदेहास्पद व्यक्ति की कोई वित्तीय सहायता की है तो विशेष

न्यायालय, जबतक कि तत्प्रतिकूल साबित न किया जाए, यह उपधारणा करेगा कि ऐसे व्यक्ति ने उस अपराध का दुष्प्रेरण किया है; व्यक्तियों के किसी समूह ने इस अध्याय के अधीन अपराध किया है और यह साबित हो जाता है कि किया गया अपराध भूमि या किसी अन्य विषय के बारे में किसी विद्यमान विवाद का फल है तो यह उपधारणा की जाएगी कि यह अपराध सामान्य आशय या सामान्य उद्देश्य को अग्रसर करने के लिए किया गया था।

टिप्पणी

विशेष न्यायालय को आवश्यकता है कि वह 'अपराध के लिए उकसाने' का अनुमान लगाये, या ऐसे मामले में 'अपराध में आम इरादा या आम वस्तु' हो सकता है। अनुमान है कि अपराध ऑफ लॉ है, फिर भी उचित संभावना से कुछ अधिक की आवश्यक है।

(ध्यानवंत राय बलवंत राय देसाई बनाम महाराष्ट्र राज्य, एआईआर 1964 एससी 575।)

इस तरह के अनुमान गलत साबित करने के लिए उचित और पर्याप्त अवसर है कि जिन व्यक्ति के खिलाफ, व्यक्ति के लिए उपलब्ध कराया जाना चाहिए और इसकी मांग उठायी जानी चाहिए।

[गिरधारी लाल गोविंद दास अग्रवाल बनाम भारत संघ, 1985 सीआरआई एल जे 1321 (दिल्ली)]

7. शक्तियों का प्रदान किया जाना

(1) संहिता में या इस अधिनियम के किसी अन्य उपबंध में किसी बात के होते हुए भी, यदि राज्य सरकार ऐसा करना आवश्यक या समीचीन समझती है तो वह- इस अधिनियम के अधीन किसी अपराध के निवारण के लिए और उससे निपटने के लिए, या इस अधिनियम के अधीन किसी मामले या मामलों के वर्ग या समूह के लिए, किसी जिले या उसके किसी भाग में, राज्य सरकार किसी अधिकारी को राजपत्र में अधिसूचना द्वारा, ऐसे जिले या उसके भाग में संहिता के अधीन पुलिस अधिकारी द्वारा प्रयोक्तव्य शक्तियां या, यथास्थिति, ऐसे मामले या मामलों के वर्ग या समूह के लिए, और विशिष्टतया किसी विशेष न्यायालय के समझ व्यक्तियों की गिरफ्तारी, अन्वेषण और अभियोजन की शक्तियां प्रदान कर सकेगी।

(2) पुलिस के सभी अधिकारी और सरकार के अन्य सभी अधिकारी इस अधिनियम के या उसके अधीन बनाए गए किसी नियम, स्कीम या आदेश के उपबंधों के निष्पादन में उपधारा (1) में निर्दिष्ट अधिकारी की सहायता करेंगे।

(3) संहिता के उपबंध, जहां तक हो सके, उपधारा (1) के अधीन किसी अधिकारी द्वारा शक्तियों के प्रयोग के संबंध में लागू होंगे।

टिप्पणी

'राज्य सरकार के किसी अधिकारी' के भाव का अर्थ यहां एक ऐसे अधिकारी से है जो पुलिस अधिकारी से पृथक है.

सभी पुलिस अधिकारी और अन्य राज्य के अधिकारी इस अधिनियम या किसी नियम, योजना, आदेश के अधीन प्रावधानों की उपधारा (1) के अनुसार उस अधिकारी की सहायता करेगा। उप धारा (1) द्वारा प्रदत्त शक्तियां उन्हें चाहिए, जहां तक हो सकता है उसके अनुसार आपराधिक प्रक्रिया संहिता 1973 के प्रावधानों के साथ प्रयोग किया जा सकता है।

अध्याय 3

निष्कासन

1. ऐसे व्यक्ति का हटाया जाना जिसके द्वारा अपराध किये जाने की संभावना

(1) जहां विशेष न्यायालय का, परिवाद या पुलिस रिपोर्ट पर, यह समाधान हो जाता है कि संभाव्यता है कि कोई व्यक्ति संविधान के अनुच्छेद 244 में यथानिर्दिष्ट 'अनुसूचित क्षेत्रों' या 'जनजाति क्षेत्रों' में सम्मिलित किसी क्षेत्र में इस अधिनियम के अध्याय 2 के अधीन कोई अपराध करेगा वहां वह, लिखित आदेश द्वारा, ऐसे व्यक्ति को यह निदेश दे सकेगा कि वह ऐसे क्षेत्र की सीमाओं से परे ऐसे मार्ग से होकर और इतने समय के भीतर हट जाए, जो आदेश में विनिर्दिष्ट किए जाएं, और दो वर्ष से अनधिक ऐसी अवधि के लिए जो आदेश में विनिर्दिष्ट की जाए, उस क्षेत्र में जिससे हट जाने का उसे निर्देश दिया गया था, वापस न लौटे।

(2) विशेष न्यायालय, उपधारा(1) के अधीन आदेश के साथ, उस उपधारा के अधीन निर्दिष्ट व्यक्ति को वे आधार संसूचित करेगा जिन पर वह आदेश किया गया है।

(3) विशेष न्यायालय, उस व्यक्ति द्वारा जिसके विरुद्ध ऐसा आदेश किया गया है, या उसकी ओर से किसी अन्य व्यक्ति द्वारा आदेश की तारीख से तीस दिन के भीतर किए गए अभ्यावेदन पर ऐसे कारणों से जो लेखबद्ध किए जाएंगे उपधारा (1) के अधीन किए गए आदेश को प्रतिसंहृति या उपांतरित कर सकेगा।

टिप्पणी

जो बाहरी व्यक्ति हैं वे अनुसूचित जाति या जनजातीय इलाकों में अधिकतम दो वर्ष की अवधि तक रह सकते हैं।

यह आवश्यक है कि यह आदेश जमीनी स्तर पर बाहरी व्यक्ति को जो इससे संबंधित हो उस तक संप्रेषित करना चाहिए।

पीड़ित व्यक्ति या कोई भी अन्य व्यक्ति उसकी तरफ से ऐसे मामले या अधिकार को लेकर बाहरी व्यक्ति से संबंधित आदेश के खिलाफ विशेष न्यायालय में 30 दिन के भीतर प्रतिनिधित्व कर सकता है।

विशेष न्यायालय को अपने आदेश को संशोधित करने या बहाल करने की शक्ति है।

राष्ट्रपति ने जो बनाया है-

अनुसूचित क्षेत्र (पार्ट-ए राज्य) आदेश, 1950 (सीओ.9)
अनुसूचित क्षेत्र (पार्ट-बी राज्य) आदेश, 1950 (सीओ.26)
मद्रास अनुसूचित क्षेत्र (निवृति) आदेश, 1951 (सीओ.30)
आंध्र अनुसूचित क्षेत्र (निवृति) आदेश, 1955 (सीओ.50)
अनुसूचित क्षेत्र (हिमाचल प्रदेश) आदेश, 1975 (सीओ.102)
जो अनुसूचित क्षेत्रों की सूची में शामिल है।

2. किसी व्यक्ति द्वारा संबंधित क्षेत्र से हटने में असफल रहने और वहां से हटने के पश्चात उसमें प्रवेश करने की दशा में प्रक्रिया

(1) यदि कोई व्यक्ति जिसको धारा 10 के अधीन किसी क्षेत्र से हट जाने के लिए कोई निदेश जारी किया गया है, निदेश किये गये रूप में हटने में असफल रहता है, या इस प्रकार हटने के पश्चात उपधारा (2) के अधीन विशेष न्यायालय की लिखित

अनुज्ञा के बिना उस क्षेत्र में ऐसे आदेश में विनिर्दिष्ट अवधि के भीतर प्रवेश करता है, तो विशेष न्यायालय उसे गिरफ्तार करा सकेगा और उस क्षेत्र के बाहर ऐसे स्थान पर जो विशेष न्यायालय विनिर्दिष्ट करे, पुलिस अभिरक्षा में हटवा सकेगा।

(2) विशेष न्यायालय, लिखित आदेश द्वारा, किसी ऐसे व्यक्ति को जिसके विरुद्ध धारा 10 के अधीन आदेश किया गया है, अनुज्ञा दे सकेगा कि वह उस क्षेत्र में जहां से हट जाने का उसे निदेश दिया गया था ऐसी अस्थायी अवधि के लिए और ऐसी शर्तों के अधीन रहते हुए, जो ऐसे आदेश में विनिर्दिष्ट की जाएं, लौट सकता है और अधिरोपित शर्तों के सम्यक अनुपालन के लिए उससे अपेक्षा कर सकेगा कि वह प्रतिभू सहित या उसके बिना बंधपत्र निष्पादित करे।

(3) विशेष न्यायालय किसी भी समय ऐसी अनुज्ञा को प्रतिसंहत कर सकेगा।

(4) ऐसा व्यक्ति, जो ऐसी अनुज्ञा से उस क्षेत्र में वापस आता है, जिससे उसे हटने के लिए निदेश दिया गया था, अधिरोपित शर्तों का पालन करेगा और जिस अस्थायी अवधि के लिए लौटाने की उसे अनुज्ञा दी गई थी उसके अवसान पर या ऐसी अस्थाई अवधि के अवसान के पूर्व ऐसी अनुज्ञा के प्रतिसंहृत किए जाने पर ऐसे क्षेत्र से बाहर हट जाएगा और धारा 10 के अधीन विनिर्दिष्ट अवधि के अनवसित भाग के भीतर नई अनुज्ञा के बिना वहां नहीं लौटेगा।

(5) यदि कोई व्यक्ति अधिरोपित शर्तों में से किसी का पालन करने या तदनुसार स्वयं को हटाने में असफल रहेगा या इस प्रकार हट जाने के पश्चात ऐसे क्षेत्र में नई अनुज्ञा के बिना प्रवेश करेगा या लौटेगा तो विशेष न्यायालय उसे गिरफ्तार करा सकेगा और उसे उस क्षेत्र के बाहर ऐसे स्थान को, जो विशेष न्यायालय विनिर्दिष्ट करे, पुलिस अभिरक्षा में हटवा सकेगा।

टिप्पणी

जब एक व्यक्ति इस अधिनियम की धारा 10 के अधीन जारी आदेश को पालन करने में विफल रहता है, अर्थात वह खुद को क्षेत्र से दूर नहीं करता या हटाये जाने के बाद भी वहां प्रवेश करता है तो इस धारा में उल्लेखित प्रक्रिया का अनुसरण विशेष न्यायालय द्वारा किया जाना चाहिए,

3. ऐसे व्यक्ति के, जिनके विरुद्ध धारा 10 के अधीन आदेश किया गया है, माप और फोटो आदि लेना

(1) प्रत्येक ऐसा व्यक्ति जिसके विरुद्ध धारा 10 के अधीन आदेश किया गया है, विशेष न्यायालय द्वारा ऐसी अपेक्षा किये जाने पर, किसी पुलिस अधिकारी को अपना माप और फोटो लेने देगा।

टिप्पणी

विशेष न्यायालय को आवश्यकता हो सकती है कि वह पुलिस अधिकारी को किसी व्यक्ति (इस अधिनियम की धारा 10 के अधीन जिसे बाहरी करार दिया गया हो उसके खिलाफ) की माप व फोटो लेने की अनुमति दे।

(2) किसी भी व्यक्ति को उप धारा (1) के अधीन जब आवश्यकता हो उसकी माप और फोटो लेने की अनुमति होगी, ऐसे माप और फोटो लेने की अनुमति का विरोध करने या इनकार करने पर सभी आवश्यक साधनों का उपयोग कर सुरक्षित तरीके से माप व फोटो लेना वैध होगा।

टिप्पणी

पुलिस अधिकारी ऐसे व्यक्ति की माप व फोटो लेने के लिए सभी आवश्यक साधनों का उपयोग कर सुनिश्चित कर सकेंगे।

(3) उपधारा (2) के अधीन माप व फोटो लेने की अनुमति का विरोध या इनकार करना भारतीय दंड संहिता (1860 के 45) की धारा 186 के अधीन एक अपराध माना जाएगा।

टिप्पणी

जो व्यक्ति पुलिस अधिकारी द्वारा उसकी माप व फोटों लिए जाने की अनुमति देने का विरोध या इनकार करेगा वह भारतीय दंड संहिता 1860 की धारा 186 के अधीन तीन माह के कारावास या 500 रुपये जुर्माना की सजा के लिए उतरादायी होगा।

(4) जहां धारा 10 के अधीन एक आदेश को निरस्त किया गया हो, सभी माप और फोटो (नेगेटिव सहित) जो उप धारा (2) के अधीन ली गई, उसे खत्म किया जाएगा या उस व्यक्ति के खिलाफ इस आदेश को लागू किया जाएगा।

टिप्पणी

इस अधिनियम की धारा 12 (1) के अधीन विशेष न्यायालय को इस आदेश को निरस्त करने की शक्ति है। जब यह आदेश निरस्त, माप, फोटो, नेगेटिव को नष्ट किया जाएगा या संबंधित व्यक्ति पर भी लागू होगा।

4. धारा 10 के अधीन आदेश के अनुपालन के लिए सजा

वह व्यक्ति जो धारा 10 के अधीन किए गए विशेष न्यायालय के आदेश का उल्लंघन करेगा, कारावास से, जिसकी अवधि एक वर्ष तक की हो सकेगी और जुर्माने से दंडनीय होगा।

टिप्पणी

इस अधिनियम की धारा 10 के अधीन विशेष न्यायालय के आदेश को या क्षेत्र से दूर रहने के आदेश का उल्लंघन करेगा तो वह एक वर्ष तक कारावास और जुर्माना भरने के लिए उतरादायी होगा।

अपराध होने की तारीख से एक साल के भीतर विशेष न्यायालय में शिकायत की जा सकेगी।

दोनों सजा अनिवार्य है।

अध्याय 4

विशेष न्यायालय

1. विशेष न्यायालय

राज्य, शीघ्र विचारण का उपबंध करने के प्रयोजन के लिए, उच्च न्यायालय के मुख्य न्यायमूर्ति की सहमति से, राजपत्र में अधिसूचना द्वारा, इस अधिनियम के अधीन अपराधों का विचारण करने के लिए प्रत्येक जिले के लिए एक सेशन न्यायालय को विशेष न्यायालय के रूप में विनिर्दिष्ट करेगी।

टिप्पणी

इस अधिनियम के अधीन अपराधों की सुनवाई केवल विशेष न्यायालय में ही होगी। प्रत्येक जिलों के लिए विशेष न्यायालय होंगे।

किसी निर्दिष्ट सत्र न्यायालय को विशेष न्यायालय बनाने के लिए राज्य सरकार को उच्च न्यायालय के मुख्य न्यायाधिश की सहमति लेनी होगी।

2. विशेष लोक अभियोजक

राज्य सरकार, प्रत्येक विशेष न्यायालय के लिए, राजपत्र में अधिसूचना द्वारा, एक लोक अभियोजक विनिर्दिष्ट करेगी या किसी ऐसे अधिवक्ता को, जिसने कम से कम सात वर्ष तक अधिवक्ता के रूप में विधि व्यवसाय किया हो, उस न्यायालय में मामलों के संचालन के प्रयोजन के लिए विशेष लोक, अभियोजक के रूप में नियुक्त करेगी।

टिप्पणी

केवल एक विशेष लोक अभियोजक विशेष न्यायालय में मामलों का संचालन करने के अधिकार है। राज्य सरकार किसी अधिवक्ता (जो एक अधिवक्ता के रूप में कम से कम सात वर्षों से प्रैक्टिस कर रहा हो) को विशेष लोक अभियोजक के रूप में नियुक्त कर सकती है।

अपने अधिकार के मामले में, लोक अभियोजक मामले का संचालन नहीं कर सकता।

अध्याय 5

प्रकीर्ण

1. सामूहिक जुर्माना लगाने के लिए राज्य सरकार की शक्ति

नागरिक अधिकार संरक्षण अधिनियम 1955 (1955 का 22) की धारा 10 ए के अधीन, जहां तक हो सके, इस अधिनियम के अधीन सामूहिक जुर्माना अधिरोपित करने और वसूल करने के प्रयोजनों के लिए और उससे संबद्ध सभी अन्य विषयों के लिए लागू होंगे।

टिप्पणी

यह धारा नागरिक अधिकार संरक्षण अधिनियम,1955 (1955 का 22) के धारा 10ए के प्रावधानों के अनुसार राज्य सरकार (और केंद्र शासित क्षेत्र के प्रशासक) को 'सामूहिक जुर्माना' लगाने के लिए सशक्त करता है।

दिनांक 20–02–190 का एसओ 157 (ई) विभिन्न केंद्र शासित प्रदेशों के प्रशासकों को इस अधिनियम के अधीन राज्य सरकार को शक्ति और छुट्टी के कार्यों का निष्पादन करने के लिए निर्देशित करता है।

2. विधि और व्यवस्था तंत्र द्वारा निवारक कार्रवाई

(1) यदि जिला मजिस्ट्रेट या उपखंड मजिस्ट्रेट या किसी अन्य कार्यपालक मजिस्ट्रेट या किसी पुलिस अधिकारी को, जो पुलिस उपअधीक्षक की पंक्ति से नीचे का ना हो, इत्तिला प्राप्त होने पर और ऐसी जांच करने के पश्चात जो वह आवश्यक समझे, यह विश्वास करने का कारण है कि किसी ऐसे व्यक्ति या ऐसे व्यक्तियों के समूह द्वारा जो अनुसूचित जाति या अनुसूचित जनजाति के नहीं हैं, और जो उसकी अधिकारिता की स्थानीय सीमाओं के भीतर किसी स्थान पर निवास करते हैं या बार-बार आते जाते हैं, इस अधिनियम के अधीन कोई अपराध करने की संभावना है या उन्होंने अपराध करने की धमकी दी है और उसकी यह राय है कि कार्यवाही करने के लिए पर्याप्त आधार है तो वह उस क्षेत्र को अत्याचार ग्रस्त क्षेत्र घोषित कर सकेगा तथा शांति और सदाचार बनाए रखने तथा लोक व्यवस्था और प्रशांति बनाए रखने के लिए आवश्यक कार्रवाई कर सकेगा और निवारक कार्रवाई कर सकेगा।

(2) संहिता के अध्याय 8, 10 और 11 के उपबंध जहां तक हो सके, उपधारा (1) के प्रयोजनों के लिए लागू होंगे।

(3) राज्य सरकार, राजपत्र में, अधिसूचना द्वारा, एक या अधिक स्कीमें वह रीति विनिर्दिष्ट करते हुए बना सकेगी जिसमें उपधारा (1) में निर्दिष्ट अधिकारी अत्याचारों के निवारण के लिए तथा अनुसूचित जाति और अनुसूचित जनजाति के सदस्यों में सुरक्षा की भावना पुनः लाने के लिए ऐसी स्कीम या स्कीमों में विनिर्दिष्ट समुचित कार्रवाई करेंगे।

टिप्पणी

उप-धारा के प्रावधान (1) अनुसार इस अधिनियम के तहत एक मामले में जहां अपराध पहले से ही दर्ज किया गया है वहां लागू नहीं है।

कोई मजिस्ट्रेट या पुलिस अधिकारी अपराध प्रक्रिया संहिता,1973 के अध्याय 8, 10 और 11 के प्रावधानों के अनुसार उत्पीड़न ग्रस्त क्षेत्र में शांति, सद्भाव और जनादेश के अनुपालन के लिए आवश्यक कार्यवाही कर सकता है।

राज्य सरकार मजिस्ट्रेट या पुलिस अधिकारी जो कि स्थिति को काबू में करने के लिए अधिकारी है, उसके मार्गदर्शन में कोई स्कीम लागू करने के लिए सशक्त है।

3. अधिनियम के अधीन अपराध करने वाले व्यक्तियों पर संहिता की धारा 438 का लागू न होग

संहिता की धारा 438 की कोई बात इस अधिनियम के अधीन कोई अपराध के करने के अभियोग पर किसी व्यक्ति की गिरफ्तारी के किसी मामले के संबंध में लागू नहीं होगी।

टिप्पणी

अपराध प्रक्रिया संहिता,1973 की धारा 438 के अधीन निर्देश के अनुसार वैसे किसी व्यक्ति का पक्ष नहीं लिया जा सकता, जिसकी इस अधिनियम के तहत अपराध के आरोप में 'गिरफ्तारी' की आशंका है।

बार निरपेक्ष है।

अग्रिम जमानत का अधिकार भारत के संविधान के अनुच्छेद 21 से स्पष्ट रूप से या फिर विवक्षित रूप में प्रवाहित नहीं है। यह अधिकार संसद द्वारा प्रदान किया गया है। संसद एक और कानून बनाकर या आपराधिक प्रक्रिया संहिता में संशोधन कर भी इसे दूर कर सकती हैं।

[जय सिंह एंड एनआर बनाम भारतीय संघ एवं अन्य, एआईआर 1993 राज.177 (एफबी)]

संसद को धारा 438 को विनिर्दिष्ट करने की शक्ति है, सीआरपीसी मामले से उत्पन्न होने वाले या विशेष अधिनियम द्वारा कवर करने के लिए यह लागू नहीं होगा।

इस अधिनियम की धारा 18 के प्रावधानों के अनुसार अनुच्छेद 21 को खत्म नहीं किया जा सकता। [आईबीआईडी]

4. इस अधिनियम के अधीन अपराध के लिए दोषी व्यक्तियों को संहिता की धारा 360 या अपराधी परिवीक्षा अधिनियम के उपबंध का लागू न होना,

संहिता की धारा 360 के उपबंध और अपराधी परिवीक्षा अधिनियम, 1958 (1958 का 20) के उपबंध अट्ठारह वर्ष से अधिक आयु के ऐसे व्यक्ति के संबंध में लागू नहीं होंगे जो इस अधिनियम के अधीन कोई अपराध करने का दोषी पाया जाता है।

टिप्पणी

इस धारा के अधीन केवल उन अपराधियों के लिए 'परिवीक्षा लाभ' प्रतिबंधित है, जो 18 वर्ष की आयु से अधिक नहीं है।

यह कानून में अच्छी तरह से प्रस्तावित है कि 'आरोपी की उम्र सजा की तारीख के आलोक में देखी जाएगी, अपराध होने की तारीख के आलोक में नहीं'।

[नफीस बनाम उत्तर प्रदेश राज्य, 1983 एफएजे 248 (एII)]

समीक्षा न्यायालय अपराध प्रक्रिया संहिता, 1973 की धारा 360 (4) के अधीन आदेश पारित कर सकती है।

[सुखचंद हरिजन बनाम उड़ीसा राज्य, (1988) 3 अपराध 47 (उड़ीसा)]

5. अधिनियम का अन्य विधियों पर अव्यारोही होना-

इस अधिनियम में जैसा अन्यथा उपबंधित है उसके सिवाय, इस अधिनियम के उपबंध, तत्समय प्रवृत किसी अन्य विधि या किसी रूढ़ि या प्रथा या किसी अन्य विधि के आधार पर प्रभाव रखने वाली किसी लिखित में उससे असंगत किसी बात के होते हुए भी प्रभावी होंगे।

टिप्पणी

अभिव्यक्ति को व्यक्त करने के अधीन 'इस अधिनियम में प्रदान की गई अन्यथा सहेजने के रूप में...' इस अधिनियम के प्रावधानों को स्पष्ट रूप से प्रत्यदिष्ट किया जाएगा।

तत्समय प्रवृत्त के लिए किसी अन्य विधि; या
कोई प्रथा या उपयोग; या
कोई भी साधन इस तरह के किसी भी अन्य कानून के आधार पर प्रभाव डालता है

6. अधिनियम का प्रभावी क्रियान्वयन सुनिश्चित करने का सरकार का कर्तव्य

(1) राज्य सरकार, ऐसे नियमों के अधीन रहते हुए, जो केंद्रीय सरकार इस निमित्त बनाए, इस अधिनियम के प्रभावी क्रियान्यवयन के लिए ऐसे उपाय करेगी जो आवश्यक हो।

(2) विशिष्टतया, और पूर्वगामी उपबंधों की व्यापकता पर प्रतिकूल प्रभाव डाले बिना, ऐसे उपायों के अतंर्गत निम्नलिखित हो सकेगा; ऐसे व्यक्तियों को जिन पर अत्याचार हुआ है न्याय प्राप्त करने में समर्थ बनाने के लिए पर्याप्त सुविधाओं की जिनके अंतर्गत विधिक सहायता भी है, व्यवस्था: इस अधिनियम के अधीन अपराध के अन्वेषण और विचारण के दौरान साक्षियों जिनके अंतर्गत अत्याचार से पीड़ित व्यक्ति भी हैं, यात्रा और गुजारा भत्ता के व्यय की व्यवस्था; अत्याचारों से पीड़ित व्यक्तियों के आर्थिक और सामाजिक पुनरुद्धार की व्यवस्था; इस अधिनियम के उपबंधों के उल्लंघन के लिए अभियोजन प्रारंभ करने या उनका पर्यवेक्षण करने के लिए अधिकारियों की नियुक्ति; ऐसे समुचित स्तरों पर जो राज्य सरकार ऐसे उपायों की रचना या उनके क्रियान्वयन के लिए उस सरकार की सहायता करने के लिए ठीक समझे, समितियों की स्थापना करना; इस अधिनियम के अपबंधों के बेहतर क्रियान्यवयन के लिए उपायों का सुझाव देने की दृष्टि से इस अधिनियम के उपबंधों के क्रियान्वयन का समय-समय पर सर्वेक्षण करने की व्यवस्था, उन क्षेत्रों की पहचान करना जहां अनुसूचित जाति और अनुसूचित जनजाति के सदस्यों पर अत्याचार होने की संभावना है और ऐसे उपाय करना जिससे ऐसे सदस्यों की सुरक्षा सुनिश्चित हो सके।

(3) केंद्रीय सरकार, ऐसे उपाय करेगी जो उपधारा (1) के अधीन राज्य सरकारों द्वारा किये गये उपायों में समन्वय करने के लिए आवश्यक हो।

केंद्रीय सरकार, प्रत्येक वर्ष, संसद के प्रत्येक सदन के पटल पर इस धारा के उपबंधों के अनुसरण में स्वयं उसके द्वारा और राज्य सरकारों द्वारा किए गए उपायों के संबंध में एक रिपोर्ट रखेगी।

टिप्पणी

यह धारा केंद्र सरकार को आदेश देती है कि

1. वह ऐसे नियम बनाये ताकि इस अधिनियम को प्रभावी तरीके से लागू करने के लिए आवश्यक कदम उठाने में राज्य सरकार को सक्षम बनाये;
2. ऐसे आवश्यक कदम उठाये ताकि राज्य सरकार द्वारा की जा रही कार्यवाही के साथ समन्वय कर सके; और की गई कार्यवाही की रिपोर्ट संसद के प्रत्येक पटल पर प्रतिवर्ष रखा जा सके।

'बिना पक्षपात' का अर्थ है 'सुरक्षित' या 'छोड़कर'।
[प्रताप राय मामले में, एआईआर1978 एससी 1244]
विशेष शक्ति केवल उदाहरण है।
(मध्य प्रदेश बनाम भारतीय संघ, एआईआर 1971 एससी 711)
जबकि सामान्य शक्ति सीमित नहीं है। (आईबीआईडी)

7. सद्भावपूर्वक की गई कार्रवाई के लिए संरक्षण

इस अधिनियम के अधीन सद्भावपूर्वक की गई या की जाने के लिए आशयित किसी बात के लिए कोई भी वाद, अभियोजन या अन्य विधिक कार्यवाही केंद्रीय सरकार के विरुद्ध या, राज्य सरकार या सरकार के किसी अधिकारी या प्राधिकारी या किसी अन्य व्यक्ति के विरुद्ध नहीं होगी।

टिप्पणी

निषेध या तो पूर्ण या बिना शर्त है। 'इस अधिनियम के अधीन' और 'भरोसे में' दोनों ही स्थिति में इस धारा के तहत आवश्यक शर्त है कि किसी भी सुरक्षा पर विचार किया जाए।

न्यायालय एक याचिका पर निर्णय 'भरोसे में' दे सकता है, बचाव के पक्ष में केवल तभी सवाल उठाये जा सकते हैं, जब पार्टी के पास उस मामले के समर्थन में कुछ सबूत हों।

'कानूनी कार्यवाही', एक कार्यवाही की एक मूल प्रकृति है। [(1977)2 एमआईजे 497 (एमईडी)]

'भरोसा' कर्तव्य को विवेक देता है कि कार्य का निष्पादन उचित तरीके से किया गया है। (एसबी लाल बनाम पतिराम, 1979 एड्ब्ल्यूसी 597)

8.नियम बनाने की शक्ति

(1) केंद्रीय सरकार राजपत्र में अधिसूचना द्वारा इस अधिनियम के प्रयोजनों को कार्यान्वित करने के लिए नियम बना सकेगी।

(2) इस अधिनियम के अधीन बनाया गया प्रत्येक नियम, बनाए जाने के पश्चात यथाशीघ्र संसद के प्रत्येक सदन के समक्ष, जब वह सत्र में हो, कुल तीस दिन की अवधि के लिए रखा जाएगा। यह अवधि एक सत्र में अथवा दो या अधिक अनुक्रमिक सत्रों में पूरी हो सकेगी। यदि उस सत्र के या पूर्वोक्त अनुक्रमिक सत्रों के ठीक बाद के सत्र के अवसान के पूर्व दोनों सदन उस नियम में कोई परिवर्तन करने के लिए सहमत हो जाएं तो तत्पश्चात वह ऐसे परिवर्तित रूप में ही प्रभावी होगा। यदि उक्त अवसान के पूर्व दोनों सदन सहमत हो जाएं कि वह नियम नहीं बनाया जाना चाहिए तो तत्पश्चात वह निष्प्रभाव हो जाएगा, किंतु नियम के ऐसे परिवर्तित या निष्प्रभाव होने से उसके अधीन पहले की गई किसी बात की, विधि मान्यता पर प्रतिकूल प्रभाव नहीं पड़ेगा।

टिप्पणी

नियम प्रभावी होते हैं, जैसे कि अधिनियम को कार्यवाही में लाया जाए।

[मेसर्स क्रिमथरूरी टी इस्टेट लिमिटेड बनाम केरल राज्य, 48(1963) आईटीआर 83 (एससी)]

अनुसूचित जाति और जनजाति (अत्याचार निरोधक) नियम 1995

दिनांक 31 मार्च 1995, जीएसआर/316 (ई): अनुसूचित जाति और जनजाति (अत्याचार निरोधक) कानून (1989 का 33) की धारा 23 के उपबंध 1 के द्वारा प्रदत शक्तियों के तहत केन्द्रीय सरकार निम्नलिखित नियमों को बनाती है:

1. संक्षिप्त नाम और प्रारम्भ

इन नियमों को अनुसूचित जाति और जनजाति (अत्याचार निरोधक) नियम, 1995 कहा जा सकेगा।

यह उस तारीख को प्रवृत्त होगा, जिसे केन्द्रीय सरकार शासकीय राजपत्र में अधिसूचना द्वारा नियत करे।

2. परिभाषाएं

इस नियमों में, जब तक संदर्भ में अन्यथा अपेक्षित न हो,

अधिनियम का तात्पर्य अनुसूचित जाति और जनजाति (अत्याचार निरोधक) अधिनियम, (1989 का 33) है।

'निर्भर' शब्द का प्रयोग संदर्भ पर आधारित होगा। इसमें पत्नी, संतान चाहे वह विवाहित या अविवाहित हो, आश्रित माता-पिता, विधवा की बहन, विधवा और अत्याचार के शिकार मृतक संतान के बच्चे सम्मिलित हैं।

'चिह्नित स्थान' का तात्पर्य उस भूखंड से है जहां राज्य सरकार के मुताबिक अत्याचार हुआ है या होने की संभावना है या वैसे स्थान जहां इस तरह की घटनाएं होती रहती हैं।

'गैर-सरकारी संगठन' का तात्पर्य ऐसे स्वैच्छिक संगठन से है जो अनुसूचित जातियों और जनजातियों के कल्याण के क्षेत्र में कार्य कर रही हो। उसे सामाजिक पंजीकरण अधिनियम 1860 (1860 का 21) या फिर किसी अन्य कानून के अधीन जहां इस तरह के संगठन पंजीकृत होते हैं, होना चाहिए।

'अनुसूची' का संबंध इन नियमों से है,

'धारा' का संबंध अधिनियम की धारा से है,

केंद्र शासित प्रदेश से संबंधित 'राज्य सरकार' से अर्थ केंद्र शासित प्रदेश के प्रशासक से हैं, जिसकी नियुक्ति राष्ट्रपति द्वारा संविधान के अनुच्छेद 239 के अधीन की गई हो।

जिन शब्दों और अभिव्यक्तियों की इस अधिनियम में व्याख्या नहीं की गई है उसका अर्थ अधिनियम में जिस संदर्भ में दिया गया है उसी संदर्भ में समझा जाएगा।

3. सतर्कता और निवारक उपाय

अनुसूचित जातियों और जनजातियों पर अत्याचार रोकने हेतु राज्य सरकार निम्न कदम उठाएगी

कानून के तहत उन स्थानों की पहचान करेगी जहां इस तरह की घटनाएं होती हैं या होने की संभावना होती है।

जिलाधिकारी या पुलिस अधीक्षक या अन्य किसी अधिकारी को उन स्थानों पर जाकर हालात और कानून -व्यवस्था की समीक्षा करने का आदेश दे सकती हैं।

आवश्यकता पड़ने पर उस इलाके के लोगों के हथियारों के लाईसेंस रद्द कर सकती है जो अनुसूचित जाति या जनजाति से नहीं हैं, जैसे निकट संबंधी, नौकर या अन्य कर्मचारी और पारिवारिक मित्र तथा ऐसे हथियारों को सरकारी मालखाने में जमा करा सकती है।

सभी गैर-कानूनी हथियारों को जब्त कर सकती है।

व्यक्ति और संपत्ति की सुरक्षा सुनिश्चित करने के लिए यदि आवश्यक समझे तो अनुसूचित जातियों और जनजातियों के सदस्यों को हथियारों का लाईसेंस प्रदान कर सकती है।

जिला और मंडल स्तर पर उच्चाधिकार प्राप्त राज्य स्तरीय समिति, जिला और मंडल स्तर समितियों या उचित संख्या में अन्य समितियों का गठन करेगी जैसा कि सरकार कानून के प्रावधानों का पालन सुनिश्चित कराने के लिए उचित एवं आवश्यक समझे।

सतर्कता ओर निगरानी के लिए समिति का गठन करेगी जो कानून का पालन सुनिश्चित करेगी।

अनुसूचित जातियों और जनजातियों के लोगों को जागरूकता केंद्रों की स्थापना और चिह्नित स्थानों या कुछ अन्य स्थानों पर कार्यशालाओं का आयोजन कर केंद्र तथा प्रदेश के विभिन्न कानूनों या नियमों, विनियमों और योजनाओं के अंर्तगत निर्मित प्रावधानों की जानकारी देकर शिक्षित करेगी।

गैर-सरकारी संगठनों को जागरूकता केंद्रों की स्थापना और देखरेख तथा कार्यशालाओं के आयोजन के लिए आवश्यक वित्तीय और अन्य प्रकार की सहायता उपलब्ध कराएगी।

चिह्नित स्थानों में विशेष पुलिस बल तैनात कर सकती है।

प्रत्येक तीन महीने पर सरकार कानून और व्यवस्था, विभिन्न समितियों के कामकाज, कानून के प्रावधानों तथा दर्ज मामलों का पालन कराने वाले विशेष सरकारी अभियोजकों, अनुसंधान अधिकारियों और अम्य अधिकारियों के प्रदर्शन पर विचार करेगी।

4. निगरानी और अभियोजन संबंधित रिपोर्ट का प्रस्तुतिकरण

1. राज्य सरकार जिलाधिकारी की संस्तुति पर प्रत्येक जिले के लिए ऐसे प्रमुख वरिष्ठ वकीलों का पैनल बना सकती है जिन्हें वकालत का कम से कम सात साल का अनुभव हो और जिन्हें वह विशेष अदालतों में मामलों के संचालन के लिए योग्य समझती हो। इसी प्रकार निदेशक- अभियोजन पक्ष के प्रभारी की सलाह से विशेष न्यायालयों में मामलों के संचालन के लिए सार्वजनिक अभियोजकों का एक पैनल गठित करेगी, जैसा कि वह उचित समझती हो। दोनों पैनलों को शासकीय राजपत्र में अधिसूचित किया जाएगा, जो तीन साल तक की अवधि के लिए प्रभावी होगा।
2. जिलाधिकारी और अभियोजन पक्ष के निदेशक के साथ मिलकर साल में कम से कम से कम दो बार बैठक करेगी जो जनवरी और जुलाई महीने में होगा। ऐसे मनोनीत या नियुक्त विशेष लोक अभियोजकों के प्रदर्शन की समीक्षा रिपोर्ट राज्य सरकार को सौंपी जाएगी।
3. अगर राज्य सरकार रिपोर्ट से संतुष्ट होती है और उसे ऐसा विश्वास करने का आधार है कि इस प्रकार मनोनीत या नियुक्त किसी विशेष लोक अभियोजक ने मामले का संचालन अपनी पूरी योग्यता तथा उचित सावधानी और सतर्कता से रिपोर्ट नहीं तैयार की गई है, तो लिखित कारण बताते हुए उसका नाम निरस्त कर सकती है।
4. जिला स्तर पर जिलाधिकारी और मुख्य अभियोजन अधिकारी दर्ज मुकदमों की स्थिति की समीक्षा करेंगें और अभियोजन निदेशक तथा राज्य सरकार को एक महिना छोड़ कर हर दूसरे माह की 20 तारीख अथवा उसके पूर्व एक मासिक रिपोर्ट सौंपेंगे। इस रिपोर्ट में प्रत्येक मुकदमे में अनुसंधान, और अभियोजन के संदर्भ में की गई/किये जाने के लिए प्रस्तावित कार्रवाईयों का विवरण दिया जाएगा।
5. उपनियम 2 में निहित किसी बात के होते हुए भी जिलाधिकारी या उप जिलाधिकारी अगर आवश्यकता महसूस करे अथवा अत्याचार के शिकार की इच्छा पर विशेष न्यायालय में मुकदमे के संचालन के लिए एक प्रमुख वरिष्ठ वकील को उचित फीस देकर नियुक्त कर सकता है।
6. विशेष लोक अभियोजक को भुगतान राज्य सरकार तय करेगी और दूसरे पैनल के वकीलों से उनका शुल्क अधिक होगा।

5. थाने के प्रभारी पुलिस अधिकारियों को सूचना देना

1. इस अधिनियम के अधीन हुए अपराध से संबंधित सभी प्रकार की सूचनाएं, अगर थाना के प्रभारी को मौखिक तौर पर दी जाती हैं तो वह थाना प्रभारी उसे लिखित रूप देगा या उसके निर्देश पर सूचना देने वाले से प्राप्त सूचना को पढ़ा जाएगा और

ऐसी हर प्रकार की सूचनाएं जो लिखित रूप में दी गई हो या फिर उसे लिखित रूप प्रदान कर और उसपर सूचना देने वाले व्यक्ति का हस्ताक्षर कराया जाएगा, और इस विषय वस्तु को थाने द्वारा देखरेख की जाने वाली पुस्तिका में दर्ज करेगा।

2. उपखंड (1) के अधीन उपरोक्त सूचना की प्रति रिकार्ड के लिए रखी जाएगी तथा सूचना देने वाले को इसकी एक प्रति निःशुल्क दी जाएगी।
3. किसी भी पीड़ित व्यक्ति को थाना में थाना-प्रभारी उपखंड (1) के आलोक में सूचना को दर्ज करने से इनकार करता है, तो इसकी शिकायत लिखित रूप से और डाक से पुलिस अधीक्षक को भेजी जा सकती है, जो इसकी स्वयं जांच करेगा या उप पुलिस अधीक्षक के पद का अधिकारी इसकी जांच करेगा, जांच अधिकारी उप पुलिस अधीक्षक से नीचे के रैंक का कोई अधिकारी नहीं होगा, जो संबंधित थाना के थाना प्रभारी को लिखित आदेश देगा कि इस सूचना को थाना द्वारा देखरेख वाली पुस्तिका में दर्ज किया जाए।

6. अधिकारियों द्वारा घटनास्थल का मुआयना

(1) जिला मजिस्ट्रेट या उप-जिला मजिस्ट्रेट या कोई अन्य कार्यकारी मजिस्ट्रेट या कोई पुलिस अधिकारी, जो उप पुलिस अधीक्षक स्तर से कम रैंक का ना हो किसी व्यक्ति से सूचना प्राप्त करता या फिर वह खुद यह सूचना पाता है कि उसके न्यायिक क्षेत्र में किसी अनुसूचित जाति या अनुसूचित जनजाति के सदस्य के साथ उत्पीड़न हुआ है, तो वह तत्काल घटना स्थल का, जहां उत्पीड़न, जीवन हानि, संपत्ति का नुकसान हुआ है मुआयना करेगा और राज्य सरकार के समक्ष रिपोर्ट सौंपेगा।

(2) जिला मजिस्ट्रेट या उप-जिला मजिस्ट्रेट या कोई अन्य कार्यकारी मजिस्ट्रेट और पुलिस अधीक्षक, उप पुलिस अधीक्षक घटनास्थल का मुआयना करने के बाद-

(i) पीड़ित, उसके परिवार और उस पर आश्रितों की सूची तैयार करेगा, जो राहत के हकदार हैं;
(ii) क्रूरता किस स्तर तक है, पीड़ित व्यक्ति की संपत्ति हानि या नुकसान कितना हुआ है, इसकी विस्तृत रिपोर्ट तैयार करेगा;
(iii) क्षेत्र में पुलिस की गहन पेट्रोलिंग का आदेश देगा;
(iv) गवाहों और पीड़ित के साथ अन्य सहानुभूति रखने वालों की सुरक्षा के लिए प्रभावी और आवश्यक कदम उठाएगा;
(v) पीड़ित को तत्काल राहत प्रदान करेगा।

7. जांच अधिकारी

1. इस अधिनियम के अधीन हुए अपराध की जांच पुलिस अधिकारी जो कि पुलिस उपाधीक्षक स्तर से कम के अधिकारी द्वारा नहीं किया जाएगा जिसकी नियुक्ति पुलिस महानिदेशक या राज्य सरकार द्वारा की जाएगी। पुलिस अधीक्षक अपने अतीत के अनुभवों, न्याय की भावना और क्षमता के साथ मामले की सही दिशा में यथासंभव कम से कम समय में जांच करेगा।
2. उपखंड (1) के अधीन नियुक्त जांच अधिकारी शीर्ष प्राथमिकता के आधार पर 30 दिनों के भीतर जांच कर पुलिस अधीक्षक को रिपोर्ट सौंपेगा, जो कि तत्काल इस रिपोर्ट को राज्य सरकार के पुलिस महानिदेशक को अग्रसारित करेगा।

3. राज्य सरकार के गृह-सचिव और सामाजिक कल्याण सचिव, अभियोजन निदेशक, अभियोजन प्रभारी और पुलिस महानिदेशक प्रत्येक तीन महीने पर जांच अधिकारी द्वारा किये गये जांच की स्थिति की समीक्षा करेंगे।

8. अनुसूचित जाति और जनजाति के लिए सुरक्षा सेल बनाना

राज्य सरकार पुलिस निदेशक या पुलिस महानिरीक्षक की देखरेख में राज्य मुख्यालय में अनुसूचित जाति और जनजाति के लिए सुरक्षा सेल बनायेगी। यह सेल जिम्मेदार होगाः

1. चिह्नित क्षेत्र का सर्वे करना
2. चिह्नित क्षेत्र कानून-व्यवस्था और शांति कायम रखना
3. चिह्नित क्षेत्र में राज्य सरकार को विशेष पुलिस बल की तैनाती या विशेष पुलिस चौकी स्थापित करने की सिफारिश करेगा
4. इस अधिनियम के अधीन हुए अपराध के संभावित कारणों की जांच करना
5. अनुसूचित जातियों और अनुसूचित जनजातियों के लोगों में सुरक्षा की भावना का संचार करना।
6. चिह्नित क्षेत्र में नोडल या विशेष अधिकारी को कानून व्यवस्था की जानकारी प्रदान करना।
7. जांच के बारे में घटनास्थल का मुआयना करने वाले विभिन्न अधिकारियों से सूचना प्रदान करना।
8. पुलिस अधीक्षक द्वारा मामले के बारे में उठाए जाने वाले कदमों के बारे में जानकारी प्राप्त करना, जिसे नियम 5 के उपनियम (3) के अधीन थाना प्रभारी ने थाना की पुस्तिका में रपट दर्ज करने से मना कर दिया हो।
9. लोक सेवक द्वारा जानबूझकर की गई लापरवाही के बारे में पूछताछ करना;
10. इस अधिनियम के अधीन दर्ज मुकदमों की स्थिति की समीक्षा करना, और
11. हर महीने के 20 तारीख तक मासिक रिपोर्ट राज्य सरकार द्वारा नियुक्त नोडल अधिकारी सौंपेगा, जो उपरोक्त कार्यवाही कर रहा हो।

9. नोडल अधिकारी का नामांकन

राज्य सरकार जिला मजिस्ट्रेट और पुलिस अधीक्षक या उनके द्वारा अधिकृत अन्य अधिकारियों के कामकाज के समन्वय के लिए सचिव के स्तर का एक नोडल अधिकारी मनोनीत करेंगी जो प्राथमिकता के आधार पर अनुसूचित जाति या अनुसूचित जनजाति का होगा, जो अधिनियम के प्रावधानों को लागू करने के लिए जिम्मेदार अधिकारी होगा। हर तिमाही के अंत में नोडल अधिकारी समीक्षा करेगाः

(i) नियम 8 के उप नियम (2) और नियम (4) का 4, नियम 6, सीआई(xi) के तहत राज्य सरकार द्वारा प्राप्त रिपोर्ट।
(ii) अधिनियम के तहत दर्ज मामलों की स्थिति;
(iii) विभिन्न प्रकार की क्रूरता के शिकार लोगों के लिए नकद या वस्तु या दोनों से तत्काल राहत प्रदान करने वाले उपाय करेगा;
(iv) क्रूरता के शिकार व्यक्ति या उसके आश्रितों को राशन, कपड़े, आश्रय, कानूनी सहायता, यात्रा भत्ता, दैनिक भत्ता और परिवहन जैसी पर्याप्त तत्काल सुविधाएं;
(v) अधिनियम के प्रावधानों को लागू करने के लिए जवाबदेह गैर-सरकारी संगठन, अनुसूचित जाति और अनुसूचित जनजाति संरक्षण प्रकोष्ठ, विभिन्न समितियां और लोक सेवक।

10. विशेष अधिकारी की नियुक्ति

चिह्नित क्षेत्र में विशेष अधिकारी, जो कि अतिरिक्त जिला मजिस्ट्रेट रैंक के नीचे का न हो नियुक्त किया जाएगा और अधिनियम के प्रावधानों को लागू करने के लिए जवाबदेह जिला मजिस्ट्रेट, पुलिस अधीक्षक या अन्य अधिकारी, विभिन्न समितियां और अनुसूची जाति और अनुसूचित जनजाति संरक्षण प्रकोष्ठ के साथ समन्वय स्थापित करेगा।

इस अधिकारी की निम्न जिम्मेदारियां होंगी-

(i) क्रूरता कें शिकार लोगों को तत्काल राहत और अन्य सुविधाएं प्रदान करना और इस घटना की पुनरावृति न हो इसके लिए समुचित कदम उठाना।

(ii) चिह्नित स्थान या जिला मुख्यालय में जागरुकता केंद्र स्थापित करना तथा कार्यशालाओं का आयोजन करना और अनुसूचित जाति और जनजाति के लोगों को उनके अधिकार संरक्षण और केंद्र व राज्य सरकार के नियमों और योजनाओं आदि के बारे में जागरूक करना

(iii) गैर-सरकारी संगठनों के साथ समन्वय करने और इस तरह के कार्यशालाओं के आयोजन और केंद्र की देखरेख के लिए आवश्यक सुविधाएं तथा वित्तीय और अन्य प्रकार की सहायता प्रदान करना।

11. क्रूरता के शिकार लोगों और पीड़ितों के परिवार के लिए यात्रा भत्ता, दैनिक भत्ता, गुजारा भत्ता भत्ता और परिवहन सुविधाएं

(1) पीड़ित और उसके आश्रित और गवाह को एक्सप्रेस/पैसेंजर रेल के दूसरे दर्जे का किराया या बस या टैक्सी का किराया, इस अधिनियम के अधीन घर से या जांच स्थल या ट्रायल वाले स्थान या सुरक्षित स्थान तक आने-जाने के लिए खर्च दिया जाएगा।

(2) जिला मजिस्ट्रेट या उप प्रभागीय मजिस्ट्रेट या अन्य कार्यकारी मजिस्ट्रेट क्रूरता से पीड़ित और गवाहों के लिए परिवहन खर्च की व्यवस्था के लिए आवश्यक कदम उठायेगा, इसके अलावा वे पीड़ित को जांच के दौरान पुलिस अधीक्षक या पुलिस उपाधीक्षक स्तर के अधिकारी से मिलने के लिए भी खर्च प्रदान करेंगे।

(3) प्रत्येक महिला गवाह, क्रूरता के शिकार या उसके आश्रित अगर कोई महिला या अल्पायु या वैसा कोई आश्रित जिसकी आयु 60 साल से अधिक हो या 40 प्रतिशत से ज्यादा विकलांग हो उसे अपनी इच्छानुसार एक सहयोगी रखने की अनुमति होगी। सहयोगी को गवाह या क्रूरता का शिकार व्यक्ति की तरह सुनवाई, जांच और ट्रायल के दौरान यात्रा व अन्य खर्चे का इस अधिनियम के अधीन अधिकार होगा।

(4) ट्रायल के दौरान पीड़ित, उसके आश्रित, गवाह और उसके सहयोगी को दिए जाने वाले दैनिक भत्ता जो कि न्यूनतम मजदूरी से कम नहीं होगा, देय होगा और राज्य सरकार खेतीहर मजदूरों के लिए इसे निर्धारित कर सकती है।

(5) इसके अतिरिक्त क्रूरता के शिकार व्यक्ति और गवाह दैनिक खर्च के अलावा इन्हें भोजन का खर्च भी सरकार देगी जिसकी दर राज्य सरकार समय-समय पर तय करेगी।

(6) पीड़ति, उसके आश्रित/सहयोगी और गवाह को ट्रायल या जांच-स्थल, थाना या अस्पताल के अधिकारियों या पुलिस अधीक्षक, उप पुलिस अधीक्षक या जिला मजिस्ट्रेट या अन्य संबंधित अधिकारियों या विशेष कोर्ट के पास जाने के लिए यात्रा भत्ता, दैनिक भत्ता, गुजारा भत्ता और परिवहन सुविधाओं की भरपाई जिला मजिस्ट्रेट या उप जिला मजिस्ट्रेट या अन्य किसी प्रशासनिक मजिस्ट्रेट द्वारा तत्काल या तीन दिन के भीतर की जाएगी।

(7) जब अधिनियम की धारा 3 के तहत कोई अपराध किया गया है तो क्रूरता के पीड़ित को जिला मजिस्ट्रेट या उप जिला मजिस्ट्रेट या अन्य कार्यकारी मजिस्ट्रेट द्वारा दवा, विशेष चिकित्सकीय परामर्श, रक्त चढ़ाने, कपड़ों, खाने और फल का खर्च प्रशासन द्वारा प्रदान किया जाएगा।

12. जिला प्रशासन द्वारा उठाए जाने वाले कदम

जिला मजिस्ट्रेट और पुलिस अधीक्षक घटनास्थल, जहां क्रूरता की घटना हुई उसका दौरा कर जानमाल के नुकसान का आकलन करेंगे और पीड़ितों, उनके परिवार के सदस्यों और आश्रितों की सूची बनाएंगे, जो राहत के हकदार हैं।

पुलिस अधीक्षक यह सुनिश्चित करेंगे कि संबंधित थाने में सही तरीके से एफआईआर दर्ज की जाए और अभियुक्तों की धर-पकड़ के लिए प्रभावी कदम उठाये जाएं।

पुलिस अधीक्षक घटनास्थल का मुआयना करने के पश्चात तत्काल घटना की जांच के लिए सक्षम अधिकारी की नियुक्ति करेंगे और सुरक्षा प्रदान करने के लिए समुचित संख्या में पुलिस की तैनाती करेंगे और ऐसे अन्य निरोधात्मक उपाय अपनाएंगे जिन्हें वह उचित और आवश्यक समझें।

मजिस्ट्रेट या उप जिला मजिस्ट्रेट या अन्य कार्यकारी मजिस्ट्रेट तुरंत पीड़ित, उसके परिवार के सदस्य और आश्रित को राहत पहुचाने के लिए नकद या सामान या दोनों की व्यवस्था करेगा जो इस नियम में संलग्न (संलग्नक 1 के साथ संलग्नक II पढ़े) के अनुसार है। इस तरह की राहत में नकद, भोजन, कपड़े, दवाएं और परिवहन सुविधा और अन्य वैसी जरूरी सामग्री जो मनुष्यों के लिए आवश्यक है, तत्काल प्रदान किया जाएगा।

पीड़ित या उसके आश्रित को उप नियम (4) के अधीन मौत या जख्म या संपति के नुकसान की वजह से दी जाने वाली राहत उस समय लागू अन्य कानूनों के तहत दी जाने वाली सहायता के अतिरिक्त होगी।

नियम 4 के तहत दी जाने वाली राहत और पुनर्वास की उपरोक्त सुविधाएं जो जिला मजिस्ट्रेट या उप-जिला मजिस्ट्रेट या दूसरे कार्यकारी मजिस्ट्रेट के द्वारा इस नियम के अनुसूची संलग्नक के पैमाने पर प्रदान की जाएगी।

क्रूरता के शिकार पीड़ित को राहत पहुंचाने पुनर्वास की सुविधाएं उपलब्ध कराने के पश्चात इसकी रिपोर्ट जिला मजिस्ट्रेट और उप-जिला मजिस्ट्रेट या कार्यकारी मजिस्ट्रेट, या पुलिस अधीक्षक द्वारा विशेष कोर्ट में देना अनिवार्य होगा। अगर कोर्ट को लगता है कि पीड़ित या उसके आश्रित को राहत समय से नहीं दी गई है या अपर्याप्त है या राहत का केवल एक हिस्सा ही दिया गया है तो वह पूरा या बकाये हिस्से के राहत भुगतान और अन्य मदद देने का आदेश दे सकता है।

13. क्रूरता से संबंधित कार्य पूरा करने के लिए अधिकारियों और अन्य राज्य सदस्यों का चयन

(1) राज्य सरकार यह सुनिश्चित करेगी कि प्रशासनिक अधिकारी और दूसरे अधिकारी जिनका चयन क्रूरता वाले इलाके में जांच और राहत के लिए किया गया है उनमें घटना की गंभीरता को समझने की सही समझ हो और अनुसूचित जातियों और जनजातियों और थानों तथा पुलिस चौकी की समस्या की समझ हो।

(2) राज्य सरकार द्वारा यह सुनिश्चित किया जाएगा कि अनुसूचित जाति या जनजाति के लोगों का प्रशासन और पुलिस में पर्याप्त प्रतिनिधित्व हो। यह प्रतिनिधित्व पुलिस बल खास कर पुलिस चौकी या थाने के स्तर पर होना चाहिए।

14. राज्य सरकार के विशेष उत्तरदायित्व

राज्य सरकार क्रूरता के शिकार लोगों को राहत और पुनर्वास की सुविधा प्रदान करने के लिए वार्षिक बजट में आवश्यक प्रावधान करेगी। राज्य सरकार इस अधिनियम की धारा 15 के अधीन नियुक्त विशेष लोक अभियोजक के प्रदर्शन की समीक्षा साल के जनवरी और जुलाई महीने में दो बार करेगी, इसमें विभिन्न प्रकार रिपोर्ट, की जाने वाली जांच, जिला मजिस्ट्रेट, उप-जिला मजिस्ट्रेट और पुलिस अधीक्षक के द्वारा पीड़ित को प्रदान की गई पुनर्वास और राहत और संबंधित अधिकारियों की ओर से खामियों की रिपोर्ट कदम उठाये जाएंगे।

15. राज्य सरकार की आपात योजना

राज्य सरकार अधिनियम के प्रावधानों को लागू करने के लिए और शासकीय राजपत्र में इसे अधिसूचित कर के एक माडल आकस्मिकता योजना बनाएगी। राज्य सरकार को विभिन्न विभागों और उनके अधिकारियों की भूमिका और उत्तरदायित्वों को ग्रामीण और शहरी निकायों के स्तर पर स्पष्ट करना होगा। इस योजना में राहत उपायों की पूरी पैकेज शामिल होगी, जो निम्नलिखित हैः-

योजना में तत्काल राहत नकद या किसी अन्य प्रकार से या दोनों तरह से प्रदान की जाएगी
खेती की जमीन और आवास आवंटन
पुनर्वास पैकेज
सरकारी और सरकारी निकायों में पीड़ित के परिवार के एक सदस्य नौकरी देने की योजना
क्रूरता के शिकार पीड़ित की विधवाओं, आश्रित बच्चों, विकलांग या बुजुर्ग के लिए पेंशन स्कीम
पीड़ितों को अनिवार्य मुआवजा
पीड़ितों की सामाजिक-आर्थिक स्थिति को मजबूत करने की योजना
पीड़ित को ईंट/पत्थर के आवास प्रदान करने का प्रावधान
अनुसूचित जातियों अनुसूचित जन जातियों को बिजली, स्वास्थ्य, साफ जल, उचित कब्रगाह/शवदाह के लिए जमीन मुहैया कराना जैसे अन्य तत्व भी शामिल है।

राज्य सरकार आपात कदमों और प्रावधानों की आकस्मिक योजना या सारांश की एक प्रतिलिपि केन्द्र सरकार के कल्याण मंत्रालय और जिला मजिस्ट्रेट, उप-जिला मजिस्ट्रेट, पुलिस महानिदेशक और पुलिस अधीक्षक को यथाशीघ्र प्रेषित करेगी।

16. राज्य स्तरीय निगरानी और मानिटरिंग समिति का गठन

(1) राज्य सरकार एक उच्चाधिकार प्राप्त निगरानी और मॉनिटरिंग समिति का गठन करेगी जिसके सदस्यों की संख्या 25 से अधिक नहीं होगी, जिसमें निम्नलिखित शामिल होंगेः

i. मुख्यमंत्री/प्रशासक-अध्यक्ष (राष्ट्रपति शासन वाले राज्यों के मामले में राज्यपाल-अध्यक्ष)
ii. गृह-मंत्री, वित-मंत्री और कल्याण मंत्री, सदस्यगण (राष्ट्रपति शासन वाले राज्य में, सलाहकार-सदस्यगण)

iii. संसद और राज्यों की विधानसभा तथा विधान परिषद के सभी निर्वाचित सदस्य जो अनुसूचित जाति और अनुसूचित जनजाति के सदस्य हों

iv. मुख्य सचिव, गृह-सचिव, पुलिस महानिदेशक, निदेशक और उप-निदेशक, अनुसूचित जाति और जनजाति के राष्ट्रीय आयोग के सदस्य

v. अनुसूचित जाति और जनजाति कल्याण और विकास विभाग के प्रभारी सचिव- संयोजक

इस अधिनियम के प्रावधानों को लागू किये जाने के संबंध में उच्चाधिकार प्राप्त निगरानी व मॉनिटरिंग समिति साल में कम से कम दो बार जनवरी और जुलाई में मिलेगी जिसमें पीड़ितों को राहत और पुनर्वास प्रदान करने के कार्यों की विस्तृत समीक्षा की जाएगी, इसके अलावा इस अधिनियम के अधीन मुकदमों के अभियोजन, विभिन्न अधिकारियों/एजेंसी की इस अधिनियम के प्रावधानों को लागू किये जाने के दायित्व और विभिन्न रिपोर्ट राज्य सरकार द्वारा प्राप्त की जाएगी।

17. जिला-स्तरीय सतर्कता और निगरानी समिति का गठन

(1) प्रत्येक राज्य के हर जिले में जिला मजिस्ट्रेट, सतर्कता और निगरानी कमिटी का गठन करेगा जो अधिनियम के विभिन्न प्रावधानों की समीक्षा करेगा, इससे पीड़ित को दिये गये राहत, और पुनर्वास की सुविधाएं भी शामिल हैं, इसके अलावा इस अधिनियम के अधीन मुकदमों के अभियोजन, विभिन्न अधिकारियों/एजेंसी की इस अधिनियम के प्रावधानों को लागू किये जाने के दायित्व और विभिन्न रिपोर्ट जिला प्रशासन द्वारा प्राप्त की जाएगी।

(2) जिलास्तरीय सतर्कता और निगरानी समिति में संसद सदस्य, राज्य विधानसभा और विधान परिषद के सदस्य, पुलिस अधीक्षक, राज्य सरकार के अनुसूचित जाति और जनजातियों के तीन समूह-ए वर्ग के राजपत्रित अधिकारी और अनुसूचित जाति से संबद्ध गैर सरकारी सदस्य सम्मिलित होंगे, जिनकी संख्या 5 से अधिक नहीं होगी और अनुसूचित जनजाति के 3 सदस्य होंगे, जो अनुसूचित जाति/अनुसूचित जनजाति गैर सरकारी संगठन से जुड़े हों, जिला-मजिस्ट्रेट और जिला सामाज कल्याण अधिकारी क्रमशः इसका अध्यक्ष और सदस्य सचिव होगा।

(3) जिलास्तरीय समिति की तीन महीने में कम से कम एक बार बैठक होगी।

18. वार्षिक रिपोर्ट के लिए सामग्री

राज्य सरकार प्रति वर्ष 31 मार्च के पहले, केंद्र सरकार को रिपोर्ट अग्रसारित करेगी जिसमें इस अधिनियम के अधीन किये गये उपाय और उन्हें लागू किये जाने और विभिन्न योजनाओं के बारे जानकारियां होगी।

[देखें नियम 12 (4)

राहत राशि के लिए मानदंड

सं.	अपराध का नाम	धारा संख्या	राहत की न्यूनतम राशि
1.	पीने या खाने अखाद्य या विषैले पदार्थ	धारा 3 (1) (i)	25,000 रूपये या उससे अधिक। यह क्रूरता की प्रकृति और अपराध की गंभीरता पर निर्भर करता है तथा पीड़ित के अनादर, अपमान और मानहानि के साथ शुरू होता है। भुगतान इस प्रकार किया जाता है: 25 फीसदी तब दिया जाता है जब आरोप पत्र अदालत में भेज दिया जाता है, 75 फीसदी तब दिया जाता है जब आरोपी निचली अदालत द्वारा दोषी करार दिया जाता है।
2.	अपमान या झुंझलाहट के कारण चोट लगाना	धारा 3 (1) (ii)	
3.	अपमानजनक कृत्य	धारा 3 (1) (iii)	
4.	गलत तरीके से व्यवसाय या जमीन पर खेती आदि	धारा 3 (1) (iv)	कम से कम 25,000 रूपये या उससे अधिक। यह रकम अपराध की प्रकृति और गंभीरता पर निर्भर करता है। भूमि परिसर पर पानी की आपूर्ति सरकार बहाल करती है। पूर्ण भुगतान तब किया जाता है जब आरोप पत्र न्यायालय में भेज दिया जाता है।
5	भूमि, परिसर और पानी की धारा से संबंधित	धारा 3 (1) (v)	
6.	बेगारी या बलात् बंधुआ मजदूरी कराना	धारा 3 (1) (vi)	कम से कम प्रत्येक पीड़ित को 25000 रूपये। रकम का 25 प्रतिशत एफआईआर दर्ज करते वक्त और 75 प्रतिशत निचली अदालत में दोषी साबित होने पर।
7.	मताधिकार से संबंधित	धारा 3 (1) (vii)	प्रत्येक पीड़ित को कम से कम 20000 रूपये जो अपराध की गंभीरता और प्रकृति पर निर्भर करता है।
8.	झूठी और दुर्भावना से प्रेरित मुकदमा चलाने पर	धारा 3 (1) (viii)	25000 रूपये या वास्तविक कानूनी खर्च और नुकसान की भरपाई, जो भी इनमें कम हो, पीड़ित को मुकदमे का ट्रायल समाप्त होने पर प्रदान किया जाता है।
9.	झूठी और मूर्खतापूर्ण सूचना फैलाने पर	धारा 3 (1) (ix)	
10.	अपमान, धमकी और जलील करना	धारा 3 (1) (x)	कम से कम 25000 रूपये प्रत्येक पीड़ित को अपराध की प्रकृति के अनुसार। 25 प्रतिशत तब जब चार्जशीट अदालत में दाखिल होती है और शेष तब जब सजा होती है।
11.	एक महिला का यौन शोषण	धारा 3 (1) (xi)	अपराध के प्रत्येक पीड़ित को 50,000 रूपये। राशि का 50 प्रतिशत चिकित्सा परीक्षण के समापन पर। 50 प्रतिशत ट्रायल के बाद भुगतान किया जा सकता है और शेष 50% परीक्षण के समापन पर
12.	महिला का यौन उत्पीड़न	धारा 3 (1) (xii)	
13	जलधारा का अवरोधन	धारा 3 (1) (xiii)	1,00,000 रुपये तक या सामान्य सुविधा की बहाली की कुल लागत जिसमें सफाई शामिल है जब जलधारा रोकी गई, लागत का भुगतान सरकारी स्तर पर किया जा सकता है, जैसा कि जिला प्रशासन उचित समझे।
14.	रास्ते के पारंपरिक अधिकार से मनाही	धारा 3 (1) (xiv)	1,00,000 रुपये तक या रास्ते के अधिकार की बहाली की कुल लागत और हुई हानि की पूर्ण क्षतिपूर्ति, यदि कोई हो। 50 प्रतिशत का भुगतान जब आरोपपत्र अदालत में पेश किया जाता है और निचली अदालत द्वारा सजा पर 50 प्रतिशत।
15.	घर से हटने के लिए मजबूर करना	धारा 3 (1) (xv)	निवास की बहाली/रहने का अधिकार और प्रत्येक पीड़ित को 25000 रूपये मुआवजा और सरकार के खर्च पर घर की मरम्मत अगर नष्ट हुआ है। पूरा मुआवजा तब दिया जाएगा जब निचली अदालत में आरोपपत्र दाखिल किया जाता है।
16.	झूठे प्रमाण प्रस्तुत करना	धारा 3 (2) (i) और (ii)	कम से कम 1,00,000 रूपये या नुकसान तथा अनिष्ट की भरपाई के लिए पूर्ण क्षतिपूर्ति। 50 प्रतिशत आरोपपत्र फाइल होने पर और 50 प्रतिशत मुआवजा तब दिया जाता है जब निचली अदालत में दोष साबित हो जाता है।
17.	भा.दं.सं के तहत ऐसे अपराध करना जिसमें 10 साल या उससे अधिक की सजा हो	[धारा 3 (2)]	कम से कम 50000 रूपये प्रत्येक पीड़ित और या उसके आश्रितों को दिए जाते हैं जो अपराध की प्रकृति और गंभीरता पर निर्भर करता है। यह राशि बदल सकती है यदि अनुसूची में अन्यथा विशेषकर उल्लिखित हो

सं.	अपराध का नाम	धारा संख्या	राहत की न्यूनतम राशि
18.	लोक सेवक द्वारा पीड़ित होने पर	[धारा 3 (2)]	हुए नुकसान या अनिष्ट के लिए क्षति का पूरा मुआवजा। 50 प्रतिशत आरोपपत्र फाइल होने पर और बाकी निचली अदालत में दोषी करार दिए जाने पर।
19.	विकलांगता 1. 100 प्रतिशत विकलांगता i. परिवार में कमाऊ सदस्य का न होना ii. परिवार में कमाऊ सदस्य का होना 2. जब शारीरिक अक्षमता 100 प्रतिशत से कम हो		क्रूरता के शिकार प्रत्येक पीड़ित को कम से कम 1,00,000 रूपये। 50 प्रतिशत एफआईआर दायर होने पर और 25 प्रतिशत आरोपपत्र पर, 25 प्रतिशत निचली अदालत द्वारा दोषी करार दिए जाने पर। कम से कम प्रत्येक पीड़ित को 2 लाख रूपये। 50 प्रतिशत एफआईआर/ चिकित्सकीय परीक्षण के चरण में और 25 प्रतिशत आरोपपत्र फाइल होने पर, 25 प्रतिशत निचली अदालत द्वारा दोषी करार दिए जाने पर। ऊपर i और ii. में लिखित दरें समान अनुपात में कम होंगीं, भुगतान के चरण भी समान होंगे। फिर भी परिवार के गैर-कमाऊ सदस्य को रु. 15000 से कम नहीं और कमाऊ सदस्य को रु. 30000 से कम नहीं।
20.	हत्या/मृत्यु परिवार में गैर-कमाऊ सदस्य/ कमाऊ सदस्य		प्रत्येक मामले में 1,00,000 रूपये। 75 प्रतिशत पोस्टमार्टम होने पर और 25 प्रतिशत निचली अदालत द्वारा दोषी करार दिए जाने पर। कम से कम प्रत्येक पीड़ित को 2 लाख रूपये। 75 प्रतिशत पोस्टमार्टम होने पर, 25 प्रतिशत निचली अदालत द्वारा दोषी करार दिए जाने पर।
21.	हत्या, मृत्यु, नरसंहार, बलात्कार, सामूहिक बलात्कार, स्थायी अपंगता या डकैती के शिकार		उपरोक्त मदों में दी गई राहत राशि के अतिरिक्त अत्याचार के तीन माह के भीतर इस तरह राहत प्रदान करनी होगी- अनुसूचित जाति-जनजाति की प्रत्येक विधवा और/या दूसरे आश्रित को 1 हजार रूपये महीने की पेंशन, या मृतक के परिवार के एक सदस्य को रोजगार, अथवा उन्हें खेती की जमीन, घर का प्रावधान, यदि जरूरी हो तो खरीद कर। पीड़ित के बच्चों को निःशुल्क शिक्षा और गुजारे का संपूर्ण खर्च। बच्चों को आश्रम या आवासीय विद्यालयों में भेजा जा सकता है। तीन महीने के लिए बरतन, चावल, गेहूं, दाल की उपलब्धता सुनिश्चित करना।
22	पूरी तरह नष्ट/जला दिये गए मकान		सरकारी खर्चे पर ईंट/पत्थर के मकान बनाकर देना या सरकारी कर्च पर प्रदान करना जहां उसे जला दिया गया या नष्ट कर दिया गया।

स्रोतः अनुसूचित जाति एवं अनुसूचित जन जाति आयोग, 1985, अनुसूचित जाति एवं अनुसूचित जन जाति आयोग 1984–85 की रिपोर्ट

संलग्नक V

बंधुआ मजदूरी प्रथा (उन्मूलन) अध्यादेश, 1975

1975 की 17वीं संख्या
भारत गणराज्य के 26वें साल में राष्ट्रपति द्वारा प्रख्यापित

इस अध्यादेश का उद्देश्य बंधुआ मजदूरी प्रथा के उन्मूलन के साथ कमजोर वर्ग के लोगों के आर्थिक और सामाजिक शोषण की रोकथाम करना है और उनसे जुड़े मामलों या उससे संबंधित अनुषांगिक।

जबकि संसद का सत्र नहीं चल रहा है और राष्ट्रपति संतुष्ट है कि परिस्थितियां ऐसी मौजूद हैं और यह आवश्यक है, तो तत्काल संविधान के अनुच्छेद 23 के उपबंध संख्या (1) के अधीन प्राप्त शक्तियों के आलोक में राष्ट्रपति निम्नलिखित अध्यादेश प्राख्यापित करते है:

अध्याय 1

प्रारंभिक

(1) इस अध्यादेश को बंधुआ मजदूरी प्रथा (उन्मूलन) अध्यादेश, 1975 के नाम से जाना जाएगा।
(2) यह संपूर्ण भारत में लागू होगा।
(3) यह केंद्रीय सरकार द्वारा शासकीय राजपत्र में अधिसूचना द्वारा निर्धारित तारीख से प्रभावी होगा।
(4) इस अध्यादेश में जब तक वर्णित न हो, निम्न शब्दों के अर्थ इस प्रकार समझे जाएंगे:

(अ) 'अग्रिम' का तात्पर्य चाहे नकद हो या किसी और रूप में हो -जो किसी एक व्यक्ति (ऋणदाता द्वारा) द्वारा किसी दूसरे व्यक्ति (ऋणी) को प्रदान किया जाता है।

(ब) 'समझौता' का अर्थ है, एक ऐसा अनुबंध (चाहे वह लिखित हो या मौखिक हो या आंशिक रूप से मौखिक हो) जो ऋणदाता और ऋणी के मध्य होता है जिसके तहत ऋणी बंधुआ मजदूरी करने के लिए बाध्य होता है, बंधुआ मजदूरी सामाजिक रीति-रिवाजों के कारण संबंधित इलाके में मौजूद है।

व्याख्या- अनुबंध में ऋणदाता और ऋणी के मध्य साधारण तौर पर सामाजिक रीति-रिवाजों के अधीन निम्न रूपों में बलात् मजदूरी के लिए बाध्य किया जाता है, जिसके नाम इस प्रकार हैं-

अडियामार, बरमसिया, बसह्या, बेथु, भगेला, चुरूमुर, गरू-गालू, हालि, हरि, हरवाई, होल्या, जाना, जीठल, कमिया, खुंदित-मुंडित, कुथिया, लखारी, मुंझी, मट, मुंशी व्यवस्था, नीत मजूर, पलेरू, पदियाल, पन्नइलाल, सागरी, संजी, संजावत, सेवक, सेवकिया, सेरी, वेट्टी;

(स) 'आरोही' या 'वंशज', एक व्यक्ति को एक मातृसत्तात्मक समाज से संबंधित होने के संबंध में, इसका मतलब है कि ऐसा व्यक्ति जो इस तरह के समाज में उत्तराधिकार के कानून के अनुसार इस तरह की अभिव्यक्ति से मेल खाता है, लागू होता है।

(द) 'बंधित ऋण' का तात्पर्य है, अग्रिम ली गई राशि या बंधुआ मजदूर द्वारा लिया गया माना जाता है या बंधुआ मजदूर प्रणाली का अनुसरण करता है।

(य) 'बंधित श्रम' का तात्पर्य है बंधुआ श्रम प्रथा के अधीन किसी तरह का श्रम या सेवा प्रदान करना।

(र) "बंधुआ मजदूर" का अर्थ है ऐसा मजदूर जिसने अपने ऊपर ऋण लिया है और उसे चुकाने के लिए मजदूरी करता है।

(ल) "बंधुआ मजदूर प्रथा" का अर्थ है, ऐसी प्रथा जिसमें बलात् या आंशिक तौर पर बलात् श्रम की व्यवस्था है, जिसमें ऋणी अपने ऊपर लिए गये कर्ज को चुकाने के लिए ऋणदाता के लिए अनुबंध के अंतर्गत श्रम सेवाएं प्रदान करने के लिए बाध्य होता है:

I. उनके द्वारा अग्रिम प्राप्त करने या उनके नज़दीकी आरोही या वंश के (ऐसे अग्रिम का किसी दस्तावेज में सबूत हो या ना हो) और ब्याज के रूप में, यदि किसी भी तरह के अग्रिम पर होने के कारण, या:

II. किसी भी प्रथागत या सामाजिक दायित्व के अनुसरण में, या

III. एक दायित्व उत्तराधिकार द्वारा उस पर विकसित करने के दौरान, या

IV. उसके द्वारा प्राप्त किसी प्रकार की आर्थिक सहायता के लिए क्रमानुगत आरोहियों या वंशजों या

V. किसी विशेष जाति या समुदाय में जन्म के आधार पर,

1. उसके, उसके परिवार के किसी सदस्य, या उसके किसी आश्रित के द्वारा ऋणदाता के लिए कर्ज चुकाने के मकसद से किसी खास अवधि में बिना मजदूरी लिए हुए या अल्प मजदूरी पर काम करना, या
2. विशिष्ट अवधि में रोजगार या दूसरे माध्यम से आजीविका चलाने की आजादी छीन लेना, या
3. भारत के भू-भाग में श्रम करने की आजादी छीन लेना, या
4. वह या उसके परिवार के सदस्य या उस पर आश्रित व्यक्ति अपनी संपति या श्रम-उत्पाद को बाजार मूल्य पर बेचने के अधिकार को खो देता है या ऐसी व्यवस्था का हिस्सा बन जाता है जहां बलात् या आंशिक तौर पर बलात् श्रम का रूप होता है। ऐसा माना जाता है कि वह ऋणदाता के साथ समझौता करने को बाध्य होता है-जिसे पूरा करने में असफल रहने पर उसे ऋण चुकाने के लिए बेगार करने को बाध्य होना पड़ता है।

(व) 'परिवार' का तात्पर्य उसके आरोहियों और वंशजों से है।

(त) 'नाममात्र मजदूरी' का तात्पर्य है कि भारत सरकार द्वारा निर्धारित न्यूनतम मजदूरी से कम मजदूरी देना। अगर उस समय न्यूनतम मजदूरी से जुड़ा कोई कानून न हो, तो उसे भौगोलिक क्षेत्र में समान कानून के लिए जो मजदूरी निर्धारित है, उसके मुताबिक न्यूनतम मजदूरी मानी जाएगी।

(थ) 'निर्धारित' का मतलब है -इस अध्यादेश के नियमों के तहत निर्धारित।

3. इस अध्यादेश के प्रावधान के होते हुए भी किसी भी बात से असंगत होने के सिवा किसी भी तरह इस अध्यादेश के अलावा अन्य अधिनियमन में निहित या किसी भी साधन होने के सिवा कोई भी इस अध्यादेश के अलावा अन्य अधिनियमन में निहित है, प्रभावी होगा।

अध्याय 2

बंधुआ मजदूरी प्रथा का उन्मूलन

4. (1) इस अध्यादेश के प्रारंभ होते ही किसी भी प्रकार की बंधुआ मजदूरी समाप्त हो जाती है और हर बंधुआ मजदूर ऐसे रूप में प्रारंभ करेगा कि ऋणी ऋण चुकाने के बदले किसी भी तरह के बलात् श्रम करने के उत्तरदायित्व से मुक्त होगा।

(2) इस अध्यादेश के प्रारंभ होने के बाद, कोई भी व्यक्ति -

(अ) अग्रिम प्रदान कर इसके लिए राजी करने के नाम पर बंधुआ मजदूरी से संबंधित कोई समझौता नहीं कर पाएगा या

(ब) किसी अन्य व्यक्ति को बंधुआ मजदूरी या बलात् श्रम करने के लिए बाध्य नहीं कर पाएगा।

5. इस अध्यादेश के लागू होते ही पहले से चलन में रहने वाला कोई रीति रिवाज या परंपरा या समझौता या इस अध्यादेश के लागू होने के बाद का हर समझौता जिसके तहत किसी व्यक्ति को या उसके परिवार या उसके आश्रित और उसके वंशजों को बलात् श्रम करना पड़ता है, उसे शून्य और अप्रभावी समझा जाएगा।

अध्याय 3

बंधुआ मजदूरी करने की अनिवार्यता समाप्त

6. (1) इस अध्यादेश के लागू होते ही पहले से किया हुआ हर समझौता या इस अध्यादेश के लागू होने के बाद का हर समझौता जिसके तहत किसी व्यक्ति के परिवार और उसके वंशज को बंधुआ ऋण या आंशिक बंधुआ ऋण तत्काल प्रभाव से निरस्त समझा जाएगा।

(2) इस अध्यादेश के लागू होते ही में बंधुआ मजदूरी से संबंधित बंधुआ ऋण या आंशिक बंधुआ ऋण की वसूली के लिए दीवानी न्यायालय या किसी अन्य प्राधिकार में दाखिल हर रिट या मुकदमा स्वतः निरस्त हो जाएगा।

(3) बंधुआ मजदूरी उन्मूलन अध्यादेश लागू होने के बाद इसके पहले बंधुआ मजदूरी से ऋण चुकाने का की प्रत्येक डिक्री या आदेश निरस्त समझा जाएगा।

(4) ऋण चुकाने के एवज में संपत्ति की, की गई जब्ती या अदालत में रेहन रखी हर संपत्ति अपने पूर्ववत अवस्था में आएगी, अर्थात ऋणी को वापिस कर दी जाएगी। अगर किसी संपत्ति को बंधुआ मजदूरी न चुकाने की वजह से बेचने से मना किया हुआ है और यह अदालत में जब्त है तो इस अध्यादेश के पश्चात उसे पूर्व अवस्था में लौटाने की तत्काल कोशिश की जाएगी।

(5) अध्यादेश के लागू होने के पूर्व ऐसी संपत्ति जो बंधुआ मजदूर या उसके परिवार या अन्य आश्रितों की हो और उस पर अगर ऋण न चुका पाने की वजह से किसी दूसरे विभाग या प्राधिकार ने बलपूर्वक कब्जा कर रखा है तो ऐसी संपत्ति अपने पूर्व की अवस्था में आ जाएगी।

(6) अध्यादेश के लागू होने के बाद अगर उपबंध 4 और 5 के तहत संपति को 30 दिनों के भीतर पूर्वावस्था में नहीं लाया जाता है तो पीड़ित व्यक्ति संबंधित प्राधिकार में एक तय समय-सीमा के भीतर निर्धारित प्राधिकार के समक्ष संपति को पूर्वावस्था में लौटाने का आवेदन दायर कर सकता है, सुनवाई के दौरान ऋणदाता को पर्याप्त अवसर दिये जाएंगे, कि वह प्रत्यक्ष तौर पर आवेदक की संबंधित संपत्ति तय समय-सीमा, जिसे आदेश में वर्णित किया गया हो, में पूर्वावस्था में लौटाए।

(7) कोई भी निर्धारित प्राधिकार उपधारा (6) के अधीन यह आदेश दे सकता है, संबंधित प्राधिकार द्वारा इस संबंध में दिया गया आदेश किसी दीवानी न्यायालय के आदेश के समकक्ष माना जाएगा। इस आदेश का पालन उस क्षेत्र की सबसे कम आर्थिक अधिकार-क्षेत्र वाली अदालत तय करेगी, जहां लेनदार स्वैच्छिक तौर पर रहता है या व्यापार करता है या व्यक्तिगत लाभ के लिए काम करता है।

(8) संदेह से बचने के लिए, यह एतद्द्वारा घोषित किया जाता है कि इस अध्यादेश के लागू होने के पूर्व ऐसी कोई भी संपति अगर बेची गई थी, किसी हुक्मनामा या बंधुआ ऋण की वसूली के लिए आदेश के निष्पादन में उस बिक्री पर इस अध्यादेश का प्रभाव नहीं पड़ेगा, बशर्ते बंधुआ मजदूर या उसके द्वारा नामजद कोई प्रतिनिधि पांच साल के भीतर कोर्ट के भीतर रखी उसकी संपति की बिक्री के लिए आवेदन किया हो, डिक्री धारक को भुगतान के लिए, बिक्री की घोषणा में निर्दिष्ट राशि, जिसकी वसूली के लिए किसी भी कम राशि में बिक्री का आदेश दिया गया था, साथ ही मध्यवर्ती लाभ के रूप में, जो कि बिक्री की ऐसी उद्घोषणा की तारीख के बाद हो सकता है, डिक्री धारक द्वारा प्राप्त किया जाएगा।

(9) जहां किसी भी वाद या कार्यवाही, बंधुआ मजदूर प्रणाली के तहत किसी भी दायित्व के प्रवर्तन के लिए, किसी वाद या कार्यवाही में बंधुआ मजदूर के लिए किसी भी अग्रिम की वसूली के लिए आगे बढ़ना शामिल है, इसके पहले बंधुआ मजदूरी से ऋण चुकाने का हर फैसला या अदालत में इससे जुड़ा हर मामला अध्यादेश लागू होने के बाद निरस्त समझा जाएगा।

(10) इस अध्यादेश के लागू होते ही अगर कोई मजदूर बंधुआ मजदूरी न कर पाने की वजह से दीवानी न्यायालय में मुकदमे का सामना कर रहा हो या जेल में बंद हो तो उसे तुरंत जेल से रिहा किया जाएगा।

7. (1) बंधुआ मजदूरी के तहत हर संपत्ति, जो इस अध्यादेश के लागू होने के पहले, बंधक, ग्रहणाधिकार या भार के रूप में थी- हर प्रकार का बंधक, ग्रहणाधिकार, भार इस अध्यादेश के लागू होने के बाद (सिवाय जो किसी भी अन्य के अधीन था) मुक्त हो जाती है और जैसे ही यह लागू होता है यह संपति बंधुआ को पूर्वावस्था में लौटा दी जाती है।

(2) उपधारा (1) के अनुसार अगर संपति को पूर्वावस्था में करने में विलंब होता है, तो इस पर कब्जे के लिए बंधुआ मजदूर इसके लागू होने की तारीख से रेहन, ग्रहणाधिकार या अधिभार से होने वाले लाभ की प्राप्ति के लिए उस क्षेत्र की अदालत जाने का अधिकारी होगा, इस तरह के मध्यवर्ती लाभ स्थानीय सीमाओं के भीतर दीवानी न्यायालय द्वारा निर्धारित किये जा सकते हैं, जिसके अधिकार क्षेत्र में ऐसी संपत्ति स्थित है।

8. (1) किसी भी व्यक्ति को जिसे इस अध्यादेश के अधीन मुक्त किया गया है, उसे उसके निवास या उसके घर के परिसर से नहीं हटाया जा सकता है, जिसमें अध्यादेश के लागू होने के तत्काल पहले वह बंधुआ मजदूर आमतौर पर या आंशिक तौर पर रह रहा था।

(2) अगर, अध्यादेश के लागू होने के बाद, इस तरह के किसी भी व्यक्ति को किसी भी आवासीय स्थान या किसी अन्य आवासीय परिसर से लेनदार द्वारा बेदखल किया जा रहा हो तो उपधारा (1) के प्रावधानों के अनुसार सब-डिवीजन का प्रभारी कार्यकारी मजिस्ट्रेट जिसके क्षेत्राधिकार में ऐसा आवासीय परिसर मौजूद होगा, जितनी जल्दी हो सके बंधुआ मजदूर को उसके पूर्व निवास स्थान या आवासीय परिसर उसे प्रदान करने के लिए सभी जरूरी कदम उठायेगा।

9 (1) इस अध्यादेश के प्रावधान के अनुसार किसी भी ऋणदाता से बंधुआ मजदूरी से संबंधित कोई भी रकम स्वीकार नहीं करनी चाहिए।

(2) इस अध्यादेश के प्रावधान उपधारा (1) का उल्लंघन करने वाले को तीन साल की सजा और जुर्माना या फिर दोनों ही हो सकता है।

(3) किसी व्यक्ति को अदालत द्वारा उपधारा (2) के अधीन दोषी करार दिया जाता है तो इसके उपधारा के अधीन सजा या जुर्माना हो सकता है, जुर्माने की राशि को उपधारा (1) के प्रावधान के अनुसार अदालत में जमा कराने का आदेश दिया जा सकता है, निर्दिष्ट अवधि के भीतर आदेश दे कर उक्त राशि बंधुआ मजदूर को लौटाई जा सकती है।

अध्याय 4

पालन कराने वाले प्राधिकार

10. राज्य सरकार इस प्रावधान को लागू कराने का दायित्व जिला-मजिस्ट्रेट को सौंपते हुए कुछ अधिकार प्रदान कर सकती है जो यह सुनिश्चित करेगा कि इस अध्यादेश के प्रावधान सही तरीके से लागू हों और वह कार्य के संपादन के लिए या अध्यादेश के तहत शक्तियों का उपयोग करने के लिए किसी खास अधिकारी या सहयोगी को नियुक्त कर सकता है जो अध्यादेश के प्रावधानों को स्थानीय सीमाओं के भीतर सही तरीके से लागू करने के लिए जिम्मेदार होगा।

11. धारा 10 के अधीन राज्य सरकार जिला-मजिस्ट्रेट को अधिकृत करती है कि वह मुक्त बंधुआ मजदूरों के कल्याण के लिए समुचित कदम उठाएगा, जिससे कि उनके आर्थिक हित सुरक्षित रहें और भविष्य में बंधुआ मजदूरी करने के लिए उसके पास कोई कारण ना हो।

12. हर जिला मजिस्ट्रेट और उसके द्वारा नियुक्त अधिकारी धारा 10 के अधीन अध्यादेश के लागू होने के बाद अपने अधिकार क्षेत्र के भीतर बंधुआ मजदूरी प्रथा या किसी अन्य रूप में मजदूरी के लिए बाध्य करने या किसी व्यक्ति को जो स्थानीय सीमा में हो उसकी जांच करेगा और अगर जांचोपरांत अगर कोई बंधुआ मजदूरी करते हुए पाया गया तो अध्यादेश के प्रावधानों के तहत बंधुआ मजदूरी को समाप्त करने के लिए आवश्यक कार्रवाई करेगा।

अध्याय 5

सतर्कता समितियां

13.(1) प्रत्येक राज्य सरकार अपने आधिकारिक राजपत्र में अधिसूचित करेगी कि प्रत्येक सब-डिवीजन या प्रत्येक जिले में बंधुआ मजदूरी की निगरानी के लिए समितियों का, जैसा भी उचित समझे, गठन करेगी।

(2) प्रत्येक सतर्कता समिति, जो जिले के लिए गठित होगी, उसमें निम्न सदस्य होंगे-

ए. जिला मजिस्ट्रेट या उसके द्वारा नामित कोई व्यक्ति जो अध्यक्ष होगा।

बी. अनुसूचित जाति और अनुसूचित जनजाति से जुड़े तीन सदस्य, जो उसी जिले के निवासी हों, उन्हें जिला -मजिस्ट्रेट मनोनीत करेगा।

सी. जिले के निवासी दो सामाजिक कार्यकर्ता जिनका मनोनयन जिला मजिस्ट्रेट करेगा।

डी. ग्रामीण विकास से संबद्ध तीन से ज्यादा सरकारी या गैर-सरकारी सदस्य नहीं होंगे, जिन्हें कि राज्य सरकार नामित करेगी।

ई. जिले में वित्त और ऋण प्रदाता संस्था से जुड़ा कोई सदस्य प्रतिनिधित्व करेगा, जिसका मनोनयन जिला मजिस्ट्रेट करेंगे।

13.(3) प्रत्येक सतर्कता समिति, जिसे सब-डिवीजन स्तर पर गठित किया जाएगा, जिसमें निम्न सदस्य होंगे-

ए. उप जिला मजिस्ट्रेट या उसके द्वारा मनोनीत कोई सदस्य, जो अध्यक्ष होगा

बी. अनुसूचित जाति और अनुसूचित जनजाति से जुड़े हुए तीन सदस्य जो सब-डिवीजन के निवासी हों और उनका मनोनयन उप जिला मजिस्ट्रेट द्वारा किया जाएगा।

सी. उप जिला मजिस्ट्रेट द्वारा चुने हुए दो सामाजिक कार्यकर्ता जो सब-डिवीजन के निवासी हो

डी. ग्रामीण विकास से संबद्ध तीन से ज्यादा सरकारी या गैर-सरकारी सदस्य नहीं होंगे और उनका मनोनयन जिला मजिस्ट्रेट करेंगे।

ई. सब-डिवीजन में वित्त और ऋण प्रदाता संस्था से जुड़ा कोई सदस्य प्रतिनिधित्व करेगा, जिसका मनोनयन उप जिला मजिस्ट्रेट करेंगे।

एफ. धारा 10 के तहत चिह्नित कोई अधिकारी, जो सब-डिवीजन में सेवारत हो

(4) हर सतर्कता समिति अपनी प्रक्रिया का नियमन और सचिवालय सहयोगी का स्वयं चयन करेगी, जैसी आवश्यकता होगी, तय किया जाएगा-

ए. जिला मजिस्ट्रेट द्वारा अगर सतर्कता समिति का गठन जिले के लिए किया गया है।

बी. उप जिला मजिस्ट्रेट द्वारा, अगर सतर्कता समिति का गठन सब-डिवीजन के लिए किया गया है।

(5) प्रक्रिया में, संविधान में अल्प तकनीकी त्रुटि के आधार पर समिति की कार्रवाई को अवैध नहीं ठहराया जा सकता है।

14.(1) सतर्कता समिति के कार्य निम्न होंगे-

ए. जिला मजिस्ट्रेट को सलाह देने या किसी अधिकारी को जिसे उनके द्वारा अधिकृत किया गया हो और वह अध्यादेश के प्रावधानों को लागू करने या कानून का सही तरीके से पालन सुनिश्चित करेगा।

बी. मुक्त बंधुआ मजदूरों के आर्थिक-सामाजिक पुनर्वास उपलब्ध करायेगा।

सी. ग्रामीण बैंक और सहकारी समितियों से समन्वय स्थापित कर मुक्त बंधुआ मजदूरों को ऋण प्रदान करने की व्यवस्था करेगा।

डी. अपराधों की संख्या पर नजर रखने के लिए इस अध्यादेश के तहत संज्ञान लिया जाना है

ई. बंधुआ मजदूरी कानून के तहत होने वाले अपराधों पर निगरानी रखने के लिए सर्वे की जाएगी।

एफ. मुक्त बंधुआ मजदूर या उसके परिवार के सदस्य या किसी अन्य आश्रित के खिलाफ दायर वाद के लिए बंधुआ ऋण के पूरे या आंशिक राशि की वसूली या किसी अन्य ऋण, जिसका दावा वैसे व्यक्ति द्वारा किया गया हो, जो बंधुआ ऋण देने का दावा करता हो, उससे रक्षा की जाएगी।

(2) आवश्यकता पड़ने पर सतर्कता समिति अपने किसी सदस्य को इस तरह के वाद में मुक्त बंधुआ मजदूरों और उसके परिवार के सदस्य की मदद करने के लिए नियुक्त कर सकती है, जो मुक्त बंधुआ मजदूर का ऐसे वाद में अधिकृत प्रतिनिधि होगा।

15. अगर सतर्कता समिति या बंधुआ मजदूर पर ऋण का दावा किया जाता है तो सबूत पेश करने का जिम्मा ऋणदाता पर होगा न कि बंधुआ मजदूर पर होगा।

अध्याय 6

अपराध और ट्रायल की प्रक्रिया

16. अध्यादेश लागू होने के बाद कोई भी व्यक्ति अगर किसी को बंधुआ मजदूरी करने के लिए बाध्य करता है तो उसे सजा के तौर पर कारावास की सजा हो सकती है, जो तीन साल की कैद और दो हजार रुपये का जुर्माना हो सकता है।

17. अध्यादेश लागू होने के बाद कोई अग्रिम राशि बंधुआ ऋण के रूप में देता है तो उसे सजा के तौर पर कारावास की सजा हो सकती है, जो तीन साल की कैद और दो हजार का जुर्माना हो सकता है।

18. अध्यादेश लागू होने के बाद कोई भी व्यक्ति अगर किसी को किसी प्रथा, परंपरा, करार, अनुबंध या किसी अन्य प्रकार से बंधुआगिरी करने के लिए किसी व्यक्ति या उसके परिवार के सदस्य या उस पर आश्रित व्यक्ति को बाध्य करता है तो उसे तीन साल की कैद और दो हजार रुपये जुर्माने की सजा हो सकती है और जुर्माने के अलावा, अगर बंधुआ मजदूर के पास से राशि बरामद होती है तो बंधुआ मजदूर द्वारा ली गई राशि के दिन से ऋणदाता से प्रतिदिन पांच रुपये के दर से वसूला जाएगा और बंधुआ मजदूर को बंधुआगिरी के दौरान प्रतिदिन पांच रूपये के दर से भुगतान किया जाएगा।

19. इस अध्यादेश के अनुसार आवश्यकता हो तो बंधुआ मजदूरों की संपति को लौटाने या पूर्वावस्था में लाने के लिए जिम्मेदार कोई भी व्यक्ति अगर 30 दिनों के भीतर ऐसा करने में असमर्थ होता है तो उसे एक साल की कैद या एक हजार रूपये का जुर्माना या दोनों हो सकता है और जुर्माने के अलावा, अगर बंधुआ मजदूर के पास से राशि बरामद होती है तो बंधुआ मजदूर द्वारा ली गई राशि के दिन से ऋणदाता पर प्रतिदिन पांच रुपये के दर से वसूला जाएगा और बंधुआ मजदूर को बंधुआगिरी के दौरान प्रतिदिन पांच रूपये के दर से भुगतान किया जाएगा, जबतक कि उसे उसकी संपत्ति पर कब्जा नहीं हो जाता या पूर्वावस्था में नहीं आ जाता।

20. इस अध्यादेश के अधीन किसी अपराध को शह देना दंडनीय अपराध होगा, भले ही उसने अपराध में हिस्सा न लिया हो- लेकिन वह अपराध करने वाले के समान सजा का हकदार होगा।

व्याख्याः इस अध्यादेश के प्रयोजन के लिए, 'उकसाने' का अर्थ भारतीय दंड संहिता में दिया गया है।

21.(1) इस अध्यादेश के अधीन राज्य सरकार आवश्यकता पड़ने पर कार्यकारी मजिस्ट्रेट को अपराध की सुनवाई के लिए प्रथम श्रेणी या दूसरी श्रेणी के न्यायिक मजिस्ट्रेट के समकक्ष शक्तियां प्रदान कर सकती हैं और ऐसी शक्तियों से प्रदत्त कार्यकारी मजिस्ट्रेट, या जिसे यह शक्तियां प्रदान की गई है, उसे अपराध प्रक्रिया संहिता 1973 के तहत प्रथम या द्वीतीय श्रेणी का न्यायिक मजिस्ट्रेट माना जाएगा।

(2) अध्यादेश के तहत किए जाने वाले अपराध की सुनवाई मजिस्ट्रेट द्वारा की जाएगी।

22. अध्यादेश के भीतर हर अपराध संज्ञेय और जमानती होगा।

23.(1) इस अध्यादेश के अधीन कोई अपराध अगर किसी कंपनी द्वारा किया जाता है तो अपराध होने के समय मौजूद सभी व्यक्ति पर चार्ज लगेगा और सभी इसके लिए जिम्मेदार माने जाएंगे, कंपनी के व्यापार के संचालन के लिए कंपनी,

साथ ही साथ कंपनी अपराध के लिए दोषी समझी जाएगी और संबंधित अपराध की दोषी होगी और सजा के लिए उत्तरदायी होगी।

23.(2) उपबंध 1 के तहत कुछ भी होने के बावजूद, इस अध्यादेश के अधीन जहां कोई अपराध किसी कंपनी द्वारा किया जाता है और यह साबित हो जाता है कि कंपनी इस अपराध के लिए दोषी है और इसे कंपनी के मैनेजर, निदेशक और सचिव सहित दूसरे अधिकारियों ने साजिश के तहत अंजाम दिया है तो वे अध्यादेश के प्रावधानों के तहत समुचित सजा के हकदार होंगे।

व्याख्याः इस खंड के प्रयोजनों के लिए

ए. 'कंपनी' का तात्पर्य किसी फर्म या कॉरपोरेट निकाय अन्य व्यक्तियों की एसोसिएशन से है; और

बी. 'निदेशक' का तात्पर्य फर्म से संबंधित, मतलब फर्म के पार्टनर से है।

अध्याय 7

प्रकीर्ण

24. राज्य सरकार इसके किसी अधिकारी या सतर्कता विभाग के किसी अधिकारी पर किसी तरह का कोई वाद या कानूनी मुकदमा नहीं चलाया जा सकता है, अगर अधिकारियों ने अच्छी नीयत और विश्वास के आधार पर इस अध्यादेश के अधीन फैसले लिए हैं।

25. किसी दीवानी न्यायालय को इस अध्यादेश के प्रावधानों पर फैसला सुनाना इसके अधिकार क्षेत्र के दायरे में नहीं आता है और न ही वह इस अध्यादेश के दायरे के तहत लिए फैसले पर कोई वाद सुना सकता है।

26. (1) केन्द्र सरकार अध्यादेश के प्रावधानों को सरकारी राजपत्र में अधिसूचित कर कानून बना सकती है।

(2) पूर्वगामी शक्तियों के प्रति बिना किसी पूर्वाग्रह के यह अध्यादेश निम्नलिखित या सभी मामले में प्रभावी होगा।

ए. वह प्राधिकार जिसे धारा 6 के उप धारा 4 और उपधारा 5 के तहत संपति को पूर्वावस्था में लौटाने का अधिकार प्रदान किया गया है।

बी. वह समयावधि जिसके भीतर संपति को आवेदक को उसकी पूर्वावस्था में लौटाने की बात कही गई है।

सी. अध्यादेश के प्रावधानों को लागू करने के लिए सतर्कता कमिटी द्वारा उठाये जाने वाले कदम।

डी. कोई और मामला जिसे इस अध्यादेश के तहत प्रस्तावित किया जा सकता है।

(3) इस अध्यादेश के तहत केन्द्र सरकार द्वारा बनाया गया हर प्रावधान जितनी जल्दी से जल्दी हो सके सदन के पटल पर रखा जाएगा अगर संसद का सत्र चल रहा हो, इसके लिए 30 दिनों की समय सीमा निर्धारित की गई है, अगर संसद का सत्र समाप्त होने वाला हो तो इसे अगले संसद सत्र में संसद के पटल पर रखा जा सकता है, अगर अध्यादेश के प्रावधानों को लेकर संसद के दोनों सदन पूर्वगामी शक्तियों के प्रति बिना किसी पूर्वाग्रह के सहमत होते हैं तो यह नियम उसके बाद ही इस तरह के संशोधित रूप में प्रभावी होंगा या निष्प्रभाव होगा, जैसा भी मामला हो, हालांकि किसी भी तरह के संशोधन या विलोपन की वैधता पर प्रतिकूल प्रभाव डाले बिना किया जाएगा या कुछ भी, पहले से उस नियम के तहत किया जाएगा।

स्रोतः कांबले एनडी 1982. बाउंडेड लेबर इन इंडिया (पेज. 141–54). उप्पल पब्लिशिंग हाउस, नई दिल्ली.

संलग्नक VI

मैला ढोने वालों को रोजगार और शुष्क शौचालय निर्माण (निषेध) अधिनियम, 1993

(1993 की 46वां संख्या)

[5 जून, 1993]

यह एक ऐसा अधिनियम है जो मैला ढोने वालों के रोजगार की कुप्रथा के साथ ही साथ शुष्क शौचालयों के निर्माण या उनकी निरंतरता का निषेध करता है, और जलावरुद्ध शौचालयों के निर्माण व रखरखाव के लिए नियमन करता है, और जो उससे संबंधित आनुषंगिक है;

जहां कि बिरादरी के व्यक्ति की गरिमा को आश्वस्त किया है, जिसे संविधान की प्रस्तावना में निहित किया गया है।

और जहां कि संविधान का अनुच्छेद 47 प्रावधान करता है कि राज्य का प्राथमिक कर्तव्य है, वह अपनी जनता का जीवन स्तर उठाये तथा साथ ही जनस्वास्थ में सुधार लाएं;

और जहां कि मानव मल को साफ करना एक अमानवीय प्रथा है, जो कि देश के कई हिस्सों में बदस्तूर जारी है

और जहां कि नगरपालिका के कानून द्वारा शुष्क शौचालय को जलावरुद्ध शौचालय में रूपांतरण के लिए उपाय किये गये हैं और इस प्रथा को खत्म करने के लिए और शुष्क शौचालयों के निर्माण की रोकथाम के लिए यह पर्याप्त व कठोर नहीं हैं;

और जहां कि मैला ढोने के कार्य को रोजगार के रूप में खत्म करने के लिए पूरे भारत में एक समान विधान लागू करने की आवश्यकता है, मानव मल साफ करने के कार्य को एक अपराध घोषित किया जाए और इसे प्रतिबंधित किया जाए तथा देश में शुष्क शौचालय के आगे प्रसार पर प्रतिबंध लगाया जाए;

और जहां कि मैला ढोने की प्रथा को अमानवीय कार्य के रूप में व्याख्यायित किया गया है तो अब मानवीय वातावरण में सुधार कर शुष्क शौचालय के स्थान पर जलावरुद्ध शौचालय के निर्माण को अनिवार्य किया जाए या जलावरुद्ध शौचालय के स्थान पर नया निर्माण किया जाए;

और जहां कि संविधान के अनुच्छेद 249 और 250 को छोड़ कर पूर्वोक्त मामलों में राज्यों के लिए संसद को कानून बनाने की शक्तियां नहीं हैं,

और जहां कि संविधान के अनुच्छेद 252 के धारा (1) का अनुसरण करते हुए आंध्र प्रदेश, गोवा, कर्नाटक, महाराष्ट्र, त्रिपुरा और पश्चिम बंगाल ने राज्य की विधानसभा में यह नियम पास कर इसे संसद द्वारा बनाये कानून की तरह कानून का रूप दिया है;

इसे भारतीय गणतंत्र के 44वें वर्ष में संसद द्वारा लागू किया गया;

अध्याय 1

प्रारंभिक

1. संक्षिप्त नाम, आवेदन, और प्रारंभ

1. इस कानून को मैला ढोने वालों के रोजगार और शुष्क शौचालय निर्माण (निषेध) अधिनियम 1993 के नाम से जाना जाएगा।
2. यह कानून पहले उदाहरण के तौर पर संपूर्ण आंध्रप्रदेश, गोवा, कर्नाटक, महाराष्ट्र, त्रिपुरा, और पश्चिम बंगाल समेत सभी केन्द्र शासित प्रदेशों में लागू होगा और यह उन सभी राज्यों में भी लागू होगा जो विधानसभा में संविधान के अनुच्छे 252 की धारा (1) के तहत प्रस्ताव पारित कर इस कानून को स्वीकार करते हैं।
3. यह कानून संपूर्ण आंध्रप्रदेश, गोवा, कर्नाटक, महाराष्ट्र, त्रिपुरा, और पश्चिम बंगाल समेत सभी केन्द्रशासित प्रदेशों और उन सभी राज्यों में केंद्र सरकार, द्वारा निर्धारित खास तिथि से अधिसूचित होगा और संविधान के अनुच्छेद 252 के उपबंध -1 के तहत किसी अन्य राज्य में इसे स्वीकार करने के लिए निर्धारित तिथि से स्वीकार किया जाएगा।

2. परिभाषाएं

इस अधिनियम में, जब तक संदर्भ में अन्यथा अपेक्षित न हो,

ए. इस अधिनियम के किसी प्रावधान में 'क्षेत्र' का संबंध किसी ऐसे क्षेत्र से है जिसे राज्य सरकार चाहे, और वह प्रावधान के आवश्यकतनुसार हो तो अधिसूचित कर सकती है।

बी. 'भवन' का तात्पर्य ऐसे आवास से है जो घर, आउट-हाउस स्तबल, शौचालय, मूत्रालय, शीट हाउस, झोपड़ी, दिवार (चाहरदीवारी के अलावा) से है या कोई ऐसा ढांचा जो ईंट, लकड़ी, धातु, कीचड़ और दूसरी चीजों से बना हुआ है।

सी. 'शुष्क शौचालय' का मतलब है ऐसा शौचालय जो जलावरुद्ध शौचालय से अलग हो

डी. 'वातावरण' का अर्थ जल, वायु और भूमि से है और इनके पारस्परिक संबंध जल वायु और भूमि के बीच हैं, जिसमें मनुष्य, अन्य जीवित प्राणी, पादप और सूक्ष्मजीवी और संपत्ति सम्मिलित हैं।

ई. 'वातावरणीय प्रदूषक' का तात्पर्य ऐसे किसी ठोस, तरल और गैसीय पदार्थ से है जो वातावरण के लिए हानिकारक हो सकता है।

एफ. 'वातावरणीय प्रदूषण' का अर्थ पर्यावरण में मौजूद किसी भी पर्यावरणीय प्रदूषण से है।

जी. 'कार्यकारी प्राधिकार' का अर्थ धारा 5 की उपधारा (1) के तहत नियुक्त कार्यकारी प्राधिकार से है।

एच. 'हुडको' का अर्थ हाउसिंग एंड अर्बन डेवलपमेंट कारपोरेशन लिमिटेड से है, जो एक सरकारी कंपनी है और कंपनी अधिनियम 1956 के अधीन पंजीकृत है।

आई. 'शौचालय' का अर्थ एक ऐसी जगह से है जहां सभी शौच के लिए विशेष संरचना से निर्मित स्थान पर जाते हैं, मानव मल जमा होता है और इसे जमा करने के उपकरण मौजूद होते हैं, अगर कोई, इससे संबंधित है;

जे. 'मैला ढोने वाले' से तात्पर्य ऐसे व्यक्ति से है जो इसमें संलग्न है या मानव मल को ढोने का कार्य करता है और उसे 'मैला ढोने' के हिसाब से अभिव्यक्त किया जाए.

के. 'अधिसूचना' का अर्थ शासकीय राजपत्र में प्रकाशित अधिसूचना है

एल. 'निर्धारित' का अर्थ इस अधिनियम के अधीन बनाये गये नियम में जो निर्धारित किया गया है

एम. 'राज्य सरकार' का अर्थ संघीय क्षेत्र से संबंधित है, जो संविधान के अनुच्छेद 239 के तहत गठित किया गया है।

एन. 'जलावरूद्ध शौचालय' का अर्थ फ्लश वाला शौचालय है, पानी वाले फ्लश शौचालय या एक स्वच्छ शौचालय का व्यास कम से कम 20 मिलीमीटर होना चाहिए जो पानी द्वारा फ्लश कर मानव मल को साफ करे।

अध्याय 2

3. मैला ढोने वालों को रोजगार देने पर निषेध, इत्यादि

1. यह इस अधिनियम की उप-धारा (2) और अन्य प्रावधानों से संबद्ध है जिसे राज्य सरकार किसी ऐसे स्थान और ऐसी तिथि जिसे उसकी द्वारा अधिसूचित किया गया है, प्रभावी होगा, किसी व्यक्ति द्वारा नहीं होगा;

   (ए) मानव मल के निस्तारण संबंधित कार्य में संलग्न या उसके लिए कार्यरत या परमिट में लगे हुए या किसी अन्य व्यक्ति को नियोजित गया हो; या

   (बी) शुष्क शौचालय का निर्माण और रखरखाव करता हो;

2. राज्य सरकार उपधारा-1 के तहत अधिसूचना तब तक जारी नहीं करेगी जब तक कि

   (ए) अधिसूचना द्वारा कम से कम 90 दिन का नोटिस देकर ऐसा करने की इच्छा प्रदर्शित की गई हो;

   (बी) उस खास क्षेत्र में जल-निरोधक शौचालय की सुविधा का उपभोग करने के लिए पर्याप्त सुविधाएं मौजूद हों;

   (सी) यह आवश्यक या समीचीन है कि उस खास क्षेत्र के वातावरण और जनस्वास्थ्य का संरक्षण और सुधार हो।

4. छूट देने का अधिकार

राज्य सरकार किसी सामान्य या विशेष आदेश से शासकीय राजपत्र में प्रकाशित करवाकर, और ऐसी शर्तों पर, यदि किसी भवन या क्षेत्र को इस कानून के प्रावधानों, और इस कानून के तहत किसी विशिष्ट नियम, आदेश या नोटिफिकेशन को मानने से छूट दे सकती है अगर उसे ऐसा करना विवेकपूर्ण प्रतीत होता है, ऐसा वह तब कर सकती है, जब उसे यकीन हो कि उस परिस्थिति में कानून लागू करने की समुचित दशाएं नहीं हैं, इस अधिनियम में निहित किसी भी विशिष्ट आवश्यकता से या किसी भी नियम, आदेश, अधिसूचना या उसके अधीन बनायी गयी योजना या ऐसी आवश्यकता के पालन के लिए एक वर्ग या वर्गों के मामलों में

बांटा जाएगा, इस बात से संतुष्ट होने पर कि अगर इस तरह के प्रावधान का अनुपालन या ऐसी आवश्यकता है या ऐसे मामले में परिस्थितियां ऐसी है कि वह तिरस्कृत है, तो मुक्त होना चाहिए।

अध्याय 3

लागू करने वाले प्राधिकरण और योजनाएं

5. कार्यकारी प्राधिकारियों की नियुक्ति, शक्तियां और उनके कार्य

(1) राज्य सरकार शासकीय राजपत्र में आज्ञा पारित करवाकर जिला मजिस्ट्रेट या उप प्रभागीय मजिस्ट्रेट को कार्यकारी प्राधिकारी नियुक्त कर सकती है जो आदेश में विनिर्दिष्ट किये गये क्षेत्र के भीतर अपने अधिकार का प्रयोग करेगा और इस तरह की शक्ति प्रदान होने पर और ऐसे कर्तव्य अधिरोपित होने पर, आवश्यकतानुसार यह सुनिश्चित करेगा कि इस अधिनियम के प्रावधानों का ठीक से पालन किया जाए, कार्यकारी अधिकारी अधीनस्थ अधिकारी या अधिकारियों को निर्दिष्ट कर सकता है, जो सभी या किसी भी शक्ति का प्रयोग करेगा और सभी या किसी भी कर्तव्य का प्रदर्शन करेगा, इसलिए अपनी शक्ति के भीतर स्थानीय सीमाओं में किसी को छूट दे सकता है या अधिरोपित कर सकता है या निर्दिष्ट अधिकारी या अधिकारियों द्वारा कर्तव्य का पालन किया जाएगा।

(2) उपधारा-1 के तहत कार्यकारी प्राधिकारी की नियुक्त होगी और विनिर्दिष्ट अधिकारी या अधिकारियों की नियुक्ति भी इसी उपधारा के अधीन होगी, जहां तक व्यावहारिक है इस कार्य में संलग्न या मैला ढोने के रोजगार में लगे किसी भी क्षेत्र के लोगों के लिए धारा 3 के उपधारा (1) के अधीन अधिसूचना जारी कर उनके आर्थिक हितों का संरक्षण और सुरक्षा करेगा और उनके कल्याण और पुनर्वास के लिए कदम उठाएगा।

6. राज्य सरकार की योजना निर्माण की शक्ति

राज्य सरकार अधिसूचना के माध्यम से शुष्क शौचालयों का नियमितिकरण, जल-अवरूद्ध शौचालयों का निर्माण, देखरेख, किसी क्षेत्र विशेष में मैला ढोने के कार्य में संलग्न लोगों को पुनर्वास प्रदान करने के लिए एकाधिक योजनाएं लागू कर सकती है। यह अधिसूचना धारा 3 की उपधारा 1 के तहत विभिन्न क्षेत्रों में ऐसी योजनाएं या विभिन्न योजनाएं, जो संबंधित क्षेत्र से संबद्ध हो और इस अधिनियम के विभिन्न उद्देश्यों के अनुरूप हो, उसे लागू कर सकती है:
बशर्ते हुडको से संबंधित कोई वित्तीय सहायता की योजना सम्मिलित नहीं हो।

(2) विशेष रूप से, और पूर्वगामी शक्ति की व्यापकता पर प्रतिकूल प्रभाव डाले बिना ऐसी योजनाएं सभी को या निम्न विषयों में से किसी को उपलब्ध करा सकता है:

ए. शुष्क शौचालयों को समयबद्ध तरीके से जलावरूद्ध शौचालयों में परिवर्तित करने का कार्यक्रम

बी. स्थानीय निकायों या अन्य एजेंसियों को कम लागत वाले सफाई के लिए तकनीकी और वित्तीय सहायता प्रदान करने का प्रावधान

सी. सार्वजनिक शौचालयों का निर्माण और रखरखाव, और भुगतान तथा इस्तेमाल के आधार पर संचालन;

डी. झुग्गी वाले इलाकों में, जहां के नागरिक सामाजिक और आर्थिक तौर पर पिछड़े वर्ग के हों, वहां सामुदायिक शौचालयों का निर्माण किया जाएगा

ई. मैला ढोने वालों का पंजीकरण और पुनर्वास

एफ. जलावरूद्ध शौचालयों के मानक तय करना

जी. शुष्क शौचालयों को जलावरूद्ध शौचालयों में परिवर्तित करने का मानक तय करना

एच. सामुदायिक शौचालयों या साझा शौचालयों के उपयोग के लिए शुल्क संग्रह का लाइसेंस

7. दिशानिर्देश जारी करने की राज्य-सरकार की शक्तियां

किसी भी अन्य कानून में निहित होने के बावजूद इस अधिनियम के अन्य प्रावधानों के तहत राज्य सरकार अपनी शक्तियों और अपने कार्यों का निष्पादन इस अधिनियम के अधीन कर सकती है और किसी व्यक्ति, अधिकारी या स्थानीय या अन्य प्राधिकार को लिखित निर्देश जारी कर सकती है और वह व्यक्ति, अधिकारी या स्थानीय या अन्य प्राधिकार कानून का पालन करने के लिए बाध्य होगा।

8. कार्यकारी प्राधिकारी, निरीक्षक, अधिकारी और लोक सेवक के रूप में दूसरे कर्मचारी

ऐसे प्राधिकार के सभी कार्यकारी अधिकारी, सभी अधिकारी और दूसरे कर्मचारी धारा 5 के अधीन उपधारा (1) के अंतर्गत अधिकृत होंगे कि वह धारा 9 के उपधारा (1) के अधीन सभी निरीक्षकों को नियुक्त करेंगे और सभी अधिकारी और अन्य कर्मचारी योजना का कार्यान्वयन करने या इस अधिनियम के अधीन आदेश देने के लिए अधिकृत होंगे, जब तात्पर्यित हो इस अधिनियम के किसी प्रावधान के अनुसरण में कार्य करने के लिए या दिए गए आदेश या नियम का पालन करते समय उन्हें लोक सेवक समझा जाएगा, जिसे भारतीय दंड संहिता की धारा 21 के तहत परिभाषित किया गया है।

9. निरीक्षकों की नियुक्ति और उनके प्रवेश और निरीक्षण की शक्ति

1. राज्य सरकार अधिसूचना जारी कर किसी ऐसे व्यक्तियों को जिसे वह उचित समझे इस अधिनियम के उद्देश्यों के निहितार्थ निरीक्षकों की नियुक्ति कर सकती है, और उसकी स्थानीय सीमाएं परिभाषित कर सकती है, जहां वे इस अधिनियम के अधीन प्राप्त शक्तियों का उपयोग कर सकेंगे।
2. हर निरीक्षक की स्थानीय सीमा होगी और एक कार्यकारी अधिकार इस तरह के प्राधिकार के अधीनस्थ हो जाएगा
3. राज्य सरकार की ओर से बनाए गए किसी नियम के तहत, एक निरीक्षक अपनी स्थानीय सीमाओं के अधीन सही समय पर किसी जगह पर प्रवेश कर सकता है और इस तरह की सहायता के साथ वह आवश्यक समझे तो इस उद्देश्य के लिए किसी भी जगह—

ए. कार्यकारी प्राधिकारी द्वारा सौंपे गए दायित्वों का निर्वहन करेगा।

बी. यह सुनिश्चित करेगा कि ऐसा कोई भी कार्य या प्रदर्शन जो किया जा रहा है, क्या इस अधिनियम के किसी प्रावधान या नियम, आदेश या उसके अधीन बनायी गई योजनाओं या कोई सूचना, निर्देश या अनुज्ञा, बनाना, देना या इस अधिनियम के अधीन दिये जा रहे अनुदान या उसका पालन किया गया है;

सी. अपने अधिकार क्षेत्र के तहत आने वाले किसी भी भवन के शौचालय का परीक्षण और जांच इस अधिनियम या नियम के प्रावधान या आदेश या उसके द्वारा बनायी गई योजना के तहत करने के लिए स्वतंत्र है और वह वातावरणीय प्रदूषण के संरक्षण या कम करने के लिए प्रतिबद्ध होगा।

10. विशिष्ट परिस्थितियों में पर्यावरणीय प्रदूषण को रोकने के लिए कार्यकारी प्राधिकारी को प्रदत शक्तियां

1. इस तथ्य के संबंध में जानकारी प्राप्त होने पर या धारा 3 के प्रावधानों के उल्लंघन की किसी भी घटना की आशंका की सूचना मिलने पर, चाहे वह किसी व्यक्ति से मिले या निरीक्षक की रिपोर्ट से मिले या किसी अन्य से, कार्यकारी प्राधिकारी जितनी जल्दी संभव होगा इस अधिनियम के तहत कार्रवाई करेगा, भवन के स्वामी या परिसर के किराएदार को इस समस्या को दूर करने के उपाय बतायेगा, आवश्यकता होने पर, इसे उचित समय के भीतर निर्दिष्ट किया जा सकता है और इस मामले में मालिक या किरायेदार, जो भी हो, इस तरह के निर्देशों का पालन करने में विफल रहता है, तो परिसर के मालिक या किरायेदार के खर्च पर पर्यावरण प्रदूषण को रोकने या कम करने के लिए आवश्यक सुधारात्मक कदम उठाए जाएंगे।
2. कार्यकारी प्राधिकारी द्वारा उप-धारा -1 के तहत होने वाले पर्यावरणीय प्रदूषण को दूर करने में होने वाला खर्च भवन के स्वामी से एक खास तिथि से राज्य सरकार द्वारा तय किए गए ब्याज दर से वसूला जाएगा, अगर संबंधित व्यक्ति इसे चुकाने में असमर्थ रहता है तो ऐसा प्राधिकारी या एजेंसी इससे संबंधित व्यक्ति के भू-राजस्व से वसूली कर सकती है।

11. निश्चित मामलों में वित्तीय सहायता प्रदान करने से संबंधित डुडको का कर्तव्य

(1) मेमोरंडम आफ एसोसिएशन, आर्टिकल आफ एसोसिएशन या घर या शहरी विकास के लिए दिए जाने वाले कर्ज की योजना में हुडको जलावरूद्ध शौचालय के निर्माण के लिए वितीय मदद की मात्रा बढ़ा देता है, उपयुक्त मामलों में, ऐसी योजनाओं के क्रियान्वयन के लिए धारा 6 के तहत जलावरुद्ध शौचालय के निर्माण के लिए वित्तीय सहायता प्रदान कर सकता है.

(2) धारा -1 में वर्णित वित्तीय मदद हुडको कुछ शर्तों (आसान और ब्याज दर में छूट शामिल है) के साथ खास परिस्थितयों में बढ़ा सकता है, ऐसे प्रत्येक मामले में या वर्ग विशेष के मामले में जैसा वह उचित समझे।

12. लेवी आरोपित करने की शक्ति

इस अधिनियम के अधीन राज्य सरकार किसी आदेश या योजना को सशक्त कर सकती है, किसी व्यक्त प्रावधान के प्रभाव की अनुपस्थिति के बावजूद राज्य सरकार लेवी आरोपित कर सकती है-

ए. 'इस्तेमाल करो और भुगतान करो' योजना के तहत सामुदायिक शौचालय का निर्माण करने के लिए; या
बी. किसी योजना के तहत साझेदारी वाले शौचालयों का निर्माण; या
सी. दस्तावेजों और प्रतिलिपियों या उसके निष्कर्षों या आदेश की आपूर्ति या
डी. जलावरूद्ध शौचालयों के निर्माण के लिए ठेकेदारों को लाइसेंस देना।
ई. किसी अन्य उद्देश्य या सेवा से जुड़े प्रतिपादन जो उचित हो, उसके लिए एक अधिकारी, समिति, या इस अधिनियम अधीन प्राधिकार या नियम, निर्देश, आदेश या योजना के कार्य से संबंधित आज्ञा पारित करना

अगर राज्य इसे सार्वजनिक हित में सही समझता है तो शासकीय राजपत्र में सामान्य या विशेष आदेश प्रकाशित कर लागू कर सकता है, ऐसे आधार पर जिसे कि वह उचित समझे भुगतान शुल्क के आंशिक हिस्से या पूरे को अनुदान छूट दे सकता है।

13. कमेटी का गठन

1. केन्द्र सरकार अधिसूचना के द्वारा गठित कर सकती है-
   - ए. देश में जलावरूद्ध शौचालयों के निर्माण की योजना के मूल्यांकन के लिए एकाधिक परियोजना समितियों का निर्माण कर सकती है।
   - बी. ऐसी योजनाओं की प्रगति की निगरानी के लिए एकाधिक निगरानी समितियों का गठन कर सकती हैं।
   - सी. इस अधिनियम के उद्देश्यों को पूरा करने के लिए ऐसी अन्य समितियां और ऐसे नाम जो केंद्र सरकार उचित समझती हो, बना सकती है।
2. केन्द्र सरकार द्वारा समितियों की संरचना गठित की जाएगी, उसकी शक्तियां और कार्यों, नियमों और इन समितियों के सदस्य की नियुक्ति की शर्ते और, जैसा कि केंद्र सरकार द्वारा व्याख्या की गई है, उससे संबंधित अन्य सदस्य होंगे।
3. कमेटी के सदस्यों को उप-धारा -1 के तहत बैठक में उपस्थित होने के लिए फी और दूसरे भते प्रदान किये जाएंगे, जैसा कि निर्धारित किया जा सकता है।
4. राज्य सरकार अधिसूचना जारी कर गठित कर सकती है-
   - ए. धारा 3 के उप-धारा (1) के अधीन अधिसूचना जारी कर योजनाओं की प्रगति की निगरानी और समन्वय के लिए एक या अधिक राज्य समन्वय कमेटी गठित करेगी, जो जलावरूद्ध शौचालयों के निर्माण और कोई भी व्यक्ति किसी भी क्षेत्र में मैला ढोने में संलग्न है, उसका पुनर्वास करेगी।
   - बी. इस अधिनियम के उद्देश्यों को पूरा करने के लिए ऐसी अन्य समितियां और ऐसे नाम जो राज्य सरकार उचित समझती हो, बना सकती है।
5. राज्य सरकार द्वारा समितियों की संरचना गठित की जाएगी, उसकी शक्तियां और कार्यों, नियमों और इन समितियों के सदस्यों की नियुक्ति की शर्ते और, जैसा कि राज्य सरकार द्वारा व्याख्या की गई है उससे संबंधित अन्य सदस्य होंगे।
6. कमेटी के सदस्यों को उप-धारा (4) के तहत बैठक में उपस्थित होने के लिए फी और दूसरे भते प्रदान किये जाएंगे, जैसा कि निर्धारित किया जा सकता है।

अध्याय 4

जुर्माना और प्रक्रिया

14. अधिनियम और नियम, आदेश, निर्देश और योजनाओं के प्रावधानों के उल्लंघन के लिए जुर्माना

इस अधिनियम या नियम के प्रावधानों, आदेशों, निर्देश और नियमों का उल्लंघन करने या पालन करने में असफल रहने पर सजा और जुर्माना हो सकता है, एक साल तक की जेल की सजा या दो हजार रुपये तक जुर्माना हो सकता है या दोनों हो सकता है और अगर इसके बावजूद भी उल्लंघन जारी रहता है तो प्रतिदिन 100 रूपये के दर से जुर्माने की अतिरिक्त राशि बढ़ाई जा सकती है और यह तब से लागू होगा जिस अवधि से उल्लंघन जारी है।

15. कंपनियों द्वारा अपराध

1. अगर कोई व्यक्ति इस अधिनियम के अधीन अपराध करता है और वह व्यक्ति कंपनी का है या कंपनी है और वह कंपनी में कारोबार के लिए उस खास समय में जिम्मेदार था जिस समय यह जुर्म हुआ तो उसे दोषी माना जाएगा और वह अपने खिलाफ सजा का उतरादायी होगा।

   बशर्ते कि इस उपधारा में कुछ भी निहित नहीं है, इस तरह कोई भी व्यक्ति किसी भी सजा के लिए उत्तरदायी होगा, अगर वह यह सबित करता है कि अपराध में उसका कोई हाथ नहीं है या यह उसकी जानकारी के बिना हुआ है और उसने सभी संभव कार्रवाई की है तो वह दोषी नहीं समझा जाएगा।

   1. उपधारा (1) में ऐसा कुछ भी नहीं है, इसके बावजूद इस अधिनियम के अधीन कंपनी द्वारा अपराध किया गया है और यह साबित हो गया कि अपराध सहमति या तदबीर से प्रतिबद्ध हो किया गया है या अपराध कंपनी के किसी निदेशक, प्रबंधक, मैनेजिंग एजेंट या ऐसे किसी अधिकारी की लापरवाही से हुआ है, उसे अपराध के लिए दोषी माना जाएगा और उत्तरदायी को दंडित किया जाएगा।

व्याख्याः इस खंड के प्रयोजनों के लिए:

ए. 'कंपनी' का अर्थ कोई कार्पोरेट है, और इसमें एक फर्म या व्यक्तियों का एसोसिएशन शामिल है, और

बी. 'निदेशक' फर्म के संबंध में, का अर्थ फर्म के पार्टनर से है।

16. संज्ञेय अपराध होने पर

इसका अपराध प्रक्रिया संहिता 1973 से कोई मतलब नहीं है। इस अधिनियम के तहत किए गए अपराध संज्ञेय होंगे।

17. अधिकार क्षेत्र से जुड़ा प्रावधान

1. मेट्रोपालिटन और प्रथम श्रेणी के न्यायिक मजिस्ट्रेट से कम स्तर के न्यायालय में इस अधिनियम के अधीन अपराध की सुनवाई नहीं होगी।
2. इस अधिनियम के अधीन अभियोजन की प्रक्रिया तब तक प्रारंभ नहीं होगी जब तक कि कार्यकारी प्राधिकार से इसकी अनुमति न मिल जाए।
3. कोई कोर्ट इस अधिनियम के अधीन किए गए अपराध पर संज्ञान नहीं लेगी अगर यह शिकायत किसी खास व्यक्ति, विशेष प्राधिकारी या कार्यकारी प्राधिकारी द्वारा नहीं किया गया है।

18. अभियोजन की सीमाएं

कोई भी अदालत इस अधिनियम के अधीन इस दंडनीय अपराध का संज्ञान नहीं लेगी, जबतक कि अपराध होने की तिथि से तीन महीने के भीतर आरोपी के खिलाफ शिकायत दर्ज नहीं करायी जाती।

अध्याय 5

प्रकीर्ण

19. सूचना, रिपोर्ट और रिटर्न

इस अधिनियम के अधीन इसके कार्यों के संबंध में केन्द्र सरकार समय समय पर आवश्यक किसी व्यक्ति, अधिकारी, राज्य सरकार या किसी और प्राधिकार को रिपोर्ट, रिटर्न, आंकड़े और दूसरी सूचनाएं प्रस्तुत करने को कह सकती है, उचित समझे जाने पर और आवश्यकता हो तो ऐसे किसी व्यक्ति, अधिकारी, राज्य सरकार या किसी और प्राधिकार को इसके लिए बाध्य किया जा सकता है।

20. विश्वास के आधार पर की गई कार्रवाई की सुरक्षा

इस अधिनियम के अधीन सरकार या किसी अधिकारी या अन्य सरकारी कर्मचारी या गठित किसी अन्य प्राधिकार के खिलाफ कोई वाद, परिवाद या कानूनी कार्रवाई नहीं की जाएगी, या इस अधिनियम के अधीन योजनाओं के क्रियान्वयन या किसी सदस्य, अधिकारी या अन्य ऐसे प्राधिकार के कर्मचारी या प्राधिकरण जिसने आदेश, आज्ञा या नियम के पालन के दौरान अच्छी नीयत से कार्य किया है।

21. इस कानून से असहमत दूसरे कानूनों का इस पर प्रभाव

1. इस अधिनियम के प्रावधान की उप-धारा (2) के मामले में कोई नियम योजना या आदेश इस आधार पर प्रभावी नहीं होंगे, इसके बावजूद असंगत होने के सिवा इस अधिनियम, रीति रिवाजों, परंपरा अनुबंध, समझौता या दूसरे उपकरण के लागू होने के अलावा अन्य में निहित इस अधिनियम के प्रावधान ही मान्य होंगे।
2. इस अधिनियम के तहत किसी भी कार्य या चूक से हुए अपराध के लिए दंड का प्रावधान है, और किसी अन्य अधिनियम के तहत अपराधी ऐसे अपराध का दोषी पाया जाता है तो अन्य अधिनियम और इस अधिनियम के प्रावधानों के दायरे से छूट गया है वह दंड का भागी होंगा।

22. केन्द्र सरकार की कानून बनाने की शक्ति

1. केन्द्र सरकार अधिसूचना द्वारा, कानून बना कर प्रावधानों को अधिसूचित कर सकती है।
2. पूर्वगामी शक्ति की व्यापकता पर प्रतिकूल प्रभाव डाले बिना, इस तरह के नियम सभी के लिए उपलब्ध करा सकती है, या इनमें से कोई भी

   (अ) प्रोजेक्ट समिति की संरचना, निगरानी समिति की संरचना और दूसरे समितियों की संरचना धारा 13 के तहत उप-धारा 1 के तहत केंद्रीय सरकार गठित करेगी, शक्तियां व कार्य निष्पादन, सदस्यों की संख्या और इससे संबंधित दूसरे मसले और शर्तें और नियुक्ति के मामले इसी से संबंधित हैं।

   (ब) धारा 13 की उप-धारा 1 के तहत इसके लिए शुल्क और दूसरे भते समिति के सदस्यों को दिये जाएंगे।

3. इस अधिनियम के तहत केन्द्र सरकार द्वारा बनाए हर नियम को तुरंत लागू किया जाना चाहिए, ऐसा कानून बनाने के तुरंत बाद या संसद के सत्र प्रारंभ होने के कुल 30 दिनों के भीतर या अगर संसद सत्र आखिरी दौर में हो तो अगले सत्र के प्रारंभ में संसद के ऊपरी और निचले दोनों ही सदनों को इस नियम के सुधार पर सहमत होना चाहिए। कानून के किसी नियम में परिवर्तन या सुधार होने से पिछले नियम बिना किसी पूर्वाग्रह के समाप्त हो जाते हैं।

23. राज्य सरकार को कानून बनाने की शक्ति

1. राज्य सरकार अधिसूचना जारी कर आवश्यकता होने पर या केन्द्र सरकार के निर्देश पर कानून के अनुसार इस अधिनियम के प्रावधानों के तहत नियमों का निर्माण कर सकती है।
2. पूर्वगामी शक्ति की व्यापकता पर बिना पूर्वाग्रह प्रतिकूल प्रभाव डाले, इस तरह के नियम सभी के लिए उपलब्ध करा सकता है या इनमें से कोई भी -
   (1) राज्य समन्वय समितियों की संरचना और अन्य समितियों की संरचना धारा 13 के उप-धारा (4) के तहत राज्य सरकार करेगी, शक्तियां व कार्य निष्पादन, सदस्यों की संख्या और इससे संबंधित दूसरे मसले और शर्तें और नियुक्ति के मामले इसी से संबंधित है।
   (2) धारा 13 की उप-धारा (4) के तहत इसके लिए शुल्क और दूसरे भते समिति के सदस्यों को दिये जाएंगे।
   (3) कोई भी अन्य मामला जिसकी आवश्यकता हो या उसकी आवश्यकता पड़ सकती हो उसे प्रस्तावित किया जा सकता है।
3. इस अधिनियम के अधीन राज्य सरकार कोई भी नया कानून या पुराने कानून में संशोधन कर यथाशीघ्र विधानसभा में पारित करायेगी।

24. समस्याओं को दूर करने की शक्ति

1. अगर इस अधिनियम को लागू करने के दौरान किसी तरह की समस्या आती है तो केन्द्रीय सरकार शासकीय राजपत्र में प्रकाशित कर ऐसे नियमों को रद्द कर सकती है जो इस कानून के प्रावधानों से असंगत हों, इस तरह वह कानून के पालन में होने वाली मुश्किलों को दूर कर सकती है। लेकिन राज्य में ऐसा कानून लागू होने के तीन साल के भीतर करना होगा।
2. इस धारा के तहत बनाए गये प्रत्येक आदेश, इसके बनने के तुरंत बाद संसद के प्रत्येक सदन के पटल पर रखे जाएंगे।

स्रोतः ब्रोकेन पीपुल. कास्ट वॉयलेंस अगेंस्ट इंडियाज 'अनटचेबल्स' (पेज-250–64). 2001. ह्यूम राइट्स वाच, बुक्स फार चेंज.

संलग्नक VII

जनसांख्यिकीय रूपरेखा

तालिका 7A.1

भारत की कुल जनसंख्या

सं क्र.	राज्य	*1981*	*1991*	*2001*
1.	आंध्र प्रदेश	53,549,673	66,508,008	76,210,007
2.	असम	–	22,414,322	26,655,528
3.	बिहार (झारखंड शामिल)	69,914,734	86,374,465	109,944,338
4.	गुजरात	34,085,799	41,309,582	50,671,017
5.	हरियाणा	12,922,618	16,463,648	21,144,564
6.	हिमाचल प्रदेश	4,280,818	5,170,877	6,077,900
7.	जम्मू और कश्मीर	5,987,389	–	10,143,700
8.	कर्नाटक	37,135,714	44,977,201	52,850,562
9.	केरल	25,453,680	29,098,518	31,841,374
10.	मध्य प्रदेश (छत्तीसगढ़ शामिल)	52,178,844	66,181,170	81,181,826
11.	महाराष्ट्र	62,784,171	78,937,187	96,878,627
12.	उड़ीसा	26,370,271	31,659,736	36,804,660
13.	पंजाब	16,788,915	20,281,969	24,358,999
14.	राजस्थान	34,261,862	44,005,990	56,507,188
15.	तमिलनाडु	48,408,077	55,858,946	62,405,679
16.	उत्तर प्रदेश (उत्तरांचल शामिल)	110,862,013	139,112,287	174,687,270
17.	पश्चिम बंगाल	54,580,647	68,077,965	80,176,197
अन्य राज्य तथा केन्द्र शासित प्रदेश				
18.	अरुणाचल प्रदेश	631,839	864,558	1,097,968
19.	छत्तीसगढ़	–	–	10,833,803
20.	गोवा	1,086,730	1,169,793	1,347,668
.	गोवा (दमन और दीव)	1,086,730	1,271,379	1,505,872
21.	झारखंड*	–	–	26,945,829
22.	मणिपुर	1,420,953	1,837,149	2,166,788
(2001 में 3 उप विभाजनों को छोड़कर)				
23.	मेघालय	1,335,819	1,774,778	2,318,822
24.	मिज़ोरम	493,757	689,756	888,573

(तालिका 7A.1 जारी)

(तालिका 7A.1 जारी)

सं क्र.	राज्य	*1981*	*1991*	*2001*
25.	नागालैंड	774,930	1,209,546	1,990,036
26.	सिक्किम	316,385	406,457	540,851
27.	त्रिपुरा	2,053,058	2,757,205	3,199,203
28.	उत्तरांचल*	–	–	8,489,349
29.	अंडमान व नोकोबार द्वीप समूह	188,741	280,661	356,152
30.	चंडीगढ़	451,610	642,015	900,635
31.	दादरा और नगर हवेली	103,676	138,477	220,490
32.	दमन और दीव	–	101,586	158,204
33.	दिल्ली	6,220,406	9,420,406	13,850,507
34.	लक्षद्वीप	40,249	51,707	60,650
35.	पांडिचेरी	604,471	807,785	974,345
	भारत	665,287,849	838,583,988	1,028,610,328

स्रोत: 1. संघ प्राथमिक जनगणना सार, सामान्य जनसंख्या, भारत की जनगणना, 1981, श्रृंखला I, भाग (i).
2. संघ प्राथमिक जनगणना सार, सामान्य जनसंख्या, भारत की जनगणना, 1994, श्रृंखला I, भाग (i).
3. भारत के महापंजीयक का कार्यालय, भारत की जनगणना, 2001.

नोट्स: 1. जनगणना 1981 में 1991 में जम्मू-कश्मीर में आयोजित नहीं किया गया था।
2. वर्ष 1981 के लिए दमन और दीव के लिए डेटा गोवा में शामिल किया गया है।
* नए राज्यों का वर्ष 2000 में गठन किया गया।

तालिका 7A.2

भारत की अनुसूचित जाति जनसंख्या

सं क्र.	राज्य	*1981*	*1991*	*2001*
1.	आंध्र प्रदेश	7.961,730 (14.87)	10,592,066 (15.93)	12,339,496 (16.19)
2.	असम	–	12,571,700 (7.40)	1,825,949 (6.85)
3.	बिहार (झारखंड शामिल)	10,142,368 (14.51)	1,659,412 (14.55)	16,237,928 (14.77)
4.	गुजरात	2,438,497 (7.15)	3,060,358 (7.41)	3,592,715 (7.09)
5.	हरियाणा	2,464,012 (19.07)	3,250,933 (19.75)	4,091,110 (19.35)
6.	हिमाचल प्रदेश	1,053,958 (24.62)	1,310,296 (25.34)	1,502,170 (24.72)
7.	जम्मू और कश्मीर	4,97,363 (8.31)	–	770,155 (7.59)
8.	कर्नाटक	5,595,353 (15.07)	7,369,279 (16.38)	8,563,930 (16.20)
9.	केरल	2,549,382 (10.02)	2,886,522 (9.92)	3,123,941 (9.81)
10.	मध्य प्रदेश (छत्तीसगढ़ शामिल)	7,358,533 (14.10)	9,626,679 (14.55)	11,573,899 (14.26)
11.	महाराष्ट्र	4,479,763 (7.14)	8,757,842 (11.09)	9,881,656 (10.20)
12.	उड़ीसा	3,865,543 (14.66)	5,129,314 (16.20)	6,082,063 (16.53)
13.	पंजाब	4,511,703 (26.87)	5,742,528 (28.31)	7,028,723 (28.85)
14.	राजस्थान	5,838,879 (17.04)	7,607,820 (17.29)	9,694,462 (17.16)
15.	तमिलनाडु	8,881,295 (18.35)	10,712,266 (19.18)	11,857,504 (19.00)
16.	उत्तर प्रदेश (उत्तरांचल शामिल)	23,453,339 (21.16)	29,276,455 (21.05)	36,665,563 (20.99)

(तालिका 7A.2 जारी)

(तालिका 7A.2 जारी)

सं क्र.	राज्य	*1981*	*1991*	*2001*
17.	पश्चिम बंगाल	12,000,768 (21.99)	16,080,611 (23.62)	18,452,555 (23.02)
	अन्य राज्य तथा केन्द्र शासित प्रदेश			
18.	अरुणाचल प्रदेश	2,919 (0.46)	4,052 (0.47)	6,188 (0.56)
19.	छत्तीसगढ़*	–	–	2,418,722
20.	गोवा (दमन और दीव शामिल)	23.432 (2.16)	28,255 (2.22)	28,629 (1.90)
21.	झारखंड*	–	–	3,189,320
22.	मणिपुर (2001 में 3 उप विभाजनों को छोड़कर)	17,753 (1.25)	37,105 (2.02)	60,037 (0.48)
23.	मेघालय	5,492 (0.41)	9,072 (0.51)	11,139 (0.48)
24.	मिज़ोरम	135 (0.03)	691 (0.10)	272 (0.03)
25.	नागालैंड	0	0	0
26.	सिक्किम	18,281 (5.78)	24,084 (5.93)	27,165 (5.02)
27.	त्रिपुरा	310,384 (15.12)	451,116 (16.36)	555,724 (17.37)
28.	उत्तरांचल*	–	–	0
29.	अंडमान व नोकोबार द्वीप समूह	0	0	0
30.	चंडीगढ़	63,621(14.09)	105,977 (16.51)	157,597 (1.86)
31.	दादरा और नगर हवेली	2,041(1.97)	2,730 (1.97)	4,104 (1.86)
32.	दमन और दीव	–	3,891 (3.83)	4,838 (3.06)
33.	दिल्ली	1,121,643	1,794,836	2,343,255
34.	लक्षद्वीप	0	0	0
35.	पांडिचेरी	96,636 (15.99)	131,278 (16.48)	157,771 (16.99)
	भारत	104,754,623 (15.75)	138,223,277 (16.48)	166,635,700 (16.20)

स्रोत: तालिका 7A.1 के समान

नोट्स: 1. जनगणना 1991 में जम्मू और कश्मीर में तथा 1981 में असम में आयोजित नहीं किया गया था.

2. वर्ष 1981 के लिए दमन और दीव के लिए डेटा गोवा में शामिल है।

3. कोई अनुसूचित जाति कोई अनुसूचित जातियों को नागालैंड, अंडमान और निकोबार द्वीप समूह और लक्षद्वीप के लिए भारत के राष्ट्रपति द्वारा निर्धारित नहीं किया गया।

4. कोष्ठक में आंकड़ों से राज्य की कुल जनसंख्या में अनुसूचित जाति की आबादी की प्रतिशत हिस्सेदारी का संकेत मिलता है।

* इन नए राज्यों का वर्ष 2000 में गठन किया गया.

तालिका 7A.3

सामाजिक समूहों के आधार पर भारत की जनसंख्या में राज्यों की हिस्सेदारी, 2001

(प्रतिशत में)

सं क्र.	*राज्य*	*अजा*	*अजजा*	*गैर-अजा/अजजा*	*कुल*
1.	आंध्र प्रदेश	7.4051	5.9579	7.5672	7.4090
2.	असम	1.0958	3.9235	2.7674	2.5914
3.	बिहार	7.8306	0.8993	8.8975	8.0690
4.	छत्तीसगढ़	1.4515	7.8464	1.5172	2.0254

(तालिका 7A.3 जारी)

(तालिका 7A.3 जारी)

(प्रतिशत में)

सं क्र.	*राज्य*	*अजा*	*अजजा*	*गैर-अजा/अजजा*	*कुल*
5.	गुजरात	2.1560	8.8717	5.0919	4.9262
6.	हरियाणा	2.4551	0	2.1930	2.0556
7.	हिमाचल प्रदेश	0.9015	0.2900	0.5570	0.5909
8.	जम्मू और कश्मीर	0.4622	1.3115	1.0631	0.9862
9.	झारखंड	1.9139	8.4043	2.1436	2.6196
10.	कर्नाटक	5.1393	4.1078	5.2495	5.1381
11.	केरल	1.8747	0.4319	3.6460	3.0956
12.	मध्य प्रदेश	5.4941	14.5073	5.0099	5.8669
13.	महाराष्ट्र	5.9301	10.1715	10.0842	9.4184
14.	उड़ीसा	3.6499	9.6590	2.9033	3.5781
15.	पंजाब	4.2180	0	2.2285	2.3681
16.	राजस्थान	5.8178	8.4170	5.1071	5.4935
17.	तमिलनाडु	7.1158	0.7724	6.4164	6.0670
18.	उत्तर प्रदेश	21.0929	0.1280	16.8381	16.1575
19.	उत्तरांचल	0.9105	0.3037	0.8636	0.8253
20.	पश्चिम बंगाल	11.0736	5.2259	7.3705	7.7946
अन्य राज्य तथा केन्द्र शासित प्रदेश					
21.	अरुणाचल प्रदेश	0.0037	0.8362	0.0497	0.1067
22.	गोवा	0.0143	0.0007	0.1702	0.1310
23.	मणिपुर *(2001 में 3 उप विभाजनों को छोड़कर)*	0.0360	0.8789	0.1756	0.2107
24.	मेघालय	0.0067	2.3633	0.0405	0.2254
25.	मिज़ोरम	0.0002	0.9953	0.0063	0.0864
26.	नागालैंड	0	2.1038	0.0278	0.1935
27.	सिक्किम	0.0163	0.1321	0.0517	0.0526
28.	त्रिपुरा	0.3335	1.1781	0.2122	0.3110
29.	अंडमान व नोकोबार द्वीप समूह	0	0.0349	0.0420	0.0346
30.	चंडीगढ़	0.0946	0	0.0955	0.0876
31.	दादरा और नगर हवेली	0.0025	0.1627	0.0102	0.0214
32.	दमन और दीव	0.0029	0.0166	0.0179	0.0154
33.	दिल्ली	1.4062	0	1.4797	1.3465
34.	लक्षद्वीप	0	0.0680	0.0004	0.0059
35.	पांडिचेरी	0.0947	0	0.1050	0.0947
	भारत	100	100	100	100

स्रोत: भारत के महापंजीयक का कार्यालय, भारत की जनगणना 2001

नोट्स: 1. कोई अनुसूचित जातियों को नागालैंड, अंडमान निकोबार द्वीप समूह और लक्षद्वीप के लिए भारत के राष्ट्रपति द्वारा निधारित नहीं किया गया.

2. हरियाणा, पंजाब, चंडीगढ़, दिल्ली और पांडिचेरी के लिए कोई अनुसूचित जनजाति भारत के राष्ट्रपति द्वारा निधारित नहीं किया गया.

तालिका 7A.4

अनुसूचित जाति की आबादी की वार्षिक चक्रवृद्धि विकास दर

(प्रतिशत में)

सं क्र.	राज्य	*1981–91*	*1991–2001*	*1981–2001*
1.	आंध्र प्रदेश	2.90	1.54	2.21
2.	असम	–	0.96	–
3.	बिहार (झारखंड शामिल)	2.17	2.59	2.38
4.	गुजरात	2.30	1.62	1.96
5.	हरियाणा	2.81	2.33	2.57
6.	हिमाचल प्रदेश	2.20	1.38	1.79
7.	जम्मू और कश्मीर	–	–	2.21
8.	कर्नाटक	2.79	1.51	2.15
9.	केरल	1.25	0.79	1.02
10.	मध्य प्रदेश (छत्तीसगढ़ शामिल)	2.72	1.86	2.29
11.	महाराष्ट्र	6.93	1.21	4.03
12.	उड़ीसा	2.87	1.72	2.29
13.	पंजाब	2.44	2.04	2.24
14.	राजस्थान	2.68	2.45	2.57
15.	तमिलनाडु	1.89	1.02	1.46
16.	उत्तर प्रदेश (उत्तरांचल शामिल)	2.24	2.28	2.26
17.	पश्चिम बंगाल	2.97	1.39	2.17
अन्य राज्य तथा केन्द्र शासित प्रदेश				
18.	अरुणाचल प्रदेश	3.33	4.32	3.83
19.	गोवा (दमन और दीव शामिल)	1.89	0.13	1.01
20.	मणिपुर (2001 में 3 उप विभाजनों को छोड़कर)	7.65	4.93	6.28
21.	मेघालय	5.15	2.07	3.60
22.	मिज़ोरम	17.74	–8.90	3.56
23.	नागालैंड	–	–	–
24.	सिक्किम	2.80	1.21	2.00
25.	त्रिपुरा	3.81	2.11	2.96
26.	अंडमान व नोकोबार द्वीप समूह	–	–	–
27.	चंडीगढ़	5.24	4.05	4.64
28.	दादरा और नगर हवेली	2.95	4.16	3.55
29.	दमन और दीव	–	2.20	–
30.	दिल्ली	4.81	2.70	3.75
31.	लक्षद्वीप	–	–	–
32.	पांडिचेरी	3.11	1.86	2.48
	भारत	2.81*	1.89*	2.35*

स्रोत: भारत के महापंजीयक का कार्यालय, भारत की जनगणना 2001

नोट्स: 1. 1991 में में जम्मू-कश्मीर और 1981 में असम में जनगणना आयोजित नहीं किया गया था.

2. दमन और दीव के लिए वर्ष 1981 के लिए डेटा गोवा में शामिल है.

3. कोई अनुसूचित जातियों को नागालैंड, अंडमान और निकोबार द्वीप समूह और लक्षद्वीप के लिए भारत के राष्ट्रपति द्वारा निर्धारित नहीं किया गया.

* विकास दरों का अनुमान यहाँ 1991 में जम्मू और कश्मीर और 1981 में असम की जनसंख्या को शामिल नहीं करता है क्योंकि इन राज्यों में जनगणना दिया वर्षों के लिए आयोजित नहीं किया गया था, और इसलिए सरकार द्वारा दी गई रिपोर्ट से मामूली रूप से अधिक होते हैं, जिसमे दो राज्यों के इंटरपोलेटेड जनसंख्या के अनुमान शामिल है।

तालिका 7A.5

गैर-अनुसूचित जाति/जनजाति की आबादी की वार्षिक चक्रवृद्धि विकास दर

(प्रतिशत में)

सं क्र.	*राज्य*	*1981–91*	*1991–2001*	*1981–2001*
1.	आंध्र प्रदेश	2.00	1.30	1.65
2.	असम	–	1.87	–
3.	बिहार (झारखंड शामिल)	2.22	2.48	2.35
4.	गुजरात	1.82	2.13	1.97
5.	हरियाणा	2.37	2.58	2.47
6.	हिमाचल प्रदेश	1.86	1.75	1.80
7.	जम्मू और कश्मीर	–	–	2.07
8.	कर्नाटक	1.85	1.35	1.60
9.	केरल	1.35	0.91	1.13
10.	मध्य प्रदेश (छत्तीसगढ़ शामिल)	2.28	2.12	2.20
11.	महाराष्ट्र	1.81	2.24	2.02
12.	उड़ीसा	1.63	1.48	1.55
13.	पंजाब	1.71	1.77	1.74
14.	राजस्थान	2.47	2.53	2.50
15.	तमिलनाडु	1.34	1.13	1.24
16.	उत्तर प्रदेश (उत्तरांचल शामिल)	2.31	2.31	2.31
17.	पश्चिम बंगाल	2.01	1.75	1.88
अन्य राज्य तथा केन्द्र शासित प्रदेश				
18.	अरुणाचल प्रदेश	5.15	2.23	3.68
19.	गोवा (दमन और दीव शामिल)	1.58	1.74	1.66
20.	मणिपुर *(2001 में 3 उप विभाजनों को छोड़कर)*	1.41	1.58	1.49
21.	मेघालय	–0.25	2.42	1.08
22.	मिज़ोरम	1.13	3.27	2.20
23.	नागालैंड	1.83	3.80	2.81
24.	सिक्किम	2.65	3.27	2.96
25.	त्रिपुरा	2.29	1.28	1.78
26.	अंडमान व नोकोबार द्वीप समूह	4.32	2.55	3.43
27.	चंडीगढ़	3.29	3.32	3.30
28.	दादरा और नगर हवेली	2.84	11.62	7.14
29.	दमन और दीव	–	4.95	–
30.	दिल्ली	4.11	4.20	4.15
31.	लक्षद्वीप	3.60	–0.62	1.46
32.	पांडिचेरी	2.91	1.90	2.48
	भारत	2.20*	2.09	2.14

स्रोत: भारत के महापंजीयक का कार्यालय, भारत की जनगणना 2001

नोट्स: 1. 1991 में में जम्मू-कश्मीर और 1981 में असम में जनगणना आयोजित नहीं किया गया था.

2. दमन और दीव के लिए वर्ष 1981 के लिए डेटा गोवा में शामिल है.

तालिका 7A.6

सभी समूहों की वार्षिक चक्रवृद्धि विकास दर

(प्रतिशत में)

सं क्र.	राज्य	*1981–91*	*1991–2001*	*1981–2001*
1.	आंध्र प्रदेश	2.19	1.37	1.78
2.	असम	–	1.75	–
3.	बिहार (झारखंड शामिल)	2.14	2.44	2.29
4.	गुजरात	1.94	2.06	2.00
5.	हरियाणा	2.45	2.53	2.49
6.	हिमाचल प्रदेश	1.91	1.63	1.77
7.	जम्मू और कश्मीर	–	–	2.67
8.	कर्नाटक	1.93	1.63	1.78
9.	केरल	1.35	0.90	1.13
10.	मध्य प्रदेश (छत्तीसगढ़ शामिल)	2.41	2.06	2.23
11.	महाराष्ट्र	2.32	2.07	2.19
12.	उड़ीसा	1.84	1.52	1.68
13.	पंजाब	1.91	1.85	1.88
14.	राजस्थान	2.53	2.53	2.53
15.	तमिलनाडु	1.44	1.11	1.28
16.	उत्तर प्रदेश (उत्तरांचल शामिल)	2.30	2.30	2.30
17.	पश्चिम बंगाल	2.23	1.65	1.94
अन्य राज्य तथा केन्द्र शासित प्रदेश				
18.	अरुणाचल प्रदेश	3.19	2.42	2.80
19.	गोवा (दमन और दीव शामिल)	1.58	1.71	1.64
20.	मणिपुर (2001 में 3 उप विभाजनों को छोड़कर)	2.60	1.66	2.13
21.	मेघालय	2.88	2.71	2.80
22.	मिज़ोरम	3.40	2.57	2.98
23.	नागालैंड	4.55	5.11	4.83
24.	सिक्किम	2.54	2.90	2.72
25.	त्रिपुरा	2.99	1.50	2.24
26.	अंडमान व नोकोबार द्वीप समूह	4.05	2.41	3.23
27.	चंडीगढ़	3.58	3.44	3.51
28.	दादरा और नगर हवेली	2.94	4.76	3.84
29.	दमन और दीव	–	4.53	–
30.	दिल्ली	4.24	3.93	4.08
31.	लक्षद्वीप	2.54	1.61	2.07
32.	पांडिचेरी	2.94	1.89	2.42
	भारत	2.34*	2.06*	2.20*

स्रोत: भारत के महापंजीयक का कार्यालय, भारत की जनगणना 2001

नोट्स: 1. 1991 में में जम्मू-कश्मीर और 1981 में असम में जनगणना आयोजित नहीं किया गया था.

2. दमन और दीव के लिए वर्ष 1981 के लिए डेटा गोवा में शामिल है.

* विकास दरों का अनुमान यहाँ 1991 में जम्मू और कश्मीर और 1981 में असम की जनसंख्या को शामिल नहीं करता है क्योंकि इन राज्यों में जनगणना दिया वर्षों के लिए आयोजित नहीं किया गया था, और इसलिए सरकार द्वारा दी गई रिपोर्ट से मामूली रूप से अधिक होते हैं, जिसमे दो राज्यों के इंटरपोलेटेड जनसंख्या के अनुमान शामिल है।

तालिका 7A.7

कुल अनुसूचित जाति की जनसंख्या में अनुसूचित जाति पुरुष और महिला जनसंख्या की प्रतिशत हिस्सेदारी

		पुरुष			महिला		
सं क्र.	राज्य	*1981*	*1991*	*2001*	*1981*	*1991*	*2001*
1.	आंध्र प्रदेश	50.73	49.21	50.47	49.27	49.21	49.53
2.	असम	–	47.90	51.68	–	47.90	48.32
3.	बिहार	50.86	47.74	52.00	49.14	47.74	48.00
	बिहार (झारखंड शामिल)			51.89			48.11
4.	छत्तीसगढ़			50.16			49.84
5.	गुजरात	51.49	48.06	51.95	48.51	48.06	48.05
6.	हरियाणा	53.66	46.24	53.50	46.34	46.24	46.50
7.	हिमाचल प्रदेश	51.04	49.17	50.82	48.96	49.17	49.18
8.	जम्मू और कश्मीर	52.03	–	52.36	47.97	–	47.64
9.	झारखंड			51.44			48.56
10.	कर्नाटक	50.82	50.97	50.67	49.18	49.03	49.33
11.	केरल	49.46	49.28	48.82	50.54	50.72	51.18
12.	मध्य प्रदेश	51.75	52.23	52.48	48.25	47.77	47.52
	मध्य प्रदेश (छत्तीसगढ़ शामिल)			52.00			48.00
13.	महाराष्ट्र	51.32	51.44	51.24	48.68	48.56	48.76
14.	उड़ीसा	50.29	50.62	50.53	49.71	49.38	49.47
15.	पंजाब	53.55	53.29	52.85	46.45	46.61	47.15
16.	राजस्थान	52.28	52.67	52.27	47.72	47.33	47.73
17.	तमिलनाडु	50.50	50.55	50.04	49.50	49.45	49.96
18.	उत्तर प्रदेश	52.86	53.28	52.64	47.14	46.72	47.36
19.	उत्तर प्रदेश (उत्तरांचल शामिल)			52.59			47.41
20.	पश्चिम बंगाल	51.93	51.78	51.32	48.07	48.22	48.68
अन्य राज्य तथा केन्द्र शासित प्रदेश							
21.	अरुणाचल प्रदेश	62.80	61.48	58.02	37.20	38.52	41.98
22.	गोवा (दमन और दीव शामिल)	50.30	50.85	50.81	49.70	49.15	49.19
23.	मणिपुर (3 उप विभाजनों को छोड़कर)	51.12	50.68	49.86	48.88	49.32	50.14
24.	मेघालय	55.86	54.91	53.15	44.14	45.09	46.85
25.	मिज़ोरम	88.89	86.40	77.94	11.11	13.60	22.06
26.	नागालैंड	0	0	0	0	0	0
27.	सिक्किम	52.28	51.59	50.83	47.72	48.41	49.17
28.	त्रिपुरा	51.48	51.32	50.96	48.52	48.68	49.04
29.	अंडमान और निकोबार द्वीप समूह	0	0	0	0	0	0
30.	चंडीगढ़	56.73	55.25	54.69	43.27	44.75	45.31
31.	दादरा और नगर हवेली	46.89	51.94	52.61	53.11	48.06	47.39
32.	दमन और दीव		48.37	51.63		51.63	48.37
33.	दिल्ली	55.15	54.53	53.99	44.85	45.47	46.01

(तालिका 7A.7 जारी)

(तालिका 7A.7 जारी)

सं क्र.	राज्य	पुरुष 1981	पुरुष 1991	पुरुष 2001	महिला 1981	महिला 1991	महिला 2001
34.	लक्षद्वीप	0	0	0	0	0	0
35.	पांडिचेरी	50.92	50.42	49.53	49.08	49.58	50.47
	भारत	51.75	52.04	51.66	48.25	47.96	48.34

स्रोत: भारत के महापंजीयक का कार्यालय, भारत की जनगणना 2001

नोट्स: कोई अनुसूचित जातियों को नागालैंड, अंडमान और निकोबार द्वीप समूह और लक्षद्वीप के लिए भारत के राष्ट्रपति द्वारा निर्धारित नहीं किया गया.

तालिका 7A.8

अनुसूचित जाति जनसंख्या और कुल जनसंख्या का लिंग अनुपात

सं क्र.	राज्य	अनुसूचित जाति 1981	अनुसूचित जाति 1991	अनुसूचित जाति 2001	कुल जनसंख्या 1981	कुल जनसंख्या 1991	कुल जनसंख्या 2001
1.	आंध्र प्रदेश	971	969	981	975	972	978
2.	असम	–	919	935	–	923	935
3.	बिहार (झारखंड शामिल)	966	914	927	946	911	924
4.	गुजरात	942	925	925	942	934	920
5.	हरियाणा	864	860	869	870	865	861
6.	हिमाचल प्रदेश	959	967	968	973	976	968
7.	जम्मू और कश्मीर	922	–	910	892	–	892
8.	कर्नाटक	968	962	973	963	960	965
9.	केरल	1,022	1,029	1,048	1,032	1,036	1,058
10.	मध्य प्रदेश (छत्तीसगढ़ शामिल)	932	915	923	941	931	937
11.	महाराष्ट्र	948	944	952	937	934	922
12.	उड़ीसा	988	975	979	981	971	972
13.	पंजाब	868	873	892	879	882	876
14.	राजस्थान	913	899	913	919	910	921
15.	तमिलनाडु	980	978	999	977	974	987
16.	उत्तर प्रदेश (उत्तरांचल शामिल)	892	877	901	885	879	901
17.	पश्चिम बंगाल	926	931	949	911	917	934
	अन्य राज्य तथा केन्द्र शासित प्रदेश						
18.	अरुणाचल प्रदेश	592	627	724	862	859	893
19.	गोवा (दमन और दीव शामिल)	988	967	968	981	967	931
20.	मणिपुर (2001 में 3 उप विभाजनों को छोड़कर)	956	973	1,066	971	958	978
21.	मेघालय	790	821	882	954	955	972
22.	मिज़ोरम	125	157	283	919	921	935
23.	नागालैंड	–	–	–	863	886	900
24.	सिक्किम	913	939	967	835	878	875

(तालिका 7A.8 जारी)

(तालिका 7A.8 जारी)

सं क्र.	राज्य	अनुसूचित जाति			कुल जनसंख्या		
		1981	*1991*	*2001*	*1981*	*1991*	*2001*
25.	त्रिपुरा	942	949	962	946	945	948
26.	अंडमान व नोकोबार द्वीप समूह	–	–	–	760	818	846
27.	चंडीगढ़	763	810	829	769	790	779
28.	दादरा और नगर हवेली	1,133	925	901	974	952	812
29.	दमन और दीव	–	1,067	937	–	969	710
30.	दिल्ली	813	834	852	808	827	821
31.	लक्षद्वीप	–	–	–	975	943	948
32.	पांडिचेरी	964	983	1,019	985	979	1,001
	भारत	932	922	936	934	927	933

स्रोत*:* 1. संघ प्राथमिक जनगणना सार, अनुसूचित जाति की जनसंख्या, भारत की जनगणना,1981, श्रृंखला I, भाग (ii).

2. संघ प्राथमिक जनगणना सार, अनुसूचित जाति की जनसंख्या, भारत की जनगणना,1991, श्रृंखला I, भाग (ii).

3. भारत के महापंजीयक के कार्यालय, भारत की जनगणना, 2001.

नोट्स: 1. 1991 में में जम्मू-कश्मीर और 1981 में असम में जनगणना आयोजित नहीं किया गया था.

2. दमन और दीव के लिए वर्ष 1981 के लिए डेटा गोवा में शामिल है.

3. कोई अनुसूचित जातियों को नागालैंड, अंडमान और निकोबार द्वीप समूह और लक्षद्वीप के लिए भारत के राष्ट्रपति द्वारा निर्धारित नहीं किया गया.

तालिका 7A.9
अनुसूचित जाति जनसंख्या की ऊर्ध्वाधर हिस्सेदारी

सं क्र.	राज्य	कुल	पुरुष	महिला
1.	आंध्र प्रदेश	7.4051	7.2344	7.5875
2.	असम	1.0958	1.0962	1.0954
3.	बिहार	7.8306	7.8810	7.7767
	बिहार (झारखंड शामिल)	9.7446	9.7867	9.6995
4.	छत्तीसगढ़	1.4515	1.4092	1.4967
5.	गुजरात	2.1560	2.1679	2.1434
6.	हरियाणा	2.4551	2.5422	2.3620
7.	हिमाचल प्रदेश	0.9015	0.8867	0.9173
8.	जम्मू और कश्मीर	0.4622	0.4684	0.4555
9.	झारखंड	1.9139	1.9057	1.9228
10.	कर्नाटक	5.1393	5.0410	5.2444
11.	केरल	1.8747	1.7716	1.9850
12.	मध्य प्रदेश	5.4941	5.5813	5.4009
	मध्य प्रदेश (छत्तीसगढ़ शामिल)	6.9456	6.9905	6.8976
13.	महाराष्ट्र	5.9301	5.8812	5.9823
14.	उड़ीसा	3.6499	3.5699	3.7354

(तालिका 7A.9 जारी)

(तालिका 7A.9 जारी)

सं क्र.	राज्य	कुल	पुरुष	महिला
15.	पंजाब	4.2180	4.3146	4.1148
16.	राजस्थान	5.8178	5.8866	5.7442
17.	तमिलनाडु	7.1158	6.8916	7.3554
18.	उत्तर प्रदेश	21.0929	21.4927	20.6656
	उत्तर प्रदेश (उत्तरांचल शामिल)	22.0929	22.3997	21.5799
19.	उत्तरांचल	0.9105	0.9069	0.9143
20.	पश्चिम बंगाल	11.0736	10.9999	11.1524
अन्य राज्य तथा केन्द्र शासित प्रदेश				
21.	अरुणाचल प्रदेश	0.0037	0.0042	0.0032
22.	गोवा (दमन और दीव शामिल)	0.0172	0.0169	0.0175
23.	मणिपुर (3 उप विभाजनों को छोड़कर)	0.0360	0.0348	0.0374
24.	मेघालय	0.0067	0.0069	0.0065
25.	मिज़ोरम	0.0002	0.0002	0.0001
26.	नागालैंड	0	0	0
27.	सिक्किम	0.0163	0.0160	0.0166
28.	त्रिपुरा	0.3335	0.3289	0.3384
29.	अंडमान और निकोबार द्वीप समूह	0	0	0
30.	चंडीगढ़	0.0946	0.1001	0.0887
31.	दादरा और नगर हवेली	0.0025	0.0025	0.0024
32.	दमन और दीव	0.0029	0.0029	0.0029
33.	दिल्ली	1.4062	1.4696	1.3384
34.	लक्षद्वीप	0	0	0
35.	पांडिचेरी	0.0947	0.0908	0.0989
	भारत	100	100	100

स्रोत: भारत के महापंजीयक का कार्यालय, भारत की जनगणना 2001

नोट: कोई अनुसूचित जातियों को नागालैंड, अंडमान और निकोबार द्वीप समूह और लक्षद्वीप के लिए भारत के राष्ट्रपति द्वारा निर्धारित नहीं किया गया.

तालिका 7A.10

राज्य की कुल जनसंख्या में लिंग के आधार पर अनुसूचित जाति की जनसंख्या का प्रतिशत

सं क्र.	राज्य	कुल	पुरुष	महिला
1.	आंध्र प्रदेश	16.19	8.17	8.02
2.	असम	6.85	3.54	3.31
3.	बिहार	15.72	8.17	7.55
	बिहार (झारखंड शामिल)	14.77	7.66	7.11
4.	छत्तीसगढ़	11.61	5.82	5.79
5.	गुजरात	7.09	3.68	3.41

(तालिका 7A.10 जारी)

(तालिका 7A.10 जारी)

सं क्र.	राज्य	कुल	पुरुष	महिला
6.	हरियाणा	19.35	10.35	9.00
7.	हिमाचल प्रदेश	24.72	12.56	12.16
8.	जम्मू और कश्मीर	7.59	3.98	3.62
9.	झारखंड	11.84	6.09	5.75
10.	कर्नाटक	16.20	8.21	7.99
11.	केरल	9.81	4.79	5.02
12.	मध्य प्रदेश	15.17	7.96	7.21
	मध्य प्रदेश (छत्तीसगढ़ शामिल)	14.26	7.41	6.84
13.	महाराष्ट्र	10.20	5.23	4.97
14.	उड़ीसा	16.53	8.35	8.18
15.	पंजाब	28.85	15.25	13.61
16.	राजस्थान	17.16	8.97	8.19
17.	तमिलनाडु	19.00	9.51	9.49
18.	उत्तर प्रदेश	21.15	11.13	10.02
	उत्तर प्रदेश (उत्तरांचल शामिल)	20.99	11.04	9.95
19.	उत्तरांचल	17.87	9.20	8.67
20.	पश्चिम बंगाल	23.02	11.81	11.20
अन्य राज्य तथा केन्द्र शासित प्रदेश				
21.	अरुणाचल प्रदेश	0.56	0.33	0.24
22.	गोवा	1.77	0.89	0.87
	गोवा (दमन और दीव शामिल)	1.90	0.97	0.94
23.	मणिपुर (3 उप विभाजनों को छोड़कर)	2.77	1.38	1.39
24.	मेघालय	0.48	0.26	0.23
25.	मिज़ोरम	0.03	0.02	0.01
26.	नागालैंड	0	0	0
27.	सिक्किम	5.02	2.55	2.47
28.	त्रिपुरा	17.37	8.85	8.52
29.	अंडमान और निकोबार द्वीप समूह	0	0	0
30.	चंडीगढ़	17.50	9.57	7.93
31.	दादरा और नगर हवेली	1.86	0.98	0.88
32.	दमन और दीव	3.06	1.58	1.48
33.	दिल्ली	16.92	8.02	8.17
34.	लक्षद्वीप	0	0	0
35.	पांडिचेरी	16.19	8.02	8.17
	भारत	16.20	8.37	7.83

स्रोत: भारत के महापंजीयक का कार्यालय, भारत की जनगणना 2001

नोट: कोई अनुसूचित जातियों को नागालैंड, अंडमान और निकोबार द्वीप समूह और लक्षद्वीप के लिए भारत के राष्ट्रपति द्वारा निर्धारित नहीं किया गया।

तालिका 7A.11

अनुसूचित जाति पुरुष और महिला जनसंख्या की वार्षिक चक्रवृद्धि विकास दर

		1981–91		*1991–2001*		*1981–2001*	
सं क्र.	*राज्य*	*पुरुष*	*महिला*	*पुरुष*	*महिला*	*पुरुष*	*महिला*
1.	आंध्र प्रदेश	2.91	2.88	1.48	1.60	2.19	2.24
2.	असम	–	–	0.88	1.05	–	–
3.	बिहार (झारखंड शामिल)	2.45	1.88	2.52	2.67	2.48	2.27
4.	गुजरात	2.39	2.20	1.62	1.62	2.00	1.91
5.	हरियाणा	2.83	2.79	2.27	2.38	2.55	2.59
6.	हिमाचल प्रदेश	2.16	2.25	1.37	1.38	1.76	1.81
7.	जम्मू और कश्मीर	–	–	–	–	2.24	2.18
8.	कर्नाटक	2.82	2.76	1.45	1.57	2.14	2.17
9.	केरल	1.21	1.28	0.70	0.89	0.96	1.08
10.	मध्य प्रदेश (छत्तीसगढ़ शामिल)	2.82	2.62	1.81	1.91	2.31	2.26
11.	महाराष्ट्र	6.96	6.91	1.17	1.26	4.03	4.04
12.	उड़ीसा	2.94	2.80	1.70	1.74	2.32	2.27
13.	पंजाब	2.41	2.48	1.94	2.16	2.17	2.32
14.	राजस्थान	2.76	2.60	2.38	2.54	2.57	2.57
15.	तमिलनाडु	1.90	1.88	0.92	1.12	1.41	1.50
16.	उत्तर प्रदेश (उत्तरांचल शामिल)	2.32	2.15	2.14	2.43	2.23	2.29
17.	पश्चिम बंगाल	2.94	3.00	1.29	1.48	2.11	2.24
अन्य राज्य तथा केन्द्र शासित प्रदेश							
18.	अरुणाचल प्रदेश	3.11	3.69	3.72	5.23	3.42	4.46
19.	गोवा(दमन और दीव शामिल)	0.50	0.28	1.62	1.64	1.06	0.96
20.	मणिपुर (2001 में 3 उप विभाजनों को छोड़कर)	7.56	7.75	4.76	5.10	6.15	6.42
21.	मेघालय	4.97	5.37	1.74	2.47	3.34	3.91
22.	मिज़ोरम	17.40	20.14	–9.84	–4.39	2.89	7.18
23.	नागालैंड	–	–	–	–	–	–
24.	सिक्किम	2.66	2.94	1.06	1.37	1.86	2.15
25.	त्रिपुरा	3.78	3.84	2.03	2.18	2.90	3.01
26.	अंडमान व नोकोबार द्वीप समूह	–	–	–	–	–	–
27.	चंडीगढ़	4.96	5.59	3.94	4.18	4.45	4.88
28.	दादरा और नगर हवेली	4.01	1.93	4.29	4.02	4.15	2.97
29.	दमन और दीव	–	–	2.87	1.54	–	–
30.	दिल्ली	4.70	4.96	2.60	2.82	3.64	3.88
31.	लक्षद्वीप	–	–	–	–	–	–
32.	पांडिचेरी	3.01	3.22	1.67	2.04	2.34	2.63
	भारत	2.87	2.75	1.81	1.97	2.34	2.36

स्रोत: 1. संघ प्राथमिक जनगणना सार, अनुसूचित जाति की जनसंख्या, भारत की जनगणना,1981, श्रृंखला I, भाग (ii).

2. संघ प्राथमिक जनगणना सार, अनुसूचित जाति की जनसंख्या, भारत की जनगणना,1991, श्रृंखला I, भाग (ii).

3. भारत के महापंजीयक के कार्यालय, भारत की जनगणना, 2001.

नोट्स: 1. 1991 में में जम्मू-कश्मीर और 1981 में असम में जनगणना आयोजित नहीं किया गया था.

2. दमन और दीव के लिए वर्ष 1981 के लिए डेटा गोवा में शामिल है.

3. कोई अनुसूचित जातियों को नागालैंड, अंडमान और निकोबार द्वीप समूह और लक्षद्वीप के लिए भारत के राष्ट्रपति द्वारा निर्धारित नहीं किया गया.

तालिका 7A.12

कुल जनसंख्या में शहरी जनसंख्या की प्रतिशत हिस्सेदारी, 1981

सं क्र.	राज्य	अनुसूचित जाति	अनुसूचित जनजाति	गैर-अनुसूचित जाति/जनजाति	कुल
1.	आंध्र प्रदेश	15.19	6.22	26.13	23.12
2.	असम	–	–	–	–
3.	बिहार	8.48	6.23	13.89	12.47
4.	गुजरात	32.70	7.32	35.26	31.10
5.	हरियाणा	15.06	–	23.49	21.88
6.	हिमाचल प्रदेश	5.36	1.58	8.79	7.69
7.	जम्मू और कश्मीर	11.53	–	21.91	21.05
8.	कर्नाटक	21.92	12.87	31.19	28.89
9.	केरल	12.14	1.91	19.68	18.74
10.	मध्य प्रदेश	17.92	3.62	26.91	20.29
11.	महाराष्ट्र	31.56	10.43	38.03	35.03
12.	उड़ीसा	9.40	4.61	14.91	11.79
13.	पंजाब	18.74	–	30.97	27.68
14.	राजस्थान	17.96	3.73	24.78	21.05
15.	तमिलनाडु	20.16	9.69	36.18	32.95
16.	उत्तर प्रदेश	10.46	4.72	20.00	17.95
17.	पश्चिम बंगाल	12.41	3.76	32.50	26.47
अन्य राज्य और राज्य शासित प्रदेश					
18.	अरुणाचल प्रदेश	33.54	2.28	16.19	6.56
19.	गोवा, दमन और दीव	39.93	23.22	32.30	32.37
20.	मणिपुर	16.66	11.64	32.24	26.42
21.	मेघालय	46.29	12.41	41.41	18.07
22.	मिज़ोरम	28.15	23.48	41.95	24.67
23.	नागालैंड	–	9.77	45.64	15.67
24.	सिक्किम	21.42	14.94	16.11	16.15
25.	त्रिपुरा	6.30	1.31	17.12	10.99
26.	अंडमान और निकोबार द्वीप समूह	–	1.21	29.67	26.30
27.	चंडीगढ़	89.29	–	94.34	93.63
28.	दादरा और नगर हवेली	10.93	3.41	19.60	6.67
29.	दिल्ली	90.73	–	93.17	92.73
30.	लक्षद्वीप	–	44.68	70.55	46.28
31.	पांडिचेरी	35.30	–	55.52	52.28
	भारत	16.00	6.20	27.06	23.70

स्रोत: 1. संघ प्राथमिक जनगणना सार, अनुसूचित जाति की जनसंख्या, भारत की जनगणना,1981, श्रृंखला I, भाग (i).

2. संघ प्राथमिक जनगणना सार, अनुसूचित जाति की जनसंख्या, भारत की जनगणना,1991, श्रृंखला I, भाग (ii).

3. संघ प्राथमिक जनगणना सार, अनुसूचित जाति की जनसंख्या, भारत की जनगणना,1991, श्रृंखला I, भाग (iii).

नोट्स: 1. 1981 में असम में जनगणना आयोजित नहीं किया गया था.

2. कोई अनुसूचित जातियों को नागालैंड, अंडमान और निकोबार द्वीप समूह और लक्षद्वीप के लिए भारत के राष्ट्रपति द्वारा निर्धारित नहीं किया गया.

3. कोई अनुसूचित जनजातियों को हरियाणा, जम्मू और कश्मीर, पंजाब, चंडीगढ़, दिल्ली और पांडिचेरी के लिए भारत के राष्ट्रपति द्वारा निर्धारित नहीं किया गया.

तालिका 7A.13
कुल जनसंख्या में शहरी जनसंख्या की प्रतिशत हिस्सेदारी, 1991

सं क्र.	राज्य	अनुसूचित जाति	अनुसूचित जनजाति	गैर-अनुसूचित जाति/जनजाति	कुल
1.	आंध्र प्रदेश	17.31	7.60	30.42	26.89
2.	असम	13.82	3.38	12.09	11.10
3.	बिहार (झारखंड शामिल)	9.02	7.00	14.52	13.14
4.	गुजरात	37.94	8.09	39.23	34.49
5.	हरियाणा	17.71	–	26.33	24.63
6.	हिमाचल प्रदेश	6.33	2.48	9.91	8.69
7.	जम्मू और कश्मीर	–	–	–	–
8.	कर्नाटक	23.40	14.94	33.33	30.92
9.	केरल	18.52	3.49	27.56	26.39
10.	मध्य प्रदेश (छत्तीसगढ़ शामिल)	21.86	4.85	30.34	23.18
11.	महाराष्ट्र	36.61	12.47	42.03	38.69
12.	उड़ीसा	10.74	5.14	17.04	13.38
13.	पंजाब	20.55	–	33.10	29.55
14.	राजस्थान	19.79	4.65	26.86	22.88
15.	तमिलनाडु	21.32	12.01	37.52	34.15
16.	उत्तर प्रदेश (उत्तरांचल शामिल)	11.79	5.86	22.03	19.84
17.	पश्चिम बंगाल	15.39	5.15	33.28	27.48
	अन्य राज्य तथा केन्द्र शासित प्रदेश				
18.	अरुणाचल प्रदेश	29.47	5.84	24.92	12.80
19.	गोवा	47.68	76.33	40.86	41.01
	गोवा (दमन और दीव शामिल)	46.41	23.30	41.54	41.47
20.	मणिपुर	52.28	8.42	37.08	27.52
21.	मेघालय	45.19	13.56	48.48	18.60
22.	मिज़ोरम	34.01	45.21	62.70	46.10
23.	नागालैंड	–	12.04	54.16	17.21
24.	सिक्किम	11.42	8.16	9.21	9.10
25.	त्रिपुरा	15.84	1.65	23.14	15.30
26.	अंडमान व नोकोबार द्वीप समूह	–	1.88	29.32	26.71
27.	चंडीगढ़	86.66	–	90.29	89.69
28.	दादरा और नगर हवेली	17.84	3.21	29.29	8.47
29.	दमन और दीव	38.45	21.60	50.62	46.80
30.	दिल्ली	88.43	–	90.28	89.93
31.	लक्षद्वीप	–	55.41	68.54	56.31
32.	पांडिचेरी	40.79	NA	68.50	64.00
	भारत	18.72	7.39	29.23	25.73

स्रोत: 1. संघ प्राथमिक जनगणना सार, अनुसूचित जाति की जनसंख्या, भारत की जनगणना,1991, श्रृंखला I, भाग (i).
2. संघ प्राथमिक जनगणना सार, अनुसूचित जाति की जनसंख्या, भारत की जनगणना,1991, श्रृंखला I, भाग (ii).
3. संघ प्राथमिक जनगणना सार, अनुसूचित जनजाति की जनसंख्या, भारत की जनगणना,1991, श्रृंखला I, भाग (iii).

नोट्स: 1. 1991 में जम्मू-कश्मीर में जनगणना आयोजित नहीं किया गया था.
2. कोई अनुसूचित जातियों को नागालैंड, अंडमान और निकोबार द्वीप समूह और लक्षद्वीप के लिए भारत के राष्ट्रपति द्वारा निर्धारित नहीं किया गया.
3. कोई अनुसूचित जनजातियों को हरियाणा, जम्मू और कश्मीर, पंजाब, चंडीगढ़, दिल्ली और पांडिचेरी के लिए भारत के राष्ट्रपति द्वारा निर्धारित नहीं किया गया.

तालिका 7A.14
कुल जनसंख्या में शहरी जनसंख्या की प्रतिशत में हिस्सेदारी, 2001

सं क्र.	राज्य	अनुसूचित जाति	अनुसूचित जनजाति	गैर-अनुसूचित जाति/जनजाति	कुल
1.	आंध्र प्रदेश	17.18	7.51	31.12	27.30
2.	असम	14.91	4.66	14.00	12.90
3.	बिहार	6.67	5.36	11.23	10.46
	बिहार (झारखंड शामिल)	9.06	8.00	14.65	13.35
4.	छत्तीसगढ़	21.49	5.32	28.09	20.09
5.	गुजरात	39.31	8.21	42.69	37.36
6.	हरियाणा	21.51	–	30.70	28.92
7.	हिमाचल प्रदेश	6.60	3.08	11.29	9.80
8.	जम्मू और कश्मीर	17.42	4.66	28.19	24.81
9.	झारखंड	18.85	8.28	28.83	22.24
10.	कर्नाटक	25.07	15.28	37.44	33.99
11.	केरल	18.25	3.89	27.10	25.96
12.	मध्य प्रदेश	24.47	6.43	33.21	26.46
	मध्य प्रदेश (छत्तीसगढ़ शामिल)	23.85	6.04	32.02	24.82
13.	महाराष्ट्र	38.33	12.72	46.19	42.43
14.	उड़ीसा	11.56	5.48	19.34	14.99
15.	पंजाब	24.34	NA	37.81	33.92
16.	राजस्थान	20.16	5.35	27.40	23.39
17.	तमिलनाडु	29.93	15.38	47.77	44.04
18.	उत्तर प्रदेश	12.32	11.24	23.06	20.78
	उत्तर प्रदेश (उत्तरांचल शामिल)	12.53	7.71	23.32	21.02
19.	उत्तरांचल	17.21	6.22	28.32	25.67
20.	पश्चिम बंगाल	15.87	6.14	33.55	27.97
अन्य राज्य तथा केन्द्र शासित प्रदेश					
21.	अरुणाचल प्रदेश	50.52	14.02	32.56	20.75
22.	गोवा	54.94	66.43	49.66	49.76
	गोवा (दमन और दीव शामिल)	52.36	21.87	48.52	48.34
23.	मणिपुर (3 उप विभाजनों को छोड़कर)	65.35	4.75	36.72	26.58
24.	मेघालय	36.57	15.57	44.42	19.58
25.	मिज़ोरम	76.10	48.66	66.08	49.63
26.	नागालैंड	–	12.97	52.21	17.23
27.	सिक्किम	12.12	8.52	11.70	11.07
28.	त्रिपुरा	18.01	2.56	25.47	17.06
29.	अंडमान और निकोबार द्वीप समूह	–	3.44	35.26	32.63
30.	चंडीगढ़	90.65	–	89.59	89.77
31.	दादरा और नगर हवेली	30.95	7.15	49.74	22.89

(तालिका 7A.14 जारी)

(तालिका 7A.14 जारी)

सं क्र.	राज्य	अनुसूचित जाति	अनुसूचित जनजाति	गैर-अनुसूचित जाति/जनजाति	कुल
32.	दमन और दीव	39.64	20.07	37.76	36.25
33.	दिल्ली	91.96	–	93.43	93.18
34.	लक्षद्वीप	–	43.81	55.72	44.46
35.	पांडिचेरी	43.88	–	70.95	66.57
	भारत	20.18	8.29	31.57	27.82

स्रोत: भारत के महापंजीयक का कार्यालय, भारत की जनगणना, 2001

नोट्स: 1. कोई अनुसूचित जातियों को नागालैंड, अंडमान और निकोबार द्वीप समूह और लक्षद्वीप के लिए भारत के राष्ट्रपति द्वारा निर्धारित नहीं किया गया।

2. कोई अनुसूचित जनजातियों को हरियाणा, जम्मू और कश्मीर, पंजाब, चंडीगढ़, दिल्ली और पांडिचेरी के लिए भारत के राष्ट्रपति द्वारा निर्धारित नहीं किया गया।

तालिका 7A.15

अनुसूचित जाति की जनसंख्या की वार्षिक चक्रवृद्धि विकास दर

सं क्र.	राज्य	1981–91	1991–2001	1981–2001
1.	आंध्र प्रदेश	4.25	1.46	2.85
2.	असम	–	1.73	–
3.	बिहार (झारखंड शामिल)	2.81	2.63	2.72
4.	गुजरात	3.83	1.98	2.90
5.	हरियाणा	4.49	4.34	4.41
6.	हिमाचल प्रदेश	3.91	1.79	2.85
7.	जम्मू और कश्मीर	–	–	4.34
8.	कर्नाटक	3.46	2.22	2.84
9.	केरल	5.62	0.65	3.10
10.	मध्य प्रदेश (छत्तीसगढ़ शामिल)	4.79	2.75	3.76
11.	महाराष्ट्र	8.53	1.68	5.05
12.	उड़ीसा	4.24	2.48	3.36
13.	पंजाब	3.39	3.78	3.59
14.	राजस्थान	3.68	2.65	3.16
15.	तमिलनाडु	2.46	4.50	3.48
16.	उत्तर प्रदेश (उत्तरांचल शामिल)	3.48	2.89	3.19
17.	पश्चिम बंगाल	5.21	1.69	3.44
अन्य राज्य तथा केन्द्र शासित प्रदेश				
18.	अरुणाचल प्रदेश	2.01	10.10	5.98
19.	गोवा(दमन और दीव शामिल)	2.19	2.58	2.38
20.	मणिपुर	20.69	7.30	13.80
21.	मेघालय	4.90	–0.06	2.39
22.	मिज़ोरम	19.99	–1.26	8.85
23.	नागालैंड	–	–	–

(तालिका 7A.15 जारी)

(तालिका 7A.15 जारी)

सं क्र.	राज्य	1981–91	1991–2001	1981–2001
24.	सिक्किम	–3.47	1.81	–0.86
25.	त्रिपुरा	13.84	3.43	8.51
26.	अंडमान व नोकोबार द्वीप समूह	–	–	–
27.	चंडीगढ़	4.92	4.52	4.72
28.	दादरा और नगर हवेली	8.12	10.16	9.09
29.	दमन और दीव	–	2.52	–
30.	दिल्ली	4.54	3.11	3.82
31.	लक्षद्वीप	–	–	–
32.	पांडिचेरी	4.61	2.60	3.60
	भारत	4.44	2.65	3.54

स्रोत: 1. संघ प्राथमिक जनगणना सार, अनुसूचित जाति की जनसंख्या, भारत की जनगणना, 1981, श्रृंखला I, भाग (ii).
2. संघ प्राथमिक जनगणना सार, अनुसूचित जाति की जनसंख्या, भारत की जनगणना,1991, श्रृंखला I, भाग (ii).
3. भारत के महापंजीयक का कार्यालय, भारत की जनगणना, 2001.

नोट्स: 1. 1991 में जम्मू-कश्मीर और 1981में असम में जनगणना आयोजित नहीं किया गया था.
2. दमन और दीव के लिए वर्ष 1981 के लिए डेटा गोवा में शामिल है.
3. कोई अनुसूचित जातियों को नागालैंड, अंडमान और निकोबार द्वीप समूह और लक्षद्वीप के लिए भारत के राष्ट्रपति द्वारा निर्धारित नहीं किया गया.

तालिका 7A.16

शहरी गैर-अनुसूचित जाति/जनजाति की जनसंख्या की वार्षिक चक्रवृद्धि विकास दर

सं क्र.	राज्य	1981–91	1991–2001	1981–2001
1.	आंध्र प्रदेश	3.57	1.53	2.54
2.	असम	–	3.38	–
3.	बिहार (झारखंड शामिल)	2.67	2.57	2.62
4.	गुजरात	2.91	2.99	2.95
5.	हरियाणा	3.54	4.17	3.86
6.	हिमाचल प्रदेश	3.08	3.09	3.08
7.	जम्मू और कश्मीर	–	–	3.36
8.	कर्नाटक	2.53	2.54	2.53
9.	केरल	4.82	0.74	2.76
10.	मध्य प्रदेश (छत्तीसगढ़ शामिल)	3.52	2.67	3.10
11.	महाराष्ट्र	2.84	3.20	3.02
12.	उड़ीसा	2.99	2.77	2.88
13.	पंजाब	2.39	3.13	2.76
14.	राजस्थान	3.30	2.73	3.02
15.	तमिलनाडु	1.71	3.61	2.66
16.	उत्तर प्रदेश (उत्तरांचल शामिल)	3.31	2.89	3.10
17.	पश्चिम बंगाल	2.25	1.83	2.04

(तालिका 7A.16 जारी)

(तालिका 7A.16 जारी)

सं क्र.	राज्य	*1981–91*	*1991–2001*	*1981–2001*
	अन्य राज्य तथा केन्द्र शासित प्रदेश			
18.	अरुणाचल प्रदेश	9.79	5.00	7.36
19.	गोवा(दमन और दीव शामिल)	3.24	4.26	3.75
20.	मणिपुर	2.84	1.48	2.16
21.	मेघालय	1.34	1.53	1.43
22.	मिज़ोरम	5.28	3.82	4.55
23.	नागालैंड	3.59	3.42	3.51
24.	सिक्किम	–2.94	5.78	1.33
25.	त्रिपुरा	5.42	2.26	3.83
26.	अंडमान व नोकोबार द्वीप समूह	4.20	4.46	4.33
27.	चंडीगढ़	2.83	3.24	3.04
28.	दादरा और नगर हवेली	7.06	17.69	12.25
29.	दमन और दीव	–	1.92	–
30.	दिल्ली	3.78	4.56	4.17
31.	लक्षद्वीप	3.30	–2.66	0.27
32.	पांडिचेरी	5.10	2.26	3.67
	भारत	2.99	2.88	2.93

स्रोत: 1. संघ प्राथमिक जनगणना सार, अनुसूचित जाति, अनुसूचित जनजाति तथा सामान्य जनसंख्या, भारत की जनगणना,1981, श्रृंखला I, भाग (i), (ii) तथा (iii).

2. संघ प्राथमिक जनगणना सार, अनुसूचित ज़ाति, अनुसूचित जनजाति तथा सामान्य जनसंख्या जनसंख्या, भारत की जनगणना, 1991, श्रृंखला I, भाग (i), (ii) तथा (iii).

3. भारत के महापंजीयक का कार्यालय, भारत की जनगणना, 2001.

नोट्स: 1. 1991 में जम्मू-कश्मीर और 1981में असम में जनगणना आयोजित नहीं किया गया था.

2. दमन और दीव के लिए वर्ष 1981 के लिए डेटा गोवा में शामिल है.

तालिका 7A.17

कुल पुरुष और महिला जनसंख्या में शहरी पुरुष और महिला जनसंख्या की प्रतिशत हिस्सेदारी, 1981

सं क्र.	राज्य	*अनुसूचित जाति*		*अनुसूचित जनजाति*		*गैर-अनुसूचित जाति/ जनजाति*		*कुल*	
		पुरुष	*महिला*	*पुरुष*	*महिला*	*पुरुष*	*महिला*	*पुरुष*	*महिला*
1.	आंध्र प्रदेश	15.35	15.02	6.41	6.01	26.51	25.73	23.65	22.98
2.	असम	–	–	–	–	–	–	–	–
3.	बिहार	8.95	8.00	6.51	5.95	14.75	12.98	13.25	11.65
4.	गुजरात	33.27	32.08	7.64	7.00	35.83	34.65	31.71	30.46
5.	हरियाणा	15.28	14.81	–	–	23.75	23.19	22.13	21.59
6.	हिमाचल प्रदेश	5.73	4.98	1.80	1.35	9.72	7.84	8.37	6.84
7.	जम्मू और कश्मीर	11.59	11.47	–	–	22.10	21.70	21.24	20.84
8.	कर्नाटक	22.20	21.64	13.01	12.71	31.80	30.56	29.44	28.33
9.	केरल	12.16	12.11	1.96	1.86	19.80	19.57	18.84	18.65
10.	मध्य प्रदेश	18.22	17.59	3.84	3.41	27.50	26.26	20.90	19.64

(तालिका 7A.17 जारी)

(तालिका 7A.17 जारी)

सं क्र.	राज्य	अनुसूचित जाति		अनुसूचित जनजाति		गैर-अनुसूचित जाति/ जनजाति		कुल	
		पुरुष	महिला	पुरुष	महिला	पुरुष	महिला	पुरुष	महिला
11.	महाराष्ट्र	32.32	30.76	10.76	10.09	39.83	36.10	36.67	33.28
12.	उड़ीसा	9.58	9.22	4.77	4.46	15.99	13.81	12.57	11.00
13.	पंजाब	18.84	18.62	–	–	31.25	30.66	27.89	27.45
14.	राजस्थान	18.16	17.73	4.06	3.38	25.29	24.22	21.51	20.54
15.	तमिलनाडु	20.27	20.05	9.64	9.74	36.57	35.77	33.30	32.60
16.	उत्तर प्रदेश	10.73	10.15	4.98	4.43	20.39	19.56	18.32	17.53
17.	पश्चिम बंगाल	12.93	11.85	3.97	3.54	34.07	30.77	27.81	24.99
अन्य राज्य और राज्य शासित प्रदेश									
18.	अरुणाचल प्रदेश	34.64	31.68	2.53	2.03	16.37	15.88	7.50	5.47
19.	गोवा, दमन और दीव	40.76	39.09	23.42	23.00	33.37	31.20	33.43	31.30
20.	मणिपुर	16.98	16.33	11.69	11.59	32.23	32.25	26.45	26.40
21.	मेघालय	48.08	44.02	12.03	12.80	42.37	40.17	18.54	17.57
22.	मिज़ोरम	25.00	53.33	23.34	23.63	40.10	50.11	25.02	24.29
23.	नागालैंड	–	–	10.18	9.35	44.99	46.97	17.12	13.65
24.	सिक्किम	21.30	21.55	15.24	14.62	17.84	13.95	17.45	14.58
25.	त्रिपुरा	6.32	6.28	1.39	1.23	16.91	17.33	10.93	11.05
26.	अंडमान और निकोबार द्वीप समूह	–	–	1.72	0.67	29.96	29.28	26.91	25.50
27.	चंडीगढ़	89.41	89.13	–	–	93.97	94.83	93.32	94.03
28.	दादरा और नगर हवेली	11.91	10.06	3.51	3.31	19.26	20.02	6.99	6.34
29.	दिल्ली	90.77	90.67	–	–	93.17	93.17	92.74	92.72
30.	लक्षद्वीप	–	–	44.77	44.60	69.11	72.77	46.57	45.99
31.	पांडिचेरी	34.97	35.64	–	–	53.39	55.65	52.09	52.49
	भारत	16.34	15.63	6.43	5.97	27.82	26.25	24.39	22.97

स्रोत: 1. संघ प्राथमिक जनगणना सार, सामान्य जनसंख्या, भारत की जनगणना,1981, श्रृंखला I, भाग (i).

2. संघ प्राथमिक जनगणना सार, अनुसूचित जाति की जनसंख्या, भारत की जनगणना,1981, श्रृंखला I, भाग (ii).

3. संघ प्राथमिक जनगणना सार, अनुसूचित जनजाति की जनसंख्या, भारत की जनगणना,1981, श्रृंखला I, भाग (iii).

नोट्स: 1. 1981 में असम में जनगणना आयोजित नहीं किया गया था।

2. कोई अनुसूचित जातियों को नागालैंड, अंडमान और निकोबार द्वीप समूह और लक्षद्वीप के लिए भारत के राष्ट्रपति द्वारा निर्धारित नहीं किया गया.

3. कोई अनुसूचित जनजातियों को हरियाणा, जम्मू और कश्मीर, पंजाब, चंडीगढ़, दिल्ली और पांडिचेरी के लिए भारत के राष्ट्रपति द्वारा निर्धारित नहीं किया गया.

तालिका 7A.18

कुल पुरुष और महिला जनसंख्या में शहरी पुरुष और महिला जनसंख्या की प्रतिशत हिस्सेदारी, 1991

सं क्र.	राज्य	अनुसूचित जाति		अनुसूचित जनजाति		गैर-अनुसूचित जाति/ जनजाति		कुल	
		पुरुष	महिला	पुरुष	महिला	पुरुष	महिला	पुरुष	महिला
1.	आंध्र प्रदेश	17.25	17.37	7.78	7.42	30.68	30.16	27.08	26.70
2.	असम	13.97	13.65	3.57	3.18	12.65	11.47	11.61	10.54

(तालिका 7A.18 जारी)

(तालिका 7A.18 जारी)

सं क्र. राज्य	*अनुसूचित जाति*		*अनुसूचित जनजाति*		*गैर-अनुसूचित जाति/ जनजाति*		*कुल*	
	पुरुष	*महिला*	*पुरुष*	*महिला*	*पुरुष*	*महिला*	*पुरुष*	*महिला*
3. बिहार	9.30	8.72	7.20	6.80	15.04	13.95	13.62	12.62
4. गुजरात	38.27	37.58	8.27	7.91	39.70	38.71	34.98	33.95
5. हरियाणा	17.71	17.70	–	–	26.28	26.39	24.58	24.68
6. हिमाचल प्रदेश	6.70	5.95	2.79	2.16	10.73	9.06	9.37	7.99
7. जम्मू और कश्मीर	–	–	–	–	–	–	–	–
8. कर्नाटक	23.61	23.17	15.11	14.76	33.88	32.76	31.40	30.42
9. केरल	18.51	18.54	3.63	3.35	27.60	27.51	26.43	26.36
10. मध्य प्रदेश	22.03	21.67	5.06	4.63	30.74	29.91	23.65	22.67
11. महाराष्ट्र	37.03	36.15	12.80	12.12	43.39	40.58	39.90	37.40
12. उड़ीसा	10.98	10.48	5.34	4.95	18.05	15.99	14.13	12.60
13. पंजाब	20.55	20.55	–	–	33.44	32.73	29.77	29.30
14. राजस्थान	19.89	19.67	4.96	4.31	27.28	26.41	23.25	22.47
15. तमिलनाडु	21.34	21.31	12.00	12.03	37.81	37.23	34.39	33.91
16. उत्तर प्रदेश	11.94	11.63	6.16	5.53	22.25	21.79	20.04	19.62
17. पश्चिम बंगाल	15.71	15.05	5.33	4.97	34.29	32.16	28.35	26.53
अन्य राज्य तथा केन्द्र शासित प्रदेश								
18. अरुणाचल प्रदेश	28.46	31.07	6.10	5.57	24.87	25.01	13.77	11.66
19. गोवा	47.70	47.66	75.88	76.84	41.66	40.03	41.80	40.20
गोवा (दमन और दीव शामिल)	46.58	46.23	22.98	23.64	42.19	40.87	42.10	40.83
20. मणिपुर	51.74	52.84	8.38	8.47	36.73	37.44	27.28	27.78
21. मेघालय	45.85	44.39	13.20	13.92	49.25	47.43	19.04	18.13
22. मिज़ोरम	33.17	39.36	44.75	45.67	58.68	79.27	45.84	46.37
23. नागालैंड	–	–	12.21	11.85	54.58	53.38	18.56	15.69
24. सिक्किम	11.36	11.49	8.48	7.81	10.04	8.24	9.77	8.34
25. त्रिपुरा	15.74	15.94	1.72	1.57	22.80	23.51	15.19	15.41
26. अंडमान व निकोबार द्वीप समूह	–	–	2.28	1.44	29.92	28.59	27.46	25.79
27. चंडीगढ़	86.18	87.24	–	–	89.18	91.70	88.69	90.95
28. दादरा और नगर हवेली	18.19	17.45	3.32	3.11	28.50	30.40	9.10	7.81
29. दमन और दीव	39.21	37.73	21.24	21.98	49.17	52.11	45.52	48.13
30. दिल्ली	88.36	88.51	–	–	90.16	90.43	89.82	90.06
31. लक्षद्वीप	–	–	55.60	55.21	67.37	71.18	56.68	55.90
32. पांडिचेरी	40.77	40.81	–	–	68.30	68.72	63.83	64.17
भारत	18.89	18.54	7.59	7.19	29.72	28.70	26.18	25.25

स्रोत: 1. संघ प्राथमिक जनगणना सार, सामान्य जनसंख्या, भारत की जनगणना,1991, श्रृंखला I, भाग (i).

2. संघ प्राथमिक जनगणना सार, अनुसूचित जाति की जनसंख्या, भारत की जनगणना,1991, श्रृंखला I, भाग (ii).

3. संघ प्राथमिक जनगणना सार, अनुसूचित जनजाति की जनसंख्या, भारत की जनगणना,1991, श्रृंखला I, भाग (iii).

नोट्स: 1. कोई अनुसूचित जातियों को नागालैंड, अंडमान और निकोबार द्वीप समूह और लक्षद्वीप के लिए भारत के राष्ट्रपति द्वारा निर्धारित नहीं किया गया.

2. कोई अनुसूचित जनजातियों को हरियाणा, जम्मू और कश्मीर, पंजाब, चंडीगढ़, दिल्ली और पांडिचेरी के लिए भारत के राष्ट्रपति द्वारा निर्धारित नहीं किया गया.

तालिका 7A.19

कुल पुरुष और महिला जनसंख्या में शहरी पुरुष और महिला जनसंख्या की प्रतिशत हिस्सेदारी, 2001

सं क्र.	राज्य	अनुसूचित जाति		अनुसूचित जनजाति		गैर-अनुसूचित जाति/ जनजाति		कुल	
		पुरुष	महिला	पुरुष	महिला	पुरुष	महिला	पुरुष	महिला
1.	आंध्र प्रदेश	17.08	17.29	7.63	7.38	31.37	30.86	27.49	27.12
2.	असम	14.95	14.86	4.76	4.55	14.49	13.48	13.33	12.44
3.	बिहार	6.83	6.49	5.62	5.08	11.54	10.89	10.75	10.14
	बिहार (झारखंड शामिल)	9.28	8.82	8.11	7.89	15.09	14.17	13.75	12.92
4.	छत्तीसगढ़	21.80	21.17	5.51	5.12	28.81	27.35	20.69	19.49
5.	गुजरात	39.59	39.01	8.42	8.00	43.46	41.84	38.16	36.49
6.	हरियाणा	21.54	21.48	–	–	30.95	30.41	29.14	28.67
7.	हिमाचल प्रदेश	6.97	6.22	3.40	2.76	12.47	10.07	10.75	8.82
8.	जम्मू और कश्मीर	17.82	16.97	4.94	4.34	29.30	26.95	25.80	23.70
9.	झारखंड	19.42	18.25	8.38	8.19	29.82	27.75	23.09	21.35
10.	कर्नाटक	25.22	24.91	15.38	15.18	37.91	36.96	34.39	33.57
11.	केरल	18.20	18.30	3.83	3.95	27.12	27.07	25.97	25.96
12.	मध्य प्रदेश	24.46	24.49	6.64	6.22	33.39	33.02	26.75	26.14
	मध्य प्रदेश (छत्तीसगढ़ शामिल)	23.92	23.77	6.25	5.83	32.35	31.66	25.24	24.38
13.	महाराष्ट्र	38.52	38.14	12.99	12.43	47.39	44.87	43.54	41.22
14.	उड़ीसा	11.74	11.38	5.64	5.33	20.15	18.50	15.60	14.36
15.	पंजाब	24.40	24.26	–	–	38.42	37.10	34.41	33.36
16.	राजस्थान	20.24	20.08	5.62	5.07	27.84	26.91	23.77	22.97
17.	तमिलनाडु	29.90	29.96	15.25	15.51	47.92	47.62	44.17	43.91
18.	उत्तर प्रदेश	12.53	12.10	11.75	10.70	23.31	22.79	21.02	20.52
	उत्तर प्रदेश (उत्तरांचल शामिल)	12.74	12.29	8.06	7.33	23.64	22.96	21.32	20.69
19.	उत्तरांचल	17.76	16.62	6.49	5.92	30.29	26.28	27.31	23.96
20.	पश्चिम बंगाल	16.04	15.68	6.24	6.03	34.23	32.81	28.58	27.32
अन्य राज्य तथा केन्द्र शासित प्रदेश									
21.	अरुणाचल प्रदेश	50.72	50.23	13.90	14.14	33.21	31.66	21.60	19.81
22.	गोवा	55.37	54.50	65.22	67.79	50.35	48.93	50.45	49.04
	गोवा (दमन और दीव शामिल)	52.48	52.23	22.06	21.67	48.35	48.72	48.17	48.52
23.	मणिपुर (3 उप विभाजनों को छोड़कर)	64.61	66.09	4.61	4.90	36.17	37.29	26.17	27.01
24.	मेघालय	36.66	36.48	15.03	16.11	44.46	44.37	19.48	19.69
25.	मिज़ोरम	70.75	95.00	48.01	49.33	64.53	70.33	49.31	49.97
26.	नागालैंड	–	–	3.73	3.13	35.68	34.76	33.17	31.98
27.	सिक्किम	12.03	12.22	8.24	8.82	12.11	11.23	11.34	10.76
28.	त्रिपुरा	17.84	18.19	2.63	2.49	25.13	25.82	16.96	17.16
29.	अंडमान और निकोबार द्वीप समूह	–	–	3.73	3.13	35.68	34.76	33.76	31.98

(तालिका 7A.19 जारी)

(तालिका 7A.19 जारी)

सं क्र.	राज्य	अनुसूचित जाति		अनुसूचित जनजाति		गैर-अनुसूचित जाति/ जनजाति		कुल	
		पुरुष	महिला	पुरुष	महिला	पुरुष	महिला	पुरुष	महिला
30.	चंडीगढ़	90.23	91.15	–	–	93.37	93.50	93.14	93.23
31.	दादरा और नगर हवेली	31.45	30.39	7.35	6.96	46.64	55.63	24.52	20.87
32.	दमन और दीव	38.51	40.85	20.26	19.86	31.98	46.22	31.25	43.30
33.	दिल्ली	91.98	91.94	–	–	93.37	93.50	93.14	93.23
34.	लक्षद्वीप	–	–	43.75	43.87	56.47	53.40	44.78	44.13
35.	पांडिचेरी	43.66	44.09	–	–	70.73	71.18	66.38	66.76
	भारत	20.31	20.04	8.43	8.14	32.09	31.01	28.29	27.31

स्रोत: भारत के महापंजीयक का कार्यालय, भारत की जनगणना, 2001.

नोट्स: 1. कोई अनुसूचित जातियों को नागालैंड, अंडमान और निकोबार द्वीप समूह और लक्षद्वीप के लिए भारत के राष्ट्रपति द्वारा निर्धारित नहीं किया गया.

2. कोई अनुसूचित जनजातियों को हरियाणा, जम्मू और कश्मीर, पंजाब, चंडीगढ़, दिल्ली और पांडिचेरी के लिए भारत के राष्ट्रपति द्वारा निर्धारित नहीं किया गया.

संलग्नक VIII

व्यावसायिक रूपरेखा

तालिका 8A.1

कुल ग्रामीण अनुसूचित जाति मुख्य श्रमिकों से कृषि क्षेत्र में कार्यरत ग्रामीण अनुसूचित जाति श्रमिकों की हिस्सेदारी

(प्रतिशत में)

सं क्र.	*राज्य/केंद्र शासित प्रदेश*	*1981*	*1991*	*2001*
1.	आंध्र प्रदेश	91.74	91.66	84.33
2.	असम	–	69.09	48.48
3.	बिहार	90.91	92.12	84.72
4.	गुजरात	77.29	76.12	66.02
5.	हरियाणा	72.05	72.49	50.76
6.	हिमाचल प्रदेश	79.88	77.01	65.79
7.	जम्मू और कश्मीर	78.29	–	58.97
8.	कर्नाटक	83.43	84.27	73.93
9.	केरल	63.40	61.10	35.45
10.	मध्य प्रदेश (छत्तीसगढ़ शामिल)	85.10	86.12	80.47
11.	महाराष्ट्र	78.36	81.57	78.60
12.	उड़ीसा	81.38	80.29	64.09
13.	पंजाब	77.24	75.18	48.60
14.	राजस्थान	79.64	82.26	70.71
15.	तमिलनाडु	89.57	88.42	78.19
16.	उत्तर प्रदेश (उत्तरांचल शामिल)	89.01	88.00	77.00
17.	पश्चिम बंगाल	80.66	77.32	61.30
18.	अरुणाचल प्रदेश	22.67	23.03	28.85
19.	गोवा (दमन और दीव शामिल)	20.99	21.35	9.02
20.	मणिपुर (3 उप विभाजनों को छोड़कर)	82.33	74.04	57.49
21.	मेघालय	24.39	37.43	18.43
22.	मिज़ोरम	4.82	9.59	1.72
23.	नागालैंड	–	–	–
24.	सिक्किम	70.65	67.40	52.59
25.	त्रिपुरा	68.86	66.83	45.64

(तालिका 8A.1 जारी)

(तालिका 8A.1 जारी)

सं क्र.	राज्य/केंद्र शासित प्रदेश	1981	1991	2001
26.	अंडमान व निकोबार द्वीप समूह	–	–	–
27.	चंडीगढ़	14.36	4.53	1.28
28.	दादरा और नगर हवेली	39.59	56.36	14.59
29.	दमन और दीव	–	13.07	3.69
30.	दिल्ली	19.59	12.07	4.59
31.	लक्षद्वीप	–	–	–
32.	पांडिचेरी	92.44	89.07	75.98
	भारत	85.12	84.49	72.93

स्रोत: 1. संघ प्राथमिक जनगणना सार, सामान्य जनसंख्या, भारत की जनगणना,1981, श्रृंखला I, भाग (i), (ii) तथा (iii).

2. भारत के महापंजीयक का कार्यालय, भारत की जनगणना, 2001.

नोट्स: 1. 1981 में असम में और 1991 में जम्मू और कश्मीर में जनगणना आयोजित नहीं किया गया था.

2. कोई अनुसूचित जाति को नागालैंड, अंडमान और निकोबार द्वीप समूह और लक्षद्वीप के लिए भारत के राष्ट्रपति द्वारा निर्धारित नहीं किया गया.

तालिका 8A.2
कृषि क्षेत्र में कार्यरत श्रमिकों का असमानता सूचकांक

		अनुसूचित जाति/जनजाति			*अनुसूचित जाति/गैर-अनुसूचित जाति/जनजाति*			*अनुसूचित जाति/कुल*		
सं क्र.	राज्य/केंद्र शासित प्रदेश	1981	1991	2001	1981	1991	2001	1981	1991	2001
1.	आंध्र प्रदेश	1.02	1.01	0.97	1.20	1.19	1.23	1.14	1.13	1.15
2.	असम	–	0.77	0.61	–	1.04	0.97	–	0.99	0.89
3.	बिहार (छतीसगढ़ शामिल)	1.01	1.00	0.99	1.07	1.10	1.05	1.05	1.05	1.07
4.	गुजरात	0.86	0.85	0.79	1.01	1.05	1.05	0.97	0.99	0.97
5.	हरियाणा	–	–	–	0.94	0.99	0.80	0.95	0.99	0.83
6.	हिमाचल प्रदेश	0.99	1.02	0.92	1.08	1.10	1.05	1.05	1.07	1.03
7.	जम्मू और कश्मीर	–	–	0.96	1.08	–	1.11	1.07	–	1.08
8.	कर्नाटक	0.97	0.99	0.94	1.06	1.08	1.07	1.04	1.06	1.04
9.	केरल	0.80	0.83	0.62	1.43	1.44	1.54	1.33	1.34	1.41
10.	मध्य प्रदेश (छत्तीसगढ़ शामिल)	0.91	0.91	0.88	1.01	1.02	0.99	0.97	0.98	0.96
11.	महाराष्ट्र	0.87	0.90	0.90	0.95	1.00	1.01	0.94	0.98	1.00
12.	उड़ीसा	0.90	0.88	0.79	1.05	1.07	1.03	0.99	0.99	0.95
13.	पंजाब	–	–	–	1.02	1.03	0.87	1.01	1.02	0.91
14.	राजस्थान	0.88	0.89	0.84	1.00	1.03	0.97	0.98	1.00	0.95
15.	तमिलनाडु	1.04	1.02	0.98	1.20	1.20	1.23	1.14	1.14	1.16
16.	उत्तर प्रदेश (उत्तरांचल शामिल)	1.00	1.02	0.96	1.04	1.06	1.02	1.03	1.04	1.02
17.	पश्चिम बंगाल	0.99	0.94	0.85	1.16	1.19	1.20	1.09	1.10	1.10
18.	अरुणाचल प्रदेश	0.24	0.26	0.35	0.67	0.62	0.64	0.29	0.32	0.41
19.	गोवा(दमन और दीव शामिल)	0.40	0.67	0.84	0.52	0.61	0.56	0.53	0.62	0.57
20.	मणिपुर (3 उप विभाजनों को छोड़कर)	0.90	0.83	0.75	1.22	1.16	1.25	1.07	0.97	0.95

(तालिका 8A.2 जारी)

(तालिका 8A.2 जारी)

सं क्र.	राज्य/केंद्र शासित प्रदेश	अनुसूचित जाति/जनजाति			अनुसूचित जाति/गैर-अनुसूचित जाति/जनजाति			अनुसूचित जाति/कुल		
		1981	*1991*	*2001*	*1981*	*1991*	*2001*	*1981*	*1991*	*2001*
21.	मेघालय	0.28	0.46	0.24	0.40	0.84	0.46	0.29	0.48	0.25
22.	मिज़ोरम	0.05	0.11	0.02	0.52	0.72	0.07	0.06	0.12	0.02
23.	नागालैंड	–	–	–	–	–	–	–	–	–
24.	सिक्किम	0.92	0.93	0.83	0.97	0.94	0.93	0.96	0.94	0.91
25.	त्रिपुरा	0.73	0.75	0.59	1.15	1.19	1.12	0.93	0.95	0.82
26.	अंडमान व निकोबार द्वीप समूह	–	–	–	–	–	–	–	–	–
27.	चंडीगढ़	–	–	–	0.72	0.47	0.31	0.77	0.52	0.34
28.	दादरा और नगर हवेली	0.46	0.66	0.20	2.37	4.71	2.11	0.53	0.76	0.29
29.	दमन और दीव	–	0.41	0.34	–	0.62	0.62	–	0.57	0.58
30.	दिल्ली	–	–	–	0.58	0.74	0.43	0.65	0.78	0.47
31.	लक्षद्वीप	–	–	–	–	–	–	–	–	–
32.	पांडिचेरी	0.94	0.93	0.87	1.09	1.10	1.07	1.05	1.06	1.03
	भारत									

स्रोत: 1. संघ प्राथमिक जनगणना सार, सामान्य जनसंख्या, भारत की जनगणना,1981, श्रृंखला I, भाग (i), (ii) तथा (iii).
2. भारत के महापंजीयक का कार्यालय, भारत की जनगणना, 1991 तथा 2001.

नोट्स: 1. 1981 में असम में और 1991 में जम्मू और कश्मीर में जनगणना आयोजित नहीं किया गया था.
2. कोई अनुसूचित जाति को नागालैंड, अंडमान और निकोबार द्वीप समूह और लक्षद्वीप के लिए भारत के राष्ट्रपति द्वारा निर्धारित नहीं किया गया.
3. कोई अनुसूचित जनजाति को हरियाणा, जम्मू और कश्मीर, पंजाब, चंडीगढ़, दिल्ली और पांडिचेरी के लिए भारत के राष्ट्रपति द्वारा निर्धारित नहीं किया गया.

तालिका 8A.3

अनुसूचित जातियों के लिए कृषि क्षेत्र में कार्यरत ग्रामीण परिवारों का वितरण

(प्रतिशत में)

सं क्र.	राज्य/केंद्र शासित प्रदेश	कृषि क्षेत्र		
		प्रतिशत हिस्सेदारी		कुल परिवर्तन
		1993–94	*1999–2000*	*1993–94 से 1999–2000*
1.	आंध्र प्रदेश	80.4	74.4	–6
2.	असम	48.9	48.1	–0.8
3.	बिहार	83.6	76.5	–7.1
4.	गुजरात	65.8	66.1	0.3
5.	हरियाणा	42.3	47.5	5.2
6.	हिमाचल प्रदेश	54.6	37.8	–16.8
7.	जम्मू और कश्मीर	47.7	47.6	–0.1
8.	कर्नाटक	78.6	79.7	1.1
9.	केरल	67.4	62.1	–5.3
10.	मध्य प्रदेश	80.9	78	–2.9
11.	महाराष्ट्र	66.6	72.2	5.6

(तालिका 8A.3 जारी)

(तालिका 8A.3 जारी)

		कृषि क्षेत्र		
		प्रतिशत हिस्सेदारी		कुल परिवर्तन
सं क्र.	*राज्य/केंद्र शासित प्रदेश*	*1993–94*	*1999–2000*	*1993–94 से 1999–2000*
12.	उड़ीसा	54.6	63.8	9.2
13.	पंजाब	55.5	47.8	–7.7
14.	राजस्थान	56.1	53.2	–2.9
15.	तमिलनाडु	77.1	72.8	–4.3
16.	उत्तर प्रदेश (उत्तरांचल शामिल)	66.3	67	0.7
17.	पश्चिम बंगाल	65.6	63.2	2.4
18.	अरुणाचल प्रदेश	0	0	0
19.	गोवा	–	28	–
20.	मणिपुर	–	82.2	–
21.	मेघालय	–	0	–
22.	मिज़ोरम	–	0	–
23.	नागालैंड	–	100	–
24.	सिक्किम	30.3	33.8	3.5
25.	त्रिपुरा	42.7	36.2	6.5
26.	अंडमान व निकोबार द्वीप समूह	20	44.5	24.5
27.	चंडीगढ़	0	14.7	14.7
28.	दादरा और नगर हवेली	38.6	63.5	24.9
29.	दमन और दीव	–	40	–
30.	दिल्ली	–	10	–
31.	लक्षद्वीप	36.7	–	–.
32.	पांडिचेरी	77.5	84.8	7.3
	भारत	69.4	67.8	–1.6

स्रोत: भारत में सामाजिक समूहों के बीच रोजगार और बेरोजगारी, एनएसएस के 50 वें और 55 वें दौर, सांख्यिकी विभाग, भारत सरकार.

तालिका 8A.4

ग्रामीण मुख्य श्रमिकों में अनुसूचित जाति किसानों का अनुपात

(प्रतिशत में)

सं क्र.	*राज्य/केंद्र शासित प्रदेश*	*1981*	*1991*	*2001*
1.	आंध्र प्रदेश	19.07	14.18	13.07
2.	असम	–	53.93	38.90
3.	बिहार	14.40	16.48	11.62
4.	गुजरात	22.12	18.24	16.85
5.	हरियाणा	13.60	9.31	11.20
6.	हिमाचल प्रदेश	74.86	71.36	63.26
7.	जम्मू और कश्मीर	68.40	–	52.80

(तालिका 8A.4 जारी)

(तालिका 8A.4 जारी)

सं क्र.	राज्य/केंद्र शासित प्रदेश	*1981*	*1991*	*2001*
8.	कर्नाटक	31.71	27.57	29.65
9.	केरल	7.75	5.47	5.19
10.	मध्य प्रदेश (छत्तीसगढ़ शामिल)	60.38	57.93	54.47
11.	महाराष्ट्र	20.70	16.65	15.25
12.	उड़ीसा	51.92	46.66	44.75
13.	पंजाब	33.72	31.27	23.94
14.	राजस्थान	21.17	19.62	26.90
15.	तमिलनाडु	5.75	5.50	2.47
16.	उत्तर प्रदेश (उत्तरांचल शामिल)	51.92	46.66	44.75
17.	पश्चिम बंगाल	33.72	31.27	23.94
18.	अरुणाचल प्रदेश	21.17	19.62	26.90
19.	गोवा (दमन और दीव शामिल)	5.75	5.50	2.47
20.	मणिपुर (3 उप विभाजनों को छोड़कर)	77.48	62.30	48.07
21.	मेघालय	8.76	14.24	6.54
22.	मिज़ोरम	4.82	5.75	1.72
23.	नागालैंड	–	–	–
24.	सिक्किम	64.77	57.88	46.34
25.	त्रिपुरा	36.28	35.23	24.35
26.	अंडमान व निकोबार द्वीप समूह	–	–	–
27.	चंडीगढ़	1.08	0.74	0.90
28.	दादरा और नगर हवेली	32.45	29.68	7.92
29.	दमन और दीव	–	8.53	2.54
30.	दिल्ली	2.26	1.37	1.86
31.	लक्षद्वीप	–	–	–
32.	पांडिचेरी	5.34	3.16	1.86
	भारत	31.94	29.37	26.78

स्रोत: 1. संघ प्राथमिक जनगणना सार, सामान्य जनसंख्या, भारत की जनगणना,1981, श्रृंखला I, भाग (i), (ii) तथा (iii).
2. भारत के महापंजीयक का कार्यालय, भारत की जनगणना 1991 और 2001.

नोट्स: 1. 1981 में असम में और 1991 में जम्मू और कश्मीर में जनगणना आयोजित नहीं किया गया था.
2. कोई अनुसूचित जाति को नागालैंड, अंडमान और निकोबार द्वीप समूह और लक्षद्वीप के लिए भारत के राष्ट्रपति द्वारा निर्धारित नहीं किया गया.

तालिका 8A.5

ग्रामीण किसानों के रूप में कार्यरत श्रमिकों का असमानता सूचकांक

		गैर-अनुसूचित जाति/जनजाति/अनुसूचित जाति			*गैर-अनुसूचित जाति/जनजाति/कुल*		
सं क्र.	राज्य/केंद्र शासित प्रदेश	*1981*	*1991*	*2001*	*1981*	*1991*	*2001*
1.	आंध्र प्रदेश	2.24	2.65	2.70	1.11	1.12	1.11
2.	असम	–	0.97	1.00	–	0.93	0.88

(तालिका 8A.5 जारी)

(तालिका 8A.5 जारी)

सं क्र.	राज्य/केंद्र शासित प्रदेश	गैर-अनुसूचित जाति/जनजाति/अनुसूचित जाति			गैर-अनुसूचित जाति/जनजाति/कुल		
		1981	*1991*	*2001*	*1981*	*1991*	*2001*
3.	बिहार (छतीसगढ़ शामिल)	3.75	3.22	3.60	1.13	1.11	1.09
4.	गुजरात	2.42	2.63	2.53	1.06	1.04	1.03
5.	हरियाणा	4.94	6.52	5.02	1.20	1.22	1.17
6.	हिमाचल प्रदेश	0.96	0.94	0.96	0.99	0.98	0.98
7.	जम्मू और कश्मीर	1.01	–	0.91	1.00	–	0.97
8.	कर्नाटक	1.64	1.75	1.64	1.09	1.10	1.09
9.	केरल	7.12	5.17	5.48	1.14	1.13	1.11
10.	मध्य प्रदेश (छत्तीसगढ़ शामिल)	1.51	1.50	1.54	1.06	1.04	1.05
11.	महाराष्ट्र	2.58	2.68	2.60	1.08	1.12	1.11
12.	उड़ीसा	1.83	1.74	1.73	1.10	1.09	1.05
13.	पंजाब	8.37	11.01	9.18	1.36	1.41	1.37
14.	राजस्थान	1.24	1.26	1.25	1.03	1.03	1.01
15.	तमिलनाडु	2.12	2.29	2.32	1.15	1.16	1.14
16.	उत्तर प्रदेश (उत्तरांचल शामिल)	1.42	1.47	1.38	1.08	1.09	1.07
17.	पश्चिम बंगाल	1.32	1.35	1.25	1.11	1.11	1.08
18.	अरुणाचल प्रदेश	1.22	1.15	1.43	0.35	0.34	0.57
19.	गोवा(दमन और दीव शामिल)	4.71	4.08	4.86	1.03	1.02	1.03
20.	मणिपुर (3 उप विभाजनों को छोड़कर)	0.79	0.85	0.77	0.85	0.76	0.69
21.	मेघालय	5.18	2.01	3.66	0.63	0.45	0.40
22.	मिज़ोरम	1.44	1.85	13.01	0.08	0.13	0.27
23.	नागालैंड	–	–	–	0.31	0.36	0.28
24.	सिक्किम	1.06	1.08	1.14	0.98	0.98	0.98
25.	त्रिपुरा	1.04	0.98	1.03	0.79	0.79	0.75
26.	अंडमान व निकोबार द्वीप समूह	–	–	–	1.15	1.14	1.11
27.	चंडीगढ़	16.10	9.16	3.87	1.25	1.20	1.11
28.	दादरा और नगर हवेली	0.45	0.37	0.66	0.23	0.17	0.12
29.	दमन और दीव	–	2.20	2.25	–	1.11	1.03
30.	दिल्ली	12.23	8.21	4.92	1.29	1.24	1.16
31.	लक्षद्वीप	–	–	–	NA	NA	NA
32.	पांडिचेरी	3.54	5.13	5.44	1.28	1.35	1.32
	भारत	1.73	1.77	1.75	1.08	1.08	1.06

स्रोत: 1. संघ प्राथमिक जनगणना सार, सामान्य जनसंख्या, भारत की जनगणना,1981, श्रृंखला I, भाग (i), (ii) तथा (iii).

2. भारत के महापंजीयक का कार्यालय, भारत की जनगणना, 1991 तथा 2001.

नोट्स: 1. 1981 में असम में और 1991 में जम्मू और कश्मीर में जनगणना आयोजित नहीं किया गया था.

2. कोई अनुसूचित जाति को नागालैंड, अंडमान और निकोबार द्वीप समूह और लक्षद्वीप के लिए भारत के राष्ट्रपति द्वारा निर्धारित नहीं किया गया.

3. कोई अनुसूचित जनजाति को हरियाणा, जम्मू और कश्मीर, पंजाब, चंडीगढ़, दिल्ली और पांडिचेरी के लिए भारत के राष्ट्रपति द्वारा निर्धारित नहीं किया गया.

तालिका 8A.6

घरेलू उद्योग में अनुसूचित जाति मुख्य ग्रामीण श्रमिकों का प्रतिशत वितरण

सं क्र.	राज्य/केंद्र शासित प्रदेश	1981	1991	2001
1.	आंध्र प्रदेश	1.29	0.91	1.68
2.	असम	–	2.32	5.06
3.	बिहार	2.11	1.61	3.58
4.	गुजरात	6.27	4.35	3.30
5.	हरियाणा	3.43	1.35	2.20
6.	हिमाचल प्रदेश	4.13	2.89	3.08
7.	जम्मू और कश्मीर	2.10	NA	1.79
8.	कर्नाटक	2.55	1.58	2.40
9.	केरल	3.55	2.49	2.69
10.	मध्य प्रदेश (छत्तीसगढ़ शामिल)	6.24	4.47	5.99
11.	महाराष्ट्र	6.51	3.56	3.38
12.	उड़ीसा	4.92	4.70	6.00
13.	पंजाब	3.02	1.41	2.62
14.	राजस्थान	5.17	2.67	2.97
15.	तमिलनाडु	1.21	0.99	2.07
16.	उत्तर प्रदेश (उत्तरांचल शामिल)	2.62	1.78	4.08
17.	पश्चिम बंगाल	2.83	3.18	5.21
18.	अरुणाचल प्रदेश	1.37	0.30	1.27
19.	गोवा (दमन और दीव शामिल)	31.83	24.86	15.60
20.	मणिपुर (3 उप विभाजनों को छोड़कर)	6.34	6.34	9.93
21.	मेघालय	12.99	2.52	5.35
22.	मिज़ोरम	0.00	2.74	0.00
23.	नागालैंड		–	–
24.	सिक्किम	5.57	3.56	6.57
25.	त्रिपुरा	1.75	2.23	3.72
26.	अंडमान व निकोबार द्वीप समूह	–	–	–
27.	चंडीगढ़	0.77	0.14	0.61
28.	दादरा और नगर हवेली	7.35	0.25	3.85
29.	दमन और दीव	–	2.00	0.46
30.	दिल्ली	1.90	1.16	1.89
31.	लक्षद्वीप	–	–	–
32.	पांडिचेरी	0.48	0.10	0.62
	भारत	3.08	2.24	3.57

स्रोत: 1. संघ प्राथमिक जनगणना सार, सामान्य जनसंख्या, भारत की जनगणना,1981, श्रृंखला I, भाग (i), (ii) तथा (iii).

2. भारत के महापंजीयक का कार्यालय, भारत की जनगणना 1991 और 2001.

नोट्स: 1. 1981 में असम में और 1991 में जम्मू और कश्मीर में जनगणना आयोजित नहीं किया गया था.

2. कोई अनुसूचित जाति को नागालैंड, अंडमान और निकोबार द्वीप समूह और लक्षद्वीप के लिए भारत के राष्ट्रपति द्वारा निर्धारित नहीं किया गया.

तालिका 8A.7
घरेलू उद्योग में कार्यरत श्रमिकों का असमानता सूचकांक

		अनुसूचित जाति/जनजाति			अनुसूचित जाति/गैर-अनुसूचित जाति/जनजाति			अनुसूचित जाति/कुल		
सं क्र.	राज्य/केंद्र शासित प्रदेश	*1981*	*1991*	*2001*	*1981*	*1991*	*2001*	*1981*	*1991*	*2001*
1.	आंध्र प्रदेश	0.37	0.37	0.63	0.24	0.23	0.31	0.29	0.28	0.38
2.	असम	–	6.53	2.33	–	3.04	2.04	–	2.87	1.95
3.	बिहार (छतीसगढ़ शामिल)	1.15	1.17	1.10	0.88	1.02	0.97	0.93	1.03	0.98
4.	गुजरात	7.73	6.82	4.14	2.59	3.10	1.83	2.71	3.06	1.06
5.	हरियाणा	–	–	–	1.47	1.07	1.08	1.33	1.06	1.06
6.	हिमाचल प्रदेश	3.53	2.30	2.07	4.19	3.21	2.18	2.26	2.00	1.68
7.	जम्मू और कश्मीर	–	–	1.01	0.45	–	0.28	0.47	–	0.33
8.	कर्नाटक	1.22	1.40	1.09	0.66	0.95	0.59	0.72	0.98	0.67
9.	केरल	4.86	6.18	1.04	0.89	0.98	0.77	0.92	1.00	0.80
10.	मध्य प्रदेश (छत्तीसगढ़ शामिल)	7.02	7.42	5.65	1.82	1.94	1.96	2.05	2.15	2.10
11.	महाराष्ट्र	5.15	5.03	3.56	3.32	2.77	1.68	2.94	2.42	1.68
12.	उड़ीसा	3.53	2.84	1.72	1.31	1.32	1.35	1.51	1.47	1.35
13.	पंजाब	–	–	–	1.55	1.34	0.90	1.33	1.21	0.93
14.	राजस्थान	24.12	28.32	5.47	1.96	1.54	1.19	1.89	1.63	1.31
15.	तमिलनाडु	0.88	0.74	1.05	0.25	0.26	0.36	0.32	0.32	0.43
16.	उत्तर प्रदेश (उत्तरांचल शामिल)	0.64	0.60	0.99	0.91	0.98	0.91	0.93	0.99	0.93
17.	पश्चिम बंगाल	2.75	2.48	2.33	0.66	0.61	0.65	0.80	0.75	0.77
18.	अरुणाचल प्रदेश	13.24	2.85	135	2.22	0.93	1.25	5.73	1.72	1.32
19.	गोवा (दमन और दीव शामिल)	4.48	36.29	41.66	10.05	12.02	7.26	8.18	9.73	6.64
20.	मणिपुर (3 उप विभाजनों को छोड़कर)	11.37	8.43	3.22	0.47	0.67	1.28	0.75	1.22	1.77
21.	मेघालय	23.40	8.69	2.94	7.28	2.08	1.88	18.03	6.88	2.78
22.	मिज़ोरम	0.00	6.68	0.00	0.00	11.02	0.00	0.00	6.77	0.00
23.	नागालैंड	–	–	–	–	–	–	–	–	–
24.	सिक्किम	10.25	6.63	5.55	10.15	7.82	4.91	6.90	5.53	4.29
25.	त्रिपुरा	7.33	6.54	3.30	0.75	1.02	1.27	1.21	1.53	1.57
26.	अंडमान व निकोबार द्वीप समूह	–	–	–	–	–	–	–	–	–
27.	चंडीगढ़	–	–	–	0.55	0.39	0.37	0.60	0.45	0.40
28.	दादरा और नगर हवेली	39.91	3.28	6.57	2.33	0.21	3.79	9.99	1.05	5.06
29.	दमन और दीव	–	2.88	1.76	–	2.95	0.85	–	2.77	0.89
30.	दिल्ली	–	–	–	1.19	0.61	0.86	1.14	0.66	0.88
31.	लक्षद्वीप	–	–	–	–	–	–	–	–	–
32.	पांडिचेरी	–	–	–	0.23	0.20	0.30	0.30	0.26	0.38
	भारत	2.44	2.34	2.09	0.91	0.95	0.90	1.00	1.03	0.98

स्रोत: 1. संघ प्राथमिक जनगणना सार, सामान्य जनसंख्या, भारत की जनगणना,1981, श्रृंखला I, भाग (i), (ii) तथा (iii).
2. भारत के महापंजीयक का कार्यालय, भारत की जनगणना, 1991 तथा 2001.

नोट्स: 1. 1981 में असम में और 1991 में जम्मू और कश्मीर में जनगणना आयोजित नहीं किया गया था.
2. कोई अनुसूचित जाति को नागालैंड, अंडमान और निकोबार द्वीप समूह और लक्षद्वीप के लिए भारत के राष्ट्रपति द्वारा निर्धारित नहीं किया गया.
3. कोई अनुसूचित जनजाति को हरियाणा, जम्मू और कश्मीर, पंजाब, चंडीगढ़, दिल्ली और पांडिचेरी के लिए भारत के राष्ट्रपति द्वारा निर्धारित नहीं किया गया.

तालिका 8A.8

एसईएनए के रूप में कार्यरत अनुसूचित जाति ग्रामीण परिवारों का अनुपात

सं क्र.	राज्य/केंद्र शासित प्रदेश	1993–94	1999–2000
1.	आंध्र प्रदेश	5.5	6.2
2.	असम	20.8	23.8
3.	बिहार	6.1	11
4.	गुजरात	9.6	12.4
5.	हरियाणा	15.4	15.6
6.	हिमाचल प्रदेश	14.6	16.9
7.	जम्मू और कश्मीर	10.8	8.4
8.	कर्नाटक	9.2	5.6
9.	केरल	5.3	4.1
10.	मध्य प्रदेश	6	10.1
11.	महाराष्ट्र	10.8	8.4
12.	उड़ीसा	20.4	15.5
13.	पंजाब	16.7	18.2
14.	राजस्थान	12.8	16.5
15.	तमिलनाडु	4.3	6
16.	उत्तर प्रदेश	11.2	13.1
17.	पश्चिम बंगाल	17.4	21.6
18.	अरुणाचल प्रदेश	36.5	0
19.	गोवा	–	48.4
20.	मणिपुर	–	3.7
21.	मेघालय	–	100
22.	मिज़ोरम	–	0
23.	नागालैंड	–	0
24.	सिक्किम	24.8	19
25.	त्रिपुरा	18.3	18.8
26.	अंडमान व निकोबार द्वीप समूह	0	0
27.	चंडीगढ़	32.1	25.4
28.	दादरा और नगर हवेली	4.6	0
29.	दमन और दीव	–	0
30.	दिल्ली	–	10
31.	लक्षद्वीप	6.3	–
32.	पांडिचेरी	0	2.4
	भारत	10.7	12

स्रोत: भारत में सामाजिक समूहों के बीच रोजगार और बेरोजगारी, एनएसएस के 50 वें और 55 वें दौर, सांख्यिकी विभाग, भारत सरकार.

तालिका 8A.9

परिवार प्रकार के आधार पर शहरी अनुसूचित जाति परिवारों का वितरण

(प्रतिशत में)

सं क्र.	राज्य/केंद्र शासित प्रदेश	घरेलु प्रकार			
		स्व नियोजित	नियमित मजदूरी/वेतनभोगी	अनौपचारिक श्रम	अन्य
1.	आंध्र प्रदेश	17.0	37.4	32.7	12.9
2.	असम	42.5	25.8	18.6	12.9
3.	बिहार	29.7	34.8	25.8	9.7
4.	गुजरात	18.7	38.6	33.4	9.3
5.	हरियाणा	30.4	35.5	32.3	1.8
6.	हिमाचल प्रदेश	26.9	47.0	18.1	8.1
7.	जम्मू और कश्मीर	38.6	19.3	35.2	7.0
8.	कर्नाटक	22.0	29.9	38.0	10.1
9.	केरल	14.2	34.1	44.5	7.3
10.	मध्य प्रदेश	24.1	34.1	33.1	8.8
11.	महाराष्ट्र	20.3	54.1	16.9	8.6
12.	उड़ीसा	30.7	29.0	35.0	4.8
13.	पंजाब	31.4	40.6	23.1	4.8
14.	राजस्थान	33.7	33.3	26.4	6.5
15.	तमिलनाडु	14.6	29.6	36.4	18.3
16.	उत्तर प्रदेश	35.6	34.5	23.2	6.4
17.	पश्चिम बंगाल	43.0	34.2	18.7	4.0
18.	अरुणाचल प्रदेश	45.6	41.2	13.2	0.0
19.	गोवा	0.0	44.5	45.1	10.3
20.	मणिपुर	31.5	6.1	12.1	50.4
21.	मेघालय	6.1	57.9	36.0	0.0
22.	मिज़ोरम	17.7	70.1	12.2	0.0
23.	नागालैंड	45.8	33.1	7.0	14.1
24.	सिक्किम	29.9	51.6	16.8	1.8
25.	त्रिपुरा	24.5	38.0	24.7	12.8
26.	अंडमान व निकोबार द्वीप समूह	0.0	0.0	100.0	0.0
27.	चंडीगढ़	29.1	57.8	11.8	1.3
28.	दादरा और नगर हवेली	27.9	57.1	15.0	0.0
29.	दमन और दीव	39.5	40.6	19.8	0.0
30.	दिल्ली	34.0	47.5	13.6	4.9
31.	लक्षद्वीप	0.0	0.0	100.0	0.0
32.	पांडिचेरी	23.6	33.0	42.7	0.7
	भारत	27.3	37.6	26.5	8.5

स्रोत: भारत में सामाजिक समूहों के बीच रोजगार और बेरोजगारी, एनएसएस के 50 वें और 55 वें दौर, सांख्यिकी विभाग, भारत सरकार.

संलग्नक IX

कृषि भूमि पर स्वामित्त्व

तालिका 9A.1

अनुसूचित जाति परिवारों के भूमि पर स्वामित्व के अनुसार भूमिहीन और लगभग-भूमिहीन परिवारों का प्रतिशत, 1999–2000

राज्य	*भूमिहीन*	*लगभग-भूमिहीन*	*भूमिहीन प्लस लगभग-भूमिहीन*
आंध्र प्रदेश	6.9	64.70	71.60
असम	2.5	56.10	58.60
बिहार	23.8	67.10	90.90
गुजरात	18.1	61.20	79.30
हरियाणा	5.7	86.10	91.80
हिमाचल प्रदेश	0.9	68.40	69.30
जम्मू और कश्मीर	0.5	51.90	52.40
कर्नाटक	3.6	59.30	62.90
केरल	4.2	89.60	93.80
मध्य प्रदेश	13.7	33.9	47.60
महाराष्ट्र	16.7	54.80	71.50
उड़ीसा	1.4	67.1	68.50
पंजाब	12.2	82.50	94.70
राजस्थान	3	37.30	40.30
तमिलनाडु	15.1	73.60	88.70
उत्तर प्रदेश	5.3	66.50	71.80
पश्चिम बंगाल	6	76.20	82.20
भारत	10	65.00	75.00

स्रोत: भारत में सामाजिक समूहों के बीच रोजगार और बेरोजगारी, सांख्यिकी विभाग, एनएसएसओ, जीओआई, अक्टूबर 2002.

तालिका 9A.2

भूमिहीन और लगभग-भूमिहीन के बीच अनुसूचित जातियों से गैर-अनुसूचित जातियों/जनजातियों का अनुपात, 1992

राज्य	*भूमिहीन*	*लगभग-भूमिहीन*	*भूमिहीन और लगभग-भूमिहीन*
आंध्र प्रदेश	0.96	1.50	1.36
असम	0.36	1.42	1.07
बिहार	1.80	1.39	1.46

(तालिका 9A.2 जारी)

(तालिका 9A.2 जारी)

राज्य	*भूमिहीन*	*लगभग-भूमिहीन*	*भूमिहीन और लगभग-भूमिहीन*
गुजरात	1.03	1.47	1.29
हरियाणा	4.94	2.76	2.90
हिमाचल प्रदेश	0.61	1.60	1.33
जम्मू और कश्मीर	1.69	2.05	2.01
कर्नाटक	1.02	1.38	1.27
केरल	1.87	1.15	1.22
मध्य प्रदेश	1.63	1.25	1.41
महाराष्ट्र	1.42	1.58	1.51
उड़ीसा	0.68	1.80	1.43
पंजाब	1.32	2.54	2.38
राजस्थान	1.25	2.10	1.87
तमिलनाडु	1.09	1.46	1.35
उत्तर प्रदेश	1.40	1.71	1.68
पश्चिम बंगाल	1.23	1.12	1.14
भारत	1.27	1.54	1.48

स्रोत: भारत में सामाजिक समूहों के बीच रोजगार और बेरोजगारी, सांख्यिकी विभाग, एनएसएसओ, जीओआई, अक्टूबर 2002.

तालिका 9A.3

भूमिहीन और लगभग-भूमिहीन के बीच अनुसूचित जातियों से गैर-अनुसूचित जातियों/जनजातियों का अनुपात, 1999–2000

राज्य	*भूमिहीन*	*लगभग-भूमिहीन*	*भूमिहीन और लगभग-भूमिहीन*
आंध्र प्रदेश	1.16	1.28	1.26
असम	0.78	1.02	1.01
बिहार	3.22	1.25	1.49
गुजरात	2.00	1.42	1.52
हरियाणा	1.41	1.98	1.93
हिमाचल प्रदेश	0.18	1.12	1.05
जम्मू और कश्मीर	0.91	1.35	1.35
कर्नाटक	1.00	1.53	1.49
केरल	3.23	1.12	1.16
मध्य प्रदेश	1.79	1.36	1.46
महाराष्ट्र	1.42	1.50	1.48
उड़ीसा	0.67	1.21	1.19
पंजाब	1.24	1.95	1.81
राजस्थान	1.40	1.59	1.58
तमिलनाडु	1.61	1.17	1.23
उत्तर प्रदेश	1.41	1.55	1.54
पश्चिम बंगाल	1.22	1.15	1.15
भारत	1.63	1.35	1.38

स्रोत: भारत में सामाजिक समूहों के बीच रोजगार और बेरोजगारी, सांख्यिकी विभाग, एनएसएसओ, जीओआई, अक्टूबर 2002.

संलग्नक X

ग्रामीण दिहाड़ी मजदूर—परिमाण और विशेषताएं

तालिका 10A.1

कुल ग्रामीण परिवारों में ग्रामीण श्रमिक परिवारों का प्रतिशत

	अनुसूचित जाति		*गैर-अनुसूचित जाति/जनजाति*	
राज्य	*1974–75*	*1999–2000*	*1974–75*	*1999–2000*
आंध्र प्रदेश	72.87	74.66	32.56	40.83
असम	37.08	33.77	21.57	36.46
बिहार	78.73	76.96	27.06	34.37
गुजरात	74.67	68.43	20.73	33.67
हरियाणा	56.41	56.82	7.77	17.72
हिमाचल प्रदेश	11.45	34.36	1.73	17.76
जम्मू और कश्मीर	13.16	36.00	3.89	8.28
कर्नाटक	69.24	73.19	30.04	37.66
केरल	84.59	83.66	36.86	41.98
मध्य प्रदेश	39.2	50.61	16.72	27.32
महाराष्ट्र	68.18	70.21	32.03	41.57
उड़ीसा	60.77	57.46	16.51	36.77
पंजाब	67.96	61.63	6.52	13.27
राजस्थान	18.99	38.05	2.78	13.40
तमिलनाडु	77.36	82.22	34.31	48.30
उत्तर प्रदेश	45.51	48.55	10.42	16.12
पश्चिम बंगाल	49.66	52.55	59.74	37.87
भारत	57.41	61.42	22.69	31.82

स्रोत: ग्रामीण श्रम जांच, ग्रामीण श्रमिक परिवारों की सामान्य विशेषताओं की रिपोर्ट, 1974–75, 1983–84, 1987–88, 1993–94 और 1999–2000, श्रम ब्यूरो, श्रम मंत्रालय.

तालिका 10A.2
कुल ग्रामीण परिवारों में ग्रामीण कृषि श्रमिक परिवारों का प्रतिशत

राज्य	*अनुसूचित जाति*		*गैर-अनुसूचित जाति/जनजाति*	
	1974–75	*1999–2000*	*1974–75*	*1999–2000*
आंध्र प्रदेश	69.02	66.10	28.38	34.64
असम	26.11	18.73	11.11	18.27
बिहार	75.56	73.18	24.55	32.28
गुजरात	55.67	57.86	14.85	26.73
हरियाणा	43.81	40.75	2.27	11.54
हिमाचल प्रदेश	5.34	7.49	0.74	–
जम्मू और कश्मीर	3.95	7.33	1.59	3.23
कर्नाटक	62.04	66.67	25.52	32.73
केरल	67.51	57.42	22.08	17.26
मध्य प्रदेश	36.4	45.80	14.89	23.35
महाराष्ट्र	61.59	61.49	25.18	33.90
उड़ीसा	92.49	49.93	21.33	32.90
पंजाब	58.41	43.69	4.08	9.48
राजस्थान	12.84	17.58	1.51	4.99
तमिलनाडु	70.56	67.00	28.15	35.19
उत्तर प्रदेश	39.18	39.61	8.06	12.02
पश्चिम बंगाल	42.73	46.39	24.04	32.60
भारत	50.81	51.38	18.31	24.66

स्रोत: ग्रामीण श्रम जांच, ग्रामीण श्रमिक परिवारों की सामान्य विशेषताओं की रिपोर्ट, 1974–75, 1983–84, 1987–88, 1993–94 और 1999–2000, श्रम ब्यूरो, श्रम मंत्रालय.

तालिका 10A.3
ग्रामीण श्रमिक परिवारों का असमानता सूचकांक: अजा/गैर-अजा/अजजा

राज्य	*1974–75*	*1999–2000*
आंध्र प्रदेश	0.47	0.37
असम	0.27	0.04
बिहार	0.62	0.48
गुजरात	0.71	0.41
हरियाणा	0.99	0.61
हिमाचल प्रदेश	0.84	0.33
जम्मू और कश्मीर	0.55	0.71
कर्नाटक	0.48	0.40
केरल	0.51	0.43
मध्य प्रदेश	0.43	0.33
महाराष्ट्र	0.43	0.31
उड़ीसा	0.69	0.25
पंजाब	1.18	0.80

(तालिका 10A.3 जारी)

(तालिका 10A.3 जारी)

राज्य	*1974–75*	*1999–2000*
राजस्थान	0.87	0.51
तमिलनाडु	0.48	0.34
उत्तर प्रदेश	0.73	0.56
पश्चिम बंगाल	0.11	0.18
भारत	0.50	0.37

स्रोत: ग्रामीण श्रम जांच, ग्रामीण श्रमिक परिवारों की सामान्य विशेषताओं की रिपोर्ट, 1974–75 और 1999–2000, राष्ट्रीय श्रम ब्यूरो, शिमला.

तालिका 10A.4

कृषि श्रमिक परिवारों का असमानता सूचकांक: अजा/गैर-अजा/अजजा

राज्य	*1974–75*	*1999–2000*
आंध्र प्रदेश	0.50	0.37
असम	0.41	0.01
बिहार	0.64	0.48
गुजरात	0.68	0.42
हरियाणा	1.39	0.62
हिमाचल प्रदेश	0.87	–
जम्मू और कश्मीर	0.40	0.37
कर्नाटक	0.49	0.41
केरल	0.61	0.63
मध्य प्रदेश	0.44	0.35
महाराष्ट्र	0.49	0.34
उड़ीसा	0.86	0.23
पंजाब	1.30	0.75
राजस्थान	0.96	0.58
तमिलनाडु	0.52	0.37
उत्तर प्रदेश	0.76	0.59
पश्चिम बंगाल	0.30	0.19
भारत	0.53	0.39

स्रोत: ग्रामीण श्रम जांच, ग्रामीण श्रमिक परिवारों की सामान्य विशेषताओं की रिपोर्ट, 1974–75 और 1999–2000, राष्ट्रीय श्रम ब्यूरो, शिमला.

तालिका 10A.5

भूमि के साथ तथा भूमि के बिना ग्रामीण श्रमिक परिवार

(प्रतिशत में)

	कुल				*अनुसूचित जाति*			
	भूमि के साथ		*भूमि के बिना*		*भूमि के साथ*		*भूमि के बिना*	
राज्य	*1974–75*	*1999–2000*	*1974–75*	*1999–2000*	*1974–75*	*1999–2000*	*1974–75*	*1999–2000*
आंध्र प्रदेश	39	36.62	61	63.38	35.3	32.86	64.7	67.14
असम	54.8	37.74	45.2	62.26	55.4	39.27	44.6	60.73

(तालिका 10A.5 जारी)

(तालिका 10A.5 जारी)

	कुल				अनुसूचित जाति			
	भूमि के साथ		भूमि के बिना		भूमि के साथ		भूमि के बिना	
राज्य	1974–75	1999–2000	1974–75	1999–2000	1974–75	1999–2000	1974–75	1999–2000
बिहार	59.1	27.8	40.9	72.2	51.4	19.13	48.6	80.87
गुजरात	34.8	40.45	65.2	59.55	31	28.76	69	71.24
हरियाणा	16.3	18.12	83.7	81.88	18.3	12	81.7	88
हिमाचल प्रदेश	73.1	79.69	26.9	20.31	72.5	81.32	27.5	18.68
जम्मू और कश्मीर	57.5	79.06	42.5	20.94	32.7	71.86	67.3	28.14
कर्नाटक	44.7	41.71	55.3	58.29	44.6	42.21	55.4	57.79
केरल	82.9	53.94	17.1	46.06	80.6	43.79	19.4	56.21
मध्य प्रदेश	53.5	49.52	46.5	50.48	48.7	40.48	51.3	59.52
महाराष्ट्र	46.3	41.08	53.7	58.92	46	29.86	54	70.14
उड़ीसा	62.2	55.65	37.8	44.35	51.3	47.08	48.7	52.92
पंजाब	9.2	8.79	90.8	91.21	7.1	6.99	92.9	93.01
राजस्थान	53.1	62.56	46.9	37.44	48.8	48.75	51.2	51.25
तमिलनाडु	35.4	21.31	64.6	78.69	31.8	13.55	68.2	86.45
उत्तर प्रदेश	53.9	56.5	46.1	43.5	56.1	58.39	43.9	41.61
पश्चिम बंगाल	44.2	34.68	55.8	65.32	39.7	33.93	60.3	66.07
भारत	48.8	41.12	51.2	58.88	44.4	34.49	55.6	65.51

स्रोत: ग्रामीण श्रम जांच रिपोर्ट, राष्ट्रीय श्रम ब्यूरो, शिमला.

तालिका 10A.6

भूमि के साथ तथा भूमि के बिना कृषि श्रमिक परिवार

	सम्पूर्ण परिवार		अनुसूचित जाति परिवार		सम्पूर्ण परिवार		अनुसूचित जाति परिवार	
	1974–75		1974–75		1999–2000		1999–2000	
राज्य	भूमि के साथ	बिना भूमि के	भूमि के साथ	बिना भूमि के	भूमि के साथ	बिना भूमि के	भूमि के साथ	बिना भूमि के
आंध्र प्रदेश	39.1	60.9	35	65	39.37	60.63	34	66
असम	55.8	44.2	61.7	38.3	38.43	61.57	40.84	59.16
बिहार	58.2	41.8	51.2	48.8	28.25	71.75	19.92	80.08
गुजरात	34.5	65.5	30.7	69.3	43.64	56.36	32.85	67.15
हरियाणा	16.6	83.4	17.3	82.7	17.16	82.84	10.72	89.28
हिमाचल प्रदेश	76.7	23.3	78.1	21.9	82.92	17.08	96.1	3.9
जम्मू और कश्मीर	62.7	37.3	29.9	70.1	82.17	17.83	26.71	73.29
कर्नाटक	46.7	53.3	44.8	55.2	42.98	57.02	40.42	59.58
केरल	86.7	13.3	82.8	17.2	55.89	44.11	46.26	53.74
मध्य प्रदेश	52.8	47.2	48	52	49.25	50.75	42.25	57.75

(तालिका 10A.6 जारी)

(तालिका 10A.6 जारी)

राज्य	सम्पूर्ण परिवार 1974–75		अनुसूचित जाति परिवार 1974–75		सम्पूर्ण परिवार 1999–2000		अनुसूचित जाति परिवार 1999–2000	
	भूमि के साथ	बिना भूमि के	भूमि के साथ	बिना भूमि के	भूमि के साथ	बिना भूमि के	भूमि के साथ	बिना भूमि के
महाराष्ट्र	47	53	47.3	52.7	44.84	55.16	32.55	67.45
उड़ीसा	62.6	37.4	51.3	48.7	57.39	42.61	50.28	49.72
पंजाब	8.3	91.7	7	93	9.03	90.97	7.7	92.3
राजस्थान	46.4	53.6	44.7	55.3	50.6	49.4	33.46	66.54
तमिलनाडु	36.2	63.8	31.1	68.9	23.9	76.1	14.46	85.54
उत्तर प्रदेश	56.8	43.2	58.6	41.1	61.86	38.14	62.78	37.22
पश्चिम बंगाल	45.8	54.2	42.2	57.8	36.23	63.77	35.1	64.9
भारत	49.2	50.8	45	55	42.67	57.33	35.62	64.38

स्रोत: ग्रामीण श्रम जांच, ग्रामीण श्रमिक परिवारों की सामान्य विशेषताओं की रिपोर्ट, 1974–75 और 1999–2000, श्रम ब्यूरो, श्रम मंत्रालय.

तालिका 10A.7

खेती की भूमि के आकार के आधार पर भूमि के साथ ग्रामीण श्रमिक परिवारों का प्रतिशत वितरण, 1999–2000 (हेक्टेयर में आकार)

राज्य	कुल परिवार			अनुसूचित जाति परिवार		
	<0.4	0.4–1	>1	<0.4	0.4–1	>1
आंध्र प्रदेश	21.7	10.4	4.3	19.2	9	4.7
असम	31.9	5.2	0.6	33.4	5.6	0.2
बिहार	26.3	1.6	0	18.6	0.4	0.1
गुजरात	26.4	11.6	2.4	17.7	10.3	0.8
हरियाणा	14.2	3.9	0	9	3	0
हिमाचल प्रदेश	67.7	10.8	1.1	73.1	8.2	0
जम्मू और कश्मीर	71.8	6.8	0.5	70.8	1.1	0
कर्नाटक	19.2	14.8	7.7	21.6	15.3	5.4
केरल	50.6	2.9	0.4	41.8	1.5	0.5
मध्य प्रदेश	19.1	21.4	9.1	17.8	18.1	4.5
महाराष्ट्र	15.9	14.3	10.8	13.6	8	8.1
उड़ीसा	39.7	14.8	1.2	30.8	15.2	1
पंजाब	7.1	1.2	0.6	6.3	0.3	0.4
राजस्थान	33.4	20.7	8.5	15.4	20.2	13.1
तमिलनाडु	16.2	4.5	0.6	10.6	2.5	0.6
उत्तर प्रदेश	49.4	6.3	0.8	51.7	5.9	0.7
पश्चिम बंगाल	32.4	1.8	0.5	32.1	0.8	1.1
भारत	28.2	9.4	3.5	25.4	6.6	2.3

स्रोत: ग्रामीण श्रम जांच, ग्रामीण श्रमिक परिवारों की सामान्य विशेषताओं की रिपोर्ट, 1999–2000, राष्ट्रीय श्रम ब्यूरो, श्रम मंत्रालय.

तालिका 10A.8

जोत जमीन के आकार के साथ खेतीहर मजदूरों के परिवारों का प्रतिशत वितरण, 1999–2000 (हेक्टेयर में आकार)

	सभी घर			अनुसूचित जाति के घर		
राज्य	< 0.4	04–1	>1	< 0.4	04–1	>1
आंध्र प्रदेश	23.5	11.1	4.7	19.8	9.2	5
असम	31.7	6.4	0.4	35.8	4.7	0.4
बिहार	26.7	1.5	0	19.4	0.4	0.1
गुजरात	28.5	12.7	2.4	20.2	11.7	0.9
हरियाणा	13.9	3.2	0	9.2	1.6	0
हिमाचल प्रदेश	71.4	9.5	2	83.7	12.4	0
जम्मू कश्मीर	70.7	10.9	0.7	26.7	0	0
कर्नाटक	19.2	15.6	8.2	20.1	15	5.3
केरल	51.6	3.5	0.7	43.3	2.3	0.7
मध्य प्रदेश	18.5	21.7	8.9	18.1	19.3	4.8
महाराष्ट्र	17.3	15.3	12.1	14.9	8.7	9
उड़ीसा	40.9	15.4	1.2	32.9	16.6	0.8
पंजाब	7.1	1.3	0.7	6.7	0.4	0.6
राजस्थान	26.3	17.6	6.7	11	12.1	10.5
तमिलनाडु	18.1	5.1	0.7	11	2.8	0.7
उत्तर प्रदेश	54.8	6.2	0.9	56.2	5.7	0.9
पश्चिम बंगाल	34.2	1.6	0.5	33	0.9	1.2
भारत	28.9	9.9	3.8	26.4	6.7	2.5

स्रोतः ग्रामीण श्रम जांच, ग्रामीण श्रमिक परिवारों की सामान्य विशेषताओं की रिपोर्ट, 1999–2000, श्रमिक ब्यूरो, श्रम मंत्रालय

तालिका 10A.9

ग्रामीण श्रमिक परिवारों की वास्तविक मजदूरी, 1974–75

	कृषि व्यवसाय						गैर कृषि व्यवसाय					
	अनुसूचित जाति			सभी			अनुसूचित जाति			सभी		
राज्य	एम	एफ	सी	एम	एफ	सी	एम	एफ	सी	एम	एफ	सी
आंध्र प्रदेश	4.52	3.42	2.43	4.91	3.10	2.50	5.32	3.69	2.98	5.12	3.58	2.86
असम	6.05	5.02	4.60	6.46	5.31	3.74	3.77	2.79	2.20	4.01	2.94	2.39
बिहार	5.12	3.55	3.36	5.85	3.62	3.39	6.87	5.27	4.17	7.45	5.43	4.60
गुजरात	5.40	4.67	3.57	5.17	4.35	3.59	4.94	4.39	3.94	4.91	4.17	4.05
हरियाणा	7.93	5.86	3.57	8.95	6.95	4.09	5.72	4.27	3.89	5.35	4.17	3.92
हिमाचल प्रदेश	7.15	5.26	4.46	7.45	4.58	4.46	8.84	7.29	4.75	8.61	6.93	5.22
जम्मू कश्मीर	7.35	4.50	4.82	7.37	4.71	3.61	7.61	5.27	6.49	7.91	5.38	6.49
कर्नाटक	9.20	7.22	5.88	9.31	7.38	5.31	11.82	6.94	4.17	10.14	10.31	4.78
केरल	8.42	4.97	2.36	9.76	4.86	2.83	4.83	2.23	3.11	4.65	2.95	2.95
मध्य प्रदेश	4.13	2.89	2.03	3.95	2.57	1.82	11.06	7.81	4.22	10.37	7.41	3.56
महाराष्ट्र	4.45	2.65	2.06	5.91	3.00	2.43	3.52	2.96	2.04	3.41	3.82	2.16

(तालिका 10A.9 जारी)

(तालिका 10A.9 जारी)

	कृषि व्यवसाय						गैर कृषि व्यवसाय					
	अनुसूचित जाति			सभी			अनुसूचित जाति			सभी		
राज्य	एम	एफ	सी	एम	एफ	सी	एम	एफ	सी	एम	एफ	सी
उड़ीसा	4.27	2.31	2.50	4.19	2.73	2.20	3.96	2.33	2.08	4.21	2.46	2.20
पंजाब	10.33	4.47	5.68	10.91	4.41	5.38	4.10	2.87	1.89	4.10	2.82	2.41
राजस्थान	5.79	3.43	2.62	5.99	3.43	3.35	11.52	6.16	6.13	11.43	6.09	6.04
तमिलनाडु	5.72	3.46	3.59	6.30	3.36	2.36	5.56	4.26	3.37	5.89	3.94	3.32
उत्तर प्रदेश	5.88	3.39	3.37	6.20	3.45	3.28	5.11	3.42	2.17	5.24	3.31	2.24
पश्चिम बंगाल	8.62	4.31	3.84	8.73	4.40	3.43	4.86	3.89	3.51	5.04	3.86	2.02
भारत	6.05	3.74	3.41	6.42	3.68	2.89	6.45	5.03	3.84	6.27	5.05	3.77

स्रोतः मजदूरी और ग्रामीण श्रमिक परिवारों की कमाई पर ग्रामीण श्रम जांच रिपोर्ट, एनएसएस (55वां दौर), 1999–2000, श्रम मंत्रालय, भारत सरकार, 2013

नोट्सः 1. बेसः कृषि वर्ष 1986–87–100

2. एम: मेल (पुरुष), एफः फीमेल (महिला), और सीः चिल्ड्रेन (बच्चे)

तालिका 10A.10

ग्रामीण श्रमिक परिवारों की वास्तविक मजदूरी, 1999–2000

	कृषि व्यवसाय						गैर कृषि व्यवसाय					
	अनुसूचित जाति			सभी			अनुसूचित जाति			सभी		
राज्य	एम	एफ	सी	एम	एफ	सी	एम	एफ	सी	एम	एफ	सी
आंध्र प्रदेश	12.76	8.57	8.01	12.52	8.33	7.54	14.00	10.93	11.27	16.51	9.97	8.97
असम	11.94	10.51	10.68	13.23	11.97	10.07	15.73	8.51	18.40	16.45	10.11	16.37
बिहार	11.64	10.55	7.60	11.70	10.32	7.99	15.95	9.94	6.67	15.42	9.68	9.12
गुजरात	14.49	12.43	13.04	12.52	10.73	10.42	20.13	13.35	16.13	15.07	11.75	9.49
हरियाणा	21.27	18.09	13.06	19.56	17.36	13.06	22.54	9.46	–	26.06	8.39	19.54
हिमाचल प्रदेश	18.63	13.03	–	20.69	18.50	–	22.52	21.86	–	24.96	14.19	–
जम्मू कश्मीर	19.84	–	–	26.60	–	–	17.80	18.16	–	22.72	18.16	–
कर्नाटक	12.25	8.46	6.69	12.76	8.61	6.33	20.24	11.41	6.33	19.45	13.57	12.24
केरल	31.17	19.99	–	30.29	19.94	–	34.74	17.65	12.82	34.53	16.09	23.41
मध्य प्रदेश	9.54	8.32	6.26	9.59	8.13	6.58	15.44	8.27	6.56	16.05	8.74	7.45
महाराष्ट्र	12.28	7.76	8.33	12.39	8.01	6.96	23.49	15.95	3.48	24.44	14.88	6.73
उड़ीसा	9.02	7.40	4.72	9.08	7.06	6.00	11.57	8.71	–	–	8.44	9.68
पंजाब	20.49	23.68	19.31	20.71	24.10	19.49	23.10	14.14	13.03	23.66	13.32	13.03
राजस्थान	17.88	15.22	–	16.67	12.62	7.48	22.94	8.24	9.68	20.09	13.05	9.69
तमिलनाडु	16.69	10.00	9.00	17.34	10.09	9.52	24.48	11.22	8.85	24.88	–	8.52
उत्तर प्रदेश	11.90	9.16	7.64	12.47	9.46	8.10	17.01	14.00	9.52	16.79	13.01	11.11
पश्चिम बंगाल	14.47	12.01	13.94	14.34	12.22	12.83	16.32	10.18	12.45	18.62	10.56	7.94
भारत	13.56	9.58	8.50	13.13	9.25	7.87	19.76	11.92	9.98	21.01	18.17	9.27

स्रोतः मजदूरी और ग्रामीण श्रमिक परिवारों की कमाई पर ग्रामीण श्रम जांच रिपोर्ट, एनएसएस (55वां दौर), 1999–2000, श्रम मंत्रालय, भारत सरकार, 2013

नोट्सः 1. बेसः कृषि वर्ष 1986–100

2. एम: मेल (पुरुष), एफः फीमेल (महिला), और सीः चिल्ड्रन (बच्चे)

संलग्नक XI

रोजगार और बेरोजगारी

तालिका 11A.1

अजा और गैर-अजा/अजजा में ग्रामीण रोजगार दर की वर्तमान दैनिक स्थिति

	1983				*1999–2000*			
	गैर अजा/अजजा		*अजा*		*गैर अजा/अजजा*		*अजा*	
राज्य	*एम*	*एफ*	*एम*	*एफ*	*एम*	*एफ*	*एम*	*एफ*
आंध्र प्रदेश	61.30	34.08	56.67	36.88	54.75	32.75	50.3	36.8
असम	53.55	8.35	57.11	7.90	48.45	9.85	51.6	12.2
बिहार	53.05	11.30	52.30	20.53	43.65	8.35	46.4	16.7
गुजरात	56.34	26.23	48.46	27.90	53.45	26.2	48.6	30.5
हरियाणा	53.87	35.22	43.61	21.06	44.65	10.05	44.4	11.3
हिमाचल प्रदेश	55.93	35.22	59.78	30.37	49.85	34.55	50.8	29.4
जम्मू कश्मीर	55.25	5.52	56.83	5.13	51.7	9.1	55.4	16.6
कर्नाटक	60.28	20.01	54.28	31.54	55.8	28.45	50.6	31.7
केरल	40.77	12.92	36.48	20.42	42.95	12.7	41.5	21.0
मध्य प्रदेश	59.75	28.82	56.72	37.23	49.1	19.45	46.7	52.7
महाराष्ट्र	56.45	33.21	51.79	35.83	49.05	31.85	41.9	29.5
उड़ीसा	57.63	13.87	59.48	21.70	48.05	11	46.5	18.6
पंजाब	60.55	5.40	55.21	11.63	50.4	16.25	48.5	14.1
राजस्थान	58.39	37.07	58.28	37.94	47.4	25.3	46.6	22.2
तमिलनाडु	54.39	28.21	49.12	30.38	53.05	23.75	43.3	30.6
उत्तर प्रदेश	56.17	14.91	55.22	20.03	44.75	11.3	43.2	16.1
पश्चिम बंगाल	50.68	6.09	49.56	10.27	46.5	7.15	48.4	10.6
भारत	**55.75**	**20.32**	**53.09**	**24.16**	**48**	**18**	**46.2**	**21.2**

स्रोतः भारत में रोजगार व बेरोजगारी की स्थिति, 1999–2000, पार्ट-1, एनएसएस, 38वां और 55वां दौर, 1983 और 1999–2000 के लिए, सांख्यिकी और कार्यक्रम कार्यान्वयन मंत्रालय, भारत सरकार

नोटः एमः पुरुष, एफः महिला, वर्तमान दैनिक स्थिति=सीडीएस

तालिका 11A.2

अजा और गैर-अजा/अजजा के पुरुषों (ग्रामीण) के बीच रोजगार की दर में असमानताएं (सीडीएस)

	असमानता अनुपात		*असमानता सूचकांक*	
	1983	*1999*	*1983*	*1999*
राज्य	*अजा/गैर-अजा/अजजा*	*अजा/गैर-अजा/अजजा*	*अजा/गैर-अजा/अजजा*	*अजा/गैर-अजा/अजजा*
आंध्र प्रदेश	0.92	0.91	0.08	0.09
असम	1.07	1.1	0.06	0.08
बिहार	0.99	1.09	0.01	0.07
गुजरात	0.86	0.91	0.14	0.09
हरियाणा	0.81	0.96	0.18	0.04
हिमाचल प्रदेश	1.07	1.01	0.07	0.01
जम्मू कश्मीर	1.03	1.09	0.03	0.08
कर्नाटक	0.9	0.91	0.11	0.09
केरल	0.89	0.91	0.08	0.07
मध्य प्रदेश	0.95	0.95	0.05	0.05
महाराष्ट्र	0.92	0.83	0.08	0.15
उड़ीसा	1.03	1.0	0.03	0
पंजाब	0.91	0.89	0.1	0.11
राजस्थान	1.0	1.0	0	0
तमिलनाडु	0.9	0.81	0.09	0.18
उत्तर प्रदेश	0.98	0.98	0.02	0.02
पश्चिम बंगाल	0.98	1.11	0.02	0.08
अरुणाचल प्रदेश	–	1.88	–	0.87
मणिपुर	–	1.11	–	0.09
मेघालय	–	25.84	–	–
मिजोरम	–	0.79	–	0.14
नागालैंड	–	1.14	–	0.25
सिक्किम	–	1.03	–	0.03
त्रिपुरा	1.09	1.03	0.09	0.02
भारत	**0.95**	**0.97**	**0.05**	**0.02**

स्रोतः रोजगार व बेरोजगारी रिपोर्ट का 38वां और 55वां दौर, एनएसएस सीडीएस = वर्तमान दैनिक स्थिति

तालिका 11A.3

अजा और गैर-अजा/अजजा की महिलाओं (ग्रामीण) के बीच रोजगार की दर में असमानताएं (सीडीएस)

	असमानता अनुपात		*असमानता सूचकांक*	
	1983	*1999*	*1983*	*1999*
राज्य	*अजा/गैर-अजा/अजजा*	*अजा/गैर-अजा/अजजा*	*अजा/गैर-अजा/अजजा*	*अजा/गैर-अजा/अजजा*
आंध्र प्रदेश	1.08	1.12	0.05	0.08
असम	0.95	1.24	0.03	0.1
बिहार	1.82	2.0	0.31	0.34

(तालिका 11A.3 जारी)

(तालिका 11A.3 जारी)

	असमानता अनुपात		असमानता सूचकांक	
	1983	*1999*	*1983*	*1999*
राज्य	*अजा/गैर-अजा/अजजा*	*अजा/गैर-अजा/अजजा*	*अजा/गैर-अजा/अजजा*	*अजा/गैर-अजा/अजजा*
गुजरात	1.06	1.16	0.04	0.09
हरियाणा	0.6	1.12	0.31	0.06
हिमाचल प्रदेश	0.86	0.85	0.1	0.1
जम्मू कश्मीर	0.93	1.82	0.03	0.3
कर्नाटक	1.58	1.11	0.27	0.07
केरल	1.58	1.11	0.27	0.07
मध्य प्रदेश	1.29	1.32	0.17	0.16
महाराष्ट्र	1.08	0.93	0.05	0.05
उड़ीसा	1.56	1.69	0.24	0.27
पंजाब	2.15	0.87	0.36	0.07
राजस्थान	1.02	0.88	0.02	0.07
तमिलनाडु	1.08	1.29	0.05	0.15
उत्तर प्रदेश	1.34	1.42	0.16	0.18
पश्चिम बंगाल	1.69	1.48	0.25	0.19
अरुणाचल प्रदेश	–	0	–	–
मणिपुर	–	1.44	–	0.19
मेघालय	–	0	–	–
मिजोरम	–	0	–	–
नागालैंड	–	5.67	–	1.09
सिक्किम	–	1.15	–	0.07
त्रिपुरा	0.65	0.78	0.2	0.11
भारत	**1.19**	**1.18**	**0.1**	**0.09**

स्रोतः रोजगार व बेरोजगारी रिपोर्ट का 38वां और 55वां दौर, एनएसएस

तालिका 11A.4
वर्तमान दैनिक स्थिति के अनुसार अनुसूचित जातियों और गैर अनुसूचित जाति/अनुसूचित जनजाति की शहरी रोजगार दर

	1983				*1999–2000*			
	गैर-अजा/अजजा		*अजा*		*गैर-अजा/अजजा*		*अजा*	
राज्य	*एम*	*एफ*	*एम*	*एफ*	*एम*	*एफ*	*एम*	*एफ*
आंध्र प्रदेश	54.77	13.71	44.97	16.46	49	13.95	42.5	17.4
असम	53.16	6.96	49.21	8.07	50.1	9.35	41.9	7.7
बिहार	51.90	7.33	48.71	18.25	42.3	5.25	43.7	11.7
गुजरात	54.22	9.36	50.51	14.91	50.9	9.5	46.7	14.9
हरियाणा	60.00	9.17	56.40	9.43	51.25	6.95	44.3	14.2

(तालिका 11A.4 जारी)

(तालिका 11A.4 जारी)

	1983				1999–2000			
	गैर-अजा/अजजा		अजा		गैर-अजा/अजजा		अजा	
राज्य	एम	एफ	एम	एफ	एम	एफ	एम	एफ
हिमाचल प्रदेश	58.53	13.74	53.57	18.45	51.35	13.6	52.4	8.6
जम्मू कश्मीर	57.50	16.21	58.43	6.97	50.1	4.2	49.9	10.6
कर्नाटक	54.16	16.79	45.78	16.94	52.3	14.65	49.2	20.7
केरल	43.97	11.42	33.11	22.45	45.4	13.45	41.1	22.9
मध्य प्रदेश	52.19	10.23	49.64	21.27	46.5	9.8	41.9	14.9
महाराष्ट्र	54.79	11.19	47.21	17.49	51.55	11.1	44.2	16.0
उड़ीसा	53.93	6.65	54.84	15.35	44.65	7.3	47.0	20.0
पंजाब	59.81	8.18	56.29	12.56	53.7	8.2	49.9	7.5
राजस्थान	53.02	13.26	45.45	19.11	48.2	9.1	43.5	12.5
तमिलनाडु	53.90	16.42	49.16	19.10	51.9	16.2	43.0	21.9
उत्तर प्रदेश	53.55	6.33	53.13	16.43	47	6.25	45.9	6.5
पश्चिम बंगाल	54.86	10.12	55.01	13.46	55.7	8.55	52.8	12.4
भारत	**53.97**	**11.26**	**50.14**	**16.77**	**49.65**	**10.75**	**45.8**	**14.0**

स्रोतः भारत में रोजगार व बेरोजगारी की स्थिति, 1999–2000, पार्ट-1, एनएसएस, 38वां और 55वां दौर, 1983 और 1999–2000 के लिए, सांख्यिकी और कार्यक्रम कार्यान्वयन मंत्रालय, भारत सरकार

नोटः एमः पुरुष, एफः महिला

तालिका 11A.5

अजा और गैर-अजा/अजजा के पुरुषों (शहरी) के बीच रोजगार की दर में असमानताएं (सीडीएस)

	असमानता अनुपात		असमानता सूचकांक	
	1983	1999	1983	1999
राज्य	अजा/गैर-अजा/अजजा	अजा/गैर-अजा/अजजा	अजा/गैर-अजा/अजजा	अजा/गैर-अजा/अजजा
आंध्र प्रदेश	0.82	0.87	0.17	0.11
असम	0.93	0.84	0.07	0.14
बिहार	0.94	1.03	0.06	0.02
गुजरात	0.93	0.92	0.06	0.07
हरियाणा	0.94	0.86	0.06	0.12
हिमाचल प्रदेश	0.92	1.02	0.09	0.02
जम्मू कश्मीर	1.02	1	0.02	0
कर्नाटक	0.85	0.94	0.15	0.05
केरल	0.75	0.91	0.2	0.08
मध्य प्रदेश	0.95	0.9	0.04	0.08
महाराष्ट्र	0.86	0.86	0.13	0.13
उड़ीसा	1.02	1.05	0.02	0.04

(तालिका 11A.5 जारी)

(तालिका 11A.5 जारी)

	असमानता अनुपात		असमानता सूचकांक	
	1983	*1999*	*1983*	*1999*
राज्य	*अजा/गैर-अजा/अजजा*	*अजा/गैर-अजा/अजजा*	*अजा/गैर-अजा/अजजा*	*अजा/गैर-अजा/अजजा*
पंजाब	0.94	0.93	0.06	0.07
राजस्थान	0.86	0.9	0.13	0.08
तमिलनाडु	0.91	0.83	0.08	0.16
उत्तर प्रदेश	0.99	0.98	0.01	0.02
पश्चिम बंगाल	1	0.95	0	0.05
अरुणाचल प्रदेश	–	1.49	–	0.28
मणिपुर	–	0.75	–	0.2
मेघालय	–	1.05	–	0.04
मिजोरम	–	1.1	–	0.09
नागालैंड	–	0.72	–	0.33
सिक्किम	–	1.04	–	0.04
त्रिपुरा	0.88	0.9	0.11	0.09
भारत	**0.93**	**0.92**	**0.07**	**0.07**

स्रोतः रोजगार व बेरोजगारी रिपोर्ट का 38वां, 50वां और 55वां दौर, एनएसएस

तालिका 11A.6

वर्तमान दैनिक स्थिति के अनुसार अनुसूचित जातियों और गैर अनुसूचित जाति/अनुसूचित जनजाति के घर के 5 वर्ष की उम्र और उससे ऊपर के बेरोजगार ग्रामीण व्यक्तियों का प्रतिशत

	1983				*1999–2000*			
	गै.अजा/अजजा		*अजा*		*गै.अजा/अजजा*		*अजा*	
राज्य	*एम*	*एफ*	*एम*	*एफ*	*एम*	*एफ*	*एम*	*एफ*
आंध्र प्रदेश	4.65	3.12	7.48	8.34	4.05	2.25	7.2	5.1
असम	2.08	0.61	2.39	0.40	3.75	1.75	2.5	0.7
बिहार	3.51	1.22	7.54	4.93	3.20	0.45	5.0	1.8
गुजरात	2.55	0.71	5.56	2.92	2.30	0.80	5.4	2.3
हरियाणा	2.97	0.28	5.76	0.65	1.50	0.10	6.1	0.4
हिमाचल प्रदेश	1.36	0.39	1.35	–	2.35	0.30	2.0	0.4
जम्मू कश्मीर	5.61	0.16	1.76	0.14	3.70	0.20	2.8	0.2
कर्नाटक	3.45	2.26	2.56	1.57	1.85	0.95	4.9	2.1
केरल	12.04	5.40	19.80	11.99	9.70	4.60	14.9	9.0
मध्य प्रदेश	1.06	0.50	2.23	1.48	1.80	0.80	2.8	1.4
महाराष्ट्र	3.29	2.21	6.44	4.33	3.05	2.15	5.1	3.8
उड़ीसा	4.41	1.67	6.59	3.40	4.60	1.25	4.1	1.1
पंजाब	2.87	0.53	8.12	1.26	1.70	0.50	3.8	0.2

(तालिका 11A.6 जारी)

(तालिका 11A.6 जारी)

	1983				1999–2000			
	गै.अजा/अजजा		अजा		गै.अजा/अजजा		अजा	
राज्य	एम	एफ	एम	एफ	एम	एफ	एम	एफ
राजस्थान	1.91	0.41	3.41	1.57	1.45	0.55	2.5	0.9
तमिलनाडु	9.76	5.74	17.22	13.40	4.75	2.70	10.9	5.5
उत्तर प्रदेश	1.64	0.19	3.88	1.13	1.50	0.10	2.8	0.8
पश्चिम बंगाल	7.84	1.37	9.66	3.87	7.35	2.05	6.3	1.2
भारत	**4.03**	**1.72**	**7.16**	**4.23**	**3.35**	**1.40**	**5.0**	**2.1**

स्रोतः भारत में रोजगार व बेरोजगारी की स्थिति, 1999–2000, पार्ट-1, एनएसएस, 38वां और 55वां दौर, 1983 और 1999–2000 के लिए, सांख्यिकी और कार्यक्रम कार्यान्वियन मंत्रालय, भारत सरकार

नोटः एमः पुरुष, एफः महिला

तालिका 11A.7
अजा और गैर-अजा/अजजा के पुरुषों (ग्रामीण) के बीच रोजगार की दर में असमानताएं (सीडीएस)

	असमानता अनुपात (पुरुषों)		असमानता अनुपात (महिलाएं)	
	1983	1999	1983	1999
राज्य	अजा/गैर-अजा/अजजा	अजा/गैर-अजा/अजजा + पिछड़ा वर्ग	अजा/गैर-अजा/अजजा	अजा/गैर-अजा/अजजा + पिछड़ा वर्ग
आंध्र प्रदेश	1.61	1.78	2.67	2.27
असम	1.15	0.67	0.66	0.40
बिहार	2.15	1.56	4.04	4.00
गुजरात	2.18	2.35	4.11	2.88
हरियाणा	1.94	4.07	2.32	4.00
हिमाचल प्रदेश	0.99	0.85	–	1.33
जम्मू कश्मीर	0.31	0.76	0.88	1.00
कर्नाटक	2.19	2.65	0.69	2.21
केरल	1.64	1.54	2.22	1.96
मध्य प्रदेश	2.1	1.56	2.96	1.75
महाराष्ट्र	1.96	1.67	1.96	1.77
उड़ीसा	1.49	0.89	2.04	0.88
पंजाब	2.83	2.24	2.38	0.40
राजस्थान	1.79	1.72	3.83	1.64
तमिलनाडु	1.76	2.29	2.33	2.04
उत्तर प्रदेश	2.37	1.87	5.95	8.00
पश्चिम बंगाल	1.23	0.86	2.82	0.59
भारत	**1.78**	**1.49**	**2.46**	**1.50**

स्रोतः रोजगार व बेरोजगारी रिपोर्ट का 38वां और 55वां दौर, एनएसएस

तालिका 11A.8

वर्तमान दैनिक स्थिति के अनुसार 5 वर्ष की उम्र और उससे ऊपर के बेरोजगार शहरी व्यक्तियों का प्रतिशत

	1983				*1999–2000*			
	गैर अजा/अजजा		*अजा*		*गैर अजा/अजजा*		*अजा*	
राज्य	एम	एफ	एम	एफ	एम	एफ	एम	एफ
आंध्र प्रदेश	4.99	1.82	10.77	3.28	3.9	1.3	4.5	1.7
असम	3.34	0.64	5.80	1.54	4.9	3	6.3	1.9
बिहार	3.73	0.31	3.85	2.43	4.2	0.8	4.9	0.9
गुजरात	4.39	0.38	6.56	1.49	2	0.3	3.4	1.3
हरियाणा	4.54	0.52	6.19	2.92	2.1	0.3	4.5	1.2
हिमाचल प्रदेश	4.96	2.06	6.06	–	3.4	1.9	5.9	0.9
जम्मू कश्मीर	2.75	0.9	6.53	–	3.1	0.7	5.2	0.9
कर्नाटक	5.19	1.58	5.70	2.55	2.5	1	3.9	1.1
केरल	11.86	4.9	22.23	6.10	7.7	4.7	14.0	8.7
मध्य प्रदेश	2.77	0.44	3.14	0.88	34	0.2	5.4	1.7
महाराष्ट्र	5.02	1.32	8.62	2.36	3.6	1.2	6.4	1.5
उड़ीसा	4.47	1.09	4.74	1.28	5.6	0.8	4.2	0.8
पंजाब	4.44	1.1	4.87	0.66	2.1	0.8	2.9	0.2
राजस्थान	4.89	0.5	7.77	1.39	2.4	0.7	2.9	0.0
तमिलनाडु	8.9	2.93	14.63	5.24	3.4	1.2	10.2	3.2
उत्तर प्रदेश	4.13	0.42	5.58	0.68	2.9	0.6	3.7	0.2
पश्चिम बंगाल	7.94	2.36	8.51	1.65	5.9	1.8	7.6	0.6
भारत	**5.28**	**1.42**	**7.20**	**2.10**	**3.5**	**1.1**	**5.2**	**1.2**

स्रोतः भारत में रोजगार व बेरोजगारी की स्थिति, 1999–2000, पार्ट-1, एनएसएस, 38वां और 55वां दौर, 1983 और 1999–2000 के लिए, सांख्यिकी और कार्यक्रम कार्यान्वयन मंत्रालय, भारत सरकार

नोटः एमः पुरुष, एफः महिला

तालिका 11A.9

अनुसूचित जाति और गैर अनुसूचित जाति/अनुसूचित जन जाति (शहरी) के बीच बेरोजगारी में असमानता की दर

	असमानता अनुपात			
	पुरुषों		*महिलाएं*	
राज्य	*अजा/गैर अजा/अजजा*	*अजा/गैर अजा/अजजा*	*अजा/गैर अजा/अजजा*	*अजा/गैर अजा/अजजा*
आंध्र प्रदेश	2.16	1.15	1.8	1.7
असम	1.74	1.29	2.41	0.81
बिहार	1.03	1.17	7.84	0.9
गुजरात	1.49	1.7	3.92	2.89
हरियाणा	1.36	2.14	5.62	4
हिमाचल प्रदेश	1.22	1.74	–	0.58
जम्मू कश्मीर	2.37	1.68	–	2.25

(तालिका 11A.9 जारी)

(तालिका 11A.9 जारी)

	असमानता अनुपात			
	पुरुषों		महिलाएं	
राज्य	*अजा/गैर अजा/अजजा*	*अजा/गैर अजा/अजजा*	*अजा/गैर अजा/अजजा*	*अजा/गैर अजा/अजजा*
कर्नाटक	1.1	1.56	1.61	1.69
केरल	1.87	1.82	1.24	1.78
मध्य प्रदेश	1.13	1.59	2	4.25
महाराष्ट्र	1.72	1.78	1.79	1.43
उड़ीसा	1.06	0.75	1.17	0.84
पंजाब	1.1	1.38	0.6	0.31
राजस्थान	1.59	1.21	2.78	0
तमिलनाडु	1.64	3	1.79	2.46
उत्तर प्रदेश	1.35	1.28	1.62	0.5
पश्चिम बंगाल	1.07	1.29	0.7	0.4
भारत	**1.36**	**1.49**	**1.48**	**1.09**

स्रोतः रोजगार व बेरोजगारी रिपोर्ट का 38वां और 55वां दौर, एनएसएस

संलग्नक XII

आरक्षण के अंतर्गत रोजगार

तालिका 12A.1

अनुसूचित जातियों और गैर अनुसूचित जाति/अनुसूचित जनजाति की सरकारी नौकरी (दशकीय औसत)

वर्ष	*अनुसूचित जाति*	*गैर अजा/अजजा*
1960	296,166	1,884,395
1970	398,286	2,385,697
1980	535,323	2,660,717
1990	602,486	2,728,336
2000*	577,142	2,704,596

स्रोतः थोरात, सुखदेव व चित्तरंजन सेनापति, 2006. 'भारत में आरक्षण नीति- आयाम और मुद्दे', वर्किंग पेपर सीरीज अंक-1, संख्या 02, आईआईडीएस

नोटः * तीन वर्ष पर आधारित- 2000–03

तालिका 12A.2

श्रेणी के आधार पर सरकारी नौकरी में (सफाई कर्मचारी को छोड़कर) अनुसूचित जाति और गैर अनुसूचित जाति/अनुसूचित जन जाति का कुल रोजगार

	समूह ए		*समूह बी*		*समूह सी*		*समूह डी*	
वर्ष	*अजा*	*गैर-अजा/अजजा*	*अजा*	*गैर-अजा/अजजा*	*अजा*	*गैर-अजा/अजजा*	*अजा*	*गैर-अजा/अजजा*
1965	1.64	97.59	2.82	96.56	8.88	89.71	17.75	78.82
1968	2.11	97.30	3.11	96.48	9.22	90.65	18.32	78.08
1971	2.58	97.01	4.06	95.51	9.59	88.74	18.37	77.98
1972	2.99	96.52	4.13	95.43	9.77	88.52	18.61	77.57
1973	3.14	96.36	4.51	95.00	10.05	87.99	18.37	77.70
1974	3.25	96.18	4.59	94.92	10.33	87.54	18.53	77.64
1975	3.43	95.95	4.98	94.43	10.71	87.02	18.64	77.37
1981	5.46	93.42	8.42	90.28	12.95	83.90	19.35	75.57
1982	5.49	93.34	9.02	89.55	13.39	83.14	23.41	69.14
1984	6.92	91.38	10.36	87.87	13.98	82.23	20.20	73.77
1985	7.65	90.62	10.04	88.39	14.88	80.92	20.81	73.49
1987	8.23	89.72	10.41	87.67	14.45	81.32	20.04	74.12

(तालिका 12A.2 जारी)

(तालिका 12A.2 जारी)

वर्ष	समूह ए		समूह बी		समूह सी		समूह डी	
	अजा	गैर-अजा/अजजा	अजा	गैर-अजा/अजजा	अजा	गैर-अजा/अजजा	अजा	गैर-अजा/अजजा
1988	8.67	89.04	11.18	86.72	14.80	80.72	19.88	74.02
1989	8.51	89.25	11.65	86.35	14.85	80.63	20.41	73.13
1990	8.64	88.78	11.29	86.32	15.19	79.98	21.48	71.79
1991	9.09	88.37	11.82	85.83	15.65	79.36	21.24	71.94
1992	9.67	87.40	11.57	86.05	15.74	81.10	20.88	72.37
1993	9.80	87.13	12.17	85.48	15.91	78.66	20.73	72.39
1994	10.24	86.83	12.06	85.13	15.74	78.88	20.47	73.38
1995	10.15	86.96	12.67	84.65	16.15	78.16	20.53	72.99
1996	11.51	84.93	12.30	84.89	15.45	78.90	20.27	73.67
1997	10.74	86.03	12.90	84.05	16.20	77.65	24.06	69.21
1998	10.80	85.76	12.35	84.63	16.32	77.67	18.65	74.40
1999	11.29	85.32	12.68	83.98	15.78	78.15	20.00	73.00
2000	10.97	85.55	12.54	84.37	15.88	77.79	17.38	75.95
2001	11.42	85.00	12.82	83.48	16.25	77.29	17.89	75.30
2002	11.09	84.94	14.08	81.74	16.12	77.94	20.07	72.80
2003	11.93	83.88	14.32	81.36	16.29	77.17	17.98	75.06

स्रोतः थोरात, सुखदेव व चित्तरंजन सेनापति, 2006. ' भारत में आरक्षण नीति- आयाम और मुद्दे', वर्किंग पेपर सीरीज अंक-1, संख्या 02, आईआईडीएस

तालिका 12A.3

श्रेणी के आधार पर सरकारी नौकरी में अनुसूचित जाति और गैर अनुसूचित जन जाति का प्रतिशत वितरण

1 जनवरी तक	समूह ए		समूह बी		समूह सी		समूह डी	
	अजा	गैर-अजा/अजजा	अजा	गैर-अजा/अजजा	अजा	गैर-अजा/अजजा	अजा	गैर-अजा/अजजा
1960	0.1	–	0.2	–	29.4	–	70.3	–
1965	0.1	0.99	0.3	1.56	32.2	51.08	67.4	46.37
1969	0.2	–	0.4	–	38.8	–	60.6	–
1970	0.1	–	0.6	–	41.9	–	57.5	–
1971	0.2	1.23	0.5	1.86	37.8	55.54	61.5	41.38
1979	0.5	–	0.9	–	46.1	–	52.5	–
1980	0.5	–	1.0	–	48.0	–	50.5	–
1981	0.6	1.89	1.1	2.17	49.6	60.23	48.8	35.71
1989	0.9	2.01	1.8	2.73	58.1	65.90	39.2	29.36
1990	0.9	2.03	1.8	2.97	57.1	65.63	40.2	29.37
1999	1.8	2.92	2.2	3.22	63.9	68.51	32.1	25.35
2000	1.8	2.84	3.0	4.14	64.6	66.34	30.7	27.69
2003	1.9	2.86	4.8	5.88	64.0	65.03	29.3	26.23

स्रोतः थोरात, सुखदेव व चित्तरंजन सेनापति, 2006. ' भारत में आरक्षण नीति- आयाम और मुद्दे', वर्किंग पेपर सीरीज अंक-1, संख्या 02, आईआईडीएस

तालिका 12A.4

श्रेणी के आधार पर सरकारी नौकरी में अनुसूचित जाति और गैर अनुसूचित जन जाति (दशकीय औसत)

	समूह ए		समूह बी		समूह सी		समूह डी सफाईकर्मियों को छोड़ कर	
1 जनवरी तक	*अजा*	*गैर-अजा/अजजा*	*अजा*	*गैर-अजा/अजजा*	*अजा*	*गैर-अजा/अजजा*	*अजा*	*गैर-अजा/अजजा*
1971–1975	975	30,333	2,170	46,034	153,441	1,334,803	225,798	947,519
1981–1989	4,112	51,355	7,338	63,703	289,553	1,661,702	239,290	852,652
1990–1999	6,953	58,749	12,988	90,475	365,482	1,822,808	217,063	756,304
2000–2003*	10,862	81,277	22,496	137,382	367,061	1,764,172	176,724	721,765

स्रोत: थोरात, सुखदेव व चित्तरंजन सेनापति, 2006. ' भारत में आरक्षण नीति- आयाम और मुद्दे', वर्किंग पेपर सीरीज अंक-1, संख्या 02, आईआईडीएस

नोट: * तीन वर्ष के आधार पर-2000–03.

तालिका 12A.5

श्रेणी के आधार पर सरकारी नौकरी में अनुसूचित जाति और गैर अनुसूचित जनजाति (दशकीय बिंदुवार)

	समूह ए		समूह बी		समूह सी		समूह डी सफाईकर्मियों को छोड़ कर	
1 जनवरी तक	*अजा*	*गैर-अजा/अजजा*	*अजा*	*गैर-अजा/अजजा*	*अजा*	*गैर-अजा/अजजा*	*अजा*	*गैर-अजा/अजजा*
1960	177	–	569	–	67,205	–	160,546	–
1965	318	18,912	864	29,567	96,114	970,905	201,073	881,330
1969	593	–	1,513	–	139,803	–	218,034	–
1970	593	–	1,513	–	139,803	–	218,034	–
1971	741	27,821	1,794	42,218	136,259	1,260,631	221,248	939,279
1979	2,204	–	4,150	–	215,762	–	245,596	–
1980	2,375	–	5,055	–	235,555	–	247,607	–
1981	2,883	49,300	5,298	56,833	243,028	1,574,528	238,985	933,359
1989	5,204	54,599	10,021	74,277	330,330	1,793,457	223,045	799,087
1990	5,331	54,762	10,497	80,249	336,880	1,773,251	237,400	793,438
1999	10,558	79,790	13,306	88,145	378,115	1,842,829	189,860	693,006
2000	10,256	79,976	17,332	116,615	376,189	1,842,333	178,667	780,595
2003	10,256	72,089	26,040	148,002	345,718	1,637,294	158,206	660,395

स्रोत: थोरात, सुखदेव व चित्तरंजन सेनापति, 2006. ' भारत में आरक्षण नीति- आयाम और मुद्दे', वर्किंग पेपर सीरीज अंक-1, संख्या 02, आईआईडीएस

तालिका 12A.6

सार्वजनिक क्षेत्र के उपक्रमों में अजा और गैर अजा/अजजा कर्मचारियों का प्रतिशत हिस्सेदारी

1 जनवरी तक	*अनुसूचित जाति*	*अजा/गैर अजजा*
1971	7.4	90.3
1979	16.9	75.4
1980	17.4	75.0
1989	19.5	70.7

(तालिका 12A.6 जारी)

(तालिका 12A.6 जारी)

1 जनवरी तक	*अनुसूचित जाति*	*अजा/गैर अजजा*
1990	19.6	70.5
1999	17.4	74.6
2000	18.0	73.9
2004	16.0	76.2

स्रोतः थोरात, सुखदेव व चित्तरंजन सेनापति, 2006. ' भारत में आरक्षण नीति- आयाम और मुद्दे', वर्किंग पेपर सीरीज अंक-1, संख्या 02, आईआईडीएस

तालिका 12A.7
श्रेणी के आधार पर सार्वजनिक क्षेत्र के उपक्रमों में सामाजिक समूहों के कुल कर्मचारियों का प्रतिशत हिस्सेदारी

	समूह ए		समूह बी		समूह सी		समूह डी	
1 जनवरी तक	*अजा*	*गैर-अजा/अजजा*	*अजा*	*गैर-अजा/अजजा*	*अजा*	*गैर-अजा/अजजा*	*अजा*	*गैर-अजा/अजजा*
1971	0.52	99.31	1.54	98.3	5.49	93.22	15.96	78.09
1972	0.68	99.17	1.84	97.97	8.11	89.69	17.63	74.98
1973	0.95	98.82	2.53	97.19	8.11	89.69	17.63	74.98
1974	1.19	98.55	2.96	96.63	13.18	80.52	26.7	61.61
1975	1.44	98.26	3.02	96.56	13.73	80.29	26.29	61.78
1976	1.68	97.96	3.19	96.27	16.37	75.41	24.14	62.18
1977	1.81	97.76	3.09	96.36	16.76	75.56	22.53	67.15
1978	2.03	97.51	3.68	95.41	16.3	76.29	22.85	66.64
1979	2.29	97.19	4.15	94.89	16.98	75.15	22.44	67.63
1980	2.9	96.44	5.12	93.52	18.08	74.2	22.36	66.88
1981	3.18	96.13	6.12	92.36	18.15	73.94	20.89	67.82
1982	3.58	95.54	6.58	91.54	17.8	73.72	22.28	65.32
1983	3.69	95.44	6.58	91.49	17.83	73.72	22.28	65.32
1984	3.93	95.18	5.38	93.02	18.23	73.13	27.37	57.5
1985	4.12	94.98	5.51	92.92	18.34	73.04	27.21	57.66
1986	4.58	94.42	6.09	92.32	18.5	72.73	30.75	52.24
1987	4.86	93.97	6.17	92.28	18.54	72.63	30.83	52.1
1988	5.32	93.5	7	90.91	19.04	72.06	31.13	49.39
1989	5.76	92.95	8.41	89.28	19.19	71.93	31.36	48.9
1990	5.95	92.61	8.73	88.76	19.2	71.85	31.39	48.79
1991	6.41	92.05	9.05	88.42	19.2	71.78	30.79	49.48
1992	6.69	91.65	9.22	87.83	16.82	75.05	23.25	67.05
1993	7.37	90.75	9.12	87.51	18.71	72.87	21.9	68.34
1994	7.8	90.32	9.54	87.15	17.97	73.08	23.84	66.32
1995	8.19	89.64	9.5	87.2	18.95	72.32	22.58	67.57
1996	8.41	89.32	9.68	86.8	19.14	72.14	22.41	66.92
1997	9.2	88.31	10.4	85.9	18.98	72.4	22.61	66.57
1998	9.56	87.82	10.53	85.58	18.97	72.55	22.57	66.57

(तालिका 12A.7 जारी)

(तालिका 12A.7 जारी)

	समूह ए		समूह बी		समूह सी		समूह डी	
1 जनवरी तक	*अजा*	*गैर-अजा/अजजा*	*अजा*	*गैर-अजा/अजजा*	*अजा*	*गैर-अजा/अजजा*	*अजा*	*गैर-अजा/अजजा*
1999	10.13	87.06	10.63	85.27	17.89	73.99	22.62	66
2000	10.35	86.68	11.05	84.77	18.93	72.61	22.51	66.08
2001	10.76	86.2	11.52	83.87	18.94	72.25	22.89	65.83
2002	11.2	85.44	12.01	83.09	19.05	72.15	21.67	67.47
2003	11.75	84.76	12.44	82.41	19.38	71.39	21.47	67.5
2004	11.48	85.06	11.72	82.97	17.07	74.79	18.2	71.27

स्रोतः थोरात, सुखदेव व चित्तरंजन सेनापति, 2006. ' भारत में आरक्षण नीति- आयाम और मुद्दे', वर्किंग पेपर सीरीज अंक-1, संख्या 02, आईआईडीएस

तालिका 12A.8
सार्वजनिक क्षेत्र के उपक्रमों में अजा और गैर-अजा/अजजा के कर्मचारियों का प्रतिशत वितरण

	समूह ए		समूह बी		समूह सी		समूह डी	
1 जनवरी तक	*अजा*	*गैर-अजा/अजजा*	*अजा*	*गैर-अजा/अजजा*	*अजा*	*गैर-अजा/अजजा*	*अजा*	*गैर-अजा/अजजा*
1971	0.40	6.29	1.35	7.10	47.50	66.21	50.75	20.40
1979	0.64	6.07	1.20	6.15	67.90	67.35	30.26	20.43
1980	0.86	6.64	1.58	6.70	72.62	69.31	24.94	17.35
1989	2.55	11.36	3.29	9.64	63.74	65.92	30.41	13.08
1990	2.62	11.30	3.49	9.84	63.15	65.60	30.75	13.26
1999	6.25	12.56	5.55	14.40	59.38	57.38	28.83	19.66
2000	6.52	13.30	5.97	11.16	59.21	55.32	28.30	20.23
2004	8.45	14.76	8.37	13.57	59.74	53.54	23.44	18.13

स्रोतः थोरात, सुखदेव व चित्तरंजन सेनापति, 2006. ' भारत में आरक्षण नीति- आयाम और मुद्दे', वर्किंग पेपर सीरीज अंक-1, संख्या 02, आईआईडीएस

तालिका 12A.9
अजा और गैर-अजा/अजजा का सार्वजनिक उपक्रम में रोजगार (दशकीय स्थिति का बिंदुवार ब्योरा)

	समूह ए		समूह बी		समूह सी		समूह डी सफाईकर्मियों को छोड़ कर	
1 जनवरी को	*अनुसूचित जाति*	*गैर अजा/ अजजा*	*अनुसूचित जाति*	*गैर अजा/ अजजा*	*अनुसूचित जाति*	*गैर अजा/ अजजा*	*अनुसूचित जाति*	*गैर अजा/ अजजा*
1971	163	31,095	549	35,145	19,302	327,526	20,626	100,914
1979	1,917	81,375	3,605	82,487	203,974	903,058	90,909	273,980
1980	2,726	90,635	5,003	91,424	230,505	945,747	79,167	236,731
1989	10,825	174,567	13,957	148,081	270,197	1,012,877	128,900	201,004
1990	11,215	174,451	14,938	151,896	270,594	1,012843	131,744	204,799
1999	21,005	180,581	18,644	149,502	199,585	825,176	96,906	282,718
2000	21,125	176,945	19,355	148,487	191,931	736,242	91,729	269,233
2004	20,006	148,260	19,802	140,206	141,357	619,364	55,453	217,160

स्रोतः सार्वजनिक उद्यम सर्वेक्षण, वार्षिक रिपोर्ट, खंड-1, 1978–79, 1988–89, 1989–90, 1990–91, 1992–93 और 2004–05, भारी उद्योग और सार्वजनिक उद्यम मंत्रालय, भारत सरकार।

तालिका 12A.10

श्रेणी के आधार पर अनुसूचित जाति और गैर अनुसूचित जाति/अनुसूचित जनजाति का सार्वजनिक क्षेत्र के उपक्रमों में रोजगार (दशकीय औसत)

	समूह ए		समूह बी		समूह सी		समूह डी सफाईकर्मियों को छोड़ कर	
1 जनवरी को	अनुसूचित जाति	गैर अजा/ अजजा	अनुसूचित जाति	गैर अजा/ अजजा	अनुसूचित जाति	गैर अजा/ अजजा	अनुसूचित जाति	गैर अजा/ अजजा
1971–79	892	56,010	1,775	55,491	107,716	597,002	81,105	227,091
1980–89	6,041	130,674	8,608	124,313	249,726	992,848	103,774	224,301
1990–90	15,655	175,675	16,101	145,375	226,308	885,812	115,710	304,751
2000–04	21,413	165,437	21,296	151,164	172,369	668,751	77,154	242,055

स्रोतः थोरात, सुखदेव और चितरंजन सेनापति, 2006. 'भारत में आरक्षण नीति- आयाम और मुद्दे', वर्किंग पेपर सीरीज खंड-1, संख्या-02, आईआईडीएस।

तालिका 12A.11

सार्वजनिक क्षेत्र के बैंकों में अजा और गैर-अजा/अजजा की कुल कर्मचारियों की संख्या में हिस्सेदारी (प्रतिशत)

वर्ष	*अनुसूचित जाति*	*गैर अनुसूचित जाति/अनुसूचित जनजाति*
1978	10.2	88.2
1980	11.6	86.3
1988	13.8	82.6
1990	14.4	81.4
1999	15.2	79.9
2000	16.1	79.0
2004	17.6	76.7

स्रोतः थोरात, सुखदेव और चितरंजन सेनापति, 2006. 'भारत में आरक्षण नीति- आयाम और मुद्दे', वर्किंग पेपर सीरीज खंड-1, संख्या-02, आईआईडीएस।

तालिका 12A.12

सार्वजनिक क्षेत्र के बैंकों में अजा और गैर-अजा/अजजा का कुल रोजगार (दशकीय स्थिति का बिंदुवार ब्योरा)

वर्ष	*अनुसूचित जाति*	*गैर अनुसूचित जाति/ अनुसूचित जनजाति*	*कुल*
1978	55,976	484,784	549,331
1980	68,042	505,889	585,923
1988	117,415	702,738	850,968
1990	126,974	717,921	882,257
1999	135,597	715,556	895,024
2000	143,499	702,765	889,922
2004	133,685	581,910	759,049

स्रोतः थोरात, सुखदेव और चितरंजन सेनापति, 2006. 'भारत में आरक्षण नीति- आयाम और मुद्दे', वर्किंग पेपर सीरीज खंड-1, संख्या-02, आईआईडीएस।

तालिका 12A.13

सार्वजनिक क्षेत्र के बैंकों में अनुसूचित जाति और गैर अनुसूचित जाति/अनुसूचित जनजाति को रोजगार (दशकीय स्थिति का बिंदुवार ब्योरा)

वर्ष	अनुसूचित जाति	गैर अनुसूचित जाति/ अनुसूचित जनजाति
1980–88	99,345	619,628
1990–99	135,111	720,430
2000–04	137,205	633,807

स्रोतः थोरात, सुखदेव और चितरंजन सेनापति, 2006. 'भारत में आरक्षण नीति- आयाम और मुद्दे', वर्किंग पेपर सीरीज खंड-1, संख्या-02, आईआईडीएस।

तालिका 12A.14

सार्वजनिक क्षेत्र के बैंकों में अजा और गैर-अजा/अजजा जनजाति की कर्मचारियों की कुल संख्या में हिस्सेदारी (प्रतिशत)

	अधिकारी		क्लर्क		उपकर्मचारी	
वर्ष	अजा	गैर अजा/अजजा.	अजा	गैर अजा/अजजा.	अजा	गैर अजा/अजजा.
1978	2.04	97.79	10.32	87.86	16.25	81.67
1979	3.03	96.38	12.13	85.89	21.14	75.91
1980	3.09	96.26	11.93	85.82	20.06	76.85
1981	3.87	95.25	12.57	85.05	17.57	78.89
1982	4.64	94.3	12.96	84.29	22.42	73.25
1983	4.87	93.85	13.48	83.57	23.15	72.88
1984	5.72	92.8	13.83	82.76	23.79	71.89
1985	6.9	91.34	14.04	82.2	24.77	70.79
1986	7.3	90.86	13.78	82.44	24.88	70.62
1988	8.32	89.48	13.87	82.21	21.01	74.25
1989	8.82	88.71	14.03	81.7	21.41	72.99
1990	9.18	88.11	14.22	81.32	21.84	72.48
1991	9.56	87.45	14.19	81.31	21.83	72.43
1992	11.13	85.75	14.32	81.12	21.98	72.22
1993	9.87	87.01	14.37	81.08	22.96	71.17
1994	10.25	86.41	14.45	80.98	23.3	70.86
1995	10.71	85.77	14.53	80.83	22.37	71.79
1996	11.11	85.24	14.69	80.61	23.01	71.03
1997	11.47	84.67	14.83	80.46	23.46	70.37
1998	11.88	84.11	15.01	80.18	23.25	70.59
1999	10.55	85.36	14.92	80.23	22.24	71.56
2000	12.51	83.27	14.88	80.36	24.47	69.28
2001	13.04	82.65	15.17	80.02	24.8	68.77
2002	14.41	80.49	15.9	79.00	25.72	67.85
2004	14.98	79.14	16.16	78.76	25.38	67.6

स्रोतः थोरात, सुखदेव और चितरंजन सेनापति, 2006. 'भारत में आरक्षण नीति- आयाम और मुद्दे', वर्किंग पेपर सीरीज खंड-1, संख्या-02, आईआईडीएस।

तालिका 12A.15

अजा और गैर-अजा/अजजा के कर्मचारियों का श्रेणी के आधार पर सार्वजनिक क्षेत्र के बैंक में (कार्यक्षेत्र) प्रतिशत वितरण

वर्ष	अधिकारी		क्लर्क		उपकर्मचारी	
	अजा	गैर अजा/अजजा.	अजा	गैर अजा/अजजा.	अजा	गैर अजा/अजजा.
1978	4.00	22.12	54.98	54.07	41.02	23.81
1980	6.38	26.72	55.39	53.58	38.23	19.70
1988	16.07	28.88	53.95	53.41	29.98	17.71
1990	17.13	29.09	52.44	53.05	30.43	17.86
1999	19.81	30.36	50.73	51.68	29.46	17.96
2000	22.21	30.18	47.37	52.23	30.42	17.59
2004	27.61	33.52	43.70	48.92	28.69	17.55

स्रोतः थोरात, सुखदेव और चितरंजन सेनापति, 2006. 'भारत में आरक्षण नीति- आयाम और मुद्दे', वर्किंग पेपर सीरीज खंड-1, संख्या-02, आईआईडीएस।

तालिका 12A.16

श्रेणी के आधार पर अजा और गैर-अजा/अजजा के बैंक कर्मचारी (दशकीय स्थिति का बिंदुवार ब्योरा)

वर्ष	अधिकारी		क्लर्क		उपकर्मचारी	
	अजा	गैर अजा/अजजा.	अजा	गैर अजा/अजजा.	अजा	गैर अजा/अजजा.
1978	2,238	107,232	30,775	262,112	22,963	115,440
1980	4,339	135,188	37,690	271,033	26,013	99,668
1988	18,864	202,971	63,348	375,338	35,203	124,429
1990	21,756	208,869	66,584	380,851	38,634	128,201
1999	26,861	217,238	68,787	369,801	39,949	128,517
2000	31,871	212,072	67,975	367,072	43,653	123,621
2004	36,914	195,068	58,421	284,697	38,350	102,145

स्रोतः वित्त मंत्रालय, भारत सरकार की वार्षिक रिपोर्ट, 1978 से 2004–05।

तालिका 12A.17

श्रेणी के आधार पर अजा और गैर-अजा/अजजा के सार्वजनिक क्षेत्र के बैंक कर्मचारी (दशकीय औसत)

वर्ष	अधिकारी		क्लर्क		उपकर्मचारी	
	अजा	गैर अजा/अजजा.	अजा	गैर अजा/अजजा.	अजा	गैर अजा/अजजा.
1980–88*	10,959	173,728	53,109	330,734	35,277	115,167
1990–99	26,232	213,059	68,293	379,237	40,587	128,134
2000–04**	32,943	195,651	63,685	327,437	40,577	110,720

स्रोतः थोरात, सुखदेव और चितरंजन सेनापति, 2006. 'भारत में आरक्षण नीति- आयाम और मुद्दे', वर्किंग पेपर सीरीज खंड-1, संख्या-02, आईआईडीएस।

नोटः * आठ वर्ष पर आधारित-1980–88

** चार वर्ष पर आधारित-2000–04

तालिका 12A.18

सार्वजनिक क्षेत्र की बीमा कंपनियों में अजा और गैर-अजा/अजजा का रोजगार (बिंदुवार विवरण)

	अजा		*गैर अजा/अजजा.*	
31 मार्च तक	*रोजगार की संख्या*	*प्रतिशत*	*रोजगार की संख्या*	*प्रतिशत*
1993	14,865	13.9	86,477	81.0
2000	20,283	16.6	93,953	76.8

स्रोतः वित्त मंत्रालय, भारत सरकार, का वार्षिक रिपोर्ट, 1978 से 2004–05.

तालिका 12A.19

श्रेणी के आधार पर सार्वजनिक क्षेत्र की बीमा कंपनियों में अजा और गैर-अजा/अजजा कर्मचारियों की कुल संख्या में (प्रतिशत) हिस्सेदारी

	समूह ए		*समूह बी*		*समूह सी*		*समूह डी*	
वर्ष	*अनुसूचित जाति*	*गैर अजा/ अजजा*	*अनुसूचित जाति*	*गैर अजा/ अजजा*	*अनुसूचित जाति*	*गैर अजा/ अजजा*	*अनुसूचित जाति*	*गैर अजा/ अजजा*
1993	8.59	89.42	11.61	84.94	13.24	81.12	27.09	65.56
1994	9.69	87.83	12.24	84.32	13.84	80.71	56.69	39.98
1995	11.24	85.89	12.74	83.61	14.68	79.45	59.61	35.95
1996	12.82	83.80	12.75	83.56	14.50	79.26	73.35	22.08
1997	14.03	81.97	1.36	94.50	15.24	78.13	28.38	63.86
1999	14.65	80.84	13.57	82.25	15.87	76.50	27.27	64.74
2000	14.63	80.80	13.97	81.63	16.46	76.20	25.96	65.56

स्रोतः थोरात, सुखदेव और चितरंजन सेनापति, 2006. 'भारत में आरक्षण नीति- आयाम और मुद्दे', वर्किंग पेपर सीरीज खंड-1, संख्या-02, आईआईडीएस।

तालिका 12A.20

श्रेणी के आधार पर सार्वजनिक क्षेत्र की बीमा कंपनियों में अजा और गैर-अजा/अजजा के लिए रोजगार (बिंदुवार ब्योरा), 1993–2000

	समूह ए		*समूह बी*		*समूह सी*		*समूह डी*	
वर्ष	*अनुसूचित जाति*	*गैर अजा/ अजजा*	*अनुसूचित जाति*	*गैर अजा/ अजजा*	*अनुसूचित जाति*	*गैर अजा/ अजजा*	*अनुसूचित जाति*	*गैर अजा/ अजजा*
1993	1,023	10,646	1,898	13,891	8,910	54,598	3,034	7,342
2000	2,374	13,108	2,721	15,897	12,645	58,527	2,543	6,421

स्रोतः वित्त मंत्रालय, भारत सरकार, का वार्षिक रिपोर्ट, 1978 से 2004–05.

तालिका 12A.21

अजा और गैर-अजा/अजजा के कर्मचारियों का श्रेणी के आधार पर सार्वजनिक क्षेत्र की बीमा कंपनियों में प्रतिशत वितरण

	समूह ए		*समूह बी*		*समूह सी*		*समूह डी*	
वर्ष	*अनुसूचित जाति*	*गैर अजा/ अजजा*	*अनुसूचित जाति*	*गैर अजा/ अजजा*	*अनुसूचित जाति*	*गैर अजा/ अजजा*	*अनुसूचित जाति*	*गैर अजा/ अजजा*
1993	6.88	12.31	12.77	16.06	59.94	63.14	20.41	8.49
2000	11.70	13.95	13.42	16.92	62.34	62.29	12.54	6.83

स्रोतः थोरात, सुखदेव और चितरंजन सेनापति, 2006. 'भारत में आरक्षण नीति- आयाम और मुद्दे', वर्किंग पेपर सीरीज खंड-1, संख्या-02, आईआईडीएस।

संलग्नक XIII

ग्रामीण क्षेत्रों में गरीबी—आकार और परिवर्तन

तालिका 13A.1

सामाजिक समूहों के बीच असमानता अनुपात, 1999–2000 (ग्रामीण)

राज्य	*अजा/गैर अजा/अजजा*
आंध्र प्रदेश	2.02
असम	1.10
बिहार	1.56
गुजरात	2.15
हरियाणा	3.98
हिमाचल प्रदेश	2.07
जम्मू व कश्मीर	3.72
कर्नाटक	1.86
केरल	1.71
मध्यप्रदेश	1.54
महाराष्ट्र	1.92
उड़ीसा	1.56
पंजाब	5.31
राजस्थान	2.30
तमिलनाडु	2.21
उत्तर प्रदेश	1.62
पश्चिम बंगाल	1.22
अन्य राज्य तथा केंद्र शासित राज्य/क्षेत्र	
चंडीगढ़	0.08
मणिपुर	0.70
पुंडुचेरी	2.22
सिक्किम	1.53
त्रिपुरा	0.95
संपूर्ण भारत	**1.67**

स्रोतः 'सामाजिक-आर्थिक समूह के बीच खपत के स्तर में मतभेद' से गणना, एनएसएस, 55 वां दौर, सांख्यिकी और कार्यक्रम क्रियान्वयन मंत्रालय, भारत सरकार

तालिका 13A.2
ग्रामीण गरीबी अनुपात, 1999–2000

राज्य	*अनुसूचित जाति*	*गैर अजा/अजजा*	*सभी*
आंध्र प्रदेश	16.5	8.1	11.1
असम	44.0	39.9	40.2
बिहार	59.8	38.4	44.2
गुजरात	17.8	8.3	13.2
हरियाणा	19.0	4.8	8.3
हिमाचल प्रदेश	13.2	6.4	7.9
जम्मू-कश्मीर	7.1	1.9	2.5
कर्नाटक	26.2	14.1	17.4
केरल	14.6	8.5	9.4
मध्य प्रदेश	41.3	26.9	37.1
महाराष्ट्र	33.3	17.3	23.8
उड़ीसा	51.8	33.2	48.2
पंजाब	12.4	2.3	6.4
राजस्थान	19.6	8.5	13.6
तमिलनाडु	32.6	14.7	20.5
उत्तर प्रदेश	43.7	27.0	31.2
पश्चिम बंगाल	35.1	28.7	31.9
अन्य राज्य तथा केंद्र शासित राज्य व क्षेत्र			
अंडमान एवं निकोबार द्वीप	-	–	0.2
अरुणाचल प्रदेश	–	21.1	22.2
चंडीगढ़	0.8	10.2	8.0
दादर एवं नागर हवेली	–	–	17.5
दमन व द्वीव	–	–	1.1
दिल्ली	3.4	–	0.4
गोवा	–	1.4	1.4
लक्षद्वीप	–	–	–
मणिपुर	–	10.3	15.0
मेघालय	–	7.8	6.2
मिजोरम	–	–	2.3
नागालैंड	–	–	0.3
पंडुचेरी	19.5	8.8	11.7
सिक्किम	34.0	22.2	21.4
त्रिपुरा	15.1	16.0	17.4
संपूर्ण भारत	36.2	21.6	27.1

स्रोतः 'सामाजिक-आर्थिक समूह के बीच खपत के स्तर में मतभेद' से गणना, एनएसएस, 55 वां दौर, जुलाई 1999- जून 2000

तालिका 13A.3
ग्रामीण गरीबी में परिवर्तन (वार्षिक चक्रवृद्धि विकास दर), 1983–1999/2000

(प्रतिशत में)

राज्य	*अनुसूचित जाति*	*गैर अजा/अजजा*	*सभी*
आंध्र प्रदेश	–5.0	–6.4	–5.3
असम	0.1	–0.3	–0.4
बिहार	–1.9	–2.7	–2.3
गुजरात	–4.8	–5.5	–5
हरियाणा	–3.9	–6.9	–5.5
हिमाचल प्रदेश	–4.5	–4.6	–4.6
जम्मू-कश्मीर	–10.4	–14.7	–13.7
कर्नाटक	–4.3	–4.8	–4.5
केरल	–8.7	–8.6	–5.5
मध्य प्रदेश	–2.1	–2.1	–1.7
महाराष्ट्र	–3.5	–5.3	–3.9
उड़ीसा	–2.3	–3.2	–2.1
पंजाब	–4.5	–7.7	–4.4
राजस्थान	–4.5	–6.5	–5.5
तमिलनाडु	–4.4	–8	–5.9
उत्तर प्रदेश	–1.7	–2.9	–2.5
पश्चिम बंगाल	–4.4	–4.0	–4.2
अन्य राज्य तथा केंद्र शासित क्षेत्र			
अंडमान व निकोबार द्वीप समूह	–	–	–26.3
अरुणाचल प्रदेश	–	–	–7.8
चंडीगढ़	–16.6	5.4	–0.4
दादर और नागर हवेली	–	–	–7.8
दमन व द्वीव	–	–	–15.1
दिल्ली	–0.5	–	–17.0
गोवा	–	–	–
लक्षद्वीप	–	–	–
मणिपुर	–	–	–
मेघालय	–	–	–
मिजोरम	–	–	–14.4
नागालैंड	–	–	–
पंडुचेरी	–8.8	–	–9.9
सिक्किम	–	–	–
त्रिपुरा	–	–	–
संपूर्ण भारत	–2.9	–3.3	–3.2

स्रोतः 'सामाजिक-आर्थिक समूह के बीच खपत के स्तर में मतभेद' से गणना, एनएसएस, 55 वां दौर, जुलाई 1999- जून 2000

नोटः (–) अर्थ 'उपलब्ध नहीं' है।

तालिका 13A.4
असमानता अनुपात में कुल परिवर्तन (ग्रामीण)

राज्य	अजा/गैर-अजा/अजजा में कुल परिवर्तन		
प्रमुख राज्य	*1983–93*	*1993–2000*	*1983–2000*
आंध्र प्रदेश	0.61	–0.18	0.43
असम	–0.03	0.11	0.08
बिहार	–0.02	0.22	0.20
गुजरात	–0.06	0.29	0.23
हरियाणा	–0.11	1.68	1.57
हिमाचल प्रदेश	–0.61	0.65	0.04
जम्मू-कश्मीर	–0.47	2.48	2.02
कर्नाटक	0.24	–0.09	0.15
केरल	–0.24	0.20	–0.03
मध्य प्रदेश	–0.02	0.01	–0.01
महाराष्ट्र	0.15	0.33	0.48
उड़ीसा	–0.14	0.36	0.21
पंजाब	1.52	0.73	2.24
राजस्थान	0.51	0.16	0.68
तमिलनाडु	0.37	0.63	1.00
उत्तर प्रदेश	0.29	0.01	0.30
पश्चिम बंगाल	–0.02	–0.06	–0.07
अन्य राज्य तथा केंद्र शासित क्षेत्र			
अंडमान व निकोबार द्वीप समूह	0.00	0.00	0.00
अरुणाचल प्रदेश	0.88	0.00	–0.88
चंडीगढ़	0.91	–0.91	0.00
दादर और नागर हवेली	–0.83	–2.43	–3.26
दमन व द्वीव	0.88	–0.88	0.00
दिल्ली	0.00	0.00	0.00
गोवा	–0.36	0.00	–0.36
लक्षद्वीप	0.00	0.00	0.00
मणिपुर	0.00	0.00	0.00
मेघालय	0.00	0.70	0.70
मिजोरम	0.00	0.00	0.00
नागालैंड	0.00	0.00	0.00
पंडुचेरी	0.00	0.00	0.00
सिक्किम	0.97	1.25	2.22
त्रिपुरा	1.81	–0.28	1.53
संपूर्ण भारत	1.43	–0.48	0.95

स्रोतः थोरात, सुखदेव और चितरंजन सेनापति, 2006. 'भारत में आरक्षण नीति- आयाम और मुद्दे', वर्किंग पेपर सीरिज खंड-1, संख्या-02, आईआईडीएसा

तालिका 13A.5

उच्च और निम्न गरीबी वाले राज्यों में अनुसूचित जाति की आर्थिक विशेषताएं, 1999–2000 (ग्रामीण)

		उच्च गरीबी वाले राज्य				*निम्न गरीबी वाले राज्य*				
राज्य		*बिहार*	*उड़ीसा*	*उ.प्र*	*औसत*	*केरल*	*हरियाणा*	*पंजाब*	*औसत*	*भारत*
गरीबी	गरीब का %	59.8	51.8	43.7	**51.8**	14.6	13.2	12.4	**13.4**	36.2
पूंजी युक्त संपत्ति	भूमिहीन परिवारों का प्रतिशत	23.8	1.4	5.3	**10.2**	4.2	0.9	12.2	**5.8**	10.0
तक पहुंच	भूमिहीन या भूमिहीन होने के करीब परिवारों का प्रतिशत	90.9	68.5	71.8	**77.1**	93.8	69.3	94.7	**85.9**	75.0
	खेतीहर मजदूरों का प्रतिशत	11.6	25.4	44.8	**27.3**	1.9	63.3	5.2	**23.4**	26.8
	कृषि में स्वरोजगार वाले परिवार	8.7	13.9	28.0	**16.9**	4.7	30.3	401	**13.0**	16.4
शहरीकरण (%)		9.1	11.6	12.5	**11.1**	18.3	6.6	24.3	**16.4**	20.2
रोजगार में	खेतीहर मजदूरों का प्रतिशत	84.7	64.1	77.0	**75.3**	35.5	65.8	48.6	**49.9**	72.9
विविधिकरण	गैर खेतीहर मजदूरों का प्रतिशत	15.3	35.9	23.0	**24.7**	64.6	34.2	51.4	**50.1**	27.1
पेशा	ग्रामीण मजदूरों के परिवारों का प्रतिशत	73.0	57.4	48.4	**59.6**	83.8	34.5	61.7	**60.0**	61.4
	खेतीहर मजदूरों के परिवारों का प्रतिशत	67.8	49.9	39.0	**52.2**	57.4	7.5	43.7	**36.2**	51.4
	गैर खेतीहर मजदूरों के परिवारों का प्रतिशत	7.1	13.1	10.4	**10.2**	7.3	18.3	15.9	**13.8**	10.2
रोजगार दर	वर्तमान साप्ताहिक स्थिति (पुरुषों में %)	51.2	50.6	45.7	**49.2**	52.6	51.9	50.7	**51.7**	50.5
	वर्तमान साप्ताहिक स्थिति (महिला में %)	22.4	24.5	20.3	**22.4**	28.0	39.4	24.2	**30.5**	27.0
	वर्तमान दैनिक स्थिति (पुरुषों में %)	46.4	46.5	43.2	**45.4**	41.5	50.8	48.5	**46.9**	46.2
	वर्तमान दैनिक स्थिति (महिला में %)	16.7	18.6	16.1	**17.1**	21.0	29.4	14.1	**21.5**	21.2
बेरोजगारी	वर्तमान साप्ताहिक स्थिति (पुरुषों में %)	1.8	2.0	1.8	**1.9**	7.7	1.6	2.8	**4.0**	2.5
	वर्तमान साप्ताहिक स्थिति (महिला में %)	0.4	0.6	0.5	**0.5**	6.1	0.4	0.1	**2.2**	1.0
	वर्तमान दैनिक स्थिति (पुरुषों में %)	5.0	4.1	2.8	**4.0**	14.9	2.0	3.8	**6.9**	5.0
	वर्तमान दैनिक स्थिति (महिला में %)	1.8	1.1	0.8	**1.2**	9.0	0.4	0.2	**3.2**	2.1
वेतन	कृषि मजदूरी (रुपए में) पुरुष	34.9	36.5	28.5	**33.3**	44.9	40.6	62.9	**49.5**	41.9
	कृषि मजदूरी (रुपए में) महिला	31.6	28.1	23.4	**27.7**	38.5	27.2	72.9	**46.7**	29.6
	गैर कृषि मजदूरी (रुपए में) पुरुष	47.9	52.2	36.6	**45.5**	62.4	44.5	70.9	**59.3**	61.1
	गैर कृषि मजदूरी (रुपए में) महिला	29.8	43.0	27.5	**33.4**	41.4	34.8	43.4	**39.9**	36.8
साक्षरता	साक्षरता दर (% में) पुरुष	30.0	58.9	45.7	**44.9**	86.3	74.5	51.5	**70.8**	52.5
	साक्षरता दर (% में) महिला	6.4	25.6	11.6	**14.5**	71.7	50.6	32.3	**51.5**	24.5
शिक्षा का स्तर	प्राथमिक/मध्य (% में) पुरुष	12.0	24.7	25.8	**20.8**	42.4	43.2	24.6	**36.7**	27.1
	प्राथमिक/मध्य (% में) महिला	2.7	11.8	7.2	**7.2**	43.6	30.3	16.2	**30.0**	13.6
	माध्यमिक और उच्च विद्यालय (% में) पुरुष	12.5	24.0	20.4	**19.0**	43.6	35.4	24.4	**34.5**	22.1
	माध्यमिक और उच्च विद्यालय (% में) महिला	2.7	9.2	4.8	**5.6**	38.4	20.7	12.8	**24.0**	9.5
	स्नातक तथा अधिक (% में) पुरुष	1.6	1.7	2.9	**2.1**	2.4	1.3	1.2	**1.6**	2.0
	स्नातक तथा अधिक (% में) महिला	0.2	0.4	0.3	**0.3**	1.4	0.1	0.5	**0.7**	0.4

स्रोत: थोरात, सुखदेव और चितरंजन सेनापति, 2006. 'भारत में आरक्षण नीति- आयाम और मुद्दे', वर्किंग पेपर सीरीज खंड-1, संख्या-02, आईआईडीएस।

तालिका 13A.6

उच्च और निम्न गरीबी वाले राज्यों में गैर गैर-अजा/अजजा की आर्थिक विशेषताएं, 1999–2000 (ग्रामीण)

		उच्च गरीबी वाले राज्य				निम्न गरीबी वाले राज्य				
राज्य		बिहार	उड़ीसा	प. बं	औसत	हि. प्र	हरियाणा	पंजाब	औसत	भारत
गरीबी	लोगों की संख्या अनुपात	38.4	33.2	28.7	33.4	6.4	4.8	2.3	4.5	21.6
पूंजी युक्त संपत्ति	भूमिहीन परिवारों का प्रतिशत	7.4	2.1	4.9	4.8	5.0	4.1	9.9	6.3	6.2
तक पहुंच	भूमिहीन या भूमिहीन होने के करीब परिवारों का प्रतिशत	61.0	57.5	71.5	63.3	65.9	47.5	52.3	55.2	54.3
	खेतीहर मजदूरों का प्रतिशत	38.4	44.0	30.0	37.5	60.5	56.2	47.7	54.8	46.9
	कृषि में स्वरोजगार वाले परिवार	39.5	29.8	23.2	30.8	40.1	40.7	38.6	39.8	37.9
	गैर कृषि में स्वरोजगार वाले परिवार	13.8	13.5	28.0	18.4	11.8	18.0	17.7	15.8	15.2
शहरीकरण (%)		14.6	19.3	33.5	22.5	11.3	30.7	37.8	26.6	31.6
रोजगार में	खेतीहर मजदूरों का प्रतिशत	79.1	62.2	50.9	64.1	62.4	63.1	55.8	60.4	67.8
विविधिकरण	गैर खेतीहर मजदूरों का प्रतिशत	20.9	37.8	49.1	35.9	37.6	36.9	44.2	39.6	32.2
पेशा	ग्रामीण मज़दूरों के परिवारों का प्रतिशत	29.6	35.8	34.2	33.2	20.0	19.4	19.2	19.5	31.2
	खेतीहर मजदूरों के परिवारों का प्रतिशत	26.3	31.9	28.0	28.7	3.7	12.3	14.4	10.1	24.1
	गैर खेतीहर मजदूरों के परिवारों का प्रतिशत	16.9	21.0	14.3	17.4	28.3	22.0	24.6	24.9	15.7
रोजगार दर	वर्तमान साप्ताहिक स्थिति (पुरुषों में %)	46.3	51.1	50.9	49.4	51.1	45.7	51.2	49.3	50.8
	वर्तमान साप्ताहिक स्थिति (महिला में %)	10.9	13.9	10.2	11.7	44.7	17.1	29.3	30.3	22.3
	वर्तमान दैनिक स्थिति (पुरुषों में %)	43.7	48.1	46.5	46.1	49.9	44.7	50.4	48.3	48.0
	वर्तमान दैनिक स्थिति (महिला में %)	8.4	11.0	7.2	8.8	34.6	10.1	16.3	20.3	18.0
बेरोजगारी	वर्तमान साप्ताहिक स्थिति (पुरुषों में %)	1.8	3.0	4.8	3.2	1.9	1.1	1.5	1.5	2.1
	वर्तमान साप्ताहिक स्थिति (महिला में %)	0.3	1.1	1.9	1.2	0.3	0.1	0.5	0.3	1.0
	वर्तमान दैनिक स्थिति (पुरुषों में %)	3.2	4.6	7.4	5.1	2.4	1.5	1.7	1.9	3.4
	वर्तमान दैनिक स्थिति (महिला में %)	0.5	1.3	2.1	1.3	0.3	0.1	0.5	0.3	1.1
वेतन	कृषि मजदूरी (रुपए में) पुरुष	35.1	28.7	43.5	35.7	63.5	60.0	63.6	62.6	40.6
	कृषि मजदूरी (रुपए में) महिला	31.0	22.3	37.0	30.1	56.8	53.3	74.0	61.4	28.6
	गैर कृषि मजदूरी (रुपए में) पुरुष	46.3	38.5	56.4	47.1	76.6	80.0	72.6	76.4	64.9
	गैर कृषि मजदूरी (रुपए में) महिला	29.1	26.7	30.0	28.64	43.6	25.8	40.9	36.7	56.1
साक्षरता	साक्षरता दर (% में) पुरुष	61.8	73.7	76.4	70.6	81.2	72.7	69.3	74.4	69.3
	साक्षरता दर (% में) महिला	29.1	26.7	30.0	28.6	43.6	25.8	40.9	36.7	56.1
शिक्षा का स्तर	प्राथमिक/मध्य (% में) पुरुष	42.7	37.0	66.2	48.6	37.6	34.3	39.3	37.0	33.5
	प्राथमिक/मध्य (% में) महिला	30.6	18.9	44.0	31.0	23.3	29.3	30.4	27.6	21.7
	माध्यमिक और उच्च विद्यालय (% में) पुरुष	35.2	26.0	47.6	36.3	36.0	40.0	40.7	28.9	32.4
	माध्यमिक और उच्च विद्यालय (% में) महिला	24.8	11.2	27.1	21.0	18.9	45.6	25.6	30.0	17.8
	स्नातक तथा अधिक (% में) पुरुष	3.0	3.9	4.9	3.9	3.4	11.0	4.6	6.3	4.2
	स्नातक तथा अधिक (% में) महिला	0.9	0.5	8.5	3.3	1.1	2.0	1.2	1.4	1.2

स्रोतः थोरात, सुखदेव और चितरंजन सेनापति, 2006. 'भारत में आरक्षण नीति- आयाम और मुद्दे', वर्किंग पेपर सीरीज खंड-1, संख्या-02, आईआईडीएस।

तालिका 13A.7

आर्थिक विशेषताएं—उच्च गरीबी वाले राज्यों के लिए औसत आकलन (ग्रामीण)

		1999–2000		1993–94		1983	
		अजा	गैर अजा/ अजजा	अजा	गैर अजा/ अजजा	अजा	गैर अजा/ अजजा
पूंजी युक्त संपत्ति तक पहुंच	भूमिहीन परिवारों का प्रतिशत	10.2	4.8	12.4	10.6	11.4	–
	भूमिहीन या भूमिहीन होने के करीब परिवारों का प्रतिशत	77.1	63.3	75.8	50.2	74.0	–
	खेतीहर मजदूरों का प्रतिशत	27.3	37.5	28.9	50.0	24.2	42.4
	कृषि में स्वरोजगार वाले परिवार	16.9	30.8	22.3	49.1	–	–
	गैर कृषि में स्वरोजगार वाले परिवार	13.2	18.4	12.6	15.3	–	–
शहरीकरण (%)		11.1	22.5	10.5	17.9	10.1	20.4
रोजगार में विविधिकरण	खेतीहर मजदूरों का प्रतिशत	75.3	64.1	81.4	70.7	78.5	63.3
	गैर खेतीहर मजदूरों का प्रतिशत	24.7	35.9	18.6	29.3	21.5	36.7
पेशा	ग्रामीण मजदूरों के परिवारों का प्रतिशत	59.6	33.2	51.3	21.6	–	–
	खेतीहर मजदूरों के परिवारों का प्रतिशत	52.2	28.7	45.9	19.0	–	–
	गैर खेतीहर मजदूरों के परिवारों का प्रतिशत	10.2	17.4	13.9	14.1	–	–
रोजगार दर	वर्तमान साप्ताहिक स्थिति (पुरुषों में %)	49.2	49.4	51.9	50.4	59.7	57.4
	वर्तमान साप्ताहिक स्थिति (महिला में %)	22.4	11.7	23.1	13.1	20.8	11.7
	वर्तमान दैनिक स्थिति (पुरुषों में %)	45.4	46.1	48.2	48.5	53.8	53.8
	वर्तमान दैनिक स्थिति (महिला में %)	17.1	8.8	18.8	11.0	17.5	10.4
बेरोजगारी	वर्तमान साप्ताहिक स्थिति (पुरुषों में %)	1.9	3.2	2.1	1.7	3.4	2.6
	वर्तमान साप्ताहिक स्थिति (महिला में %)	0.5	1.2	1.1	0.5	2.3	0.9
	वर्तमान दैनिक स्थिति (पुरुषों में %)	4.0	5.1	3.9	2.6	7.9	5.3
	वर्तमान दैनिक स्थिति (महिला में %)	1.2	1.3	1.2	0.5	4.1	1.4
वेतन	कृषि मजदूरी (रुपए में) पुरुष	33.3	35.7	25.1	16.3	4.5	4.3
	कृषि मजदूरी (रुपए में) महिला	27.7	30.1	14.2	14.5	4.2	3.9
	गैर कृषि मजदूरी (रुपए में) पुरुष	45.5	47.1	23.3	25.0	5.0	6.1
	गैर कृषि मजदूरी (रुपए में) महिला	33.4	28.6	18.8	17.9	2.0	3.0
साक्षरता	साक्षरता दर (% में) पुरुष	44.9	70.6	39.3	62.7	34.4	55.9
	साक्षरता दर (% में) महिला	14.5	42.9	9.1	27.8	8.8	24.5
शिक्षा का स्तर	प्राथमिक/मध्य (% में) पुरुष	20.8	48.6	18.7	28.2	–	–
	प्राथमिक/मध्य (% में) महिला	7.2	31.1	4.2	12.7	–	–
	माध्यमिक और उच्च विद्यालय (% में) पुरुष	19.0	36.3	15.0	27.7	–	–
	माध्यमिक और उच्च विद्यालय (% में) महिला	5.6	21.0	2.5	9.9	–	–
	स्नातक तथा अधिक (% में) पुरुष	2.1	3.9	0.8	3.5	–	–
	स्नातक तथा अधिक (% में) महिला	0.3	3.3	रिक्त	0.6	–	–

स्रोतः 'सामाजिक-आर्थिक समूह के बीच खपत के स्तर में मतभेद' से गणना, एनएसएस, 38वां, 50वां और 55 वां दौर, एसएसएस, भूमि और पशुधन स्वामित्व, 1981 और 1991; ग्रामीण श्रम जांच (विभिन्न चक्र) और 1981,1991 और 2001 की जनगणना, संपत्ति एवं और ऋणग्रस्तता सर्वेक्षण, 1991.

तालिका 13A.8

आर्थिक विशेषताएं—कम गरीबी वाले राज्यों का औसत आकलन

		1999–2000		1993–94		1983	
		अजा	गैर अजा/ अजजा	अजा	गैर अजा/ अजजा	अजा	गैर अजा/ अजजा
पूंजी युक्त संपत्ति तक पहुंच	भूमिहीन परिवारों का प्रतिशत	5.8	6.3	12.4	11.9	7.6	–
	भूमिहीन या भूमिहीन होने के करीब परिवारों का प्रतिशत	85.9	55.2	74.0	45.2	81.9	–
	खेतीहर मजदूरों का प्रतिशत	23.4	54.8	10.0	34.7	30.1	55.0
	कृषि में स्वरोजगार वाले परिवार	13.0	39.8	8.8	41.3	–	–
	गैर कृषि में स्वरोजगार वाले परिवार	13.1	15.8	10.6	14.7	–	–
शहरीकरण (%)		16.4	26.6	25.3	34.3	13.1	21.1
रोजगार में विविधिकरण	खेतीहर मजदूरों का प्रतिशत	49.9	60.4	67.8	54.7	68.8	61.0
	गैर खेतीहर मजदूरों का प्रतिशत	50.1	39.6	32.2	45.4	31.2	39.0
पेशा	ग्रामीण मजदूरों के परिवारों का प्रतिशत	60.0	19.5	68.7	31.5	–	–
	खेतीहर मजदूरों के परिवारों का प्रतिशत	36.2	10.1	58.4	24.2	–	–
	गैर खेतीहर मजदूरों के परिवारों का प्रतिशत	13.8	24.9	11.9	12.4	–	–
रोजगार दर	वर्तमान साप्ताहिक स्थिति (पुरुषों में %)	51.7	49.3	54.6	57.3	56.3	57.5
	वर्तमान साप्ताहिक स्थिति (महिला में %)	30.5	30.3	31.2	31.2	24.9	19.4
	वर्तमान दैनिक स्थिति (पुरुषों में %)	46.9	48.3	50.1	55.5	52.9	56.8
	वर्तमान दैनिक स्थिति (महिला में %)	21.5	20.3	24.4	23.8	21.0	25.3
बेरोजगारी	वर्तमान साप्ताहिक स्थिति (पुरुषों में %)	4.0	1.5	2.2	1.3	3.0	1.9
	वर्तमान साप्ताहिक स्थिति (महिला में %)	2.2	0.3	0.9	0.6	–	0.4
	वर्तमान दैनिक स्थिति (पुरुषों में %)	6.9	1.9	4.9	2.4	5.1	2.4
	वर्तमान दैनिक स्थिति (महिला में %)	3.2	0.3	2.1	1.2	–	0.4
वेतन	कृषि मजदूरी (रुपए में) पुरुष	49.5	62.6	26.4	27.1	6.5	5.9
	कृषि मजदूरी (रुपए में) महिला	46.7	61.4	22.4	23.2	3.1	3.2
	गैर कृषि मजदूरी (रुपए में) पुरुष	59.3	76.4	30.8	34.6	7.6	8.2
	गैर कृषि मजदूरी (रुपए में) महिला	39.9	36.7	20.6	19.8	4.0	5.2
साक्षरता	साक्षरता दर (% में) पुरुष	70.8	74.4	48.9	62.1	35.3	54.7
	साक्षरता दर (% में) महिला	51.5	51.7	23.6	36.6	11.7	28.2
शिक्षा का स्तर	प्राथमिक/मध्य (% में) पुरुष	36.7	37.0	22.5	28.5	–	–
	प्राथमिक/मध्य (% में) महिला	30.0	27.6	12.1	18.3	–	–
	माध्यमिक और उच्च विद्यालय (% में) पुरुष	34.5	38.9	19.0	27.3	–	–
	माध्यमिक और उच्च विद्यालय (% में) महिला	24.0	30.0	8.3	14.4	–	–
	स्नातक तथा अधिक (% में) पुरुष	1.6	6.3	1.5	2.9	–	–
	स्नातक तथा अधिक (% में) महिला	0.7	1.4	0.4	0.7	–	–

स्रोतः 'सामाजिक-आर्थिक समूह के बीच खपत के स्तर में मतभेद' से गणना, एनएसएस, 38वां, 50वां और 55 वां दौर, एसएसएस, भूमि और पशुधन स्वामित्व, 1981 और 1991; ग्रामीण श्रम जांच (विभिन्न चक्र) और 1981,1991 और 2001 की जनगणना, संपत्ति एवं और ऋणग्रस्तता सर्वेक्षण, 1991.

तालिका 13A.9
ग्रामीण गरीबी का सहसंबंध मैट्रिक्स, 1983

परिवर्तनीय कारक	*अजाति*	*गैर अजा/अजजा*
गरीबी का अनुपात	1.000	1.000
भूमिहीन परिवारों का प्रतिशत	0.233	–
भूमिहीन + भूमिहीनता के करीब परिवारों का प्रतिशत	0.263	–
किसानों का प्रतिशत	–0.136	0.395
शहरीकरण का प्रतिशत	–0.568	–0.447
खेतीहर मजदूरों का प्रतिशत	0.690	0.616
गैर खेतीहर मजदूरों का प्रतिशत	–0.690	–0.616
रोजगार दर की वर्तमान साप्ताहिक स्थिति (पुरुष)	0.270	–0.174
रोजगार दर की वर्तमान साप्ताहिक स्थिति (महिला)	0.317	–0.144
रोजगार दर की वर्तमान दैनिक स्थिति (पुरुष)	–0.208	–0.316
रोजगार दर की वर्तमान दैनिक स्थिति (महिला)	0.213	–0.170
बेरोजगारी दर की वर्तमान साप्ताहिक स्थिति (पुरुष)	0.214	–0.114
बेरोजगारी दर की वर्तमान साप्ताहिक स्थिति (महिला)	0.484	0.095
बेरोजगारी दर की वर्तमान दैनिक स्थिति (पुरुष)	0.471	0.058
बेरोजगारी दर की वर्तमान दैनिक स्थिति (महिला)	0.572	0.002
कृषि मजदूरी (पुरुष)	–0.264	–0.267
कृषि मजदूरी (महिला)	0.145	0.129
गैर कृषि मजदूरी (पुरुष)	–0.498	–0.356
गैर कृषि मजदूरी (महिला)	–0.734	–0.670
साक्षरता दर (पुरुष)	–0.235	–0.218
साक्षरता दर (महिला)	–0.140	–0.293

स्रोतः थोरात, सुखदेव और चितरंजन सेनापति, 2006. 'भारत में आरक्षण नीति- आयाम और मुद्दे', वर्किंग पेपर सीरीज खंड-1, संख्या-02, आईआईडीएस।
नोट: सीडब्ल्यूएस करंटली वीकली स्टेटस (मौजूदा साप्ताहिक स्थिति) है और सीडीएस करंटली डेली स्टेटस (मौजूदा दैनिक स्थिति) है।

तालिका 13A.10
ग्रामीण गरीबी सहसंबंध मैट्रिक्स, 1993–94

परिवर्तनीय कारक	*अजाति*	*गैर अजा/अजजा*
गरीबी का अनुपात	1.000	1.000
पूंजीगत संपत्ति प्रति घर	–0.178	–0.412
भूमिहीन परिवारों का प्रतिशत	0.404	0.378
भूमिहीन तथा भूमिहीनता के करीब परिवारों का प्रतिशत	0.140	0.380
किसानों का प्रतिशत	0.010	0.217
कृषि में स्वरोजगार का प्रतिशत	0.065	0.290
गैर कृषि में स्वरोजगार का प्रतिशत	0.137	0.042
शहरीकरण का प्रतिशत	–0.604	–0.583
खेतीहर मजदूरों का प्रतिशत	0.516	0.388

(तालिका 13A.10 जारी)

(तालिका 13A.10 जारी)

परिवर्तनीय कारक	*अजाति*	*गैर अजा/अजजा*
गैर खेतीहर मजदूरों का प्रतिशत	–0.516	–0.388
ग्रामीण श्रमिकों का प्रतिशत	0.120	–0.006
खेतीहर मजदूरों का प्रतिशत	0.441	0.369
अन्य मजदूर	–0.312	–0.400
रोजगार दर की वर्तमान साप्ताहिक स्थिति (पुरुष)	0.034	–0.417
रोजगार दर की वर्तमान साप्ताहिक स्थिति (महिला)	0.241	–0.057
रोजगार दर की वर्तमान दैनिक स्थिति (पुरुष)	–0.088	–0.431
रोजगार दर की वर्तमान दैनिक स्थिति (महिला)	0.211	0.014
बेरोजगारी दर की वर्तमान साप्ताहिक स्थिति (पुरुष)	–0.428	–01.34
बेरोजगारी दर की वर्तमान साप्ताहिक स्थिति (महिला)	–0.409	–0.322
बेरोजगारी दर की वर्तमान दैनिक स्थिति (पुरुष)	–0.064	–0.056
बेरोजगारी दर की वर्तमान दैनिक स्थिति (महिला)	–0.191	–0.368
कृषि मजदूरी (पुरुष)	–0491	–0.556
कृषि मजदूरी (महिला)	–0.611	–0.483
गैर कृषि मजदूरी (पुरुष)	–0.292	0.315
गैर कृषि मजदूरी (महिला)	–0.187	–0.194
साक्षरता दर (पुरुष)	–0.400	–0.292
साक्षरता दर (महिला)	–0.478	–0.345
प्राथमिक व मध्य स्तरीय (पुरुष)	–0.479	0.160
प्राथमिक व मध्य स्तरीय (महिला)	–0.351	–0.234
माध्यमिक व उच्च माध्यमिक स्तर (पुरुष)	–0.218	–0.191
माध्यमिक व उच्च माध्यमिक स्तर (महिला)	–0.481	–0.308
स्नातक व इससे अधिक का स्तर (पुरुष)	–0.483	–0.387
स्नातक व इससे अधिक का स्तर (महिला)	–0.497	–0.575

स्रोत: थोरात, सुखदेव और चितरंजन सेनापति, 2006. 'भारत में आरक्षण नीति- आयाम और मुद्दे', वर्किंग पेपर सीरीज खंड-1, संख्या-02, आईआईडीएस।

नोट: सीडब्ल्यूएस करंटली वीकली स्टेटस (मौजूदा साप्ताहिक स्थिति) है और सीडीएस करंटली डेली स्टेटस (मौजूदा दैनिक स्थिति) है।

तालिका 13A.11

ग्रामीण गरीबी सहसंबंध मैट्रिक्स, 1999–2000

परिवर्तनीय कारक	*अजा*	*गैर अजा/अजजा*
गरीबी का अनुपात	1.000	1.000
भूमिहीन परिवारों का प्रतिशत	0.340	–0.008
भूमिहीन तथा भूमिहीनता के करीब परिवारों का प्रतिशत	–0.007	0.145
किसानों का प्रतिशत	0.135	0.367
कृषि में स्वरोजगार का प्रतिशत	–0.052	0.316
गैर कृषि में स्वरोजगार का प्रतिशत	0.080	–0.253

(तालिका 13A.11 जारी)

(तालिका 13A.11 जारी)

परिवर्तनीय कारक	*अजा*	*गैर अजा/अजजा*
शहरीकरण का प्रतिशत	–0.572	–0.469
खेतीहर मजदूरों का प्रतिशत	0.576	0.539
गैर खेतीहर मजदूरों का प्रतिशत	–0.576	–0.539
ग्रामीण श्रमिकों का प्रतिशत	0.297	–0.007
खेतीहर मजदूरों का प्रतिशत	0.430	0.509
अन्य मजदूर	–0.425	–0.431
रोजगार दर की वर्तमान साप्ताहिक स्थिति (सीडब्ल्यूएस) (पुरुष)	–0.121	–0.268
रोजगार दर की वर्तमान साप्ताहिक स्थिति (महिला)	0.1.6	–0.107
रोजगार दर की वर्तमान दैनिक स्थिति (सीडीएस) (पुरुष)	–0.076	–0.305
रोजगार दर की वर्तमान दैनिक स्थिति (महिला)	0.150	–0.056
बेरोजगारी दर की वर्तमान साप्ताहिक स्थिति (पुरुष)	0.179	0.176
बेरोजगारी दर की वर्तमान साप्ताहिक स्थिति (महिला)	–0.079	0.178
बेरोजगारी दर की वर्तमान दैनिक स्थिति (पुरुष)	–0.052	0.194
बेरोजगारी दर की वर्तमान दैनिक स्थिति (महिला)	0.000	0.(54)
साक्षरता दर (पुरुष)	–0.421	–0.391
साक्षरता दर (महिला)	–0.499	–0.316
प्राथमिक व मध्य स्तरीय (पुरुष)	–0.324	–0.006
प्राथमिक व मध्य स्तरीय (महिला)	–0.495	–0.251
माध्यमिक व उच्च माध्यमिक स्तर (पुरुष)	–0.513	–0.299
माध्यमिक व उच्च माध्यमिक स्तर (महिला)	–0.533	–0.321
स्नातक व इससे अधिक का स्तर (पुरुष)	–0.350	–0.278
स्नातक व इससे अधिक का स्तर (महिला)	–0.278	–0.403
कृषि मजदूरी (पुरुष)	–0.686	–0.610
कृषि मजदूरी (महिला)	–0.556	–0.481
गैर कृषि मजदूरी (पुरुष)	–0.402	–0.463
गैर कृषि मजदूरी (महिला)	–0.504	–0.490

स्रोतः थोरात, सुखदेव और चितरंजन सेनापति, 2006. 'भारत में आरक्षण नीति- आयाम और मुद्दे', वर्किंग पेपर सीरीज खंड-1, संख्या-02, आईआईडीएस।

नोटः सीडब्ल्यूएस कांटली वीकली स्टेटस (वर्तमान साप्ताहिक स्थिति) है और सीडीएस कांटली डेली स्टेटस (वर्तमान दैनिक स्थिति) है।

तालिका 13A.12

ग्रामीण गरीबी को प्रभावित करने वाले कारक- प्रतिगामी परिणाम, 1983

	अजा		*गैर अजा/अजजा*	
	ईक्यू-1	*ईक्यू-2*	*ईक्यू-1*	*ईक्यू-2*
किसानों का प्रतिशत			–2.279 (0.401)*	–0.641 (0.523)
शहरीकरण		–1.049 (0.415)*	–0.630 (0.246)	
गैर खेतीहर मजदूरों का प्रतिशत	–1.047 (0.346)*		–3.218 (0.359)*	–0.442 (0.647)

(तालिका 13A.12 जारी)

(तालिका 13A.12 जारी)

	अजा		गैर अजा/अजजा	
	ईक्यू-1	*ईक्यू-2*	*ईक्यू-1*	*ईक्यू-2*
रोजगार दर की वर्तमान साप्ताहिक स्थिति (महिला)				
रोजगार दर की वर्तमान दैनिक स्थिति (महिला)				
बेरोजगारी दर की वर्तमान साप्ताहिक स्थिति (पुरुष)				
बेरोजगारी दर की वर्तमान दैनिक स्थिति (महिला)	0.350 (0.278)	0.472 (0.807)		
कृषि मजदूरी (पुरुष)				
गैर कृषि मजदूरी (महिला)	–3.087 (1.561)*			–1.971 (3.068)***
सतत	7.023 (12089)	7.821 (10.717)*	3.855 (31.916)	2.342 (38.262)
आर स्कवेयर	0.589	0.603	0.493	0.475

स्रोतः थोरात, सुखदेव और चितरंजन सेनापति, 2006. 'भारत में आरक्षण नीति- आयाम और मुद्दे', वर्किंग पेपर सीरीज खंड-1, संख्या-02, आईआईडीएस।

नोट्सः 1. मानक त्रुटियों के मूल्य कोष्ठक में हैं।

2. सीडब्ल्यूएस करंटली वीकली स्टेटस (वर्तमान साप्ताहिक स्थिति) है और सीडीएस करंटली डेली स्टेटस (वर्तमान दैनिक स्थिति) है।

* का महत्व, 1–2 प्रतिशत के स्तर पर महत्वपूर्ण

** का महत्व, 5 प्रतिशत के स्तर पर महत्वपूर्ण

***का महत्व, 10 प्रतिशत के स्तर पर महत्वपूर्ण

^का महत्व, 10 प्रतिशत के स्तर से अधिक पर महत्वपूर्ण

तालिका 13A.13

ग्रामीण गरीबी को प्रभावित करने वाले कारक- प्रतिगामी परिणाम, 1993–94

	अजा		गैर अजा/अजजा	
	ईक्यू-1	*ईक्यू-2*	*ईक्यू-1*	*ईक्यू-2*
भूमिहीनों का प्रतिशत	1.464 (0.532)^	1.415 (0.793) ^		
भूमिहीन+भूमिहीनता के करीब का प्रतिशत				
शहरीकरण	–2.153 (0.335)**	–2.066 (0.348)***		
गैर खेतीहर मजदूरों का प्रतिशत			–0.398 (0.371)	
अन्य मजदूर				
रोजगार दर की वर्तमान साप्ताहिक स्थिति (पुरुष)			0.919 (1.754)	0.865 (1.426)
रोजगार दर की वर्तमान दैनिक स्थिति (पुरुष)			–2.092 (1.817)^^^	–2.392 (1.409)^^
साक्षरता दर (पुरुष)		–0.155 (0.162)		
साक्षरता दर (महिला)				
शिक्षा का स्तर (प्राथमिक व मध्य) पुरुष				
शिक्षा का स्तर (मध्ययमिक व उच्च माधयमिक) पुरुष				
कृषि मजदूरी (पुरुष)			–2.266 (0.623)**	–3.086 (0.502)*
कृषि मजदूरी (महिला)	–2.041 (0.843)^^^	–1.513 (1.074)^^^		
गैर कृषि मजदूरी (पुरुष)				
प्रति घर की संपत्ति				

(तालिका 13A.13 जारी)

(तालिका 13A.13 जारी)

	अजा		गैर अजा/अजजा	
	ईक्यू-1	*ईक्यू-2*	*ईक्यू-1*	*ईक्यू-2*
सतत	5.493 (11.582)	5.063 (12.466)	5.714 (28.291)	6.419 (24.391)
आर स्क्वेयर	0.493	0.494	0.802	0.800

स्रोतः थोरात, सुखदेव और चितरंजन सेनापति, 2006. 'भारत में आरक्षण नीति- आयाम और मुद्दे', वर्किंग पेपर सीरीज खंड-1, संख्या-02, आईआईडीएस।

नोट्सः 1. मानक त्रुटियों के मूल्य कोष्ठक में हैं।

2. सीडब्ल्यूएस करंटली वीकली स्टेटस (वर्तमान साप्ताहिक स्थिति) है और सीडीएस करंटली डेली स्टेटस (वर्तमान दैनिक स्थिति) है।

* का महत्व, 1–2 प्रतिशत के स्तर पर महत्वपूर्ण

** का महत्व, 5 प्रतिशत के स्तर पर महत्वपूर्ण

***का महत्व, 10 प्रतिशत के स्तर पर महत्वपूर्ण

^का महत्व, 10 प्रतिशत के स्तर से अधिक पर महत्वपूर्ण

तालिका 13A.14

ग्रामीण गरीबी को प्रभावित करने वाले कारक- प्रतिगामी परिणाम, 1999–2000

	अजा		गैर अजा/अजजा	
	ईक्यू-1	*ईक्यू-2*	*ईक्यू-1*	*ईक्यू-2*
शहरीकरण	–2.267 (0.240)^	–2.373 (260) ^^	–3.038 (.142)^	
खेतीहर मजदूरों का प्रतिशत				
गैर खेतीहर मजदूरों का प्रतिशत				0.105 (.130)
खेतीहर श्रमिकों का प्रतिशत				0.850 (.225)
अन्य मजदूर	–1.509 (0.437)		–975 (.279)	–626 (.256)
साक्षरता दर (पुरुष)			-.439 (.201)	
साक्षरता दर (महिला)				
शिक्षा का स्तर (प्राथमिक व मध्य) महिला		–1.299 (.569)^		
शिक्षा का स्तर (मध्यमिक व उच्च माध्यमिक) महिला		1.956 (.744)***		
कृषि मजदूरी (पुरुष)	–4.131 (0.145)*	–2.614 (228)*	–2.660 (0.132)*	–2.25 (.134)***
गैर कृषि मजदूरी (पुरुष)				
गैर कृषि मजदूरी (महिला)		–2.098 (.246)**	–6.22 (.142)	
सतत	7.349 (10.459)	7.189 (12.187)	4.056 (14.48)	2.803 (16.392)
आर स्क्वेयर	0.602	0.691	0.628	0.472

स्रोतः थोरात, सुखदेव और चितरंजन सेनापति, 2006. 'भारत में आरक्षण नीति- आयाम और मुद्दे', वर्किंग पेपर सीरीज खंड-1, संख्या-02, आईआईडीएस।

नोट्सः 1. मानक त्रुटियों के मूल्य कोष्ठक में हैं।

2. सीडब्ल्यूएस करंटली वीकली स्टेटस (वर्तमान साप्ताहिक स्थिति) है और सीडीएस करंटली डेली स्टेटस (वर्तमान दैनिक स्थिति) है।

* का महत्व, 1–2 प्रतिशत के स्तर पर महत्वपूर्ण

** का महत्व, 5 प्रतिशत के स्तर पर महत्वपूर्ण

***का महत्व, 10 प्रतिशत के स्तर पर महत्वपूर्ण

^का महत्व, 10 प्रतिशत के स्तर से अधिक पर महत्वपूर्ण

संलग्नक XIV

साक्षरता और शिक्षा

तालिका 14A.1
लिंग व सामाजिक समूह के आधार पर स्कूल में उपस्थिति, 1987–88 और 1993–94

(प्रतिशत में)

राज्य	*1987–88**				*1993–94*			
	अजा		*गैर अजा/अजजा.*		*अजा*		*गैर अजा/अजजा*	
	लड़के	*लड़कियां*	*लड़के*	*लड़कियां*	*लड़के*	*लड़कियां*	*लड़के*	*लड़कियां*
भारत	**49.8**	**33.1**	**63.4**	**45.8**	**64.3**	**46.2**	**74.9**	**61.0**
आंध्र प्रदेश	55.1	32.1	63.9	42.3	64.4	44.5	71.7	56.0
असम	69.9	70.5	63.2	58.7	75.4	70.8	75.9	71.7
बिहार	24.1	9.3	46.9	27.3	46.0	22.5	63.5	44.1
गुजरात	70.3	48.6	68.1	53.9	77.5	65.3	78.6	62.6
हरियाणा	63.1	49.0	76.9	54.9	76.6	56.6	65.0	71.7
हिमाचल प्रदेश	76.5	89.6	83.9	69.3	87.6	82.1	91.8	83.9
जम्मू-कश्मीर	70.2	53.4	63.3	40.9	87.5	63.9	85.0	75.7
कर्नाटक	47.5	29.4	62.5	50.8	65.7	40.5	76.2	67.6
केरल	86.1	81.9	89.7	87.5	96.0	88.5	92.9	94.0
मध्य प्रदेश	48.2	25.7	63.0	34.0	57.6	37.0	70.4	52.5
महाराष्ट्र	66.0	43.1	77.1	62.5	83.8	72.8	86.4	76.7
उड़ीसा	46.7	30.9	66.1	51.5	67.9	43.9	76.5	68.0
पंजाब	50.5	41.3	76.3	69.3	68.6	59.2	88.4	83.6
राजस्थान	49.8	12.3	65.5	27.9	58.1	21.5	76.8	41.1
तमिलनाडु	72.4	58.1	79.6	63.7	76.9	71.2	85.6	76.6
त्रिपुरा	65.7	63.0	70.6	68.8	87.9	83.2	86.7	86.6
उत्तर प्रदेश	43.6	15.1	57.0	33.6	59.7	31.5	69.9	49.4
पश्चिम बंगाल	47.3	39.0	56.6	52.4	67.9	56.9	71.1	65.9

स्रोतः एनएसएस, 43वां दौर, जुलाई 1987-जून 1988 और 50वां दौर (रिपोर्ट संख्या 412), भारत सरकार

नोटः ^ महाराष्ट्र के नव बौद्ध शामिल नहीं हैं।

तालिका 14A.2

शिक्षा के स्तर और सामाजिक समूहों पर आधारित लड़के और लड़कियों के लिए स्कूल छोड़ने की दर, 2002

प्रतिशत में

राज्य	1987–88*				1993–94			
	अजा		गैर अजा/अजजा.		अजा		गैर अजा/अजजा	
	लड़के	लड़कियां	लड़के	लड़कियां	लड़के	लड़कियां	लड़के	लड़कियां
भारत	**38.4**	**39.9**	**52.9**	**56.9**	**43.7**	**47.1**	**58.6**	**63.6**
आंध्र प्रदेश	42.6	43.5	61.3	65.2	47.3	50.3	67.5	73.9
असम	46.6	51.1	67.5	71.3	49.2	48.7	66.5	66.9
बिहार	60.7	63.1	73.8	76.6	53.9	57.4	82.9	83.9
गुजरात	27.2	22.1	50.0	55.9	30.9	35.9	55.7	71.4
हरियाणा	30.5	30.5	8.2	17.1	32.1	32.8	34.5	48.7
हिमाचल प्रदेश	15.2	18.2	20.5	23.4	24.4	26.7	35.2	37.6
जम्मू-कश्मीर	32.2	25.4	32.3	27.3	39.2	34.7	49.9	47.1
कर्नाटक	23.9	23.9	50.8	51.2	0.7	11.2	55.4	59.9
केरल	0.0	0.0	0.0	0.0	0.0	0.0	0.0	0.0
मध्य प्रदेश	29.2	30.0	46.2	55.3	24.7	23.1	44.7	56.6
महाराष्ट्र	6.1	8.8	35.4	38.9	5.8	11.0	33.0	44.4
उड़ीसा	38.9	40.1	61.5	59.6	46.5	57.5	65.6	74.1
पंजाब	21.3	19.3	35.3	38.8	31.1	28.4	52.1	51.6
राजस्थान	55.5	73.5	46.8	64.6	63.9	83.5	49.5	70.8
तमिलनाडु	30.2	24.0	44.0	35.4	32.6	25.5	43.2	39.3
त्रिपुरा	50.1	51.0	68.8	69.2	45.1	46.4	64.8	69.0
उत्तर प्रदेश	45.8	55.0	55.9	66.8	52.8	63.7	67.9	80.0
पश्चिम बंगाल	39.4	40.4	67.7	74.4	49.3	54.7	63.3	63.8
दिल्ली	27.0	28.4	10.0	22.9	0.0	0.0	58.1	57.1

स्रोतः थोरात, सुखदेव और चितरंजन सेनापति, 2006. 'भारत में आरक्षण नीति- आयाम और मुद्दे', वर्किंग पेपर सीरीज खंड-1, संख्या-02, आईआईडीएस।

तालिका 14A.3

अनुसूचित जातियों के लिए उच्च शिक्षा में राज्यवार भागीदारी और समानता के गुणांक

	भागीदारी प्रतिशत में				समानता के गुणांक			
	उच्च शिक्षा		तकनीकी शिक्षा*		सभी उच्च शिक्षा		तकनीकी शिक्षा	
राज्य	1991	2001	1991	2001	1991	2001	1991	2001
भारत	**7.43**	**10.29**	**6.47**	**7.23**	**0.45**	**0.64**	**0.40**	**0.45**
आंध्र प्रदेश	11.29	13.90	10.08	12.13	0.71	0.86	0.63	0.75
असम	7.45	8.80	5.46	10.72	1.01	1.28	0.74	1.55
बिहार	–	5.58	–	3.42	–	0.36	–	0.22
गुजरात	7.24	15.23	5.26	5.38	0.98	2.14	0.71	0.76

(तालिका 14A.3 जारी)

(तालिका 14A.3 जारी)

	भागीदारी प्रतिशत में				समानता के गुणांक			
	उच्च शिक्षा		तकनीकी शिक्षा*		सभी उच्च शिक्षा		तकनीकी शिक्षा	
राज्य	*1991*	*2001*	*1991*	*2001*	*1991*	*2001*	*1991*	*2001*
हरियाणा	5.65	9.45	16.95	3.93	0.29	0.48	0.86	0.20
हिमाचल प्रदेश	7.33	12.55	13.32	8.96	0.29	0.48	0.86	0.20
जम्मू-कश्मीर	–	0.00	–	0.00	–	0.00	–	0.00
कर्नाटक	–	12.74	3.96	5.89	–	0.79	0.24	0.36
केरल	6.41	9.63	6.75	6.52	0.65	0.98	0.68	0.66
मध्य प्रदेश	7.27	8.99	10.20	6.34	0.50	0.59	0.70	0.42
महाराष्ट्र	8.25	9.85	5.73	1.72	0.74	0.97	0.52	0.17
उड़ीसा	6.36	9.34	9.22	8.53	0.39	0.57	0.57	0.52
पंजाब	11.75	12.07	18.55	7.80	0.42	0.42	0.66	0.27
राजस्थान	–	10.34	–	19.17	–	0.60	–	1.11
तमिलनाडु	12.93	18.62	10.01	10.98	0.67	0.98	0.52	0.58
त्रिपुरा	11.45	15.79	15.80	16.97	0.70	0.91	0.97	0.98
उत्तर प्रदेश	11.61	14.08	4.80	22.03	0.55	0.67	0.23	1.04
पश्चिम बंगाल	7.49	11.70	5.94	8.04	0.32	0.51	0.25	0.35
दिल्ली	5.76	10.28	11.27	8.74	0.30	0.61	0.59	0.52

स्रोतः थोरात, सुखदेव और चितरंजन सेनापति, 2006. 'भारत में आरक्षण नीति- आयाम और मुद्दे', वर्किंग पेपर सीरीज खंड-1, संख्या-02, आईआईडीएस।

नोटः * केवल डिग्री कोर्स

संलग्नक XV

नागरिक सुविधाओं तक पहुंच—आवास, पानी और बिजली

तालिका 15A.1
जनगणना में शामिल किये गये परिवारों की स्थिति के अनुसार अनुसूचित जाति के घरों का वितरण

(प्रतिशत में)

		जनगणना में शामिल घरों की स्थिति								
		कुल			*आवासीय*			*आवासीय-सह अन्य उपयोग*		
राज्य		*अच्छा*	*रहने योग्य*	*जीर्णावस्था*	*अच्छा*	*रहने योग्य*	*जीर्णावस्था*	*अच्छा*	*रहने योग्य*	*जीर्णावस्था*
भारत	कुल	42.2	49.7	8.1	42.4	49.5	8.1	36.8	55.9	7.3
	ग्रामीण	39.7	51.8	8.5	39.9	51.6	8.6	33.9	58.4	7.8
	शहरी	51.3	42.3	6.4	51.3	42.2	6.5	49.6	45.0	5.3
आंध्र प्रदेश	कुल	51.9	42.4	5.7	51.9	42.4	5.7	53.8	42.0	4.2
	ग्रामीण	49.7	44.3	6.0	49.7	44.3	6.0	51.1	44.3	4.6
	शहरी	62.7	33.5	3.8	62.6	33.5	3.9	64.4	33.0	2.6
असम	कुल	26.9	62.0	11.1	26.8	62.0	11.1	32.2	59.0	8.8
	ग्रामीण	23.4	65.1	11.5	23.3	65.1	11.5	25.5	64.3	10.2
	शहरी	43.3	47.5	9.2	43.2	47.5	9.3	47.8	46.7	5.6
बिहार	कुल	25.9	57.5	16.6	25.9	57.4	16.7	25.7	60.7	13.6
	ग्रामीण	24.6	58.4	17.0	24.6	58.3	17.1	24.1	62.0	13.9
	शहरी	38.0	48.8	13.2	37.8	48.9	13.3	44.6	45.2	10.2
दिल्ली	कुल	39.3	50.7	10.0	39.1	50.8	10.1	45.2	47.7	7.0
	ग्रामीण	35.0	58.2	6.8	34.8	58.3	6.9	39.4	56.1	4.5
	शहरी	39.6	50.1	10.3	39.4	50.2	10.4	45.7	47.1	7.2
गुजरात	कुल	50.1	46.9	2.9	50.2	46.8	3.0	46.6	51.5	1.9
	ग्रामीण	44.4	52.4	3.2	44.5	52.3	3.2	43.7	54.4	1.9
	शहरी	57.6	39.7	2.6	57.7	39.7	2.6	54.7	43.3	2.0
हरियाणा	कुल	32.1	59.8	8.1	32.3	59.5	8.2	29.1	63.7	7.1
	ग्रामीण	30.0	61.6	8.4	30.2	61.4	8.4	27.4	65.1	7.5
	शहरी	38.5	54.0	7.5	38.4	54.0	7.6	41.8	53.5	4.7

(तालिका 15A.1 जारी)

(तालिका 15A.1 जारी)

राज्य		जनगणना में शामिल घरों की स्थिति								
		कुल			आवासीय			आवासीय-सह अन्य उपयोग		
		अच्छा	रहने योग्य	जीर्णावस्था	अच्छा	रहने योग्य	जीर्णावस्था	अच्छा	रहने योग्य	जीर्णावस्था
हिमाचल प्रदेश	कुल	53.9	42.1	4.0	54.2	41.9	4.0	44.0	51.2	4.8
	ग्रामीण	53.3	42.8	3.9	53.6	42.6	3.9	43.1	52.0	4.9
	शहरी	60.9	33.9	5.2	61.0	33.8	5.2	56.9	39.5	3.6
जम्मू-कश्मीर	कुल	43.6	51.5	4.9	44.5	50.4	5.0	27.3	69.4	3.2
	ग्रामीण	41.9	53.8	4.4	43.0	52.6	4.5	26.0	70.7	3.3
	शहरी	50.4	42.3	7.2	50.5	42.2	7.3	49.0	48.4	2.6
कर्नाटक	कुल	34.5	58.1	7.4	34.7	57.9	7.4	25.9	66.1	8.0
	ग्रामीण	30.6	61.8	7.6	30.9	61.5	7.6	23.9	68.0	8.1
	शहरी	45.9	47.3	6.9	46.0	47.2	6.8	40.1	52.3	7.6
केरल	कुल	35.0	49.0	16.0	35.0	49.0	16.0	26.1	61.0	12.9
	ग्रामीण	33.6	50.2	16.3	33.6	50.1	16.3	25.6	61.2	13.1
	शहरी	41.8	43.5	14.7	41.9	43.4	14.7	27.9	60.0	12.2
महाराष्ट्र	कुल	43.6	49.1	7.3	43.6	49.0	7.3	43.7	50.7	5.5
	ग्रामीण	38.0	53.0	9.0	37.9	53.0	9.0	39.6	53.4	7.0
	शहरी	51.7	43.5	4.9	51.7	43.4	4.9	49.9	46.8	3.3
मध्य प्रदेश	कुल	45.6	49.6	4.8	45.7	49.5	4.8	43.9	52.0	4.1
	ग्रामीण	44.6	50.7	4.7	44.7	50.6	4.7	42.3	53.5	4.2
	शहरी	49.3	45.7	5.0	49.2	45.8	5.0	52.9	43.5	3.6
उड़ीसा	कुल	19.1	64.8	16.1	19.1	64.7	16.1	17.0	67.7	15.3
	ग्रामीण	17.6	66.1	16.3	17.7	66.0	16.3	15.8	68.6	15.6
	शहरी	30.6	54.8	14.6	30.6	54.7	14.7	32.4	56.6	11.0
पंजाब	कुल	43.2	49.4	7.4	43.2	49.3	7.5	43.5	50.9	5.5
	ग्रामीण	41.6	50.9	7.5	41.6	50.8	7.5	41.2	52.9	6.0
	शहरी	47.5	45.3	7.3	47.3	45.3	7.4	52.6	43.4	3.9
राजस्थान	कुल	39.0	56.0	5.0	38.9	56.0	5.0	42.9	54.1	3.0
	ग्रामीण	36.7	58.1	5.2	36.7	58.1	5.2	39.8	57.0	3.2
	शहरी	48.0	47.8	4.2	47.9	47.9	4.3	53.9	43.9	2.2
तमिलनाडु	कुल	85.0	14.0	1.0	85.1	14.0	1.0	78.8	20.2	1.1
	ग्रामीण	85.5	13.3	0.9	85.9	13.2	0.9	78.5	20.3	1.2
	शहरी	83.2	15.7	1.1	83.2	15.6	1.1	79.3	20.0	0.8
उत्तर प्रदेश	कुल	39.4	53.6	7.0	39.5	53.5	7.1	36.8	57.3	5.8
	ग्रामीण	38.5	54.4	7.1	38.6	54.3	7.1	34.2	59.7	6.1
	शहरी	45.6	47.6	6.8	45.3	47.8	6.9	52.2	43.5	4.3
पश्चिम बंगाल	कुल	32.9	56.0	11.1	32.9	56.0	11.1	32.2	57.4	10.4
	ग्रामीण	31.5	57.3	11.1	31.5	57.3	11.2	30.9	58.6	10.5
	शहरी	38.7	50.5	10.8	38.7	50.4	10.8	38.2	52.0	9.8

स्रोतः प्राथमिक जनगणना सार, आवास और घरेलू सुविधाएं और उम्र के अनुसार आबादी, जनगणना 2001 (अंतरिम जनगणना 1901–2001 से)

तालिका 15A.2

जनगणना में शामिल किये गये परिवारों की स्थिति के अनुसार गैर अनुसूचित जाति/अनुसूचित जनजाति के घरों का वितरण

		जनगणना में शामिल घरों की स्थिति								
		कुल			आवासीय			आवासीय-सह अन्य उपयोग		
राज्य		अच्छा	रहने योग्य	जीर्णावस्था	अच्छा	रहने योग्य	जीर्णावस्था	अच्छा	रहने योग्य	जीर्णावस्था
भारत	कुल	54.2	41.0	4.8	54.3	40.8	4.8	51.3	44.8	3.9
	ग्रामीण	48.2	46.2	5.6	48.3	46.0	5.7	46.6	49.1	4.2
	शहरी	67.2	29.8	3.0	67.4	29.6	3.0	63.9	33.3	2.9
आंध्र प्रदेश	कुल	62.3	34.4	3.3	62.2	34.4	3.3	64.7	33.2	2.2
	ग्रामीण	57.9	38.3	3.8	57.7	38.4	3.9	62.7	34.9	2.4
	शहरी	73.8	24.3	1.8	73.9	24.2	1.8	70.2	28.1	1.7
असम	कुल	28.7	60.8	10.5	28.6	60.8	10.6	35.9	57.7	6.4
	ग्रामीण	24.2	64.4	11.3	24.2	64.5	11.4	29.7	63.2	7.1
	शहरी	53.5	40.3	6.2	53.5	40.2	6.3	53.6	41.8	4.5
बिहार	कुल	39.8	52.0	8.2	39.7	52.0	8.3	41.9	52.2	5.8
	ग्रामीण	36.5	54.8	8.7	36.4	54.8	8.8	38.7	55.2	6.0
	शहरी	60.3	34.3	5.3	60.2	34.4	5.4	62.1	33.1	4.8
दिल्ली	कुल	62.6	33.2	4.2	62.7	33.1	4.3	61.6	35.2	3.2
	ग्रामीण	47.4	48.8	3.8	47.5	48.7	3.8	45.8	51.4	2.9
	शहरी	63.7	32.1	4.2	63.7	32.0	4.3	62.6	34.2	3.2
गुजरात	कुल	58.5	39.2	2.4	58.8	38.8	2.4	50.1	48.3	1.7
	ग्रामीण	49.7	47.4	2.9	49.9	47.1	3.0	44.8	53.4	1.8
	शहरी	69.9	28.5	1.6	69.9	28.5	1.6	67.3	31.4	1.3
हरियाणा	कुल	51.6	44.9	3.4	52.2	44.3	3.5	47.3	50.1	2.7
	ग्रामीण	46.1	50.3	3.6	46.4	49.9	3.7	44.3	52.9	2.8
	शहरी	63.3	33.7	3.0	63.3	33.6	3.1	62.9	35.0	2.1
हिमाचल प्रदेश	कुल	65.5	32.2	2.3	65.7	32.1	2.2	58.2	38.8	3.0
	ग्रामीण	63.9	33.9	2.3	64.1	33.7	2.2	56.5	40.3	3.1
	शहरी	76.2	21.6	2.2	76.3	21.5	2.2	71.4	26.2	2.3
जम्मू-कश्मीर	कुल	43.3	54.5	2.2	44.8	53.1	2.1	21.6	75.3	3.0
	ग्रामीण	37.1	60.7	2.2	38.8	59.1	2.1	19.2	77.6	3.1
	शहरी	58.6	39.2	2.2	58.8	39.0	2.2	49.4	48.7	1.9
कर्नाटक	कुल	47.0	48.8	4.2	47.5	48.3	4.2	38.0	57.5	4.5
	ग्रामीण	38.4	56.5	5.1	38.7	56.2	5.1	34.4	60.8	4.8
	शहरी	61.0	36.3	2.7	61.3	36.0	2.7	51.2	45.6	3.2
केरल	कुल	58.9	34.0	7.0	59.0	34.0	7.0	46.4	46.9	6.7
	ग्रामीण	56.1	36.1	7.8	56.2	36.0	7.8	44.3	48.6	7.2
	शहरी	66.8	28.2	4.9	66.9	28.1	4.9	51.2	43.1	5.6
महाराष्ट्र	कुल	56.9	39.1	4.0	56.9	39.0	4.1	55.4	41.1	3.4
	ग्रामीण	49.6	45.1	5.3	49.5	45.2	5.4	53.2	42.8	4.0
	शहरी	65.7	31.8	2.5	65.9	31.7	2.5	58.4	38.9	2.7

(तालिका 15A.2 जारी)

(तालिका 15A.2 जारी)

राज्य		जनगणना में शामिल घरों की स्थिति								
		कुल			आवासीय			आवासीय-सह अन्य उपयोग		
		अच्छा	रहने योग्य	जीर्णावस्था	अच्छा	रहने योग्य	जीर्णावस्था	अच्छा	रहने योग्य	जीर्णावस्था
मध्य प्रदेश	कुल	58.2	39.0	2.8	58.1	39.1	2.9	59.9	38.0	2.1
	ग्रामीण	54.3	42.7	3.0	54.2	42.7	3.1	55.7	42.0	2.3
	शहरी	66.8	30.8	2.4	66.5	31.1	2.5	71.8	26.6	1.6
उड़ीसा	कुल	31.1	60.3	8.6	31.2	60.2	8.7	28.3	63.8	7.9
	ग्रामीण	26.4	64.3	9.3	26.4	64.2	9.3	25.5	66.2	8.3
	शहरी	52.5	41.8	5.7	52.5	41.7	5.8	50.3	44.9	4.8
पंजाब	कुल	63.0	34.2	2.8	63.2	34.0	2.9	60.6	37.3	2.1
	ग्रामीण	58.8	38.3	2.9	59.0	38.0	3.0	56.6	41.1	2.3
	शहरी	69.6	27.7	2.6	69.7	27.6	2.7	68.5	29.7	1.7
राजस्थान	कुल	53.4	44.1	2.5	53.3	44.2	2.5	56.1	42.1	1.9
	ग्रामीण	48.6	48.6	2.8	48.5	48.7	2.8	51.5	46.5	2.0
	शहरी	66.1	32.2	1.8	66.0	32.2	1.8	66.8	31.7	1.5
तमिलनाडु	कुल	89.2	10.0	0.8	89.2	10.0	0.8	88.0	11.4	0.7
	ग्रामीण	87.4	11.7	0.9	87.4	11.7	0.9	86.6	12.6	0.8
	शहरी	91.4	8.0	0.6	91.4	8.0	0.6	89.5	9.9	0.5
उत्तर प्रदेश	कुल	48.6	46.0	5.5	48.4	46.1	5.6	51.8	44.5	3.6
	ग्रामीण	45.7	48.4	5.9	45.6	48.4	5.9	47.7	48.3	4.1
	शहरी	58.2	37.7	4.1	57.9	37.9	4.2	63.1	64.4	2.4
पश्चिम बंगाल	कुल	47.1	45.3	7.6	47.4	45.1	7.5	42.4	49.4	8.2
	ग्रामीण	41.7	49.6	8.7	41.8	49.5	8.7	39.6	51.9	8.5
	शहरी	57.5	37.0	5.5	57.9	36.7	5.4	48.8	43.8	7.4

स्रोतः प्राथमिक जनगणना सार, आवास और घरेलू सुविधाएं और उम्र के अनुसार आबादी, जनगणना 2001 (अंतरिम जनगणना 1901–2001 से)

तालिका 15A.3

सामाजिक समूह के बीच पक्की छतों के साथ घरों में रहने वाले परिवारों का अनुपात, 2001

(प्रतिशत में)

राज्य	कुल/ग्रामीण/शहरी	सामाजिक समूह			
		सभी	अजा	गैर अजा/अजजा	गैर अजा/अजजा का अंतर
भारत	कुल	78.0	70.2	80.5	10.3
	ग्रामीण	72.3	65.5	74.4	8.8
	शहरी	92.2	86.5	93.4	6.9
असम	कुल	50.6	51.6	53.1	1.5
	ग्रामीण	44.2	44.1	46.6	2.5
	शहरी	88.6	86.0	89.6	3.6

(तालिका 15A.3 जारी)

(तालिका 15A.3 जारी)

राज्य	कुल/ग्रामीण/शहरी	सामाजिक समूह			
		सभी	अजा	गैर अजा/अजजा	गैर अजा/अजजा का अंतर
बिहार	कुल	65.0	52.6	68.1	15.5
	ग्रामीण	62.5	50.9	65.5	14.6
	शहरी	89.0	76.2	91.0	14.8
छत्तीसगढ़	कुल	97.3	97.4	98.6	1.2
	ग्रामीण	97.0	97.5	98.4	1.0
	शहरी	98.7	97.3	99.1	1.8
दिल्ली	कुल	93.9	87.9	95.4	7.4
	ग्रामीण	93.8	90.0	94.9	4.9
	शहरी	93.9	87.8	95.4	7.6
गोवा	कुल	97.7	94.8	97.8	3.0
	ग्रामीण	97.6	95.5	97.7	2.2
	शहरी	97.8	94.3	98.0	3.7
गुजरात	कुल	93.6	94.4	95.1	0.7
	ग्रामीण	91.3	92.5	93.2	0.7
	शहरी	97.3	97.0	97.6	0.6
हरियाणा	कुल	66.9	51.6	71.6	20.0
	ग्रामीण	58.9	44.9	63.7	18.8
	शहरी	85.2	72.0	88.2	16.2
हिमाचल प्रदेश	कुल	91.1	89.1	93.4	4.3
	ग्रामीण	90.6	88.8	93.1	4.3
	शहरी	94.8	92.8	95.2	2.4
जम्मू-कश्मीर	कुल	64.9	48.6	73.7	25.1
	ग्रामीण	56.3	41.5	65.8	24.4
	शहरी	90.5	77.9	93.5	15.6
झारखंड	कुल	88.7	90.5	91.7	1.1
	ग्रामीण	86.1	88.9	88.9	0.0
	शहरी	98.0	96.9	98.5	1.6
कर्नाटक	कुल	78.4	76.7	80.0	3.3
	ग्रामीण	71.5	73.0	72.4	0.6
	शहरी	91.3	87.6	92.3	4.7
केरल	कुल	88.2	77.6	89.8	12.2
	ग्रामीण	87.0	77.3	88.6	11.3
	शहरी	91.8	78.8	92.9	14.1
मध्य प्रदेश	कुल	96.9	96.0	97.7	1.7
	ग्रामीण	96.8	96.1	97.6	1.5
	शहरी	97.1	95.3	97.8	2.4

(तालिका 15A.3 जारी)

(तालिका 15A.3 जारी)

		सामाजिक समूह			
राज्य	कुल/ग्रामीण/शहरी	सभी	अजा	गैर अजा/अजजा	गैर अजा/अजजा का अंतर
महाराष्ट्र	कुल	88.0	89.3	88.2	–1.1
	ग्रामीण	82.4	85.1	81.7	–3.3
	शहरी	95.7	95.2	96.0	0.8
उड़ीसा	कुल	48.4	37.6	51.5	13.9
	ग्रामीण	43.9	34.9	45.2	10.3
	शहरी	76.2	59.8	80.9	21.0
पंजाब	कुल	88.6	81.5	92.1	10.5
	ग्रामीण	86.2	79.5	90.1	10.6
	शहरी	93.0	86.9	95.1	8.2
राजस्थान	कुल	83.6	74.5	85.3	10.9
	ग्रामीण	80.0	70.3	81.1	10.8
	शहरी	95.4	90.8	96.5	5.7
तमिलनाडु	कुल	73.0	62.2	76.5	14.3
	ग्रामीण	64.1	58.4	66.6	8.2
	शहरी	85.6	71.2	88.5	17.3
त्रिपुरा	कुल	55.7	59.0	68.2	9.3
	ग्रामीण	48.4	54.2	60.2	5.9
	शहरी	87.6	79.3	89.6	10.3
उत्तर प्रदेश	कुल	70.2	63.0	72.6	9.7
	ग्रामीण	65.7	59.9	68.0	8.1
	शहरी	87.9	83.8	88.7	4.9
उत्तराखंड	कुल	90.1	85.1	91.6	6.6
	ग्रामीण	89.0	84.3	90.6	6.3
	शहरी	93.4	88.7	94.3	5.6
पश्चिम बंगाल	कुल	77.0	66.9	75.5	14.6
	ग्रामीण	69.0	60.9	75.5	14.6
	शहरी	96.0	92.3	97.0	4.7

स्रोतः प्राथमिक जनगणना सार, आवास और घरेलू सुविधाएं और उम्र के अनुसार आबादी, जनगणना 2001 (अंतरिम जनगणना 1901–2001 से)

तालिका 15A.4

सामाजिक समूह के बीच पक्की दीवारों वाले घरों में रहने वाले परिवारों का अनुपात, 2001

(प्रतिशत में)

		सामाजिक समूह			
राज्य	कुल/ग्रामीण/शहरी	सभी	अजा	गैर अजा/अजजा	गैर अजा/अजजा का अंतर
भारत	कुल	55.5	47.0	61.8	14.8
	ग्रामीण	45.1	40.2	51.0	10.8
	शहरी	81.8	70.7	84.8	14.1

(तालिका 15A.4 जारी)

(तालिका 15A.4 जारी)

राज्य	कुल/ग्रामीण/शहरी	सामाजिक समूह			
		सभी	अजा	गैर अजा/अजजा	गैर अजा/अजजा का अंतर
असम	कुल	19.2	17.4	21.1	3.7
	ग्रामीण	13.9	12.2	15.5	3.2
	शहरी	50.3	41.1	52.5	11.4
बिहार	कुल	41.9	29.1	45.2	16.1
	ग्रामीण	38.5	27.5	41.5	14.0
	शहरी	75.1	53.3	78.5	25.2
छत्तीसगढ़	कुल	25.5	22.3	36.6	14.3
	ग्रामीण	17.1	17.8	25.4	7.6
	शहरी	61.1	41.9	66.8	25.0
दिल्ली	कुल	94.1	88.3	95.5	7.2
	ग्रामीण	94.8	91.1	95.9	4.8
	शहरी	94.0	88.1	95.5	7.4
गोवा	कुल	70.0	62.3	70.3	8.0
	ग्रामीण	60.8	51.2	61.1	9.8
	शहरी	79.3	71.1	79.7	8.6
गुजरात	कुल	65.9	68.8	73.0	4.1
	ग्रामीण	51.5	56.4	59.7	3.3
	शहरी	88.5	85.3	90.2	4.9
हरियाणा	कुल	92.2	84.9	94.4	9.5
	ग्रामीण	91.4	84.4	93.7	9.4
	शहरी	94.2	86.7	95.9	9.3
हिमाचल प्रदेश	कुल	70.3	66.8	70.8	4.0
	ग्रामीण	68.0	65.7	67.9	2.2
	शहरी	87.7	78.8	89.6	10.8
जम्मू-कश्मीर	कुल	77.0	73.7	79.0	5.3
	ग्रामीण	73.9	71.6	75.5	3.9
	शहरी	86.2	81.8	87.6	5.8
झारखंड	कुल	31.6	29.8	42.3	12.5
	ग्रामीण	19.6	22.0	26.7	4.7
	शहरी	74.7	59.8	81.2	21.4
कर्नाटक	कुल	66.5	61.7	68.1	6.4
	ग्रामीण	58.3	58.0	58.5	0.6
	शहरी	81.9	72.9	83.8	10.9
केरल	कुल	68.5	52.6	70.9	18.3
	ग्रामीण	64.8	52.6	70.9	18.3
	शहरी	79.5	60.3	81.1	20.8

(तालिका 15A.4 जारी)

(तालिका 15A.4 जारी)

		सामाजिक समूह			
राज्य	*कुल/ग्रामीण/शहरी*	*सभी*	*अजा*	*गैर अजा/अजजा*	*गैर अजा/अजजा का अंतर*
मध्य प्रदेश	कुल	41.9	35.2	51.2	16.0
	ग्रामीण	31.5	28.2	38.9	10.7
	शहरी	72.1	57.9	77.0	19.0
महाराष्ट्र	कुल	61.1	53.1	66.7	13.6
	ग्रामीण	45.3	39.4	51.1	11.8
	शहरी	82.7	72.5	85.5	13.0
उड़ीसा	कुल	31.6	23.0	41.4	18.4
	ग्रामीण	25.8	20.1	33.8	13.7
	शहरी	67.6	45.8	76.4	30.5
पंजाब	कुल	92.2	87.3	94.5	7.2
	ग्रामीण	90.2	87.3	94.5	7.2
	शहरी	95.5	90.9	97.1	6.2
राजस्थान	कुल	66.8	58.3	75.2	16.8
	ग्रामीण	59.2	52.0	68.1	16.1
	शहरी	91.5	83.4	93.8	10.4
तमिलनाडु	कुल	61.8	51.5	65.1	13.6
	ग्रामीण	50.5	47.3	52.1	4.8
	शहरी	77.7	61.3	80.9	19.6
त्रिपुरा	कुल	9.9	6.2	15.6	9.4
	ग्रामीण	4.0	3.2	6.5	3.2
	शहरी	36.0	19.1	39.7	20.5
उत्तर प्रदेश	कुल	61.9	49.0	66.4	17.4
	ग्रामीण	55.2	44.4	59.4	15.0
	शहरी	88.9	80.3	90.7	10.4
उत्तराखंड	कुल	88.8	84.3	90.7	6.4
	ग्रामीण	87.8	84.6	89.6	5.0
	शहरी	91.9	82.8	93.6	10.7
पश्चिम बंगाल	कुल	40.5	23.8	48.9	25.1
	ग्रामीण	24.9	15.5	30.9	15.5
	शहरी	78.6	58.8	83.5	24.6

स्रोतः प्राथमिक जनगणना सार, आवास और घेरलू सुविधाएं और उम्र के अनुसार आबादी, जनगणना 2001 (अंतरिम जनगणना 1901–2001 से)

तालिका 15A.5
सामाजिक समूहों और अवधि के आधार पर घरों का वितरण, 2001

(प्रतिशत में)

राज्य	कुल/ग्रामीण/शहरी	अजा			गैर अजा/अजजा		
		स्वामित्व	किराये पर	अन्य	स्वामित्व	किराये पर	अन्य
भारत	कुल	89.1	7.4	3.5	83.7	13.4	2.9
	ग्रामीण	94.9	2.7	2.4	93.1	4.7	2.2
	शहरी	70.5	22.5	7.0	64.7	31.1	4.2
आंध्र प्रदेश	कुल	89.0	8.6	2.3	79.3	18.8	2.0
	ग्रामीण	93.8	4.3	1.9	88.9	9.4	1.7
	शहरी	65.8	29.8	4.5	54.4	43.0	2.7
असम	कुल	85.9	8.2	5.9	83.5	7.9	8.6
	ग्रामीण	91.9	2.8	5.3	88.6	2.6	8.8
	शहरी	58.4	32.6	9.0	54.8	37.6	7.6
बिहार	कुल	97.3	1.2	1.5	96.4	2.6	0.9
	ग्रामीण	98.4	0.5	1.1	98.7	0.7	0.6
	शहरी	81.4	11.8	6.9	76.6	19.6	3.8
छत्तीसगढ़	कुल	89.8	6.2	4.0	85.2	10.7	4.2
	ग्रामीण	94.3	2.6	3.1	93.2	3.7	3.1
	शहरी	70.6	21.7	7.7	63.5	29.5	7.0
दिल्ली	कुल	70.2	17.9	11.9	66.3	27.5	6.2
	ग्रामीण	82.5	14.5	3.0	76.6	19.7	3.6
	शहरी	69.2	18.2	12.6	65.6	28.0	6.4
गोवा	कुल	70.9	22.4	6.7	77.7	18.9	3.5
	ग्रामीण	86.2	8.5	5.4	87.0	9.8	3.2
	शहरी	58.6	33.7	7.7	68.1	28.2	3.7
गुजरात	कुल	84.5	12.1	3.4	93.7	13.7	2.6
	ग्रामीण	92.3	5.7	2.0	91.6	6.6	1.8
	शहरी	74.3	20.5	5.2	73.3	23.1	3.6
हरियाणा	कुल	91.8	5.0	3.2	90.3	7.6	2.1
	ग्रामीण	95.5	1.9	2.5	96.1	2.5	1.5
	शहरी	80.4	14.6	5.1	78.1	18.5	3.4
हिमाचल प्रदेश	कुल	90.0	7.6	2.4	83.1	13.9	3.0
	ग्रामीण	93.7	4.5	1.9	89.4	7.9	2.6
	शहरी	47.6	43.4	9.0	41.3	53.0	5.8
जम्मू-कश्मीर	कुल	93.8	3.3	2.9	93.4	4.6	2.0
	ग्रामीण	96.8	1.0	2.2	97.3	1.2	1.5
	शहरी	81.5	12.6	5.9	83.9	13.0	3.2
झारखंड	कुल	86.9	6.7	6.4	82.3	12.3	5.5
	ग्रामीण	96.0	1.7	2.3	95.3	2.7	2.0
	शहरी	51.6	26.3	22.1	49.8	36.1	14.1

(तालिका 15A.5 जारी)

(तालिका 15A.5 जारी)

राज्य	कुल/ग्रामीण/शहरी	अजा			गैर अजा/अजजा		
		स्वामित्व	किराये पर	अन्य	स्वामित्व	किराये पर	अन्य
कर्नाटक	कुल	86.2	10.6	3.2	76.2	21.1	2.7
	ग्रामीण	93.8	3.5	2.7	90.4	7.1	2.5
	शहरी	63.6	31.8	4.6	53.2	43.7	3.1
केरल	कुल	91.1	3.5	5.3	92.8	5.3	1.9
	ग्रामीण	91.8	2.6	5.6	94.7	3.4	1.9
	शहरी	88.1	8.0	4.0	87.5	10.4	2.1
मध्य प्रदेश	कुल	91.5	5.5	3.0	86.5	10.3	3.2
	ग्रामीण	96.2	1.8	1.9	95.2	2.7	2.1
	शहरी	76.1	17.5	6.4	68.3	26.3	5.5
महाराष्ट्र	कुल	80.4	13.9	5.7	79.5	17.1	3.3
	ग्रामीण	89.3	6.1	4.6	89.8	7.2	3.0
	शहरी	67.9	24.9	7.2	67.1	29.2	3.7
उड़ीसा	कुल	92.6	3.6	3.8	87.0	9.2	3.9
	ग्रामीण	96.0	1.6	2.4	94.9	3.1	2.1
	शहरी	65.1	20.2	14.7	50.5	37.3	12.2
पंजाब	कुल	91.0	6.0	2.9	88.2	9.2	2.6
	ग्रामीण	95.6	2.1	2.3	95.5	2.7	1.8
	शहरी	78.9	16.6	4.6	76.6	19.5	3.9
राजस्थान	कुल	93.7	4.1	2.1	91.3	7.0	1.7
	ग्रामीण	96.5	1.7	1.9	96.4	2.4	1.2
	शहरी	83.1	13.6	3.3	77.8	19.1	3.1
तमिलनाडु	कुल	87.3	9.6	3.1	74.9	22.9	2.2
	ग्रामीण	94.8	3.3	2.0	90.0	8.0	2.0
	शहरी	69.7	24.6	5.8	56.5	41.0	2.5
त्रिपुरा	कुल	88.1	7.8	4.1	86.4	10.4	3.2
	ग्रामीण	91.9	4.0	4.1	91.5	4.9	3.6
	शहरी	71.7	24.2	4.1	72.8	24.9	2.2
उत्तर प्रदेश	कुल	96.5	2.4	1.1	94.2	4.5	1.3
	ग्रामीण	98.6	0.7	0.6	98.4	1.0	0.7
	शहरी	82.1	13.9	4.0	79.8	16.8	3.4
उत्तराखंड	कुल	86.7	7.5	5.8	81.6	12.8	5.6
	ग्रामीण	92.5	3.8	3.7	89.9	5.9	4.2
	शहरी	59.3	25.3	15.4	58.8	31.6	9.5
पश्चिम बंगाल	कुल	91.2	5.7	3.2	84.8	12.3	3.0
	ग्रामीण	96.6	1.2	2.2	96.0	1.8	2.1
	शहरी	68.5	24.4	7.1	63.1	32.3	4.6

स्रोतः प्राथमिक जनगणना सार, आवास और घरेलू सुविधाएं और उम्र के अनुसार आबादी, जनगणना 2001 (अंतरिम जनगणना 1901–2001 से)

तालिका 15A.6

शुद्ध पेयजल पाने वाले अजा व गैर-अजा/अजजा परिवारों का प्रतिशत, 2001

	अनुसूचित जाति			गैर अजा/अजजा		
भारत/राज्य/कें.शा.रा	*कुल*	*ग्रामीण*	*शहरी*	*कुल*	*ग्रामीण*	*शहरी*
भारत	81.1	78.5	90.4	79.2	74.1	90.4
आंध्र प्रदेश	82.2	80.7	89.6	80.2	76.3	90.4
असम	56.5	53.5	70.3	61.3	59.5	71.7
बिहार	74.5	74.1	78.5	79.2	78.6	83.1
दिल्ली	96.5	90.8	96.9	97.4	89.9	97.9
गुजरात	87.0	81.7	94.1	86.3	78.9	95.8
हरियाणा	84.7	81.2	95.5	86.5	81.1	97.7
हिमाचल प्रदेश	85.5	84.7	94.9	89.7	88.5	97.6
जम्मू-कश्मीर	74.5	69.3	95.6	68.9	58.0	96.2
कर्नाटक	90.0	88.4	94.6	83.3	78.1	91.7
केरल	27.2	23.2	46.3	23.0	16.0	42.5
मध्य प्रदेश	72.5	68.5	86.6	71.3	63.0	89.7
महाराष्ट्र	82.4	74.0	94.4	80.9	68.7	95.7
उड़ीसा	69.1	68.4	74.8	64.6	62.9	72.6
पंजाब	96.3	95.6	98.2	98.2	97.7	99.1
राजस्थान	68.7	62.9	91.2	69.7	60.3	94.2
तमिलनाडु	89.3	90.6	86.2	84.8	83.9	86.0
उत्तर प्रदेश	85.1	83.6	95.4	88.6	86.0	97.6
पश्चिम बंगाल	87.0	86.1	90.7	90.9	89.9	92.8

स्रोतः प्राथमिक जनगणना सार, आवास और घरेलू सुविधाएं और उम्र के अनुसार आबादी, जनगणना 2001 (अंतरिम जनगणना 1901–2001 से)

तालिका 15A.7

शौचालय की सुविधा से युक्त अजा व गैर-अजा/अजजा परिवारों का प्रतिशत, 2001

	अनुसूचित जाति			गैर अजा/अजजा		
भारत/राज्य/कें.रा*	*कुल*	*ग्रामीण*	*शहरी*	*कुल*	*ग्रामीण*	*शहरी*
भारत	23.7	15.1	54.5	42.3	25.8	78.0
आंध्र प्रदेश	19.1	10.2	62.8	38.2	21.8	80.9
असम	63.7	57.7	90.9	69.6	65.0	95.3
बिहार	9.1	5.5	43.2	23.0	14.9	73.9
दिल्ली	54.4	42.6	55.3	83.8	68.7	84.8
गुजरात	39.2	15.3	70.7	51.6	27.2	83.1
हरियाणा	30.4	21.5	57.8	48.8	31.1	86.0
हिमाचल प्रदेश	25.7	22.7	59.9	36.3	29.6	81.2
जम्मू-कश्मीर	26.5	19.0	57.1	58.5	45.8	90.0
कर्नाटक	21.2	10.0	54.5	42.8	20.3	79.2

(तालिका 15A.7 जारी)

(तालिका 15A.7 जारी)

भारत/राज्य*/कें.रा	अनुसूचित जाति			गैर अजा/अजजा		
	कुल	ग्रामीण	शहरी	कुल	ग्रामीण	शहरी
केरल	68.6	66.4	79.4	86.5	84.2	93.1
मध्य प्रदेश	13.5	5.5	41.3	29.8	11.2	71.2
महाराष्ट्र	28.4	17.4	43.9	38.7	19.8	61.6
उड़ीसा	7.6	4.4	32.8	21.9	11.5	69.6
पंजाब	38.2	26.2	70.7	66.0	49.6	92.0
राजस्थान	21.0	13.0	52.4	35.8	18.0	82.0
तमिलनाडु	18.6	10.2	38.4	40.0	16.0	69.2
उत्तर प्रदेश	19.4	13.7	57.5	36.4	22.2	85.0
पश्चिम बंगाल	30.8	21.0	71.8	51.1	31.8	88.2

स्रोतः प्राथमिक जनगणना सार, आवास और घरेलू सुविधाएं और उम्र के अनुसार आबादी, जनगणना 2001 (अंतरिम जनगणना 1901–2001 से)

नोटः * प्री-रिऑर्गनाइज़्ड

तालिका 15A.8

विद्युत की सुविधा से युक्त अनुसूचित जाति व गैर अनुसूचित जाति/अनुसूचित जनजाति परिवारों का प्रतिशत, 2001

भारत/राज्य*/कें.रा	अनुसूचित जाति			गैर अजा/अजजा		
	कुल	ग्रामीण	शहरी	कुल	ग्रामीण	शहरी
भारत	28.1	21.8	56.3	48.1	34.6	79.3
आंध्र प्रदेश	24.2	19.9	49.2	53.5	44.5	76.8
असम	16.4	10.9	52.0	20.9	13.9	65.6
बिहार	7.4	4.1	41.5	14.4	6.2	62.0
गोवा	73.0	72.5	73.6	85.0	82.0	89.2
गुजरात	65.3	59.4	75.6	72.3	63.6	85.1
हरियाणा	50.8	46.6	70.6	75.3	68.2	91.8
हिमाचल प्रदेश	81.3	80.5	93.2	89.9	88.9	96.8
कर्नाटक	33.6	28.2	54.1	57.0	45.7	79.4
केरल	23.7	21.5	34.5	51.3	44.7	69.8
मध्य प्रदेश	48.7	47.2	55.0	47.6	34.4	77.2
महाराष्ट्र	58.7	51.5	74.1	73.5	62.3	87.9
उड़ीसा	14.1	11.8	34.3	33.6	25.2	71.7
पंजाब	68.1	63.0	86.7	88.0	83.6	96.6
राजस्थान	23.2	15.6	55.5	43.3	28.4	82.0
तमिलनाडु	30.9	27.5	44.8	61.3	50.3	81.7
त्रिपुरा	33.7	28.6	61.0	49.2	37.6	84.2
उत्तर प्रदेश	11.4	6.3	49.2	25.4	12.7	71.2
पश्चिम बंगाल	18.8	12.9	47.6	40.2	21.3	74.7
दिल्ली	64.5	54.2	65.6	83.4	61.6	85.5

स्रोतः प्राथमिक जनगणना सार, आवास और घरेलू सुविधाएं और उम्र के अनुसार आबादी, जनगणना 2001 (अंतरिम जनगणना 1901–2001 से)

नोटः * प्री-रिऑर्गनाइज़्ड

तालिका 15A.9

विद्युत कनेक्शन से युक्त अनुसूचित जाति व गैर अनुसूचित जाति/अनुसूचित जनजाति परिवारों का प्रतिशत, 2001

भारत/राज्य*/कें.शा.रा	अनुसूचित जाति			गैर अजा/अजजा			सभी		
	कुल	ग्रामीण	शहरी	कुल	ग्रामीण	शहरी	कुल	ग्रामीण	शहरी
भारत	44.3	35.1	77.4	61.4	48.2	89.9	55.8	43.5	87.6
आंध्र प्रदेश	49.5	43.4	79.4	74.4	67.5	92.2	67.2	59.7	90.0
असम	24.4	15.4	65.0	26.8	17.9	76.2	24.9	16.5	74.3
बिहार	7.9	3.4	50.9	16.0	7.3	69.9	13.9	6.3	66.5
दिल्ली	90.8	82.9	91.4	93.4	86.3	93.9	92.9	85.5	93.4
गुजरात	84.6	80.0	90.6	85.0	77.6	94.6	80.4	72.1	93.4
हरियाणा	70.3	66.0	83.4	86.7	82.7	95.1	82.9	78.5	92.9
हिमाचल प्रदेश	92.4	92.2	95.1	95.9	95.6	97.9	94.8	94.5	97.4
जम्मू-कश्मीर	86.5	83.8	97.5	85.3	80.2	98.2	80.6	74.8	97.9
कर्नाटक	68.5	64.5	80.5	82.1	75.7	92.5	78.5	72.2	90.5
केरल	52.8	49.8	67.1	73.1	68.5	85.8	70.2	65.5	84.3
मध्य प्रदेश	68.1	63.4	84.3	72.5	63.6	92.5	65.3	57.6	90.2
महाराष्ट्र	70.4	56.9	89.6	82.8	72.2	95.7	77.5	65.2	94.3
उड़ीसा	16.3	11.8	52.5	38.5	28.9	82.4	26.9	19.4	74.1
पंजाब	85.5	82.9	92.4	95.1	93.3	97.9	91.9	89.5	96.5
राजस्थान	45.7	37.2	79.1	63.5	52.5	92.4	54.7	44.0	89.6
तमिलनाडु	65.6	63.4	70.8	82.2	74.6	91.4	78.2	71.2	88.0
उत्तर प्रदेश	20.5	13.3	68.3	37.7	24.5	83.0	33.5	21.5	80.7
पश्चिम बंगाल	22.0	12.4	62.1	45.2	25.0	83.8	37.5	20.3	79.6

स्रोतः प्राथमिक जनगणना सार, आवास और घरेलू सुविधाएं और उम्र के अनुसार आबादी, जनगणना 2001 (अंतरिम जनगणना 1901–2001 से)

नोट: * प्री-रिऑर्गनाइज़्ड

संलग्नक XVI

अस्पृश्यता और उत्पीड़न की प्रथा

तालिका 16A.1
2001 के दौरान अनुसूचित जाति के खिलाफ आपराधिक घटनाएं

राज्य	हत्या	चोट पहुंचाना	बलात्कार	अपहरण व भगाना	डकैती	लूट	आगजनी	पीसीए अधिनियम	पीओए अधिनियम	अन्य अपराध	कुल
1. आंध्र प्रदेश	45	518	69	22	3	2	6	312	950	1,006	2,933
2. अरुणाचल प्रदेश	0	0	0	0	0	0	0	0	0	0	0
3. असम	0	4	0	0	0	1	1	0	0	0	6
4. बिहार	28	378	35	8	2	1	17	81	513	240	1,303
5. छत्तीसगढ़	8	101	52	8	0	1	0	1	164	166	501
6. गोवा	0	0	0	0	0	00	0	0	1	0	1
7. गुजरात	17	284	15	20	8	17	9	16	356	500	1,242
8. हरियाणा	7	76	25	15	0	0	5	1	33	67	229
9. हिमाचल प्रदेश	1	1	7	0	0	0	0	4	41	56	110
10. जम्मू-कश्मीर	1	5	1	0	0	0	0	0	0	3	10
11. झारखंड	6	37	11	4	1	0	2	0	35	62	158
12. कर्नाटक	22	181	20	1	1	3	0	94	983	316	1,621
13. केरल	5	169	75	0	0	0	2	0	121	127	499
14. मध्य प्रदेश	72	663	305	31	1	9	50	1	435	2,643	4,212
15.महाराष्ट्र	14	48	51	5	4	3	5	61	146	288	625
16. मणिपुर	0	0	0	0	0	0	0	0	0	0	0
17. मेघालय	0	0	0	0	0	0	0	0	0	0	0
18. मिजोरम	0	0	0	0	0	1	0	0	0	0	1
19. नागालैंड	1	0	0	0	0	0	0	0	0	0	1
20. उड़ीसा	9	380	44	7	0	4	13	12	645	620	1,734
21. पंजाब	5	14	10	4	0	0	0	1	49	51	134
22. राजस्थान	51	419	151	35	0	5	47	0	2,965	1,219	4,892
23. सिक्किम	0	2	0	2	02	0	0	0	0	0	6
24. तमिलनाडु	38	422	27	16	5	1	18	22	682	1,105	2,336
25. त्रिपुरा	0	0	0	0	0	0	0	0	1	1	2

(तालिका 16A.1 जारी)

(तालिका 16A.1 जारी)

राज्य	हत्या	चोट पहुंचाना	बलात्कार	अपहरण व भगाना	डकैती	लूट	आगजनी	पीसीए अधिनियम	पीओए अधिनियम	अन्य अपराध	कुल
26. उत्तर प्रदेश	423	821	412	419	16	83	178	12	4,885	3,683	10,732
27. उत्तराखंड	10	23	2	3	0	0	1	0	84	45	168
28. पश्चिम बंगाल	0	1	3	0	0	0	0	0	5	1	10
कुल (राज्य)	**763**	**4,547**	**1,315**	**400**	**41**	**133**	**354**	**618**	**13,094**	**12,201**	**33,466**
केंद्र शासित प्रदेश											
29. अंडमान व निकोबार द्वीप समूह	0	0	0	0	0	0	0	0	0	0	0
30. चंडीगढ़	0	0	0	0	0	0	0	0	0	0	0
31. दादर व नागर हवेली	0	0	0	0	0	0	0	0	0	0	0
32. दमन व दीव	0	0	0	0	0	0	0	0	0	0	0
33. दिल्ली	0	0	0	0	0	0	0	0	0	0	0
34. लक्षद्वीप	0	0	0	0	0	0	0	0	0	0	0
35. पंडुचेरी	0	0	0	0	0	0	0	0	0	0	0
कुल (कें.शा.प्र.)	0	1	0	0	0	0	0	15	19	0	35
कुल (संपूर्ण भारत)	**763**	**4,547**	**1,316**	**400**	**41**	**133**	**354**	**633**	**13,113**	**12,201**	**33,501**

स्रोत: 2001 में भारत में अपराध, राष्ट्रीय अपराध रिकार्ड ब्यूरो, गृह मंत्रालय, 2001

वर्ष 2000 में पूरे भारत में कुल 672 मामले पीसीआर अधिनियम (1955) के अंतर्गत दर्ज किये गये, वहीं वर्ष 2000 में अनुसूचित जाति के खिलाफ नागरिक अधिकार उल्लंघन और उत्पीड़न के कुल 5,810 मामले दर्ज किये गये, इसमें 526 हत्या के, 3,697 चोट पहुंचाने, 1083 बलात्कार, 268 अपहरण, 38 डकैती, 108 लूट और 290 आगजनी के मामले दर्ज किये गये। इसके अलावा कुल 11,587 अन्य आपराधिक मामले पूरे देश में वर्ष 2000 में दर्ज किये गये। (तालिका 16A.2 देखें)।

तालिका 16A.2

2000 के दौरान अनुसूचित जाति के खिलाफ आपराधिक घटनाएं

राज्य	हत्या	चोट पहुंचाना	बलात्कार	अपहरण व भगाना	डकैती	लूट	आगजनी	पीसीए अधिनियम	पीओए अधिनियम	अन्य अपराध	कुल
1. आंध्र प्रदेश	29	323	53	9	2	0	8	284	529	345	1,582
2. अरुणाचल प्रदेश	0	0	0	0	0	0	0	0	0	0	0
3. असम	0	4	0	0	0	1	1	0	1	4	11
4. बिहार	4	244	17	5	2	3	12	3	220	228	741
5. गोवा	0	0	0	0	0	0	0	0	1	0	1
6. गुजरात	22	184	15	15	2	16	8	7	334	729	1,332
7. हरियाणा	2	37	20	6	0	0	2	1	21	28	117
8. हिमाचल प्रदेश	0	7	6	0	0	1	3	10	16	9	55
9. जम्मू-कश्मीर	0	0	3	0	0	0	0	1	1	4	9
10. कर्नाटक	11	13	16	2	0	0	1	100	1176	10	1329
11. केरल	7	126	65	0	1	0	4	0	146	118	467
12. मध्य प्रदेश	45	798	289	26	5	8	27	27	539	2867	4631

(तालिका 16A.2 जारी)

(तालिका 16A.2 जारी)

राज्य	हत्या	चोट पहुंचाना	बलात्कार	अपहरण व भगाना	डकैती	लूट	आगजनी	पीसीए अधिनियम	पीओए अधिनियम	अन्य अपराध	कुल
13. महाराष्ट्र	2	16	49	4	1	2	5	98	128	184	489
14. मणिपुर	0	0	0	0	0	0	0	0	0	0	0
15. मेघालय	0	0	0	0	0	0	0	0	0	0	0
16. मिजोरम	0	0	0	0	0	0	0	0	0	0	0
17. नागालैंड	0	0	0	0	0	0	0	0	0	0	0
18. उड़ीसा	16	89	17	0	0	0	5	1	349	316	793
19. पंजाब	0	4	8	2	0	0	0	0	17	3	34
20. राजस्थान	48	153	128	13	1	3	49	0	454	4341	5190
21. सिक्किम	0	1	0	0	0	0	0	0	0	14	15
22. तमिलनाडु	12	654	17	1	0	0	0	103	418	90	1296
23. त्रिपुरा	0	0	0	0	0	0	0	0	0	0	0
24. उत्तर प्रदेश	328	845	379	185	24	73	165	18	3018	2295	7330
25. पश्चिम बंगाल	0	0	0	0	0	0	0	0	0	0	0
कुल (राज्य)	526	3497	1083	268	38	108	290	656	7368	11585	25419
कें.शा. प्र.											
26. अंडमान व निकोबार द्वीप समूह	0	0	0	0	0	0	0	0	0	0	0
27. चंडीगढ़	0	0	0	0	0	0	0	0	1	0	1
28. दादर व नागर हवेली	0	0	0	0	0	0	0	0	0	0	0
29. दमन व दीव	0	0	0	0	0	0	0	0	1	0	1
30. दिल्ली	0	0	0	0	0	0	0	0	12	1	13
31. लक्षद्वीप	0	0	0	0	0	0	0	0	0	0	0
32. पंडुचेरी	0	0	0	0	0	0	0	16	4	1	21
कुल (कें.शा.प्र.)	0	0	0	0	0	0	0	16	18	2	36
कुल (संपूर्ण भारत)	526	3497	1083	268	38	108	290	672	7386	11587	25455

स्रोतः 2000 में भारत में अपराध, राष्ट्रीय अपराध रिकार्ड ब्यूरो, गृह मंत्रालाय, 2000

वर्ष 1999 में पूरे भारत में कुल 678 मामले पीसीआर अधिनियम (1955) के अंतर्गत दर्ज किये गये, वहीं वर्ष 1999 में अनुसूचित जाति के खिलाफ नागरिक अधिकार उल्लंघन और उत्पीड़न के कुल 5,457 मामले दर्ज किये गये, इसमें 506 हत्या के, 3,241 चोट पहुंचाने, 1000 बलात्कार, 228 अपहरण, 36 डकैती, 109 लूट और 337 आगजनी के मामले दर्ज किये गये। इसके अलावा कुल 11,657 अन्य आपराधिक मामले पूरे देश में वर्ष 1999 में दर्ज किये गये. (तालिका 16ए.3 देखें)।

तालिका 16A.3

1999 के दौरान अनुसूचित जाति के खिलाफ आपराधिक घटनाएं

राज्य	हत्या	चोट पहुंचाना	बलात्कार	अपहरण व भगाना	डकैती	लूट	आगजनी	पीसीए अधिनियम	पीओए अधिनियम	अन्य अपराध	कुल
1. आंध्र प्रदेश	26	437	61	2	3	6	8	266	522	418	1749
2. अरुणाचल प्रदेश	0	0	0	0	0	0	0	0	0	0	0
3. असम	0	4	2	0	0	0	0	1	0	0	7

(तालिका 16A.3 जारी)

(तालिका 16A.3 जारी)

राज्य	हत्या	चोट पहुंचाना	बलात्कार	अपहरण व भगाना	डकैती	लूट	आगजनी	पीसीए अधिनियम	पीओए अधिनियम	अन्य अपराध	कुल
4. बिहार	5	230	22	1	2	0	13	0	276	271	820
5. गोवा	0	0	0	0	0	0	0	0	0	0	0
6. गुजरात	26	363	28	15	8	23	17	9	415	877	1781
7. हरियाणा	5	33	26	8	1	0	1	0	18	23	121
8. हिमाचल प्रदेश	2	2	4	0	0	0	0	6	21	19	54
9. जम्मू-कश्मीर	0	1	2	0	0	0	0	1	0	9	13
10. कर्नाटक	11	27	6	0	0	0	8	85	1131	9	1277
11. केरल	5	177	54	0	0	0	4	3	194	77	514
12. मध्य प्रदेश	55	751	305	36	2	16	56	26	433	2987	4667
13. महाराष्ट्र	7	67	40	6	1	4	10	135	160	175	605
14. मणिपुर	0	0	0	0	0	0	0	0	0	0	0
15. मेघालय	1	0	0	0	0	0	0	0	0	0	1
16. मिजोरम	0	0	1	0	0	1	0	0	0	0	2
17. नागालैंड	0	0	0	0	0	0	0	0	0	0	0
18. उड़ीसा	10	145	8	4	0	3	3	3	263	333	772
19. पंजाब	5	9	7	2	0	0	0	1	6	9	39
20. राजस्थान	49	154	146	10	0	3	67	19	887	4288	5623
21. सिक्किम	0	4	0	0	0	0	4	0	0	4	12
22. तमिलनाडु	20	165	12	11	0	3	1	109	366	196	883
23. त्रिपुरा	0	0	0	0	0	0	0	0	0	0	0
24. उत्तर प्रदेश	279	672	276	133	19	50	145	1	2597	1950	6122
25. पश्चिम बंगाल	0	0	0	0	0	00	0	0	0	0	0
कुल (राज्य)	506	3241	1000	228	36	109	337	665	7289	11651	25062
के.शा.प्र.											
26. अंडमान व निकोबार द्वीप समूह	0	0	0	0	0	0	0	0	0	0	0
27. चंडीगढ़	0	0	0	0	0	0	0	0	0	0	0
28. दादर व नागर हवेली	0	0	0	0	0	0	0	0	0	0	0
29. दमन व दीव	0	0	0	0	0	0	0	0	0	0	0
30. दिल्ली	0	0	0	0	0	0	0	3	10	5	18
31. लक्षद्वीप	0	0	0	0	0	0	0	0	0	0	0
32. पंडुचेरी	0	0	0	0	0	0	0	10	2	1	13
कुल (कें.शा.प्र.)	0	0	0	0	0	0	0	13	12	6	31
कुल (संपूर्ण भारत)	506	3241	1000	228	36	109	337	678	7301	11657	25093

स्रोतः 2000 में भारत में अपराध, राष्ट्रीय अपराध रिकार्ड ब्यूरो, गृह मंत्रालय, 2000

लेखक परिचय

सुखदेव थोरात विश्वविद्यालय अनुदान आयोग के अध्यक्ष और क्षेत्रीय विकास अध्ययन केंद्र, जवाहरलाल नेहरू विश्वविद्यालय, नई दिल्ली, में अर्थशास्त्र के प्रोफेसर हैं। उन्हें साहित्य और शिक्षा के क्षेत्र में वर्ष 2008 में पद्मश्री से सम्मानित किया गया।

वे आईओवा राज्य विश्वविद्यालय, एम्स में एक विजिटिंग फैकल्टी, 1992 अंतरराष्ट्रीय खाद्य नीति अनुसंधान संस्थान, वाशिंगटन डीसी, संयुक्त राज्य अमेरिका में सलाहकार और पिछले 10 वर्षों से आईएफपीआरआई के एसोसिएट हैं। इन्होंने 10 से अधिक पुस्तकें तथा कई शोध पत्र लिखे हैं। इनके अनुसंधान के क्षेत्रों में कृषि विकास, ग्रामीण गरीबी, संस्था और आर्थिक विकास, अनुसूचित जाति/जनजाति जैसे हाशिये पर मौजूद समूहों की समस्याएं, जाति व्यवस्था का अर्थशास्त्र, जाति भेदभाव और गरीबी, मानव विकास, मानव अधिकारों के मुद्दे, मलिन बस्तियां आदि शामिल हैं।